JN428630

Second Edition

앨리스를 이용한 프로그래밍의 학습

LEARNING TO PROGRAM *with* ALICE

Wanda P. Dann • Stephen Cooper • Randy Pausch 공저
이기철 • 박지헌 • 박준상 공역

PEARSON 홍릉과학출판사

Authorized Translation from the English language edition, entitled LEARNING TO PROGRAM WITH ALICE, 2nd Edition by DANN, WANDA P.; COOPER, STEPHEN; PAUSCH, RANDY, published by Pearson Education, Inc, publishing as Prentice Hall, Copyright © 2009

All rights reserved. No part of this book may be reproduced or transmitted in any form or by any means, electronic or mechanical, including photocopying, recording or by any information storage retrieval system, without permission from Pearson Education, Inc.

KOREAN language edition published by PEARSON EDUCATION KOREA LTD and HONGREUNG SCIENCE PUBLISHING CO, Copyright © 2011

역자서문

프로그래밍을 배워본 학생들 중 상당수가 처음에 큰 어려움을 호소한다. 특히 객체 지향 프로그래밍을 근간으로 하는 최근의 추세는 기초 프로그래밍 과목을 더욱 어렵게 느끼게 하는 데 일조하였다고 볼 수 있다. 이를 잘 극복하고 프로그래밍을 즐기면서 컴퓨터를 전공하거나 이용하는 사람도 많지만 프로그래밍 단계에서부터 좌절되어, 컴퓨터 과학을 마치 인문학 공부하듯이 실습 없이 학습하려는 학생들도 더러 있었다. 기초 프로그래밍을 못하는 학생은 당연히 다른 전공을 선택하는 외국과 달리 전공을 바꿀 수 없는 우리나라의 경우 프로그래밍에 대한 기본 이해조차 없이 계속 컴퓨터를 전공하여야 하는 점도 문제인 것 같다. 컴퓨터의 전공자나 비전공자 모두에게 프로그래밍에서의 좌절과 극복의 단계는 마치 사춘기의 젊은이가 힘든 시간을 보내야 하는 것처럼 너무 당연시 여겨온 것이 사실이다.

앨리스 프로그래밍은 처음 프로그래밍을 배우려는 학생들에게 우리가 볼 수 있는 대상으로서의 '객체'와 그 대상에 대한 메시지 전달로서의 '메소드 호출'을 제공하여 주고 그 동작 결과를 3D 애니메이션으로 볼 수 있게 해 줌으로써, 놀이하듯이 자연스럽게 프로그래밍에 접근할 수 있게 해준다. 기본적으로 키보드 대신 마우스에 기반한 언어이므로 구문 에러 처리에 시달리지 않고도 학생들이 힘들지 않게 프로그래밍의 세계로 발을 들여놓을 수 있으며, 이를 통해 자연스럽게 컴퓨터 과학/공학의 세계로 들어갈 수 있다. 특히 앨리스 언어를 배운 학생의 경우 C++ 언어의 이해가 자연스러워지며, 장기적으로는 C++ 언어를 기반으로 하는 자료구조 과목의 이해에도 도움이 되리라고 생각한다.

앨리스 언어는 고 '랜디 포쉬' 교수가 이끄는 팀이 개발한 언어로 그 특징은 다음과 같다.

1. 기존의 언어가 가진 복잡한 의미론 없이 프로그래밍을 가르칠 목적으로 개발된 언어이다.
2. 통합 개발 환경에서 개발하며, 구조를 기억할 필요가 없다. 객체 지행적이며, 사건 구동식 프로그래밍 모델이다.
3. 통상적인 컴퓨터 프로그래밍을 하지 않는 사람들을 염두에 두고 설계되었다.

앨리스 언어를 생각하면 앨리스 언어 개발을 평생의 일로 생각하고 헌신한 카네기멜론대학의 고 '랜디 포쉬' 교수를 생각하지 않을 수 없다. 그의 '마지막 강의'를 읽어 보면 암으로 생을 마감하는 단계에서도 주위에 대한 감사의 마음을 잃지 않았던 고인을 떠올릴 수 있다.

앨리스 언어는 현재 미국의 수많은 대학에서 사용되고 있는데 비해, 국내 대학에서는 예상외로 늦은 감이 있다. 미국 이타카대학과 세인트 죠셉 대학에서 수행된 연구에 따르면 사전 프로그래밍 경험이 없는 학생이 앨리스 언어를 배운 다음 컴퓨터 과학 강좌를 수강한 경우 평균 학점이 C에서 B로 증가하였으며, 탈락률이 현저히 감소하였다고 한다.

홍익대에서는 2010학년도부터 컴퓨터 공학을 전공하려는 신입생들에게 앨리스 언어를 가르치고 있으며, 이 언어를 통해 컴퓨터 과학에 대한 긍정적인 관심이 커지는 것을 느끼면서 매우 현명한 선택이었다고 자부하고 있다. 이번 번역본을 통해 대한민국의 많은 사람들이 프로그래밍과 컴퓨터 학문의 매력을 느끼게 되는 데 도움이 되길 기대해 본다.

역자 씀

서문

'기초 프로그래밍' 강의를 들으며 좌절감을 느끼는 학생이 많다. 더욱이 첫 학기에 객체지향 프로그래밍을 다루는 최근 추세에 따라, 그렇지 않아도 어려운 공부가 더욱 어려워졌다. 최근 조사에서 컴퓨터과학(CS) 전공 학생 수가 미국에서 23 퍼센트나 줄어든 점을 고려할 때 이는 특별히 걱정스러운 일이다. 컴퓨터 학문을 처음 접할 때 불필요하게 좌절감을 주어 학생들의 의욕을 꺾으면 곤란하다.

앨리스 시스템은 객체지향 프로그래밍 강의에 혁신을 이루었다. 즉 앨리스에서 객체는 3차원의 인간, 동물, 가구 등으로 구체화되어 있어 쉽게 볼 수 있다. 앨리스 객체의 상태는 "1 미터 앞으로 움직여라"나 "좌측으로 사분의 일 회전하시오" 등의 메소드 호출로 변경되는데, 이런 메시지는 학생들이 직관적으로 쉽게 이해할 수 있다. 이런 상태 변화를 나타내는 애니메이션을 통해 계산 과정을 보여준다. 어느 객체의 상태를 구체화하고 계산을 이용하여 그 상태를 변경한다는 개념을 표현하기 위해 이보다 더 마음에 와 닿는 방식을 생각할 수 없을 것이다. 앨리스의 진정한 강점 중 하나는 처음 프로그래밍을 대하는 사람에게 추상적 개념을 구체화해줄 수 있었다는 것이다.

학습동기의 부여 없이는 세상의 모든 교수법이 무용지물임을 진정한 선생님이라면 누구나 알고 있다. 학생들은 내적 동기부여가 있을 때에 가장 잘 배운다. 보상과 처벌(즉 "학점")에 의해 그런 동기부여를 줄 수도 있지만, 앨리스 시스템은 더 순순한 형태의 동기부여를 사용한다. 즉 스토리텔링 행위를 프로그래밍의 기반으로 사용한다. 로스앤젤레스에서는 "누구나 감독하고 싶어 한다"라는 말이 있는 데서 알 수 있듯이, 스토리텔링은 보편적으로 주목받는 방법이다.

3D 그래픽스를 제작매체로 사용하기에, 앨리스 시스템은 비디오 게임과 픽사(Pixar)사의 영화를 보며 자란 세대에게 직접 통하게 되어있다. 저자들은 이를 달성하기 위해, 컴퓨터 프로그램 설계를 위한 하나의 상징물인 "스토리보드"를 사용한다. 스토리보드는 대학신입생이 즉시 이해할 수 있는 몇 안 되는 "설계 행위" 중 하나가 아니겠는가?

객체를 구체화하는 등의 고급 개념 외에도, 앨리스 시스템에서는 잘 제작된 드래그-앤-드롭(drag-and-drop 또는 끌어다 떨어뜨림) 인터페이스가 제공된다. 이는 스퀴크(Squeak) 시스템 편집기에서 따 온 개념으로 학생들이 스크린 상에서 프로그램 성분들을 끌어다 옮길 수 있어 구문 에러가 발생하지 않게 해준다.

앨리스는 지난 20년 동안 기초 컴퓨터학 분야에 등장한 가장 독창적 시스템의 하나로, 적절한 시기에 등장했다고 말할 수 있다.

알랜 케이

케이 박사는 객체지향 프로그래밍, 개인용 컴퓨터학 및 그래픽 사용자 인터페이스의 초기 개척자이다. 그의 공로를 인정받아 그가 받은 상으로는 (로버트 테일러, 버틀러 램프슨과 찰스 트래커와 함께 수상한) 국립 공학 아카데미의 찰스 스타크 드레이퍼 상, ACM의 튜링 상, 이나모리 재단의 교토 상이 있다.

머리말

"... 그림도 없고 대화도 없는 책이 무슨 소용이지?" 라고 앨리스는 생각했다.

이 책과 앨리스 시스템은 기초 프로그래밍에 대한 혁신적인 접근방식을 취하고 있다. 기초 프로그래밍 강좌가 학생들에게 너무나도 좌절감을 안겨주는 과목임에도 불구하고, 지난 30년 간 프로그래밍 교수법은 상대적으로 혁신이 거의 없었다고 할 수 있다. 우리의 혁신적 접근법의 목표는 기존 프로그래밍 개념을 더 쉽게 가르치고 더 빨리 이해시키려는 것이다. 앨리스 시스템은 무료이며 www.alice.org에서 이용 가능하다.

프로그래밍 강좌에서는 무엇을 가르쳐야 하는가?

이 점에 대해 나름대로 신념을 가지신 분들이 많겠지만, 프로그래밍 강좌를 수강하는 학생은 다음과 같은 것을 배워야 한다는 강한 공감대가 있다고 생각된다.

- 알고리즘적인 사고와 표현: 정규 언어로 읽고 쓸 줄 알기.
- 추상화: 복잡한 아이디어들을 단순히 전달하고 문제를 논리적으로 분해하는 방법의 학습.
- 우아함의 인식: 다수의 문제 풀이 방법이 있더라도, 어떤 방법은 다른 방법보다 원래부터 더 좋다는 것을 깨닫기.

우리의 접근방식은 무엇이 다른가?

우리의 접근방식을 따르면 학생들이 영화와 게임을 화면에 제작할 수 있는데, 그러는 가운데 "객체"의 개념이 실체화되고 볼 수 있게 된다. 앨리스에서는, 화면 속 객체들이 3D(3차원) 마이크로 세계에 거주한다. 구문 에러가 배제된 마우스-기반 편집기로 프로그램 성분들(if/then 문장, 루프 문, 변수 등)을 드래그-앤-드롭(끌어다 떨어뜨림)함으로써 학생들은 프로그램을 제작한다. 앨리스 시스템에서는 메소드, 함수, 변수, 매개변수, 재귀, 배열, 사건을 지원하는 강력한 최신 프로그래밍 환경이 제공된다. 우리는 이같이 강력한 시각 환경을 사용하여, 책의 앞부분에서 사건(event)이 무엇인지 소개하고 (ACM과 IEEE-CS 계산학 교과과정 2001 보고서에 설명된) 객체 우선 또는 객체를 초반에 도입하는 접근방법을 지원한다. 앨리스에서는 모든 객체가 학생들이 눈으로 볼 수 있는 객체이다! 맨 앞장에서 객체가 소개된다.

우리가 보기에 극복해야 할 기본 프로그래밍의 4대 장애물은 다음과 같다.

1. **프로그램 제작 특히 구문의 취약성** 앨리스 편집 환경에서는 프로그램 성분을 편집기 안으로 끌어올 때마다 그 성분을 합법적으로 떨길 수 있는 모든 "표적물"들이 하이라이트(highlight)되므로, 프로그램 제작 시 구문 에러에서 생기는 좌절감을 느끼지 않으면서 학생들은 구문에 대한 직관을 키울 수 있다.
2. **프로그램 동작 중의 계산 결과를 볼 수 없음** 텍스트형 디버거와 변수 값 추적 기능이 있는 게 없는 것보다는 낫지만, 앨리스 방식에서는 프로그램의 상태를 본래부터 볼 수 있게 한다. 어떤 의미에서는, 학생의 인식 시스템에서의 정신적 노력을 인지 시스템으로 옮겨놓는다고 말할 수 있다. 어떤 객체가 앞이 아니라 뒤로 움직였음을 보는 것이, "합"을 나타내는 변수가 증가한 게 아니라 감소했음에 주목하는 것보다 훨씬 쉽다. 앨리스는 학생들로 하여금 자신의 애니메이션 프로그램의 동작을 볼 수 있게 해 주므로, 프로그램 구조와 애니메이션 행위와의 편한 관계를 제공해준다. 요즈음 학생들은 대화식, 3차원 그래픽스가 흔한 세상에 푹 빠져 살고 있다. 우리는 그같이 하지는 않더라도 그 사실을 이용하려 한다.
3. **프로그래밍을 하려는 동기 부족** 단지 필수 강좌라는 이유로 기초 프로그래밍 강좌를 수강하는 학생들이 많다. 학생들에게 동기부여를 해 주기에는 훌륭한 선생님이 제일 중요하겠지만, 제대로 된 환경은 기대하기 어렵다. 앨리스를 이용한 강좌에 대한 예비 조사에 따르면, 기존 도구를 이용하는 학생 집단에 비해, 학생들이 더 많은 연습문제를 선택해 풀고, 다음 프로그래밍 강좌를 더 많이 수강한다. 초창기 앨리스 버전과 관련해서 우리가 접한 가장 흔한 요청사항은 제작물을 동료들과 공유할 수 있게 해 달라는 점이었다. 이에 우리는 앨리스 프로그램을 웹브라우저에서 동작시킬 수 있는 기능을 추가하여 학생들이 그들의 웹 페이지에 게시할 수 있게 하였다. 우리는 모든 학생들에게 동기부여가 증가됨을 알 수 있었지만, 소수 그룹 특히 여학생들에게 고무적인 결과를 얻었다.
4. **복합논리의 이해와 설계기법 학습의 어려움** 앨리스 환경에서는 작은 메소드와 함수의 제작이 실제적으로 장려된다. 더 중요한 점은, 영화 제작과의 유사성 때문에 학생들이 안정화된 영화제작 과정으로 인식하는 스토리보드란 개념을 이용할 수 있다는 것이다. 설계기술이 간단한 스케치와 화면 캡처를 이용하여 설명된다. 또한 가급적 텍스트형 스토리보드를 사용하되, 그 스토리보드들을 점진적으로

개선하고 반드시 가코드(pseudo-code)로 설계하도록 권장한다.

이 교재의 사용법

물론, 강사 여러분이 적합하다고 생각하는 식으로 이 교재를 사용하여야 한다. 본 책을 사용하는 네 가지 방식을 열거하는데, 여러분이 다른 방식을 찾아낼 수도 있다.

단기 또는 한 학기 프로그래밍 강좌의 유일한 교재로 사용 학기가 끝날 때 비교적 복잡한(가령 300줄) 프로그램을 작성하게 할 수 있을 것이다. 그 같은 강좌는 실세계 언어로 전환할 필요 없이 프로그래밍의 개념을 배우고자 하는 비전공자용일 수도 있다. 아니면 프로그래밍의 사전 경험이 없이 컴퓨터학문을 전공하려는 학생이 CS1(기초 프로그래밍) 수강 전에 듣는 강좌용으로 개설될 수도 있다. 우리가 NSF에서 지원받아 수행한 연구(NSF-0126833)에 따르면, 프로그래밍의 사전 경험도 없이, 힘든 CS1 강좌로 직접 뛰어들은 학생들은 매우 높은 탈락률을 갖고 있다. 이런 학생들도 앨리스를 배운 후에 CS1 강좌를 수강하면 CS1 강좌에서의 탈락률이 상당히 감소되었다.

종전의 "기초 프로그래밍" 강좌(예 CS1)의 첫 부분으로 사용 세이모어 페이퍼트의 로고(Logo)와 리치 패티스의 캐롤 더 로봇(Karel the Robot)은 이런 식으로 사용되었으며, 우리들은 이 시스템들에서 깊은 감명을 받았다. 이런 시스템들과 달리, 앨리스는 학생들이 여러 학기 동안 지속적으로 사용할 만큼 강력하다(예를 들어, 컴퓨터 과학 전공자로 졸업반인 학생들이 앨리스로 3,000줄 프로그램을 작성하는 게 통상적인 일이다). 하지만, 많은 기초 프로그래밍 강좌에서는 개념을 가르칠 뿐만 아니라, 자바 언어 같은 기존의 언어로 학생들이 프로그램을 작성하도록 준비시켜주어야 한다. 앨리스를 먼저 배움으로써, 학생들은 프로그래밍의 기본 개념에 익숙해지게 되며, 특정 "실제" 언어로 전환하면서 그 구문 규칙을 빨리 배울 수 있다. 앨리스 환경에서 그림 P-1-1과 같이 자바형 구문의 프로그램을 보여주면 그 전환이 쉬워질 수 있다.

"컴퓨터 교양" 강좌의 프로그래밍 성분으로 사용 많은 학교에서 컴퓨터 교양 강좌는 비전공자들에게 컴퓨터와 "정보기술"의 폭넓은 소개를 목적으로 한다. 이런 강좌 중에는 프로그래밍 성분을 없애고 스프레드시트 같은 "사무실 생산성 도구"에 대한 실습만을 제공하는 경우가 많다. 앨리스는 컴퓨터 교양 강좌에 어렵잖게 프로그래밍 성분을 되돌릴 수 있는 잠재력을 갖고 있다.

고등학교 "기초 프로그래밍" 강좌에서 사용 고등학교는 깊은 관심과 적극적인 동기부여가 교사가 가질 최선의 덕목이 되는 환경인데, 그런 면에서 앨리스 강좌는 고등학교용으로의 엄청난 잠재력을 갖고 있다. 이 책을 별도의 강좌의 일부로 또는 대학 AP 컴퓨터학 강좌의 준비서로 사용할 수 있다.

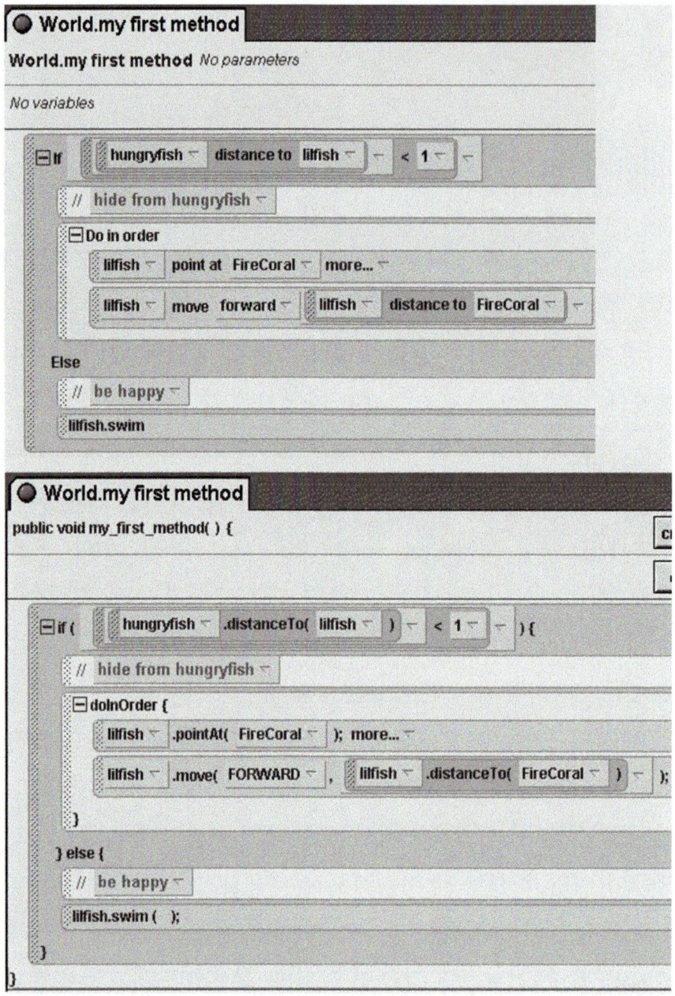

그림 P-1-1. 앨리스로 작성된 프로그램(위쪽)을 자바형 구문(아래쪽)으로 표시할 수 있다

강의 자료

www.aliceprogramming.net에는, 정오표, 강의 노트, 타 강의 자료로의 링크와, 강좌 스케줄의 예가 있다. 강의 자료를 얻으려면 가까운 프렌티스홀사 판매 담당자에 연락하라.

책의 구성

1장에서는 학생들에게 컴퓨터 프로그램 작성을 위한 동기부여를 하고 프로그래밍에 대해 가질 수 있는 두려움에 대해 언급한다(특히 컴퓨터 교양 강좌에 도움이 됨). 그 다음에 기본적인 앨리스 개념이 일부 도입된다. 기존 방식의 종이 기반 튜토리얼은 부록 A에 있다. 계산학 및 프로그래밍의 용어(예를 들어 프로그램, 클래스, 객체)는 처음 도입되어 정의될 때 이탤릭 볼드로(색표시) 쓰여져 있다.

나머지 장들은 각 장의 주제에 대한 동기부여 식 개략으로 시작하며 연습문제, 프로젝트, 요약으로 끝난다. 장별로 설명된 주요 개념을 (매우) 간단히 요약하여 아래에 열거하였다. 교재 자료에서는 프로그래밍의 기본 개념을 소개하는데 주요한 초점을 맞추고 있다.

1장 시작하기
2장 설계, 단계식 정제, 첫 프로그램
3장 내장 함수, 표현식, 간단한 제어문
4장 객체지향 프로그래밍: 메소드, 매개변수, 상속
5장 대화식 프로그램: 사건과 사건처리
6장 함수와 조건 실행(*If/Else*)
7장 한정 루프(Loop)와 무한 루프(*While*)
8장 반복: 재귀
9장 리스트
10장 변수, 상속(2), 배열 시각화
11장 앨리스로 학습한 기본 개념의 요약

1장부터 3, 4장까지는 빠른 속도로 진도를 나가는 게 좋다(1장과 2장은 2~3차례 강의로 쉽게 끝낼 수 있다). 강사들은 각 장 뒤에 있는 많은 수의 연습문제 중 선택해서 숙제를 내면 된다. 강사가 학생 수준에 맞는 연습문제를 선택할 수 있도록 많은 수의 연습문제를 두었다. 책의 뒷부분에는 자유 형식의 대형 "프로젝트" 예제들이 있다("프로젝트"는 많은 시간이 필요한 고급 연습문제이다.).

프로젝트는 창조적 정신을 고무시키려는 것이지, 학생의 진을 빼려는 게 아니다. 가능하다면 "정답이 없는" 프로젝트가 좋다. 정답이 없는 프로젝트란 학생들 자신의 스토리 라인으로 시작하고 스스로 선택한 객체를 사용하는 자신만의 애니메이션을 설계하도록 학생들에게 요청하는 프로젝트이다. 프로젝트는 어떤 요구사항을 만족해야 한다. 예를 들면 "대화식 세계이어야 하는데, 두 차례 이상의 마우스 사용 및 최소 3개의 메소드를 포함하고, 클래스 수준 메소드를 작성하고 신규 클래스를 저장하는 식으로 직접 제작한 두 개의 클래스로부터 온 객체들이 있어야 한다"는 식이다. 자신들이 만든 세계를 프로젝트 마감일에 반 친구들 앞에서 발표하게 하는 데에 앨리스가 특별히 적합하다.

각 장에는 "요령 및 기법" 절이 있다. 이 절들과 부록 A 및 B를 모두 합하면 그게 바로 앨리스의 미니 사용자 설명서이다. "요령 및 기법" 편에서는, 본문에서 주로 다루어지는 기존의 기본 프로그래밍 개념보다는, 앨리스에서의 애니메이션을 다룬다. 이런 절에서 설명되는 기법들은 교재 전체에 전략적으로 배치되어 있으며, 뒤에 나오는 프로그래밍 예제에서 이 기법들을 사용하도록 근간을 이룬다. 요령 및 기법은 앨리스를 이용한 애니메이션에 대해 더 배우고자하는 이들을 위한 설명서가 된다. 부록 A는 "시작하기" 튜토리얼이다. 부록 B에서는 인터페이스 관리 방법이 설명되어 있다. 인터페이스를 텍스트 예제들과도 연관지어 사용하여, 프로그래밍 개념을 배우게 된다. 요령 및 기법은 "어떻게 하는가" 하는 선정된 주제를 가지고 본 책의 멋을 풍성히 해준다.

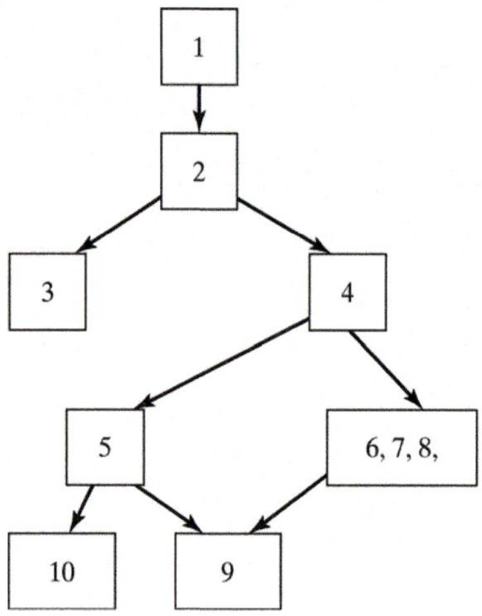

그림 P-1-2. 의존도

주제 선정 및 내용의 순서

주제 선정과 가르칠 내용의 순서는 강사가 결정할 문제다! 그림 P-1-2의 의존도를 보면 본 책을 강의할 때의 경로를 결정하는데 도움이 될 수 있다.

아주 단순화시킨 관점으로 보면, 1-4장은 순서에 맞는 주제들을 제공하고 있으며, 5-11장은 좀 더 독립적이어서 다양한 순서로 다룰 수 있다. 1-4장을 순서대로 배우는 것은 "객체를 초반에" 접근법이다. 3장을 뛰어넘는 것은 "객체 우선" 접근법이다. 4장과 5장의 예제들은 3장과 독립적으로 설계되었다. 이에 따라, 객체 우선 접근법에서는 3장을 뛰어 넘고 이 주제들은 6장과 7장의 주제를 다룰 때 일부로 다룰 수도 있다. 7장과 8장을 바꾸어 *Loop*와 *While* 제어 구문 전에 재귀를 다루어도 무방하다.

다양한 대학 환경에 종사하는 강사분들과 일하면서, 주제 선정과 순서는 특정 강좌

구조에 따른 시간 제약, 교육법, 교육 철학에 근거하는 경우가 많음을 알게 되었다. 어느 강좌의 일부로 삼 내지 사 주만 주어진다면, 책 이곳저곳의 연습문제들을 숙제로 하고 끝으로 단 한 개의 프로젝트를 내줄 수도 있다. 또한 요령 및 기법 절들을 수업시간 배정 없이 읽어오기 숙제로 할 수도 있다. 다음의 진도순서표에서는 강의순서의 일부 예를 보여준다.

순서	전략/시간 제약	강좌
1-2-3-4 (5도 가능)	객체를 초반에(3-4주)	컴퓨터 교양 CS1의 처음 3주
1-2-4-5-6-7-8	객체 우선(단기 강좌)	기초 프로그래밍 CS1 강좌 전
1-2-4-5-6-8-7	객체 우선, 재귀를 초반에(단기 강좌)	CS1 강좌 전
1-2-3-4-5와 6-11에서 선택한 주제	객체를 초반에(한 학기)	기초 프로그래밍 CS1 강좌 전
1-2-4-5-6과 7-11에서 선택한 주제	객체 우선(한 학기)	기초 프로그래밍 CS1 강좌 전

교재의 특정 양태에 대한 주의사항

설계는 다루지 않고 앨리스를 가르치려고/배우려고 이 교재를 사용하고 있다면, 2장의 첫 절은 뛰어넘어도 된다. 하지만, 교재 나머지 부분에서는 텍스트형 스토리보드와 단계식 정제를 사용하여, 알고리즘식 문제 해결 관점에서 설계를 논하는 체계를 제공해준다. 논리 프로그래밍 강사들에게서 받은 많은 요청에 따라, 2판에서는 1장에서 흐름도의 기호를 간단히 설명하고, 1-5장에 몇 개의 흐름도를 넣었다. 의도적으로 단순한 흐름도를 사용하여 선정된 예제 애니메이션 프로그램의 기본 논리를 설명하였다. 우리는 강사들이 이 기본 접근방식을 바탕으로 더 복잡한 예제를 보여줄 것을 기대한다. 원한다면 다른 설계 체계(UML 등의 기존의 가코드 버전)를 사용해도 상관없다. 내용에 영향을 주지 않는다면, 이렇게 해도 무방하다.

4장에서 앨리스가 상속을 완벽히 구현하고 있지 않음을 알 수 있다. 새로운 클래스를 생성할 때, 기준 클래스의 특성과 메소드들을 복사하여 새로운 3D 모델 파일에 저장한다. 그 후 상위 클래스에 대한 추가적인 변화가 있더라도 이미 복사된 하위클래스에는 적용되지 않는다.

상속은 객체지향 프로그래밍 언어에서 (a) 메소드(행위)의 추가와 (b) 수정 가능

변수의 사용에 의한 추가적 상태 정보라는 2가지 방법으로 이루어진다. 우리는 이러한 기법들에 대한 논의를 분리하여, 4장에서는 추가된 행위를 소개하지만, 추가적인 상태 정보에 대한 논의는 10장으로 미루겠다. 수정 가능 변수들은 우리가 앨리스 환경의 다른 것들을 보듯이 볼 수 있는 게 아니기 때문에, 학생들이 다수의 다른 프로그래밍 개념을 공부한 후 교재 뒤쪽에서 소개된다.

우리는 대화식 프로그램이 재미있고 학생들의 동기유발에도 효과가 있음을 알게 되었다. 그렇지만 교수법상으로 볼 때 5장은 생략해도 무방하다. 책 뒷부분의 연습문제와 프로젝트의 일부는 대화식 스타일을 사용하는데, 여러분이 예제와 숙제를 선택하면 된다.

앨리스

가장 최신판 앨리스 소프트웨어와 3D 모델들의 온라인 갤러리(화랑)는 www.alice.org에서 다운로드받을 수 있다. 이 책 구매 시 PC용과 Mac용의 2장의 디스크가 제공된다. 각 디스크에는 앨리스 2 와 앨리스 2.2(베타 버전)가 포함되어 있다. PC를 리눅스로 사용하고 있다면, 여러분의 시스템에 합당한 버전이 있는지 웹 사이트 www.alice.org를 찾아보라. 앨리스 웹 사이트에는 설치, 자주 묻는 질문들, 버그(논리오류) 보고서를 받기 위한 링크, 앨리스 교육자용 온라인 공동체로의 접근에 대한 안내문이 제공된다.

이 책 발간 시에도, 앨리스 2.2는 철저한 실험과 디버깅 중에 있다. 이 교재에 포함된 소프트웨어는 개인 사용자를 위한 것이며 네트워크로 연결된 실험실 환경용이 아니다. 무료 다운로드를 받아 갱신하려면 www.alice.org를 방문하라.

앨리스 시스템은 3D 그래픽스이며 메모리를 많이 필요로 한다. 앨리스 개발팀은 앨리스 동작을 위한 최소 요구사항과 권장 요구사항을 마련하였다. 구형 노트북 컴퓨터 중에는 이런 요구사항을 만족하지 못하는 경우가 많이 있음에 주의하라. 확실히 하려면, 여러분이 사용하려는 특정 기계에서 앨리스를 한 번 동작시켜보는 게 매우 중요하다.

운영체제 요구사항:

PC

앨리스 2	윈도 ME, 2000, XP, 또는 Vista
앨리스 2.2	윈도 XP 또는 Vista

Mac

앨리스 2	OS X 10.3, 10.4 또는 10.5
앨리스 2.2	적어도 OS X10.4 이상

최소 하드웨어 요구사항

500 MHZ 이상으로 동작하는 프로세서
고색상 (16비트)이 가능한 VGA 그래픽스 카드
256 MB의 RAM
비디오 해상도 1024 x 768
사운드 카드

권장 하드웨어 요구사항

1 GHz 이상으로 동작하는 프로세서
16MB 3D 비디오 카드(자세한 내용은 www.alice.org를 찾아보라)
500MB의 RAM

앨리스는 강의실 데모용 디지털 프로젝션 시스템을 사용해도 잘 동작한다. 1,024 x 768 이 최상이지만, 800 x 600 비디오 해상도의 프로젝터도 괜찮다.

앨리스 2.2는 이 교재에 동봉된 CD에 포함되어 있다. 앨리스 2.2가 선생님들과 학생들의 열화 같은 요구 때문에 일찍 공개되었음에 주목하기 바란다. 앨리스 2.2는 앨리스 2의 알려진 버그(논리오류)들 다수를 수정한 개정본이다. 무엇보다도 앨리스 2.2에는(File 메뉴에 있는) 비디오 저장(Export Video) 선택사항이 구현되어 있다. 끝으로, people 3D 모델의 대부분은 이제 walk 메소드를 갖춘 버전을 갖고 있다. "걷는 법을 아는 사람들" 모델들을 포함하고 있는 특별한 폴더는 People 갤러리 내에서 찾을 수 있다.

본 책 2판의 변경사항

1. 첫 판의 정오표를 수정.
2. 3장의 요령 및 기법의 내용과 8장의 요령 및 기법의 내용을 교환하고 확장.
3. 5장의 요령 및 기법의 내용을 부록 B의 "여러분 자신의 People 모델을 제작하기" 라는 소절의 확장판으로 대체.
4. 각 장의 요약을 소절 '연습문제와 프로젝트' 바로 앞으로 옮김.

5. 각 장의 소절 '연습문제와 프로젝트' 에 용어와 개념 질문을 추가.
6. 1장에 흐름도 기호의 간단한 설명 추가하고, 1-4장의 일부 예제에 간단한 흐름도 추가.
7. 애니메이션 프로그램을 QuickTimeTM 포맷의 파일로 저장하는 방법에 대한 소절을 부록 B에 추가.

완다 댄
스테판 쿠퍼
랜디 포쉬

감사의 말

전에 언급했듯이, 세이모어 페이퍼트의 로고(Logo)와 리치 패티스의 캐롤 더 로봇(Karel the Robot)은 볼 수 있는 마이크로 세계를 사용한다는 신통한 생각이었다. 알랜 케이와 스퀴크 시스템을 보고 우리는 마우스기반 프로그램 편집기를 만들려는 생각을 하게 되었고, 팀 타이텔바움의 구문지시형 편집기 작업도 우리를 고무시켰다. 우리의 문제해결 접근법은 조지 폴야, 마이크 클랜시와 덕 쿠퍼의 영향을 받았다.

교재 및 강의 자료의 초기 실험자들과 사용자들이 해주신 유용한 주석과 제안에 대해서도 깊은 감사를 드린다. 수잔 로져(듀크대), 릭 자콘(버크넬대), 빌 태피(플리머스 주립대), 안젤라 쉬플렛(워포드대), 윌리엄 테일러(캠덴카운티대)가 그분들이다. 그 외에도 우리 학생들의 도움에도 감사드린다. 토비 드래곤(이타카대), 케빈 디츨러(세인트죠셉대), 패트리샤하손(세인트죠셉대), 캐슬린 라이언(세인트죠셉대)가 그 학생들이다. 우리는 캘훈커뮤니티대의 수 미첼에게 진심어린 감사를 드린다. 그분은 2판용 흐름도와 구현전략도의 추가에 대한 예제를 제공하고 상담에 응해 주었다.

앨리스 소프트웨어가 살아 숨쉬는 것은 카네기멜론대학의 창의적 열정적 헌신적인 대학원생, 학부생, 직원들 때문이다. 이들이 없다면, 앨리스는 살아 있지 못하며 이 교제를 쓸 수도 없었으리라. 앨리스 2.2의 주요 제작자는 벤 부치왈드, 데니스 코스그로브, 데이브 쿨리바, 클리프 포라인스, 제이슨 프랏, 케이틀린 켈레허이다. www.alice.org를 보면 더 많은 수의 관련자들이 열거되어 있다. 카네기멜론대의 많은 화가들이 고맙게도 다른 사람들을 위해 갤러리에 그들의 작품을 넣어주었다. 사라 해톤, 모 말러, 숀 로손, 티파니 포마리코 등을 포함해서 작품 기증자의 수는 수백 명에 달한다. 토미 부르넷, 케빈 크리스천슨, 롭 디라인, 매트 콘웨이, 리치 고스와일러 이들 모두가 버지니아 대학에서의 앨리스 초기 버전에 중요한 공헌을 하였다. 또한 우리는 앨리스 초기 버전을 지원하고 격려해 준 버지니아 대학에도 감사드린다.

앨리스 수정본 2.2를 구현한 카네기멜론대의 매더릴 피취에게 매우 감사드린다. 우리에게 지도와 도움을 준 데니스 코스그로브와, 관대하게 코딩 일부를 기부하고 비디오 저장(Export Video)의 구현을 위한 상담에 시간을 할애한 조지아공대의 바바라 에릭슨에게 큰 감사드린다. 개정된 People 갤러리의 사람 모델의 대부분을 위해 walk 메소드를 구현한 제니퍼 뭉 오에게도 진실된 감사의 마음을 전한다.

이 자료는 국립과학재단에서 지원번호 0302542, 0339734, 0126833, 0624528,

0623808, 0624479, 0624642, 0624654에 의해 부분 지원된 연구에 근거하고 있다. 이 자료에서 표현된 어떤 의견, 발견, 결론이나 권장사항은 저자들의 소관이며, 국립과학재단의 의견을 반드시 반영하는 것은 아니다.

우리는 첫 판을 심사해주신 분들에게 깊은 감사드린다. 그분들을 열거하자면, 드안자대의 매리 안 에이미-펌프리, 샌디에고주립대의 르랜드 벡, 콜로라도주립대의 엘리자베스 보우스, 위스콘신대의 뎁 데펠러, 유타주립대의 켄드라 디너스타인, 해버포드대의 죤 두거티, 버지니아공대의 오디스 헤이든 그리핀 주니어, 조지아공대의 마크 구즈디얼, 카네기멜론대의 리차드 패티스, 위스콘신대의 샐리 피터슨, 듀트대의 수잔 로져, 캠덴카운티대의 윌리엄 테일러, 아리조나대의 수잔 웨스트부룩, 버크넬대의 릭 자콘이 그들이다.

우리는 2판을 심사해주신 분들께도 역시 감사를 드린다. 값진 주석과 제안을 해주신 그분들은 버지니아 웨스턴커뮤니티대의 길버트 아무어, 노스캐롤라이나 윌밍톤 대의 마르니 퍼너, 퍼시픽루터런대의 미셸 폴숌, 로완대의 스테판 제이 하틀리, 인디아나대의 크리스토퍼 헤인스, 노던버지니아 커뮤니티대의 바바라 홀트, 칼라마주대의 켈리 슐츠, 찰스톤대의 록산 에치 스탈비, 레만대의 캐더린 세인트 죤이다.

프렌티스홀사의 트레이시 둔켈버거와 알랜 애프트에게 이 교재편찬을 지원해준 데 감사드린다. 지난 10여년 동안 일렉트릭 아츠, 구글, DARPA, NASA, 애플, 포드, 인텔, 마이크로소프트 연구소, SAIC가 앨리스 시스템 개발에 지원을 아끼지 않았으며, 이에 깊은 감사를 드린다.

차례

제1부 앨리스의 소개

제2부 객체지향 및 사건구동식 프로그래밍 개념

제3부 함수 및 제어문의 사용

제4부 고급 주제

제1부

앨리스의 소개

제1장

앨리스 시작하기

"키티, 뭔가 들어갈 방법이 있는 척 해보자. 유리가 거즈처럼 부드러워서 뚫고 들어갈 수 있는 척 해보자. 아, 지금 안개처럼 변하고 있어, 정말로! 뚫고 들어가기 쉬워질 거야."

1-1 앨리스의 소개

컴퓨터 프로그램을 왜 배우는가?

여러분은 (a) 컴퓨터 **프로그래밍에 대해 배우고자** 하거나 (b) 컴퓨터 프로그래밍에 대해 배우는 **필수 강좌를 듣고 있기** 때문에 이 책을 읽고 있을 것이다. 그 중 어느 경우에 해당되건, 우선 컴퓨터 프로그램 작성법을 배우면 뭐가 좋은 가에 대해 이야기해 보자.

먼저 좀 색다른 이야기 한마디 해보자: **컴퓨터 프로그래밍을 배운다고 여러분이 컴퓨터 마니아가 되지는 않는다.** 컴퓨터 프로그래밍이 무엇인가와 어떤 종류의 사람들이 컴퓨터 프로그램을 작성하는가에 대해 사람들 머릿속에 많은 선입관이 있음을 알고 있다. 여러분이 주머니 보호대를 차거나, 샤워하기를 멈추거나, 이해하기 어려운 컴퓨터-언어의 약어들로 말하기 시작하려는 욕구를 갑자기 품게 되지 않을 것임은 확실하다. 있는 그대로 말해보자. **이 책은 앨리스라는 시스템을 사용하는데, 그 앨리스는 종전과 아주 다른 방식으로 컴퓨터 프로그램을 작성할 수 있게 해준다.** 이해하기 어려운 "컴퓨터 언어"를 기계에 입력해서 어떤 이상한 계산을 하도록 하는 게 아니라, 여러분은 화면상의 객체들이 여러분이 창작한 대본을 연기해내는 어느 연극의 감독이 될 기회를 갖게 될 것이다. 그러나 너무 미리 나가지는 말자. 여러분이 왜 컴퓨터 프로그래밍을 하려 하는가로 돌아가 보자.

컴퓨터 프로그래밍을 배우는 이유는 많이 있다. 컴퓨터 프로그래밍이 정말로 너무 재미있어서 프로그래밍 자체를 목적인 것처럼 즐기는 사람도 있다. 그러나 대부분의 사람들에게, 컴퓨터 프로그램의 작성이 만족스러운 이유는 그것이 어떤 목적으로 이르는 수단이기 때문이다. 즉 그들에겐 해야 할 중요한 일이 있고, 컴퓨터는 그들에게 유용한 도구이다. 사실 컴퓨터의 응용은 우리 사회에 이미 널리 침투해있어서, 만약 내일 태어난다면 그날부터 죽는 날까지 컴퓨터와 상호작용하게 될 것이다. 신생아 발목에 두른 밴드에 소형 컴퓨터 칩을 달아 아이의 위치를 항상 알 수 있게 하는 병원이 많이 있다. 죽는 마지막 날 임종의 자리에서 여러분의 생명신호를 컴퓨터가 체크하고 있을 것이다. 그 중간에는, 좀 더 오래 살고 좀 더 건강하게 살게 될 터인데, 이는 의학 연구에 도움을 주는 컴퓨터 발전, 차에 있는 컴퓨터 제어 브레이크와 에어백, 그리고 에이즈와 같은 질병과 싸우는 신약설계를 가능하게 해주는 컴퓨터 모델링 때문이다. 컴퓨터 프로그래머들은 이 모든 기술적 진보가 가능하도록 도와 준다.

컴퓨터와 프로그래머들이 작성하는 소프트웨어는 엔터테인먼트 산업에 혁신을 가져왔다. 컴퓨터 게임은 점점 대중화되고 있다. 2003년에 수행된 '퓨 인터넷 & 아메리칸 라이프' 프로젝트에 따르면 약 70퍼센트의 대학생이 일주일에 적어도 한차례 온라인 컴퓨터 게임을 한다. *스타워스* 시리즈 영화와 그 영화 속 특수효과는 컴퓨터 때문에 가능하다. 아무튼, 앨리스 시스템의 학부생 제작자 중 한 명은 졸업 후에 ILM에 취직했는데, 그 회사는 *스타워즈* 영화를 위한 특수 효과를 수행한다. 그러니 다음에 *팬텀 메너스*를 관람할 때, 영화 만드는데 기여한 사람 명단에서 토미 부르넷이 있는지 살펴보라.

컴퓨터는 복잡한 휴대폰 네트워크를 유지함으로써 우리가 서로 통신하도록 도움을 주며, 동물의 서식처 이동 형태를 추적함으로써 해양 연구를 돕고, 우주 탐사를 가능하게 해준다. 이 어느 것도 컴퓨터가 없다면 가능하지 않으리라.

이런 프로젝트용 소프트웨어 제작자들의 다수가 프로그래밍을 연구하며 여러 해를 보낸 전문가들임은 당연하다. 그러나 전문가가 되려하지 않는 사람들조차 프로그래밍 강좌 한 개에서도 큰 이익을 얻을 수 있다. 스프레드시트와 단어 편집기 같은 현대의 응용 프로그램들은 사용자 대신 컴퓨터가 길고 지루한 일을 하도록 해주는 "마크로"나 기타 프로그래밍형의 특성들을 사용함으로써 실수요자에게 시간과 노력을 아낄 기회를 제공한다. 또한 여러분이 약간의 프로그래밍 경험만 있어도, 컴퓨터가 사용되는 사무실에서 "남들이 다 찾는" 사람이 될 수 있게 되어, 여러분의 경력 쌓기에 도움을 줄 것이다.

가장 중요한 것은, 컴퓨터 프로그래밍 강좌 한 개가 **새로운 식으로 생각하기를 배우는** 방식으로 유용할 수 있는데, 이는 데생 강좌 수강이 어떻게 **세계를 다르게 보는**가를 배우는 방법인 것과 같다. 새로운 식으로 생각하기를 배우는 것은 언제나 상당한 가치가 있다. 어떻게 우리가 일반적인 문제 해결 기술을 개선하고자 하는지에 대해 말하는 사람들이 우리 가운데 많이 있다. "문제 해결"이란 게 알고 보면 어느 문제의 답을 찾는 것이거나 어느 임무의 수행법을 알아내는 것이다. 컴퓨터 프로그래밍은 순수하고 증류된 형태의 문제 해결이다. 그러므로 컴퓨터 프로그래밍을 배우면, 질문에 답하고 일의 처리법을 알아낼 수 있도록 하는 새로운 사고법을 배우게 된다.

어떻게 이 책과 앨리스로 프로그래밍을 배우게 되나?

이 책과 앨리스 시스템은 여러분에게 컴퓨터 프로그래밍을 가르쳐 주는데, 전과는 아주 다른 즐거운 식이 될 것이다. 프로그래밍의 학습을 가능한 한 힘들지 않게 하려고 정말 열심히 작업했다. 대부분의 프로그래밍은, 특히 기초 계산학 강좌에서는, 몇 개의 수를 더해서 그 합과 평균을 구한 다음 출력하는 식의 평범한 계산을 다루어야 했다. 학생들이 이런 강좌를 매우 힘들게 여기는 이유는 이해하기 어려운 기술적인 세부사항을 모두 알아야 비로소 무엇인가가 동작하기 때문이었다. 찬양예배를 들여 컴퓨터의 신들을 위로하자는 이야기를 학생들이 종종 한다. 우리는 더 좋은 방법이 있어야 한다고 생각했다.

이 책에서는 데스크톱 컴퓨터의 강화된 성능과(특히 3D 그래픽스용으로) 그 성능을 이용하는 독창적 소프트웨어의 개발에 의해 최근에야 가능해진 아주 다른 접근법을 이용한다. 앨리스 시스템은 카네기멜론 대학에 의해 공공의 서비스로 무료 제공되며[1] 프로그램 학습의 완전히 새로운 접근법을 제공한다. 원래 가상현실 연구 프로젝트의 일환으로 개발된 앨리스는[2] 여러분을 영화나 비디오 게임의 감독이나 제작자가 되게 해준다. 즉 화면 상의 가상세계 속 3D 객체들은 여러분이 지시한 방향에 따라 돌아다닌다. 이해하기 어려운 컴퓨터 용어를 사용하지 않고 여러분은 "move forward(앞으로 움직여라)"나 "turn right(우측으로 돌라)" 같은 자연어 영어 단어를 사용한다. 가장 좋은 점은, 여러분이 실수할 수가 없다는 점이다! 물론 여러분은 어떤 객체를 뒤로 움직일 **의도였는데**, 앞으로 움직이게 하는 등의 실수는 **언제나** 할 수 있다. 그렇지만 대부분의 학생들에게 좌절감을 안겨 주었던 이른바 "컴퓨터 실수"는 하지 않는다. 무엇인가를 잘못 입력하여 프로그램이 전혀 돌지 않는 이유를 이해할 수 없는 식은 아니라는 말이다.

"컴퓨터 프로그래머"란 용어가 어두운 방에서 등 구부리고 앉아 컴퓨터 키보드를 단조롭게 두드리는 모습을 떠오르게 한다고 해도 걱정할 필요가 없다. 여러분이 앨리스 시스템을 사용할 때 키보드도 거의 두드리지 않게 될 테니까. 여러분은 마우스를

---

1) 앨리스의 초기 버전을 개발한 버지니아 대학에도 역시 깊은 감사를 드린다.

2) 앨리스 프로젝트를 지원해 준 국립과학재단, DARPA, 인텔과 그 외의 다수의 후원자들의 지원에 깊은 감사를 드린다. 모든 후원자들의 리스트는 www.alice.org 에 있다.

사용하여 화면 위에 단어와 객체를 끌어다가 프로그램을 제작하게 된다. 이제 (그림 1-1-1에 동그라미로 두른) "Play" 버튼을 누르면 화면에 3D 세계의 객체들이 소생하여 여러분이 작성한 대본을 연기해 내게 된다! 그러니 어느 의미에서 **앨리스를 사용하는 "컴퓨터 프로그래머"가 된다는 것은 영화감독이나 꼭두각시 부리는 사람이나 안무가**(즉 정확하되 제한된 어휘로 할 일을 지시하는 아무개)**가 되는 것과 너무나 똑같다.**

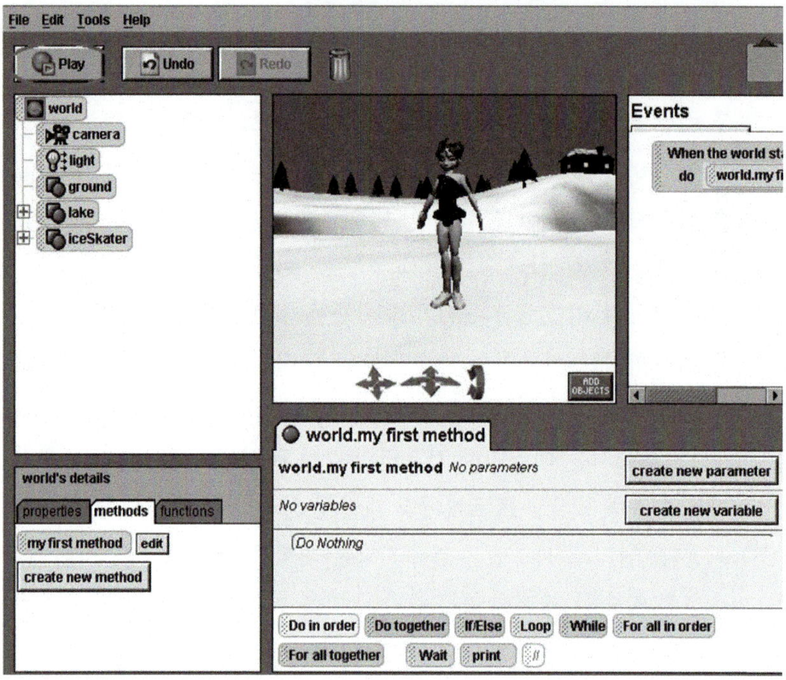

그림 1-1-1. 앨리스 3D 세계

앨리스 사용법을 배운 후에 여러분은 프로그래밍과 관련된 모든 기본 아이디어를 이해하게 된다. 그때가 되면 여러분은 키보드로 입력하고 쉼표와 세미콜론을 제 위치에 두어야 하는 "실세계" 언어를 사용할 수 있도록 충분한 준비가 되어 있을 것이다. 프로그래밍하는 법을 알게 되었을 터이니, 이제 자바, C++, C# 등의 언어의 특정 문법 "규칙"("구문"이라고도 함)을 배우면 된다.

컴퓨터 프로그래밍의 기초

컴퓨터 ***프로그램***은 컴퓨터에게 할 일을 알려주는 명령어들의 집합일 뿐이다. 물론 컴퓨터에게 할 일을 알려주는 방법은 많으므로, 여러분이 어떻게 하는가가 중요할 수 있다. 믿어질지 모르겠지만, 컴퓨터 프로그래머들은 종종 잘 작성된 프로그램을 언급할 때 "우아하다"와 같은 단어를 사용한다. 컴퓨터 프로그램을 컴퓨터가 할 일을 알려주는 방식으로 뿐만 아니라, 컴퓨터가 무엇을 수행하기를 여러분이 바라는지를 다른 사람에게 알려주는 방식으로도 생각하기 바란다.

> 컴퓨터 프로그램은 "컴퓨터에게 할 일을 알려주는 방식" 일 뿐만이 아니다.
> 컴퓨터 프로그램은 컴퓨터가 무엇을 수행하기를 여러분이 바라는지를 다른 사람에게 알려주는 방식이다.

이렇게 하면 어떤 것이 "우아" 한지 아닌지에 대해 말하기가 훨씬 쉬워진다. 원래의 프로그래머의 의도를 타인이 쉽게 이해하고 감상할 수 있다면 그 프로그램은 우아하다. 이런 이유로, 컴퓨터 프로그램 제작 시 타인이 제작 프로그램을 이해하는데 도움을 주는 문서화(프로그램 내의 주석, 참조할 웹 페이지, 또는 수반되는 문서)가 포함되어야 한다.

컴퓨터 프로그래밍의 열쇠는 기본 아이디어에 대한 실마리를 찾아내는 것이다. 본질적으로 프로그래밍은 정말로 매우 간단하다. 모든 컴퓨터 프로그램은 매우 간단한 아이디어에서 만들어진다.

열거된 명령어들: 예를 들어, "달걀을 깨라; 밀가루, 설탕, 쇼트닝을 섞어 넣어라; 그리고는 화씨 375도에서 45분 동안 구어라." 컴퓨터과학자들은 이를 ***순차처리***라고 부른다.

만약에: 예를 들어, "만약 비가 오고 있다면, 우산을 가져가라." 컴퓨터과학자들은 이를 ***조건 실행***이라 부른다.

되풀이되는 행위: 예를 들어, "당신의 발을 다섯 차례 밟아라" 또는 "접시 위에 과자가 있는 동안 계속 과자를 먹어라." (마지막 문장은 정말 재미있군요!) 컴퓨터과학자들은 이를 ***루프*** 또는 ***반복***이라 부른다.

일을 작은 일로 쪼개기: 예를 들어, "우리가 집을 청소하려고 하는 방식은 먼저 부엌을 청소하고, 그 후에 화장실을 청소하고, 그 후에 침실 세 개를 한 번에 한 방씩 청소한다." 물론 그게 과자 먹는 것처럼 재미있어 보이지는 않지만, 그래도 역시 참 쉬운 개념이다. 컴퓨터과학자들은 이것을 ***문제분해*** 또는 ***단계식 정제*** 또는 ***하향식 설계***라고 부르지만 알고 보면 ***환원주의***라는 오래된 철학적 접근법이다. 뭐라고 부르던 그 의미는 복잡한 업무를 수행하려면 그 업무를 쪼개서 간단한 업무들의 목록으로 바꾸라는 것이다. 단순한 업무들을 모두 수행한 결과로 복잡한 업무가 완성된다.

결과의 계산: 이제 우리는 일련의 단계들을 수행하여 어느 질문의 해답을 구한다. 예를 들어, "전화번호부를 보고 레베카 스미스의 번호를 찾아라," 또는 "이 아이를 저울에 놓고 몸무게가 얼마나 나가는지 알려줘." 실제로 이 각각의 행위는 "레베카의 전화번호가 뭔가요?" 또는 "아기 몸무게가 얼마에요?"라는 질문을 표현한 것이다.

질문을 컴퓨터 프로그래밍에서는 ***함수*라고 부른다**. 또한 결과를 계산하기(답을 얻기) 위해 질문을 던지는 것을 ***함수 호출***이라 한다.

컴퓨터 프로그래밍은 이런 아이디어들을 다양한 배합으로 사용하는 것일 뿐이다. 그런데 복잡도가 일을 어렵게 만든다. 사실 대부분의 컴퓨터는 그저 약 100개의 명령어들을 "이해"할 뿐이다. 컴퓨터에서 동작하는 수백만 개의 프로그램은 바로 이 100개의 명령어를 다른 순서와 조합으로 사용한다. 그럼 '복잡도'는 어디에 있는가? 이렇게 생각해 보라. 체스 게임에는 단지 6종의 체스 말이 있으며, 각각의 말은 단순한 패턴으로 이동한다. 체스는 가능한 모든 수의 조합 때문에 복잡한 게임이다.

다른 말로 이야기하면, 컴퓨터 프로그램 제작은 200명의 배우와 500벌의 복장과 5마리의 낙타가 2장 4절에 나오는 무대 연기를 상연하는 것과 같다. 복잡해지는 이유는 고려할 게 많기 때문이다. 이 책에서는 복잡도를 다루는 요령과 실제 동작시키기 전 프로그램 작성법을 기획하는 요령을 배우게 된다. 사실상 **'일련의 명령어들을 배열하여 어느 임무를 수행하기' 에 대해 생각하는 방법을 배우는 것(프로그램 설계법)은 프로그램 학습의 가장 중요한 부분일 것이다.**

어떻게 프로그램을 작성할지 계획하는 것(프로그램 *설계하기*)은 위에서 열거된 다섯 개의 아이디어의 이해에 기반을 두고 있다. 프로그래머는 자신의 설계에 대해 종종 타인과 대화할 필요가 있다. 다른 사람에게 여러분의 설계를 알려주는 최선의 방법은 종이나 칠판에 그 설계를 스케치하는 것이다. 설계 스케치를 제작하는 데는 다양한 시각적 시스템이 사용된다. 역사적으로 중요한 시각적 시스템으로 계산학의 초창기부터 사용된 흐름도가 있다. **흐름도**는 기본적인 기호들을 이용하여 구성된다. 그림 1-1-2과 같이, 흐름도의 기호는 컴퓨터에서 동작 시 일어나는 행위와 관련이 있다.

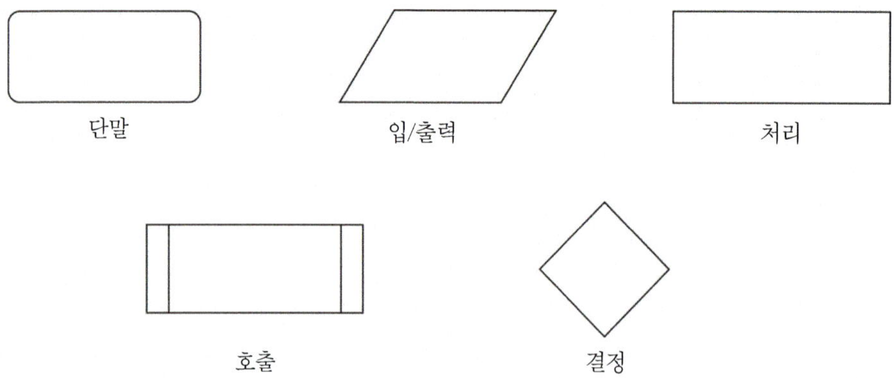

그림 1-1-2. 흐름도 설계에 사용되는 기호들

흐름도에서는 단어나 구를 각 기호 안에 써서, 표현된 행위에 대한 세부사항을 설명한다.

- **단말** 기호는 프로그램 전체 또는 프로그램 내의 어느 논리적 부분의 시작이나 끝을 나타낸다. 단말 기호 안에서 종종 보이는 단어로는 "처음(start)", "시작(begin)", "끝(end)", "중단(stop)", "복귀(return)"가 있다.
- **입/출력** 기호는 프로그램의 사용자에게 정보(입력)를 요청하거나, 프로그램이 어떤 결과(출력)를 보여주는 행위를 나타낸다. 이 기호에서 종종 보이는 단어로는 "...를 읽어라(read)", "...를 프린트하라(print)", "...를 써라(write)"가 있다.
- **처리** 기호는 수학 연산(가감승제)이나 내장된 명령어나 문장의 수행을 설명하기 위해 사용된다.
- 여러 부분으로 쪼개진 프로그램에서는, 프로그램의 한 부분에서 다른 부분에게 어떤 일을 수행해 달라고 요청할 수 있다. **호출** 기호는 프로그램의 어느 한 부분에서 다른 부분을 호출하는 것을 나타낸다.
- **결정** 기호는 결정을 내리는 행위를 나타낸다. 어느 결정의 결과는 부울값 즉 참 또는 거짓이 된다. 결정 기호 내의 단어들은 현재 평가 중인 조건(또는 테스트)을 표현한다.

흐름도의 기호들은 흐름선(화살표)과 그 외의 연결자에 의해 연결된다. 연결자에는 (다수의 화살표가 모이는) 원과 (흐름도가 다른 쪽에서 계속된다는 표시의) 오각형 등이 있다. 연결자는 그림 1-1-3에 표시되어 있다.

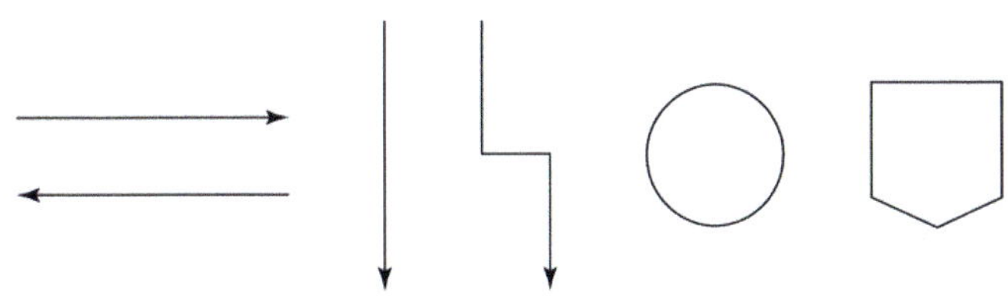

그림 1-1-3. 흐름선과 연결자

원은 '페이지 위의 연결자'이다. (페이지가 너무 짧으면, 페이지 위의 연결자를 사용하여 흐름도의 나머지 부분을 동일한 페이지의 다른 위치에서 시작할 수 있다.) 홈플레이트는 '페이지 간의 연결자'이다. 같은 페이지 상에 계속할 공간이 없으면, 페이지 간의 연결자를 사용하여 둘째(또는 셋째나 넷째) 페이지를 시작할 수 있다. 기존 흐름도의 예가 그림 1-1-4에 있다. 이것은 흐름선만 이용하고 그 외의 연결자는 없는 간단한 설계이다. 흐름도 설계의 논리를 좇아가려면, 위에서부터 아래쪽으로 읽어가라(하향식).

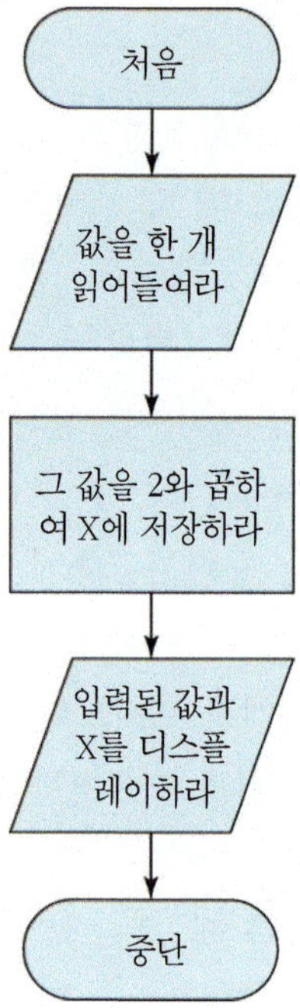

그림 1-1-4. 기존 흐름도 설계의 예제

앨리스(ALICE)라 부르는 이유는?

먼저 앨리스가 여러 단어의 앞글자를 모아 만든 단어(즉 A.L.I.C.E)가 아니며, 어떤 것을 상징하고 있지 않다는 점을 언급하고 싶다. 필명이 루이스 캐롤인 영국의 수학자 겸 논리학자인 찰스 루트위지 닷슨을 기념하여 우리 팀에서 이름을 지었다. 캐롤은 *이상한 나라의 앨리스*와 *거울나라의 앨리스*를 저술하였다. 앨리스의 제작자들처럼, 루이스 캐롤도 복잡한 수학과 논리학을 할 수 있었지만, 가장 중요한 점은 학습자에게 사물들이 간단하고 멋지게 보이게 하는 거라는 걸 그는 알고 있었다.

앨리스가 거울나라 속으로 첫발을 내딛기를 망설였듯이, 여러분도 프로그래밍 학습에 대해 불안해 할 수 있다. 그 첫발을 내딛어 보라. 그러면 확신하건데 **컴퓨터 프로그래밍의 학습이 생각보다 쉬울 것이다.**

1-2 앨리스의 개념

객체지향 프로그래밍이란 용어를 들어보았을 것이다. 본 교재와 앨리스 시스템은 객체들의 사용에 기반을 두고 있다. 앨리스 프로그램에서 객체란 여러분이 실제로 보는 것이다.

앨리스로 프로그래밍하기를 배운다는 것은 여러분의 컴퓨터에 가상세계를 만들고 창의적인 장면 속에 정말 멋들어진 객체들을 살도록 하는 것이다. 그리고는 그 세계에서 여러분 스스로 제작한 애니메이션을 동작시켜주는(말하자면 영화 대본이나 비디오 게임 컨트롤러 같은) 프로그램을 여러분이 작성하게 될 것이다. 이 절에서는 앨리스 소프트웨어와 인터페이스를 개략적으로 설명하여 여러분이 시작하는데 도움을 주려 한다. 이 절은 부록 A의 시작하기 연습문제들과 연계해서 동작한다. 컴퓨터 앞에 앉아 본 절을 읽으면서 '시작하기' 연습문제들을 직접 동작시켜봤으면 한다.

개념: 가상세계

비디오 게임과 시뮬레이션은 이차원이거나 삼차원이다(2D 또는 3D). 여러분은 이미 운전교육 강좌에서 2D 그래픽 시뮬레이터를 사용해 보았을 수도 있다. 비행사들은 훈련 과정의 일환으로 비행 시뮬레이터를 사용한다. 시뮬레이션의 장점은 명백하다. 그것은 전투기를 초보 비행사가 다루다 충돌해도, 비행사도 비행기도 실제는 위험하지 않다는 점이다. 3D로 구현된 비디오 게임이나 시뮬레이션은 가상세계라고 불린다. ***가상세계***를 사용하면 시뮬레이터에 현실감을 주게 되어 효과를 높여준다.

2D와 2D의 차이점을 알려면, 그림 1-2-1과 1-2-2의 영상을 비교해 보라. 그림 1-2-1은 영화 세트 모형의 앞과 뒤를 보여준다. 너비와 높이는 있고 깊이는 없는 2D 구조임이 확실하다. 그림 1-2-2는 달리기를 하러 나온 토끼와 거북이를 앞과 뒤에서 카메라로 촬영한 모습니다. 토끼와 거북이는 3D 가상세계 속 객체들로 너비와 높이와 깊이가 있다. 이에 따라 여러 각도에서 카메라로 찍은 모습들은 실제감이 있는 객체들을 보여준다.

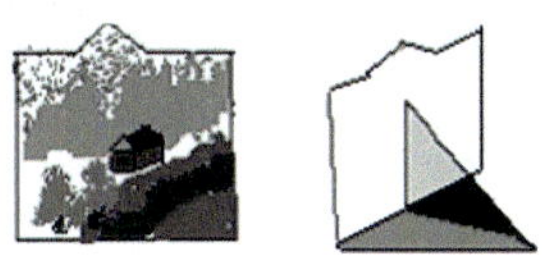

그림 1-2-1. 2D 모형, 앞 뒤 모습

그림 1-2-2. 토끼와 거북이가 있는 3D 세계, 앞 뒤 모습

앨리스 가상세계는 초기 장면용 템플릿으로 시작된다. 템플릿들은 앨리스가 시작될 때 뜨는 최초 윈도에서 볼 수 있다. 그림 1-2-3에서 템플릿들을 볼 수 있는데, 그 중에서 우리는 푸른 하늘과 연초록색 바닥 면으로 구성된 초기 장면을 선택하였다.

개념: 객체와 3D 모델

앨리스를 사용하면 여러분의 상상력을 동원하여 새로운 세계를 만드는 재미가 있다. 우리는 간단한 장면에서 시작하여 객체들을 추가한다. 그림 1-2-2의 세계에서 추가된 객체는 나무, 울타리, 토끼와 거북이다. 객체들 중에는 무대장치가 되는 객체(나무, 집, 별이 빛나는 하늘 등)가 있다. 그 외에 여러분의 대본상에서 배우 역할을 하는 객체(사람, 동물, 우주선 등)도 있다(다시 말하면, 그들은 애니메이션 동안 여기저기로 이동하며 다양한 행위를 한다).

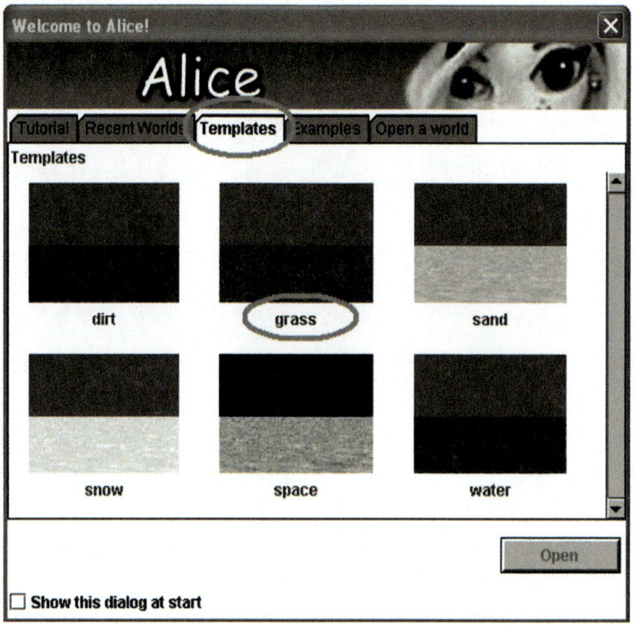

그림 1-2-3. 초기 장면을 위한 템플릿의 선택

새로운 세계를 만들고 그곳에 온갖 종류의 객체들을 살게 하는 것을 쉽게 해 주려고, 앨리스에서는 엄청난 수의 ***3D 모델***이 제공되고 있다. 어떤 의미로 보면 3D 모델은 집짓기 위한 청사진과 같다. 청사진은 집의 외관, 각 방의 위치와 크기, 그리고 실제 건축계약자가 지켜야 할 지침들에 대한 모델을 제공한다. 마찬가지로 앨리스 3D 모델은 어떻게 장면 속에 새로운 객체를 생성시키는지를 앨리스에게 알려준다. 객체를 어떻게 그리는 가, 색깔은 무엇인가, 어떤 부품을 갖는가, 크기(높이와 너비와 깊이)와 그 외 많은 세부사항이 3D 모델에서 제공된다.

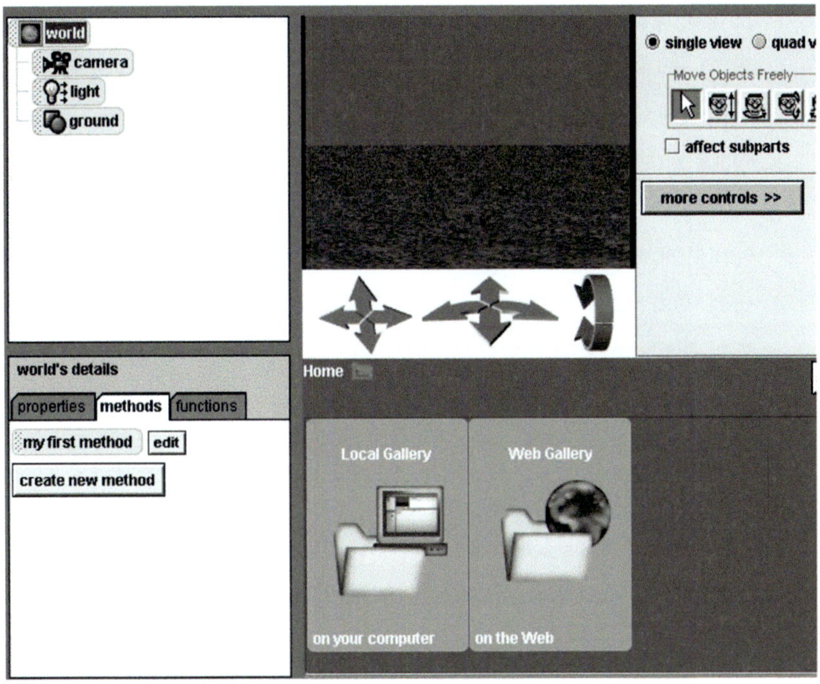

그림 1-2-4. 지역 갤러리 폴더 및 웹 갤러리 폴더를 가진 장면 편집기

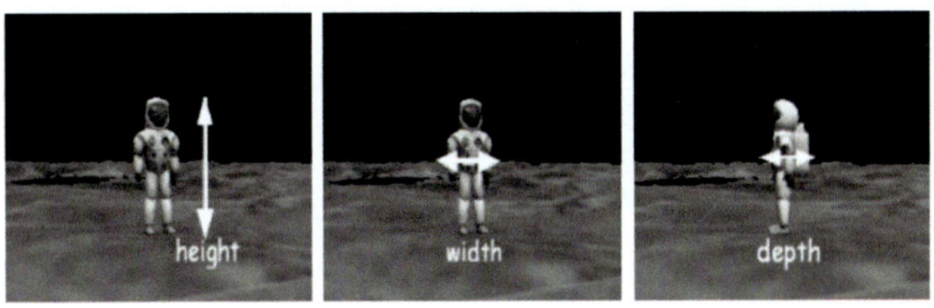

그림 1-2-5. 삼차원

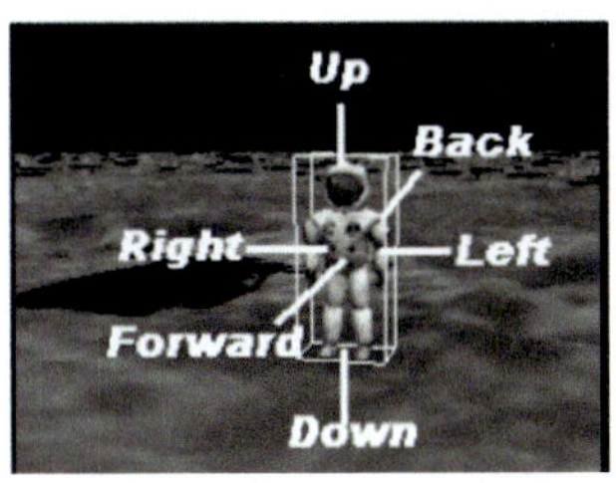

그림 1-2-6. 객체의 방향성: 자유도 6

여러분의 컴퓨터에 앨리스를 설치하면, 선정된 3D 모델들이 있는 지역 갤러리가 포함된다. 추가적인 모델들은 웹 갤러리(http://www.alice.org)와 이 책에 동봉된 CD에서 찾을 수 있다. 그림 1-2-4와 같이, 장면 편집기를 이용하여 갤러리 모음집에 있는 3D

모델에 대해 손쉽게 접근할 수 있다. 여러분이 CD 롬에 CD를 넣으면, CD 갤러리 폴더도 그 폴더 내에 나타날 것이다. 이 책에 있는 예제와 연습문제들은 지역 갤러리와 웹 갤러리에서의 모델들을 이용한다. 지역 갤러리에 없는 3D 모델을 사용하고 싶다면, CD나 웹 갤러리에서 찾으면 된다.

앨리스는 3D 그래픽스를 그리는 시스템이 아니다. 그렇기에 3D 모델의 갤러리들이 관대하게 제공되는 것이다. 그래도 누군가가 가상세계용으로 원할 수 있는 모든 것에 대해 생각한다는 것은 가능하지 않다. 여러분 자신의 사람 객체들을 만들도록 도움을 주기 위해, 지역 갤러리의 People 폴더에 있는 맞춤 생성도구(*hebuilder*와 *shebuilder*)를 이용할 수 있다. 이런 도구 사용에 대한 자세한 사항은 부록 B에 있다.

개념: 삼차원과 육방향

앨리스 세계의 객체는 3차원이다. 각 객체는 그림 1-2-5와 같이 너비와 높이와 깊이가 있다. (이 가상세계에는, [People 갤러리 폴더의] 우주비행사(astronaut)를 스페이스 세계 템플릿(space world template)에다 추가하였다.) 높이는 위에서 아래로 수직으로 그어진 상상의 선을 따라 측정되며, 너비는 좌에서 우로 그어진 상상의 선을 따라, 깊이는 앞뒤로 그어진 상상의 선을 따라 측정된다.

이와 같은 삼차원으로, 객체는 자신과 상대적으로 어느 쪽이 *위(up)* 또는 *아래(down)*인지를 "알고" 있다. 또한 그림 1-2-6과 같이 객체는 *좌(left)*와 *우(right)*, *앞(forward)*과 *뒤(backward)*의 의미도 이해한다. 이렇게 객체는 여섯 방향으로 이동할 수 있다.

예를 들어, 방향이 *좌우*라 함은 우주비행사 객체를 기준으로 하는 것이지, 카메라의 시점은 아니다. 객체의 ***방향성***은 ***자유도*** 6(즉 움직일 수 있는 방향의 수가 6)이다.[3)] 앨리스 세계에서 어떤 객체를 마우스로 클릭하면, 노란색의 ***경계 상자***가 그림 1-2-6와 같이 표시된다. 경계 상자는 선택된 객체를 눈에 띄게 해준다.

개념: 객체의 중심점

앨리스의 각 객체에는 자신만의 "***중심***"이 있다. 중심점은 계산되지 않는다. 그 대신 중심점은 3D 모델을 처음 생성할 때에 그래픽 아티스트가 정한 각 객체의 특성이다. 통상적으로 어느 객체의 중심점은 그 객체의 경계 상자의 중심에 있거나, 그래픽 아티스트가 결정할 수 있을 만큼 ***질량의 중심*** 가까이 있다. 중심점은 이동의 ***축(피벗)*** 또는 회전 형태에 대한 기준을 제공한다. 그러므로 타이어나 새와 같은 객체는 그 중심 주위로 회

---

3) 이 책의 저자는 자유도 '6'을 좌우 상하 앞뒤로의 '6' 방향 움직임이라고 하였으나, 이는 통상적인 정의에 어긋난다. 통상적인 정의에 따르면 그 같은 움직임은 자유도 3이라고 하며, 이 세 방향으로의 회전 운동을 포함하여야 자유도 '6'이라고 말한다.

전하게 된다. 그림 1-2-7은 새 객체의 중심을 보여준다. 우리는 새의 중심이 몸체 내부에 위치함을 보여주고자 와이어 프레임 디스플레이를 사용하였다.

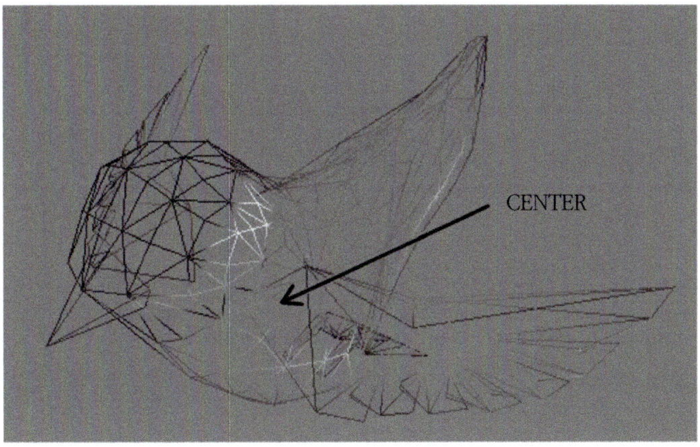

그림 1-2-7. 질량 중심에 있는 중심

모든 객체가 그 중심을 질량의 중심에 두고 있는 것은 아니다. 일반적으로 바닥이나 테이블 위에 앉거나 서있는 객체들은 그 중심이 경계 상자 아래에 위치한다. 사람 객체에 대해, 그 중심점은 그림 1-2-8과 같이 두발 사이에 있다. 사람의 발은 바닥 위에 있고 그 사람은 바닥 위 영(0) 미터 거리에 있기 때문이다.

그림 1-2-8. 바닥 위에 서 있는 객체의 중심

중심을 질량의 중심에 두고 있지 않는 다른 종류의 객체는 야구방망이처럼 사용 시 "잡고 있는" 객체이다. 야구방망이의 중심점은 그림 1-2-9와 같이 그 방망이를 잡는 지점이다. 중심이 손잡이에 있으므로, 손잡이를 돌리면 그 지점 주위로 "스윙"하게 된다.

개념: 거리

한 객체에서 다른 객체까지의 거리는 그 중심에서부터 측정된다. 예를 들어 그림 1-2-10에서 새에서 아래쪽으로 바닥까지의 거리는 새의 중심에서부터 측정된다.

그림 1-2-9. 잡고 있는 물체의 중심

그림 1-2-10. 아래쪽으로 바닥까지의 거리는 중심에서부터 측정된다

개념: 위치

어느 객체의 중심은 어느 세계에서 그 객체의 "***위치***"로 사용되는 점이다. 앨리스는 자동적으로 바닥의 중심을 그 세계의 중심에 둔다. 그림 1-2-11에서, 좌표축들은 바닥 중심에 위치한다. (그림 1-2-11의 아래 왼쪽에 있는 *details 패널*에 위치한) 바닥(ground)에 대한 ***특성(properties)*** 목록에서, 바닥의 중심이 (0, 0, 0)에 위치함을 알 수 있다.

바닥처럼, 가상세계에 있는 어떤 객체도 그 세계의 중심에 대해 상대적으로 위치한다. 그림 1-2-12의 새는 위치(-3.41, 1.59, 6.15)에 위치한다. 다시 말해서, 새의 중심은 그 세계의 중심에서 좌로 3.41미터, 위로 1.59미터, 앞으로 6.15미터이다.

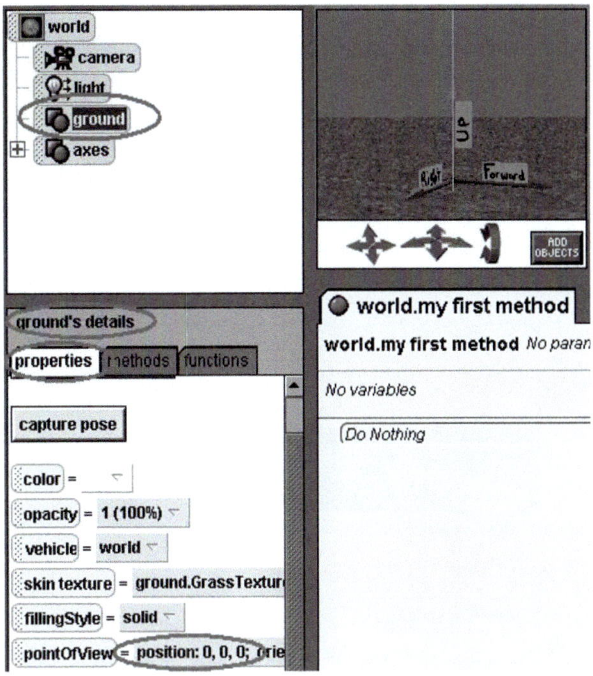

그림 1-2-11. 바닥의 중심은 가상세계의 중심에 위치한다

개념: 애니메이션

앨리스로 가상세계를 제작하고 그 안의 객체들을 움직여서 애니메이션을 만들게 되는데, 이는 비행 시뮬레이터나 비디오 게임에서 객체들을 이동시키는 것과 같은 방식이다. 움직임의 환상을 얻기 위해 디즈니나 픽사 같은 영화 스튜디오용 만화영화 제작용으로 제작자들이 사용하는 바로 그 기술을 다양하게 사용하게 될 것이다. 이런 환상을 생성하기 위해 영화제작자와 예술가는 협력하여 일련의 삽화의 프레임(그림이나 영상)들을 만든다. 이때 각 프레임은 어느 장면을 조금씩 다르게 본 모습이다. 객체들을 이용하여 어느 장면을 그리고는, 객체들을 약간 다른 장소에 위치하게 다시 그린다. 장면을 다시 그리고 객체들은 약간씩 더 이동하기를 계속 반복한다. 그림 1-2-13은 앨리스에서 일련의 프레임들의 예이다.

애니메이션을 생성할 때에 프레임들을 순서대로 찍어 필름에 담거나 디지털 비디오 카메라로 촬영한다. 그 필름을 프로젝터를 통해서 동작시키거나 모니터 상에서 보게 될 때, 빠른 순서로 다수의 그림을 디스플레이하면 움직임의 환상이 만들어진다. 앨리스도 컴퓨터 화면에 유사한 효과를 만들어낸다. 위대한 예술가가 되려고 너무 염려하지 않아도 된다. 앨리스가 모든 컴퓨터 그래픽 작업을 처리하여 일련의 프레임들을 생성해 준다. 여러분은 감독으로서 객체들이 해야 할 행위를 앨리스에게 알려주면 된다. 앨리스가 애니메이션을 만들어낸다(그린다 또는 ***렌더링***한다).

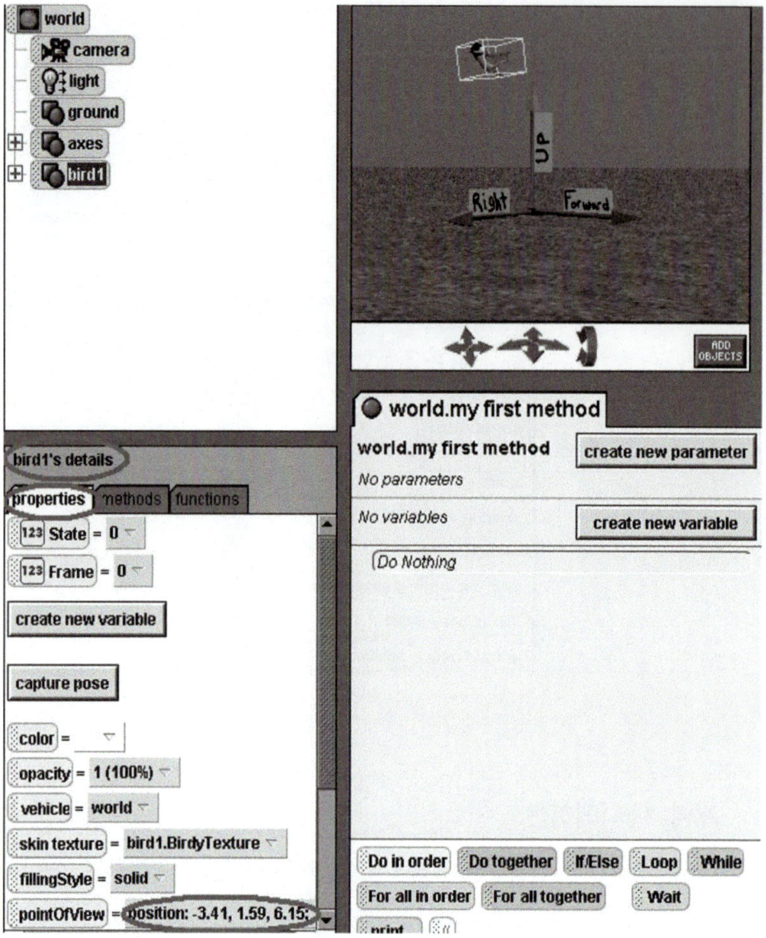

그림 1-2-12. 가상세계의 중심에 상대적인 새의 위치

그림 1-2-13. 애니메이션을 만들기 위한 일련의 프레임들

앨리스 시작하기

새로 핸드폰을 구입하여 사용법을 숙지하듯이 앨리스 시스템을 갖고 실험해보라고 권하고 싶다. 여러분은 상자에서 꺼내어 핸드폰의 온갖 멋진 기능을 시험해 본다. 일종의

"여기저기 찔러 보기"라 할까. 같은 식으로 하면 앨리스 시스템의 사용법을 배울 수 있다.

부록 A에는 어떻게 새로운 앨리스 세계를 시작하는가, 3D 모델들의 갤러리를 어디에서 찾는가, 바닥의 색을 어떻게 바꾸는가, 어떻게 새로운 세계에 객체를 추가하고 장면 속에 위치시키는가에 대한 자세한 안내서와 함께 스스로 해보도록 된 연습문제들로 구성된 튜토리얼 형식의 "시작하기" 세트가 제공된다. 아직 해보지 않았다면, 지금 그 연습문제들을 해봐야 한다.

요령 및 기법 1

특수 효과: 텍스트와 2D 그래픽 영상

앨리스의 특수 기능 모두를 이 책에서 다룰 수는 없지만, 예제를 쫓아가면서 일부 기능을 보여주려 한다. 각 장 뒤의 요령 및 기법 절에서는 특수 효과를 가진 멋진 애니메이션을 제작하기 위한 재미있는 방법들을 알려준다. 기본적인 프로그래밍 개념을 배우는데 이 요령 및 기법 절이 필수적이지는 않지만, 이 기법 중 일부가 예제 세계들에서 사용되기에 읽는 게 중요하다. 요령 및 기술은 애니메이션에 대해 더 배우고자 하는 이들에게 안내서가 된다. 앞뒤 표지 안쪽에 있는 테이블들은 요령 및 기법과 그것이 사용되는 곳에 대해 요점정리하고 있다. 앨리스 사용의 추가적인 세부사항은 부록 B에도 수록되어 있다. 부록 B를 보면 갤러리를 뒤지는 법과 어느 세계를 웹에 저장하는 법을 배울 수 있다. 요령 및 기법 편들을 부록 A 및 부록 B와 합치면 소형 앨리스 사용자 안내서로 볼 수 있다.

애니메이션이 갖는 중요한 점은 애니메이션 관람자(***사용자***)에게 정보를 전달한다는 것이다. 텍스트와 사운드(소리)와 그래픽 영상은 정보 전달에 도움을 준다. 다음 절들을 공부하면 여러분의 가상세계에 텍스트와 그래픽 영상을 추가하는 법을 알 수 있다.

3D 텍스트

어느 세계에 3D 텍스트 객체를 추가하려면, 그림 T-1-1과 같이 지역 갤러리에서 'Create 3D Text' 섬네일[4]을 클릭하라.

---

4) 섬네일(thumbnail)은 컴퓨터에서 프린트 등을 하기 전에 보는 축소화상을 이른다.

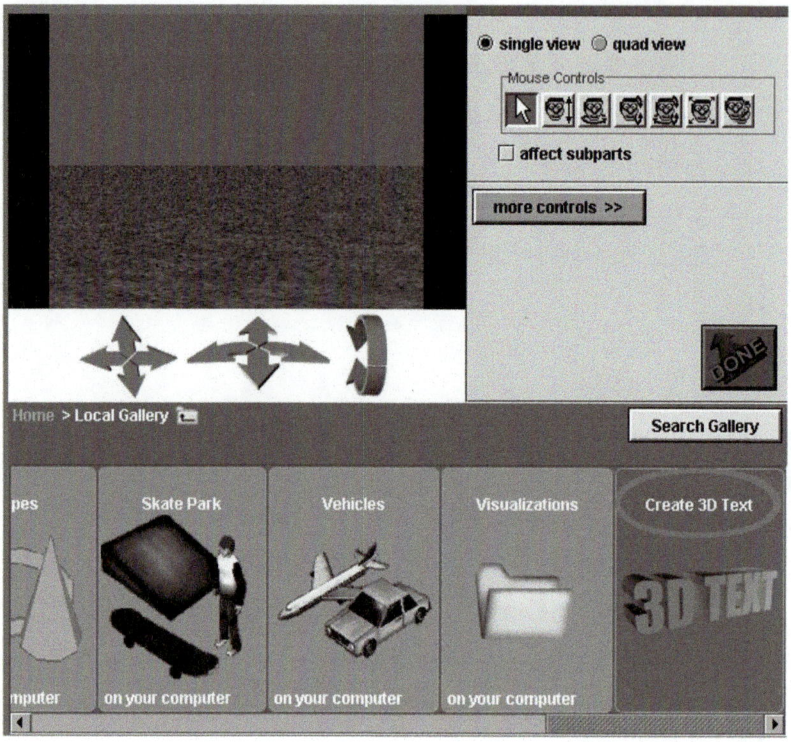

그림 T-1-1. 지역 갤러리에 있는 3D 텍스트

그림 T-1-2과 같이 텍스트를 입력하기 위한 텍스트 대화 상자가 팝업된다(튀어나온다). 이 팝업 대화 상자에서 폰트, 굵은체와 이탤릭체를 선택할 수 있고, 단어들을 입력할 텍스트 상자도 제공된다.

Okay 버튼을 클릭하면, 앨리스는 텍스트 객체 한 개를 가상세계에 추가하고, 그 객체에 대한 기재사항을 객체 트리에 추가한다. 그림 T-1-3에서 알 수 있듯이 객체의 이름은 디스플레이된 텍스트와 동일하다.

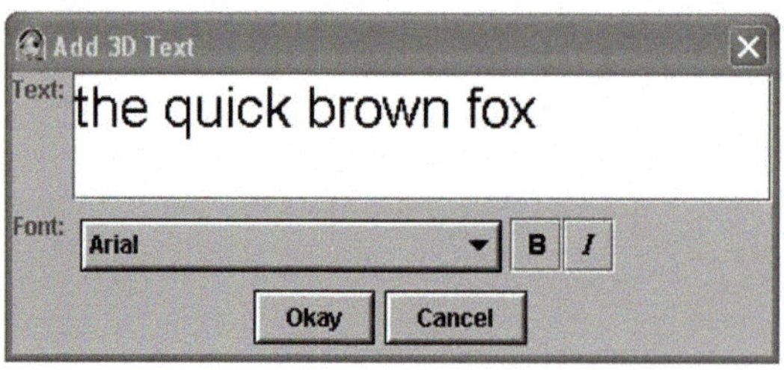

그림 T-1-2. 텍스트 대화 상자

그림 T-1-3. 텍스트 객체가 해당 장면에 추가되고 객체 트리에도 추가된다

텍스트 객체는 다른 객체처럼 마우스를 사용하여 위치를 바꿀 수 있다. 객체 문자열에 있는 텍스트를 수정하려면, details 패널의 properties 목록에 있는 text를 클릭하라. 그리고는, 그림 T-1-4에 예시되어 있듯이, 팝업 대화 상자 안에 새로운 텍스트 문자열을 입력하라.

텍스트 객체의 문자열을 수정한다고 해서 객체의 이름이 수정되지 않음에 유의하라. 그림 T-1-5에서 알 수 있듯이, 그 이름은 텍스트 객체가 처음 생성되었을 때 그대로이다.

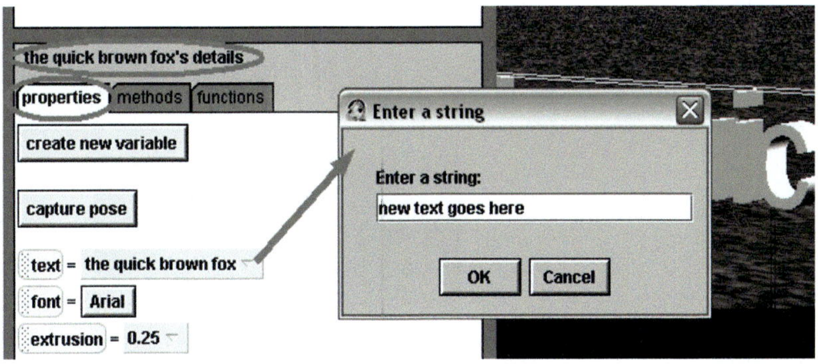

그림 T-1-4. 텍스트의 수정

그림 T-1-5. 텍스트 객체의 이름은 그대로이다

그래픽 영상(빌보드)

앨리스는 3D 시스템이지만, 어떤 장면에다 평면 2D 영상을 디스플레이하는 게 가능하다. 평면 2D 영상은 어떤 그리기 도구로 만들어도 무방하며 JIF, JPG, 또는 TIF 포맷으로 저장하면 된다. 여러분의 세계에다 2D 영상(앨리스에서는 ***빌보드***라 부름)을 추가하려면,

그림 T-1-6과 같이 File 메뉴에서 Make Billboard를 선택하라. 선택된 대화 상자에서 저장된 영상을 찾아 Import 버튼을 누른다.

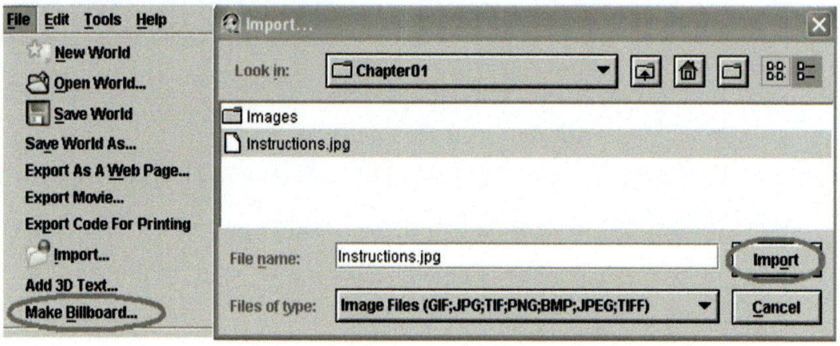

그림 T-1-6. 빌보드를 들여오기(Import)

앨리스는 가상세계에 평면 영상을 추가한다. 그림 T-1-7을 보면 빌보드를 어디에 사용하는지를 알 수 있다. 즉 빌보드를 이용하면 게임이나 시뮬레이션을 하는 방법에 대한 정보를 사용자에게 제공할 수 있다. 이 예에서는, 키보드를 사용하여 어느 객체의 동작을 제어하는 방법에 대한 안내문을 빌보드가 제공한다(5장에 키보드 제어 예제가 있다.).

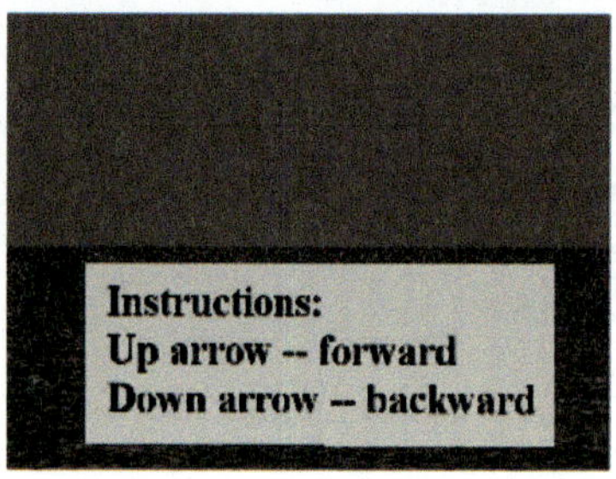

그림 T-1-7. 정보 제공을 위한 빌보드

요약

각 장의 끝에는 요약이 있고 중요 개념들이 열거되어 있다. 요약의 목적은 해당 장에서 제시된 정보와 아이디어를 모두 끌어내어 의미 있는 전체가 되게 하는 것이다. 중요 개념을 열거한 목적은 신속한 복습과 학습 안내서의 제공이다.

본 장에서, 컴퓨터 프로그램은 컴퓨터에게 할 일을 알려주는 일련의 명령어들로서 제시되었다. 중요한 점은, 컴퓨터 프로그램은 여러분이 컴퓨터에게 무엇을 시키려하는지를 타인에게 알려주는 방법이기도 하다는 것이다. 일련의 명령어들을 배치하여 어떤 작업을 수행하기에 대한 사고의 학습(프로그램의 설계 법)은 아마도 프로그래밍 배우기의 가장 중요한 부분일 것이다.

앨리스는 컴퓨터 프로그램의 설계 및 작성법을 배우는데 사용할 수 있는 3D 애니메이션 소프트웨어 도구이다. 앨리스를 사용하면 3D 가상세계에서 객체들의 만화같은 애니메이션을 빨리 제작할 수 있다. 객체들은 삼차원으로 너비, 높이, 깊이가 있다. 각 객체는 방향성이 있어 방향에 대한 감각이 제공된다. 다른 말로 이야기하면, 객체는 자신을 기준으로 위, 아래, 좌, 우, 앞, 뒤가 어디인지 "알고 있다."

본 장의 중요 개념

- 컴퓨터 프로그램은 컴퓨터에게 할 일을 알려주는 일련의 명령어들이다. 또한 여러분이 컴퓨터에게 시키고자 하는 것을 타인에게 알려주는 일련의 명령어들이기도 하다.
- 프로그래밍 학습은 '일련의 명령어들을 배치하여 어떤 작업을 수행하기' 에 대한 사고 방법을 배우는 것이기도 하다.
- 앨리스에서, 3D 객체의 애니메이션은 가상세계에서 발생한다.
- 앨리스는 엄청난 수의 3D 모델을 제공한다. 3D 모델들은 본 교재에 동봉된 CD와 http://www.alice.org의 앨리스 웹 사이트에서 이용할 수 있다.
- 앨리스 객체는 자유도 6으로 가상세계에서 돌아다닐 수 있다. 우리는 자유도 6을 앨리스의 방향성이라 부른다.
- 앨리스 객체에는 처음 3D 모델이 생성될 때 그래픽 아티스트가 설정한 자신만의 중심이 있다. 앨리스에서 바닥의 중심은 점(0, 0, 0)에 위치하고 있다.

프로그래밍 용어

객체	클래스
설계	흐름도
컴퓨터 프로그램	

애니메이션 용어

3D 모델	3차원
가상세계	애니메이션
방향성	

질문

(다음 질문은 1장과 부록 A의 튜토리얼을 공부한 다음에 풀어야 한다.)

1. 부록 A의 튜토리얼은 두 종류의 애니메이션 즉 영화와 대화식의 예를 보여준다.

이 둘의 차이점은 무엇인가?

2. 클래스(3D 모델)가 주택의 청사진과 유사한 점 세 가지를 열거하라.
3. 앨리스 객체가 움직일 수 있는 여섯 방향은 어디인가?
4. 앨리스 객체의 중심이 질량의 중심에 항상 위치하는가? 여러분의 답변의 정당성을 보여라.
5. 이동의 관점에서 볼 때, 객체가 자기중심적이라는 말의 의미는 무엇인가?
6. 그림을 그려서 두 앨리스 객체들 간의 거리를 설명하라. 거리를 문장으로 설명하라.
7. 앨리스 빌보드는 3D가 아니라 2D이다. 왜 그런가?
8. 사전이나 웹에서 "프로그래밍 언어"란 용어를 찾아보라. 그 말의 정의는 무엇이며 앨리스는 프로그래밍 언어의 정의에 부합되는가?
9. 흐름도를 작성하는데 사용되는 기호들을 스케치하고 그 레이블을 붙여보라.

연습문제

아래 연습문제들은 여러분이 앨리스 소프트웨어를 배워 충분히 소화하고 있는지를 확인해 줄 것이다. 각 연습문제의 목표는 가상세계를 위한 첫 장면을 생성하는 것이다. 앨리스는 여러분이 작성한 세계를 저장하라고 주기적으로 알려줄 것이다(가상세계의 저장법은 부록 A의 시작하기 연습문제에 있다.). 여러분이 제작하는 세계의 이름으로는 연습문제의 이름을 사용하면 좋다. 예를 들어, 연습문제 1의 세계는 *Island.a2w*라고 지으면 좋다.

각 세계의 객체들은 앨리스 갤러리에 있는 3D 모델로부터 제작된다. 대부분의 모델은 앨리스 설치 시에 포함된 지역 갤러리에 위치한다. 해당 모델이 지역 갤러리에 없다면, CD 갤러리나 온라인 웹 갤러리(www.alice.org)에서 찾아보라.

1. *섬(Island)*

   섬 장면을 만들어 보라. water world 템플릿을 선택하여 시작하라(아니면, green grass world로 시작하여 바닥 색깔을 푸른색(blue)으로 바꾸라.). (Environments 갤러리 폴더의) 섬(island) 객체를 추가하라. 장면 편집기를 사용하여 해당 장면의 중심에서 약간 우측으로 섬을 옮겨보라. 이제 그 장면에다 금붕어를 추가하라. 금붕어가 섬 아래 위치하거나 적절한 위치에 있지 않으면 보이지 않게 됨을 알게 될 것이다. 장면편집기와 그 사분창을 사용하여 금붕어가 섬 좌측 물속에서 수영하는 것처럼 보이도록 배치해 보라. 섬과 금붕어가 모두 카메라의 시야에 있도록 카메라 제어를 사용하여 축소해 보라.

2. *겨울(Winter)*
(People 갤러리 폴더에서 꺼낸) 두 명의 눈사람을 눈 덮인 장면에 추가하라. snow 템플릿 초기 세계를 이용하라. 그리고는, 아래 그림처럼, 장면편집기의 사분창을 이용하여 한 눈사람을 다른 눈사람 위에 수직으로 위치시켜 '눈사람 쌓아올리기'를 생성하라.

3. *눈사람쌓기(Snowpeople Pile)*
눈사람들을 옆으로 눕히고 그 위에 쌓아 4명의 눈사람의 "벽"을 만들라. (메소드와 마우스 제어와 사분창을 사용하라.) (남자 눈사람과 여자 눈사람을 교대로 쌓은) 4인의 눈사람을 사용한다면 다음 그림같이 보이게 될 것이다.

4. *티파티(Tea Party)*
루이스 캐롤에 드리는 작품으로, 앨리스 린델과 흰 토끼를 위한 티 파티(Tea Party)를 만들라. (People의) 앨리스리델(AliceLiddell)과 (Animals의) 흰토끼(whiteRabbit) 외에도, 파티에는(CD나 웹 갤러리의 Furniture 폴더 안의 Dining Table의) 테이블(table)과 (Furniture의) 의자(chair) 3개, (Kitchen의) 찻주전자(teapot), 토스터(toaster)와 접시(plate)가 있어야 한다. 메소드 설명을 잘 보고 마우스와 사분창을 사용하여 찻주전자(teapot)와 크림통(creamer)같은 객체들을 제 위치에 놓으라. 아래 그림은 예제로 제공하는 것이다. 상상력을 동원하여 더 좋은 장면을 만들어 보라.

5. *갑판 위 군인들(Soldiers on Deck) (고난도문제)*
(Vehicle의) 항공모함(carrier)과 (People의) 장난감 병정 4명을 새로운 세계에 추가하라. 아래 그림과 같이 공식행사를 위해 그 군인들을 항공모함 앞뒤 갑판에 각각 2명씩 세워라.

각 군인을 오른쪽 클릭하고(팝업 메뉴에서의) 메소드들을 사용하여 군인들의 팔을 움직여 서로에게 경례하게 하라. 아니면, 장면 편집기의 마우스 제어를 이용하여, 팔들을 제 위치로 이동하라. ("affect subparts" 체크상자를 이용하여 마우스가 팔을 움직이도록 하라.) 각 군인의 좌측 팔을(수평 면에 대해 약 45도로) 들어 올려라. 결과는 4인의 군인이 경례를 하는 장면이 된다. 이게 애니메이션은 아니다. 여러분은 단지 장면을 설정하고 있을 뿐이다.

힌트: "affect subparts" 체크상자를 체크하여 마우스로 어느 객체의 부품을 움직였다면, 후에 다른 목적으로 사용하려면 그 상자의 체크를 풀 것을 기억하라.

제2장

프로그램 설계 및 구현

"그럼 너는 네가 의미하는 것을 말해야지,"
라고 삼월 토끼가 떠들었다.

"그럼," 앨리스는 성급히 답변했다.
"적어도-적어도 내가 말하는 것을 내가 의미하는
거야--그건 같은 말이잖아, 알지?"

"전혀 같은 말이 아니야!"라고 모자 장수가 말했다.
"그럼 '내가 먹는 걸 내가 봐'가 '내가 보는 걸
나는 먹어'와 같은 거라고 말하지 그래"

이 장에서는 프로그래밍에 대해 소개하려 한다. ***프로그램***은 컴퓨터에게 할 일을 알려주는 명령어들의 집합이다. 각 ***명령어***는 수행할 행위이다. 가상세계에서 3D 객체들에게 움직임을 부여하는 프로그램의 작성은 당연히 객체와 객체가 수행하는 행위에 대한 것이다. 실용적 관점에서 볼 때 프로그램 제작은 문장식 수학문제를 푸는 것과 같다. 먼저 문장식 문제(상황에 대한 설명)를 읽고 어떻게 해결해 나갈 것인가(어떤 단계를 밟을까)를 결정한다. 그리고는 문제를 풀고(해답을 적고) 최종적으로는 답이 맞나 확인한다. 이와 마찬가지로, 애니메이션 프로그램을 작성할 때 먼저 ***시나리오***(스토리나 게임이나 시뮬레이션에 대한 설명으로 종종 문제의 진술이라고 함)를 읽고 어떻게 애니메이션을 제작할까를 결정한다(***스토리보드를 설계한다***). 그리고는 프로그램 코드를 작성하고(***구현***) 작성된 애니메이션을 동작시켜서 프로그램을 ***테스트***한다.

삼월 토끼와 앨리스의 대화와 같이(위를 보라), 프로그램 작성 시에는 여러분이 의미하는 바를 있는 그대로 말해야 한다. 최선의 프로그램 작성법은 먼저 시나리오(스토리나 게임이나 시뮬레이션에 대한 설명)를 읽고 나서 그 프로그램을 위해 열거된 행위들을 설계하는 것이다.

2-1절은 프로그램 설계를 위한 방법론으로써의 시나리오와 스토리보드로 시작된다. 시각 스토리보드가 선택된 이유는 영화 스튜디오에서 전문 애니메이션 제작자들이 사용하는 설계도구이기 때문이다. 텍스트형 스토리보드가 선택된 이유는 ***알고리즘 식***

(단계식) 구조를 제공해 주기 때문이다. 텍스트형 스토리보드의 텍스트의 줄들은 **가코드**와 유사하다. 가코드는 최종적으로는 프로그램 코드가 될 명령어들의 느슨한 버전이다.

2-2절에서는 간단한 앨리스 프로그램 제작의 기본을 다룬다. 앨리스의 마우스-기반 편집기로 ***프로그램***(명령어들의 열거)을 작성하기 위한 안내문으로써의 스토리보드를 이용하게 된다. 앨리스에서는 ***구문***(문장 구조와 구두점)에 대한 모든 세부사항이 자동으로 처리되기 때문에 우리는 단계식 해결에 초점을 두면 된다. 애니메이션에서는, 순차적으로 발생하는 행위들도 있고, 동시에 일어나는 행위들도 있다. 이는 어떤 행위들을 *순서대로 수행하고(Do in order)*, 어떤 행위들을 함께 *수행할(Do together)* 지를 앨리스에게 알려주도록 프로그램 코드가 구성되어야 함을 의미한다.

2-1 시나리오와 스토리보드

가상세계에서 객체들에게 움직임을 부여하는 컴퓨터 프로그램은 4단계 과정을 거쳐 제작된다: ***시나리오 읽기***(시나리오는 프로그램이나 과제의 설명을 이름), ***설계***(미리 계획하기), ***구현***(프로그램 작성), ***테스트***(동작 확인)이다. 이 절에서는 앞의 두 단계를 소개한다.

시나리오 읽기와 행위 계획의 설계는 애니메이션용 프로그램 구성에서 중요한 단계들이다. 설계는 "미리 계획하기" 전략으로, 마스터하려면 연습이 필요하다. 이 책 앞쪽 몇 장에서 제공되는 프로그램들이야 그런대로 명쾌하지만, 여러분은 일찍부터 좋은 설계를 구축하기 시작하라고 권하고 싶다. 그렇게 하면, 프로그램이 복잡해지면서, 좋은 프로그램 해결책을 설계하는 방법을 배우는데 투자된 시간이 큰 보상을 해줄 것이다.

시나리오 읽기

설계제작법을 논하기 전에 먼저 무슨 문제를 풀고 무슨 일을 할 것인가를 알 필요가 있다. ***시나리오***란 어떤 문제를 풀고 어떤 교훈을 가르칠까라는 관점으로 전체 애니메이션을 설명하는 ***문제***(즉 ***업무***)의 진술이다. (***요구명세***라는 용어를 사용하는 컴퓨터 과학자들이 많다. 앨리스에서는 시나리오라는 용어가 가상세계 장면과 객체와 행위에 관련시키기에 더 적합하다.) 만화와 장편만화영화는 전문작가가 만든 시나리오("스토리"라고도 함)로 시작한다. 여기서 쓰이는 식으로의 스토리는 기존의 의미 이외에도 가르칠 교훈이나 플레이할 게임이나 시뮬레이션일 수도 있다.

앨리스 세계에서 시나리오는 초기 장면을 설정하고 애니메이션을 위한 일련의 명령어들을 계획하는 모든 세부사항을 알려준다. 다시 말해서 시나리오는 다음 질문에 대한 답변을 제공한다.

1. 무슨 스토리를 들려주려는가?
2. 무슨 객체들을 필요로 하는가? 스토리에서 주요 역할을 수행하는 객체도 있고 배경장면이 되는 객체도 있다.
3. 무슨 행위들이 발생하는가? 스토리의 행위는 최종적으로는 프로그램의 명령어로 바뀐다.

시나리오의 예제

예제 시나리오를 생각해 보자. 우주 여행 끝에 로봇이 승선한 우주선은 방금 달 표면에 조마조마한 착륙을 하였다. 로봇은 이미 달착륙선 밖으로 나와서 지구방향으로 카메라를 설치하여 휴스톤 NASA 센터의 과학자들이 이 역사적인 사건을 볼 수 있다. 그 카메라를 통해(우리의 가상세계의 장면), 우리는 로봇과 달착륙선과 그 근처의 암석 형태를 볼 수 있다. 갑자기 외계인이 바위 뒤에서 살짝 내다보더니 로봇을 바라본다. 로봇은 놀라며 머리를 획 돌린다. 로봇이 자세히 보려 접근하자 외계인은 바위 뒤로 숨는다. 끝으로, 로봇이 카메라를 보며 위험 신호를 내고는 말한다. "휴스톤, 문제가 생겼어요!"

이 시나리오로부터, 우리는 여러 질문에 대한 답변을 갖고 있다.

- 무슨 스토리를 들려주려는가? 이 시나리오는 먼 달에서 로봇이 외계인과의 첫 대면에 대한 해학적인 스토리를 들려준다.
- 무슨 객체들을 사용해야 하는가? 그 객체들은 로봇과 달착륙선과 외계인이다. 배경 경치는 어느 우주 세계에서의 달 표면을 묘사해야 한다.
- 무슨 행위들이 발생하는가? 행위에는 외계인이 바위 뒤에서 빼꼼이 내다보고, 로봇이 머리를 돌리고 외계인 쪽으로 움직이고, 그 외계인이 바위 뒤에 숨고, 로봇이 지구로 메시지를 보내는 것이 포함된다.

설계

스토리보드는 문제의 해답을 내려고(또는 시나리오에서 명시한대로 작업을 수행하는 열거된 행위들을 계획하려고) 사용하게 될 설계 기법이다. 픽사나 디즈니 등의 주요 애니메이션 스튜디오에서 애니메이션 제작자들은 긴 시나리오를 일련의 다수의 짧은 시나리오로 쪼갠다. 각 시나리오별로 스토리보드를 만들어 일련의 장면들을 묘사한다. 스토리보드는 수십 개의 장면 스케치들로 구성될 수 있는데, 각 스케치는 애니메이션 아티스트가 그리거나 컴퓨터 애니메이션 전문가에 의해 컴퓨터 소프트웨어를 이용하여 생성된다. 그림 2-1-1은 잰 핀카바가 글을 쓰고 감독한 픽사의 단편 만화영화인 *게리의 게임*의 스토리보드 스케치들을 보여준다. 그 영화는 최우수 단편 만화영화 부문 오스카상을 받았다. 이 영화에서 타이틀 주인공은 혼자서 체스 게임을 한다.

그림 2-1-1. *게리의 게임*에 사용된 스토리보드 스케치들, 픽사(Pixar®)의 허가받음

그림 2-1-1. 계속됨

문제나 작업을 작은 문제나 작업으로 쪼개는 스토리보드 설계 기법은 컴퓨터 프로그래머와 애니메이션 설계자만 사용하는 방법은 아니다. 예를 들어 극작가들은 희곡을 막으로 나누고 막은 다시 장으로 나눈다. 엔지니어들은(제트기, 망치 등의) 복잡한 시스템이나(마이크로 회로 등의) 장치를 부품으로 나누어 문제를 다룰 수 있는 수준으로 바꾼다.

시각 스토리보드

시각 ***스토리보드***는 시나리오를 일련의 주요 장면들로 쪼개는데, 그 장면 간에는 전환이 있다. 각 스케치는 애니메이션 중의 어느 장면(***상태***)의 표현 즉 스냅 사진이다. 각 ***스냅 사진***의 객체들은 특정 위치, 색깔, 크기, 자세를 가진다. 애니메이션에서 장면전환

(변화)이 일어나면 다음 장면(***상태***)으로 간다.

스냅 사진들은 순서대로 번호가 매겨 있으며 필요한 정보가 레이블되어 있다. 짧은 애니메이션의 경우에는 큰 종이 한 장에 상세히 표시될 수도 있다. 좀 더 복잡한 애니메이션의 경우에는, 처음부터 완전히 다시 시작하지 않으면서 장면들을 쉽게 재배치하거나 없애 버리려면, 각 장면마다 별도의 종이가 필요할 것이다.

가상 스토리보드를 제작하기 위해 우리는 전문 제작자들의 기술(즉 일련의 손으로 그린 장면들)을 빌린다. 시각 스토리보드 템플릿은 그림 2-1-2에 나타나 있다. 각 스냅 사진은 장면번호(Scene Number)의 레이블이 붙어 있으며 해당 객체들이 장면에서 나오는 곳을 보여주는 스케치 즉 그림을 포함하고 있다. ***설명***(description)은 발생할 행위를 말해준다. 애니메이션에 사운드(sound)가 필요하면, 설명에는 장면에서 낼 사운드들이 열거된다. 만화책 형식을 원하면, 텍스트(text)를 포함시켜 텍스트 버블로 단어들이나 어구를 보여주게 된다. 사운드나 텍스트는 필요한 경우에만 사용된다.

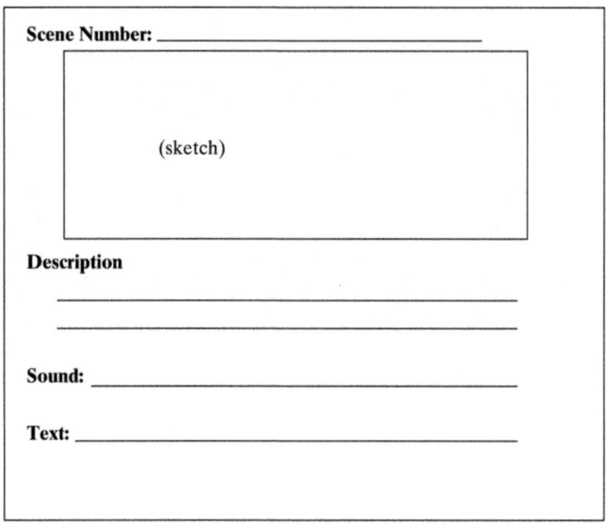

그림 2-1-2. 스토리보드 템플릿

우리 목적으로는, 스토리보드 스케치의 준비가 상당히 예술적인 작업이 되도록 할 의도는 없다. 간단한 원과 정사각형과 선을 이용하여 장면에 나타나게 될 객체들을 표시하는데 사용할 수 있다. 필요하다면, 형체에다 객체 이름을 레이블로 붙이거나 색깔을 부여할 수 있다.

스토리보드의 생성 예를 보기 위해 로봇의 첫 대면을 위한 샘플 시나리오를 사용하겠다. 그림 2-1-3은 외계인이 암석 뒤에서 살짝 고개를 드는 간단한 장면을 보여준다. 간단한 스케치를 이용하여 달착륙선과 로봇과 외계인을 표시하였다. 갈색 선을 그어 외계인 앞에 암석을 표시하였다. 회색의 꼬불꼬불한 선들은 달 표면을 나타낸다. 간단한 그림들을 이용하면, 손으로 스케치한 스토리보드를 빠르고 쉽게 생성할 수 있다.

Scene Number: 2

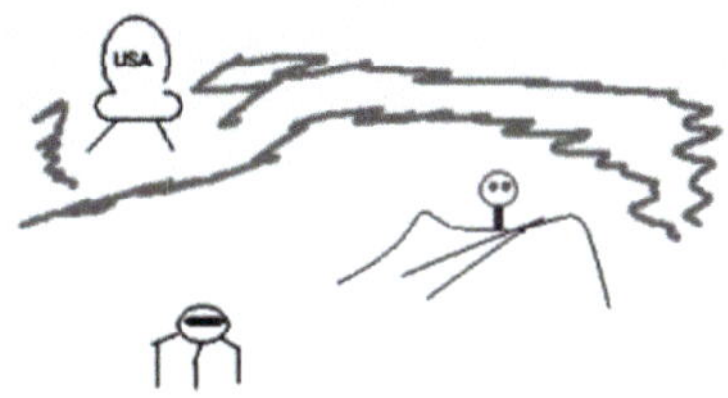

Description
Alien peeks up from behind a rock.

Sound: None
Text: The alien says "Slithy toves?"

그림 2-1-3. 손으로 스케치한 시각 스토리보드

이 책의 예제용으로, 우리는 앨리스의 장면편집기를 사용하여 가상세계에 객체들을 추가하고 다양한 자세의 객체들을 참을성 있게 배치한다. 각각의 연속된 장면이 생성되면, 화면 캡처를 하여 문서로 복사된다. 그림 2-1-4는 로봇의 첫 대면 애니메이션의 시작용으로 스토리보드에 있는 화면 캡처를 보여준다(우리는 갤러리의 SciFi 폴더에서 SpiderRobot과 alienOnWheels를 사용하였다.). 당연히 스토리보드용 화면 캡처가 손으로 그린 스케치보다 멋져 보이지만, 편집하는 데 시간이 걸린다.

Scene Number: 1

Description:
The initial scene: the robot has climbed down from the lunar lander and is exploring the moon surface.

Sound: None
Text: None

Scene Number: 2

Description:
An alien peeks up from behind a rock.

Sound: None
Text: The alien says "Slithy toves?"

그림 2-1-4. 스토리보드 장면들의 화면 캡처

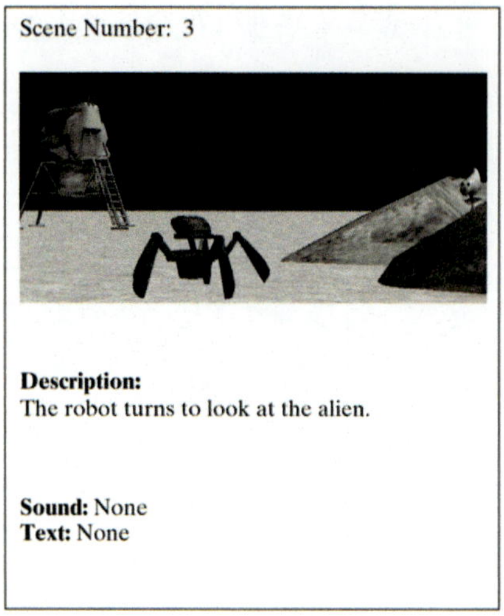

그림 2-1-4. 계속됨

텍스트형 스토리보드

전문 애니메이션 아티스트들은 시각 스토리보드를 그들의 프로젝트 개발 과정의 일부로 사용하지만, 모든 사람이 수십 개의 스케치를 그릴만큼 인내심이 있는 것은 아니다. 텍스트형 스토리보드는 좋은 대안이다. 이는 "해야 할 일의 목록"같은 것으로, 이것으로 프로그램 코드 작성을 위한 계획된 구조를 준비할 수 있다. 각각의 장점을 이용하도록, 시각 스토리보드와 텍스트형 스토리보드가 모두 이 책 전체에서 사용된다.

텍스트형 스토리보드 예제

다음에 첫 대면 애니메이션용 텍스트형 스토리보드가 있다. 하나의 텍스트형 스토리보드가 시각 스토리보드에서의 여러 장면들을 요약할 수 있다는 점에 주목하라. 예를 들어, 여기 소개된 텍스트형 스토리보드는 그림 2-1-4의 시각 스토리보드의 장면 1과 장면 2와 장면 3을 요약한다. 이 스토리보드는 처음 몇 행위만을 나타내고 있으며, 다음 절에서 완성될 것이다.

다음 단계들을 순서대로 수행하라
  외계인이 위로 움직인다
  외계인이 "Slithy toves?"라고 말한다
  로봇의 머리가 돌아간다
  로봇이 몸을 돌려 외계인을 본다
  다음 단계들을 함께 수행하라
    로봇이 외계인 쪽으로 움직인다
    로봇 다리로 걷는다
  등등.

텍스트형 스토리보드의 텍스트 줄들은 순서대로 열거된 행위들을 제공한다. 그 줄들은 요점정리 형태로 작성되어 있으며, 들여쓰기를 사용하여 스토리보드를 읽기 쉽게 하였다. 두 줄은 이탤릭체로 작성되어 있음에 주목하라. 이 줄들은 행위들을 체계화한다. 즉 순서대로(한 번에 하나씩) 수행되어야 하는 행위들도 있고, (동시에)함께 수행되어야 하는 행위들도 있다. 처음 4 행위들은 순서대로 수행된다(외계인이 위로 움직이고, 외계인이 "Slithy toves?"라고 말하고, 로봇의 머리가 돌아가고, 로봇이 몸을 돌려 외계인을 본다). 로봇이 더 잘 보려고 외계인 쪽으로 움직이는 다음 행위는 실제로는 동시에 일어나는 행위들의 합성이다(로봇 다리로 걷기 행위를 흉내내면서 동시에 앞으로 움직인다).

컴퓨터학 용어로는 텍스트형 스토리보드를 알고리즘이라 부르는데, ***알고리즘***이란 어느 작업을 수행하거나 문제를 해결하는 열거된 행위들이다. 텍스트형 스토리보드의 행위들은 실제 프로그램 코드 자체는 아니지만 그 코드에 매우 가까우며, 흔히 ***가코드***라고 불린다.

평가 및 개편

일단 스토리보드가 설계되면, 객관적인 입장에서 어느 것을 바꿀까를 결정하는 게 좋다. 다음 질문에 답하면서 스토리보드를 평가하라.

- 스토리가 전개되면서, 행위가 장면에서 장면으로 흘러가는가?
- 한 장면을 다음 장면과 융합하기 위해 어떤 장면전환을 추가해야 하는가?
- 여러분은 스토리의 어떤 필수적인 부분을 간과했는가?
- 스토리상 변경시켜야 할 게 있는가?

중요한 것은 스토리보드가 최종적이 아니라는 점이다. 우리는 기꺼이 계획을 점검하여 필요하면 수정해야 한다. 프로그램 설계 제작 시, 화판에 그림 그리는 아티스트와 동일한 사이클을 겪어야 한다. 화가는 종종 어떻게 그릴 것인가를 보여주는 초기 버전을 스케치한다. 이는 추상적 개념을 구체적 모습으로 번역하는 방법이다. 그런데 화가는 초기 버전을 수차례 수정한 후에야 화판에 물감을 칠한다. 마찬가지로 다리나 비행기 (또는 그 외 어떤 것)를 설계하는 엔지니어는 설계-수정-창작의 단계를 여러 번 거친 후에야 최종 제품이 제작된다. 창의적인 사람들은 모두 이런 설계-수정-창작 사이클을 거친다.

2-2 첫 번째 프로그램

2-1절에서는 어느 작업을 수행하거나 게임을 하거나 시뮬레이션을 제작하기 위해

시나리오를 조심스레 읽고 애니메이션을 설계하는 방법을 배웠다. 이제 애니메이션 프로그램의 제작법을 배워보자. 이 단계는 **구현**이라 불린다. 이 절은 컴퓨터 앞에 앉아서 읽어야 한다. 앨리스를 동작시킨 다음, 본 절의 예제에 설명된 단계들을 반복하라.

프로그램이란 무엇인가?

여러분도 알고 있겠지만, **프로그램**은 어떤 작업을 수행하기 위한 열거된 명령어(행위)들이다. 앨리스 프로그램은 연극을 위한 **대본**같은 것이라고 생각해도 된다. 연극 대본은 무대 위에서 배우가 취할 행위와 말할 단어들을 설명함으로써 스토리를 말해준다. 유사한 방식으로 앨리스 프로그램은 가상세계에서 객체들이 취할 행위와 사용할 사운드 및 텍스트를 정한다.

초기 장면의 생성

고대 중국 격언에 따르면 "긴 여행은 한 걸음으로 시작된다." 2-1절에 설명된 로봇의 첫 대면 애니메이션을 구현함으로써 우리의 여정을 출발해 보자. 로봇이 탄 우주선이 달에 방금 도착했음을 기억하라. 로봇은 바위 뒤에서 호기심을 갖고 살짝 내다보는 외계인을 대면한다. 놀란 로봇은 확인하고자 그 외계인 쪽으로 걸어간 다음 지구로 "휴스톤, 문제가 있어요!"라는 메시지를 보낸다.

애니메이션 프로그램을 구현하는 첫 단계는 초기 화면의 생성이다. 우주(space) 템플릿을 고른 다음 (갤러리의 SciFi 폴더에서) spiderRobot과 alienOnWheels와 lunarLander가 그 세계에 추가된다. (CD나 웹 갤러리의 Nature 폴더에서) Rocks를 추가한 다음 외계인 앞에 위치시켜 그 외계인을 시야에서 감춘다. 초기 장면이 그림 2-2-1에 나타나 있다.

그림 2-2-1. 첫 대면 초기 장면

CD 위의 세계들

본 책에 동봉된 CD에는 각 장의 모든 예제용 가상세계들이 포함되어 있다. 각 세계에는 그 세계를 위한 모든 객체들이 있으며, 초기 장면에 적절히 위치한다. CD 세계들은 프로그램 코드를 갖고 있지 않다. 해당 코드는 각 장의 해당 절에 설명부분에서 제공된다. 여러분은 컴퓨터 앞에 앉아 예제용 CD 세계를 읽어들이고(로딩하고) 해당되는 장을 읽어가면서 프로그램을 재구성하기 바란다. 이런 경험은 여러분이 프로그램 작성법을 배우는데 도움이 되고 여러분 자신의 애니메이션 제작을 시작하는데도 도움이 될 것이다.

프로그램 코드 편집기

초기 장면이 설정되면, 프로그램 코드를 이루는 명령어들을 작성해야 한다. 앨리스에서는 프로그램 코드 편집기가 제공된다. 그 편집기는 그림 2-2-2와 같이 앨리스의 메인 윈도의 우측 아래의 노란색 대형 창이다. 프로그램용 명령어들은 그 편집기에서 입력된다(앞으로 프로그램 코드 편집기를 "편집기"라고 부르겠다.).

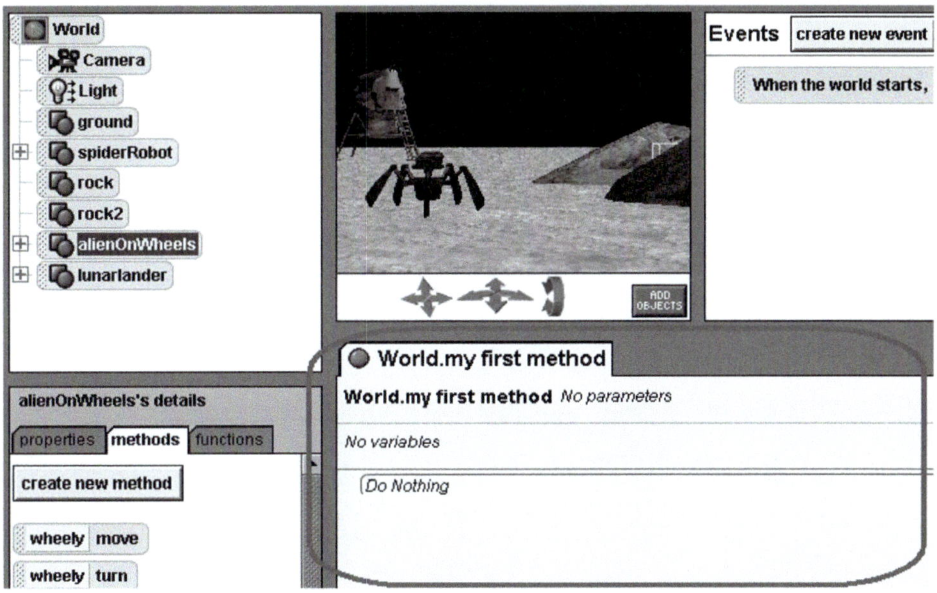

그림 2-2-2. 프로그램 코드편집기(노란색 대형 창)

World.my first 메소드

그림 2-2-2와 같이 편집 영역에는 *World.my first method* 라는 레이블이 붙어 있다. **메소드(*method*)**는 어떤 특정 작업의 수행 방법을 정의하는 프로그램 코드의 한 부분(소수의 명령어들의 집합)이다. 앨리스는 첫 편집창에 대해 자동으로 *World.my first*

메소드란 이름을 사용한다. 실제로는, 메소드의 이름으로 어떤 이름을 지어서 사용해도 된다. 이 예제의 메소드 이름으로 *World.my first* 를 사용하겠다. 로봇세계 시나리오는 단 한 개의 메소드로 프로그래밍할 수 있을 정도로 간단하다. **Play** 버튼을 누르면 앨리스는 작성된 명령어들을 수행함으로써 *World.my first* 메소드를 실행하게 된다.

어떤 명령어들이 필요한가?

전에 제시된 스토리보드를 다시 살펴보기로 하자.

다음 단계들을 순서대로 수행하라.
  외계인이 위로 움직인다.
  외계인이 "Slithy toves?"라고 말한다.
  로봇의 머리가 돌아간다.
  로봇이 몸을 돌려 외계인을 본다.
  다음 단계들을 함께 수행하라.
    로봇이 외계인 쪽으로 움직인다.
    로봇 다리로 걷는다.
  등등.

실제로는 우리가 스토리를(공간 관계상) 완성하지 않아서 이 스토리보드는 현재 미완성이다. 시나리오에서는 일련의 행위들이 설명되어 있다. (1) alienOnWheels가 바위 뒤에서 위로 움직이고, (2) alienOnWheels가 "Slithy toves?"라고 말하고, (3) spiderRobot의 머리가 돌아가고, (4) spiderRobot이 몸을 돌려 alienOnWheels를 보고, (5) spiderRobot이 좀 더 잘 살펴보려고 alienOnWheels 쪽으로 움직이고, (6) alienOnWheels는 바위 뒤에 숨고, (7) spiderRobot이 카메라를 쳐다보고, (8) "휴스톤, 문제가 있어요!"라고 spiderRobot이 말한다. 나머지 행위들을 추가하여 다음과 같이 텍스트형 스토리보드를 완성하자.

다음 단계들을 순서대로 수행하라.
  외계인이 위로 움직인다.
  외계인이 "Slithy toves?"라고 말한다.
  로봇의 머리가 돌아간다.
  로봇이 몸을 돌려 외계인을 본다.
  다음 단계들을 함께 수행하라.
    로봇이 외계인 쪽으로 움직인다.
    로봇 다리로 걷는다.

> 외계인이 아래로 움직인다.
> 로봇이 몸을 돌려 카메라를 본다.
> (위험을 알리려고) 로봇의 머리가 붉어진다.
> "휴스톤, 문제가 있어요!"라고 로봇이 말한다.

지금까지 우리는 시각 스토리보드와 텍스트형 스토리보드를 이용하여 애니메이션을 생성하는 프로그램을 설계(계획)하는 예를 들어 보았다. 여러분은 흐름도의 작성이 좀 더 전통적 설계 도구임을 기억할 것이다. 스토리보드가 사용하기에 재미는 있지만, 흐름도도 애니메이션 프로그램용 설계 제작에 아주 유용하다. 그림 2-2-3은 첫 대면 예제를 위한 설계를 표현하는 흐름도이다.

텍스트형 스토리보드를 흐름도와 비교해 보라. 텍스트형 스토리보드의 시작부에는, "다음 단계들을 순서대로 수행하라"는 문장이 있다. 이 말의 뜻은 프로그램이 돌면서, 프로그램의 행위들이 하나씩 순서대로 수행될 것이라는 것이다. 흐름도의 설계는 시각적 도형의 흐름선을 따라 순차적으로 동작한다고 가정하고 있다. 이 흐름도에서 행위들은 "처음"부터 "중단"될 때까지(도형의 위에서 아래로) 로봇과 외계인에 의해 수행된다. 로봇이 수행하는 행위들은 모두 어느 세계에 각 객체를 추가 시 사용하도록 앨리스 소프트웨어가 준비해 놓은 내장형 메소드이다.

텍스트형 스토리보드의 중간쯤에, "함께 수행하라"는 또 다른 문장이 나온다. 함께 수행하라 내에 들어쓰기로 표기된 행위들은 동시에 수행되게 될 것이다. 로봇 걷기를 흉내 내려면 로봇이 앞으로 움직이고 로봇 다리로 걷는 동작들이 동시에 수행되어야 한다. 이 두 행위를 함께 해야 하기에, 한 개의 처리 기호를 두 행위에 사용하며 "그리고(and)"라는 단어를 사용하여 이 두 행위들이 동시에 수행됨을 나타내고 있다.

스토리보드를 프로그램 코드로 번역하기

스토리보드를 프로그램 코드로 번역하기 위해서는 먼저 스토리보드의 첫 단계를 명령어로 번역한다. 그리고는 그 둘째 단계를 명령어로 번역하고 셋째 등등을 번역하여 결국 전체 스토리보드를 명령어들로 번역한다. 프로그램 코드에서 사용된 명령어들은 부록 A의 시작하기 연습문제에서 배운 바로 그 내장함수들이다. alienOnWheels에서 가능한 메소드들을 디스플레이하려면, 그림 2-2-4와 같이 먼저 객체 트리에서 alienOnWheels 객체를 클릭한 다음 details 영역에서 methods 탭을 클릭하라.

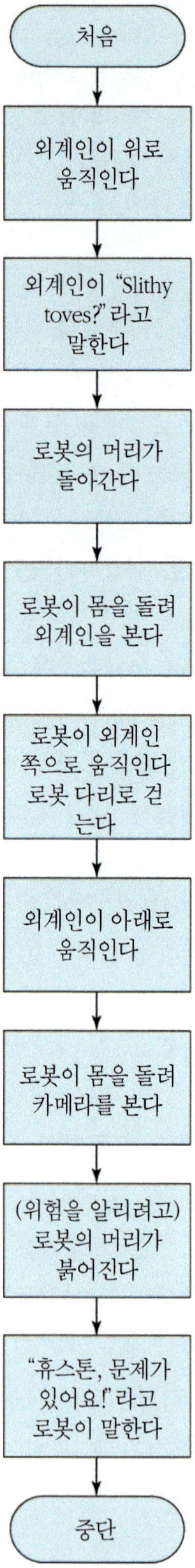

그림 2-2-3. 첫 대면 세계를 위한 흐름도

그림 2-2-4. 프로그램 코드 작성을 위한 내장 메소드들

우리 예에서 스토리보드를 프로그램 코드로 번역해 보기로 하자. alienOnWheels가 바위 뒤에서 살며시 위로 내미는 첫 단계로 시작하자. alienOnWheels 메소드 중에 move가 있는데, 우리는 이 메소드를 사용하여 alienOnWheels를 위로 움직이게 할 수 있다. 다음 단계는 alienOnWheels로 하여금 "Slithy toves?"라고 말하게 하는 것이다. alienOnWheels에는 이 목적으로 사용할 수 있는 say 메소드가 있다. 비슷한 식으로, 스토리보드의 각 행위는 그 세계의 객체들의 내장 메소드를 사용하여 명령어로 바꾸게 된다.

순차 행위 vs. 동시 행위

우리의 스토리보드에서, 처음 네 행위는 하나씩 순서대로 해야 하는 게 확실하다. 우리는 앨리스에게 이 명령어들을 *순서대로 수행하라*고 할 수 있다. 동시에 일어나는 행위도 있다. 예를 들어 spiderRobot이 다리로 걷는 것과 동시에 spiderRobot은 앞으로 움직인다. 앨리스에게 이 행위들을 *함께 수행하라*고 해야 한다. *Do in order(순서대로 수행하라)*와 *Do together(함께 수행하라)*는 앨리스 언어의 일부이다. 우리는 그것들을 ***제어문***이라 부르는데, 그 이유는 프로그램의 명령어들을 어떻게 수행하는지를 앨리스에게 알려주기 위해 그것들을 사용하기 때문이다.

Do in order(순서대로 수행하라)

앨리스가 명령어들을 순서대로 수행하도록 하려면, 그림 2-2-5와 같이 *Do in order* 블록을 편집기로 끌고 와야 한다.

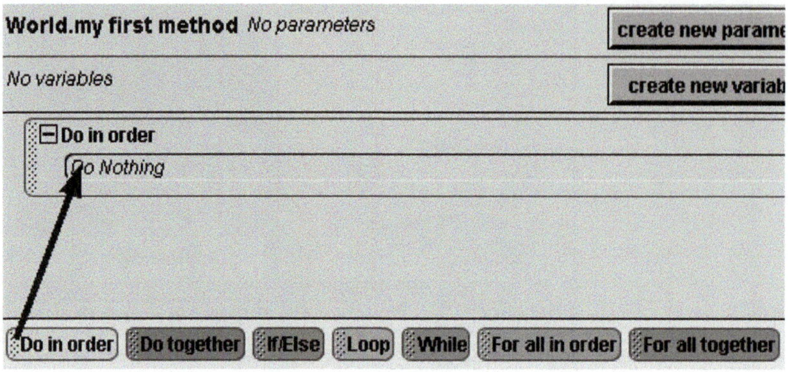

그림 2-2-5. Do in order 타일을 편집기로 끌어 오기

이제 *Do in order* 블록 내에 처음 네 개의 명령어들을 놓으면 된다. 먼저 객체 트리에서 alienOnWheels를 선택한다. 다음에 그림 2-2-6과 같이 alienOnWheels의 move 메소드타일을 선택하여 *Do in order* 안으로 끌어 온다. alienOnWheels가 어느 *방향(direction)*으로 얼마나 멀리(*양(amount)*) 움직여야 하는지를 나타내기 위해 *move* 메소드는 **인수**가 필요하다. (**인수**는 앨리스가 해당 행위를 하기 위해 제공되어야 하는 정보를 가진 항목이다.) 이 예에서는, alienOnWheels는 바위 뒤에 숨어 있고 우리는 alienOnWheels가 위로 움직이길 바라기 때문에 그 방향은 *위(up)*이다. 바위는 높지 않기 때문에, 1 미터의 거리로 시험해 보기로 하자(이 거리가 충분치 않거나 너무 크면, 나중에 조절할 수 있다.) 메소드 이름과 메소드의 인수들은 **명령어**의 성분이다.

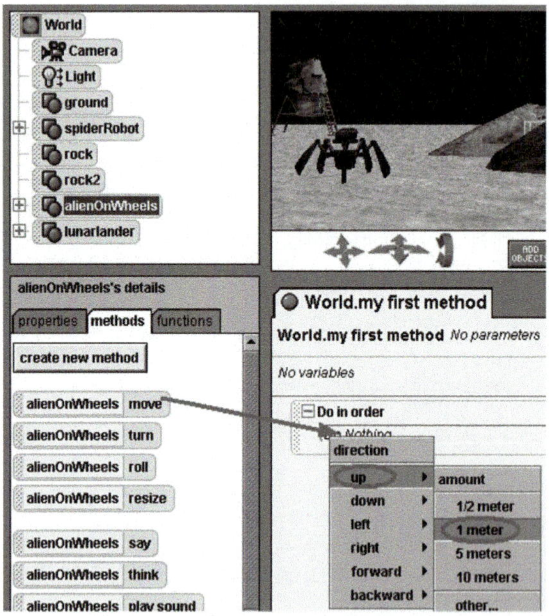

그림 2-2-6. move 명령어의 추가

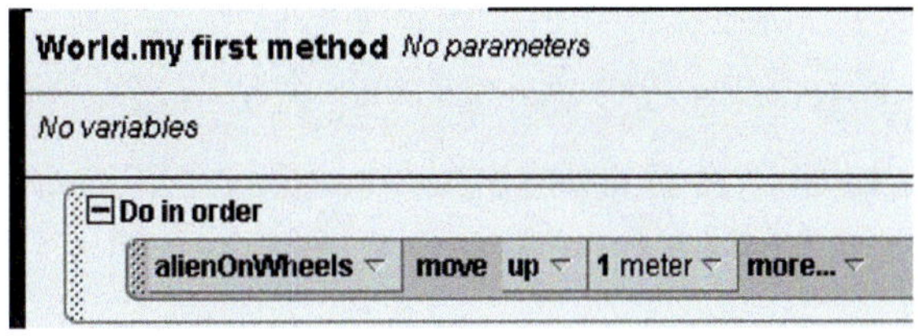

그림 2-2-7. 완성된 move 명령어

둘째 명령어는 alienOnWheels가 "Slithy toves?"라고 말하게 하는 것이다. 객체 트리에서 alienOnWheels를 선택하고 say 메소드타일을 끌어온다. 그림 2-2-8과 같이 other을 인수로 고른다. 팝업 대화 상자가 텍스트 영역을 제공해 주며 여러분은 그곳에 나타내려는 단어들을 입력하면 된다. 그림 2-2-9과 같이 "Slithy toves?"라고 입력한 다음 OK를 클릭하라.

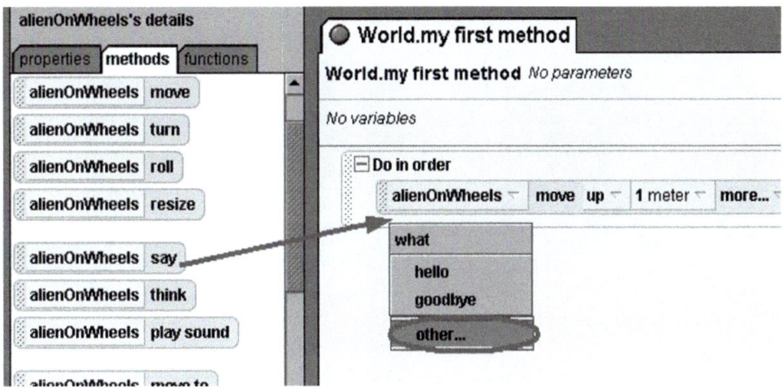

그림 2-2-8. alianOnWheels를 위한 say 명령어의 추가

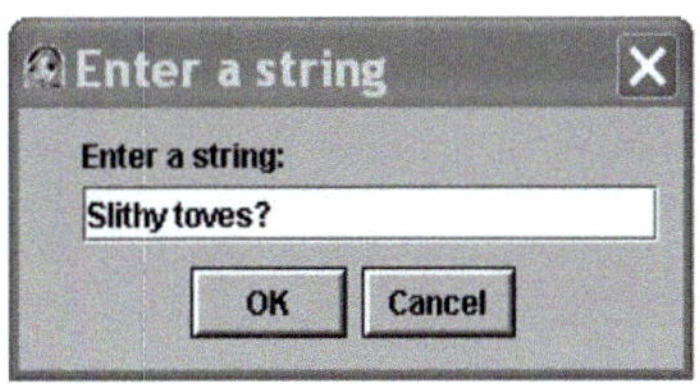

그림 2-2-9. 문자열의 입력

그림 2-2-10을 보면 첫 두 명령어들이 나타나 있다. 이 프로그램이 동작할 때(**Play** 버튼을 클릭하여 단 1-2 개의 앨리스 명령어의 효과를 시험해 봐도 좋다), alienOnWheels는 바위 뒤에서 위로 움직인 다음 "Slithy toves"라고 말한다.

셋째 명령어로, spiderRobot의 머리는(놀라움을 표현하기 위해) 한 바퀴 돌아간다.

우리는 spiderRobot의 머리를 어떻게 돌릴 수 있을까? 객체 트리의 spiderRobot 옆에 있는 +를 클릭하면 그 부품이 표시된다. spiderRobot의 목(neck) 옆에 있는 +를 클릭하라. 그리고는 객체 트리에서 spiderRobot의 머리(head)를 클릭하면 그 머리를 움직이기 위한 명령어들에 대한 접근이 가능해진다. 그림 2-2-11과 같이, turn 메소드타일을 편집기 안으로 끌어온 다음 그 방향(direction)으로 *좌(left)*를, 회전 양(amount)으로 *1 회전(1 revolution)*을 고른다.

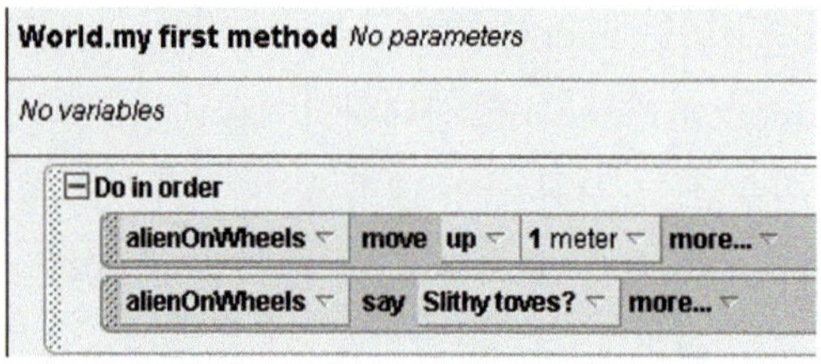

그림 2-2-10. 처음 두 명령어들

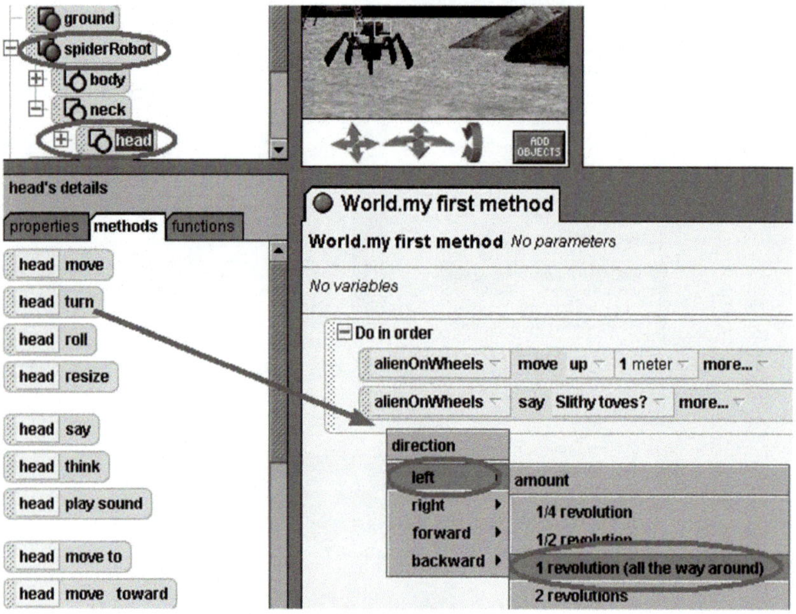

그림 2-2-11. *spiderRobot head*를 위한 *turn* 명령어의 추가

넷째 명령어로, spiderRobot은 alienOnWheels 쪽으로 몸을 돌리게(*turn to face*) 될 것이다. 그림 2-2-12와 같이, spiderRobot의 *turn to face* 메소드타일을 편집기 안으로 끌어들인 다음, 그 표적(target) 인수로 alienOnWheels를 선택하라.

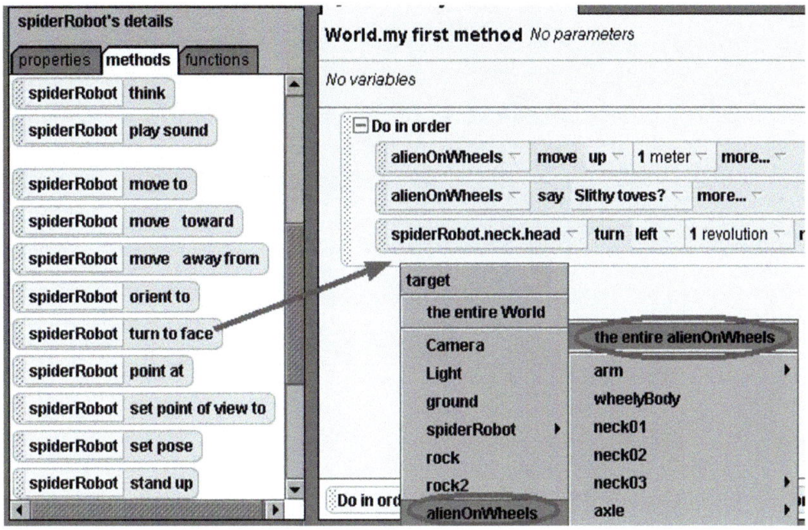

그림 2-2-12. *turn to face* 명령어의 추가

처음 네 명령어가 완성된 프로그램 코드는 그림 2-2-13에 나타나 있다.

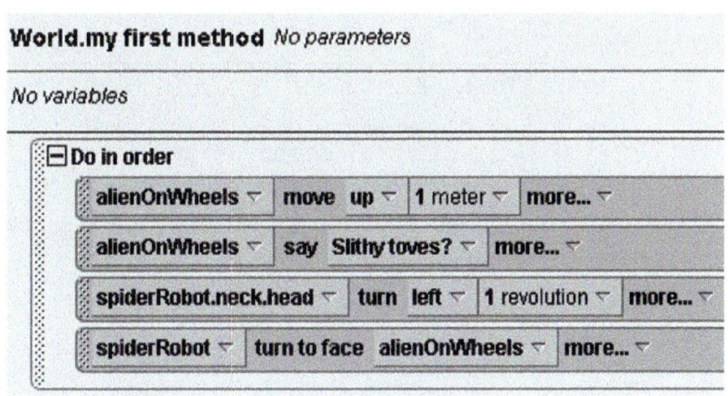

그림 2-2-13. 처음 네 명령어들을 *순서대로 수행하라(Do in order)*

Do together(함께 수행하라)

스토리보드에서의 다음 단계에서는 두 가지 일이 동시에 일어난다. 즉 spiderRobot이 앞으로 움직이는데, 이와 동시에 그 다리는 위로 그리고 아래로 움직인다. 그림 2-2-14와 같이 *Do together* 타일을 *Do in order* 안쪽으로 끌어온다. 그림 2-2-14에서 수평의 줄(편집기 내의 초록색)을 주목하라. 초록색 줄은 *Do together* 명령어를 떨굴 곳을 나타낸다.

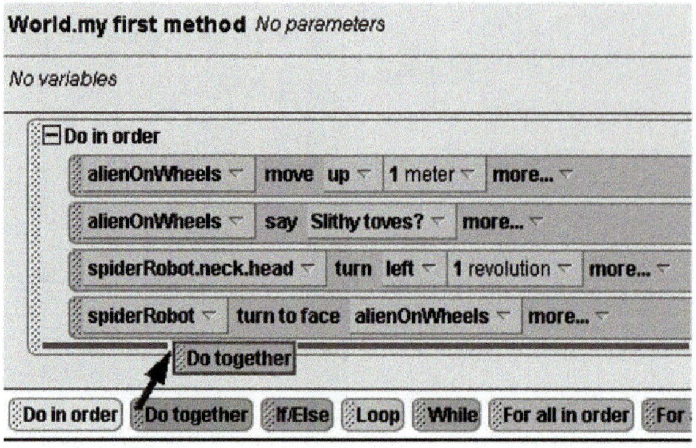

그림 2-2-14. (Do in order 내부에) *Do together*의 추가

이같이 수정하고 나면 그림 2-2-15와 같이 *Do together* 블록이 *Do in order* 블록 내에 ***내포***된다. ***내포***란 어느 프로그램 문장이 다른 문장 내에 작성됨을 의미한다. *Do in order* 내에 *Do together*를 내포하는 것이 이 예제를 애니메이션시키는 최선의 방법임에 주목하라. 그렇다고 *Do together*이 *Do in order* 내에만 있어야 하는 것은 아니다. 이 두 코딩 블록들은 여러 다양한 방식으로 함께 또는 별도로 동작할 수 있다.

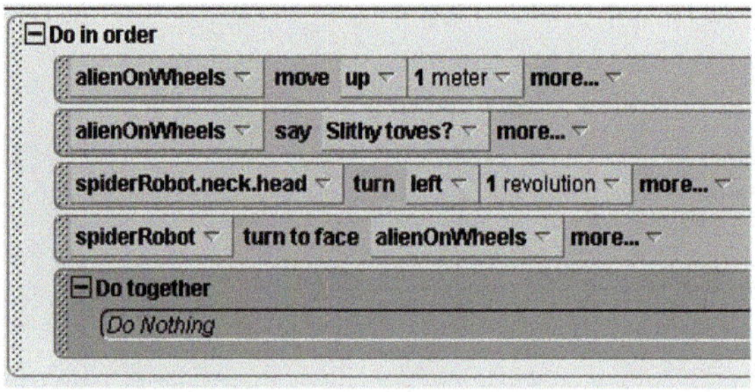

그림 2-2-15. Do in order 안쪽에 내포된 Do together

이제 메소드들을 *Do together* 블록 안으로 끌어 와서 spiderRobot이 앞으로 이동하면서 동시에 걷게 하자. 앞으로 이동하기(move forward) 명령어는 쉽다. *방향(direction)*을 앞(forward)로 하고, *거리(distance)*를 1 미터(1 meter)로 하는 spiderRobot move 명령어를 추가하기만 하면 된다.

spiderRobot은 다리가 많다. 우리의 프로그램을 단순화하기 위해, 뒤의 좌측(backLeft)과 앞의 우측(frontRight)의 단 두 다리로 걷는 행위를 애니메이션하려 한다. spiderRobot은 "walk"라는 이름의 메소드가 없다. 로봇의 다리가 걷기 행위로 움직이도록 우리 자신의 명령어들을 작성해야 한다. 객체 트리에서 로봇의 부품을 찾아보면, 각 다리가 체절(segment)로 나뉘어 있음을 알 수 있다. 다리의 어느 체절을 돌림으로써 다리는 "걷는다." 그 동작은(여러분의 무릎을 구부리는 것과 유사하게) 체절들이 연결된 관절에서의 회전을 시뮬레이션한다.

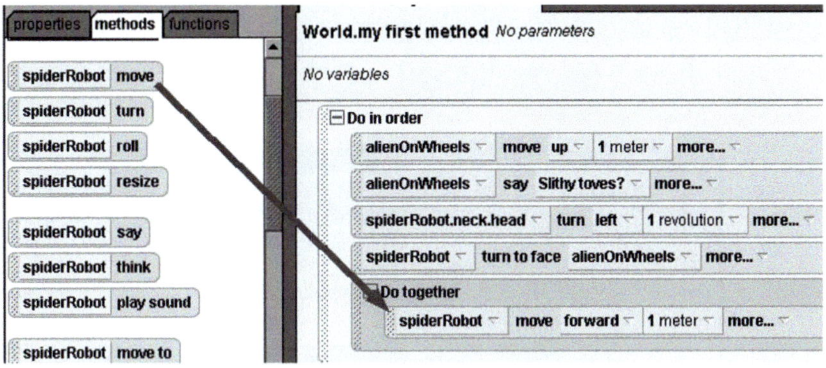

그림 2-2-16. *Do together* 내부에 *move* 명령어의 추가

다리로 걷게 하는데 필요한 행위들을 시각화하기 위해서, 그림 2-2-17에 있는 흐름도 형태의 도표를 살펴보라. 그 도표에서는 걷기 행위가 간단한 단계들로 쪼개져 있는데, 병렬처리 기호는 동시에 수행되는 행위들을 나타낸다. 다시 말해서, 로봇은 앞으로 움직이면서 동시에 backLeftLegUpperJoint(뒤의 좌측 다리의 상부 관절)와 frontRight-LegUpperJoint(앞의 우측 다리의 상부 관절)이 돌아간다. 이 도표에서, 각 다리의 관절 회전 행위는 푸른색의 점선 박스 안에 포함되어 있어서(이 행위들은 병렬로 수행되지만) 각각은 어떤 순서(*Do in order*)로 구성됨을 나타낸다. 다시 말해서, 다리 회전들은 Do together 안에 내포되어 있으나, 각각은 *Do in order* 이다.

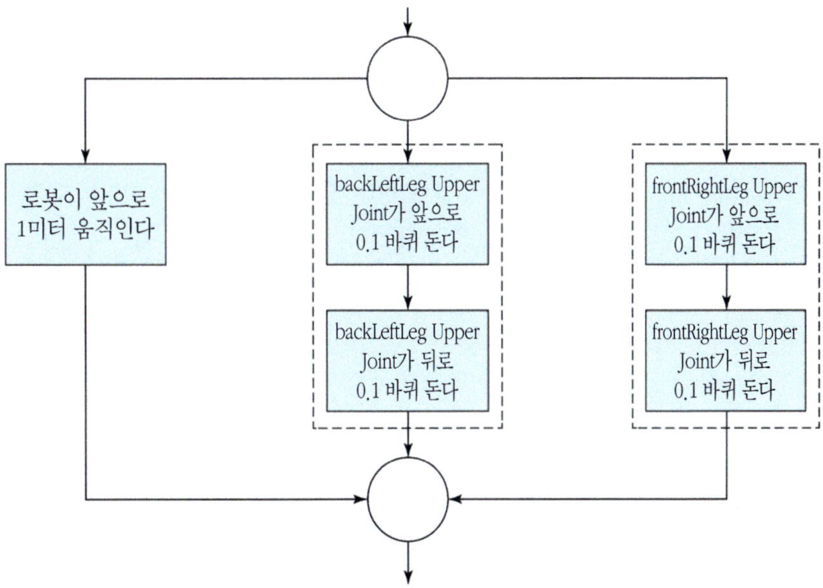

그림 2-2-17. *Do together* 내에 내재된 두 개의 *Do in order* 순서들

이제 설계를 프로그램 코드로 전환하기가 프로그램을 시행착오로 작성하는 것보다 훨씬 쉽다. 우선 backLeftLegUpperJoint를 돌리는 명령어를 만들어보자. 그림 2-2-18과 같이, 우선 객체 트리의 spiderRobot의 backLeftLegBase 부품의 backLeftLeg-UpperJoint 부품을 선택하고 나서, *turn* 메소드 타일을 *Do together* 블록으로 끌어오라.

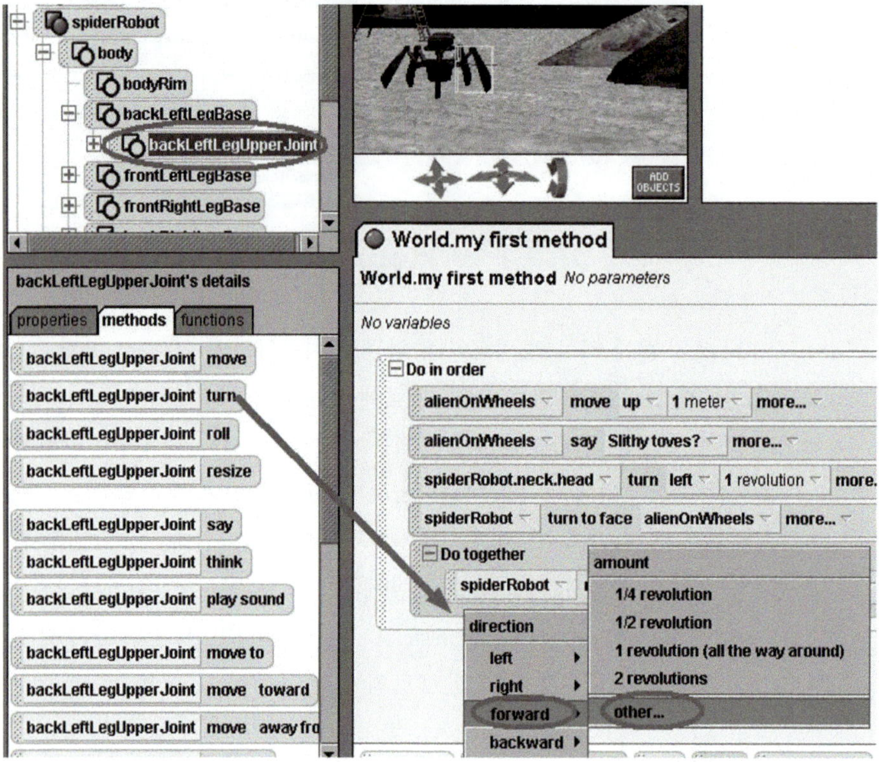

그림 2-2-18. backLeftLegUpperJoint를 위한 *turn* 명령어를 끌어 오기

팝업 메뉴로 회전의 *direction(방향)*과 *amount(양)*에 대한 인수를 선택할 수 있음에 주목하라. 방향은 *forward*, 양은 *other*로 고르라. 양을 *other*로 선택하면, (계산기 같아 보이는) 숫자 패드가 화면에 팝업된다. 숫자 패드 상의 버튼을 클릭하여 0.1 회전(revolution)을 선택하였다. 그 양이 0.1 회전인지 우리가 어떻게 알았을까? 사실 알지 못했다. 우리는 그저 여러 번 시도해 본 후 다리 관절에 최선의 굽히는 동작을 보여주는 값을 찾았을 뿐이다. 이는 ***시행착오*** 전략의 예이다. 우리는 항상 좋은 계획 전략을 권장하지만, 때로는 시행착오가 유용하다.

당연한 이야기지만, (균형을 유지하려면)다리 관절을 한 방향으로 돌린 후에는 원래 방향으로 되돌려 놓아야 한다. 뒤의 좌측(backLeft) 다리에 대한 두 개의 *turn* 명령어가 그림 2-2-19에 표시되어 있다.

그림 2-2-19. 앞으로 돌기(*turn forward*) 명령어와 뒤로 돌기(*turn backward*) 명령어

동일한 기술을 이용하여 앞의 우측(frontRight) 다리를 돌리는 명령어들이 생성된다. 완성된 걷기 명령어들은 그림 2-2-20에 표시되어 있다.

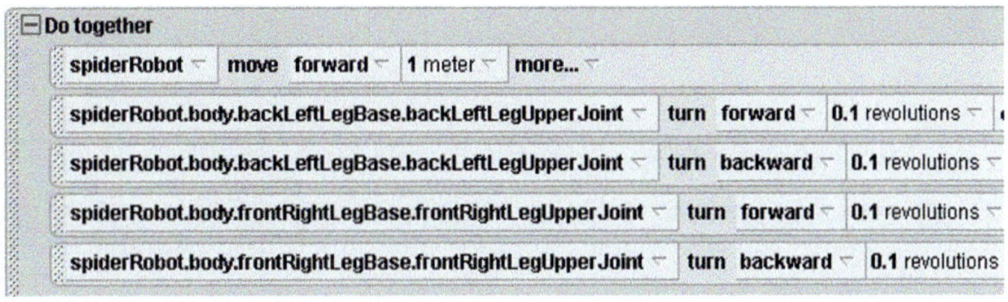

그림 2-2-20. spiderRobot의 걷는 움직임을 시뮬레이션하는 명령어들

버그(논리오류)

여러분은 애니메이션 프로그램 제작의 4 단계가 ***시나리오 읽기***, ***설계***, ***구현***, ***테스트***임을 기억할 것이다. 이제 여러 줄의 코드가 작성(구현)되었으니, 여러분이 지금까지 작성한 것이 생각한대로 동작하는지를 테스트해 보는 게 좋다. 프로그램이 모두 완성될 때까지 기다릴 필요는 없다. 지금까지 작성된 명령어들을 테스트하려면, **Play** 버튼을 클릭한다. alienOnWheels가 바위 뒤에서 팝업되어 나와 "Slithy toves?"라고 말한다. spiderRobot의 머리가 돌아보고는 spiderRobot은 alienOnWheels 쪽으로 몸을 돌린다(turn to face). 지금까지는 좋은데, spiderRobot가 앞으로 움직일 때, 다리는 걷지 않는다. 다시 말해서, 다리 관절이 전혀 도는 것 같지 않다!

다리 관절이 돌지 않는 이유는 프로그램에 ***버그***가 있기 때문이다. (컴퓨터 프로그램에서 에러를 일반적으로 버그라고 부른다. 프로그램에서 버그를 제거할 때 우리는 '프로그램을 ***디버깅***한다' 라고 말한다.) 위의 코드에서 문제는 다리 관절의 *turn* 명령어들이 *Do together* 내부에 작성되어 있다는 점이다. 당연히, 관절이 동시에 앞과 뒤로 움직인다면, 두 움직임이 서로 상쇄되어 spiderRobot의 다리는 전혀 걷지 않는다. 이 문제를 고치려면, 그림 2-2-21과 같이, 뒤의 좌측 다리 관절의 turn 명령어들을 *Do in order* 블록 안에 두고 앞의 우측 다리 관절의 turn 명령어들도 *Do in order* 블록 안에 두어야 한다.

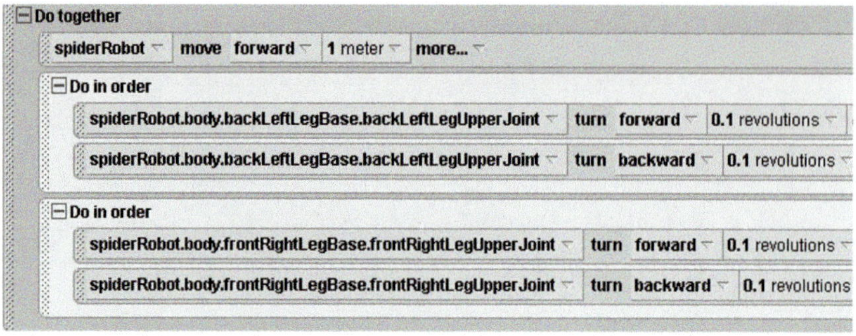

그림 2-2-21. spiderRobot 다리로 걷기 위한 개정된 명령어들

이제 spiderRobot은 뒤의 좌측 다리와 앞의 우측 다리로 걷는다! 한 가지 더 주목할 게 있다. 애니메이션 명령어들은 동작하는데 디폴트로 1초를 필요로 한다. 통상적으로 *Do together* 블록 내에서 각 명령어는 같은 시간이 걸려야 마땅하다. spiderRobot이 앞으로 1 미터 이동하는데 일 초가 걸린다면, 각 다리의 걷는 행위도 일 초가 걸린다. 그런데 다리 관절을(앞뒤로) 구부리는 것은 두 단계를 거친다. 다리 관절을 구부리는 각 단계는 0.5초가 필요하다. 지속시간(duration)을 바꾸려면, 그림 2-2-22과 같이, (지속시간을 바꾸려는 명령어의 가장 우측의) *more...*를 클릭하고, 메뉴 항목 *duration*을 선택한 다음, *0.5 초(seconds)*를 선택하라.

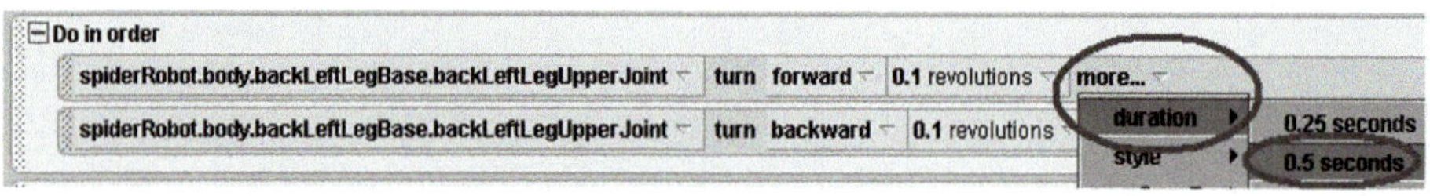

그림 2-2-22. 명령어의 *지속시간(duration)*을 바꾸기

특성(property)의 사용

우리는 아직도 스토리보드에서 설명된 최종 네 행위들을(alienOnWheels가 아래로 이동하고, spiderRobot이 카메라 쪽으로 몸을 돌리고, spiderRobot의 머리가 붉어지고, spiderRobot이 "휴스톤, 문제가 있어요!"라고 말한다) 완성해야 한다. 여러분은 이미 *move, turn to face, say* 명령어들을 사용하여 보았기에, 제작이 쉬울 것이다. 유일하게 새로운 명령어는(위험 신호로) spiderRobot의 머리가 붉어지게 하는 명령어이다. 이렇게 하기 위해, spiderRobot의 head의 color 특성을 사용한다. spiderRobot의 head의 특성들의 목록을 보려면, 그림 2-2-23과 같이, 객체 트리에서 spiderRobot의 head를 선택하고, (앨리스 윈도의 아래 왼쪽) details 영역에서 properties 탭을 선택하라.

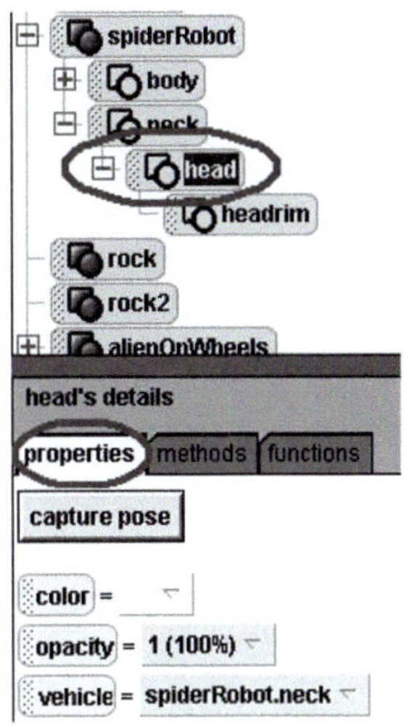

그림 2-2-23. spiderRobot의 머리의 특성들

우리는 이제 spiderRobot이 카메라 쪽으로 몸을 돌린 후에 로봇의 머리 색을 바꾸게 하려 한다. 당연한 이야기지만, 특성은 초기 세계를 생성할 때 바꿀 수 있다. 그렇지만, 우리는 애니메이션이 동작하는 중에 color 특성을 바꾸고자 한다("애니메이션이 동작하는 중에"를 기술 용어로 표시하면 "***동작시간에(at runtime)***"이다.). color를 ***설정(set)***하는 명령어를 만들어야 한다. 그림 2-2-24는 color 특성 타일을 끌어와서 set 명령어를 제작하는 모습을 보여주고 있다. spiderRobot의 head용 properties 목록에 있는 color 타일을 *Do in order* 블록으로 끌어 온 다음, 가능한 색들의 팝업 메뉴에서 붉은색(*color red*)을 선택한다.

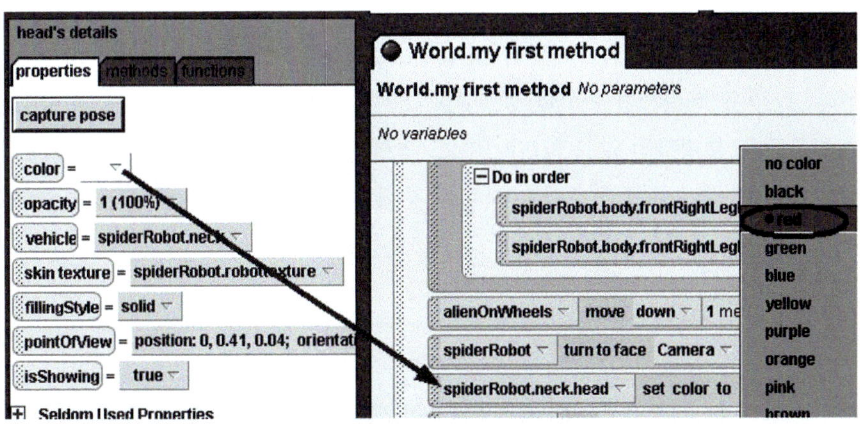

그림 2-2-24. spiderRobot의 머리의 *색깔(color)* 바꾸기

전체 애니메이션을 위한 최종 코드는 그림 2-2-25에 열거되어 있다.

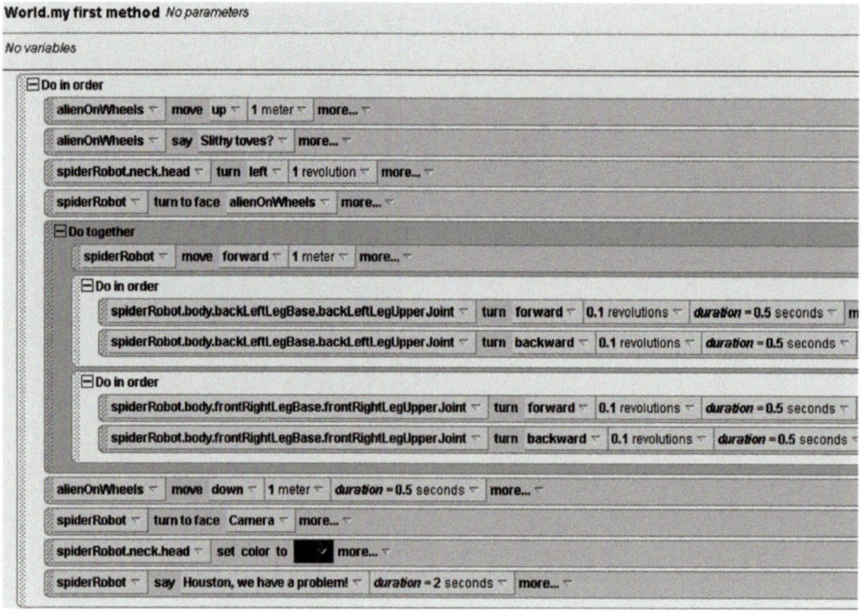

그림 2-2-25. 첫 대면 애니메이션 전체를 위한 프로그램 코드

주석

첫 프로그램을 작성했으니, 프로그램의 유용한 성분인 ***주석***을 살펴보기로 하자. 주석은 어떤 행위를 발생시키는 명령어가 아니다. 이 말은 앨리스에서 프로그램 동작 시 주석이 무시된다는 뜻이다. 그렇지만 주석은 좋은 프로그래밍 "스타일"로 간주되며 프로그램을 읽는 사람들에게 매우 유용하다. 무엇하는 프로그램인지를 독자가 이해하는데 주석이 도움이 된다. 타인이 여러분의 프로그램 코드를 읽어 여러분이 무엇을 어떻게 작성했는지 알고자 할 때 이는 특별히 도움이 된다.

앨리스에서 초록색 // 타일을 프로그램으로 끌어 온 다음 일련의 코드가 의도하는 바를 작성하면 주석이 생성된다. 그림 2-2-26은 주석이 추가된 *World.my first* 메소드이다. 분명하지 않을 때면, 메소드 앞에 주석을 넣어 그 메소드가 하는 것을 설명해야 한다. 이런 종류의 주석은 단락에 주제 문장을 작성하는 것과 같이, 진행 중인 내용을 요약해 준다.

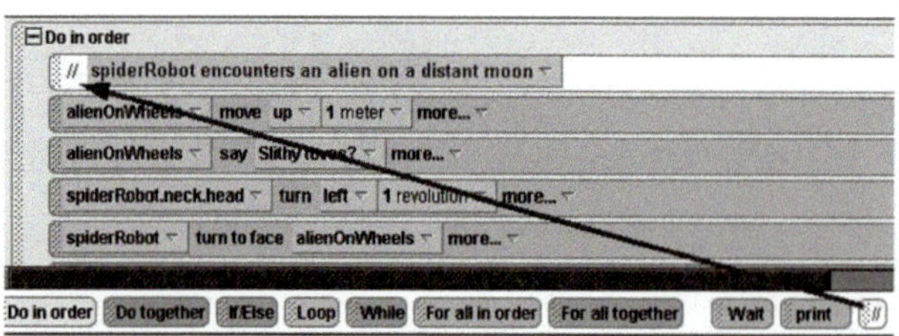

그림 2-2-26. *World.my first* 메소드에 대한 개략을 알려주는 주석

또한 어떤 행위를 총체적으로 수행하는 여러 줄짜리 작은 코드는 주석을 이용하여 문서화할 수 있다. 그림 2-2-27에 추가적인 주석을 넣었다.

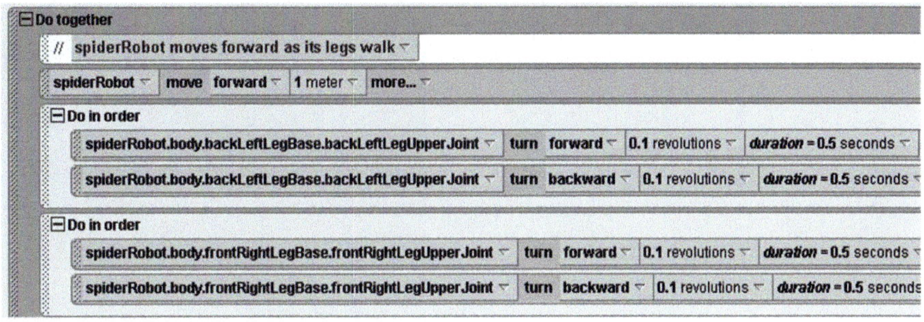

그림 2-2-27. 작은 코드 부분에 대한 주석

이 주석은 이 작은 코드 부분이 spiderRobot으로 하여금 다리로 걸으며 앞으로 움직이게 한다고 설명하고 있다.

요령 및 기법 2

방향성과 이동 명령어

여러분 자신의 애니메이션을 제작하려면, 객체 중심이 어디에 위치하는지를 이해하는 게 중요하다. 객체의 중심은 움직임의 방향과 거리 측정의 기준점이다.

어느 객체의 중심 위치를 결정하는 한 가지 방법은 객체 트리에서 객체를 선택한 다음 그 객체를 둘러싸고 있는 경계 상자 내에서 축들을 보는 것이다. 그림 T-2-1의 객체 트리에서(Animals에서 온) monkey 객체를 선택하면 그 세계의 시야 속에서 경계 상자가 monkey를 하이라이트한다. 경계 상자 내에서 세 축이 붉은 선, 초록 선, 파란 선으로 표시된다. **그 축들의 교점이 객체의 중심이 위치하는 곳이다.** 이 예에서 알 수 있듯이, 객체의 중심이 반드시 객체의 질량의 중심에 위치하는 것은 아니다. 두 발로 걷는 객체의 경우 중심은 대개 발 사이에 위치하는데, 그 이유는 그 지점이 두발 보행자가 이동하는 거리의 기준점이기 때문이다.

삼차원 좌표축은 방향에 대한 감각 즉 ***방향성***을 제공한다. 물론, 경계 상자와 축은 애니메이션 프로그램의 동작 중에는 보이지 않는다. 프로그램 동작 중 객체의 움직임과 방향성의 관계를 보여주기 위하여(Shapes에 있는) 보이는 축들(axes)의 세트를 monkey 안에다 심어 넣어 3축의 교점이 monkey 객체 중심에 위치하게 하였다. 축에 붙은 레이블을 보면 원숭이의 방향성(방향감각)을 알 수 있다.

그림 T-2-1. 경계 상자를 이용하여 어느 객체 전체의 중심을 보기

그림 T-2-2. 원숭이 자체의 방향성

move 메소드

앨리스에서는 가상세계의 객체의 위치를 *move* 메소드를 호출하여 바꿀 수 있다. 컴퓨터 그래픽스에서 *move* 명령어로 ***이동(translation)***을 하게 된다. 객체는 여섯 방향으로의 이동을 수행할 수 있다.

move

- 좌(left)
- 우(right)

- 위(up)
- 아래(down)
- 앞(forward)
- 뒤(backward)

객체가 움직이는 방향은 ***자기중심적***이다. 다시 말하면, 객체가 움직이는 방향은 자신의 방향성에 상대적이다. 예를 들어, 닭이 원숭이를 보고 있는 그림 T-2-3의 예제 세계를 보기로 하자. 나무 한그루가 뒤쪽에 기준점으로 위치하고 있다. *world.my first* 메소드에 있는 명령어는 원숭이에게 좌로 2 미터 움직이라(*move*)고 명령한다.

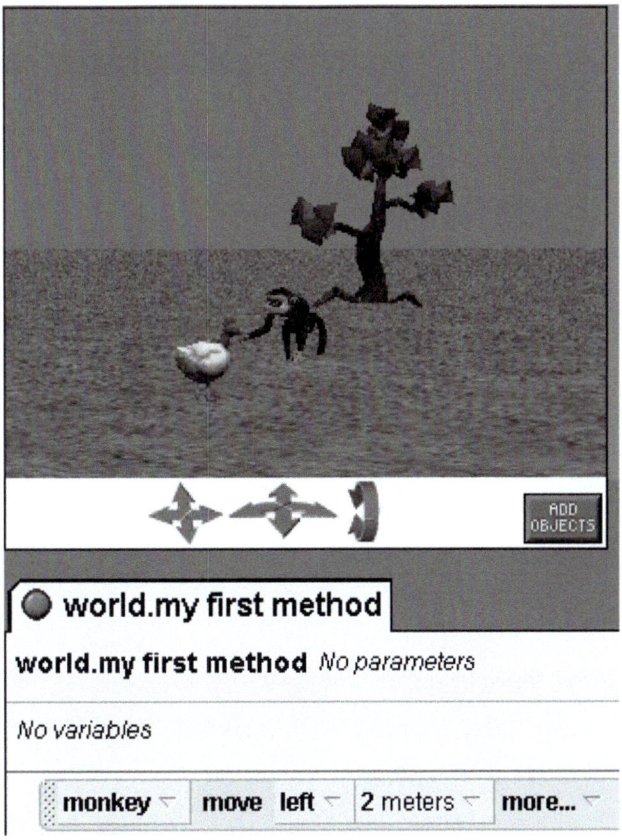

그림 T-2-3. 초기 세계 장면과 *world.my first* 메소드의 *move* 명령어

그림 T-2-4는 그 가상세계가 동작하고 원숭이가 좌로 2 미터 이동한 후의 장면을 보여주고 있다. 이 "후 장면"과 "전 장면"을 비교해 보라. "후 장면"을 보면, 원숭이가 우측으로 이동한 것 같을 것이다. 실제로 닭을 기준으로 보면 원숭이가 우측으로 이동하였다. 원숭이가 자신이 느끼는 "좌"측과 "우"측 감각에 대해 상대적으로 이동한다는 점에 주목해야 한다. 마찬가지로 어떤 객체든지 자신의 방향 감각에 대해 상대적으로

이동한다.

그림 T-2-4. 원숭이가 좌측으로 이동한 후의 최종 세계 장면

turn 메소드와 *roll* 메소드

move 메소드로 이동을 하게 된다면, *turn* 메소드와 *roll* 메소드로는 회전을 하게 된다. 객체는(*위, 아래* 를 제외하고) 네 가지 방향으로 turn할 수 있다.

turn

- 좌(left)
- 우(right)
- 앞(forward)
- 뒤(backward)

*turn left*나 *turn right*는 경첩을 중심으로 문을 돌리는 것과 유사한 움직임이다. *turn forward*나 *turn backward*는 보석 상자나 피크닉 바구니처럼 경첩이 있는 뚜껑을 열거나 닫는 것과 유사한 움직임이다.

객체는(*위, 아래, 앞, 뒤*를 제외하고) 단 두 방향으로만 *roll*할 수 있다.

roll(롤)

- 좌(left)
- 우(right)

*roll left*나 *roll right*는 문손잡이를 시계방향이나 시계반대방향으로 비트는 것과 유사한 움직임이다.

move 메소드처럼 *turn*과 *roll*에 대한 움직임은 자기중심적이어서 객체의 방향성에 대해 상대적이다. 그 뿐만 아니라 *turn*과 *roll*은 객체의 중심이나 나머지 몸체에 대한 부품의 연결에 대해서도 상대적이다.

객체 자체가 회전한다면, 그 회전은 객체 자체의 중심 주변으로 행해진다. 예를 들어, 아래에 있는 명령어들은 원숭이를 위로 2 미터 움직인 다음 앞으로 1 바퀴 돌게 한다.

```
Do in order
    monkey ▽ | move up ▽ | 1 meter ▽ | more... ▽
    monkey ▽ | turn forward ▽ | 1 revolution ▽ | more... ▽
```

그림 T-2-5에 있는 영상들은 순차적인 *turn forward* 움직임인 공중제비를 보여준다. *turn forward* 명령어가 수행되면서 화면 사진을 찍었다. 원숭이가 돌 때 축(axes) 객체도 함께 돌면서 원숭이의 방향성이 원숭이의 움직임과 일치함을 보여준다. 원숭이 객체의 중심은 다리 사이에 있기 때문에, 회전축 중심점도 원숭이의 다리 사이에 있다.

그림 T-2-5. 원숭이 객체 자체의 *turn* 회전

마찬가지로 원숭이의 *roll* 회전은 발에 있는 중심 주위로 일어난다. 다음 코드는 원숭이를 1 미터 위로 올리고 우측으로 한 바퀴 돌게 한다.

```
Do in order
    monkey ▽ | move up ▽ | 1 meter ▽ | more... ▽
    monkey ▽ | roll right ▽ | 1 revolution ▽ | more... ▽
```

그림 T-2-6에 있는 영상들은 순차적인 *roll right* 움직임을 보여준다. 마치 옆으로 도는 수레바퀴라 하겠다. 그 화면 사진들은 *roll right* 명령어를 수행하면서 찍힌 것들이다. 여기서도 회전축 중심점은 원숭이 다리에 있다.

(객체 자체가 아니라) 어느 객체의 부품이 회전한다면, 회전은 부품의 중심 주위로 일어난다. 부품의 중심은 부품이 객체의 나머지에 연결되는 곳 즉 관절 부위에 있다. 여러분 자신의 몸을 가지고 관절 연결에 대해 생각해 보라. 예를 들어, 윗팔은 어깨의 골격관절에 의해 몸의 다른 부위와 연결된다. 윗팔을 돌릴 때 그 관절에서 돌리는 것이다. 이 이유로 관절 연결은 ***축 중심점***이라고 생각할 수 있다.

그림 T-2-6. 원숭이 객체의 롤(roll) 회전

앨리스 객체에 있어 부품에 대한 관절 연결 위치는 객체 트리에서 그 부품을 선택하여 그 부품을 둘러싸고 있는 경계 상자의 축들의 교점을 보면 된다. 그림 T-2-7에서, 원숭이의 좌측 팔 부품을 객체 트리에서 선택하였는데, 원숭이 좌측 팔을 회전시키기 위한 축 중심점인 어깨에서 3축이 교차한다.

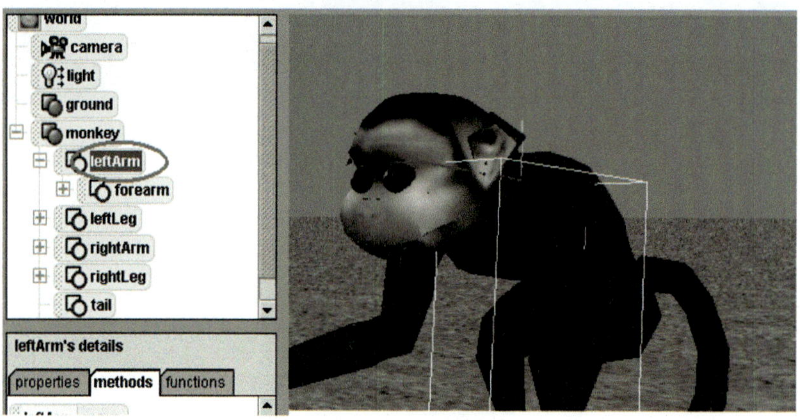

그림 T-2-7. 경계 상자를 사용하여 부품회전을 위한 축 중심점 보기

좌측 팔 부품의 방향성을 더 잘 보여주기 위해 그림 T-2-8과 같이 축 중심점에 axes 객체를 끼워 넣었다.

그림 T-2-8. 원숭이 좌측 팔의 방향성

이 예제에서 다음 코드가 원숭이의 좌측 팔을 원숭이 몸체와 연결된 축 중심점에서 0.5회전(반바퀴)시킨다.

```
monkey.leftArm ▽ | turn forward ▽ | 0.5 revolutions ▽ | more... ▽
```

그림 T-2-9의 영상들은 순차적인 움직임을 보여준다. *turn forward* 명령어를 수행하면서 화면 캡처를 하였다. 회전축 중심점은 원숭이 어깨에 위치한다. 팔의 앞으로의 움직임은 팔이 원숭이 몸체에 연결되는 곳에서 팔의 방향성에 대해 상대적이다.

그림 T-2-9. 원숭이의 좌측 팔 부품에 대한 *turn* 회전

여러분이 앨리스를 구동시킨 다음, 가상세계에 여러 개의 객체를 추가하고, *move*, *turn*, *roll*을 가지고 동작시켜보기 바란다. 수백 개의 다양한 모델이 있으며 몸체의 내부 골격 구조의 설계는 3D 모델마다 동일하다고 할 수 없다. 골격 구조는 프로그램 동작 시 어떻게 회전이 수행되는지에 큰 영향을 미치므로, 부품이 어떻게 연결되고 관절 연결 시 어떤 방향성을 갖는지 관찰하는 게 중요하다.

끝으로 *move*, *turn*, *roll*에 대해 충고할 말이 있다. 순서대로 일어나는 일련의 움직임들은 누적되는 효과가 있어서 객체와 그 부품들을 비틀린 자세로 둘 수 있다. 일부 움직임에 대해서는 "원상 복귀"를 통해 객체를 좀 더 적당한 자세로 돌려놓아야 한다.

orient to 메소드

두 객체가 함께 이동할 때 두 객체의 방향성은 동기화되어야 한다. 그림 T-2-10의 세계에서 공이 짧은 거리를 앞으로 이동할 때 그 장난감 공(toyball) 위에 원숭이(monkey)가 서 있도록 하고자 한다.

그림 T-2-10. 원숭이가 장난감 공 위에서 점프한다

원숭이와 공이 함께 앞으로 이동하도록 작성한 코드는 그림 T-2-11에 있다.

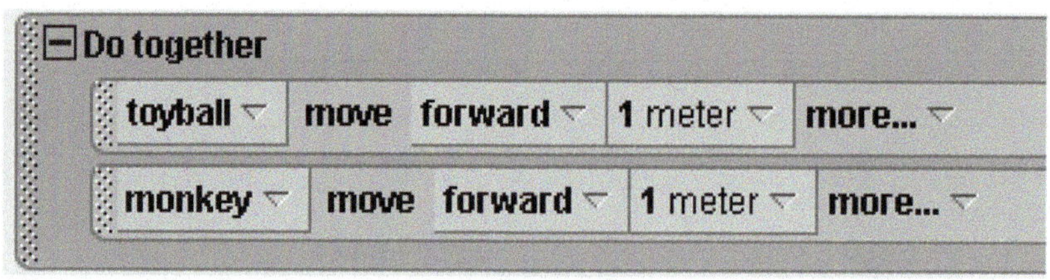

그림 T-2-11. 장난감 공과 원숭이를 함께 앞으로 이동시키기 위한 코드

원숭이가 공과 다른 방향으로 이동하여 공중에 떠 있게 되면 우리는 놀라게 된다. 어떻게 이렇게 될 수 있을까? 공은(그냥 봐서는) 어느 방향이 앞이고 어느 방향이 뒤인지 알 수 없는 객체의 예이다. 그림 T-2-12를 보면 공과 원숭이를 장면 속에 위치시킬 때에 공의 앞쪽 방향이 원숭이의 앞쪽 방향과 다르게 위치시켰음이 명백하다. 따라서 공과 원숭이가 각각 앞으로 이동하면, 서로 다른 방향으로 이동한다.

그림 T-2-12. 원숭이와 장난감 공은 다른 방향으로 앞으로 이동한다

이 문제의 해결 방법은 두 객체들의 방향을 동기화시키는 것이다. 이 예제에서는 그림 T-2-13과 같이 *toyball.orient to(monkey)* 명령어를 사용하려 한다.

그 결과는 그림 T-2-14에 있다. 이제 장난감 공은 원숭이와 같은 방향성(방향감각)을 갖는다. 이 말은 이제 두 객체가 *move forward* 명령어를 각각 받으면 같은 방향으로 움직이게 될 거라는 의미이다.

orient to 명령어는 좀 요상해 보일 수도 있지만, 첫 객체가 둘째 객체와 동일한 방향감각을 갖게 해 달라고 앨리스에게 명령하는 것일 뿐이다. 두 객체가 같은 방향성을 갖도록 두 객체의 방향을 정하면 두 객체는 동기화 된다. 즉 그들은 위, 아래, 좌, 우, 앞, 뒤에 대해 같은 감각을 가진다.

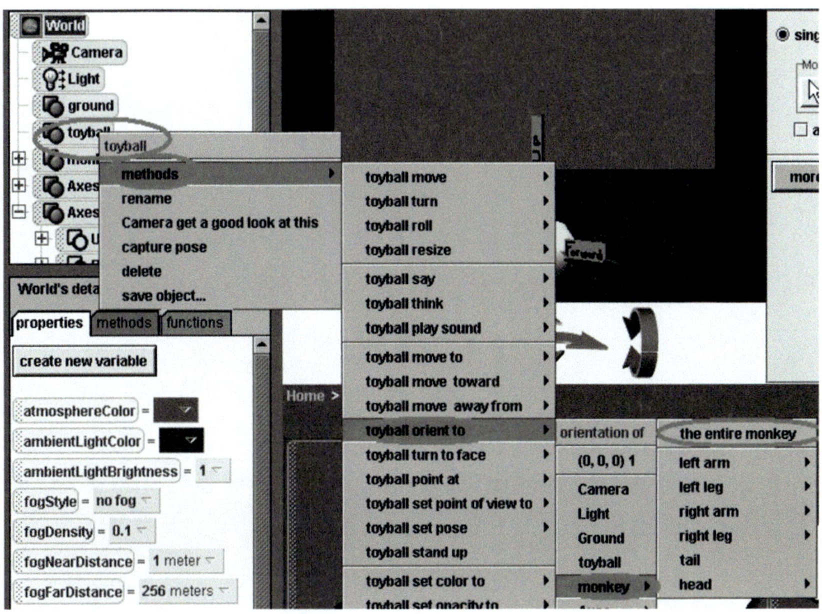

그림 T-2-13. *orient to*를 위한 메뉴 열기

그림 T-2-14. 이제 원숭이와 장난감 공의 방향성이 동일하다

vehicle 특성

두 객체의 이동을 동기화시키는 다른 방법은 *vehicle*이라 불리는 특수한 특성을 이용하는 것이다. 이 특성을 보여주기 위해, 그림 T-2-15와 같이, (Animals의) 닭이 (Animals의) 말 등에 타는 서커스 공연을 생각해 보자. 서커스 공연의 일부로 말은 원형의 경로를 따라 터벅터벅 걸어가고 닭이 말 등에 올라탄다.

그림 T-2-15. 서커스 공연, 말 타는 닭

닭과 말의 움직임을 동기화하기 위해, 여러분은 말을 닭을 위한 차량(*vehicle*)으로 삼으면 된다. 이 특수 효과를 생성하기 위해, 객체 트리에서 닭을 고르고 (객체 트리 밑, 윈도의 좌측 아래에서) 특성(properties) 탭을 고른다. 그리고는 단어 vehicle의 우측의 흰색 타일을 클릭한다. 가능한 차량(vehicle)들의 목록이 팝업 메뉴에 나타나면 그림 T-2-16과 같이 그중에서 말(horse)를 고른다. 이제 말이 이동할 때, 닭도 함께 이동하게 된다.

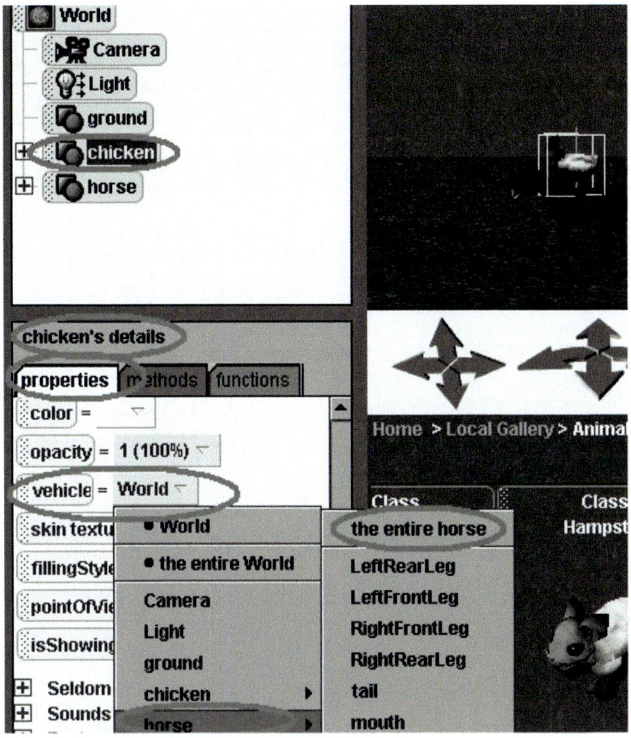

그림 T-2-16. 닭(chicken)의 차량(vehicle)으로 말(horse)을 선택

인수: *duration, style, asSeenBy*

이동 명령어(*move, turn, roll* 등)는 그림 T-2-17처럼 종료 태그 "*more...*"로 끝난다.

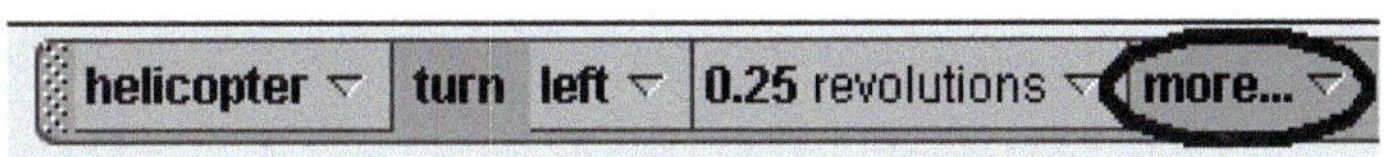

그림 T-2-17. *more...* 편집 태그

*more...*를 클릭하면, 팝업 메뉴를 이용하여 그림 T-2-18과 같이 세 **인수**(*duration, style, asSeenBy*) 값을 선택할 수 있다.

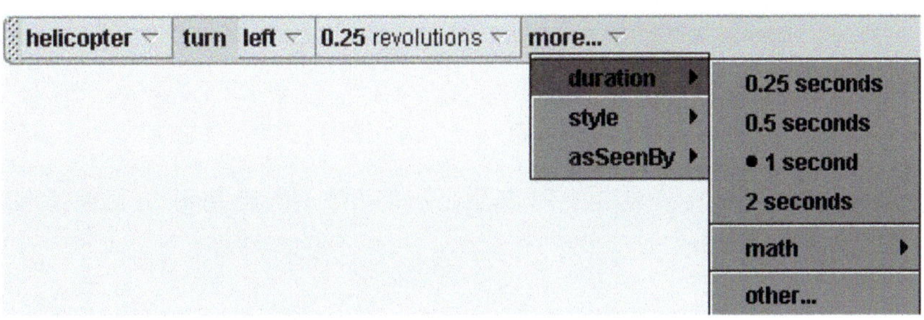

그림 T-2-18. *more...*를 위한 팝업 메뉴

duration 인수는 움직임을 애니메이션하기 위한(초 단위) 시간의 양을 앨리스에게 알려준다. (앨리스에서는 움직임을 위한 시간의 양이 1초라고 가정한다.) 지속시간(duration)이 '0' 이면 순간 이동이다. 음수는 사용되지 않는다. 본 장의 첫 대면 예제에서는 걷기 흉내를 내려고 로봇의 다리 관절을 돌리는 시간의 양을 줄이는데 *duration* 인수를 사용하였다.

style 인수는 이동명령어가 다른 이동명령어와 섞이는 방식을 설명한다. 선택사항으로는 *gently*(부드럽게 시작하고 끝내라), *abruptly*(급하게 시작하고 끝내라), *begin gently*(부드럽게 시작하라), *end abruptly*(급하게 끝내라)가 있다. 이동을 적당히 "매끄럽게" 하려면 *style*로 실험해보면 좋다.

1장에서 설명했듯이 앨리스의 각 객체는 자신의 방향 감각(방향성)이 있다. 그렇지만, 앨리스에서 한 객체의 방향성을 이용하여 다른 객체의 이동을 지시하려면 *asSeenBy* 인수를 사용하면 된다. 예제를 보면 이해하기 쉽다. (CD나 웹 갤러리의 Vehicles의) 헬리콥터가 그림 T-2-19와 같이 비행사 훈련 임무 중이라고 하자.

그림 T-2-19. 훈련 임무

그림 T-2-10의 코드는 헬리콥터를 좌측으로 돌린(roll) 다음 위로 이동시킨다.

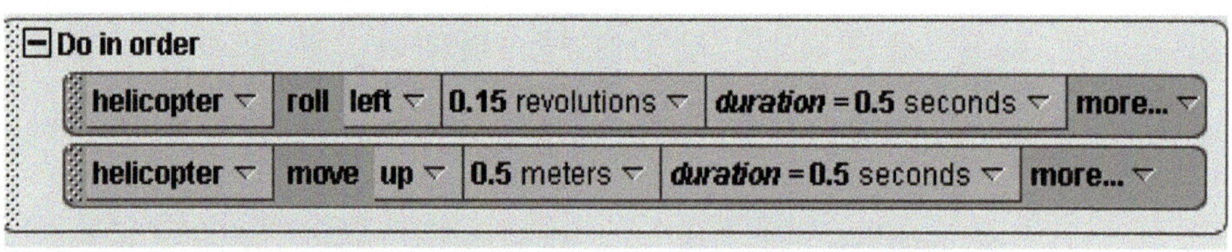

그림 T-2-20. *roll*한 다음 위로 *move*하는 코드

애니메이션을 동작시켜 보면, 그 결과가 원하는 바와 다름을 알게 된다. 헬리콥터가 위로 이동할 때 그림 T-2-21과 같이 자신의 방향 감각으로 그렇게 한다.

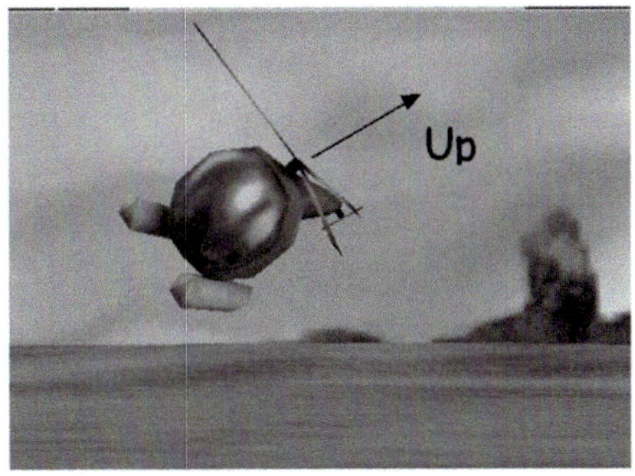

그림 T-2-21. 헬리콥터의 방향 감각(방향성)으로 볼 때의 위

그런데 여러분이 원하는 것은 바닥에 대해 위로 이동이었다. 이 문제를 고치기 위해 우리는 그림 T-2-22와 같이 *more*를 클릭하고 *asSeenBy ground*를 선택하였다.

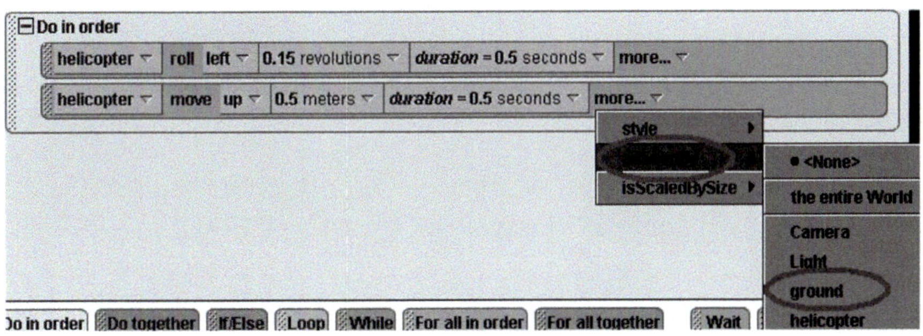

그림 T-2-22. *asSeenBy* ground의 선택

결과적으로 그림 T-2-23에 있는 코드로 원하는 이동을 얻을 수 있다.

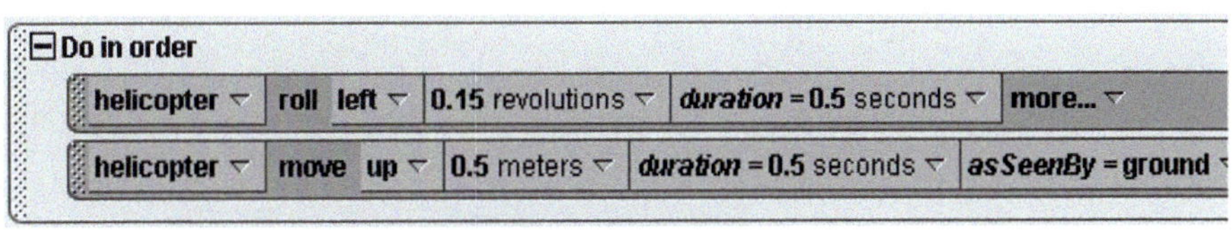

그림 T-2-23. 수정된 코드

turn to face 메소드와 *point at* 메소드

전에 말했듯이 이동 명령어에서 *asSeenBy* 인수는 어느 객체의 방향성을 사용하여 다른 객체의 이동을 지시한다. 어느 객체가 몸을 돌려 다른 객체를 "보게" 하려면 두 개의 특수 메소드도 유용하다. *turn to face* 메소드는 어느 객체를 빙글 돌려 그 앞면이 다른 객체 쪽으로 향하도록 해준다. 본 장의 전 절에서는 *turn to face*를 사용하여 spiderRobot이

alienOnWheels 쪽으로 몸을 돌리게 하였다.

두 번째 메소드인 *point at*을 사용하면 두 객체를 한 객체의 중심에서 다른 객체의 중심으로 정렬시킬 수 있다. 예제를 이용하면 *point at*을 제일 쉽게 설명할 수 있다. 그림 T-2-24에서, (Vehicles의) 구명선(lifeboat)에 탄 노잡이(rower)들은 (Environments의) 섬(island) 위에 있는(Beach의) 등대(lighthouse) 쪽으로 노를 젓고 싶다. 명백한 첫 단계는 보트와 노잡이들이 방향을 돌려 섬 위의 등대를 보게 하는 게 당연하다.

그림 T-2-24. 등대와 섬과 보트의 초기 장면

point at 메소드를 사용하여 보트를 등대 위치로 향하게 할 수 있다. 그 다음에 이동 명령어를 사용하여 그림 T-2-25와 같이 보트를 섬과 등대 쪽으로 이동시킬 수 있다.

그림 T-2-25. 등대 쪽으로 보트를 향하게 하는 코드

이 명령어가 구명보트를 등대 쪽으로 돌리기는 하지만 그림 T-2-26처럼 한 끝이 가라앉는 것 같아 보이게 보트를 기울이는 효과가 있다.

그림 T-2-26. point at 명령어로 구명정이 기운다

point at 명령어는 그림 T-2-27과 같이 구명정의 중심을 보트보다 고도가 높은 등대의 중심에 정렬한다. 그 결과 보트가 기운다.

그림 T-2-27. 중심에서 중심으로의 정렬

여러분은 보트가 기우는 것을 원할 수도 있고 원하지 않을 수도 있다. *point at* 명령어를 약간 제어하려면, 그림 T-2-28와 같이 *more...* 팝업 메뉴에서 추가적인 인수가 제공된다. *onlyAffectYaw* 인수에 대해 *true*를 선택하면 한 객체가 기울어지지 않고(***피치***) 다른 객체를 가리킬 수 있게 해준다. **요**(Yaw)는 좌우로 회전하는 움직임이며, 피치(pitch)은 기울임 즉 흔들의자 형태의(상하로의) 움직임이다. (*onlyAffectYaw*가 *true*면, *point at* 명령어는 *turn to face* 명령어와 동일하게 동작한다.) 표적 맞추기 게임과 비행 애니메이션에서는(표적 객체와 대각선상으로 정렬하기 위해) *onlyAffectYaw*가 *false*이어야 한다.

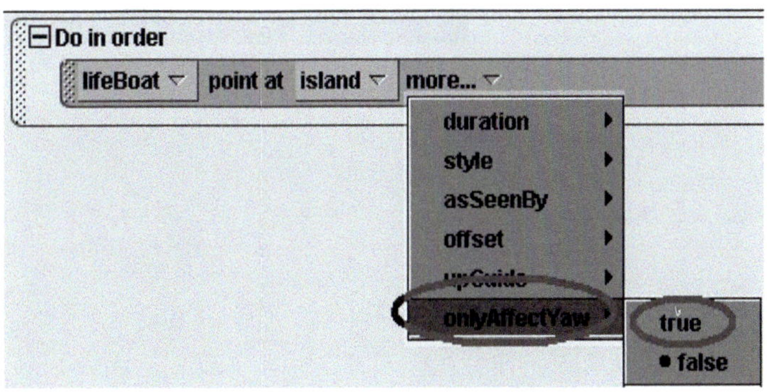

그림 T-2-28. *onlyAffectYaw*를 true로 선택하기

move to 명령어

다른 객체의 위치와 관련해서 객체를 이동하는 데는 특수한 명령어가 유용하다. *move to* 명령어는 객체를 가상세계의 특정 위치로 이동한다. 축의 숫자값들을 입력시켜서

어떤 위치로 이동하게 할 수도 있지만, 대개의 경우에는 다른 객체의 위치를 표적 위치로 하는 *move to* 명령어를 사용한다. (앨리스는 장면 속 각 객체의 중심 위치를 알고 있으며 동일한 위치로 다른 객체를 이동할 수 있다. 등대와 구명정 예제에서, 그림 T-2-29와 같이 코드를 작성하면 될 것이다.

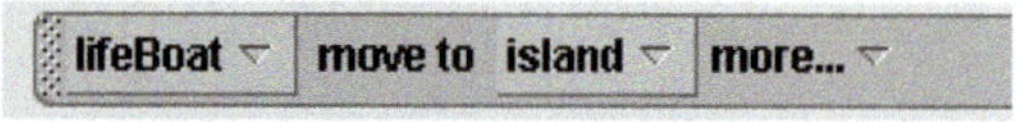

그림 T-2-29. 섬(island)으로 *move to*하는 코드

이 코드를 동작시키면 그림 T-2-30과 같이 섬의 중심으로 보트가 이동한다. 섬의 중심은 섬의 질량의 중심에 위치하는 게 당연하다. 그러므로 보트는 바로 섬의 중간까지 전진해간다!

그림 T-2-30. 섬(island)으로 *move to*의 결과

요약

이 장에서는 앨리스로 프로그래밍하는 기본 개념을 소개하였다. 우리는 시나리오를 읽고 스토리보드를 설계함으로 시작하였다. 시나리오는 우리가 무대를 설정하는데 도움을 준다. 다시 말하면 어느 객체를 사용하고 어느 행위를 수행할까를 우리에게 말해준다. 스토리보드는 시나리오를 행위의 발생 순서에 대한 감각을 제공하는 일련의 장면들로 쪼갠다.

프로그램에서(하나씩) 순서대로 발생하는 행위들도 있고 동시에 발생하는 행위들도 있다. 일단 준비가 되면 스토리보드는 구현(프로그램 코드 작성)을 위한 안내서로 사용된다. 코드를 테스트하는 것(프로그램의 동작)은 버그(프로그램 내의 에러)를 찾아 제거하는 데에 있어 중요한 단계이다.

메소드 전체나 메소드의 작은 부분이 즉시 이해할만하지 않으면 주석을 사용하여 메소드들을 문서화한다. 주석은 좋은 프로그래밍 "스타일"로 간주된다.

본 장의 중요 개념

- 시나리오란 어떤 문제를 풀까, 어떤 교훈을 가르칠까, 어느 게임을 할까, 또는 무슨 시뮬레이션을 해볼까라는 점에서 전체 애니메이션을 설명하는 문제의 진술이다.
- 스토리보드는 시각적일 수도 있고 텍스트형일 수도 있다.
- 시각 스토리보드는 일련의 손으로 그린 스케치나 화면 캡처들이다. 이 스케치나 화면 캡처들은 시나리오를 장면 간의 전환이 있는 일련의 주요 장면으로 분리해 낸 것이다.
- 각 스케치는 일종의 장면 스냅 사진인 애니메이션의 상태를 나타내며, 장면 속 객체들의 위치, 색깔, 크기 등의 특성을 나타낸다.
- 텍스트형 스토리보드는 해야 할 일의 목록 같은 것으로, 순차 행위 및 동시 행위를 설명하는 단계들의 알고리즘식 목록을 제공한다.
- 프로그램은 객체들이 수행할 행위들을 명시하는 여러 줄의 코드로 구성된다.
- 여러분이 앨리스에서 보는 등장인물은 객체이다. 우리는 객체의 행위 명령어(메소드)를 편집기 안으로 끌어 오는 식으로 객체를 이동시킬 수 있는 문제의 진술을 작성한다.
- 앨리스에서 프로그램 코드는 어느 명령어들이 순서대로 수행되어야 하고 어느 명령어들은 동시에 수행되어야 하는지를 앨리스에게 알려주기 위해 *Do in order*와 *Do together* 안에서 구성된다.
- 복잡한 애니메이션은 *Do in order* 코드 블록과 *Do together* 코드 블록들의 단순 합성으로 구성될 수 있다. 그 각각의 의미와(하나를 다른 것 안에 내포시키는) 합성법을 알면 막강하다. 이는 더 복잡한 행위들을 합치는 쉬운 방식이 된다.

프로그래밍 용어

가코드	버그	인수
구문	상태	제어 구문
구현	설계	(프로그램 내의) 주석
내포	스토리보드	(객체의) 특성
동작시간	시나리오	

메소드 시행착오
명령어 알고리즘

질문

1. 프로그램 제작은 문제 해결 기법을 이용한 네 단계 과정이라고 할 수 있다, 네 단계를 열거하고 각 단계를 간단히 설명하라.
2. 시각 스토리보드와 텍스트형 스토리보드의 주요 차이점 두 개를 설명하라.
3. 컴퓨터 프로그램의 설계와 구현이 그림을 창작할 때 화가가 겪거나 다리나 다른 제품을 제작할 때 엔지니어가 겪는 과정과 어떤 점에서 유사한가?
4. 이동과 회전의 차이를 설명하라.
5. 앨리스 세계 속 객체의 스케치들을 제작하여 다음 각각에 대한 답변을 설명하라.
   (a) 어느 객체에 *move right 90* 명령어를 행하면 어떻게 되나?
   (b) 어느 객체에 *turn right 90* 명령어를 행하면 어떻게 되나?
   (c) 어느 객체에 *roll right 90* 명령어를 행하면 어떻게 되나?
6. *Do in order*와 *Do together*는 "제어문"이다. 왜 그런가?
7. 앨리스에서 두 객체의 방향성을 동기화시키는 방법을 설명하라.
8. 앨리스에서 두 객체의 움직임을 동기화시키는 방법을 설명하라.
9. 메소드가 정의하는 것은 무엇인가?
10. 프로그램 동작 시 순서대로 발생하는 명령어들의 블록을 만들려면 앨리스에서 어떤 제어문을 사용하는가?
11. 프로그램 동작 시 동시에 발생하는 명령어들의 블록을 만들려면 앨리스에서 어떤 제어문을 사용하는가?
12. "한 코드 블록이 다른 코드 블록 안에 내포된다"는 말의 의미는 무엇인가?
13. 컴퓨터 프로그램에 버그가 있는지 어떻게 아는가?
14. 앨리스에서 주석이 무시된다면 왜 프로그램에 주석을 삽입하는가?
15. 다음 용도로 사용되는 앨리스의 내장 메소드는 무엇인가?
    (a) 객체의 방향성 변경
    (b) 화면에 만화책 텍스트 버블을 디스플레이하기
    (c) 어느 객체의 움직임을 다른 객체의 움직임에 동기화하기
16. *move, turn, roll* 명령어에서 다음 각 인수 값으로 가능한 것은 무엇인가?
    (a) *duration*
    (b) *style*
    (c) *asSeenBy*
17. 아래의 연습문제 3의 흐름도를 스케치하라.

연습문제

2-1 연습문제

1. *스토리보드의 제작*

다음 각각의 시나리오에 대해 시각 스토리보드와 텍스트형 스토리보드(두 개의 스토리보드)를 제작하라.

(a) 아이의 놀이: 앨리스와 하얀 토끼와 체셔 고양이가 티 파티 장면에서 의자 빼앗기 놀이를 한다. 등장인물 하나가 "바꿔"라 고함치면 그들 모두가 테이블 주변으로 뛰어가 다음 의자 옆에 선다. 다음에 의자 한 개를 넘어뜨리고 그 의자 옆에 서 있는 등장인물이 놀이에서 제외된다(테이블에서 물러난다).

(b) 비디오 게임: 제트 전투기가 훈련 임무를 끝내고 항공모함 갑판으로 귀환 중이다. 비행기는 항공모함 주변을 반 바퀴 돌고 상륙 준비를 끝내고 천천히 하강한다. 항공모함이 이동 중이므로 비행기가 갑판에 내리려면 하강을 계속 조절해야 한다. 비행기가 항공모함 위에 닿은 후 갑판을 가로질러 계속 이동한 다음 결국 정지하게 된다.

(c) 올림픽 흉내: 스케이터가 올림픽 예심에 대비하여 일상적인 스케이팅 훈련을 하고 있다. 그녀는 고전음악이 연주되는 가운데 일련의 점프와 회전을 수행할 것이다.

2-2 연습문제

2. *첫 대면(확장판)*

(a) 이 책 각 장의 예제로 사용된 가상세계들은 CD에서 찾을 수 있다. CD로 제공되는 각 세계에는 예제에서 살펴보았듯이 배경 경치로 미리 설정된 초기 장면과 객체들이 있다. 이 장에서의 예제 세계는 먼 달에서 로봇이 외계인을 만나는 '첫 대면'이다. 앨리스를 구동시킨 다음 *FirstEncounter.a2w* 세계를 여러분의 컴퓨터로 복사하라. 앨리스에서 가상세계를 열려면 File|Open을 사용하라. 본 장의 내용을 따라가며 설명된 프로그램을 다시 만들어 보라.

(b) 본 장에서 제공된 코드에서는 걷기 행위에서 단 두 개의 다리(뒤의 좌측다리와 앞의 우측다리)만을 애니메이션시켰다. 다른 다리도 사용한 걷기 행위를 애니메이션하도록 코드를 추가하라. 그 가상세계를 반드시 저장하라.

3. *눈사람(snowpeople)*

아래 장면처럼 눈사람 세계를 제작하라. 눈 덮인 풍경에 몇 명의 눈사람들이 야외에 있다.

친구(다른 여자눈사람)와 대화 중인 여자눈사람을 어떤 눈사람이 만나려하고 있다. 그 눈사람은 그녀의 주의를 끌려고 애쓰고 있다. 그는 여자눈사람 쪽으로 몸을 돌리고 "에헴" 이라고 말한다. 그녀가 몸을 돌려 눈사람을 바라보자 그는 눈을 깜빡인다. 그녀는 얼굴이 빨개진다(그녀의 머리가 붉게 변한다). 그런데 슬프게도 그녀는 그를 만나는데 관심이 없다. 그녀는 그에게 "차가운 어깨(쌀쌀맞은 태도)" 를 보이고 몸을 돌려 친구와 이야기한다. 그는 실망해서 고개를 숙이고는 돌아선다.

4. *원을 그리며 헤엄치는 물고기(Circling Fish)*
물속에 있는 물고기가 있는 섬(island) 세계를 제작하라. (1장 연습문제에서 제작된 섬 세계를 재사용해도 된다.) 그 장면이 아래 그림처럼 보이도록 물고기와 카메라의 시점을 위치시킨다. 물고기가 섬 앞에서 원을 그리며 헤엄치게 하는 프로그램을 작성하라. 그다음에 물고기가 섬을 빙 둘러 헤엄치게 하라. 물고기가 이동할 때 *asSeenBy* 인수로 섬(island)을 사용하면 될 것이다(*asSerenBy*는 요령 및 기법 2에 설명되어 있다). 끝으로, 물고기가 물에서 뛰쳐나온 다음 물속으로 다이빙하게 하라. 최종 장면에서는 물고기가 처음 출발한 지점 부근으로 돌아와 있게 되므로 초기 장면과 비슷해 질 것이다.

5. *거북이가 쿠키를 얻다(Tortoise Gets a Cookie)*
(Animals의) 거북이(tortoise)와 (CD나 웹 갤러리 Furniture의) 의자(stool)와 (Kitchen/Food의) 쿠키(cookie)가 있는 세계를 그림같이 제작하라. 의자 위에 쿠키

를 놓는다. (쿠키는 거북이가 가장 좋아하는 간식이다.) 거북이와 의자를 나란히 놓은 다음 *move* 메소드를 사용하여 거북이를 의자에서 2 미터 떨어지게 이동시킨다. (이렇게 하면 거북이가 의자에서 정확히 얼마나 떨어져 있는지 알게 된다.) *turn to face* 메소드를 사용하여 확실히 거북이가 의자를 향하게 하라. 거북이가 과자를 얻도록 의자로 이동시켜주는 프로그램을 작성하라. 거북이가(쿠키를 얻었다는) 감사의 표시로 카메라를 보고 팔을 흔들게 하라.

6. *자석 놀이(Magnet Fun)*
   (People의) Mana가 좌측 손에(Objects의) 자석(magnet)을 펼쳐들고 있다. (지역 갤러리나 CD 또는 웹 갤러리의 Objects 폴더에서) 여러분이 선택한 5 개의 금속물질을 그 세계에 추가하고 Mana가 각 객체 쪽으로 한 번에 하나씩 자석을 가리키게 하라. Mana가 자석을 어느 객체 쪽으로 가리키면, 그 객체가 자석으로 끌려가게 하라. (가령 Vehicles 폴더에서의 car 같은) 마지막 객체는 아주 크게 만들라. Mana가 그것을 가리키자 오히려 그녀가 그 객체 쪽으로 끌려가면서 "와(Whoa)!" 나 "야이크(Yike)!" 라고 말한다.

힌트: 요령 및 기법 2를 잘 읽고, (1) *vehicle* 특성을 사용하여 Mana의 손과 연동해서 자석을 이동하게 하고, (2) *move toward* 명령어를 사용해 한 객체를 다른 객체 쪽으로 이동시켜 보라. 또한 1장 2절에 설명된 바와 같이 객체 **중심**의 개념을 복습하기 바란다.

제3장

프로그래밍: 조각들을 붙이기

"생각 좀 해 보자: 오늘 아침에 일어났을 때의 내가 바로 그 전의 나였나? 내가 좀 다르다고 느낀 기억이 날 것 같은데. 그런데 내가 그전의 내가 아니라니, 그럼 물어볼게 있는데 '도대체 내가 누구지? 아, 거참 대단한 수수께끼로군!"

이 장에서는, 여러분이 원하는 것을 프로그램이 수행하도록 하기 위해, 다양한 종류의 프로그램 코드 "조각"들을 붙이는 법을 알게 될 것이다. 프로그램 코드 조각(piece)에는 다음이 포함된다.

명령어—실행되어 객체들로 하여금 어떤 행위를 수행하게 해 주는 문장
제어 구조체—명령어 블록의 실행을 제어하는 문장
함수—어느 조건에 대해 질문을 하거나 값을 계산한다
표현식—숫자나 다른 종류의 값에 대한 수학 연산

여러분은 다음과 같은 명령어들을 이미 보았을 것이다.

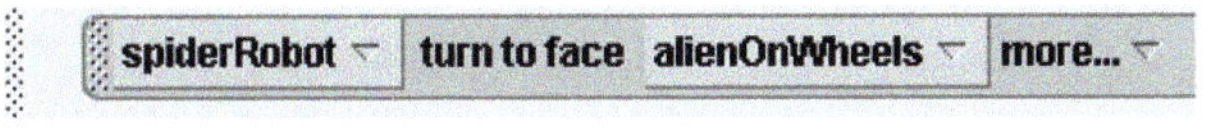

여러분은 *Do in order*와 *Do together* ***제어 구조체***도 사용하였다. *Do in order* 구조는 명령어들을 순차적으로 동작시키라고 앨리스에게 명령한다. *Do together* 구조는 명령어들을 동시에 동작시키라고 앨리스에게 명령한다.

이 장에서는 ***조건 실행***과 ***반복***이라는 두 가지 추가적인 실행 제어구문이 제시된다. 이제 여러분이 프로그램의 실행 방법을 제어하기 때문에 프로그래밍이 재미있어진다.

조건 실행은 함수와 ***표현식***을 이용하여 가상세계에서의 현재의 조건을 점검한다. 예를 들면, "spiderRobot의 머리 색깔이 붉은가?"와 같은 식이다. 이것은 분명히 질문이며, 그 질문을 묻기 위해 사용되는 함수이다. 어느 조건을 점검하려면 많은 경우 두 개 이상의 객체를 비교할 필요가 있다. 예를 들어, 우리는 "spiderRobot이 어느 바위에서의 거리가 1 미터보다 큰지"를 점검할 수도 있다. 두 객체 사이의 거리가 1 미터보다 큰지를 비교하기 위해 ***표현식***이 사용된다.

3-1절에서는 짧은 예제들을 사용하여 앨리스에서 내장함수의 사용법을 보여준다. 표현식에 있는 간단한 산술 계산(가감승제)도 살펴본다.

3-2절에서는 *If/Else*문 형태로의 조건 실행을 소개한다. *If/Else*문을 이용하여 가상세계에서의 현재의 상태에 근거하여 결정을 내리게 된다. *Loop*문 형태의 간단한 반복 제어 구조체도 소개된다. *Loop*문은 프로그램 코드의 어느 부분의 수행을 특정 회수만큼 반복한다.

3-1 내장함수와 표현식

여러분이 알고 있듯이 가상세계와 그 세계 내의 객체들에 관한 정보는 특성(property)으로 저장되어 있다. 우리는 ***함수***를 사용하여 이런 특성에 대해 질문할 수 있다. 또한 ***표현식***을 이용하여 이 특성의 값에 대해 산술 연산을 수행할 수 있다. 본 절은 프로그램에서 가상세계와 객체들에 대한 정보를 가지고 작업할 수 있도록 특성과 함수와 표현식을 사용하는 방법에 대해 초점을 맞추고 있다.

내장함수

객체의 모든 특성들이 특성 목록(properties list)에 있는 것은 아니다. 여러분의 세계를 설정하는 데 가장 흔하게 사용되는 특성들(예를 들면, *색깔*이나 *불투명도*)만이 그 목록에 있다. (*높이, 너비, 위치* 등의) 객체의 다른 특성들은 앨리스에게 그 정보를 물어보면 알 수 있다. 앨리스 시스템은 내장함수들의 세트를 제공해 주는데, 여기서 함수란 객체의 특성이나 객체 간의 관계에 대해 묻기 위해 여러분이 사용할 수 있는 문장을 이른다. 또한 가상세계에 대해서(구체적으로 마우스의 위치 같은 것과 어떤 수학 연산에 대해서) 실용적인 종류의 질문을 던져볼 수도 있다.

우리가 왜 함수를 사용하고자 하는지 더 잘 이해하기 위해 그림 3-1-1에 있는 첫 대면 세계를 다시 보기로 하자. 여러분은 이 장면을 보면서 보이는 것을 해석한다.

그림 3-1-1. 첫 대면 세계에서의 초기 장면

예를 들어, 여러분은 장면속의 시각적 단서를 찾아 spiderRobot이 바위보다 카메라에 더 가까이 있다고 믿게 된다. 화가들은 이를 ***원근법***이라 부른다. 물론 바위가 spiderRobot에게서 얼마나 멀리 있는지를 정확히 알기는 어렵다. 마찬가지로 spiderRobot이 달착륙선(lunarLander)에서 얼마나 멀리 있는지 알기는 어렵다. 카메라의 각도는 충분한 정보를 절대로 전달하지 못한다.

이래서 함수가 필요하다. 함수를 이용하여 필요한 정보를 얻을 수 있다. 앨리스는 어느 세계에 있는 각 객체에 사용할 수 있는 여러 개의 함수를 제공하는데, 우리는 이를 ***내장함수***라고 부른다. 어느 세계의 어느 객체에 대한 내장함수의 목록을 보려면, 객체 트리에서 그 객체를 선택하고, 세부사항(details) 영역에서 함수들(functions)을 보라. 이 예에서는, 그림 3-1-2과 같이 객체 트리에서 spiderRobot을 선택한 다음 ***functions 탭***을 선택하면 spiderRobot을 위한 내장함수들의 목록을 볼 수 있다.

함수 목록의 우측에 있는 스크롤바를 사용하여 윈도를 아래로 스크롤하면 spiderRobot용의 모든 가능한 함수들을 볼 수 있다. 내장함수들은 다음의 하위 범주로 나누어진다.

근접성(proximity)—(*distance to, distance above* 등과 같이) 객체가 가상세계의 다른 객체에 얼마나 가까이 있는가(그림 3-12의 함수들이 근접성 함수들이다.).

크기(size)—높이, 너비, 깊이 같은 차원 그리고 이것들이 가상세계의 다른 객체의 차원과 어떻게 비교되는가.

공간 관계(spacial relation)—(*to left of, to right of* 같이) 가상세계의 다른 객체와 비교되는 방향성

시점(point of view)—가상세계에서의 위치

기타(other)—객체의 부품의 이름 같은 잡다한 항목들

그림 3-1-2. 어느 객체의 함수들

일상의 대화에서 질문을 하면 우리는 답을 듣기를 기대한다. 앨리스에서 그 답은 여러분이 묻고 있는 ***특성의 값***이다. 어떤 형태의 값을 기대하는가? 함수가 알아내려는 질문에 따라 다르다. 예를 들어, 근접성 함수 spiderRobot *is within threshold of object(is within threshold*의 의미는 "주어진 거리 내에 있는가" 이다)는 참(*true*)이나 거짓(*false*)을 반환할 것이다. 그러나 spiderRobot *distance to* 란 함수는 숫자를 반환한다. (*distance to*의 의미는 "다른 객체까지 거리가 몇 미터인가" 이다.) 앨리스에서 값은 여러 형태를 취할 수 있다. 흔히 사용되는 네가지 형태의 값은

숫자(예, 5 나 -19.5)
부울값(*true*나 *false*)
문자열(예, "*hello world*")
객체(예, *spiderRobot*)

첫 대면 세계용 첫 프로그램에서 spiderRobot은 외계인에게 더 가까이 가서 보려고 한다. 그러므로 spiderRobot은 다리로 걸으면서 앞으로 1 미터 이동한다. 코드는

그림 3-1-3에 다시 반복하였다.

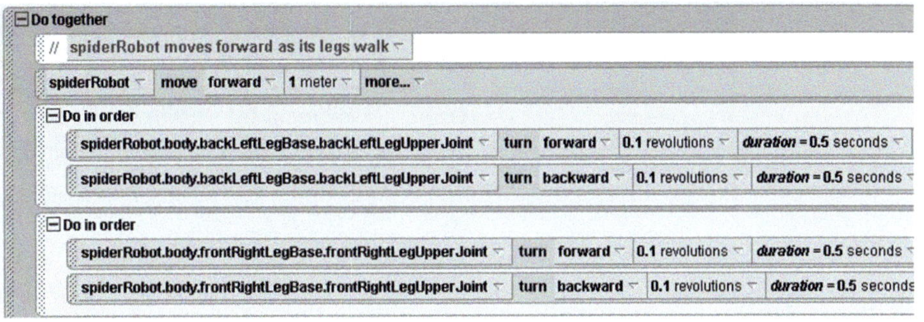

그림 3-1-3. 다리로 걸으면서 spiderRobot을 앞으로 이동하는 코드

우리는 spiderRobot이 alienOnWheels가 숨어 있는 바위에서 얼마나 멀리 있는지 정확하게 알지 못한다. '앞으로 이동' 명령어에서 1 미터 거리는 추정값일 뿐이다. spiderRobot을 얼마나 앞으로 이동시킬지 알지 못한다는 것은 문제이다. 이를 알아내는 한 가지 방법은 시행착오이다. 즉 다양한 거리를 시험해본 후 가장 잘 동작하는 값을 찾는 것이다. 거리를 알아내는 다른 기법은 "spiderRobot에서(alienOnWheels가 숨어있는) 바위까지의 거리는 무엇인가?"라고 묻는 함수를 사용하는 것이다. 앨리스는 (미터 단위의) 거리를 반환해 준다. 이제 spiderRobot을 그 거리만큼 앞으로 이동하면 된다.

distance to 함수를 사용하려면, spiderRobot의 *distance to* 타일을 편집기로 끌어다 1 meter 위에 떨군다. 그 다음에는 그림 3-1-4와 같이 표적 객체로 바위(rock)을 고른다.

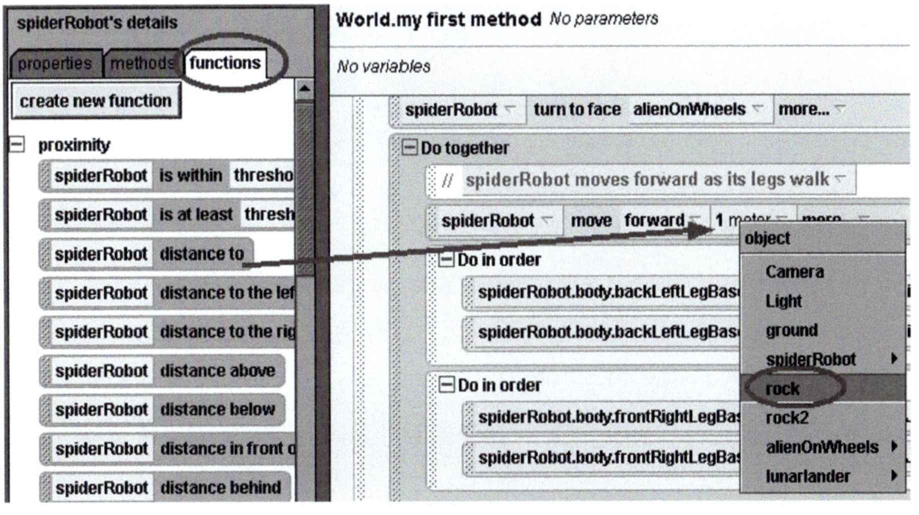

그림 3-1-4. *distance to* 함수를 편집기 안으로 끌어 오기

이제 코드는 다음과 같다.

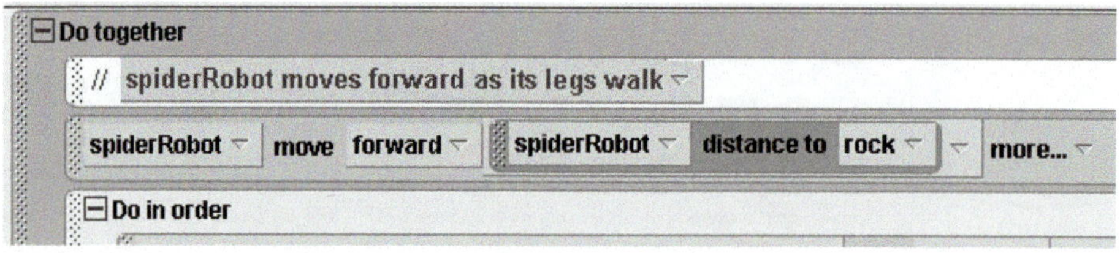

충돌

우리 프로그램에 그와 같은 변화를 준 다음에 그 프로그램을 테스트해 보자. 이 예제에서 프로그램이 동작하면 spiderRobot은 곧바로 바위 중앙으로 걸어간다! 이를 **충돌**이라 한다. 어떤 애니메이션에서는 바로 그 충돌을 원하기도 한다. 그렇지만 이 예에서 우리는 spiderRobot이 바위와 충돌하기를 원하지 않는다. 충돌이 일어나는 이유는 *distance to*가 한 객체의 중심에서 다른 객체의 중심까지를 측정하기 때문이다. 이 예에서 *distance to*는 그림 3-1-5와 같이 spiderRobot의 중심에서 바위의 중심까지를 측정한다.

그림 3-1-5. distance to 함수는 중심에서 중심까지 측정된다

표현식

두 객체 사이의 충돌을 어떻게 피할 수 있나? 한 가지 방식은 전체 거리를 움직이지 않도록 spiderRobot이 움직이는 거리를 조절하는 것이다. 거리 조절에는 해당 거리에서 작은 값을 빼는 산술 표현식의 사용이 필요하다. 이 예에서 바위는 spiderRobot보다 크다. 따라서 바위의 두께를 두 객체 간의 거리에서 빼면 충돌을 필할 수 있다.

앨리스는 흔한 수학 표현식을 위한 연산자가 제공된다. 가(+), 감(−), 승(*), 제(/)가 그것이다. 명령어의 숫자값 팝업 메뉴에서 *math*를 선택하면 수학 표현식이 제공된다.

예를 들어, 수학 표현식을 이용하여 *spiderRobot*가 이동하는 거리를 조정하려면, 그림 3-1-6과 같이, *move* 명령어의 *distance to* 타일의 최우측의 아래로 향한 아이콘을 클릭한 다음, *math→spiderRobot distance to* rock - 1을 선택하라.

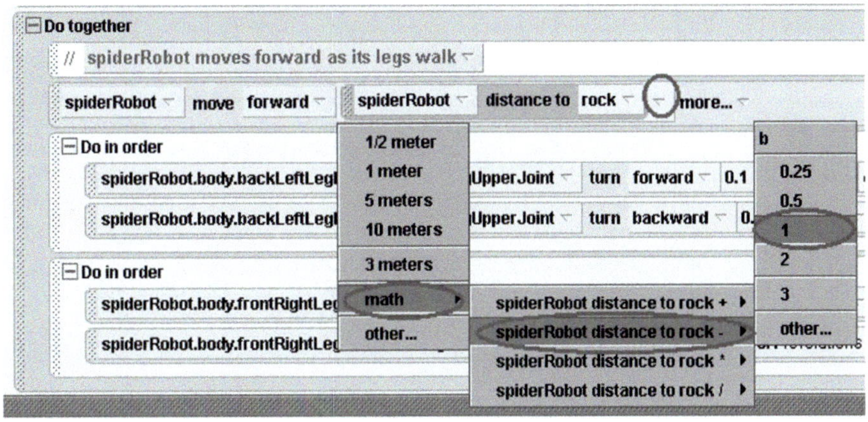

그림 3-1-6 수학 표현식의 사용

그 명령어는 거리에서 1 미터를 뺀다. 실제로는 그 거리에서(1 미터가 아니라) 바위의 너비를 빼고 싶다. 그러나 팝업 메뉴에서 고르려다 보니 임의로 1 미터를 선택하였다. 제대로 하려면 그림 3-1-7과 같이 1 미터를 바위의 너비로 바꾸면 된다.

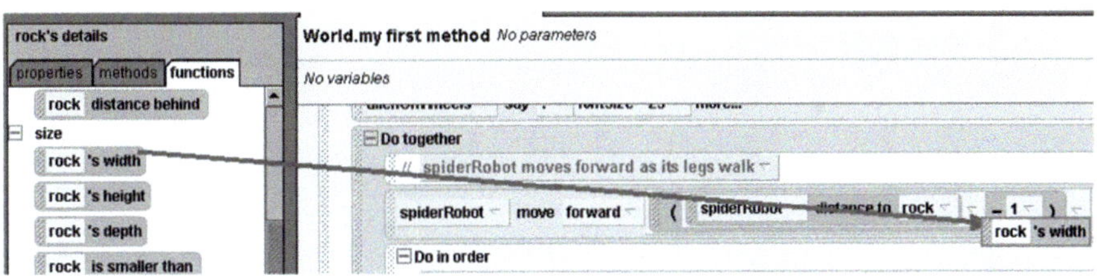

그림 3-1-7. 임의의 1 미터 값을 바위(rock)의 두께(*width*)로 치환하기

이제 spiderRobot은 충돌 없이 바위로 접근할 정도로 앞으로 이동한다.

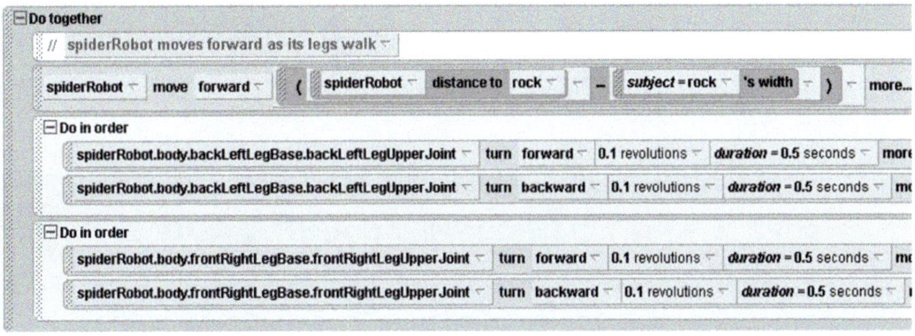

그림 3-1-8. spiderRobot를 앞으로 이동시키면서 바위와의 충돌을 피하는 코드

기술적 메모: 이 예제의 *move* 명령어에서 사용되는 거리 표현식은 매우 잘 동작한다. 그렇지만 이 표현식은 의도적으로 기본형의 충돌 탐지를 사용하였다. 기술적으로 더 정확하려면, 다음 코드와 같이 전체 거리(spiderRobot distance to rock)에서 spiderRobot의 너비의 절반과 바위의 너비의 절반의 합을 빼어 충돌 탐지를 계산하면 된다.

3-2 간단한 제어 구조체

몇 개의 간단한 명령어를 수행하는 수준을 넘는 프로그램을 제작하려면 ***제어 구조체***를 사용할 필요가 있다. 제어 구조체는 명령어들을 실행하는 순서를 제어할 수 있는 프로그래밍 문장이다. 여러분은 이미 *Do in order*와 *Do together*이라는 두 가지 제어 구조체를 보았을 것이다. 이 절에서는 ***조건 실행***과 ***반복***이라는 두 개의 추가적인 실행 제어 구조체를 소개하려 한다. 조건 실행은 어떤 조건을 점검하여 프로그램 코드의 어떤 부분을 실행할지 여부를 결정하는 것이다. 반복은 코드의 어느 부분을 여러 차례 동작시키는 것이다.

조건 실행

조건 실행 제어문은 어떤 ***결정***에 의존한다. 인생은 때로는 "결정의 연속"이다. 풀밭이 젖어 있지 않으면, 우리는 잔디를 깎을 수 있다. 식기세척기가 더러운 식기로 가득 차 있으면, 우리는 식기세척기를 돌린다. 개를 끌고 산책을 나갈 때면, 개를 묶고 나가야 한다. 프로그래밍에서도 종종 결정을 내릴 필요가 있다. 어떤 명령어들은 어떤 상황에서만 동작시킨다고 하는 결정이 프로그램 작성에 유용하다.

결정을 내릴 때, 해당 세계에서의 현재의 ***조건***에 대해 질문을 던진다. 예를 들어, "우주선이 보이는가?" 또는 "모자 색깔이 붉은가" 등이다. 그 답이 참(*true*) 아니면 거짓(*false*)인게 확실하다. 평가 값이 *true*나 *false*인 표현식에(우리가 아는한) 처음으로 관심을 가진 19세기 영국의 수학자 조지 부울의 이름을 따서, *true*와 *false*는 ***부울***값이라고 한다.

앨리스에서 *If/Else* 문은 조건 실행 제어 구조체로 사용된다(편의상 *If/Else* 문을 *If* 문이라고 부른다.). 그림 3-2-1은 *If* 문의 처리를 보여준다. 그 문장은 어느 조건이 *true*인지를 점검한다. 그 조건이 *true*이면, 어느 프로그램 명령어 세트가 동작된다. 그 조건이 *false*이면, 별도의 프로그램 명령어 세트가 동작된다. 어느 코드 부분이 실행되는가

(또는 실행되지 않는가)는 조건의 결과에 달렸다.

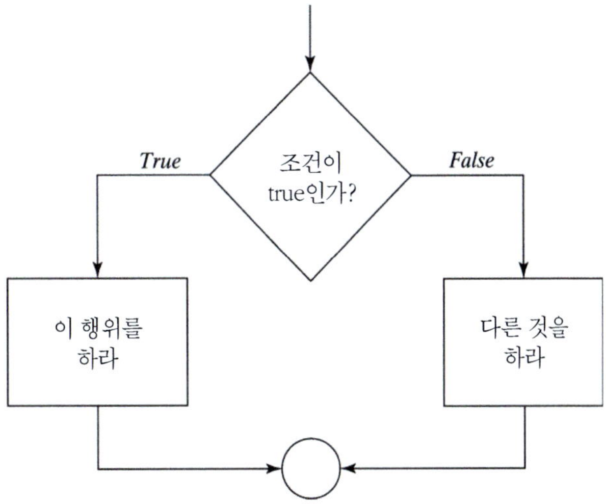

그림 3-2-1. *If/Else* 문이 처리되는 법

흐름도의 한 경로에는 아무 행위도 필요 없을 수도 있다. 예를 들어, 그림 3-2-2에서는 단일 경로 *If* 문(*Else*는 불필요하다)을 보여준다. 앨리스에서 제어 구조체의 *Else* 부분에는 *Do nothing* 명령어를 포함하면 된다.

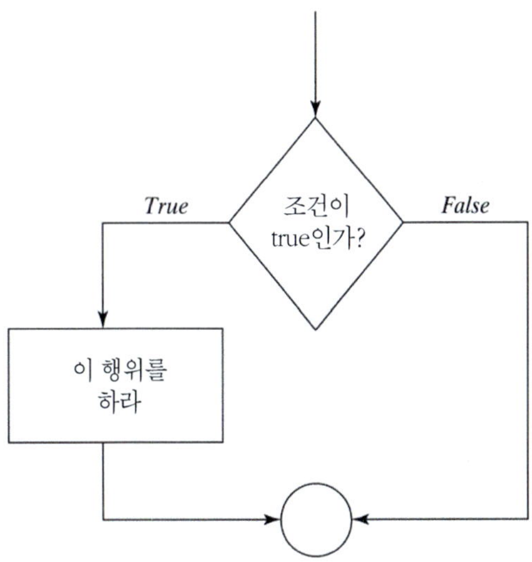

그림 3-2-2. 단일 경로 *If* 문

앨리스에서 *If* 문은 *If/Else* 타일을 편집기로 끌어 오면 생성된다. 팝업 상자를 이용하여 그림 3-2-3과 같이 초기 조건(*true*나 *false*)을 선택할 수 있다.

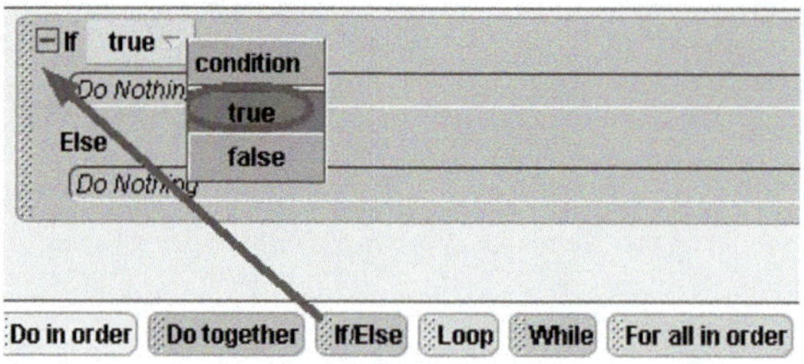

그림 3-2-3. *If* 문의 사용

이 블록의 초록색은 *If* 문이 프로그램에서 사용되고 있다는 시각적 단서이다. *If* 문에는(*If* 부분과 *Else* 부분의) 두 부분이 있다. 초기 조건(*true*나 *false*)은 팝업 메뉴에서 선택되지만, 조건(condition) 타일 위에 여러분 자신의 조건 표현식을 제작할 수 있다. 조건 표현식은(동작시간에) 평가된 결과값이 *true*나 *false*가 되는 함수이다. 답이 *true*이면 *If* 부분이 실행되고, *false*이면 *Else* 부분이 실행된다.

간단한 예제

If 문의 유용성을 보여주기 위해, 첫 대면 세계를 가지고 계속해 보자. 전에 언급했듯이, 원근법에 대한 우리의 감각은 어느 세계의 객체들의 거리와 크기에 대해 혼동을 일으킬 수 있다. spiderRobot는 alienOnWheels를 가까이서 보고자 바위로 걸어가지만, alienOnWheels는(시야에서 벗어나게) 아래로 이동한다. 이 카메라 각도에서는, 그림 3-2-4와 같이, 바위가 로봇보다 커 보이지만, 확신할 수는 없다. spiderRobot이 실제로 바위 너머로 볼 수 있는지 우리는 알 수가 없다. spiderRobot이 바위보다 작다면, 목을 빼어 바위 너머로 볼 수도 있다. 아니면 spiderRobot은 여전히 alienOnWheels를 볼 수 있으며 추가적 행위가 필요없다.

그림 3-2-4. spiderRobot이 가까이 다가가지만 alienOnWheels는 바위 뒤에 숨는다

문제는(spiderRobot과 바위 중에) 누가 큰지 어떻게 아느냐는 것이다. 우리의 해결책은 내장되어 있는 *is shorter than* 질문을 이용한 *If* 문을 사용하는 것이다. 스토리보드는 다음과 같다.

> *If* spiderRobot is shorter than rock
>   *순서대로 수행하라.*
>   spiderRobot neck이 위로 이동한다.
>   spiderRobot neck이 아래로 이동한다.
> *Else*
>   아무것도 하지 마라(*Do nothing*).

스토리보드를 프로그램 코드로 번역하기는 수월하다. 먼저 이전 그림 3-2-3에서 보았듯이, *If/Else* 타일을 편집기로 끌어온 다음 디폴트 조건을 *true*로 선택하여 *If* 문을 생성한다. 그 다음 그림 3-2-5와 같이, spiderRobot의 *is shorter than* 함수를 편집기 안으로 끌어다 *true* 위치에 두고, 바위를 표적 객체로 선택한다.

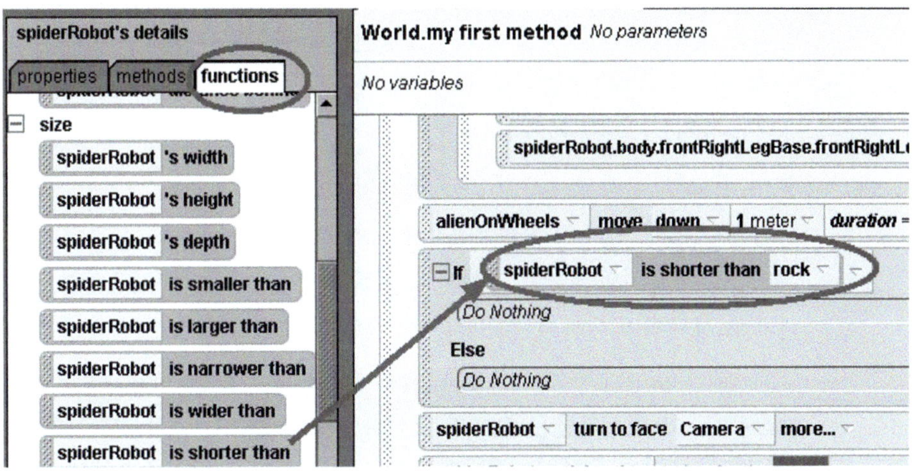

그림 3-2-5. *If/Else* 문에서 조건을 점검하기 위한 함수의 사용

끝으로, spiderRobot.neck *move* 명령어들이 *If/Else*문의 *If* 부분으로 사용된 *Do together* 블록 안에 추가된다. *If/Else*문의 *Else* 부분은 *Do nothing*이다. 그 결과의 코드는 다음과 같다.

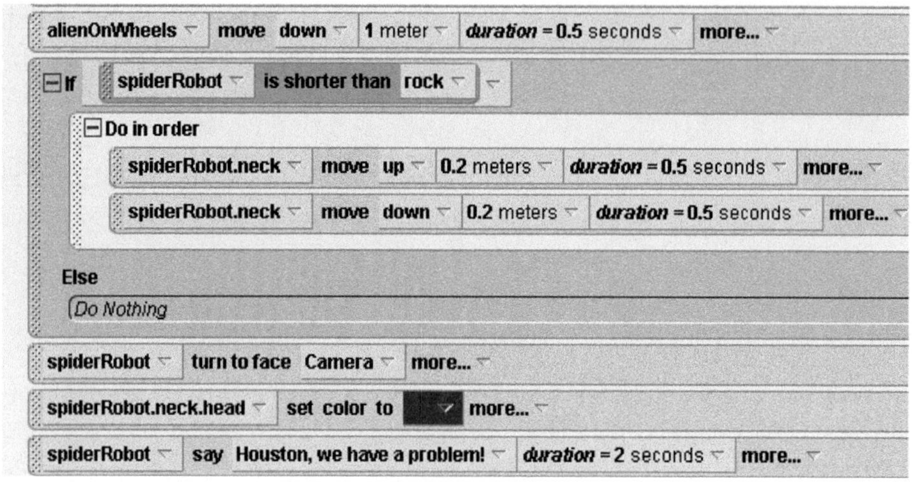

이 코드를 동작시킬 때, "spiderRobot이 바위보다 작은가?" 라는 질문하기 위해 함수를 사용한다. 답은 *true*나 *false*(부울값)이다. 그 다음에, 그 답에 근거하여 결정을 내린다. 답이 *true*이면 (바위 뒤에서 빼꼼이 보려고) spiderRobot의 목이 위로 그리고 아래로 이동한다. 아니면 *Else* 부분에 들어가며 아무 일도 일어나지 않는다. 다시 말해서 spiderRobot의 목이 위 아래로 움직이지 않는다. *Else* 부분에서 spiderRobot이 (머리를 돌리는 것 같은) 다른 것을 하도록 명령어들을 작성했을 수도 있지만, *Do nothing*이 어느 행위에 대한 대안으로 가능함을 보이고자 했다.

관계 연산자

위의 예제에서 우리는 내장함수를 이용하여 spiderRobot과 바위의 키를 비교하였다. 우리는 *If* 문에서의 조건을 점검하기 위해 내장함수를 자주 이용한다. 그렇지만 때로는 관계 연산자를 이용하여 우리 자신의 조건을 작성하고 싶어 한다. 그림 3-2-6과 같이, 앨리스는 World의 내장 함수들(functions) 중 math 범주 안에 여섯 개의 관계 연산자가 제공된다. 이 연산자들은 수학의 연산자들과 동일하게 동작한다. 우리는 각 연산자의 의미를 나타내고자 그림 3-2-6의 화면에 레이블을 추가하였다. 예를 들어 "=="는 "와 같다" 이고 "!="는 "와 같지 않다" 를 의미 한다.

여러분 자신의 조건을 작성하기 위해 관계 연산자를 사용하는 예로, 첫 대면 세계의 바위의 높이가 2 미터임을 알고 있다고 가정하자. 우리는 spiderRobot의 높이를 2 미터와 비교하는 *If* 문을 작성할 수 있다. 다음 같이 스토리보드용 문장을 작성하게 된다.

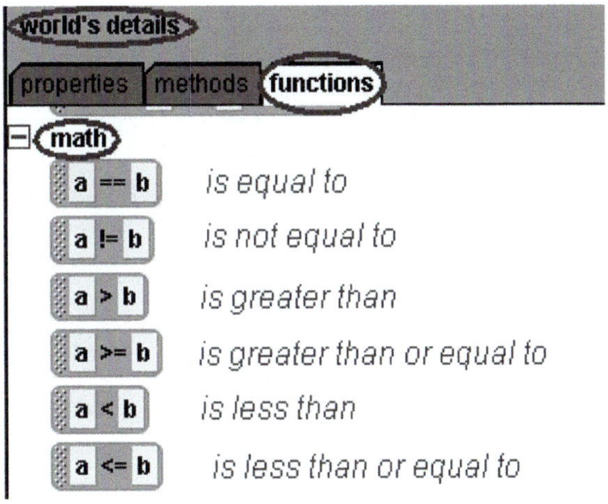

그림 3-2-6. 관계 연산자

```
If spiderRobot의 키가 2 미터보다 작다.
    순서대로 수행하라.
        spiderRobot neck이 위로 이동한다.
        spiderRobot neck이 아래로 이동한다.
```

*If*문의 조건은 "spiderRobot의 키가 2 미터보다 작다"이다. 그 조건은 (*true*거나 *false*인) 부울 표현식으로 작성되어야 한다. 관계 연산자를 이용한 우리 자신의 부울 표현식을 만들어서, 이 스토리보드용 *If* 문을 작성해 보자.

먼저 위의 예제와 같이 *If* 타일을 편집기 안으로 끌어 오자. 그리고는 다음의 2 단계 과정을 완성하라.

1. World의 함수 "less than" 타일(a 〈 b)을 *If* 문의 *true* 타일 위로 끌어 오라. 여러분이 교제를 따라 읽으면서 코드를 생성하고 있다면, 여러분은(전 페이지의 명령어들로부터) 편집기에 이미 *If* 문을 가지고 있을 것이다. 그 이전의 *If* 문을 제거하고 나서 새로운 *If* 문을 생성해야 한다. 팝업 메뉴로 그림 3-2-7과 같이 a와 b값을 선택할 수 있다.

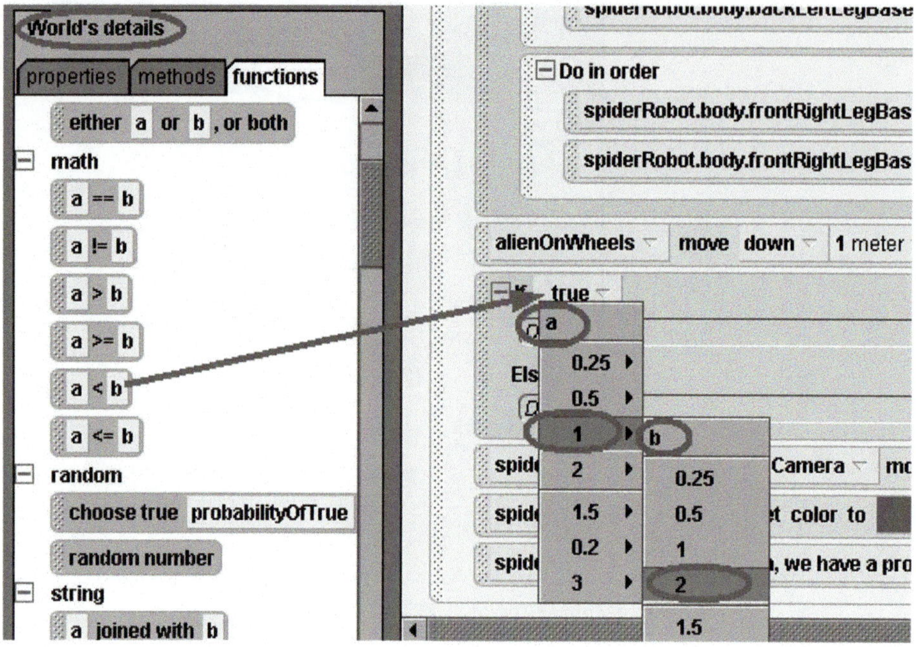

그림 3-2-7. 여러분 자신의 부울 표현식의 생성

팝업 메뉴에서 a 값으로 1, b 값으로 '2'를 선택하라. 그 결과의 표현식은 다음과 같다.

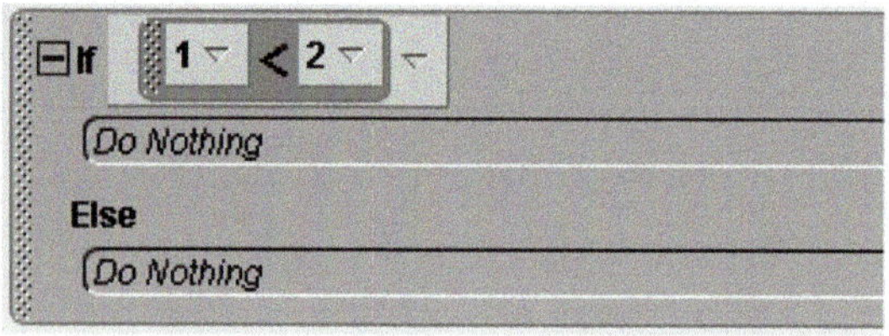

실제로는 spiderRobot의 키를 나타내는 타일을 끌어다 a값으로 사용하고 싶지만, 이 첫 단계를 끝내기 위한 자리표시자로 우리는 팝업 메뉴에서 '1'을 선택하였다. 다음 단계에서 이를 수정하겠다.

2. 이제(자리표시자로 넣었던) '1'을 치환하기 위해, spiderRobot의 *height* 함수를 끌어 오라. *If* 부분 안에, *Do in order* 블록과 spiderRobot의 목을 위아래로 이동시키는 명령어들이 추가된다. 그 문장의 *Else* 부분은 *Do nothing*으로 남겨둔다. 조건 (spiderRobot의 키 〈 2)이 false이면, 아무 행위도 취하지 않는다. 그 결과 코드는 아래와 같다.

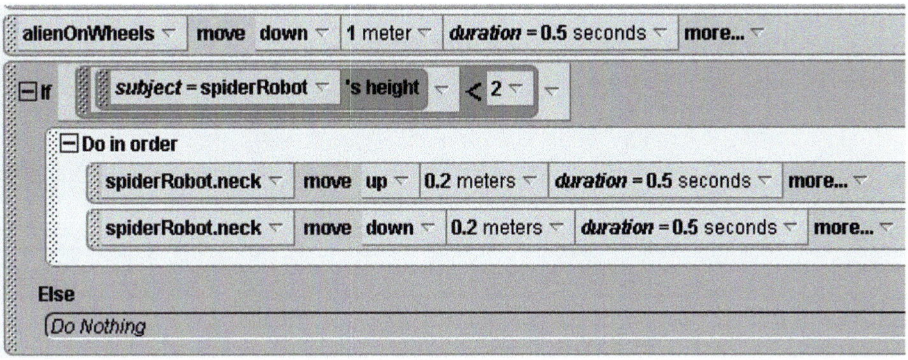

반복의 필요성

3장 1절에서 작성된 예제 세계에서, spiderRobot은 바위를 향해 앞으로 이동하며(표현식은 수 미터의 거리를 계산한다), spiderRobot의 다리가(다리 관절을 돌리는) 걷기 행위를 단 한 차례 시뮬레이션한다. (그 코드는 그림 3-2-8에 있다.) 프로그램이 동작하면, 로봇이 상대적으로 긴 거리를 앞으로 이동하는데도 다리는 단 한 걸음에 움직이기에, 그 걷기 행위가 현실감이 없다.

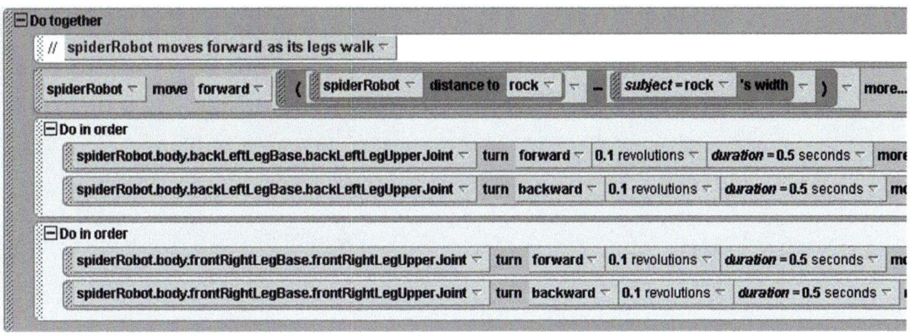

그림 3-2-8. spiderRobot은 몇 미터 앞으로 이동하는데 단 한 걸음에 간다

spiderRobot이 앞으로 이동 시 1 미터마다 한 걸음씩 걸으면 더 현실감이 있으리라. 다른 말로 이야기하면, spiderRobot이 가령 3 미터 앞으로 이동하려면, 다리로 걷기 행위가 세 차례 일어나게 될 것이다. spiderRobot이 가령 4 미터 앞으로 이동하려면, 다리로 걷기 행위가 네 차례 일어나게 된다는 등등의 말이다.

프로그램 코드를 수정하여 spiderRobot를 1 미터 앞으로 이동시키게 할 수도 있는데, 그러면 단 한 걸음만 걷게 될 것이다(이는 2장 2절의 원래의 코드임을 기억하라.). 그 경우 코드는(다시) 그림 3-2-9에서의 코드처럼 될 것이다.

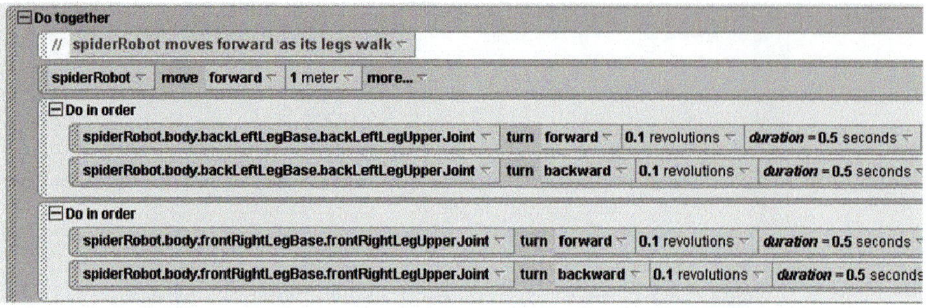

그림 3-2-9. spiderRobot이 앞으로 1 미터 이동하며 한 걸음만 걷는다

문제는 spiderRobot이 이제 단 1 미터만 이동할 것이라는 점이다. 우리는 spiderRobot이 몇(3 또는 4) 미터 앞으로 이동하게 하고 싶다. 이 명령어들의 세트를 삼사 차례 작성한다는 것은 지겨울 것 같다. 또 로봇이 가령 20 미터 앞으로 이동하게 하려면 어떻게 될지 생각해 보라!

가능한 해결책은 클립보드의 사용이다. 클립보드는 명령어들의 세트를 편집기 내의 한 곳에서 다른 곳으로 복사하는 멋진 도구이다(클립보드 사용법을 알려면 부록 B를 보라.). 그렇지만 이 상황에서 동일한 명령어들의 세트를 편집기에서 클립보드로 끌고 간 다음 다시 클립보드에서 편집기로 여러 차례 끌어 온다는 것도 여전히 조금은 지겹다.

루프를 이용한 반복

루프(*Loop*)문이라는 ***반복 제어 구조체***를 사용하여 우리의 일을 더 쉽게 하고자 한다. 많은 프로그래밍 언어에서 발견되는 루프문은 어느 행위를 정해진 수만큼 반복하는 쉬운 방법이다. 프로그램 내에서 루프를 생성하려면, 그림 3-2-10과 같이 *Loop* 타일을 편집기 안으로 끌어 온다(편집기 안의 *Do together* 블록 앞으로 끌어 오라).

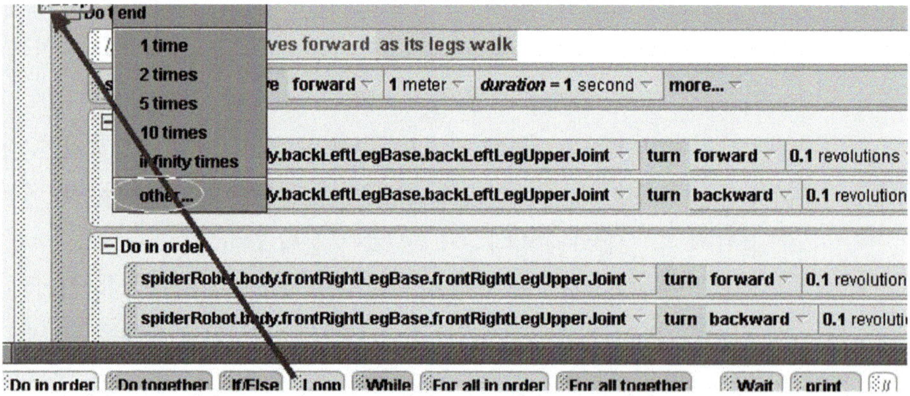

그림 3-2-10. *Loop* 문을 편집기 안으로 끌어 오기

Loop 타일을 편집기 안으로 끌고 올 때, 그림 3-2-11과 같이 팝업 메뉴로 ***횟수***(루프가 몇차례 실행되는 가)를 선택할 수 있다. 앨리스는 횟수의 끝을 표시하기 위해 "끝(end)"이란 용어를 사용한다. 우리는 *other*을 선택하고 숫자 3을 입력하였다. 루프는 ***정수*** 번만 실행될 수 있음에 유의하라(***정수***란 소수점 아래가 없는 수이다.).

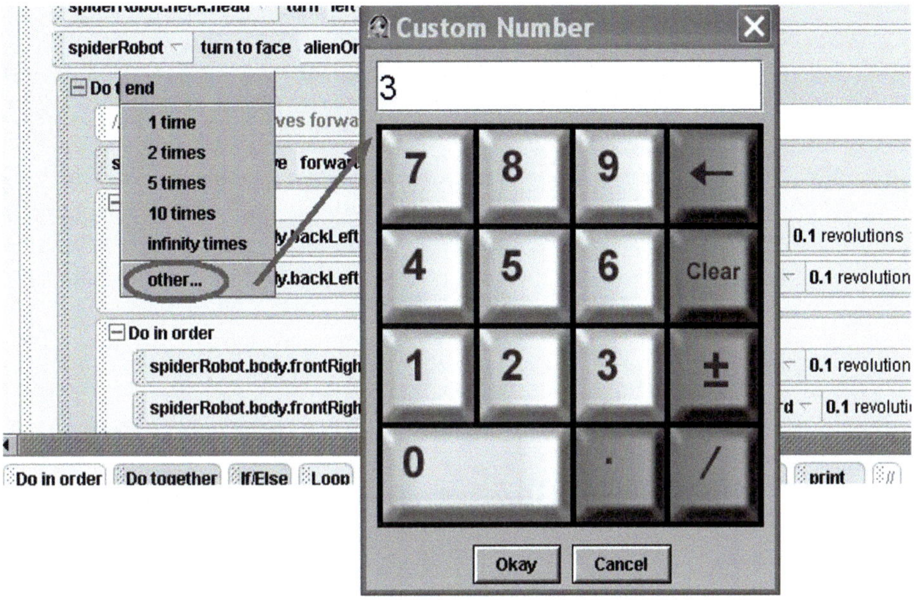

그림 3-2-11. *Loop*문에 대해 횟수 선택

끝으로, 그림 3-2-12와 같이 *Do together* 블록을 *Loop*문 안으로 끌어 오라.

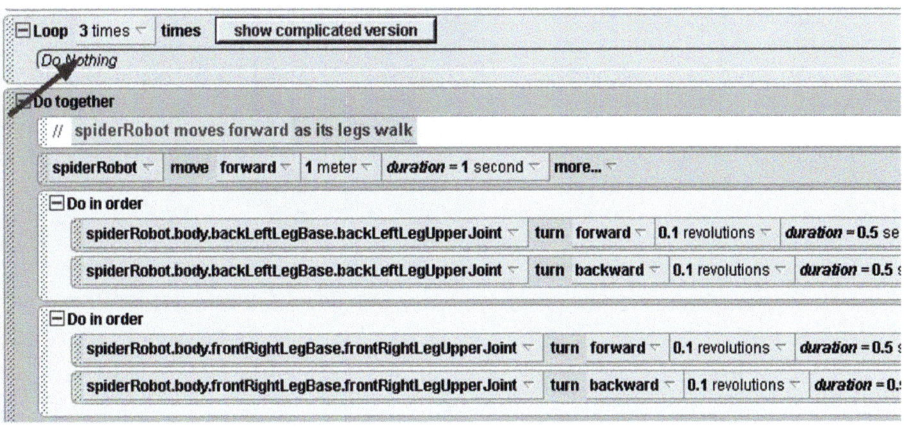

그림 3-2-12. *Do together* 명령어 블록을 *Loop*문 안으로 끌어 오기

그 결과의 *Loop* 문은 그림 3-2-13에 있다. 청록색 블록은 루프 구조체 안의 모든

명령어들을 둘러싸고 있다. 걷기 단계가 세 차례 반복될 것임을 알리도록 주석을 수정하였다.

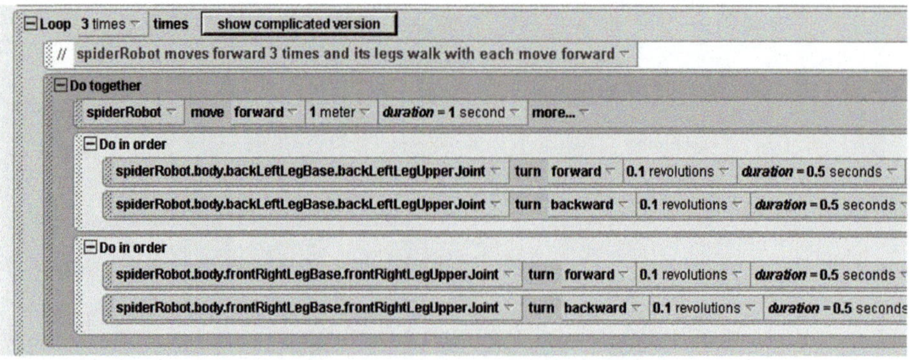

그림 3-2-13. 완성된 *Loop*문

요령 및 기법 3

카메라와 애니메이션 제어

카메라 컨트롤은 장면 설정 시와 애니메이션 동작 시에 모두 필요하다. 장면 설정 시에 카메라를 위치시키면 특정 위치에 객체들을 놓는 과정이 쉬워진다. 동작시간에 카메라 이동은 애니메이션 자체의 재미를 더 해준다.

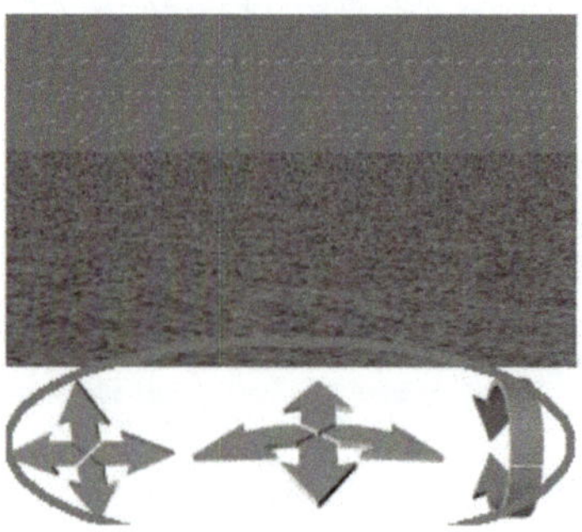

그림 T-3-1. 장면편집기에서의 카메라 제어

그림 T-3-1처럼 앨리스 장면 편집기에서 카메라 제어를 하면 초기 장면 생성 시 카메라 위치를 움직일 수 있다. 애니메이션이 동작 중에는 카메라 제어를 이용할 수 없다. 이 절에서는 동작시간에 카메라의 이동을 제어하는 기법을 살펴보겠다. 또한 동작시간에 애니메이션의 속도를 높이려고(또는 낮추려고) 속도 증폭을 이용하는 방법에 대한 요령을 제공한다.

시점의 설정

카메라를 어느 장면 주위로 이동시키는 한 가지 방법은 애니메이션 동안 카메라를 사용할 위치들을 표시하기 위해 여러 개의 가짜 객체(dummy object)를 생성하는 것이다. 가짜 객체는 보이지 않으며 애니메이션 동안 카메라가 이동할 표적 객체인 삼각대로 사용될 수 있다. 일단 가짜 객체의 자리를 잡으면, (결국 가짜 객체에다 카메라를 놓는) 가짜 객체의 *시점(point of view)*에다 카메라의 *시점*을 설정하는 명령어를 생성할 수 있다. 동작시간에, set *point of view*(*시점*을 설정하라) 메소드는(*move to* 명령어와 유사하게) 카메라를 가짜 객체에 효과적으로 이동하고, 카메라의 시점은 이제 그 위치에 서가 된다.

이 기법은 예제를 사용하면 쉽게 설명된다. 여러분은 컴퓨터에 앉아 설명을 읽으며 실제로 해보면 도움이 될 것이다. 그림 T-3-2는 카메라가(People의) skateboarder를 가리키고 있는 초기 장면을 보여준다. skateboard와 rail-ramp는 CD갤러리나 웹 갤러리의 SkatePark 폴더에서 찾을 수 있다. (장면을 보고 있는 사람으로서의) 우리의 원근법상으로 볼 때, 카메라가 우리로 하여금 "앞에서" 장면을 볼 수 있게 해주고 있다.

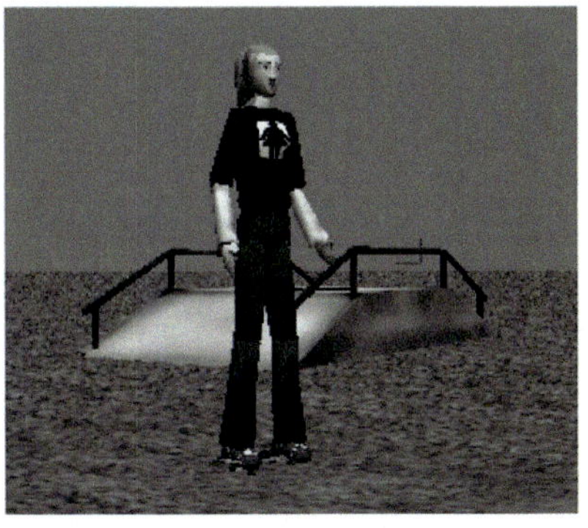

그림 T-3-2. 초기 카메라 시야

우리는 카메라를 빙 둘러 이동하여 애니메이션이 동작 중일 때 그 장면의 "뒤쪽에서" 스케이터의 행위들을 볼 수 있기를 원한다. 이 행위를 준비하기 위하여, 앞쪽 시점과 뒤쪽 시점에 대해 두 개의 가짜 객체를 생성하자. 먼저 카메라의 현재 위치에 가짜 객체를 떨어뜨린다. 이렇게 하려면 그림 T-3-3과 같이 장면편집기에서 **more controls** 버튼을 클릭하라.

그림 T-3-4와 같이 인터페이스가 확장되어 추가적인 제어들을 보여주는데, 여기에는 **drop dummy at camera**(카메라에 가짜를 떨어뜨려라) 버튼이 포함되어 있다.

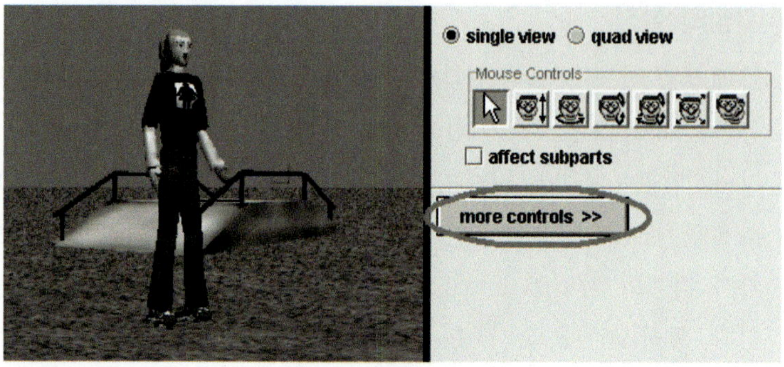

그림 T-3-3. 장면편집기에 있는 more controls 버튼

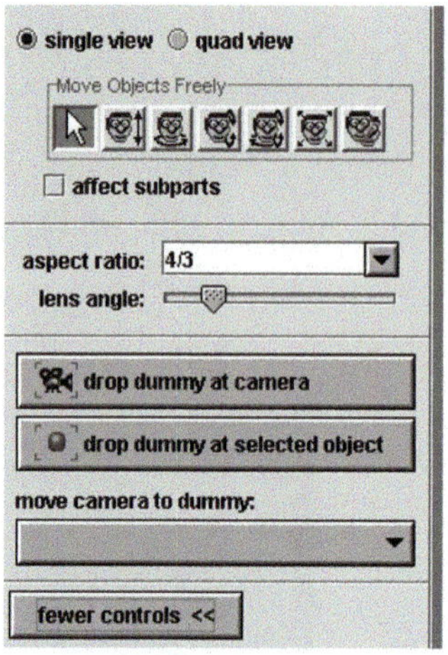

그림 T-3-4. 확장된 제어 패널

drop dummy at camera 버튼을 클릭하면 카메라의 현재 위치에 삼각대로 쓰일 가짜 객체가 생성된다. 가짜 객체는 그림 T-3-5와 같이 객체 트리에 추가된다. 앨리스는 가짜 객체를 dummy, dummy2 등으로 이름짓는다. 이 예제에서, 우리는 가짜 객체의 이름을 frontView라고 바꾸었다(의미 있는 이름이 기억하기 쉽다.).

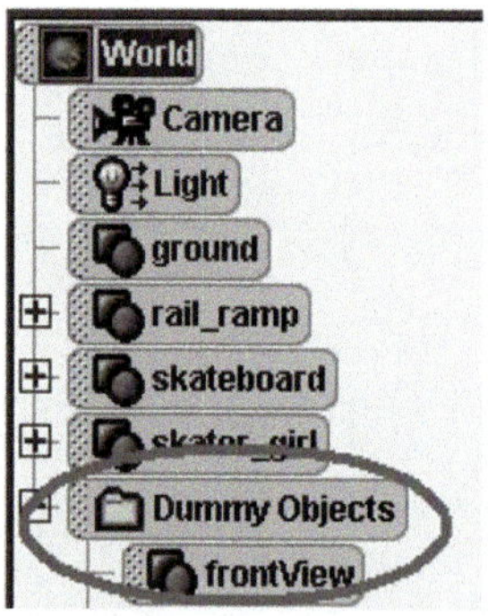

그림 T-3-5. 객체 트리는 이제 가짜 객체 frontView를 갖고 있다

다음 단계는 뒤에서 장면을 보도록 카메라의 위치를 다시 정하는 것이다. 잘 동작할 것같은 기법 하나는 카메라의 전방 제어(중앙 카메라 내비게이션 화살표)를 장면의 뒤쪽으로 끌고 가는 것이다. 전방 제어를 계속해서 끌어서, 카메라가 장면을 뚫고 이동하는 것 같을 때까지 똑바로 앞으로 이동하게 하라. 카메라가 장면의 다른 쪽에 있을 만큼 충분히 멀리 이동한 것 같을 때에, 마우스를 놓으라. 그림 T-3-6과 같이, 객체 트리에서 카메라를 선택하고 카메라를 반 바퀴 돌리기 위한 메소드를 선택하라.

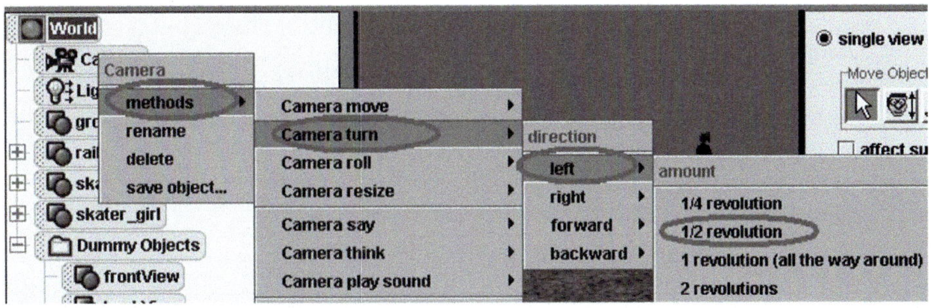

그림 T-3-6. 카메라의 *turn* 명령어 선택

이제 카메라는 반대방향을 향하고 있으며 여러분은 뒤에서 장면을 보게 될 것이다. drop dummy at camera 버튼을 한 번 더 클릭하라. 우리는 dummy 표시를 backView로 이름을 바꾸었다. 이제 두 가짜 객체인 frontView와 backView가 객체 트리에 있을 것이다. 카메라를 앞쪽 시야로 되돌리려면, **move camera to dummy** 버튼의 드롭다운 메뉴에서 frontView를 선택하라(그림 T-3-4를 보라).

이제 동작시간에 카메라를 이동시키는 새로운 명령어들을 작성할 수 있다. 객체 트리에서 카메라를 선택한 다음 *set point of view(시점을 정하라)* 명령어를 편집기 안으로 끌어 오라. 시점(point of view)으로 특정 가짜 객체를 선택하라. 그림 T-3-7은 그 명령어의 생성법을 보여준다.

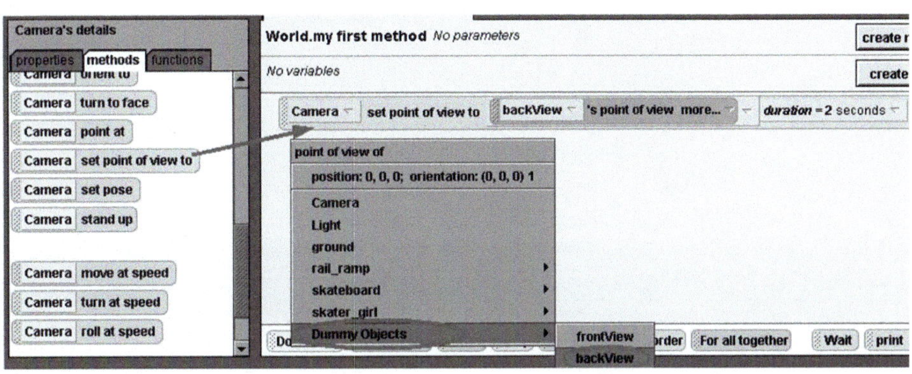

그림 T-3-7. 카메라의 시점을 정하는 명령어의 생성

샘플 명령어가 아래에 있다. 동작시간에 이 명령어는 카메라를 backView로 이동시키며 카메라의 시점은 그 위치에서가 될 것이다.

(요령 및 기법 2에서 설명된) 카메라의 vehicle 특성을 바꾸어서 카메라가 어느 객체를 따라가게 하는 것도 가능하다. 흥미로운 연습문제로 스카이 라이드(sky ride) 애니메이션 세계(교재의 Worlds 폴더에 있는 TT3_skyride.a2w)를 열어보라. 이 세계를 동작시키면 놀이공원에서 스카이 라이드의 이동을 보게될 것이다. 그림 T-3-8의 예제처럼 애니메이션을 동작하기 전에 첫 '케이블 카'에 카메라의 시점을 설정하는 명령어를 추가하면 이 라이드가 더 흥미로워질 것이다.

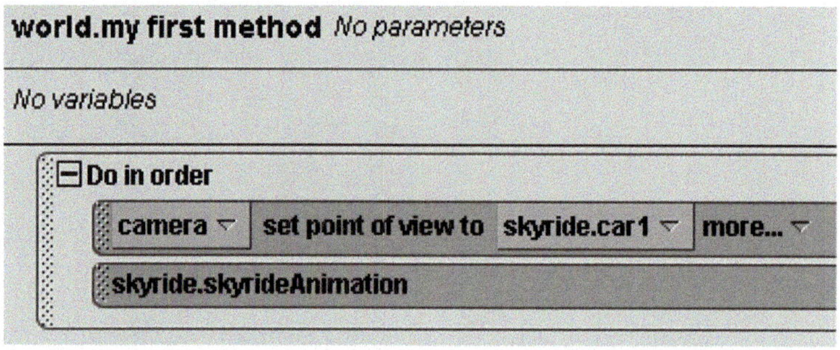

그림 T-3-8. 카메라의 시점을 다른 객체에 설정하는 명령어

수정된 세계를 동작시켜 이 명령어의 효과를 보라. 라이드의 다른 감각을 얻으려면, 그림 T-3-9의 예제처럼 카메라의 차량을 첫 케이블카로 변경하는 명령어도 추가해 보라. 가상세계가 동작 시 발생하는 차이점에 주목하라. 다른 놀이공원 탈것들을 타보는 실험도 해 보라.

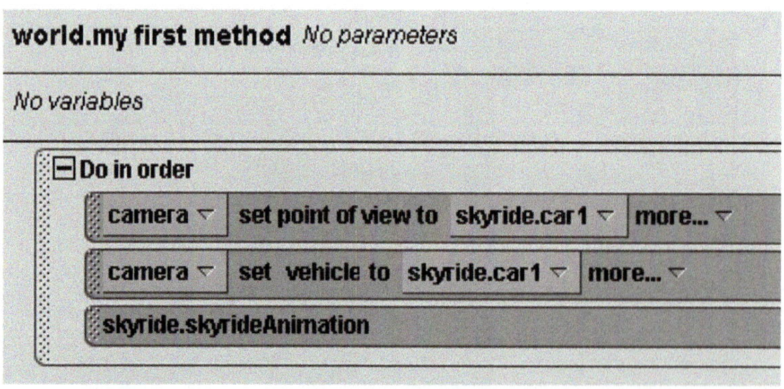

그림 T-3-9. 시점과 차량의 설정

동작시간 속도의 제어

앨리스를 이용한 프로그래밍의 경험을 얻어가면서, 여러분의 애니메이션은 점점 더 복잡해지고 동작시간은 점점 더 길어진다. 이에 따라 애니메이션이 일련의 행위들을 거친 다음에야 가장 최근에 추가한 부분을 동작시키게 되므로 프로그램의 테스트에도 더 많은 시간이 걸리게 된다.

여러분이 이미 테스트한 행위들을 "빠르게 진행하는" 좋은 방법은 그림 T-3-10과 같이 Play 윈도에 등장하는 속도 가속기(Speed Multiplier)를 사용하는 것이다.

그림 T-3-10. 애니메이션 속도를 높이는 속도 가속기

속도 가속기는 엄지(thumb)를 가진 슬라이드 바이다. 애니메이션 속도를 제어하려면 애니메이션의 동작 시에 마우스로 엄지를 잡아 좌우로 미끄러지게 하면 된다(애니메이션이 정지했을 때는 엄지를 미끄러뜨려도 아무 효과가 없다.). 애니메이션의 속도를 정상으로 돌려놓으려면, 엄지를 가장 좌측으로 끌어 놓는다.

메모: 속도 가속기는 애니메이션의 속도에만 영향을 준다. 사운드가 재생되고 있다면, 사운드는 속도 가속기의 영향을 받지 않는다(즉 사운드는 고속으로 작동하지 않는다.).

요약

이 장에서 우리는 프로그램 코드의 "조각"들을 붙이는 방법을 살펴보았다. 우리가 프로그램을 제작하는데 사용하는 "조각"에는 다음이 포함된다.

명령어—객체가 어떤 행위를 수행하도록 실행되는 문장
제어 구조체—명령어들의 실행을 제어하는 문장
함수—어느 조건에 대해 묻거나 어느 값을 계산한다
표현식—숫자나 다른 종류의 값에 대한 수학 연산

앨리스는 World와 그 안의 객체들을 위해 내장함수를 제공한다. 함수는(숫자, 부울값, 객체 등의) 다양한 종류의 값을 가질 수 있다. 표현식으로 어떤 값을 계산하거나 두 객체의 어떤 특성을 비교할 수 있다. 애니메이션 프로그램에서 함수와 표현식의 한 가지 용도는(객체가 다른 객체와 동일한 위치로 이동할 때) 충돌을 피하도록 도움을 주는 것이다.

내장함수와 부울 표현식(*true*나 *false*값을 갖는 표현식)을 이용하여 가상세계에서의 현재 조건을 점검하여 프로그램의 어느 부분을 실행할지 여부를 결정할 수 있다. 앨리스에서 그와 같은 조건 실행 제어 구조체가 *If/Else*문이다. *If*문에는 *If* 부분과 *Else* 부분의 두 부분이 있다. *If* 부분에서는 조건을 점검하여 그 조건에 따른 결정을 내린다. 그 조건이 *true* 이면 *If/Else*문의 *If* 부분이 실행된다. 아니면 그 문장의 *Else* 부분이 실행된다. 그 문장의 *Else* 부분이 *Do nothing*(아무것도 하지 마라)일 수도 있는데, 그 경우 아무 행위도 하지 않는다(그 문장의 *If* 부분이 *Do nothing*일 수도 있지만, 이는 어느 조건에 대한 어색한 사고 방식이다.).

간단한 반복 제어 구조체는 루프(*Loop*)이다. 루프문은 프로그램 코드의 어느 부분을 정해진 횟수만큼 반복하게 해준다.

본 장의 중요 개념

- 앨리스에서 함수를 사용하여 가상세계나 그 안의 어느 객체의 특성에 대한 질문을 할 수 있다. 함수를 사용하여 어떤 값을 계산할 수도 있다.
- 호출된 함수는 특정 형태의 값을 반환한다.
- 부울 함수는 *true*나 *false*를 반환한다.
- 표현식은 산술 연산(가감승제)을 사용하여 숫자값을 계산할 수 있다.
- 관계 연산자(==, !=, 〉, 〉=, 〈, 〈=)를 이용하는 다른 종류의 연산자는 한 객체를 다른 객체와 비교한다. 결과는 *true*나 *false*이다.
- 조건 실행 제어 구조체(앨리스에서 *If/Else*문)를 사용하여 프로그램의 특정 부분

이 실행될지 여부에 대한 결정을 내린다.

- 반복 제어 구조체를 사용하여 프로그램 코드의 어느 부분을 재차 반복한다. 앨리스에서 간단한 반복 제어는 *루프(Loop)*문이다.

프로그래밍 용어

결정	반복	조건 실행
관계 연산자	부울값	표현식
루프	제어 구조체	함수
명령어	조건	횟수

애니메이션 용어

충돌

질문

1. 메소드가 하지 못하고 함수가 수행하는 행위는 무엇인가?
2. 다음 각각의 내장함수는 어떤 종류의 값을 반환하는가?
   (a) distance to
   (b) is within threshold of
   (c) is wider than
   (d) width
3. 앨리스의 수학 표현식에서 사용할 수 있는 네 가지 연산은 무엇인가?
4. 앨리스로 프로그램을 제작할 때 사용되는 네 가지 제어 구조체를 열거하라.
5. If/Else문에서 조건을 점검하는데 어떤 형태의 함수값이 사용되는가?
6. Else 부분의 명령어가 Do nothing일 때 If/Else문에서 어떤 일이 발생하는지 설명하라.
7. World의 함수 리스트에서 a<=b 라는 관계 연산자가 이용 가능하다.
   (a) "a"와 "b"가 나타낼 수 있는 것의 예를 들라.
   (b) 이 연산을 평가하면 어떤 형태의 값을 얻는가?
8. 루프문의 목적은 무엇인가?
9. 앨리스는 충돌 탐지 기능이 내장되어 있지 않다.
   (a) 한 객체가 다른 객체와 너무 가까운지를 탐지하기 위해 어떤 내장함수를 사용할 수 있는가?
   (b) 그 함수를 이용하여 충돌을 피하는 명령어의 예를 들라.

10. 다음 각각을 스케치하라.
    (a) 다음의 연습문제 1을 위한 스토리보드
    (b) 다음의 연습문제 1을 위한 흐름도
11. 다음 각각을 스케치하라.
    (a) 다음의 연습문제 6을 위한 스토리보드
    (b) 다음의 연습문제 6을 위한 흐름도

연습문제

3-1 연습문제

1. *로봇이 달착륙선으로(Robot to Lunar Lander)*
   첫 대면 세계를 사용하여 3장 1절에 설명된 프로그램 코드를 다시 만들라. spiderRobot이 바위(rock)로 이동한 후에, spiderRobot이 몸을 돌려 달착륙선(lunarLander)을 향하게 한 다음 spiderRobot과 lunarRobot 간의 거리의 절반을 이동시켜라.

2. *개가 소화전으로(Dog to Fire Hydrant)*
   아래 장면에서(Animals의) 개와 소화전(fire hydrant)이 있는 세계를 제작하라(우리는 늑대(wolf)를 개(dog)로 사용하였다.). *distance to* 함수와 수학 표현식을 붙여서 개를 소화전으로 이동시키는 명령어를 작성하라. 개는 소화전과 충돌 전에 멈추어야 한다.

3. *깡충뛰기(Hop)*
   (Objects의) 나무상자(crate)와 (Animals의) 캥거루(kangaroo)가 있는 세계를 제작하라. 캥거루의 다리를 뒤로 돌리고 앞으로 돌려서 깡충뛰기처럼 보이게 하여, 캥거루를 상자 위로 깡충 뛰어오르게 하는 프로그램을 작성하라. *height* 함수를 사용하여 '앞으로 이동'과 '위로 이동'을 유도하라.

4. *배구 점프(Volleyball Jump)*

   (Sports의) 배구 넷(vollyball net)와 배구공(vollyball) 및 (People의) 스케이트 타는 소녀(skater girl)와 소녀(girl)가 있는 새로운 세계를 제작하라. 그 세계의 각 사람은 키도 다르고 운동 능력도 다르다. 각 사람이 그의(또는 그녀의) 키(height)의 1/4을 뛰어올라 배구공을 건드릴 수 있다고 가정하자. 각 사람이 이 거리를 뛰어오른 다음 같은 거리만큼 원위치하는 명령어들을 작성하라. 내장함수 *height*를 호출하고 그 사람이 위와 아래로 이동하는 거리를 계산하는 표현식을 사용하라.

3-2 연습문제

5. *spiderRobot의 걸음(spiderRobot' s Walk)*

   3-2절에서는, spiderRobot로 하여금 루프 안에서 세 차례 앞으로 걷게 하는 프로그램 코드가 제시되었다. 그 프로그램 코드를 다시 만들고 횟수 2, 4, 와 5로 테스트하라. 횟수는 몇 차례가 가장 적합한가? 왜 그런가?

6. *비행선과 용(Blimp and Dragon)*

   (Vehicle의) 비행선(blimp)과 (Medieval의) 용(dragon)을 가진 장면을 제작하라. 이 환상의 장면에서, 용은 비행선을 발견하고는 호기심 있어 한다. 용은 비행선 주위로 날아 알아내려 한다. 용이 비행선으로 이동한 다음 세 차례 그 주위를(세로로) 나는 프로그램을 작성하라.

7. *눈사람이 의자로(Snowman to Stool)*

이 연습문제에서는 숫자 함수를 *Loop*를 돌릴 횟수로 사용한다. 아래 그림처럼 눈사람과 의자가 있는 세계를 제작하라. *Loop*를 사용하여(People의) 눈사람(snowman)이 (Kitchen의) 의자(stool)로 한 번에 1 미터씩 이동하게 하라. *distance to* 함수를 이용하여 루프가 반복되는 횟수를 결정하라(*distance to* 함수는 3.75 미터처럼 소수부가 있는 거리를 반환할 수도 있다. *Loop* 문은 소수부를 버려 세 번 반복하게 된다.). 눈사람과 의자를 화면의 다른 위치로 이동시키고 그때마다 프로그램을 동작시켜 테스트하여, 눈사람과 의자의 위치에 상관없이 동작함을 확인하라.

제2부

객체지향 및 사건구동식 프로그래밍 개념

제**4**장

클래스, 객체, 메소드 및 매개변수

딸기 타르트를 만드는 법
　구운 빵 껍질 1 개
　껍질을 벋긴 딸기 3 컵
　딸기 젤라틴 1 포
　물 1.5 컵
　옥수수 전분 2 큰 술
딸기를 빵 껍질에 넣고
젤라틴, 물, 옥수수 전분을 작은 냄비에
　넣고 섞는다.
끓을 때까지 가열하며 젓는다.
식힌 후, 딸기 위에 붓는다.
냉각한다.

"한 여름날, 하트의 여왕이 몇 개의
타르트를 만들었다.
하트의 기사가 그 타르트들을 훔쳤다.
그리고, 타르트들을 가지고 조용히 사라졌다."

앞 장에서 여러분 자신의 애니메이션을 만들었을 때, 줄거리에 보다 많은 우여곡절을 갖고, 아마도 게임이나 시뮬레이션 등 훨씬 복잡한 시나리오를 만들 생각을 했을듯하다. 자연적으로 줄거리가 보다 정교해지면, 애니메이션을 만들기 위한 프로그램 코드도 복잡해진다. 프로그램 코드는 쉽사리 너무나 많은 줄로 구성되는데 - 일종의 프로그램의 크기나 복잡도에 있어서 폭발적인 증가이다. 애니메이션을 위한 코드만이 복잡도를 만드는 것이 아니다. 실제 응용 소프트웨어들은 수천 줄 혹은 수백만 줄의 코드로 구성된다. 하나의 기법은 큰 프로그램을 다룰 수 있는 부분으로 나누는 것인데, 이 방법을 사용하면 설계나 생각을 하기 쉬워진다. 작은 부분들은 읽거나 오류를 찾아내는 것이 쉬워진다. 객체지향 프로그래밍은 기본 프로그램 구성요소로 클래스, 객체 그리고 메소드를 사용하는데, 이것들은 큰 프로그램을 작은 다루기 쉬운 부분들로 구성하는데 도움을 준다. 이 장과 다음 장에서는 객체(클래스의 인스턴스(instance))와 여러분 자신이 작성한 메소드를 사용함으로써 보다 정교하고 감동적인 프로그램을 작성하는 방법을 배울 것이다.

클래스

클래스는 객체의 특별한 종류를 정의한다.[1] 앨리스에서는 클래스는 갤러리에 제공된 3차원(3D) 모델로 정의되어 있는데, 동물 사람 빌딩 장면 공간 등등의 그룹으로 분류되어 있다. 그림 4-0-1은 동물 폴더에 있는 몇 클래스를 보여준다. 클래스 이름은 대문자로 시작함에 주목하자.

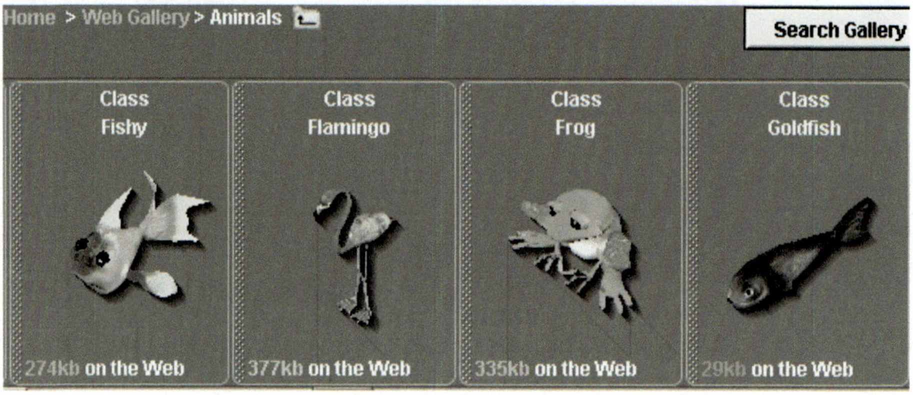

그림 4-0-1. 동물 폴더에 있는 3차원 클래스들

각 클래스는 청사진으로 간주할 수 있는데, 앨리스 클래스에서 어떻게 객체를 만들고 그려낼 수 있는 지를 알려준다. 객체가 클래스로부터 만들어지고 그려질 때, 객체는 클래스의 ***인스턴스***이므로 이 과정을 클래스를 ***인스턴스화*** 한다고 한다.

객체

그림 4-0-2에는 사람과 개는 클래스이고, joe, stan, cindy는 사람 클래스의 인스턴스이며, spike, scamp, fido는 개 클래스의 인스턴스이다. 객체의 이름은 소문자로 시작함에 주목하자. 동일한 클래스에서 만들어진 모든 객체들은 어떤 공통점을 갖는다. 모든 사람 객체들은 두 다리와 두 팔과 키, 눈의 색깔 등과 같은 특성을 갖고 있다. 비록 각 객체가 하나의 클래스에 속하지만, 각기 개성을 갖고 있다. joe는 키가 크고 초록색의 눈을 갖고 있으며, cindy는 키가 작고 푸른 눈을 갖고 있다. spike는 갈색 털을 갖고 있고 짖을 때에는 작은 소리로 으르릉거린다. scamp는 황금색 털을 갖고 있으며 짖을 때에는 고음으로 낑낑거린다.

---

1) 클래스는 객체에 대한 명세서라고 생각할 수 있음. 건축물이 객체이면 건축물에 대한 설계도가 클래스에 해당함.

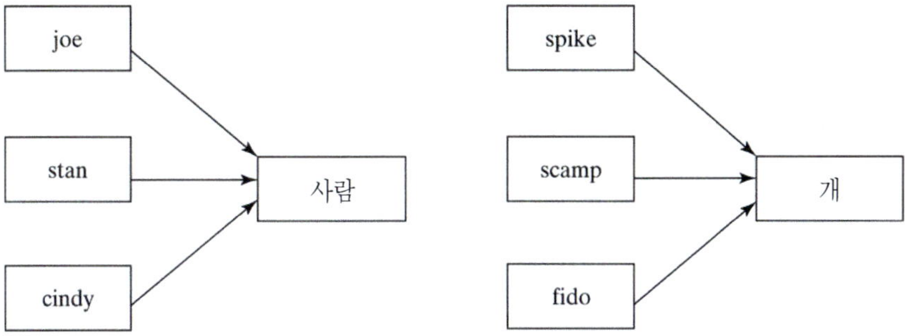

그림 4-0-2. 객체들을 클래스별로 편성하기

그림 4-0-3에는 larry, lila, louis는 모두 Lemur 클래스(동물)의 인스턴스이다. 우리는 가상세상에서 여우원숭이(lemur)의 이름을 이렇게 지었고, 다른 키를 가지게 만들고 lila의 색깔을 바꾸었다. larry, lila, louis는 모두 Lemur 클래스에서 만들어진 객체들이고 많은 공통되는 특성을 갖고 있다. 그러나 larry는 키가 제일 크고 lila는 털이 풍부하고 검으며, louis는 키가 제일 작다는 점에서 다르다.

그림 4-0-3. 앨리스에 있는 Lemur 클래스의 객체들

메소드

메소드는 요청받았을 때 수행될 수 있는 조정된 명령들의 연속이다. 여러분은 애니메이션할 때 벌써 메소드를 사용했을 것이다. 앨리스 가상세상의 모든 객체는 어떤 작업(이동하기, 돌기, 방향으로 보기 등)을 해야 하는 명령문들의 창고이다. 이들 명령문들은 기초적인 메소드인데, 앨리스 소프트웨어에 내장되어 있다. 기초 메소드들은 여러분 자신의 메소드들로 조직될 수 있다 - 전체 프로그램 중 조그마한 일부분만 수행하는 것이다. 각 메소드는 각자의 작업을 수행하는데, 프로그램 내의 모든 메소드들은 전체 애니메이션을 만들기 위하여 함께 일하는 것이다.

여러분의 애니메이션이 커질수록, 프로그램을 조직편성하기 위한 방법으로 많은 메소드를 사용하는 것이 점차 중요하게 될 것이다. 메소드들은 프로그램을 작고 다루기 쉬운 조각으로 나누는데, 이 조각들이 전체적으로 볼 때 의미 있는 일을 함께하는 것이다. 책의 구절이나 항 및 장이 책을 읽기 쉽게 만드는 것처럼, 메소드들은 프로그램을 읽기 쉽게 만든다. 메소드는 몇몇 장점을 제공해 준다. 예를 들면, 메소드가 쓰여지면, 작업을 수행하기 위해 필요한 조그만 행동들이 아니라, 작업 전체에 대해 생각을 하게 만든다. 이것은 ***추상화***(abstraction)라 불린다.

몇몇 메소드는 하나의 행동을 하기 위해 어떤 정보를 보내줘야 하는 경우도 있다. 예를 들면 move란 메소드는 움직일 방향(앞, 뒤, 왼쪽, 오른쪽, 위, 아래)과 거리(미터 단위) 정보가 필요하다. ***매개변수***(parameter)는 우리가 정보를 메소드에 보낼 때, 그 정보를 받는 바구니 역할을 한다. 어떤 면에서는, 메소드가 요리법의 일종이라고 생각할 수 있는데, 어떤 행동을 어떻게 수행하는지 적힌 명령문의 묶음으로 된 요리법이다. 예를 들면 딸기가 포함된 시큼한 파이(타르트)를 만드는 요리법을 생각해 보자. 매개변수는 특별한 정보를 가지는데, 요리법에 있어서는 매개변수는 물의 양을 나타낼 수 있다. 메소드에서는 우주전함이 이동하는 거리를 매개변수로 나타낼 수 있다.

앨리스에서는 객체 혼자 움직이는 메소드를 만들 수 있고, 혹은 두 개 이상의 객체가 서로 작용하는 메소드도 만들 수 있다. 이것은 영화감독이 배우들이 연기하게 하는 것과 유사하다. 감독은 때로는 한 명의 배우에게 지시를 할 수도 있고, 때로는 여러 명의 배우들에게 서로의 연기를 조화시키라고 지시를 한다. 하나 이상의 객체들에 대해 관련되는 메소드는 ***가상세계-수준***의 메소드라고 한다. 하나의 객체의 행위를 정의하는 메소드는 ***클래스-수준***의 메소드라 간주될 수 있다.

4-1절에서는 우리의 관심사는 어떻게 여러분 자신이 만든 ***가상세계-수준***의 메소드를 생성하고 수행할까이었다. 이 절에서는 여러분이 만든 메소드를 어떻게 호출하느냐를 보여준다. 메소드를 호출하면 앨리스가 메소드의 명령문들을 애니메이션하게 된다. 전체 작업을 추상화된 작업으로 쪼갠 후, 쪼개진 각기 작업을 더 작은 작업 크기로 만들고 각각의 작은 작업에서 명령 절차를 정의하는 기법을 사용한다. 이 설계 기법은 ***단계적 정제***(점차적 상세화, stepwise refinement)라고 알려졌다.

4-2절에서는 매개변수에 대해 토론을 한다. 매개변수는 메소드에 정보를 보내도록 도와주고, 이것은 메소드와의 통신하기 위한 일종의 방법이다. 메소드에 보내지는 정보는 여러 다른 종류일 수가 있다(예를 들면, 수치 값, 객체, 색깔과 같은 특성 등).

4-3절에는 클래스-수준의 메소드를 소개한다. 클래스-수준의 메소드의 장점은 일단 새로운 메소드가 정의되면, 기존에 있던 메소드뿐만 아니라 새로운 메소드들을 사용할 수 있는 새로운 클래스를 만들 수 있다. 이것은 **상속**(inheritance)의 형태이고, 새로운 클래스는 예전의 클래스로부터 메소드를 상속받는다.

4-1 가상세계 수준 메소드[2)]

이 절에서는 몇 개의 기본 명령문들을 메소드로 구성하는 방법을 보여주기 위해 예를 들었다. 프로그램에 있는 각 메소드는 각자의 작업을 수행하나, 모든 메소드는 전체 애니메이션을 만들기 위하여 함께 작업한다. 메소드는 프로그래머가 명령문 묶음을 하나의 명령으로 생각할 수 있도록 해준다. 이것을 ***추상화***라고 한다. 각기 개별 메소드는 작업을 적절히 하는지 시험될 수 있다. 길지 않은 코드에서 논리오류를 찾는 것은 서로 연관성이 있는 수백 줄의 긴 코드에서 논리오류를 찾는 것보다 훨씬 쉽다.

문제

FirstEncounter 가상세상에서는 spiderRobot(거미 로봇)이 먼 거리에 있는 달 표면에 착륙하기 위하여 우주 공간을 여행하였다. spiderRobot은 alienOnWheels(차를 탄 외계인)을 만나 깜짝 놀란다. 외계인을 조사하고 난 후 지구에 메시지를 돌려보낸다. 이러한 첫 애니메이션을 구성하기 위해서 스토리보드(storyboard, 줄거리)를 설계하기 위해 단순한 기법을 사용하였다. 그리고 모든 프로그램 명령문을 *World.my first method*에 작성하였다. 2장에 쓰여진 대로 이 프로그램을 위한 코드는 그림 4-1-1에 나타나 있다.

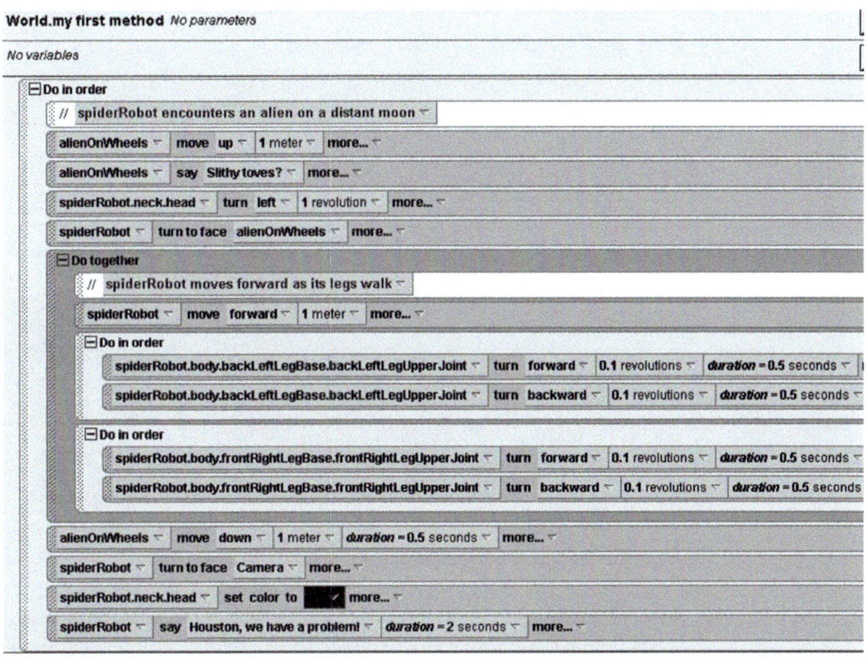

그림 4-1-1. (2장에서 만들어진) "첫 만남" 가상세계을 위한 프로그램 코드

---

2) 가상세계 수준(world level)의 메소드는 가상세상 전체에서 통용되는 메소드임.

이 프로그램을 구성해 나가면서, 코드가 점차 커지면서 전부 합하면 많은 줄의 명령문이 되어버린다. 만일 이런 식으로 프로그램을 짠다면, 하나의 큰 코드 덩어리(block)가 수백 줄이 되도록 커진다. 이런 종류의 코드는 읽기 힘들고, 논리오류를 찾아서 수정하기는 더 힘들어 진다.

우리는 프로그램을 쉽게 읽고 논리오류도 쉽게 찾을 수 있도록 명령문들을 잘 구성하는 방법이 필요하다. 이것을 위한 하나의 방법은 명령문들을 작은 크기의 메소드들로 구성하는 것이다. 일단 메소드가 정의되면, 앨리스에게 주 메소드에서 만든 메소드를 수행하도록 하게할 수 있다. 작은 메소드를 사용하는 또 다른 장점은 명령 코드를 편집기에 복사해서 동일한 부분이 많아지는 대신, 프로그램 내부 여러 곳에서 우리가 만든 메소드가 호출될 수 있는 것이다. 다음은 메소드를 사용해서 여러분의 프로그램을 구성하는 것을 보여준다.

여러분 자신의 메소드를 만드는 법

"FirstEncounter(첫 만남)" 애니메이션 프로그램을 새로 시작하는 기회가 주어진다면, 이번에는 메소드를 사용해서, 어떻게 시작할 것인가? 자, 첫째 단계는 세세한 것들을 신경 쓰지 않으면서, 큰 작업과 관련한 애니메이션을 생각하는 것이다. "첫 만남" 애니메이션을 위해서 우리는 스토리보드를 아래와 같이 작성할 수 있다:

다음 단계들을 순서대로 수행한다(Do in order).
surprise – spiderRobot 과 alienOnWheels은 서로 놀란다
investigate – spiderRobot은 alienOnWheels에 다가가서 관찰한다.
react – alienOnWheels은 숨고 spiderRobot은 메시지를 보낸다.

다음 작업은 스토리보드 설계 중의 주요 작업을 간단한 작업들로 쪼개는 것이다. 예를 들면, surprise(놀람) 작업을 위하여 이것을 하자.

다음 단계들을 순서대로 수행한다(Do in order).
surprise – spiderRobot 과 alienOnWheels은 서로 놀란다
investigate – spiderRobot은 alienOnWheels에 다가가서 관찰한다.
react – alienOnWheels은 숨고 spiderRobot은 메시지를 보낸다.

surprise

다음 단계들을 순서대로 수행한다(Do in order).
외계인이 위로 이동한다.
외계인이 "Slithy Toves? (나긋나긋하고 끈적끈적한 도마뱀?)" 이라고 말한다.
로봇이 머리를 빙 돌린다.

surprise 스토리보드의 단계들은 우리가 2장에서 작성한 프로그램의 첫 4 단계와 동일하다. 그러나, 이제 이러한 4줄의 명령문들을 하나의 추상화된 아이디어로 생각하고 있다. - "spiderRobot 과 alienOnWheels은 서로 놀란다". 유사한 방법으로 *investigate* 및 *react*에 대한 스토리보드를 구성할 수 있다.

investigate

다음 단계들을 순서대로 수행한다(Do in order).
  로봇이 외계인을 쳐다보기 위해 회전한다.
  다음 단계들을 함께 수행하라(Do together).
    로봇이 앞으로 이동한다(외계인으로 향하여).
    로봇의 다리가 걷는다.

react

다음 단계들을 순서대로 수행한다(Do in order).
  외계인을 아래로 이동한다.
  로봇이 카메라를 쳐다보기 위해 회전한다.
  로봇의 머리가 붉은 색으로 변한다(위험을 알리기 위하여).
  로봇이 말하기를 "휴스턴센터, 문제가 발생했다"

하나의 문제를 큰 작업으로 쪼갠 후, 쪼개진 각기 작업을 더 간단한 작업으로 만드는 과정이 ***단계적 정제***(점차적 상세화, stepwise refinement)라고 불린다. - 다음에 나오는 몇몇 장에서 제시된 예에서 많이 사용되는 설계 기법이다. 우리의 "첫 만남" 예에서 점차적인 정제 기법을 하나의 문제를 3개의 보다 단순한 작업 *surprise*, *investigate* 및 *react*으로 쪼개기 위하여 사용했다. 이 새로운 버전의 스토리보드를 프로그램으로 번역하기 위한 한 방법이 각각의 간단한 작업을 위해 메소드를 작성하고, *World.my first method*에 명령문을 작성하는 것인데, *World.my first method*에서 각 메소드를 순차적으로 호출한다. 그림 4-1-2에서는 이 예의 점차적인 정제 기법을 위하여 **구현 전략 도표**(implementation strategy diagram)를 나타낸다.

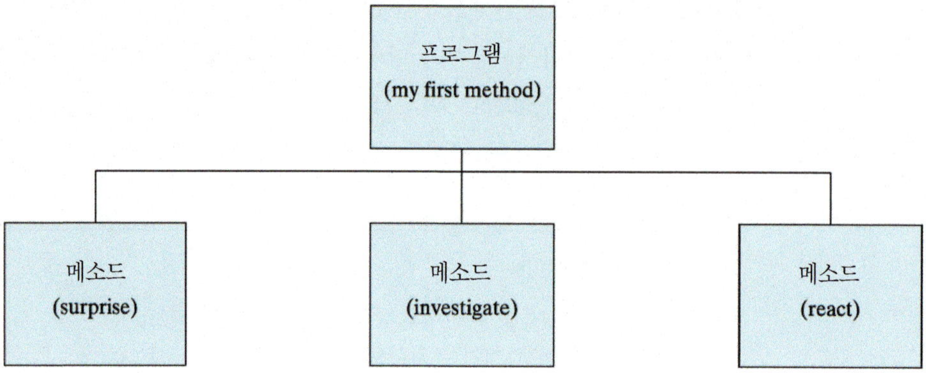

그림 4-1-2. "첫 만남" 예를 위한 구현 전략 도표

구현 전략 도표는 흐름도(flowchart)가 아니다. 이것은 구성도인데 프로그램을 만들기 위하여 메소드들이 어떻게 사용될는지를 시각적으로 설명하는 것이다. 위의 예에서는 4개의 메소드가 있다. 별도로 지정하지 않으면, 앨리스에서 주된 호출 메소드는 *World.my first method*이다. 비록 여러분이 새로운 가상세상을 할 때, *World.my first method*가 자동적으로 만들어지겠지만, 다른 세 메소드 *surprise*, *investigate* 및 react는 아니다. 이 세 메소드는 우리가 만들어야만 한다.

*surprise*라 이름 붙여진 메소드를 작성해 보자(메소드 이름은 관례적으로 소문자로 시작함에 주목하자). 앨리스 가상세상에서 객체들이 명령문을 수행할 때, 객체 하나만 행동(act)할 것이다. 즉 이들은 다른 객체에 영향을 주거나 다른 객체에 의해 영향을 받지 않는다. 그러나 객체들은 종종 다른 객체와 어떠한 방법으로 상호작용(대화)하기도 한다. 객체가 다른 객체와 교류하는 메소드를 작성하기 위하여 ***가상세상 수준***의 메소드를 작성한다. *surprise* 메소드는 spiderRobot과 alienOnWheels 둘 다 연관되어, 가상세상 수준의 메소드이다.

비록 우리가 사용하는 명령문들이 2장에서 나타내진 것들과 동일하지만, 우리들이 메소드를 작성하는 과정을 나타내기 위하여 한 번 더 애니메이션을 만들기 위한 몇몇 단계들을 언급하고자 한다(첫 째 장면부터 시작하여 프로그램 코드는 포함하지 않는다.). 객체 트리(object tree)에서 가상세상 객체가 선택되어지면, 화면 왼쪽 하단에 있는 "World 's deiails"라 적힌 패널(panel)의 "methods(메소드)"라고 적힌 메뉴 레벨도 선택되어진다. "methods"의 패널에서 "**create new method**(새로운 메소드를 생성함)"라고 적힌 버튼을 클릭(마우스 버튼을 눌렀다 떼기)한다. 그림 4-1-3은 "**create new method**" 버튼 선택을 보여준다. "**create new method**" 버튼이 클릭될 때, 팝업(튀어나오는, popup) 창이 나타나고, 이 창에 메소드의 이름을 입력할 수 있다. 이 예에서 *surprise*라고 입력했었다.

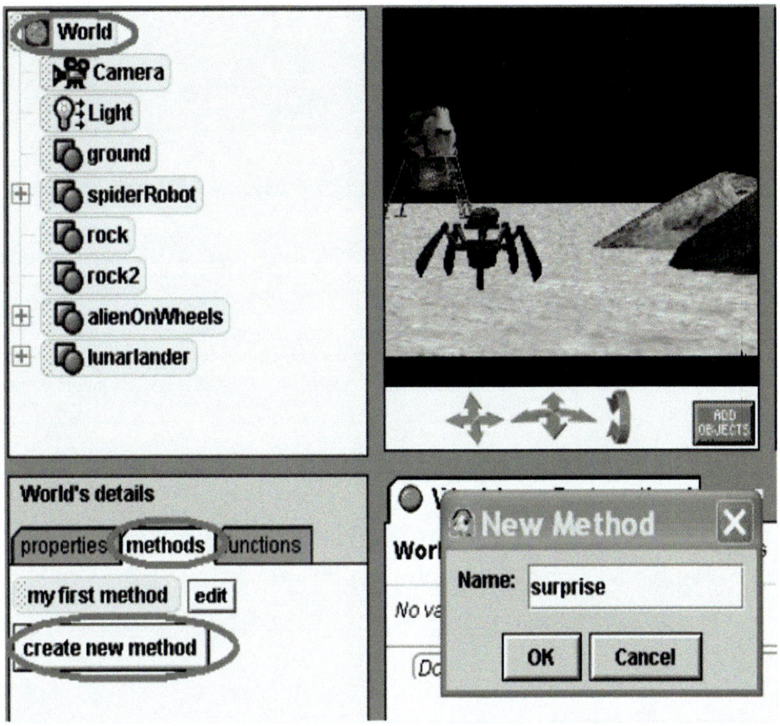

그림 4-1-3. 가상세계의 "create new method" 버튼을 선택하고, 새로운 메소드의 이름을 입력함

그러면 앨리스는 자동적으로 새로운 편집 레벨을 작동시켜 메소드를 편집할 수 있는 편집 탭(화면 밑 오른 쪽)을 여는데, 여기에 새로운 메소드를 위한 코드를 작성할 수 있다(그림 4-1-4).

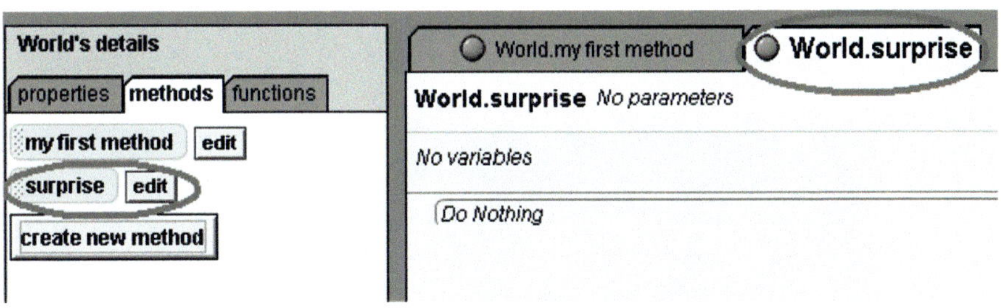

그림 4-1-4. 새로운 *World.surprise* 코드 편집기

편집이 되는 특별한 메소드를 위해 편집 탭(tab) 색이 노랑(혹은 살색)이고, 다른 메소드들의 탭들은 회색으로 처리되어 있음을 주목하라. 편집 탭들 사이에서 바꾸려면, 화면 왼쪽의 "World 's deiails"라 적힌 패널에 나타난, 작업하려는 메소드의 오른 쪽에 있는 "edit" 버튼을 누르면 된다.

이제 *World.surprise* 메소드를 위한 명령문들을 추가할 수 있는데, 명령문들은

그림 4-1-5와 같이 2장의 프로그램과 유사한 것들이다.

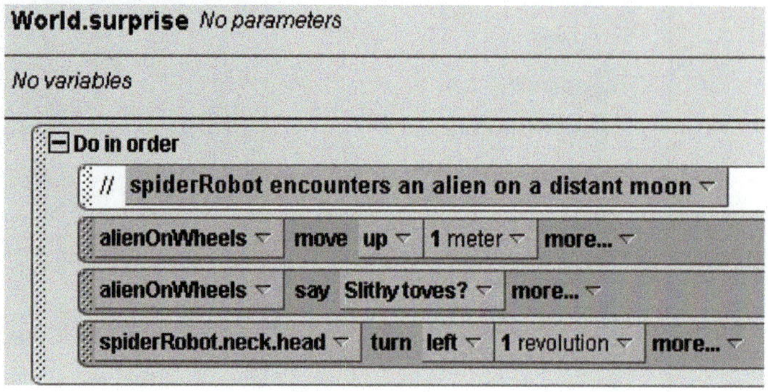

그림 4-1-5. *World.surprise* 메소드를 정의하기

메모: 만약 이 순간에 **Play** 버튼이 클릭된다면 애니메이션은 작동하지 않을 것이다. 비록 *surprise* 메소드가 정의가 되었지만, 앨리스에게 그 메소드를 수행하도록 시키지 않았기 때문이다. 즉 그 메소드가 구동되도록 호출되지 않았기 때문이다.

메소드를 호출함

어떻게 여러분의 새로운 메소드가 구동되도록 호출되나? 의심할 여지도 없이, Play 버튼을 클릭하면 앨리스가 *World.my first method*를 자동으로 실행한다고 발견했을 것이다. 그림4-1-6과 같이 앨리스 사용자 화면의 오른쪽 위에 있는 "Events" 편집창을 유심히 보면 왜 이런 일이 일어나는지 알 수 있을 것이다. 이 편집창에 있는 명령은 앨리스에게 "*When the world starts, do World.my first method*(가상세계가 만들어져 시작되는 사건이 일어나면, World.my first method를 수행하라)" 이다.[3] 그리하여 사용자가 Play 버튼을 클릭하면 가상세계가 시작되고, *World.my first method*가 호출된다.

그림 4-1-6. *When the world starts*가 *World.my first method*에 연결되어 있다.

3) 사건이라 함은 프로그램의 시작, 마우스의 이동, 마우스 버튼이 눌려짐, 버튼이 떼짐, 키가 눌려짐, 키가 떼짐 등임.

앨리스에 이렇게 구성되어 있는 것을 잘 활용해 보자. 우리가 해야만 하는 것은 그림 4-1-7에 나타내진 대로, World's details 패널의 메소드 탭에 나열된 메소드들 중 *World.surprise* 메소드를 마우스로 클릭한 상태로 *World.my first method* 창에 끌어서 클릭한 손가락을 떼면(drag & drop)된다. 이제, Play 버튼이 눌러질 때마다, *my first method* 메소드가 수행되고, *World.surprise* 메소드가 호출될 것이다.

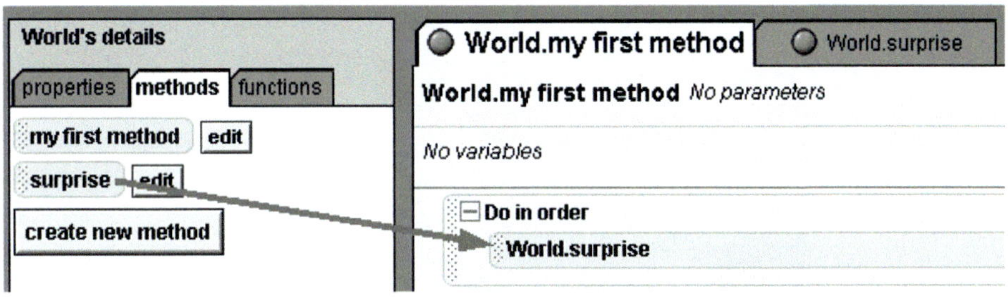

그림 4-1-7. *World.surprise* 를 *World.my first method*로 끌고 오기(dragging)

기술적인 메모: 앨리스 화면창의 오른쪽 위에 있는 Events 편집창은 가상 세상이 시작될 때 일어나는 일을 수정하는 용도로 사용될 수 있다. 따로 앨리스에게 특정한 요구를 하지 않으면(**By default**), 사용자가 Play 버튼을 누를 때 앨리스는 *World.my first method*를 수행하기 시작한다. Events 편집창을 수정하여 어떤 사건(event)이 발생했을 때 어떻게 처리할 것인지를 수정하면, 앨리스에게 다른 메소드를 실행하게 하는 것이다.

When the world starts 사건을 수정하기 위하여, Events 편집창의 *World.my first method* 타일을 클릭하라. 이 작업을 한 후, 그림 4-1-8과 같이 드롭다운(목록이 밑으로 내려가면서 나열되는 메뉴, drop down) 목록에서 *surprise*를 선택한다. 이제, 가상세계가 시작하면, *World.my first method* 대신 *World.surprise* 메소드가 실행될 것이다.

그림 4-1-8. *When the world starts* 사건을 수정함

두 번째 메소드

이제 *World.surprise* 메소드는 완성되었으므로, *World.investigate* 라 이름지어진 두 번째 메소드를 구성할 수 있다. *World.investigate*는 명령문 내에서 spiderRobot 과 alienOnWheels 객체 둘 다 참조하므로, 가상세계 수준의 메소드이다. *World.surprise* 메소드를 만들 때 사용한 것과 유사한 과정을 사용하면, 그림 4-1-9에 나타내진 바와 같이 *World.investigate* 메소드를 만들었다.

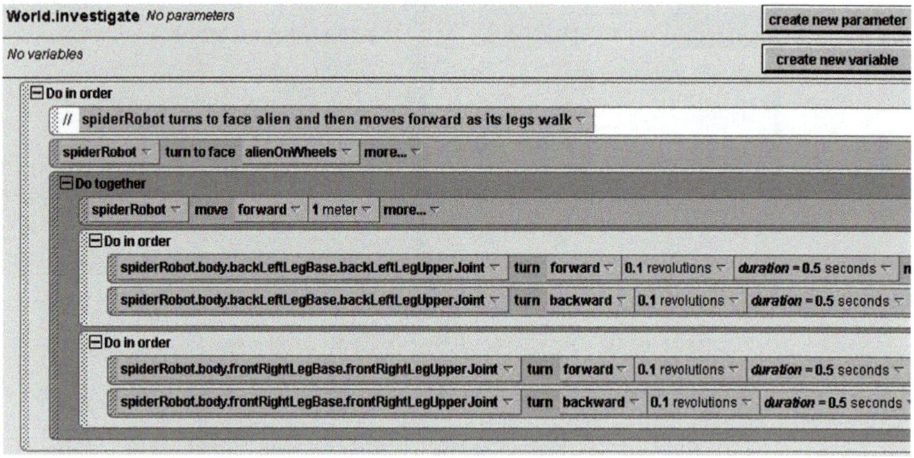

그림 4-1-9. *World.investigate* 메소드를 정의함

세 번째 메소드

마지막으로, *react* 작업을 위하여 가상세계 수준의 메소드가 만들어졌다. *World.surprise* 및 *World.investigate* 메소드들과 마찬가지로, spiderRobot 과 alienOnWheels 객체 둘 다 명령문에서 참조하므로 *World.react* 메소드는 가상세계 수준의 메소드이다. *World.react* 메소드는 그림 4-1-10에 나타나 있다.

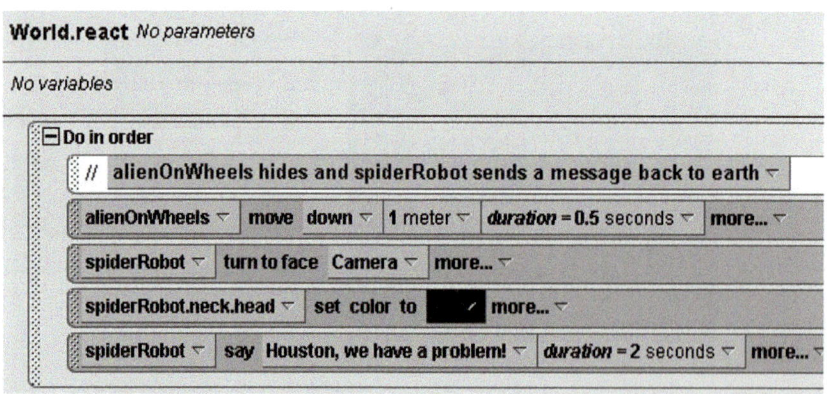

그림 4-1-10. 가상세계 수준의 메소드인 *react*

이제, *World.my first method*의 각 메소드들을 호출할 준비가 되었다. 코드는 그림 4-1-11에 나타나 있다.

그림 4-1-11의 수정된 코드를 그림 4-1-1의 코드와 비교해 보라. 여러분이 즉시 알아채야 할 한 가지 사실은 그림 4-1-11의 수정된 코드가 코드의 줄 수가 짧다는 것이다. 전체 프로그램이 메소드들로 쪼개졌는데, 이 메소드들은 특별한 추상적인 작업을 한다. *World.my first method*는 메소드들을 호출하는 구동기 역할을 한다. 이러한 구성은 프로그램이 쉽게 읽고 이해할 수 있게 만든다. 또한, 짧은 메소드들을 작성하고 시험하는 것은 여러분의 프로그램의 논리오류를 찾는 것을 쉽게 한다.

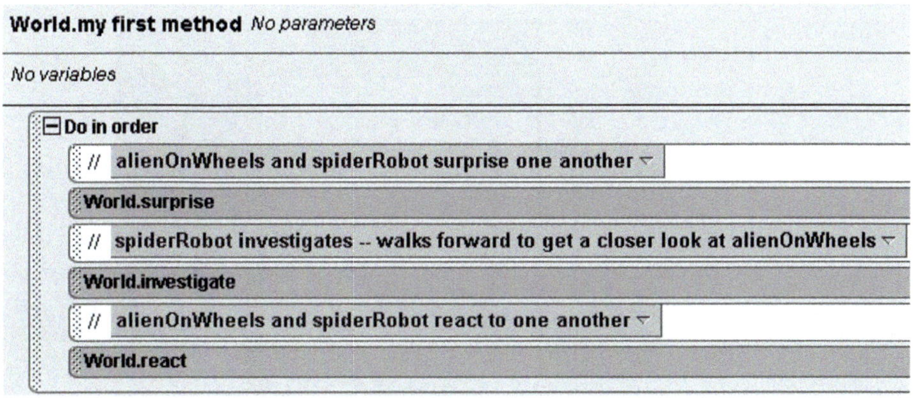

그림 4-1-11. 수정된 *World.my first method*

이러한 방식으로 메소드들을 작성할 때 한 가지 이득은 몇몇 메소드는 한 번 이상씩 호출될 수도 있다는 것이다. 예를 들면, *World.investigate* 메소드는 spiderRobot이 alienOnWheels로 향해 걸어가도록 몇 번에 걸쳐 호출될 수 있다. 이 방식은 우리가 프로그램을 개발할 때, 프로그램 코드 양을 줄임과 동시에 우리들의 코딩 시간을 절약하게 해 준다. 그림 4-1-12는 *World.investigate* 메소드에 대한 두 번 호출을 보여준다.

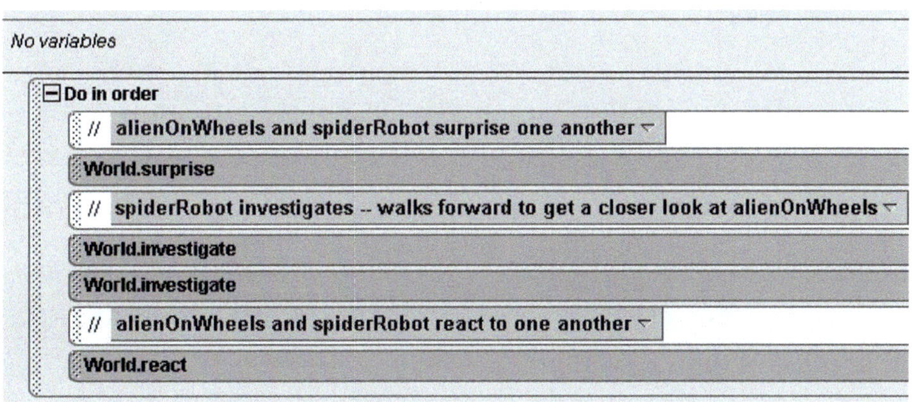

그림 4-1-12. *World.investigate* 메소드가 두 번 호출됨

메소드를 삭제하기

앨리스에 내장된 메소드들이나 2차원 3차원 모델을 위한 메소드들은 제거되어서는 안 된다. 다른 표현을 쓰면, 여러분이 작성한 메소드 중 제거하고 싶은 것만 제거하라. 메소드를 제거하기 전, 제거될 메소드에 대한 모든 호출을 제거하고, 그 후, 만약 편집창이 열려 있으면, 편집창을 닫아라(메소드의 편집 패널 위에서 마우스 오른쪽 버튼으로 클릭한 후, "close"를 선택하면 편집창을 닫을 수 있다.). 메소드를 제거하기 위해서는 그림 4-1-13과 같이, 메소드 목록에 있는 메소드 이름이 적힌 타일을 휴지통까지 끌고 가면 된다.

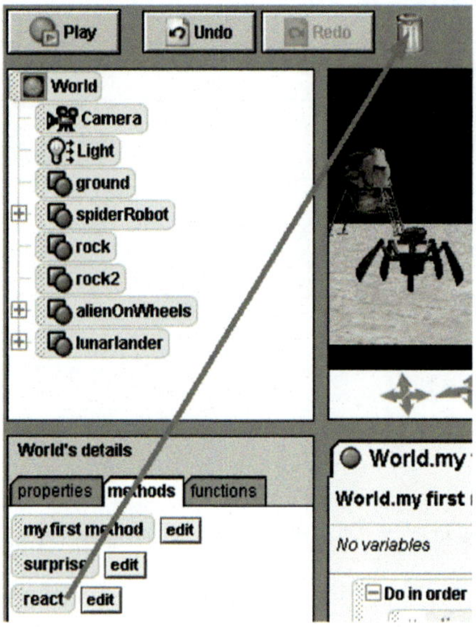

그림 4-1-13. 여러분이 작성한 메소드를 삭제함

4-2 매개변수

앞 절에서와 같이 하나의 프로그램은 몇 개의 메소드로 구성될 수 있음이 명백하다. 각 메소드는 요구될 때 특별한 작업을 수행할 작은 명령문 덩어리로 각각 구성된다. 이 절에서는 ***매개변수***에 주목한다. 매개변수는 메소드와 통신할 때 사용된다. 우리가 작성한 메소드에 있는 매개변수를 사용하여 한 메소드에서 다른 메소드로 숫자나 색깔 혹은 객체의 이름값들을 주고받을 때 매개변수를 사용한다.

예

예를 든 가상세계는 매개변수의 생성과 사용에 대해 나타낸다. 봄 음악회를 위하여 우리의 연주 위원회는 인기 있는 음악 그룹을 고용했는데, 그 이름은 비틀(벌레,Beetle) 악단이다. 우리의 작업은 음악회를 선전하기 위한 애니메이션을 만드는 것이다. 애니메이션에는 각 악단 구성원은 혼자 연주를 통하여 각각의 재능을 보여주기를 원한다.

무대를 설정: 그림 4-2-1은 초기 장면을 보여준다. 가상세계는 설정하기 쉽다. 새로운 가상세계에 무대로 사용할 탁자(CD 혹은 웹 갤러리의 가구 폴더)를 추가하고, georgeBeetle(조지 벌레), lennonBeetle(레논 벌레), paulBeetle(폴 벌레), 과 ringoBeetle(링고 벌레, 이들은 동물 폴더에 있음)를 추가한다. 각각의 악단 멤버에게 악기를 배치하는데, 배스(bass), 색소폰(saxophone), 심볼즈 카우벨(timpbalesCowBell) 및 기타이다(악기 폴더).

그림 4-2-1. 무대 위의 벌레 악단

각각의 악기를 이동하는 수단은 악기를 연주하는 악단 구성원이다. 예를 들어, 배스 기타의 이동 수단은 georgeBeetle이다. 탈것(vehicle) 특성을 사용하는 것은 악기가 악단 구성원이 독주할 때 위로 뛰어올랐다 아래로 내려서는 등과 같이 연주자가 이동할 때 악기도 같이 이동하도록 하는데 있어 편리한 방법이다.

그림 4-2-1의 장면에서, 악단을 위해 무대를 흉내 내고 컴퓨터에 사용되는 메모리를 보존하기 위하여 탁자를 사용하였다(적은 메모리를 사용하는 단순한 가상세계는 빨리 불러올 수 있다.).[4] 만일 여러분이 보다 더 환상적인 장면을 원하면, 그림 4-2-2와 같이 연주회 무대(CD나 웹 갤러리의 환경 폴더)를 사용할 수 있다.

---

4) 탁자는 단순해서 모델을 만들 때 기하학적으로 작은 개수의 삼차원 도형을 사용하므로 메모리가 적게 소요됨.

그림 4-2-2. 연주회 무대 위의 벌레 악단

스토리보드

이 애니메이션을 위한 줄거리는 각각의 구성원은 짧은 독주를 한다. - 악단 구성원은 음악을 연주함과 동시에 위로 뛰었다가 아래로 내려선다(만약 여러분의 컴퓨터가 소리가 나지 않는다면, 대신에 문자를 사용하여 가사를 읊게 할 수 있다.). 각 구성원을 위하여 스토리보드를 만들어 보자. 구성원이 네 마리이므로(georgeBeetle, lennonBeetle, paulBeetle, 과 ringoBeetle), 네 개의 문자로 작성된 스토리보드를 만들 수 있다.

다음 단계들을 함께 수행하라(Do together).
  다음 단계들을 순서대로 수행하라(Do in order).
    georgeBeetle 위로 이동
    georgeBeetle 아래로 이동
  음악을 내보내기

다음 단계들을 함께 수행하라(Do together).
  다음 단계들을 순서대로 수행하라(Do in order).
    ringoBeetle 위로 이동
    ringoBeetle 아래로 이동
  음악을 내보내기

다음 단계들을 함께 수행하라(Do together).
  다음 단계들을 순서대로 수행하라(Do in order).
    paulBeetle 위로 이동
    paulBeetle 아래로 이동
  음악을 내보내기

```
다음 단계들을 함께 수행하라(Do together).
   다음 단계들을 순서대로 수행하라(Do in order).
      lennonBeetle 위로 이동
      lennonBeetle 아래로 이동
   음악을 내보내기
```

이제 각 구성원의 스토리보드를 위해 새로운 메소드가 작성될 수 있다. 먼저 georgeBeetle의 독주에 대한 메소드부터 시작한다. 물론, 기타의 이동(vehicle) 특성이 georgeBeetle로 설정되어 있으므로, georgeBeetle이 위로 뛰었다가 아래로 내려올 때 배스 기타도 같이 이동할 것이다. *다음 단계들을 함께 수행하라(Do together)* 명령묶음에서는 georgeBeetle과 배스 기타가 위로 이동했다 아래로 내려오는 동안, 음악을 내보내기(play sound)가 동시에 일어난다. 음악을 내보내기 전, 음악 파일은 앨리스에 등록되어 있어야 한다(앨리스는 MP3 혹은 WAV 파일을 연주한다.). 앨리스에서는 여러분이 사용하도록 몇몇 소리 파일을 제공한다. 인터넷상에는 저작권이 설정되지 않은 많은 소리 파일들이 있다. 여러분 자신의 소리 파일을 녹음하기 위하여 소리 편집 소프트웨어를 사용할 수도 있고, 혹은(교육용 목적으로만) 인터넷상에서 녹음된 소리 파일을 구입할 수도 있다.

이 가상세계에서는 소리 파일이 악기와 연관되어 있다. 이런 이유로, 악기 객체를 위하여 들여올 수 있다. 소리 파일이 어떻게 들여올 수 있는지 나타내기 위하여, 배스 악기를 위하여 배스 연주소리 파일을 들여오자. 객체 트리에서 배스 악기를 클릭한 후, 배스의 객체 특성 목록에서 **import sound** 버튼을 클릭하라. 그러면 파일을 선택하기 위한 대화창이 뜬다. 그림 4-2-3과 같이 여러분이 소리 파일을 저장해 둔 디렉터리를 돌아보고, 사용할 소리 파일을 선택하라(소리 파일은 Sounds라 명명된 디렉터리에 저장되어 있으나, 여러분은 다른 디렉터리에 저장할 수도 있다. 당신이 불러오기 원하는 소리 파일을 찾기 위하여 몇몇 디렉터리를 두루 돌아봐야 할 필요가 있을지도 모르겠다.). 일단 파일이 선택되면 **Import** 버튼을 클릭하라.

그림 4-2-4에 나타난 대로, 배스 객체를 위한 특성 목록에 소리 파일의 이름이 자동으로 나타난다. 초록색 화살표는 먼저 들어보기 버튼으로 소리 파일을 시험해 보기 위해 클릭할 수 있다.

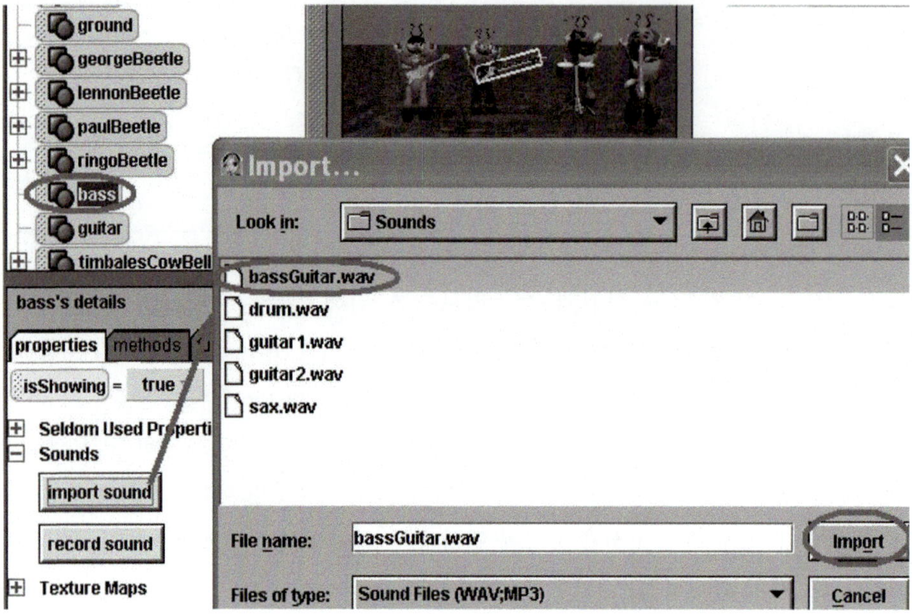

그림 4-2-3. 객체를 위하여 소리 파일을 들여오기

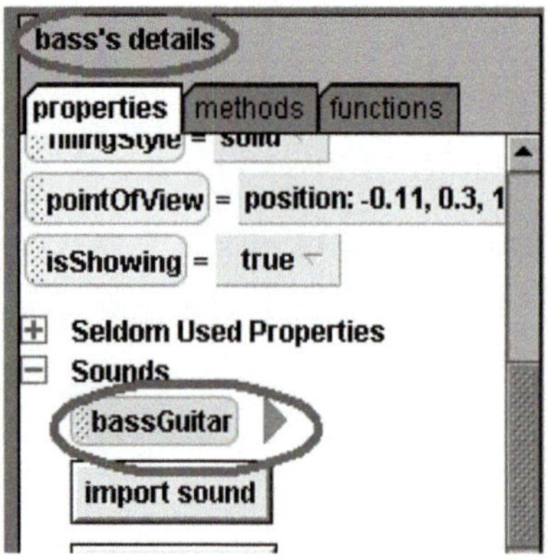

그림 4-2-4. 특성 패널에 있는 불러들여 진 소리 파일

이 음악연주 가상세상을 위하여 네 개의 소리 파일들을 가상 세상에 존재하는 각각의 악기(배스, 색소폰, 심볼즈 카우벨 및 기타)를 위해 불러들였다. 이제 소리 파일이 불러들여 졌으므로, 벌레 악단의 한 구성원의 독주를 위해 메소드를 만들 수 있다. georgeBeetle의 독주 코드는 그림 4-2-5에 나타나 있다. *play sound* 명령은 *play sound* 메소드 타일을 끌어 편집창에 갖다 두고 적절한 소리 화일을 팝업 메뉴 창에서 선택하여 만들었다. play sound 명령은 소리를 내보내는 총 소요 시간을 자동적으로 포함한다. 우리 예에서 사용한 배스 기타 소리는 1.845초 동안 연주될 것이다. 만약 소리의 연주시간을 변경하고 싶으면, 앨리스 명령의 소요시간을 변경하기 보다는 소리 편집기를 사용하여 수정하기를 권한다.

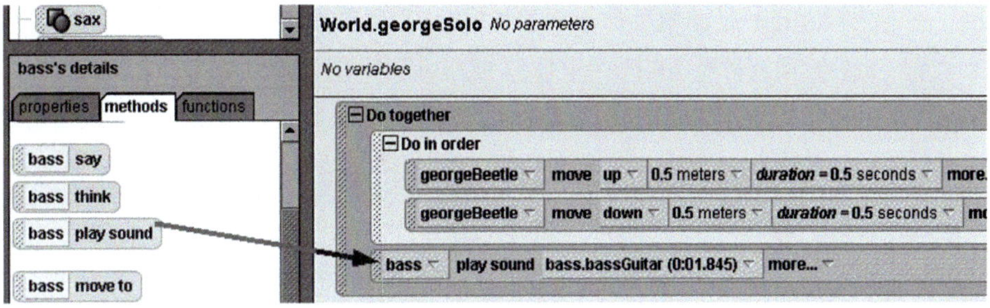

그림 4-2-5. georgeBeetle을 위한 독주 메소드

애니메이션을 완성하기 위하여 각 악단 구성원의 독주를 위하여 네 메소드가 필요하다. 네 개의 스토리보드들이 꽤 유사하고, 네 메소드들이 거의 동일함이 명백하다. 제일 큰 차이점은 어느 악단 구성원이 독주하고 어느 악기가 소리 연주를 할 것인가이다.

매개변수들

이러한 점들 때문에 ***매개변수***들이 필요한 것이다. 매개변수는 메소드가 호출되었을 때 메소드에게 정보를 보내는 것을 가능하게 해 준다. 여러분은 여태까지 매개변수들을 사용해 왔다. 대부분의 기본 메소드들은 메소드에게 정보를 보내게 해주는 매개변수를 갖고 있다. 예를 들면 이동(move) 명령은 여러분이 방향과 거리, 소요시간을 보낼 수 있게 해주는 매개변수들을 갖고 있다. 아래에 나타내진 이동 명령은, 방향은 위쪽, 거리는 0.25미터, 그리고 소요시간은 0.5초이다. 우리는 값들이 매개변수들에게 ***인수***(argument)로 보내진다고 말한다.

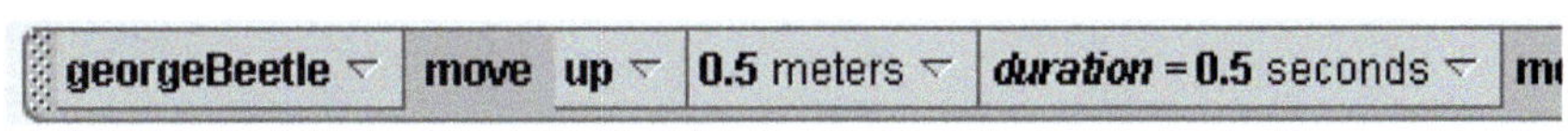

우리는 우리 자신의 메소드들에 매개변수를 사용할 수 있다. 벌레 악단 예에서는 어느 악단 구성원이 연주할 것인지 정보를 매개변수를 사용하여 메소드들과 통신하게 하여 네 개의 스토리보드가 너무 유사해서 하나의 스토리보드로 합칠 수 있다. 매개변수를 가진 스토리보드는 다음과 같다:

Solo(독주)

매개변수: *악단구성원*
다음 단계들을 함께 수행하라(Do together).
    다음 단계들을 순서대로 수행하라(Do in order).
        *악단구성원*이 위로 이동함
        *악단구성원*이 아래로 이동함
    음악을 내보내기

악단구성원 매개변수 이름(이것은 임의의 이름임)은 독주회를 할 특별한 객체의 이름을 대체하게 된다. 여러분은 매개변수가 일종의 자리를 차지하는 기능을 가진 것으로 간주할 수 있는데 - 식사하기 위해 여러분 대신 줄서기를 해주는 사람과 유사한 행동을 하는 것으로 볼 수 있다. 예를 들어, georgeBeetle이 인수로 보내졌을 때, *악단구성원*은 georgeBeetle을 나타낸다. 그러나 lennonBeetle이 인수로 보내졌을 때, *악단구성원*은 lennonBeetle을 나타낸다. 매개변수를 생성함으로써, 네 개의 메소드를 작성하는 대신, 하나의 메소드만 작성한 후 어느 악단 구성원이 독주 연주를 할런지 매개변수를 사용하여 통신을 할 수 있다.

객체 매개변수

solo라고 이름 지어진 가상세계 수준의 새로운 메소드가 만들어졌다. 그림 4-2-6에 보여지는 대로, 편집창은 *World.solo*를 위하여 새로운 편집 패널(tab)을 만든다. 편집기의 오른쪽 위에 **create new parameter** 버튼이 자동으로 만들어진다. **create new parameter** 버튼이 클릭되면, 그림 4-2-7과 같이 대화 상자가 튀어나온다. 이 대화창에 매개변수의 이름을 입력하고, 매개변수의 *종류*가 선택된다. 매개변수의 종류는 숫자(Number), 참 거짓 값만 갖는 부울 논리(Boolean), 객체(Objects), 색깔 혹은 소리 등을 포함하는 기타(Other...)이다. 이 예에서는 매개변수의 이름은 bandMember이고 그것의 종류는 객체이다.

그림 4-2-6. *World.solo* 메소드 패널(pane)

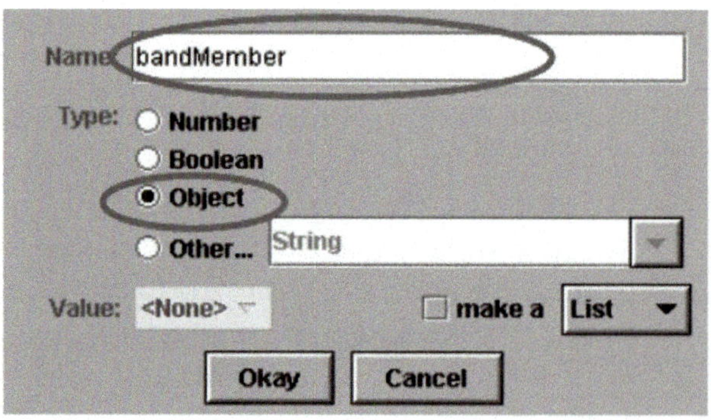

그림 4-2-7. 매개변수 선언을 위하여 이름을 입력하고 종류를 선택함

완성되면, 그림 4-2-8과 같이, 매개변수 이름은 메소드 패널의 왼쪽 위에 위치한다. 이제 *World.solo* 메소드가 호출될 때마다, 하나의 객체가 *bandMember* 매개변수의 인수로 보내져야 한다.

이제 스토리보드를 프로그램 코드로 바꾸어 쓸 수 있다. 스토리보드의 첫 번째 부분은 *bandMember*가 뛰게 하기(위로 이동했다 아래로 내려옴) 위한 "*다음 단계들을 순서대로 수행하라(Do in order)*" 명령묶음이다. 직관적으로, 우리는 객체 트리를 조사해 봐서 *bandMember*를 찾아 *move* 명령 타일을 편집창으로 끌고 오면 되나, *bandMember*는 객체트리에 없다(그림 4-2-9를 보라). 이것은 수긍이 가는 것인데, 앞에서 언급한 대로, *bandMember*는 실제 객체가 아니다. - 그것은 객체를 위해 자리를 잡아주는 역할만 한다.

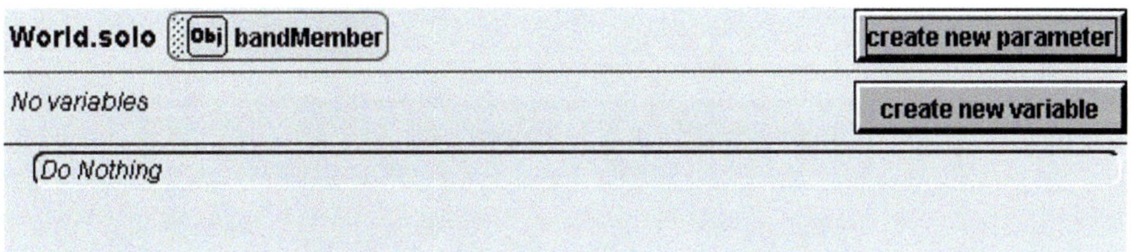

그림 4-2-8. 결과로 만들어진 매개변수

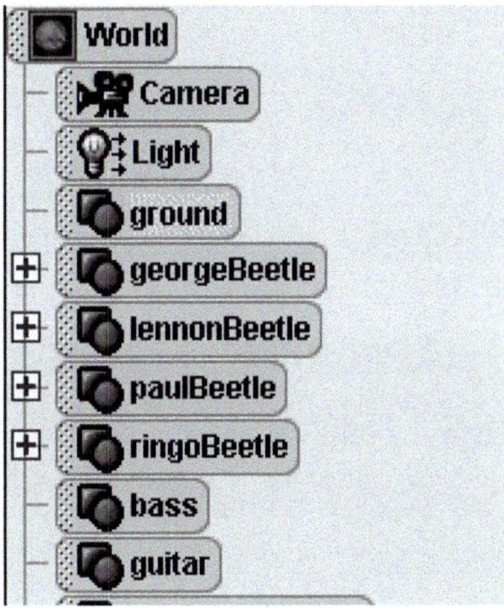

그림 4-2-9. 객체 트리에 *bandMember* 매개변수는 없음

move 메소드를 편집기에 끌고 가는 대신, 매개변수 타일을 편집기에 끌고 가라. 예를 들면, 그림 4-2-10에는, *bandMember* 매개변수 타일이 편집기에 끌려가고(dragged) 팝업창에서 *move, up, 1/2 meter*가 선택된다.

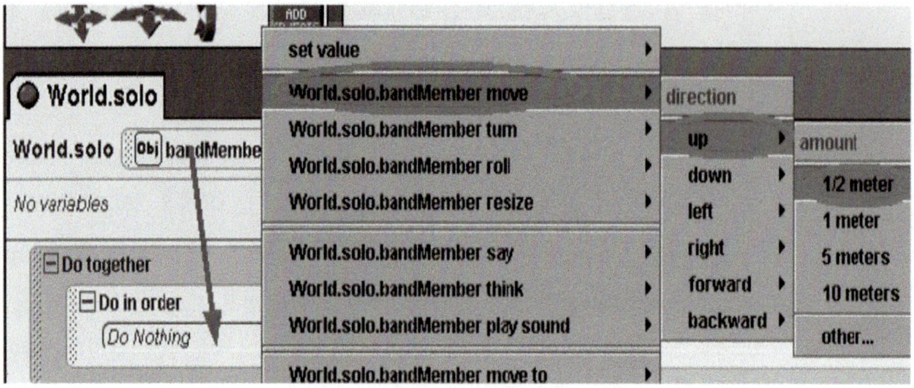

그림 4-2-10. 임의의 객체를 위한 명령

결과적으로 만들어진 명령은 다음과 같이 보여진다.

유사한 과정을 사용하여, *bandMember* 를 아래로 0.5m 이동하게 하기위한 다른 명령이 작성되었다. 위로 이동하고 아래로 내려오게 하는 명령을 수행하는데 소요되는 시간은 0.5초로 선택하였다. 결과로 만들어진 메소드는 그림 4-2-11에 있다.

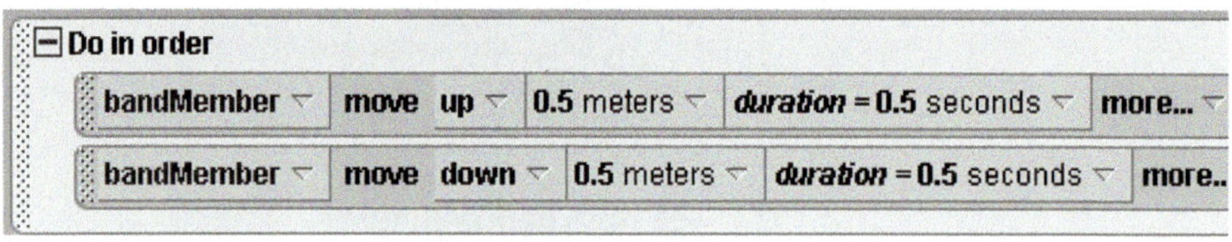

그림 4-2-11. bandMember가 뜀(위로 이동했다 아래로 이동함)

인수를 사용하여 시험함

지금이 코드를 저장하고 시험하기 좋은 시점이다. *World.solo* 메소드를 시험하기 위하여, *solo* 메소드는 *my first method*로부터 호출된다. *solo* 가 *my first method*로 끌려갈 때, 그림 4-2-12의 팝업창은 그 메소드의 호출을 위해 *bandMember*를 대신할 객체를 선택하는 것을 허용한다. solo 메소드는 벌레 악단의 각각의 구성원 모두를 위해 동작하는 것을 확실히 하기 위하여 그림 4-2-13과 같이 네 줄의 명령문이 작성되었다. 이 예에서는 georgeBeetle, lennonBeetle, paulBeetle, 과 ringoBeetle 각각은 solo 메소드를 호출하는 데 있어서 인수로 사용되었다. 예를 들면, 첫 번째 호출에서는 georgeBeetle을 나타내는 *bandMember*를 사용하여 solo 메소드 호출되었다; 두 번째 호출에서는

*bandMember*는 *lennonBeetle*을 나타낸다.

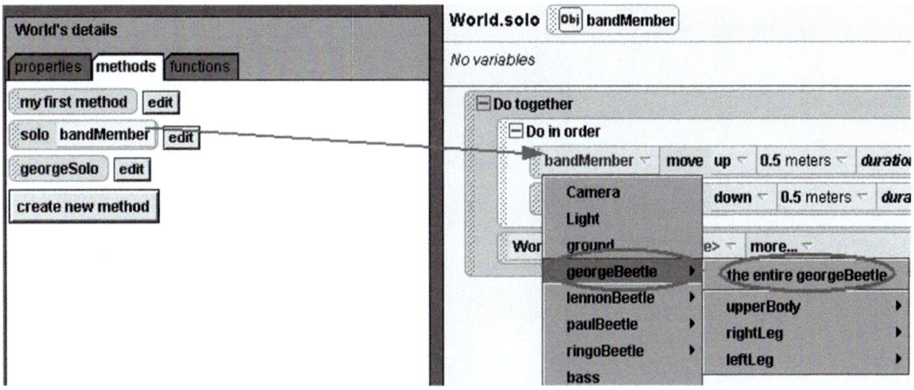

그림 4-2-12. *bandMember* 매개변수를 위하여 인수를 선택하기

애니메이션을 완성하기

여러분은 위의 코드가 아직 애니메이션을 완성하지 못하는 것을 알아차렸을 것이다. 각각의 독주에는 악단 구성원이 몸을 움직이는 것뿐만 아니라, 악기도 음악을 내보내야한다는 것이다. 만일 여러분의 컴퓨터가 소리 카드를 가지고 있지 않거나 여러분이 소리 파일을 사용할 수 없으면, 노래의 가사를 화면에 그려낼 say 명령을 사용할 수 있다.

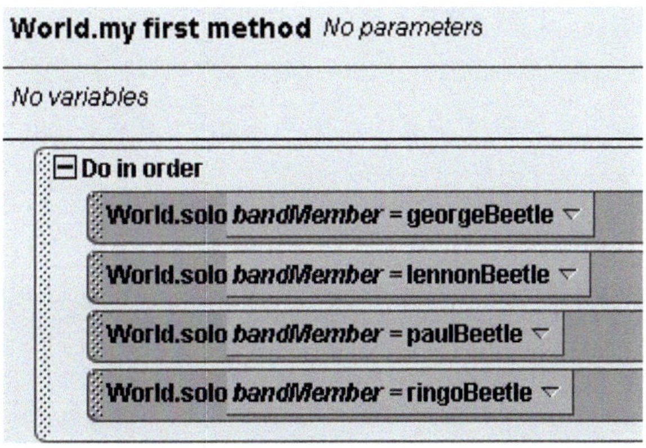

그림 4-2-13. 다른 인수를 사용하여 *World.solo*를 호출함

여러 매개변수들

각 *bandMember*는 다른 악기를 연주하고, 각 악기는 다른 음악을 내보내야 한다(이 예에서는 georgeBeetle은 배스, paulBeetle은 색소폰, ringoBeetle은 드럼, lennonBeetle의 연주를 위해서 기타 소리를 원한다.). *instrument*는 소리를 연주하는 객체를 위해서, 그리고 *music*은 연주될 소리를 위해서 추가로 두 개의 매개변수를 만들자. *instrument*

매개변수의 종류는 Object이고(앞서의 *bandMember*와 동일한 방법으로 생성되었음), *music* 매개변수의 종류는 Sound이다.

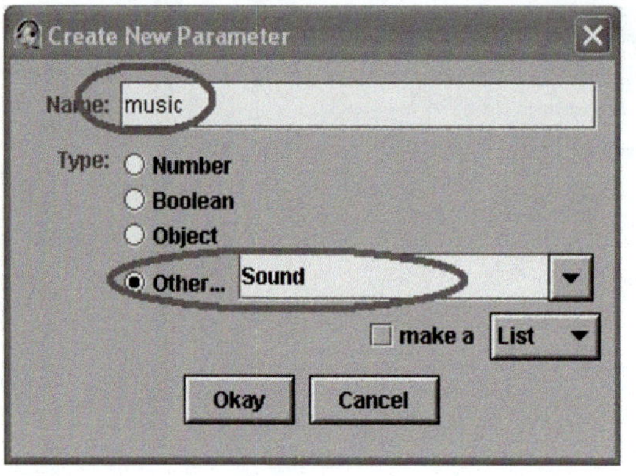

그림 4-2-14. *music* 매개변수의 종류는 *Sound*이다.

앞의 *bandMember* 매개변수와 마찬가지로 *instrument*와 *music* 매개변수는 자리를 차지하는 기능만 하는 것이고, 객체 트리에 나타나지 않는다. 매개변수가 객체를 나타나지 않을 때 기존 명령에 존재하는 타일을 대체하기 위하여 그림 4-2-15와 같이 종종 매개변수 타일을 편집창으로 끌고 와야만 한다. 팝업 메뉴는 메소드로 *play sound*를, 소리로는 *music*을 선택할 수 있게 해준다.

그림 4-2-15에 나타난 코드는 완벽하다. *다음 단계들을 순서대로 수행하라(Do in order).* 묶음은 *bandMember*가 위로 이동했다 아래로 이동하는데 사용된다. 그리고, *다음 단계들을 함께 수행하라(Do together).* 묶음은 *bandMember*가 위로 아래로 이동함과 동시에 소리를 내보내게 된다.

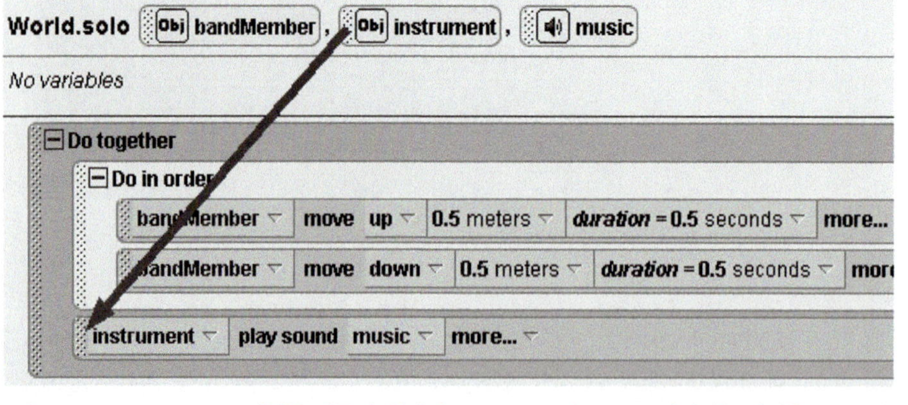

그림 4-2-15. *play sound* 명령을 만들기 위하여 *instrument*와 *music* 매개변수 타일을 끌고 넣음

수정된 메소드를 호출함

그림 4-2-16와 같이, *my first method* 내의 *World.solo* 로의 호출은 세 개(두 개의 객체와 하나의 소리)의 매개변수를 넘기기 위하여 수정되었다.

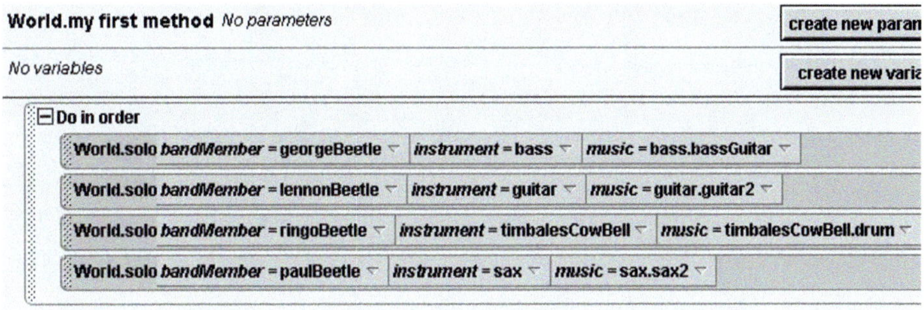

그림 4-2-16. 완성된 *World.my first method*

앞에서 언급한 대로, 이 애니메이션은 소리를 사용하지 않고도 완성될 수 있다. 다른 버전의 solo 메소드가 그림 4-2-17에 나타나 있다. 문자열 매개변수인 *songLyric*이 소리 매개변수 대신 사용되었다(문자열은 몇 개의 문자로 이루어지거나 혹은 단어이다.). *songLyric* 문자열은 say 명령을 사용하여 화면에 그려진다. 이 메소드를 호출하기 위하여, *songLyric*의 인수는 "Oh, yeah!" 와 같은 것이 될 수 있다.[5]

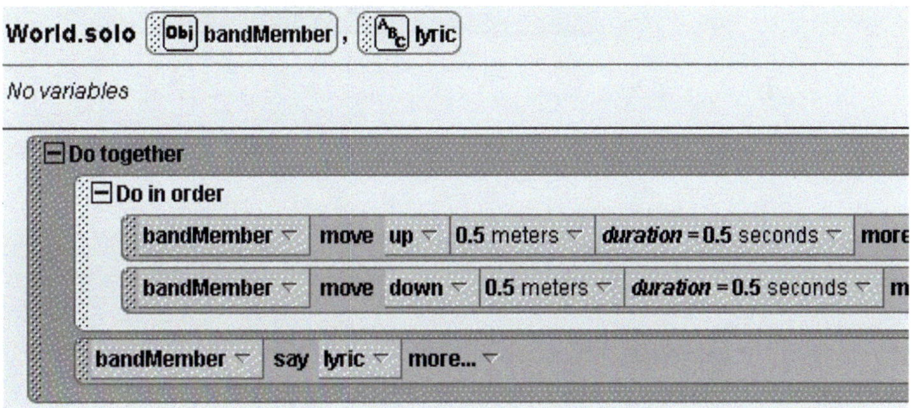

그림 4-2-17. 가사를 화면에 그리는 버전의 solo

5) 앨리스에서 한글 출력이 안될 수 있음.

다른 종류의 매개변수들

앞의 벌레 악단 예는 세 종류의 매개변수들 객체, 소리, 및 문자열을 나타내기 위하여 사용되었다. 매개변수는 숫자일 수 있고, 참 거짓 값만 갖는 부울 논리(Boolean) 혹은 빨강 파랑 초록 등의 색깔이거나 혹은 몇몇 다른 종류들 중 어떠한 것이 될 수도 있다. 이렇게 다양한 값들을 가질 수 있는 것은 프로그래밍 환경을 풍성하게 해준다. 많은 프로그래밍 언어에 있어서 수치 값들은 매우 중요한 역할을 한다.

World.solo 메소드에서는, *bandMember*를 위 아래로 임의의 거리인 0.5m 이동하게 하였다. 수치 값 매개변수를 추가함으로써 이동하는 거리 값도 넘겨 보낼 수 있었다. 그림 4-2-18에 나타난 것처럼, 물론 첫 번째 단계는 수치 매개변수를 만드는 것이다. 매개변수 이름으로 *height*를 사용했고 그 변수의 종류로 Number를 선택했다.

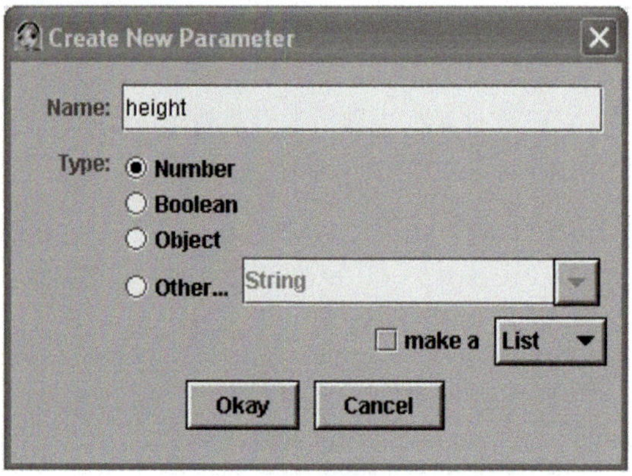

그림 4-2-18. 수치 매개변수를 생성하기

height 매개변수는 *move up* 및 *move down* 명령에 끌어져 사용될 수 있다. 그림 4-2-19는 *bandMember*가 *height* 매개변수에 의해 나타내진 거리만큼 위 아래로 이동하는 수정된 solo 메소드이다.

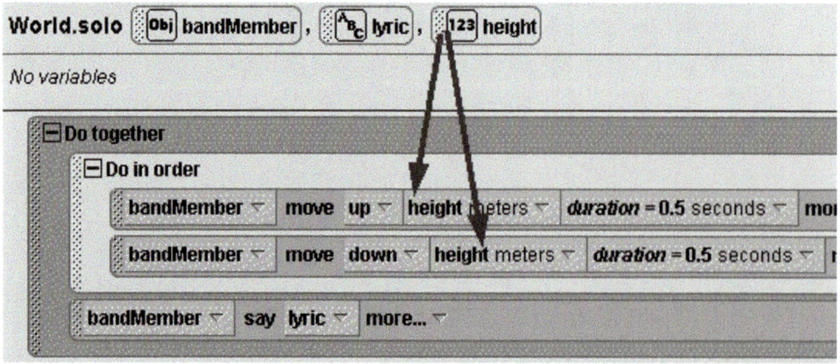

그림 4-2-19. 수치 매개변수를 사용하기

4-3 클래스 수준의 메소드와 상속

앨리스의 3D 모델 갤러리는 가상세계에 있어서 우리가 배치할 다양하고 잘 디자인된 객체의 종류를 선택하거나 멋있는 무대배경을 생성할 수 있게 해준다. 여러분이 앨리스 가상세계에 3D 모델의 인스턴스를 추가할 때, 몇몇을 나열해 보면 이동하거나 돌거나 회전하거나 크기를 재조정하거나 하는 메소드들을 어떻게 수행할런 지 3차원 모델들은 이미 알고 있다. 3차원 모델 클래스는 이런 메소드들을 이미 정의하기 때문이다. 몇몇 프로그램을 작성한 후, 객체가 어떻게 행동하는지 행동을 다양화시키려고 하는 것은 자연적이다.

이 절에서는, 몇 개의 객체가 함께 연기(act)하는 것보다 하나의 객체가 행하는 새로운 연기(act)에 대한 새로운 메소드들을 어떻게 작성하는 지 여러분이 공부할 것이다. 우리는 이들을 ***클래스 수준*** 메소드라고 부른다. 클래스 수준의 메소드들은 좀 특별한데, 새로이 추가로 정의한 메소드들과 기존 메소드들을 더불어 새로운 객체로서 저장할 수 있기 때문이다. 앨리스에서는 새로운 종류의 객체는 새로운 3차원 모델로 저장된다. 새로운 클래스의 인스턴스로 만들어진 객체들은 원래의 클래스에서 정의된 모든 행동을 수행할 수 있을 뿐만 아니라 새로 정의된 메소드들에서의 행동도 수행이 가능하다. 우리는 새로운 클래스가 원래의 클래스의 모든 특성과 메소드를 ***상속***한다고 한다.

예

그림 4-3-1에 보여진 스케이트 타는 사람을 고려하자(IceSkater 클래스는 갤러리의 People이란 이름으로 모여진 폴더에 있고, Lake 클래스는 갤러리의 Environments 란 이름으로 모여진 폴더에 있다.).

그림 4-3-1. iceSkater, 스케이트 타는 사람

우리는 스케이트 타는 사람이 전형적인 피겨스케이팅 연기를 행하도록 하기를 원한다. 이 사람은 스케이트 의상으로 입었고, 아이스 스케이트기를 타고 있으나, 이것이 어떻게 스케이트를 타는 지 이 사람이 알고 있다는 것은 아니다. 그러나 모든 앨리스 객체는 *move*, *turn*, *roll* 등과 같은 행위를 하기위한 간단한 메소드를 수행할 줄 안다. 우리는 이러한 단순한 메소드들을 결합해서 스케이트 타는 사람이 보다 복잡한 연기를 하도록 가르치는 것이 가능하다. 스케이트 타는 사람이 스케이트 타는 동작을 만드는 메소드 만들기부터 시작하자.

클래스 수준 메소드

스케이트를 타는 움직임은 몸의 다양한 부위에 대한 동작 명령을 요구하는 복잡한 동작이다(Disney와 Pixar에 있는 애니메이션 기술자들도 현실감 있는 애니메이션을 만들기 위하여 몸의 다양한 부위의 움직임을 매우 오랫동안 관찰할 것이다.). 스케이트를 타기 위하여, 스케이트 타는 사람은 왼쪽 다리를 사용하여 앞으로 미끄러져 나갔다가 오른쪽 다리를 사용하여 앞으로 미끄러져 나간다. 물론, 다리들이 미끄러지는 움직임을 할 동안, 몸체는 앞으로 움직여 나간다. 다음에 보인 바와 같이, 스케이트 타는 동작을 위한 단계들은 스토리보드에서 일련의 동작으로 함께 합쳐졌다.

```
skate

다음 단계들을 함께 수행하라(Do together).
    스케이트 타는 사람을 앞쪽으로 2 미터 이동한다.
    다음 단계들을 순서대로 수행하라(Do in order).
        왼쪽 다리로 미끄러져라.
        오른쪽 다리로 미끄러져라.
```

스토리보드는 스케이트 타는 행동을 두 부분으로 나누었음에 주목하라 - 왼쪽 다리로 미끄러지기와 오른쪽 다리로 미끄러지기. 미끄러지는 동작 각각 또한 더 간단한 메소드들로 쪼개질 수 있다. 복잡한 행동을 단순한 행동으로 쪼개는 작업을 상세화(refinement)라고 한다. 단계적 정제(점차적 상세화, stepwise refinement)라 알려진 설계 기법을 우리가 여기서 사용하고 있다. 우리는 먼저 일반적인 행동을 묘사하고, 그런 다음 전체 작업이 단순한 행위로 정의될 때까지 각 행동이 더 작은 절차로 쪼개어진다. (연속적으로 세밀화 됨) 각 부위는 전체 애니메이션의 조그마한 부분으로 기여한다; 이런 부분들을 합하면 전체 작업이 되는 것이다.

아래의 그림은 *slideLeft* 와 *slideRight* 동작의 세밀화를 나타내는 것이다. 왼쪽 다리로 미끄러지기 위해 필요한 행동은 오른쪽 다리를 들고 상체를 앞으로 조금 숙이는 것이다.

그 후, 오른쪽 다리를 내리고 상체가 똑바로 되게 상체를 꼿꼿이 세우는 것이다. 오른쪽 다리로 미끄럼을 타기 위한 행동도 이와 유사하다.

skate

다음 단계들을 함께 수행하라(Do together).
　앞으로 2미터 이동하기
　다음 단계들을 순서대로 수행하라(Do in order).
　　slideLeft
　　slideRight

slideLeft의 세밀화

다음 단계들을 순서대로 수행하라(Do in order).
　오른쪽 다리를 들고 상체를 앞으로 숙인다.
　오른쪽 다리를 내리고 상체를 꼿꼿이 세운다.

slideRight의 세밀화

다음 단계들을 순서대로 수행하라(Do in order).
　왼쪽 다리를 들고 상체를 앞으로 숙인다.
　왼쪽 다리를 내리고 상체를 꼿꼿이 세운다.

더 이상 어떤 것도 상세화될 필요가 없다. 우리는 이제 설계를 코드로 옮길 준비가 되었다. 우리는 이 설계를 하나의 메소드를 사용하여 명령문들로 바꿀 수 있으나, 이럴 경우 코드 길이가 길어질 것이다. 게다가 단계적 정제를 사용하여 성격이 구별되는 부분들로 스케이트 타는 작업을 분리했다는 것도 알 수 있다. 그러므로 우리는 몇몇 작은 메소드를 작성한 후 이들을 함께 조화롭게 일을 시켜 어떻게 큰 작업을 이룰 수 있는 지 보여준다.

문자로된 스토리보드를 프로그램 코드로 바꾸기 위해서는, 우리는 이러한 행동들을 메소드와 연관시켜 생각할 필요가 있다. 그림 4-3-2에는 구현을 위한 전략도가 나타나 있다. 그 전략도는 앞선 문자로 된 스토리보드를 기반으로 하고 있다. 전략도가 세 수준으로 되어 있음에 주목하자: *World.my first method*는 *skate* 메소드를 호출한다. *skate* 메소드는 *slideRight*를 호출한 후 *slideLeft*를 호출한다.

스케이트 타는 행동은 스케이트 타는 사람을 위해 특별히 설계된 복잡한 행동이고 어떠한 다른 객체도 관여시키지 않는다. 유사하게, *slideRight* 와 *slideLeft* 행동도 iceSkater를 위해 특별히 설계된 행동들이다. 아이스 스케이트 타는 사람과만 연관이 있기 때문에, 메소드들은 클래스 수준 메소드들로 작성이 되어야 할 것이다. 먼저 slideLeft 메소드부터 시작한다. 객체 트리에서 iceSkater가 선택되고, *details panel*에 있는 **create new method**(새로운 메소드를 만들기) 버튼이 클릭된다. *slideLeft*를 새로운 메소드의 이름으로 입력한다(결과는 그림 4-3-3에 나타나 있다.). 편집 패널(tab)에 *World.slideLeft*가 아니라 *iceSkater.slideLeft*로 되어 있음에 주목하자. - 이것은 메소드가 클래스 수준임을 나타낸다.

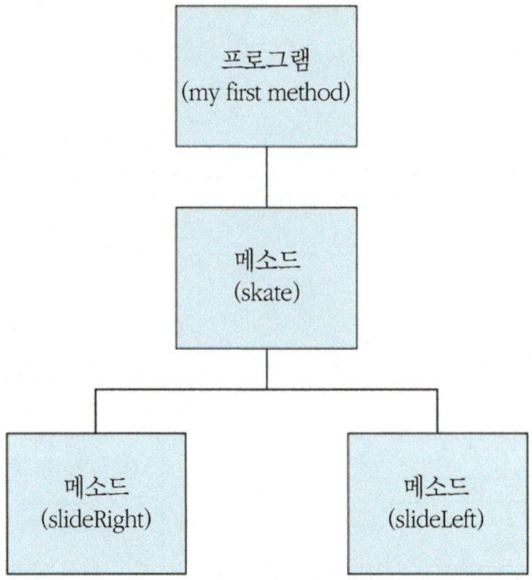

그림 4-3-2. 스케이트 타는 사람에 대한 구현 전략도

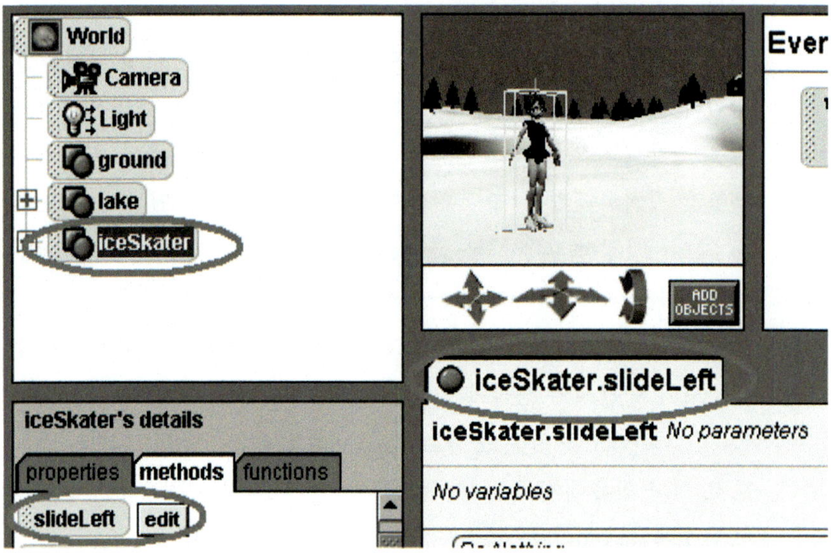

그림 4-3-3. 클래스 수준 메소드, *slideLeft*

slideLeft 메소드를 구현하기 위해서, 창에 명령문을 입력한다. 아이디어는 설계를 실제 프로그램 코드로 변환하는 것이다. 예를 들면, 왼쪽 다리로 미끄러지는 설계 과정을 코드로 변환하기 위해서 우리는 다음과 같이 사용한다 :

설계 과정	**명령**
왼쪽 다리 올리기	rightLeg를 앞으로 회전함
상체를 앞으로 숙이기	upperBody를 앞으로 회전함

(앞으로 이동하는 것을 위하여 짧은 시간 동안 기다리는 것을 포함시킴)

오른쪽 다리 내리기	rightLeg를 뒤로 회전함
상체를 뒤로 회전하기	upperBody를 뒤로 회전하기

그림 4-3-4는 왼쪽 다리를 사용하여 미끄러지는 것을 위하여 문자로 된 스토리보드를 명령문으로 변환하는 것을 보여준다. 오른쪽 다리를 사용하여 앞으로 미끄러지는 명령문들은 유사하다. 그러므로 *slideRight* 메소드를 작성하는 것은 좀 쉽다. 그림 4-3-5는 오른발을 이용하여 미끄러지는 것을 위하여 문자 스토리보드를 명령문으로 변환하는 것을 보여준다.

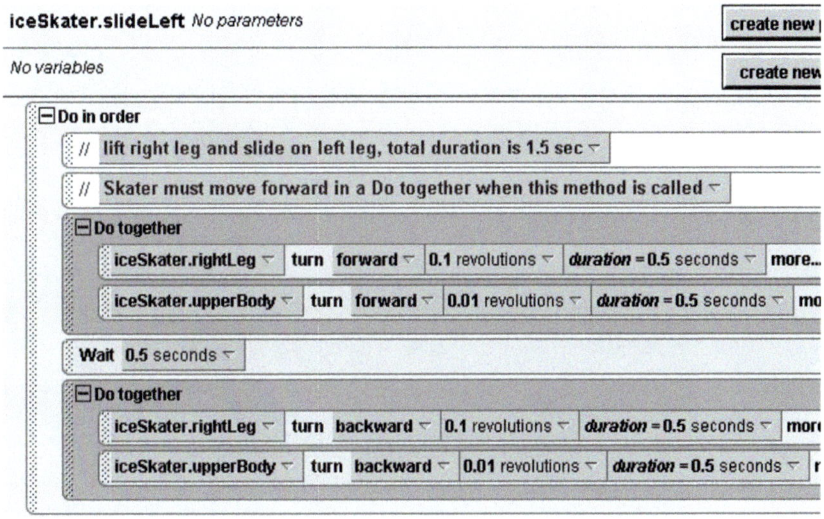

그림 4-3-4. *slideLeft* 메소드

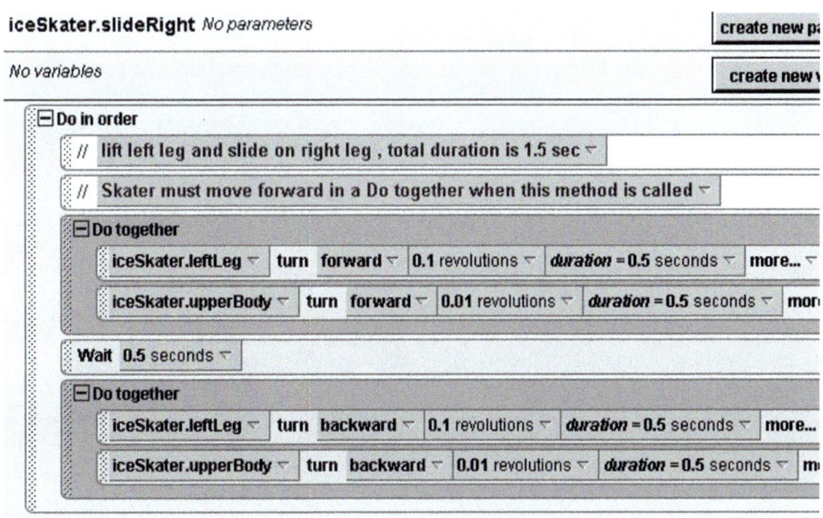

그림 4-3-5. *slideRight* 메소드

slideLeft 메소드와 *slideRight* 메소드가 작성되었으므로, skate 메소드를 작성할 준비가 되었다. *skate* 메소드는 정말로 너무 쉽다: 스케이트 타는 사람이 앞으로 이동하는 동시에 *slideLeft* 했다가 *slideRight* 하면 된다. *skate* 메소드는 스케이트 타는 사람을 앞으로 이동시키고, 그리고 *slideLeft* 메소드를 호출하고, 그 후 *slideRight* 메소드를 호출한다. *slideLeft* 메소드와 *slideRight* 메소드에 대한 호출이 *Do together(다음 단계들을 함께 수행하라)* 블록의 내부에 있으면서 *Do in order(다음 단계들을 순서대로 수행하라)* 블록에 포함되어 있음에 주목하라. *Do together* 블록은 왼쪽 및 오른쪽 다리 동작과 더불어 스케이트 타는 사람이 앞으로 이동하도록 만들기 위해 필요하다.

스케이트 타는 사람이 앞으로 이동하는데 걸리는 시간은 왼쪽 및 오른쪽 다리로 미끄러지는데 걸리는 시간의 합과 같다. *Do together* 블록의 명령에 걸리는 시간에 주의하면 동시에 동작을 시작하고 끝내는 것을 조화시킬 수 있다. 이 경우, *slideLeft* 동작과 *slideRight* 동작을 몸 전체의 이동과 조화시키기 원한다. *skate* 메소드가 호출될 때, 스케이트 타는 사람은 실제와 같은 동작으로 앞으로 미끄러져 나간다. 그림 4-3-6은 *skate* 메소드를 보여준다.

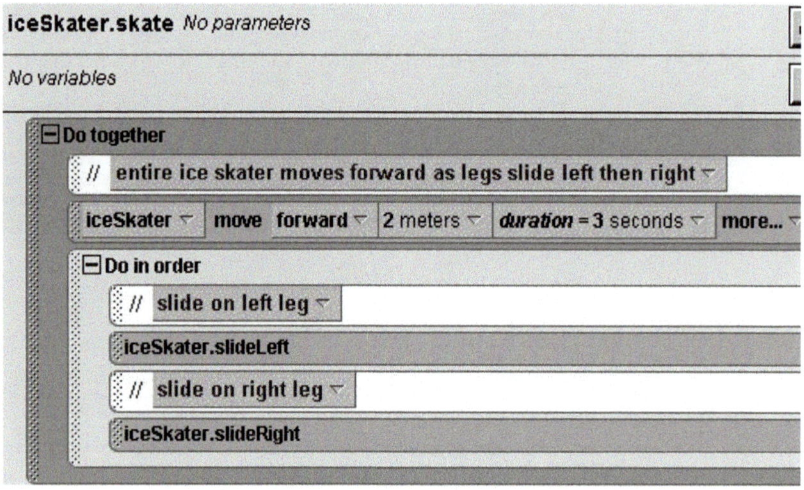

그림 4-3-6. *skate* 메소드

두 번째 예 – 파라미터의 사용

앞으로 스케이트 타는 동작은 진짜로 감동적이다! 이러한 성공에 힘입어, 아이스 스케이트 타는 사람이 회전 동작을 하는 두 번째 메소드를 만들어 보자. 다시 한 번 복잡한 동작을 완성하기 위하여 여러 메소드들을 작성하여 함께 작업하도록 만들 필요가 있다. 회전에 있어서는, 스케이트 타는 사람이 여러 번 회전하여야 한다.

회전하는 행위는 일반적으로 세 부분으로 나누어지는데, 회전을 준비하는 부분,

회전 그 자체, 그리고 회전을 마무리 하기 위한 부분이다. 회전을 준비하기 위해서는 스케이트 타는 사람의 팔과 다리는 몸을 돌리기 위해 필요한 힘을 공급하기 위한 자세로 변한다. 그 후 스케이트 타는 사람이 회전한다. 회전 후, 팔과 다리는 회전 전의 위치로 복귀해야 한다. 스케이트 타는 사람이 몇 번 회전할는지 나타내기 위하여 *howManyTimes*라 불리는 매개변수가 필요하다. 스토리보드는 다음에 나타나 있다.

```
spin
매개변수: howManyTimes
다음 단계들을 순서대로 수행하라(Do in order).
    회전을 준비한다.
    스케이트 타는 사람이 howManyTimes번 동안 회전함
    회전을 마무리 함
```

회전의 각 부분을 위하여 간단한 절차를 설계하기 위하여 단계적 정제(점차적 상세화)를 사용할 수 있다. "회전을 준비함" 과정은 하나의 메소드(*prepareToSpin*)로 작성될 수 있는데, 여기서는 스케이터 타는 사람의 팔이 위로 이동하고 다리 하나는 회전한다. "회전을 마무리함" 과정은 하나의 메소드(*finishSpin*)로 작성될 수 있는데, 팔과 다리를 회전 전의 위치로 돌려둔다. 다음의 그림은 *spin* 메소드의 상세화를 나타낸다.

```
spin
매개변수: howManyTimes
다음 단계들을 순서대로 수행하라(Do in order).
    회전을 준비한다.
    스케이트 타는 사람이 howManyTimes번 동안 회전함
    회전을 마무리 함
```

```
prepareToSpin
다음 단계들을 함께 수행하라(Do Together).
    팔을 위로 이동함
    왼쪽 다리를 들고 회전함
```

```
finishSpin
다음 단계들을 함께 수행하라(Do Together).
    팔을 아래로 이동함
    왼쪽 다리를 내리고 회전함
```

더 이상 상세화/정제될 것이 없다. 우리는 이제 설계를 코드로 옮길 준비가 되었다. 다시 한 번, 아이스 스케이트 타는 사람을 위한 복잡한 행동을 우리가 정의하므로, 클래스 수준의 메소드가 사용되어야 한다. 그림 4-3-7은 스케이트 타는 사람 프로그램을 위한 확장된 구현 전략도를 나타낸다. *World.my first method*는 *skate* 메소드를 호출하고,

그 후 *spin* 메소드를 호출한다. *skate* 메소드가 호출되었을 때, 스케이트 타는 행동을 보여주기 위하여 *slideLeft* 메소드와 *slideRight* 메소드를 호출한다. *spin* 메소드가 호출되었을 때, 회전을 수행하기 위하여 *prepareToSpin* 메소드와 *finishSpin* 메소드를 호출한다.

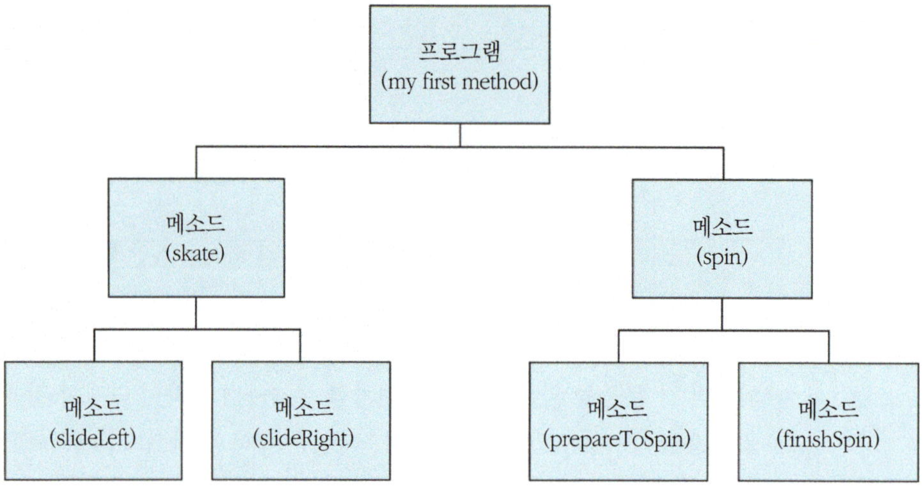

그림 4-3-7. 스케이트 타는 사람 프로그램을 위한 확장된 구현 전략도

그림 4-3-8은 *prepareToSpin* 메소드를 나타내는데, 여기서 스케이트 타는 사람이 왼쪽 다리를 올리고 팔을 들어올린다.

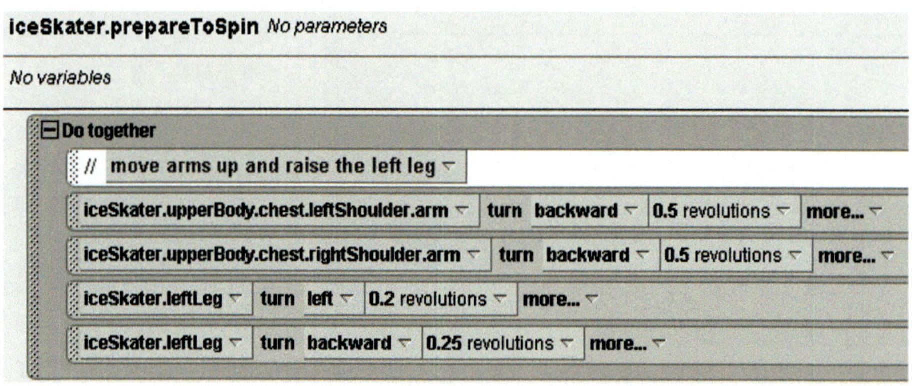

그림 4-3-8. 한 팔과 다리 하나를 들어 올리는 prepareToSpin 메소드

그림 4-3-9는 회전이 끝났을 때 스케이트 타는 사람의 팔과 다리를 원위치로 되돌리기 위한 *finishSpin* 메소드를 나타낸다.

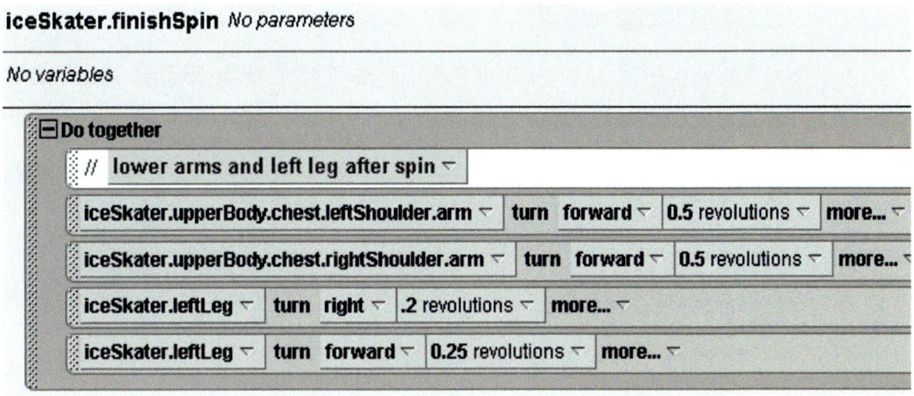

그림 4-3-9. 팔과 다리를 내리기 위한 *finishSpin* 메소드

이제 *prepareToSpin* 메소드와 *finishSpin* 메소드가 작성되었으므로, 그림 4-3-10과 같이 spin 메소드를 작성할 수 있다. *howManyTimes*라 불리는 매개변수는 숫자인데 스케이트 타는 사람이 몇 번 회전할는지 나타내기 위한 것이다(1번 회전은 한 번 완전히 도는 것이다.). 회전과 회전 후를 대비하기 위하여 스케이트 타는 사람의 팔과 다리를 조절하기 위하여 메소드를 호출하는 순서는 중요하다.

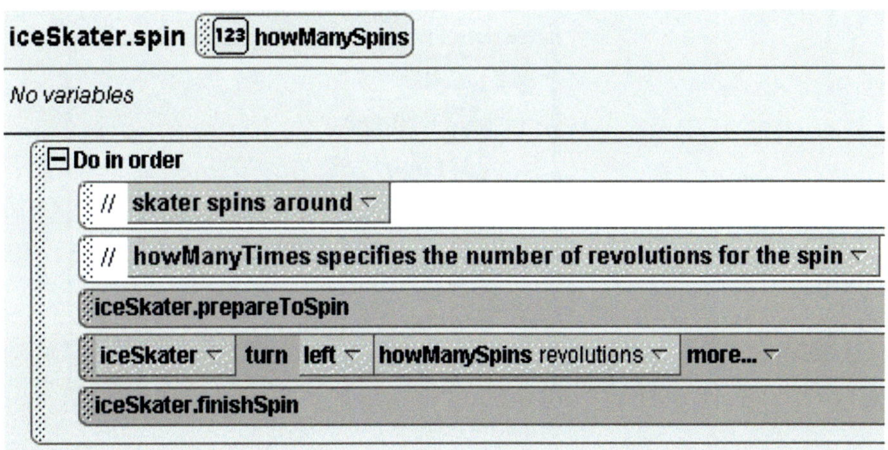

그림 4-3-10. *spin* 메소드

앞선 스케이트 타기와 회전 메소드의 두 예를 위한 코드는 우리가 앞선 장에서 작성한 것들보다 좀 더 길다. 우리가 전체 작업을 작은 메소드들로 조심스럽게 쪼개놨기 때문에, 코드가 읽기 쉽다는 점이 중요하다. 작은 메소드들은 전체 행위를 완성하기 위하여 모두 함께 작업한다. 또한 메소드들이 무엇을 이루려는지 우리에게 잘 설명하는 설명문을 가지고 있어서, 메소드들은 잘 문서화되었다. 좋은 설계와 설명은 쉽게 작성하고 논리오류를 쉽게 찾을 수 있을 뿐 아니라 이해하기도 쉽게 해준다.

새로운 클래스를 만들기

iceSkater는 이제 *skate*와 *spin*이라는 두 개의 클래스 수준의 메소드들을 가지고 있다(이외에도 *skate*와 *spin*의 작은 부분을 구현하기 위하여 몇몇 보다 작은 클래스 수준의 메소드들을 가지고 있다.). 메소드를 작성하고 시험하기 위해서는 시간과 노력이 소요된다. 우리가 후에 만들지도 모를 미래의 애니메이션을 위해 재사용할 수 없게 만드는 것은 창피한 일일 것이다. iceSkater와 새로 정의된 메소드들을 저장하여 다른 가상세계를 만들 때 사용할 수 있게 하려고 한다(저장해 두면, 다른 애니메이션 프로그램을 작성할 때 동일한 부분을 새로 작성할 필요가 없다.). 이 작업을 위하여, iceSkater는 새로운 3D 모델 클래스로 저장돼야 한다.

새로이 정의된 메소드들과 더불어 iceSkate를 새로운 클래스로 저장하는 것은 두 단계의 절차가 필요하다. 첫 번째 단계는 iceSkate의 이름을 바꾸는 것이다. **이것은 매우 중요한 과정이다!** 앨리스의 원래의 IceSkate 클래스란 이름과 다르게 저장해야 한다. 객체의 이름을 바꾸기 위해서는 객체 트리에 있는 객체 이름 위에 마우스 오른 쪽 버튼을 클릭한 후, 팝업 메뉴창으로부터 rename(이름 변경)을 선택하고, 새로운 이름을 입력한다. 이 예에서는, 그림 4-3-11과 같이 iceSkater를 클릭한 후, 새로운 이름으로 cleverSkater를 입력하였다.

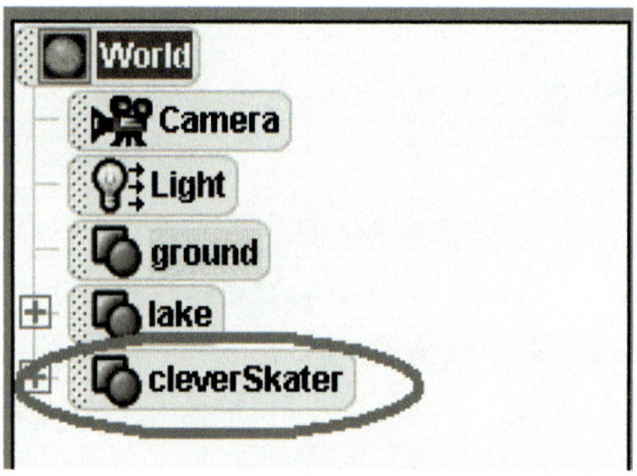

그림 4-3-11. iceSkater 이름을 cleverSkater로 변경

두 번째 과정은 새로운 클래스로 저장하는 것이다: cleverSkater 위에서 오른쪽 마우스 버튼으로 클릭하고 Save Object(객체를 저장함)을 선택하라. Save Object 팝업 메뉴창에서 그림 4-3-12와 같이 이 새로운 클래스를 저장할 폴더까지 옮겨간 후, Save 버튼을 누르라. 클래스는 자동적으로 새로운 이름으로 명명되며, 파일 이름은 대문자로 시작하고 파일의 확장자는 .a2c가 되는데, 이것이 의미하는 바는 앨리스 버전 2.0 클래스란 뜻이다(.a2w란 확장자가 의미하는 바는 앨리스 버전 2.0 가상세계이다.).

일단 새로운 클래스가 생성되었으므로, 그림 4-3-13과 같이 “Import from the

File(파일에서 가져옴)" 메뉴를 선택하여 새로운 가상세계에서 불러 사용할 수 있다. CleverSkater 클래스의 인스턴스가 가상 세계에 추가될 때, 그 인스턴스는 IceSkater클래스의 인스턴스와 유사하나, 다만 iceSkater 객체가 할 수 있는 메소드들 외에 스케이트 타기 및 회전하기를 추가로 수행 가능한 객체이다.

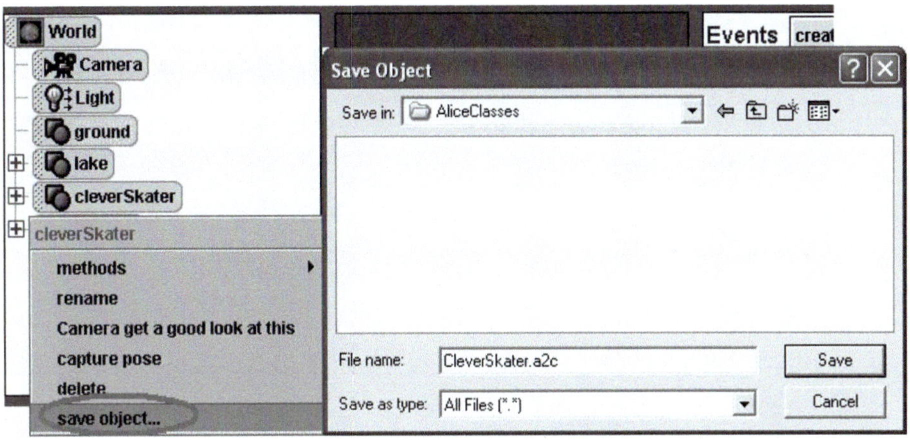

그림 4-3-12. Save Object 대화창

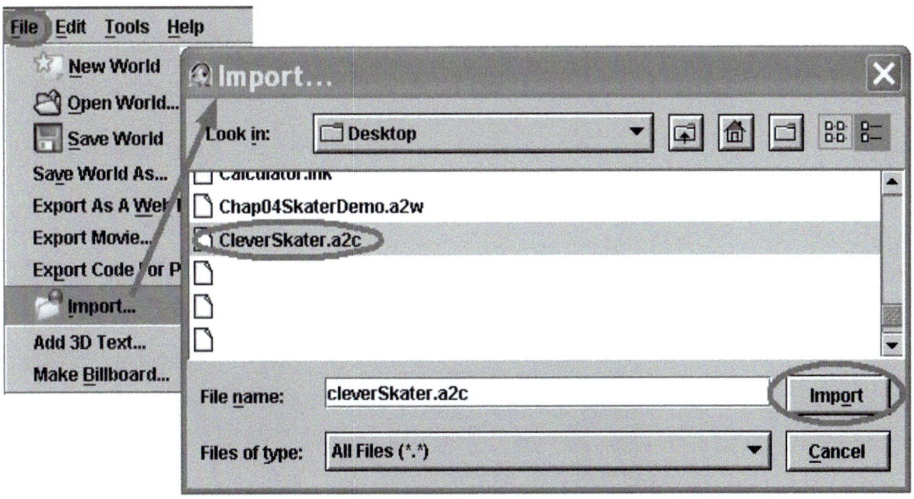

그림 4-3-13. 저장된 클래스로부터 새로운 객체를 들여오기

상속 – 이득

이전에 정의된 클래스를 기반으로 하여 새로운 클래스를 만드는 것을 **상속**이라고 한다. 대부분의 객체지향 언어에서는 상속은 앨리스에서 보다 복잡하다. 기본 아이디어는 동일하다 - 상속을 받는 새로운 클래스를 위하여 새로운 메소드를 정의하여 추가함. 여러분이 작성한 코드를 다른 프로그램에서 재활용할 수 있으므로, 상속은 객체지향

언어에 있어서 하나의 강점으로 여겨진다.

새로운 클래스를 만드는 다른 장점은 팀으로 구성된 프로젝트에서 다른 사람들과 코드를 공유할 수 있다는 점이다. 예를 들면 당신이 앨리스 프로젝트에서 팀으로 일하고 있다고 가정하자면, 각각은 가상세계에 존재하는 객체를 위하여 클래스 수준의 메소드를 작성할 수 있다. 그러면 각자가 새로운 클래스들을 저장한다. 새로운 클래스들의 객체들은 공유된 프로젝트를 위하여 팀으로 구성된 하나의 가상세계로 합쳐진다. 이점은 우리가 과장할 수 없는 이득이다. 실제 세상에는 컴퓨터 전문가들이 팀 프로젝트로 일한다. 협동하여 만들어진 소프트웨어는 종종 전문가 애니메이션팀이 스튜디오에서 작업한 것이다.

클래스 수준의 메소드들을 작성하는데 있어서의 지침

클래스 수준의 메소드들은 앨리스의 강력한 특징이다. 물론 강력하지만 위험점도 있는 것이 사실이다. 클래스 수준의 메소드를 잘못 사용하는 가능성을 방지하기 위해, 우리는 몇몇 지침을 제시한다.

1. 많은 다른 클래스 수준의 메소드들을 만들라. 그들은 극히 유용하고 도움이 된다. 앨리스의 몇몇 클래스들은 이미 몇몇의 클래스 수준의 메소드들을 정의해 가지고 있다. 예를 들면, Lion(사자) 클래스는 *startStance*, *walkForward*, *complete-Walk*, *roar* 및 *charge* 메소드들을 갖고 있다. 그림 4-3-14는 Lion 클래스(웹의 갤러리에 있음)를 위하여 클래스 수준의 메소드와 소리를 포함하여 손톱만큼 작은(humbnail) 축소 이미지를 보여준다.

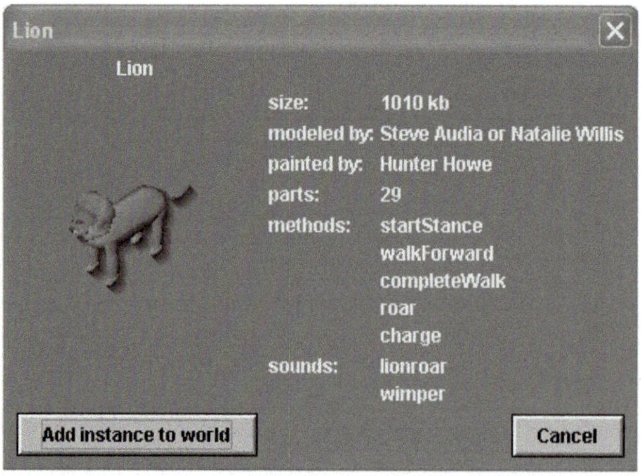

그림 4-3-14. Lion 클래스를 위한 클래스 수준의 메소드와 소리

2. 가상세계 대신에 객체에 소리가 들여(import)졌을 때에만 클래스 수준으로 소리를 틀어라. 만약 소리가 객체를 위해 들여졌고, 그 객체가 새로운 클래스로 저장되었으면, 소리는 객체와 더불어 저장된다. 그러면 이 클래스의 객체가 추가된 어떤 가상세계에서도 소리가 들여질 수 있다. 반면에, 만약 소리가 객체가 아닌 가상세계를 위하여 들여졌으면, 그 소리는 객체를 저장할 때 같이 저장되지 않고, 다른 가상세계에서 그 소리를 들을 수 없다.
3. 클래스 수준 메소드 내부에서 월드 수준의 메소드를 호출하지 마라. 그림 4-3-15는 *cleverSkater.kaleidoscope*를 나타내는데 이는 클래스 수준의 메소드인데 *World.changeColors*라 이름 지어진 가상세계 수준의 메소드를 호출한다. *clever-Skater.kaleidoscope*를 가진 cleverSkater가 새로운 클래스로 저장되고, Clever-Skater 클래스의 인스턴스가 *World.changeColors*가 정의되지 않은 추후의 가상세계에 추가되면, 앨리스에서는 *World.changeColors*가 정의되지 않았다고 불평할 것이다. 앨리스는 프로그램 수행을 중단하고 여러분의 특별한 오류에 대한 설명을 포함한 대화창을 띄운다.

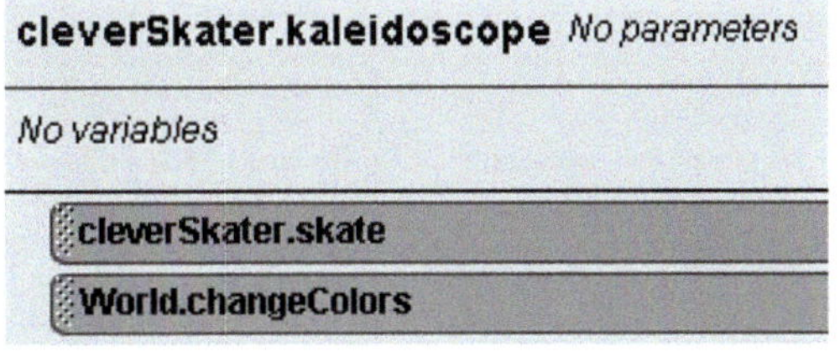

그림 4-3-15. 클래스 수준의 메소드에서 가상세계 수준의 메소드를 호출하는 나쁜 예

4. 클래스 수준의 메소드 내부에서 다른 객체를 위한 명령을 사용하지 말라. 클래스 수준의 메소드들은 명백히 특별한 클래스를 위하여 정의된 것이다. 우리는 객체를 새로운 클래스로 저장하고 추후 다른 가상세계를 만들 때 재사용하려고 한다. 다른 가상세계를 만들었을 때 앞에서 참조한 다른 객체가 존재하리란 법이 없다. 예를 들면 그림 4-3-16과 같이 동물 폴더에 있는 펭귄이 겨울 장면에 추가되었다. *skateAround*라 이름이 붙여진 클래스 수준의 메소드를 작성하는데, 펭귄 객체가 그림 4-3-17에 원으로 표시된 대로 두 개의 다른 명령에서 이름이 나타난다. 만약 *skateAround* 메소드를 가진 cleverSkater가 새로운 클래스로 저장된 후, clever-Skater 객체가 펭귄이 존재하지 않는 추후에 만들어진 가상세계에 추가될 경우, 앨리스는 오류 대화 상자를 열고, 없는 객체에 대해 알려줄 것이다. 오류는 cleverSkater가 가상세계에 존재하지 않는 펭귄 주위로 스케이트 타고 다닐 수 없다는 것이다.

그림 4-3-16. 스케이트 타는 사람은 펭귄 주위를 스케이트 탈 것이다.

메모: #4 지침에 대한 가능한 예외는 가상세계와 카메라 물체들인데 이들은 어떤 가상세계든지 항상 존재한다.

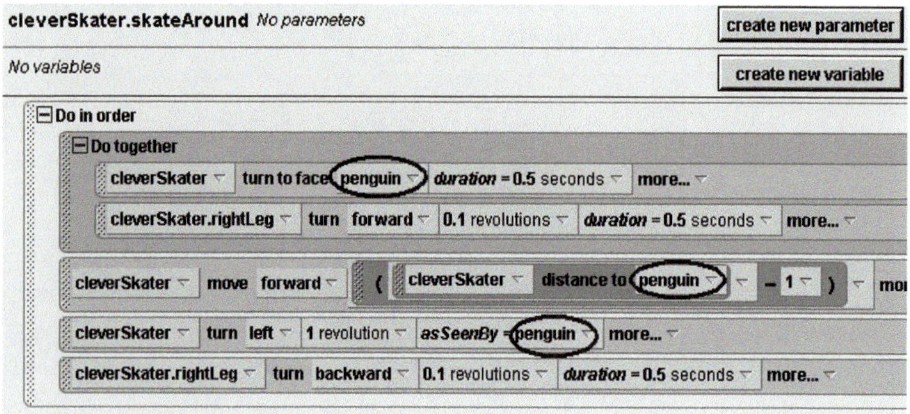

그림 4-3-17. 나쁜 예: 클래스 수준의 메소드에서 다른 객체를 명시하는 명령들

객체 매개변수를 가진 클래스 수준의 메소드

다른 객체가 연관된 클래스 수준의 메소드를 작성하려고 할 때 어떻게 하겠는가? 해답은 클래스 수준의 메소드에서 객체 매개변수를 사용하는 것이다. 앞과 동일한 예를 사용하는데, 여기서는 cleverSkater가 다른 객체 주위를 스케이트 타도록 만든다. 그림 4-3-18과 같이 임의의 이름 whichObjects로 이름이 붙여진 매개변수를 사용하여 *skateAround* 메소드를 수정할 수 있다. *whichObjects* 매개변수는 단순히 자리만 차지하는 역할을 하며 실제로 객체가 아니므로, 펭귄 등과 같이 특별한 객체가 다른(추후에 만들어질) 가상세계에 있어야 하는 것으로 걱정할 필요가 없다. 앨리스는 *whichObjects* 매개변수에 객체 이름을 넘기지 않고 호출되는 것을 허용하지 않는다. 그러므로 우리는 일종의 객체가 스케이트 타는 주변에 있음을 확신할 수 있다.

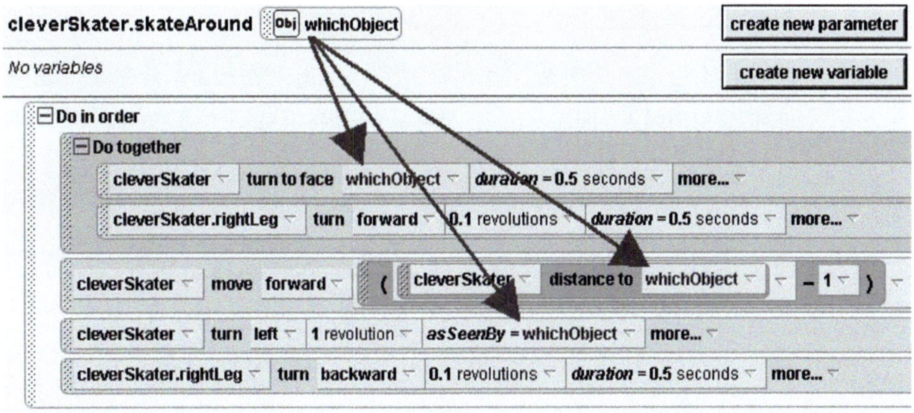

그림 4-3-18. 클래스 수준의 메소드에서 객체 매개변수를 사용함

시험하기

새로운 클래스를 만들고 저장했으면, 새로운 가상세계에서 시험을 해봐야 한다. 초기 화면은 그림 4-3-16과 같이 나타내졌다. 그림 4-3-19에는 시험 프로그램이 나타나 있다. 이 시험에서는, 우리는 각 메소드들을 시험하기 위해서 *skate*, *spin* 및 *skateAround* 메소드를 호출한다.

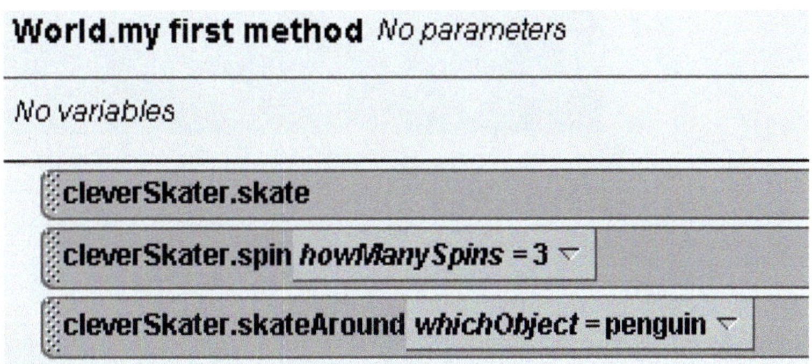

그림 4-3-19. 예제 프로그램

요령 및 기법 4

보이는 객체 및 보이지 않는 객체

객체의 특성은 객체가 보이게 한다든지 안보이게 한다든지 등의 특수 효과를 이루기 위해서 게임이나 시뮬레이션에 종종 사용된다. 이 절에서는 객체의 가시성을 변경하는 기술과 예에 대해 다룬다.

불투명도 특성

매킨토시 컴퓨터 버전용 앨리스와 앨리스 2.2는 불투명도 특성을 구현하지 않았다. 아래에 설명되어진 isShowing을 사용하여 불투명도 특성을 조정하라. 아래의 예는 해양 가상세계에 존재하는 물고기의 불투명도를 변화시킨다(투명도란 것은 어떤 물체가 얼마나 투명하냐이다: 투과해서 보기가 얼마나 힘드냐로 해석할 수 있다.). 그림 T-4-1은 해양 장면을 보여준다. 이 가상세계는 oceanFloor(해양 바닥, Ocean 폴더에 있음)와 lilfish(작은 물고기, Ocean 폴더에 있음)를 추가해서 쉽게 만들 수 있다(선택 항목들 - 해초 seaweed와 불꽃 산호 fireCoral는 CD 혹은 웹 갤러리에 있는 OceanFloor 폴더에서 추가되었다.).

그림 T-4-1. 작은 물고기가 포함된 해양 바닥

작은 물고기가 점심 식사를 위하여 헤엄쳐 나가고, 그것이 선호하는 식사는 해초이다. 작은 물고기가 해초를 향하고, 그 방향으로 헤엄쳐 나가는 명령이 그림 T-4-2에 나타나 있다. wiggleTail(꼬리를 흔들다) 명령은 메소드이며, 그림 T-4-2(b)에 나타나 있는데, 이것은 물고기가 좌우로 흔들도록 만든다.

물고기가 해초를 향하여 움직일 때, 물고기는 카메라에서 멀어져 버릴 것이다. 그리하여 물이 멀리 있는 물체의 가시도를 흐리게 만들므로 물고기도 점차 안보여지도록 만들어야 한다. 우리는 물고기의 불투명도 특성을 변경함으로써 물고기가 좀 더 안보이게 만들 수 있다. 불투명도가 떨어지면 물체를 보는 것이 더욱 힘들게 되고 덜 구분이 되나. 불투명도를 변경할 명령을 작성하기 위해서, lilfish의 특성 탭(tab)을 클릭하고 투명도 타일을 편집창으로 끌어라. 팝업 메뉴에서 불투명 정도(opacity percent)를 그림 T-4-3과 같이 선택하라.

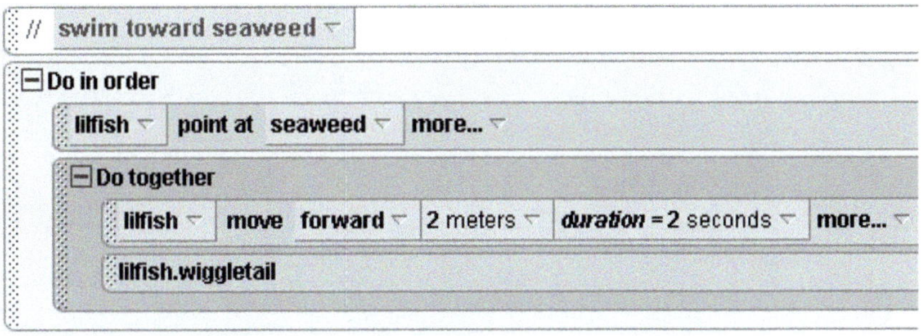

그림 T-4-2(a). 작은 물고기 lilfish가 해초 seaweed를 향해 헤엄치게 하기 위한 코드

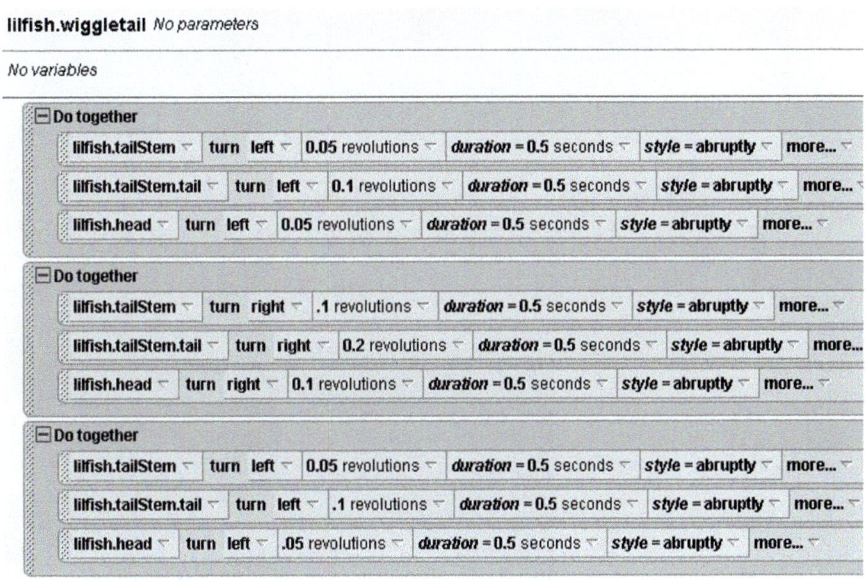

그림 T-4-2(b). wiggleTail(꼬리를 흔들다) 메소드

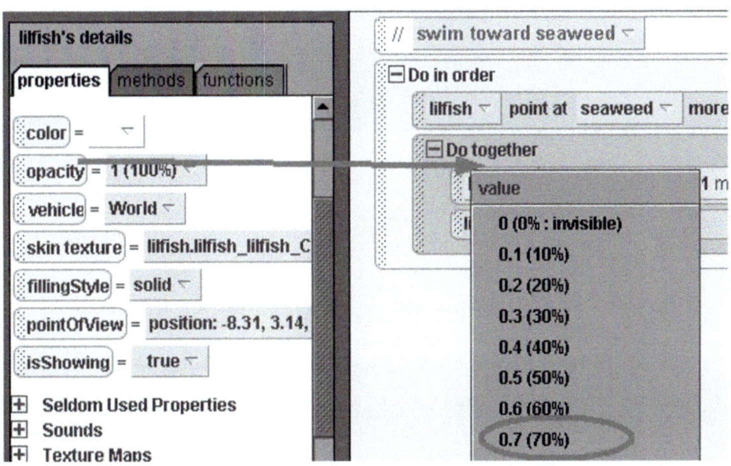

그림 T-4-3. opacity(불투명도) 타일을 코드 편집창에 끌고 오기

결과의 코드는 그림 T-4-4에 나타나 있다.

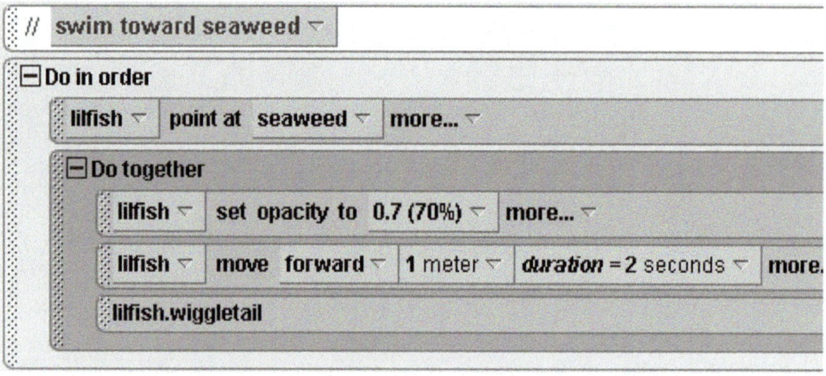

그림 T-4-4. 이제 코드는 불투명도를 설정하는 명령문을 포함함

가상세계가 기동될 때, 그림 T-4-5와 같이 작은 물고기는 좀 더 안보이게 된다. 0% 불투명도에서는 물체는 완전히 안보이게 된다. 이렇다고 해서 물고기가 삭제된 것은 아니다. 물고기는 여전히 가상세계의 일부이며 화면상에서 보이지 않을 뿐이다.

그림 T-4-5. 불투명도가 떨어지면서 물고기를 관찰하기가 더욱 힘들게 됨

isShowing 특성

각 객체는 *isShowing*이라 불리는 특성을 갖는다. 이번에는 먼저 객체가 가상세계에 추가되고 객체가 장면에서 보이며 *isShowing*이 *참(true)*로 설정되었다. 이 특성 값을 바꾸는 것은 게임과 유사한 프로그램을 작성하는 데 있어서 게임의 종료를 나타낼 때 특별히 유용하다. 그림 T-4-6은 "You won!(이겼음)" 이란 문자열에 대해 *isShowing* 특성이 참으로 설정된 경우를 보여준다. *isShowing* 특성을 *거짓(false)*로 설정하면 그림 T-4-7과

같이 "You won!" 이란 문자열이 보이지 않게 된다(이 가상세계를 위하여 CD 혹은 웹 갤러리에 있는 Amusement Park 폴더의 bottle Throw(물병 던지기) 객체를 사용하였다.).

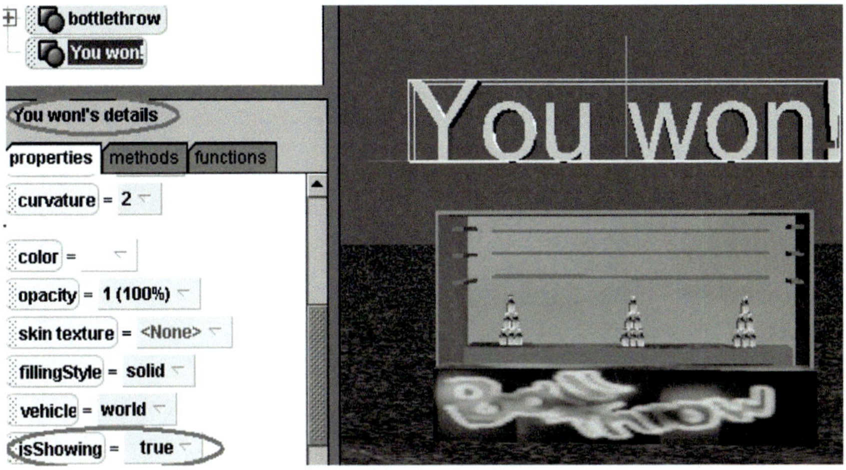

그림 T-4-6. *isShowing* 특성이 참으로 설정되어 "You won!"이 보임

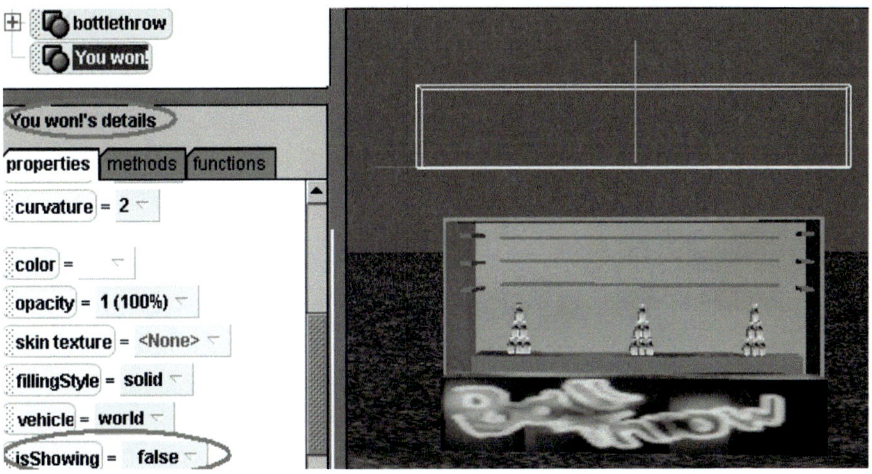

그림 T-4-7. *isShowing* 특성이 거짓으로 설정되어 "You won!"이 안보임

한 객체의 *isShowing* 특성이 *거짓(false)*로 설정되면, 그 객체가 가상세계로부터 사라지는 것이 아니다; 단순히 화면에 그려지지 않는 것이다. *isShowing* 특성을 참으로 되돌려 놓아서 물체가 다시 나타나도록 만들 수 있다.

이 예에서는 게임을 하는 사람이 이길 때 글자가 나타나게 하기를 원한다. *isShowing* 특성을 참으로 설정하는 명령을 만들기 위하여, *isShowing* 특성 타일을 가상세계로 끌고 오고 팝업 메뉴에서 *참(true)*을 선택하라. 결과는 그림 T-4-8에 나타나 있다.

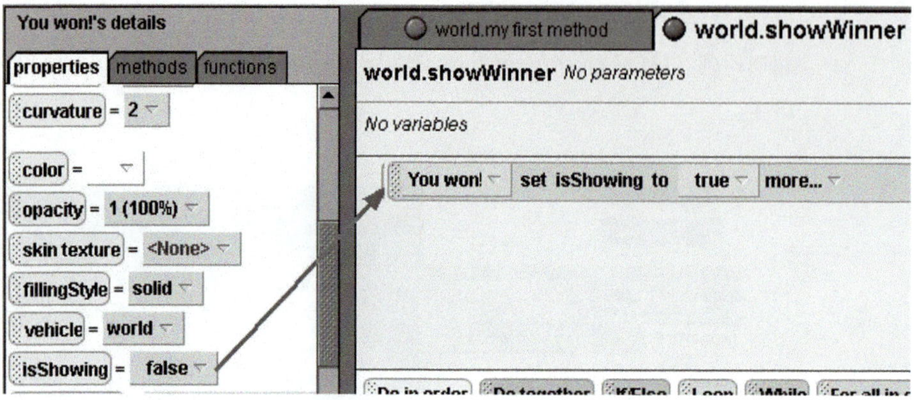

그림 T-4-8. 실행시간에 *isShowing*을 참으로 설정하는 명령

*isShowing*과 *opacity* 특성의 연관도

앞에 적힌 대로, 매킨토시 컴퓨터 버전용 앨리스와 앨리스 2.2는 opacity 불투명도 특성을 구현하지 않았다. *isShowing* 특성과 *opacity* 특성은(비록 연관은 있지만) 객체의 다른 상태를 추적한다. *isShowing* 특성은 전적으로 참 혹은 거짓이다 - 전등 스위치와 같아서 켜지거나 꺼지는 것이다. *opacity* 특성은 막대기를 밀면서 조절하는 눈금을 가진 것이다.[6] 불투명도가 0%일 때 물체가 보여지지 않는 것은 사실이지만, 그럼에도 불구하고 여러분이 불투명도를 0%로 변경한다고 해서 앨리스에서 *isShowing* 특성을 거짓으로 자동으로 변경하지 않는다. 유사하게 여러분이 *isShowing* 특성을 거짓으로 설정한다고 해서 앨리스에서 *opacity* 불투명도를 0%로 설정하지 않는다.

좋은 조언은 일관되게 코딩하라는 것이다. 만약 여러분이 프로그램에서 가시성을 설정하기 위하여 *isShowing*을 사용하면, 물체가 보이는지를 확인하기 위하여 *opacity*를 사용하지 마라. 유사하게, 만약 가시성을 설정하기 위하여 *opacity*를 사용하면, 물체가 보이는지를 확인하기 위하여 *isShowing*을 사용하지 마라.

보이지 않는 물체 주위를 회전함

다른 객체에 의한 행동을 위한 고정된 기준 점으로 설정할 때, 보이지 않는 객체를 사용하는 것은 좋은 방법이다. 그림 T-4-9에 나타난 가상세계를 생각하자. pterodactyl(프테로닥틸루스, 익수룡, Animals 폴더에 있음)이 dragon(룡, Medieval 폴더에 있음) 주위를 날게하고 싶다.

---

6) 어두침침하게 하는 전기 스위치이며, 형광등은 조정이 안 되고 백열등의 세기를 자유자재로 조절할 수 있는 스위치인데 한국에서 많이 사용하지 않고 호텔 등에 있다.

그림 T-4-9. 용과 익수룡

이것은 문제도 안된다. 만약 우리가 pterodactyl 객체를 위한 turn right 명령에서 asSeenBy = dragon을 사용하면, pterodactyl 이 dragon 주위를 날게될 것이다. (asSeenBy 매개변수는 요령과 기법 2에서 설명되었다.)

```
pterodactyl  turn right  1 revolution  asSeenBy = dragon  more...
```

pterodactyl과 dragon이 서로 상대적으로 반 바퀴를 돌면서 날기를 원한다고 가정해 보자(서로 대치하는 것인데 - 일종의 허세부리는 기술이다.). 이것은 dragon은 pterodactyl의 위치로, pterodactyl은 dragon의 위치로 간다는 것을 의미한다(여전히 서로 서로를 째려본다.). 이를 위한 첫 번째 시도는 다음과 같다:

```
Do together
    pterodactyl  turn right  0.5 revolutions  asSeenBy = dragon  more...
    dragon  turn right  0.5 revolutions  asSeenBy = pterodactyl  more...
```

이 프로그램이 수행되었을 때, 각각의 동물은 서로 반대방향을 바라보면서 시작했던 것과 반대로 가게 된다. 문제는 일단 각 동물이 움직이기 시작하면, 그들의 위치가 변경되고, 추가의 상대적인 위치는 예기치 않은 결과로 이를 수 있게 된다! 우리가 원하는 것은 pterodactyl과 dragon 사이에 위치해 있는 움직이지 않는 객체이다. pterodactyl 과 dragon 사이에 구형의 객체를 추가하고, 이들의 isShowing 특성을 거짓으로 설정하여 보이지 않게 하자. 이제 우리는 다음과 같이 작성할 수 있다.

```
Do together
    pterodactyl  turn right  0.5 revolutions  asSeenBy = sphere  more...
    dragon  turn right  0.5 revolutions  asSeenBy = sphere  more...
```

이 코드가 수행될 때, 그림 T-4-10과 같이 pterodactyl과 dragon이 서로 자리를 바꾼다.

그림 T-4-10. pterodactyl 과 dragon이 자리를 바꿈

요약

이 장에서는 우리 자신의 코드를 어떻게 작성할 것인지와 메소드가 호출되어 정보를 전송할 때 어떻게 매개변수를 사용할 것인가에 대해 공부하였다. 메소드를 사용하는 장점은 프로그램을 개발하는 사람이 하나의 행위뿐만 아니라 명령들의 모음에 대해 생각을 할 수 있게 해준다는 것이다 - 추상화 기법이다. 또한 메소드는 우리 코드의 논리 오류를 찾는 것을 쉽게 만들어 준다.

두 가지 다른 종류의 메소드가 작성될 수 있다: 두 개 혹은 이상의 객체가 어떤 방식으로 상호작용(대화)하는 가상세계 수준의 메소드와, 혼자서 연기(act, 행동)하는 하나의 객체를 위해 수행되어질 복잡한 행위를 정의하는 클래스 수준의 메소드이다.

매개변수는 한 메소드에서 다른 메소드로 값을 주고받기 위하여 사용된다. 메소드에서는, 매개변수는 특별한 종류의 값을 위해 자리를 차지하는 역할만 한다. 메소드에게 보내진 값은 인수라 불린다. 인수가 메소드에게 보내질 때, 매개변수는 그 인수를 위하여 명령문 내에서 자리를 차지하는 역할만 한다. 이 장에서 보여진 예들은 객체, 소리, 문자열과 수치 값 매개변수를 포함했다. 매개변수를 사용하면, 여러분이 작성한 하나의 메소드를 다른 객체, 소리, 문자열과 수치 값 등 다른 값 종류들과 더불어 여러 번 사용할 수 있게 해준다.

어떤 면에서 보면, 클래스 수준의 메소드는 한 객체의 행위를 확장하는 것으로 생각할 수 있다. 일단 새로운 클래스 수준의 메소드가 정의되면, 새로운 클래스는 저장되어질 수 있다. 새로운 클래스는 다른 이름을 가지며, 사용할 수 있는 행위로 예전의 메소드들 뿐 만 아니라 새로운 메소드들을 갖는다. 새로운 클래스는 원래의 클래스의 특성과 행동을 상속받으며, 이에 추가로 더 정의할 수 있다. 가장 중요한 장점은 여러분이 새로운 클래스의 객체를 새로운 가상세계들에서 여러 번 반복해서 사용할 수 있다는 점이다. 이것은 여러분이 새로 메소드를 작성하지 않고, 이미 작성한 코드를 사용할 수 있게 해준다.

클래스 수준의 메소드들을 작성하는 지침을 제공하였다: 클래스를 위하여 들여온 소리는 클래스 수준의 메소드에서만 재생되어야 한다; 가상세계 수준의 메소드는 호출되면 안된다; 다른 객체를 연관 짓는 명령을 사용하지 말라. 이러한 지침을 따르면, 여러분이 정의한 클래스에서 만든 객체가 다른 새로운 가상세계들에서 안전하게 사용될 수 있게 해준다.

단계적 정제(점차적 상세화, stepwise refinement)는 복잡한 작업이 작은 부분으로 쪼개지고, 단순한 행동에 의해 정의될 때까지 각 부분이 추가로 더 쪼개지는 설계 기법이다. 단순한 행동들은 모두 함께 일하게 되면 복잡한 작업을 수행하게 된다.

이 장에 있어서 중요한 개념

- 메소드를 수행하려면, 메소드를 호출해야 한다.
- 메소드와 통신할 때 매개변수를 사용한다.
- 메소드를 호출할 때, 메소드의 매개변수에 보내지는 값이 인수(argument)이다.
- 매개변수는 특별한 종류의 값을 위해 자리를 차지하기 위해 정의돼야 한다. 매개변수를 위한 값의 종류는 객체, 부울 논리값(참, 거짓), 수치 값, 소리, 색깔, 문자열, 외 기타 값들이다.
- 클래스 수준의 메소드를 정의하고 클래스를 새로운 이름으로 저장함으로써 새로운 클래스를 만들 수 있다.
- 상속은 객체지향 개념인데, 기존 클래스에 기반하여 새로운 클래스가 정의된다.
- 객체 매개변수를 수용하기 위하여 클래스 수준의 메소드가 작성될 수 있다. 이것은 여러분이 클래스 수준의 메소드를 작성하고 다른 객체를 받아들이는 것을 허용한다. 그러면, 클래스 수준의 메소드를 행하는 객체는 다른 매개변수화된 객체와 교류할 수 있다.

프로그래밍 용어

추상화(abstraction)	클래스 수준 메소드(class-level method)
객체(object)	인수(argument)
상속(inheritance)	매개변수(parameter)
따로 지정 않으면(by default)	인스턴스(instance)
기본 메소드(primitive method)	메소드를 호출(calling a method)
인스턴스화(instantiate)	단계적 정제(점차적 상세화, stepwise refinement)
클래스(class)	메소드(method)
가상세계 수준 메소드(world-level method)	

애니메이션 용어

isShowing(보여짐) opacity(불투명도)

질문

1. 앨리스는 앨리스 가상세계에 있는 객체들을 인스턴스화하기 위한 수백 개의 미리 작성된 클래스들이 있다. 앨리스 사용자 인터페이스 어디에서 이러한 미리 작성된 클래스들을 찾을 수 있나?
2. 여러분의 앨리스 프로그램이 동일한 클래스에 대한 하나 이상의 인스턴스를 갖는 것이 가능한가? 여러분의 답을 설명하라.
3. 여러분이 앨리스의 Play 버튼을 누를 때, 어떠한 메소드가 자동적으로 호출되나? 왜?
4. "메소드를 호출함" 용으로 어떠한 다른 용어가 널리 쓰이나?
5. 앨리스에서는 한 메소드가 다른 메소드를 호출할 수 있는데, 이것은 하나 이상의 값이 호출되는 메소드와 통신하는 것을 요구할 수도 있다.
   (a) 명령문의 어떠한 부분이 통신돼야할 값을 갖고 있나?
   (b) 호출된 메소드의 어떤 부분이 값을 받나?
6. 앨리스 메소드에 있어서 가능한 매개변수 종류를 나열하라.
7. 다른 인수들을 보내서 메소드를 시험하는 것이 왜 유용한가?
8. 가상세계 수준의 메소드와 클래스 수준의 메소드 간의 차이는 무엇인가?
9. 앨리스는 앨리스 시스템의 부분으로 상속 시스템이 완벽하게 정의되지 않았으므로 아주 초보적인 형태의 상속 시스템을 갖고 있다고 말한다. 앨리스의(가상세계 수준 혹은 클래스 수준) 어느 메소드의 초보적인 상속 능력을 사용할 수 있는가?
10. 클래스 수준 메소드에 소리가 들여지면(imported), 소리는 객체 혹은 가상세계 어느 쪽을 위하여 들여져야 하나? 여러분의 답을 설명하라.
11. 만일 여러분이 다른 객체가 연관된 클래스 수준 메소드를 작성하고 싶으면, 다른 객체의 메소드를 호출하는 것을 허용하기 위하여 무엇이 돼야 할까?
12. 앨리스의 객체의 가시성 효과 관점에서, 객체의 불투명도(opacity)와 isShowing 특성의 차이점은 무엇인가?
13. 아래에 대하여 스토리보드와 구현 전략도의 밑그림을 그려라(sketch)
   (a) 4-1 연습문제 2번
   (b) 4-1 연습문제 5번
   (c) 4-1 연습문제 11번

연습문제와 프로젝트

4-1 연습문제

상기시킴: 여러분 메소드의 부분들에 대하여 각 메소드가 어떤 일을 하며 어떤 행동이 수행되는지 문서화하기 위하여 설명을 다는 것을 잊지 마세요.

1. *눈사람이 모자를 살짝 튀김*

   2장 3번 연습문제의 눈사람 가상세계를 위한 새로운 가상세계 수준의 메소드를 작성하라. *flipHats*라 명명된 새로운 메소드는 여자 눈사람이 남자 눈사람을 쳐다보기 위하여 머리를 회전할 때 호출된다. *flipHats* 메소드에서는, 남자 눈사람이 오른 팔을 이용하여 자기 모자를 잡고, 여자 눈사람에게 정중하게 모자를 살짝 들어 올렸다가 모자를 자기 머리 위에 올려둔다. 남자 눈사람이 모자를 살짝 튕기자, 여자 눈사람도 모자를 튕긴다.

2. *혼란에 빠진 캥가*

   오지에서 아침식사를 위해 음식을 훔치려고 하는 Kanga(동물 폴더의 Kangaroo, 캥거루)가 좀 혼란스러운 도로표시(Roads and Signs 폴더에 있음)를 만난다. 몇 초 동안 캥가는 표시를 노려보다가 혼란에 빠진 것을 보여주기 위하여 머리를 갸우뚱한다. 그 후 캥가는 왼쪽으로 뛰었다가 표시판을 향하여 회전하고, 오른쪽으로 뛰었다가 표시판을 향하여 회전하고, 또 왼쪽 오른쪽으로 뛴다.

이 우스운 이야기를 구현하는 시뮬레이션을 제작하라. hopLeft(캥가가 왼쪽으로 조금 회전하고 뛴 후, 표시판을 향하여 회전함) 메소드와 hopRight(캥가가 오른쪽으로 조금 회전하고 뛴 후, 표시판을 향하여 회전함) 메소드를 작성하라. 매번 뛸 때마다 캥거루는 표시판을 향하여 나아가야 한다. World.my first method에서, hopLeft 메소드와 hopRight 메소드를 번갈아가며 두 번 호출하여 캥거루가 표시판을 향하여 지그재그 형태의 경로로 나아가게 하라.

3. *말을 타고 전속력으로 달리다 점프하기*

Kelly(People 폴더에 있음)는 아마츄어 승마사로 마술(馬術)쇼에 들어갔다. 켈리는 경쟁이 불안하여 말(Animals 폴더에 있음)과 더불어 점프를 연습한다. 아래와 같이, 말과 말을 탄 사람이 울타리(Buildings 폴더에 있음)를 정면으로 하고 있는 초기 화면을 제작하라.

두 개의 가상세계 수준의 메소드를 작성하되, 하나는 *gallop*이라 명명되고, 다른 것은 *jump*라 이름 지으라. *gallop* 메소드에서는 말의 앞다리를 들어 올렸다가 밑으로 내리면서 뒷다리를 들어 올리면서 몸이 앞으로 움직인다. 그 후, 뒷다리는 밑으로 내려가야 한다. *jump* 메소드도 유사해야 하나, 도중에 말이 울타리를 충분히 뛰어 넘을 수 있도록 위로 이동해야 한다. 기대한 대로 메소드가 작동하는지 시험하라. 각각의 메소드가 다소 현실감 있게 만들기 위하여 거리를 조정할 필요가 있다.

힌트: 만약 여러분이 말을 Kelly의 vehicle(탈것)로 만들면(요령 및 기법 2), 켈리가 말을 타고 이동하는 것을 위해 하나의 명령만 작성하면 될 것이다.

여러분이 *gallop* 메소드와 *jump* 메소드가 둘 다 잘 작동한다고 생각되면, *World.my first method*에서 말과 승마사를 울타리 가까이 이동하기에 충분히 필요한 만큼 *gallop* 메소드를 호출하고, 그 후 *jump* 메소드를 호출하라. 애니메이션이 잘 동작하기 위하여 *gallop* 메소드를 몇 번 호출을 해야 하는지 시행착오를 통해 결정하라.

4. *헬리콥터 비행*

헬리콥터(CD나 웹 갤러리의 Vehicles에 있음), 공항(Buildings 폴더에 있음) 및 관제탑(Buildings 폴더에 있음)들이 있는 가상세계를 만들어라. 헬리콥터가 관제탑으로 날아가서 관제탑 주위를 맴돌아 나는 circleTower 메소드를 만들어라. *my first method*에서 circleTower 메소드를 두 번 호출하고, 이 후 헬리콥터가 활주로에 착륙하게 만들어라.

4-2 연습문제

5. *벌레 밴드 듀엣*

4-2절에서, 벌레 밴드 예제는 *solo*라는 메소드를 갖고 있는데, 여기서는 밴드의 각 멤버가 뛰면서 악기를 연주한다. 벌레 밴드 예제를 다시 만들되, *duet*이란 이름의 메소드를 작성하되, 여기서는 *solo*를 호출하여 두 명의 밴드 멤버가 뛰면서 악기를 연주하게 만들라. 이 연습을 그림 4-2-15와 같이 소리를 사용하여 혹은 그림 4-2-17과 같이 가사를 이용하여 만들 수 있다. 매개변수를 꼭 사용하여 밴드 일원의 이름을 전송하고, 음악을 재생하고, 그리고 가사가 그려지도록 하라.

6. *개구리의 탈출*

지방에 있는 백합이 피는 연못(CD 혹은 웹 갤러리의 Environments 폴더에 있음)에서는, 개구리(Animals 폴더에 있음)들이 물에서 기어 나와 태양을 쏘이며 몸을 데운다. 물론 포식자가 보이면 개구리들은 약간 뛰게 된다. 어느 화창한 날, 배고픈 뱀(Animals 폴더에 있음)이 장면에 어슬렁거리며 나타난다. 다음과 유사한 가상세계를 제작하고, 뱀이 접근하면 개구리가 연못에 뛰어들도록 개구리를 애니메이션하라. 뱀이 개구리를 향해 몸을 돌리고 뱀을 앞으로 미끄러져 나가게 하라. 그러면 개구리가 연못으로 향해 회전하고 연못으로 뛰어들어간다. 어느 개구리가 탈출하는 지 명시하기 위하여 매개변수를 사용하여 여러분의 메소드를 작성해야 한다.

7. *마술하기*

마술가가 공중부양 환상의 마술을 수행하는데, 물체가 신기하게 공중으로 떠오르는 듯이 보인다. 마술가(People 폴더에 있음)가 마술 지팡이(Object 폴더에 있음)를 그의 조수(People 폴더의 Girl)로 향하게 하자 조수의 몸이 서서히 공중으로 부양했다가 테이블(CD 혹은 웹 갤러리의 Furniture) 위의 원래의 위치로 되돌아간다. 그리고 마술가는 동일한 속임수를 토끼(Animals 폴더에 있음)에게 사용하자, 토끼는 더 가벼운 물체이므로, 조수보다 훨씬 높이 공중으로 부양한다. 마술가의 조수나 토끼나 동일한 방법으로 공중 부양하므로, 메소드는 하나만 작성하고, 어느 물체가 공중부양될 것인지, 그리고 공중으로 뜨는 거리 혹은 밑으로 내려가는 거리 값을 매개변수를 사용하라.

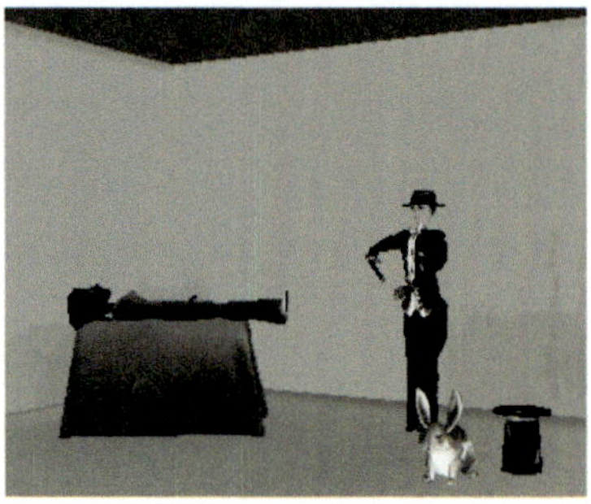

힌트: 마술가의 조수가 테이블 표면에 누워 있다. 아래에 보여진 대로, *move up* 명령은 그 조수의 관점에서 몸이 위로 이동하도록 만들것이다. *asSeenBy* 인수를 사용하여 바닥에서 봤을 때 마술가의 조수가 위로 이동하게 만들라.

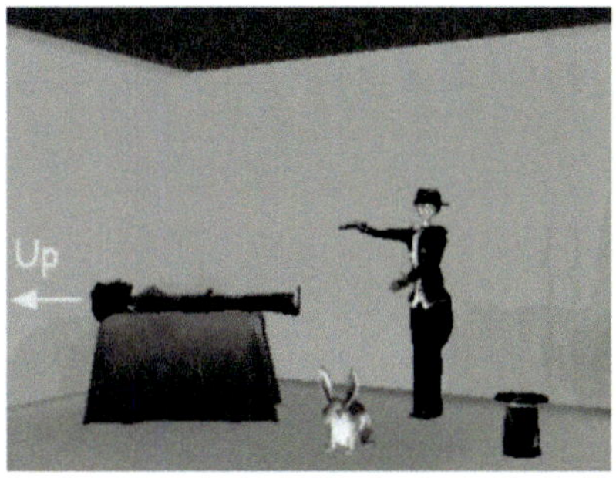

8. *익룡*

전설에 의하면 익룡은 닭의 먼 친척이라고 한다. 이에 놀랄것도 없고, 익룡이 즐기는 놀이는 chicken(겁장이 떨구기) 게임이었다. 아래의 장면은 네 마리의 익룡(Medieval 중세기 폴더)이 야구의 네 개의 베이스와 유사하게 생긴 다이아몬드형태의 모서리에 각각 한 마리씩 앉아 있다. 겁쟁이 떨구기 게임을 만들되, 여기서 임의의 두 마리의 익룡은 서로 마주 보고 난 후 서로 거의 비슷한 높이로 위로 나른다. 그리고는 각자가 상대편을 향해 거의 스칠듯이 서로 나른다. 각 익룡은 상대편이 차지하고 있던 자리에 앉아야 한다. 즉 두 마리의 익룡이 자리 바꾸기를 한 것이다. 여러분의 시뮬레이션은 *dragonFlight*란 이름을 갖고 네 개의 매개변수를 사용하라.
- 겁쟁이 떨구기 게임에서 서로 상대할 두 마리의 익룡과 각 익룡의 나르는 높이를 위한 매개변수이다.

4-3 연습문제

9. *향상된 cleverSkater*

4.3 절에서 제시된 것보다 더 나은 cleverSkater를 만들어라. *skateForward*, *spin* 및 *skateAround* 메소드들에 추가로 클래스 수준 메소드들인 *skateBackward* 및 *jump* 메소드를 만들어라. *skateBackward* 메소드에는 스케이트 타는 사람이 *skate-Forward* 메소드에 있는 행동과 유사한 행동을 해야 하나, 앞 방향 대신 뒤쪽

방향으로 미끄러져야 한다. *jump* 메소드에서는 스케이트 타는 사람이 한 다리를 들고 앞으로 이동한 후, 공중으로 이동하고 얼음바닥으로 우아하게 착지한 후 들고 있는 다리를 시작 위치로 내려야 한다. 여러분의 향상된 스케이트 타는 사람 메소드를 enhancedCleverSkater로 저장하라.

얼은 호수로 이루어진 새로운 가상세계를 시작함으로써, 여러분의 새로 정의된 클래스를 시험하라. 가상세계에 enhancedCleverSkater를 추가하라. 그리고 펭귄과 오리를 추가하라.

(a) 여러분이 작성한 각각의 메소드들을 호출하라.

(b) 그 후, *skateAround* 메소드를 호출하여 스케이트 타는 사람이 펭귄 주위를 타고 다니다가 오리 주위를 타고 다니도록 하라(이것은 *skateAround* 메소드를 두 번 호출하는 것을 필요로 한다.).

10. *열쇠 번호 맞추기*

번호 열쇠(comboLock, Objects 폴더에 있음)를 가진 가상세계를 만들어라. 네 개의 클래스 수준 메소드를 만드는데, 이들은 *leftOne*, *rightOne*, *leftRevolution* 및 *rightRevolution*인데, 상대적으로 다이알을 왼쪽으로 1번호 돌리기, 오른쪽으로 1번호 돌리기, 1번 왼쪽으로 회전, 1번 오른쪽으로 회전의 기능을 가진다. 그 후 열쇠를 여는 기능을 가진 *open*이란 이름을 가진 클래스 수준의 메소드를 작성하고, 열쇠를 닫는 역할을 하는 *close*란 이름을 가진 메소드를 작성하라.

힌트: 다이얼 상의 한 위치는 한 회전의 1/40이다(*endGently* 스타일을 사용하여 동작을 더욱 실감나게 하라.). 번호 열쇠의 이름을 turningComboLock으로 이름을 바꾸고 새로운 클래스로 저장하라.

11. *펑키풍의(흑인풍의) 닭의 춤*

기본 닭으로부터 시작하여 닭이 왼쪽 발걸음 다음에 오른쪽 발걸음을 걷는 현실감 나는 발걸음 동작으로 이루어진 클래스 수준의 *walk* 메소드를 작성하라. 닭이 펑키풍의 춤을 추게 하는 두 번째 *funkyChicken* 메소드를 작성하되, 여기서는 닭이 걸으면서 온갖 방향으로 몸을 뒤튼다. 이렇게 만든 닭을 coolChicken이란 이름으로 저장하라. 새로운 가상세계를 만들고 가상세계에 coolChicken을 추가하라. my first method에서 *walk* 메소드와 *funkyChicken* 메소드를 호출하라. 소리 파일을 재생하거나 say 명령을 사용하여 펑키풍의 닭춤 애니메이션에 가담하게 하라.

12. *닌자 연습*

나쁜 닌자(evilNinja, People 폴더에 있음)가 있는 가상세계를 만들고, 전통적인 닌자의 동작을 위한 메소드를 작성하라. 예를 들면, *rightJab* 과 leftJab(여기서 닌자가 적절한 손을 가지고 위쪽으로 주먹으로 찌르기 동작하기), *kickLeft*와 *kickRight*(적절한 다리를 가지고 차기하기), *leftSpin*과 *rightSpin*(적절한 방향으로 몸을 회전함) 메소드들을 작성할 수 있다. 각 메소드는 하나 이상의 명령을 포함해야 한다. 예를 들면, *kickLeft* 메소드에서는 왼쪽 전체 다리가 왼쪽 방향으로 차는 것과 동시에 왼쪽 다리 아래 부분이 회전하고 발은 비틀어져야 한다. 닌자 관련 객체를 trained-Ninja(훈련받은 닌자)란 이름의 새로운 클래스로 저장하라. 새로운 가상세계를 시작하고 두 명의 trainedNinja 객체를 추가하라. 두 명의 trainedNinja가 서로 마주 보면서 동작을 연습하는 애니메이션을 제작하라.

프로젝트

일반 연습문제보다 훨씬 더 도전적인 고급 연습문제를 부를 때 여기서 프로젝트라

칭하고 있다. 이 장의 프로젝트는 사람 몸 부위의 움직임을 포함한다. 전문 애니메이션 제작자들은 현실감 있게 보이게 하기 위하여 사람 움직임의 예술을 통달하기 위하여 많은 시간을 보낸다. 우리의 관심사는 프로그램에서 메소드를 작성하는 과학과 예술을 통달하는 것이다.

1. 춤

   기술적인 주석: 여러분이 사람 몸 부위를 애니메이션하는 것을 배우는데 도움이 되기 위하여, 이 첫 번째 프로젝트는 약간의 설명과 코드를 짜는 데 있어서 제안을 포함한다. 이 애니메이션의 목적은 한 쌍의 남녀가 왈츠나 다른 춤에서 사용되어지는 것과 같이 전통적인 상자(사각형) 형태 내에서 댄스 걸음을 행하게 하는 것이다. 다음 그림과 같이 보안관(Old West 폴더에 있음)과 여자(People 폴더에 있음)가 술집(Old West 폴더에 있음)에 있는 장면을 제작하라.

   상자(사각형) 형태 내의 첫 걸음에서, 보안관은 왼쪽 다리를 시작으로 앞으로 한 걸음 뗌과 동시에 여자는 오른 쪽 다리를 시작으로 한 걸음 뒤로 뗀다. 이것은 보기보다 쉬운 것이 아니다. 다리를 가진 물체가 걸음을 떼는 듯이 보이도록 만들기 위해서, 한 다리를 조금 들어 올린 후, 다리를 내려둠과 동시에 앞으로 이동하도록 만든다. 그 후, 다른 다리가 유사한 동작을 한다. 그리하여 두 물체가 함께 춤을 추도록 만들기 위해서는 두 물체의 다리 들기, 움직이기 및 다리 내리기 동작들에 대한 조화가 필요하다. 이것을 하기 가장 쉬운 방법은 아마도 *forwardStep*이란 이름이 붙여진 메소드를 작성하는 것이다. *forwardStep* 메소드는 두 개의 매개변수가 필요하다: *howFar*(앞쪽으로의 거리)와 *howLongToTake*(소요되는 시간). 가능한 스토리 보드는 다음과 같다:

> *forwardStep*
>
> *매개변수: howFar, howLongToTake*
> *다음 단계들을 순서대로 수행하라(Do in order).*
> 　*다음 단계들을 함께 수행하라(Do together).*
> 　　보안관의 왼쪽 다리가 위로 이동한다.
> 　　여자의 오른 쪽 다리가 위로 이동한다.
> 　*다음 단계들을 함께 수행하라(Do together).*
> 　　보안관의 몸이 앞으로 *howFar*만큼 이동함
> 　　보안관의 왼쪽 다리가 밑으로 이동한다.
> 　　여자의 몸이 뒤로 *howFar*만큼 이동함
> 　　여자의 오른쪽 다리가 밑으로 이동한다.

여러분이 시작하는 것을 돕기 위하여, *forwardStep*의 코드 예가 다음에 나타나 있다. 이 코드에서 사용된 거리는 우리 예를 위해서는 잘 작동했다. 한 쌍의 남녀가 수행할 행위들인 다리를 들어 올리고 내리고, 앞/뒤로의 걸음 크기 및 옆으로의 걸음 크기들을 아마 여러분이 시험을 해봐야 할 것이다. 거리는 여러분의 가상세계 모델들의 크기에 좌우된다.

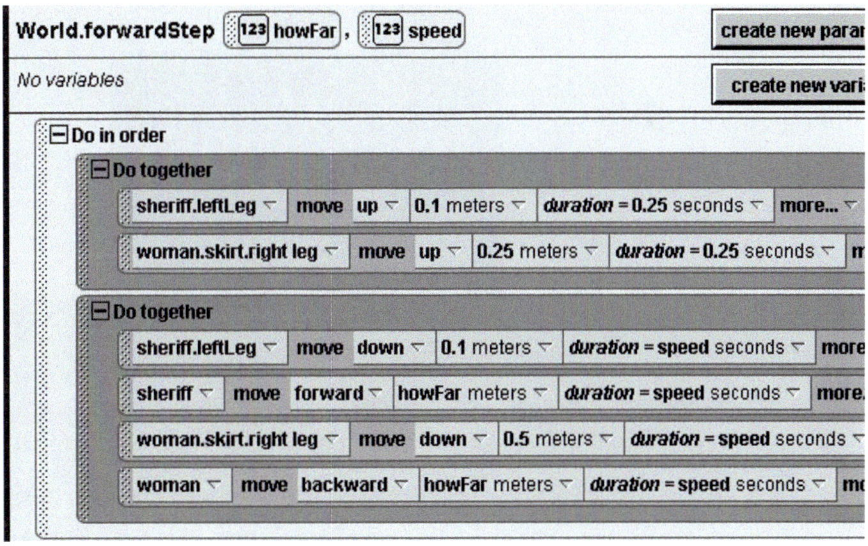

여러분이 필요할만한 다른 메소드들은:

(a) *rightStep*, 여기서 남자와 여자는 남자의 오른쪽, 여자의 왼쪽으로 옆으로 한 걸음 감.

(b) *backStep*, 여기서 남자는 왼쪽 다리를 시작으로 한 걸음 뒤로 떼고, 여자는

오른쪽 다리를 시작으로 한 걸음 앞으로 뗌.

(c) *leftStep*, 여기서 남자와 여자는 남자의 왼쪽, 여자의 오른쪽으로 옆으로 한 걸음 감.

(d) *spin*, 남자가 여자의 주위로 회전함.

만약 *forwardStep*, *rightStep*, *backStep* 및 *leftStep* 이 순서대로 적절히 행해졌을 때, 한쌍의 남녀는 춤추는 마루 위에서 정사각형 같은 형태로 이동해야 한다. 남녀 한 쌍이 사각형 형태의 춤 동작을 한 후, 남자가 여자의 주위로 회전하도록 만들기 위하여, 모든 메소드를 순서대로 호출하는 메소드를 작성하라. 그 후, 다른 순서로 호출하여 춤 걸음을 다르게 떼는 다른 춤 동작을 애니메이션하기 위한 두 번째 메소드를 작성하라.

2. *핸드볼*

오른 손(People 폴더에 있음)이 장난감 공(Sports 폴더에 있음)을 잡고 있는 가상세계를 만들어라. 공을 움켜쥐기 위하여 손가락들을 오므리도록 만들라. 그 후, 손의 손가락을 벌리면서 공을 공중으로 던져라. 마지막으로 손이 손가락을 다시 오무림으로써 공을 받을 수 있도록 만들라.

힌트: 요령 및 기법 2에 보면 *vehicle* 특성을 어떻게 사용하여 손이 움직임에 따라 공이 이동하도록 만드는지 나온다.

3. *Ra(라)가 여러분의 보트를 노 저음*

보트가 있고, 보트에 앉아 노 젓는 사람이 있고, 섬이 있고 섬에서부터 25 미터 떨어진 부두가 있는 가상세계를 만들어라. 다음에 보여지는 가상세계에서는, Ra (Egypt 폴더에 있음)가 노 젓는 배(Vehicles 폴더에 있음)에 앉아 있다. Ra가 섬으로부터 25 미터 노를 저어 배가 부두(Beach 폴더에 있음)로 가도록 하는 메소드를 작성하라. 이것을 하기 위한 하나의 제안하는 방법은 메소드들을 작성하는 것이다: rowLeft 와 rowRight(팔의 운동을 제어하기 위한 것), controlTorsoAndHead(머리와 등의 운동을 제어하기 위한 것), 그리고 startRow and stopRow(Ra의 몸통이

노 젓기 형상으로 들어가고 나오는 것을 묘사하기 위함)

4. *청소하는 로봇*

다음은 바닥에 장난감들이 어지럽게 늘려 있는 어린이 방에 대한 장면이다. 고릴라 로봇(SciFi 폴더에 있음)은 방에 있는 물건을 집어서 옷장(작은)방(CD 혹은 웹 갤러리의 Environments)의 문 뒤에 갖다놓을 수 있도록 프로그램되어 있다. 이 애니메이션을 위한 초기 장면에는, 로봇이 바닥에 널려진 물체(예로 Objects 폴더의 바벨, 피냐따, 테디 곰 인형) 옆의 방 중앙에 서 있다.

로봇이 한 번에 하나의 물체를 집어서 옷장(작은)방에 두는 프로그램을 작성하라. *pickup*, *putdown*, 및 *putInCloset* 이라 이름이 붙여진 세 메소드를 작성하라. 메소드들은 집거나 내려 둘 물체를 확인할 하나의 매개변수를 가져야 한다. *pickup* 메소드는 로봇이 자기 손에 물건을 집을 수 있어야 한다. *putdown* 메소드는 로봇이 물건을 내려놓게 해야 한다. *putInCloset* 메소드는 로봇이 0.5 바퀴 회전하여 문으로 이동할 수 있어야 한다. 문이 열리며 로봇은 물건을 내려놓는다. 이 메소드들이 작성되면, my first method에 로봇이 물체를 집어올리고 옷장(작은)방에 물건을 내려두는 명령을 작성하라.

5. *스케이트 경기*

호수(Environments 폴더)가 있는 가상세계에 다섯 개의 enhancedCleverSkater를 추가하라. enhancedCleverSkater의 설명에 대해 9번 연습문제를 보라. 또한 스케이트 경기의 심판 역할을 할 세 사람을 추가하라. 각각의 스케이트 선수들이 스케이트 타는 행동을 할 메소드를 작성하라(각 스케이트 선수는 skate, spin, jump 및 다른 메소드들을 결합하여 어떤 동작을 해야 한다.). 한 번에 한 사람씩, 각 스케이트 선수는 각자의 정해진 스케이트 타는 행동을 하고, 심판은 점수를 말한다. 점수는 1점부터 9점까지이다. 그러면 방금 스케이트를 탄 선수는 앞에서 물러나고 다음 선수가 스케이트 타는 행동을 한다.

6. *걷고 조깅하는 산토끼*

새로운 가상세계에 산토끼(hare, Animals 폴더에 있음) 인스턴스를 추가하라. 토끼가 앞으로 걷는 첫 번째 클래스 수준의 메소드를 작성하고, 두 번째 클래스 수준 메소드는 토끼가 조깅하게 하는 것이다(조깅은 걷는 것과 유사하나, 토끼가 빨리 이동하고 매번 걸음에 따라 전체 몸이 위로 올라갔다 내려온다.). 향상된 토끼를 AthleticHare라 명명된 새로운 클래스로 저장하라.

이제 풀밭으로 된 장면을 가진 새로운 가상세계를 시작하라. AthleticHare의 인스턴스를 가상세계에 추가하라. 미식축구 골대(Sports 폴더에 있음)를 추가하고 골대 주위에 트랙을 만들기 위해 고속도로 표시 물체를 추가하라. 토끼가 트랙을 뛰도록 walk 메소드를 세 번 호출하고, 토끼가 골대 주위를 조깅할 수 있도록 jog 메소드를 호출하는 가상세계 수준의 메소드를 작성하라.

7. *여러분 자신이 창작함(제약 없음)*

여러 화랑(gallery)들 중에서 하나의 동물이나 사람을 선택하라. 선택된 물체는 움직이고 회전(turn 및 roll)할 수 있는 최소한 두 개의 다리, 팔 및 혹은 날개를 가져야 한다. 선택된 물체가 어떻게 작동하는 지 알 수 있을만한 이름을 사용하고, 선택된 물체에 현저한 기능을 추가한 세 개의 클래스 수준 메소드를 작성하라. 다른 이름을 가진 새로운 클래스를 생성하기 위하여 Save Object를 사용하라. 새로운 가상세계에 당신의 새로운 클래스의 인스턴스를 추가하라. 그리고 새로운 메소드가 작동함을 보이기 위한 애니메이션 프로그램을 작성하라.

제5장

대화: 사건 및 사건 처리

앨리스가 웃었다. "노력할 필요가 없어요." 그녀가 말하기를 "사람은 불가능한 것을 믿을 수 없어요"

여왕이 말하기를 "내가 짐작하건데, 너는 별로 연습을 않은 듯하구나. 내가 네 나이 때에는, 매일 30분 동안 항상 연습했다.

왜냐고? 때때로 난 아침 식사 전 최대 여섯 가지 씩이나 불가능한 것들을 믿었기 때문이야

우리 주위의 실제 세계는 *상호작용*이 일어난다. (이상한 나라의 앨리스에서) 앨리스와 여왕과의 대화는 주고받는 형식의 대화/상호작용이다. 우리의 가상세계에 있는 객체들과 상호작용을 하는 동안, 우리는 종종 그들에게 지시를 내린다. 예를 들면, 리모트 컨트롤(리모콘)로 부터의 신호를 TV에 보내서 채널을 변경한다. 비디오 게임을 하는 도중 우리의 캐릭터가 위험에 처해지면, 게임 컨트롤러의 버튼을 눌러 캐릭터가 위험에서 빠져나오게 한다.

우리는 여태까지 상호작용이 일어나지 않는 프로그램을 작성하는데 집중해 왔다. - 우리는 영화 형태의 애니메이션에서 객체들의 연기(행동, act)를 관람했다. 이제 앨리스에서 어떻게 하면 상호작용이 일어나는 프로그램을 작성하는지 공부할 때이다. - 여기서 상호작용은 장면의 객체가 마우스 클릭과 키가 눌러짐에 따라 반응한다. 이 장에서는 프로그램은 상호작용을 주고받을 수 있다는 것을 발견하게 될 것이다.

앞에서 본 영화 형태의 애니메이션과 컴퓨터 프로그래밍은 컴퓨터 중심적이다. 즉 컴퓨터는 프로그래머가 의도한 대로 기본적으로 작동한다. 프로그래머가 행동의 순서를 정하고 프로그램 흐름을 제어한다. 그러나 많은 요즘 프로그램들은 사용자 중심이다. 바꿔 말하면, 행동의 순서를 정하는 것은 프로그래머가 아니라 컴퓨터 사용자이다. 사용자가 앨리스에게 다음에 무엇을 할 것인지 신호를 보내기 위하여 마우스를 클릭한다든지 키를 누른다. 마우스를 클릭하든가 키를 누르는 것은 *사건*(event)이다. 사건은 뭔가 일어나는 것이다. 사건에 반응해서, 하나의 행동 혹은 일련의 행동이 수행된다. 우리는 사건이 반응을 구동한다고 말한다.

5-1절은 어떻게 사용자가 사건을 생성하고 어떻게 프로그램이 사건에 반응하는지의 연결되어 동작하는(연동) 장치에 대해 초점을 둔다. 자연적으로 이 모든 것은 조금의 계획과 짜 맞추기가 필요하다. 우리는 앨리스에게 특별한 종류의 사건에 대하여 주의하고 사건이 일어나면 어떻게 할런지 알려준다. 이것은 사건에 연동해서 객체가 어떤 행동을 취해야 할 것인지를 설명하는 메소드를 작성할 필요가 있다는 것을 의미한다.

5-2절은 사건을 처리하는 메소드에게 매개변수를 어떻게 전달하는 지 설명한다. 어떤 프로그래밍 언어에서는, 사건을 짜 맞추고 사건의 발생에 대해서 대비한 메소드를 작성하는 것은 좀 복잡한 프로그래밍이다. 우리는 여러분이 앨리스에서 사건을 사용하는 것과 사건을 다루는 메소드를 쉽게 배우기 원한다.

5-1 대화식(상호작용하는) 프로그래밍

흐름의 제어

상호작용하는 프로그램을 작성하는 것은(앞 장에서 본 영화와 같은) 상호작용이 없는 프로그램을 작성하는 것과 한 가지 큰 차이가 있다. 그 차이는 어떻게 행동의 흐름이 제어되느냐 이다. 상호작용이 없는 프로그램에서는 행동의 순서가 프로그래머에 의해서 미리 정해졌다. 프로그래머가 완전한 스토리보드를 설계하고 애니메이션된 행동을 위해 프로그램 코드를 작성한다. 일단 프로그램이 구성되고 시험되면, 매번 프로그램이 수행될 때마다, 동일한 순서 배열대로 행동들이 일어난다. 상호작용(대화)하는 프로그램에서는 행동의 순서 배열이 수행시간에 결정되는데, 언제냐 하면:

- 사용자가 마우스를 클릭하고 키보드의 키를 누름
- 장면의 객체들이 이동하여(무작위로 혹은 사용자의 지침에 의하여) 충돌과 같은 조건을 만듦

사건들

매번 사용자가 마우스를 클릭하거나 키를 누를 때마다, 사건은 발생되며 사건은 반응과 연동된다. 장면에 있는 객체는 반응을 일으키는 장소로 이동할 수도 있다. 매번 프로그램이 수행될 때, 다른 사용자들의 상호작용 혹은 다른 객체 행위는 일어날 수 있으며, 전체 애니메이션 순서는 앞서 프로그램을 수행한 순서와 달라질 수가 있다. 예를 들면, 자동차 경주를 시뮬레이션하는 게임에서, 사용자가 경주용 자동차를 운전하는데, 장면의

연속은 사용자가 자동차를 운전하는데 있어서 얼마나 기술이 좋은가에 따르는데, 갑자기 화면에 나타나는 굽어진 길이나 회전등을 운전에 따라 옆으로 빠지지 않고 도로 위를 달리게 된다.

사건을 처리하는 메소드

애니메이션 프로그래머로써 사건이 여러분에게 어떤 영향을 미치나? 여러분은 모든 가능한 사건을 생각해야만 하고, 사건이 일어났을 때에 대한 반응으로 무엇이 일어나야 하는지 계획을 세워야만 한다. 애니메이션 메소드들은 반응을 수행하기 위해 작성된다. 최종적으로 사건들은 반응되는 메소드들과 연동되어야 한다. 그 메소드는 ***사건을 처리하는 메소드***라 불린다.

사건이 일어나고 사건을 처리하기 위한 메소드가 호출되면, 장면내의 객체 위치는 지난번과 동일하지 않을 수 있다. 이것은 사건을 처리하는 메소드를 호출할 때 있어서 차이 등, 사용자의 행위가 장면 및 객체의 위치에 영향을 줄 수 있기 때문이다.

키보드를 제어하는 예

우리는 공중 곡예비행 시뮬레이터로부터 시작한다. 첫 장면은 그림 5-1-1에 나타난 바와 같이, 공중에 떠있는 복엽기(Vehicle 폴더에 있음)와 지상의 객체(집, 헛간 등등은 Buildings와 Farm 폴더로부터 왔음)들로 구성된다. 안내 시스템은 사용자가 비행기 조종사가 되도록 한다. 복엽기에는 조종사가 비행기를 앞으로, 왼쪽으로, 오른쪽으로 연습할 수 있는 조종 기능을 갖고 있다. 우리는 복엽기가 원통형으로 회전하는 인기 곡예쇼를 수행하도록 프로그램하고 싶다. 이 장의 마지막에 다른 곡예들이 추가될 수 있다.

그림 5-1-1. 초기 장면

입력

비행 시뮬레이션하는 기계의 전체 아이디어는 사용자가 복엽기와 상호작용을 허용하는 것이다. 사용자가 아마도 키보드에서 키 몇 개를 누르는 입력을 넣으면 이것은 특별한 움직임을 애니메이션 하도록 신호를 보낸다. 예를 들면, 화살표 키들이 사용될 수 있는데, 각각은 움직임의 방향과 연결될 수 있다. 물론 입력은 마우스 클릭으로부터 트랙볼의 움직임 혹은 게임용 스틱 제어기를 사용하여 얻을 수 있다.[7] 여기서는 애니메이션과 관련된 상호작용을 위한 사용자 입력은 키보드와 마우스만 사용한다.

우리의 비행기 시뮬레이터에서, 화살표 키와 스페이스바 키가 사용자로부터 입력을 받는 데 사용한다. 만약 사용자가 위 방향의 화살표 키를 누르면, 복엽기는 앞으로 움직인다. 만약 왼쪽이나 오른쪽 화살표 키를 누르면 복엽기는 왼쪽이나 오른쪽으로 회전할 것이다. 곡예 원통형 회전 비행을 위해서는, 스페이스바를 사용한다. 이들 키를 사용한 것은 임의로 결정했으며 다른 키들을 쉽게 사용할 수 있다.

설계 – 스토리보드

우리는 비행 시뮬레이터 프로그램을 설계할 준비가 되었다 - 이 프로그램은 앨리스에게 어떻게 애니메이션을 할는지 알려주는 명령문들이다. 매번 사용자가 화살표 키 혹은 스페이스바를 누르면, 사건이 생성된다. 애니메이션 프로그램은 이들 사건들에 반응할 메소드들로 구성되어 있다. 논의를 간단히 하기 위하여 두 개의 가능성 있는 사건에 집중하자: 원통형 회전 비행을 위하여 스페이스바를, 그리고 복엽기를 앞으로 이동시키기 위해 위 방향 화살표 키를 사용한다. 아래에 나타내진 대로, 두 개의 스토리보드가 필요하다. 소리는 선택사항이고 뺄 수 있다는 점을 참고하라.

사건: 스페이스바 누르기

반응:

다음 단계들을 함께 수행하라(Do together).
    복엽기를 한 바퀴 완전히 회전시킨다.
    복엽기의 엔진 소리를 재생한다.

사건: 윗 방향 화살표 키 누르기

반응:

다음 단계들을 함께 수행하라(Do together).
    복엽기를 앞으로 움직인다.
    복엽기의 엔진 소리를 재생한다.

사건에 반응하기 위한 메소드

키를 누르는 사건에 의해 영향을 받는 유일한 객체는 복엽기이므로, 메소드들은 복엽기를 위한 클래스 수준의 메소드가 될 수 있다. 두 메소드, *flyForward* 와 *barrel* 이 작성될 것이다. 그림 5-1-2에 보여진 바와 같이, *flyForward* 메소드는 비행기를 앞으로

7) 역자 주석: 트랙볼은 이동 밑 뒤틀림과 관련된 힘을 감지할 수 있어 입력 정보로 사용하는 장치이다.

이동함으로써 위쪽 화살표 키가 눌러진 사건을 처리할 것이다. 그림 5-1-3에 보여진 바와 같이, *barrel* 메소드는 비행기를 완전히 한 바퀴 회전함으로써 스페이스바 키가 눌러진 사건을 처리할 것이다. 여기의 메소드들에서는 움직임과 동시에 소리가 재생될 것이다. 비행기의 움직이는데 소요되는 시간은 대략 소리의 길이(초 단위)와 동일하도록 설정되었다. 앞에서 언급했듯이, 소리는 훌륭한 특색이나 생략이 가능하다. 만약 소리가 사용된다면, 소리는 비행기를 위하여 들여져야 한다(소리 파일을 들여오기에 대해서는 4장 2 절에 소개되었다.).

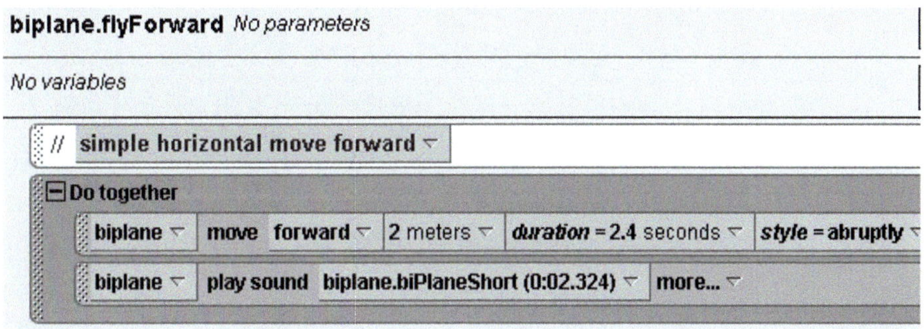

그림 5-1-2. *flyForward* 메소드

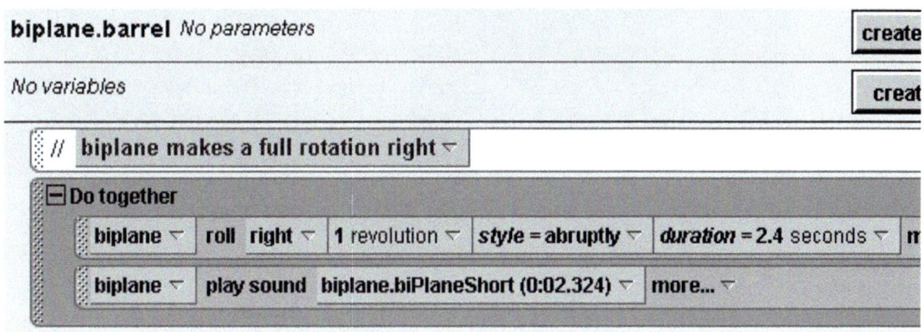

그림 5-1-3. *barrel* 메소드

사건을 메소드들에 연결시키기

사건이 일어났을 때 반응으로 메소드를 구동시키기 위하여 사용될 메소드들은 사건에 연동될 수 있도록 연결돼야 한다. 연결이 만들어지는 곳에 사건 편집창이 있다. 사건 편집창은 그림 5-1-4와 같이 나타나 있다. 여러분도 알겠지만, 그림 5-1-4에 보여지는 것처럼, 앨리스는 *When the world starts*(이것은 사건의 일종이다)와 *World.my first method* 사이에 연결을 생성한다.

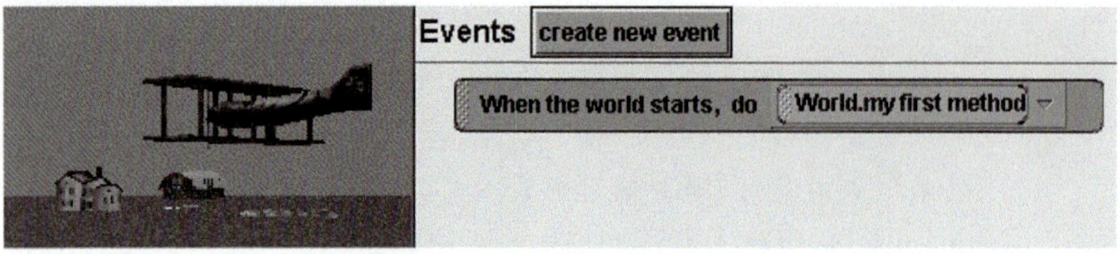

그림 5-1-4. 사건 편집창

앞선 예들에서, 흐름도와 구현 전략도는 프로그램을 구동하기 위한 주된 시작점으로 *World.my first method*에 초점을 두었었다. 이것은 영화 형태의 애니메이션에는 잘 작동했다. 그러나 상호작용(대화)형 프로그램에서는 *World.my first method*를 사용하지 않게 되고, 그리하여 흐름도와 구현 전략도가 정말로 필요가 없다.

비행 시뮬레이션 기구에서는, 두 사건(위쪽 방향 화살표 키가 눌러짐 및 스페이스바 키가 눌러짐)이 상응하는 메소드(*flyForward* 와 *barrel*)에 연결될 필요가 있다. 먼저 **create new event** 버튼을 누른 후, 팝업 메뉴에서 사건을 선택하라. 그림 5-1-5에는 *When a key is typed* 사건이 선택되었다.

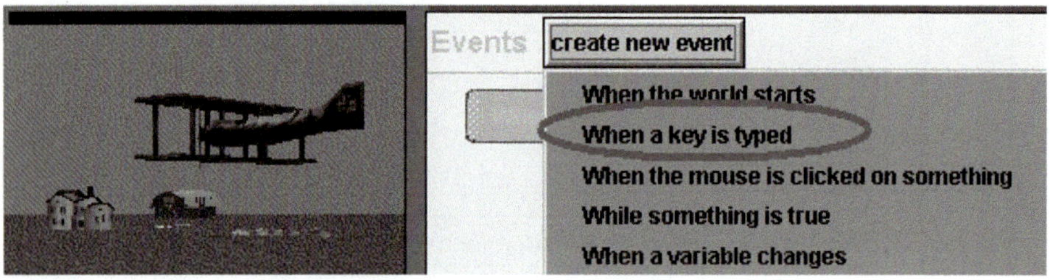

그림 5-1-5. 키를 누르는 사건을 생성함

그림 5-1-6에는 사건 편집창에 any key(아무런 키)가 눌러짐이 추가되었다. "any key" 및 "Nothing"은 단순히 자리를 차지하는 역할을 하며 추후에 대체돼야 한다. 앨리스에게 우리가 위쪽 방향 화살표 키를 사용하기를 원한다고 말하기 위해서는, any key 타일 위에서 클릭하고 Up을 팝업 메뉴에서 선택한다.

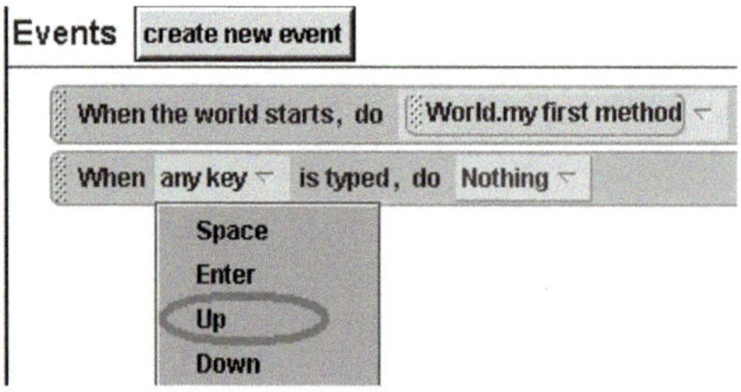

그림 5-1-6. 위쪽 방향 화살표 키를 나타냄

이제 앨리스에게 위쪽 방향 화살표 키 사건이 일어날 수도 있다는 것을 알렸으므로, 앨리스에게 사건이 일어나면 어떤 일을 해야 하는 지 알려줘야 한다. 그림 5-1-7에 나타낸 대로, Nothing 타일을 클릭하고 팝업 메뉴에서 *biplane* 과 *flyForward*를 선택하라.

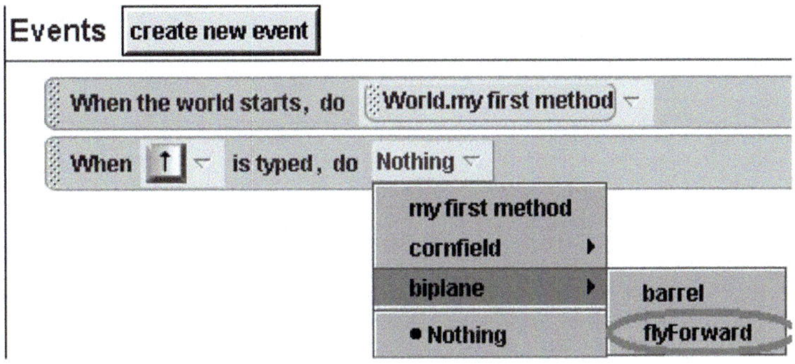

그림 5-1-7. 사건을 처리하는 메소드를 사건에 연결함

스페이스바를 barrel 메소드에 연결하기 위한 과정이 유사하게 반복된다. 그림 5-1-8은 두 개의 연결이 완성된 사건 편집 창을 보여준다.

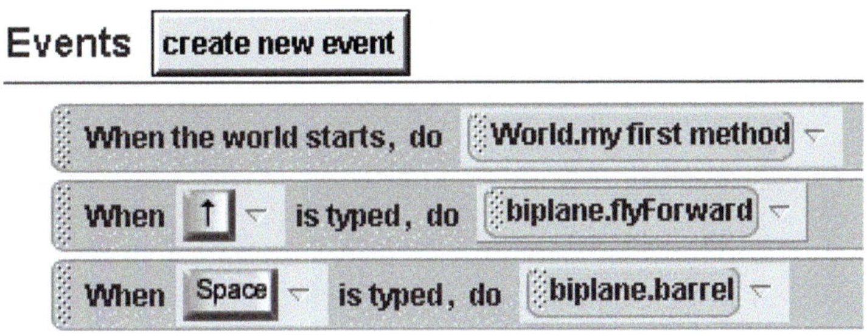

그림 5-1-8. 연결이 완성됨

어떻게 앨리스 시스템이 사건들과 연동되어 일하는지 궁금해질 수도 있겠다. 앨리스는 무한 반복에 있다(이것은 정지하라고 명령을 받기 전까지 계속 수행한다.). 시스템은 연속적으로 사용자가 키나 마우스를 클릭했는지 신경을 쓴다. 만약 키가 눌러졌으면 키가 위쪽 방향 화살표 키인지 스페이스바 인지에 따라 적절한 메소드를 호출하도록 의사결정을 한다. 만약 다른 키가 눌러졌으면, 이 사건은 버리고 어떠한 메소드도 호출되지 않는다. 마우스를 정지 버튼위에서 클릭하면 프로그램이 종료한다(혹은 실시간 수행 창을 종료한다.). 다른 어떠한 곳에 마우스를 클릭하면 어떠한 영향도 없다.

시험하기

이제 가상세계는 시험돼야 한다. 비행 시뮬레이터를 시험하기 위해서는, 가상세계를 단순히 저장하고 **Play** 버튼만 눌러라. 위쪽 방향 화살표 키가 눌러지기 전까지는 어떠한 일도 발생하지 않는데, 위쪽 방향 화살표 키 누름은 biplane이 *flyForward* 메소드를 호출하게 만든다.

시간과 메소드는 왼쪽 및 오른 쪽 화실표 키를 위해서도 만들어질 수 있었고, 다른 곡예비행을 하기 위한 코드도 작성될 수 있었다(예 1 을 보라). 그러나 프로그램을 개발하는 중에 사건 처리 메소드를 시험하는 것이 중요하다. 메소드를 하나 작성하고 시험하라, 그리고 또 다른 메소드를 하나 작성하고 또 시험하라. 그리하여 프로그램이 완성될 때까지 하라. 이것은 ***증가적인 개발***(incremental development)라고 하며, 프로그램 개발 전략으로 추천된다. 장점은 여러분의 프로그램을 논리오류를 잡아내는 것을 쉽게 한다. 뭔가 작동하지 않을 때, 다른 데서 문제를 일으키기 전에 오류를 수정할 수 있다.

메모: 비행 시뮬레이션기와 같은 상호작용(대화) 가상세계는 시뮬레이션이 적절히 작동하게 만들기 위해서는 사용자가 어떤 키를 누를 것인지 알아야 하는 것을 요구한다. 안내 시스템용 간략한 설명을 위한 3차원 글자나 게시판을 그리기 위해서, *World.my first method*에 시작시 수행되는 메소드를 작성할 수도 있다. 몇 초 후에, 3차원 글자나 게시판이 사라지도록 할 수 있고, (*isShowing* 특성을 거짓으로 설정하면 사라진다.) 이후 프로그램이 시작되도록 할 수 있다. 3차원 글자나 게시판은 요령 및 기법 2에 나타나 있다.

사건은 가상세계 수준임

이 예에서는, 사건이 가상세계와 연관 지어졌다. 앨리스에서는 모든 사건이 가상세계 수준이라고 말할 수 있다. 이것을 이 방법으로 생각해 보자: 항상 앨리스 가상세계는 사건이 일어나는지 살핀다. 사건이 일어나면, 사건에 대응하기 위하여 메소드가 호출된다. 각각의 새로운 가상세계와 더불어 그 세계에 필요하면 사건을 추가할 수 있다.

5-2 매개변수 및 사건 처리 메소드

4장에서 봤듯이, 매개변수는 강력한 도구이다. 이들은 다른 객체들과 다른 수치 값들과 작업할 수 있도록 메소드를 환경에 맞추는 것을 가능하게 한다. 이들을 사용하면, 가상세계 수준이나 클래스 수준의 메소드들을 작성하는 데 유용하다. 이 절에서는, 매개변수들을 사건들에 어떻게 사용하는지 그리고 상호작용(대화)형 프로그램의 사건 처리 메소드들에 어떻게 사용하는지 공부한다.

다시 한 번 예로 들은 상호작용(대화)형 프로그램의 개념을 나타내는 정황을 제공해

준다. 첫 번째 예는 사건을 처리하는 메소드들에 매개변수를 어떻게 쓰는가를 나타낸다. 두 번째 예는 어떻게 사용자가 객체 위를 클릭하는 것을 허용하고, 그리고 클릭된 객체정보를 사건 처리 메소드에 넘기는지를 보여준다. 마우스를 클릭하여 선택하는 기법은 게임 프로그래밍과 시뮬레이션에 있어서 중요한 기법이다.

간단한 예

불에 타는 빌딩(Buildings 폴더에 있음)의 응급상황에 소방차(Vehicles 폴더에 있음)가 호출되었다. 각각의 층에는 한 사람과 불이 붙은 효과를 내는 객체 하나씩 있다. 트럭은 각각의 사람들이 안전한 곳으로 내려올 수 있도록 사다리를 늘일 필요가 있다. 초기 화면은 그림 5-2-1에 나타나 있다.

그림 5-2-1. 불에 타는 빌딩 초기 화면

설계-스토리보드

상호작용(대화)형 프로그램의 스토리보드를 설계하기 위하여, 어떤 사건이 일어나며 어떤 사건 처리 메소드가 필요할런 지 생각이 필요하다. 사용자가 사다리를 뻗쳐 구조할 사람을 선택하는 것을 허용하자. 문자로 된 스토리보드는 다음과 같다.

사건: guy1을 클릭함 **연동하는 메소드:** 1층에 있는 남자를 구조함	**사건:** girl3을 클릭함 **연동하는 메소드:** 3층에 있는 여자를 구조함

사건: girl2을 클릭함

연동하는 메소드:
2층에 있는 여자를 구조함

세 개의 사건들과 하나의 사건 처리 메소드

세 개의 사건으로 만드는 것이 가능하고, 각각의 사건에 해당하는 세 개의 사건 처리 메소드들을 작성하는 것도 가능했겠다. 그러나 모든 세 개의 반응이 동일하다는 점에 주목하자 - 사다리를 펼쳐서 사람이 사다리를 타고 내려오게 만들어서 사람을 구조한다. 세 개의 사건 처리 메소드를 작성하는 것은 불필요하다. 보다 나은 해법은 메소드를 하나만 작성하고 행동을 수행하기에 필요한 정보를 메소드에 넘기는 것이다.

구조를 시뮬레이션하기 위해서는, 사다리가 해당 층을 향하여야 하며, 사람이 있는 해당 층의 창으로 확장돼어야 한다. 그러면 사람이 사다리를 타고 소방차까지 내려온다. 최종적으로 사다리는 다른 사람을 구조할 준비를 하기 위하여 접어져야 한다. 우리는 *savePerson*이란 이름을 가진 하나의 사건 처리 메소드를 작성할 것이다. 우리가 내려야 할 결정은 *savePerson* 메소드를 가상세계 수준으로 작성할 것인지 아니면 클래스 수준으로 작성할 것인지 이다. 모든 행동을 하는 것은 객체이므로, 소방차를 위하여 클래스 수준의 메소드로 구성하는 것이 일리가 있다. 반면에 다른 객체들(guy1, girl2, 및 girl3)은 행동의 목표가 된다. *savePerson* 메소드는 소방차를 위하여 클래스 수준의 메소드로 생성하도록 결정했고, 매개변수 이름은 *whichPerson*이고 목표되는 객체를 인수로 넘긴다(이 기법은 앞선 4장 3절에서 설명되었다.). 클래스 수준의 메소드를 사용하면 다른 가상세계에서 *savePerson* 메소드와 더불어 firetruck을 저장하여 재활용할 수 있다.

whichPerson 매개변수에 추가로 두 개의 매개변수가 더 필요하다: 어느 층에 사람이 있는지(그리하여 사다리가 올바른 층으로 향하게 할 수 있게) 그리고 사다리가 얼마나 길게 확장돼어야 하는지이다. *whichFloor* 매개변수와 *whichPerson* 매개변수는 객체 종류이다. 세 번째 매개변수인 *howFar*는 사다리를 펼치기 위한 거리 정보를 가지며 종류는 Number 이다. *savePerson* 메소드를 위한 가능한 스토리보드는 :

savePerson

매개변수들: *whichFloor, whichPerson, howFar*

다음 단계들을 순서대로 수행하라(Do in order).

 *whichFloor*로 사다리가 향하게 함

 사다리를 *howFar* 미터 확장함

 *whichPerson*이 사다리를 타고 소방차로 미끄러져 내려옴

 사다리를 *howFar* 미터만큼 접음

코드는 그림 5-2-2에 타나나 있다. 사다리의 밑바닥에 있는 회전이음새는 *whichFloor* (사람이 있는 층)으로 향한다. 그 후 사다리가 층에 도달하기 위하여 *howFar* 미터만큼 펼쳐진다(*smallLadder move forward*). 사람이 사다리를 타고(*whichPerson move to*) 소방차로 미끄러져 내려온다. 사다리를 앞에서 펼친 길이(*howFar*)와 동일하게 접는다.

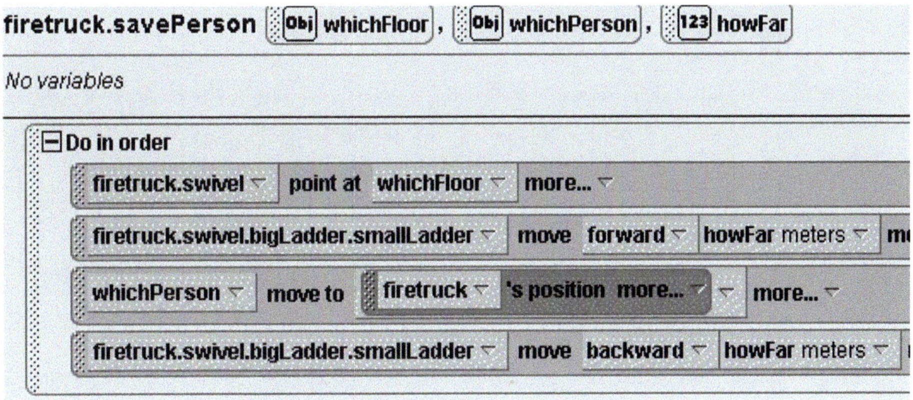

그림 5-2-2. *savePerson* 메소드를 위한 코드

사건들을 사건 처리 메소드에 연결함

세 개의 사건이 가능하므로, 그림 5-2-3에 보여진 대로 마우스 클릭함으로써 선택할 수 있는 각각의 사람당 하나의 사건이 할당되어, 세 개의 사건들이 사건 편집창에 만들어 졌다. 각각의 사건에는 동일한 사건 처리 메소드(*fitrtruck.savePerson*)가 호출된다. 매개변수에 보내지는 인수는 어느 사람이 선택되느냐에 좌지우지한다. 만약 3층에 있는 randomGirl3가 클릭되었다면, *whichFloor*에게는 *burningBuilding.thirdFloor*가 보내지고, *whichPerson*에는 randomGirl3가 보내지고, *howFar*에는 3 미터(3층까지의 사다리 길이)가 보내진다(우리의 가상세계를 설정할 때, 불타는 빌딩과 소방차의 위치는 3 층까지 사다리 길이는 3 미터, 2 층까지 사다리 길이는 2 미터, 그리고 1 층까지 사다리 길이는 1 미터로 설정했다.).

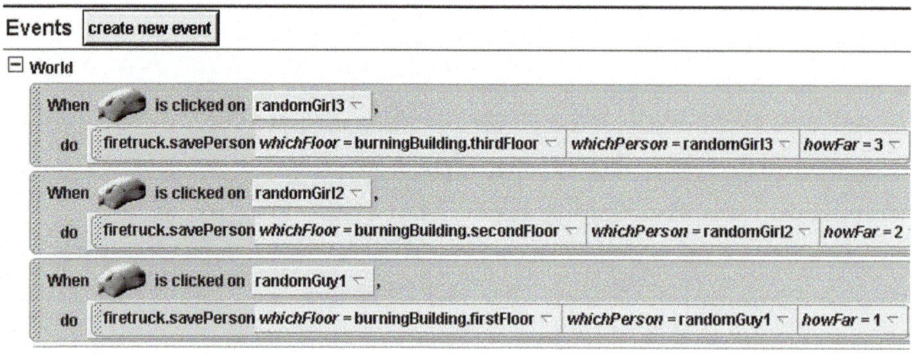

그림 5-2-3. 세 사건들: 클릭될 수 있는 각각의 객체당 하나씩.

시험하기

사건을 연동하는 프로그래밍에 있어서 매개변수가 사용될 때, 애니메이션을 몇 번 수행해 보는 것이 매우 중요한 데, 매번 다른 사건을 생성하여 각각의 매개변수로 넘어가는 가능한 매개변수들 값이 우리가 기대하는 대로 잘 작동하는지 확인해야 한다. 매개변수로 수치 값을 넘길 경우, 잘 알려진 지침은 작은 값으로 시도해 보고, 큰 값으로 시도해 보고, 음수 값도 시도해 보는 것인데, 이것은 다양한 값들에 대해 프로그램이 잘 작동하는 지 확인하기 위함이다. 이 예에서는 음수 값이 사용되지 않기는 하지만, 음수 값을 넘겨봐서 어떤 현상이 발생하는 지 확인해 보라. 만약 여러분의 컴퓨터가 주변에 있으면 이 절을 읽는 이 순간 시험해 보라.

보다 복잡한 예

사건을 연동하는 프로그래밍에 있어서, 한 사건에 대한 대응은 몇 개의 행동을 포함할 수도 있다. 대응을 하기 위한 사건 처리 메소드를 작성하는 것은 좀 뒤죽박죽 될 수도 있다. 복잡한 대응을 다루기 위한 한 방법은 사건 처리 메소드를 작은 부분으로 나누는 단계적 정제(점차적 상세화) 기법을 사용하는 것이다. 한 사건에 대한 여러 행동을 통한 대응을 다루기 위해 점차적 상세화 기법을 어떻게 사용하는 지 일례를 들어 설명한다.

이 애니메이션은 고대 그리스 비극의 시뮬레이션이다(고대 그리스는 비극 드라마의 주된 소재이다.). 고대 그리스 신화에서 제우스는 전지전능한 신이었다. 만약 제우스가 성을 내면, 하늘에서 천둥번개가 치고 방해가 되는 사람은 벼락을 맞았다. 초기 장면은 제우스(People 폴더에 있음)가 벼락 객체 및 구름 위에서 신전(Environment 폴더에 있음) 및 신전에 있는 그리스 철학자들(에우리피데스 Euripides, 플라톤 Plato, 소크라테스 Socrates 및 호머 Homer)들을 바라보고 있다. 초기 신전 장면은 그림 5-2-4에 나타나 있다. 벼락 객체(제우스 바로 앞에 있는 것)는 구름 내부에 가려져 있다. 또한 특수 효과인 연기 객체는 지표 5 미터 지하에 위치해 있다(초기 장면에는 연기는 보여지지 않는다.).

그림 5-2-4. 그리스 비극 초기 장면

설계-스토리보드

이 애니메이션을 상호작용(대화)적으로 만들기 위하여, 제우스의 분노에 대한 다음 번 희생양인 객체를 사용자가 선택하도록 할 것이다. 사용자가 객체를 클릭하면, 그 객체는 사건 처리 메소드에게 전해질 것이다. 마우스 클릭 사건의 대응으로 어떤 행동이 일어나야 할까? 먼저 제우스가 선택된 객체를 향해 보고 천둥번개가 가시적으로 될 것이다. 그런 후, 벼락이 그 객체를 치려고 번쩍 그리며 내려간다. 그 객체가 슬픈 운명을 맞은 것을 나타내기 위한 특수 효과로 연기가 사용될 것이다. 그러면 천둥번개는 다른 벼락을 치기 위하여 원상태로 되돌려져야 한다(상호 작용(대화)적인 가상세계에서는 사용자가 하나 이상의 객체를 클릭할 수 있다.).

명백하게 사건 처리 메소드는 많은 다양한 행동을 포함할 것이다. *shootBolt*라 명명된 사건 처리 메소드를 조직하기 위하여, 전체 행위를 요약하는 스토리보드부터 시작하자. 임의로 이름이 붙여진 who란 매개변수는 클릭된 객체를 보내기 위하여 사용된다.

사건: 객체가 마우스로 클릭되었다.

사건 처리기: *shootBolt*

매개변수: *who*-클릭된 객체

다음 단계들을 순서대로 수행하라(Do in order).
- 클릭된 객체를 벼락치기 위하여 준비한다.
- 천둥 소리가 나며 벼락이 클릭된 객체를 친다.
- 다음번 벼락을 위하여 원위치한다.

스토리보드에는 *다음 단계들을 순서대로 수행하라(Do in order)* 블록의 첫 번째 두 라인에는 실제적으로 많은 행동으로 구성되어 있다. 만약 우리가 하나의 메소드로 이것들을 코딩하려면, 코드 줄 수가 아주 많을 것이다. 많은 줄의 코드로 된 긴 메소드는 읽어서 논리오류를 찾기가 종종 힘들다. 이 설계를 조그마한 부분으로 나누기 위하여 단계적 정제(점차적 상세화) 기법을 사용하자. 첫 번째 줄을 위하여 *prepareToShoot*란 메소드를 작성하고, 두 번째 줄을 위해서는 *lightningAndThunder*를 작성한다. 세 번째 줄의 다음 벼락을 치기 위하여 준비하기 위한 것은 하나의 *move to* 명령을 사용하여 수행될 수 있다. 수정된 스토리보드는 이렇게 보인다:

사건: 객체가 마우스로 클릭되었다.

사건 처리기: *shootBolt*

매개변수: *who*-클릭된 객체

다음 단계들을 순서대로 수행하라(Do in order).
　*prepareToShoot*란 메소드를 호출한다-목표로 *who*를 보낸다.
　lightningAndThunder 란 메소드를 호출한다-목표로 *who*를 보낸다.
　벼락은 구름의 위치로 이동한다.

이제 *shootBolt* 메소드는 단순히 두 개의 다른 메소드를 호출하고 구름 뒤로 벼락 객체를 움직이면 되므로 작성하기 쉽다. 다른 메소드들로의 호출을 조직하는 것 이외에 아주 작은 일만 하는 메소드를 **구동기**(driver)라 부른다. 구동기는 메소드들을 조직하고 호출한다. 호출된 메소드들이 거의 대부분의 일을 한다. *shootBolt* 메소드에 의해 수행되는 중요한 역할은 클릭된 객체(*who*)를 호출되는 메소드로 넘겨주는 것이다. 각각의 호출된 메소드들은 클릭된 객체를 자신의 행동의 목표로 삼을 것이다.

이제 *prepareToShoot*와 *lightningAndThunder*란 메소드가 작성되어졌다고 가정하자(추후에 작성할 것이다.). 그러면 그림 5-2-5와 같이 shootBolt란 메소드를 작성할 수 있다.

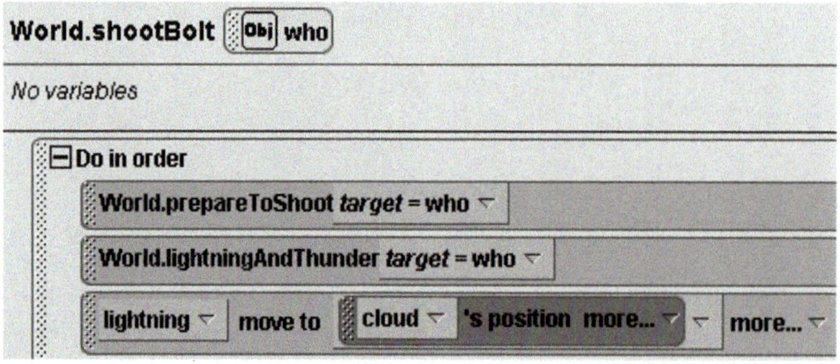

그림 5-2-5. *shootBolt* 사건 처리 메소드가 다른 메소드들을 호출함

이제 사건 처리 메소드가 다른 메소드들을 호출할 구동기로 어떻게 역할을 할 수 있는지 전반적인 아이디어를 가지고 있으니, 호출된 메소드들을 작성하자. 먼저 prepareToShoot 메소드는 클릭된 객체에게 쏘기 위하여 제우스와 벼락을 준비한다. 간단한 스토리보드는:

> *prepareToShoot*
>
> **매개변수:** target
>
> *다음 단계들을 함께 수행하라(Do together).*
>
> 목표물을 보기 위하여 제우스를 회전한다.
>
> 벼락이 보이도록 만든다.

turn to face 명령은 제우스가 목표물을 보도록 만들 것이다. 가상세계를 설정하는데 있어서, 벼락은 불투명도를 0%로 설정함으로써 보이지 않게 만들었다. 장면 내내 번개가 번쩍거리는 것을 보기 위해 벼락을 가시적으로 만들기 위해서는, 불투명도를 100%로 설정하기 위한 명령문을 작성한다. 그림 5-2-6에는 *prepareToShoot* 메소드를 위한 코드가 나타나 있다.

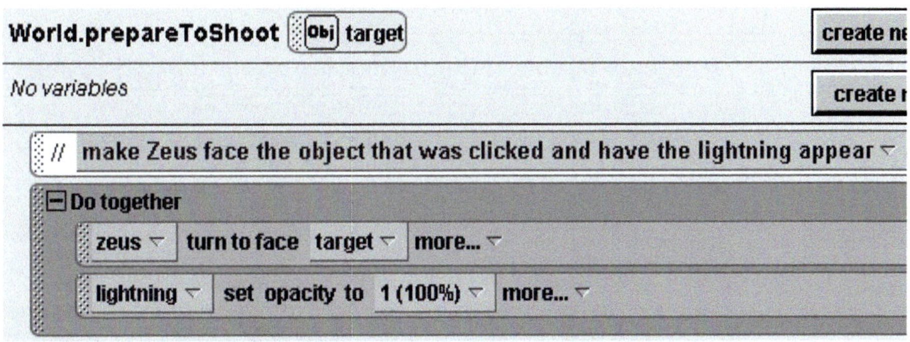

그림 5-2-6. *prepareToShoot* 메소드

두 번째 메소드인 *lightningAndThunder*에서는, 목표로 설정된 철학자를 벼락침과 동시에 천둥소리도 울린다. 물론 벼락은 몇몇(연기, 색 변화, 철학자가 뜀) 특수 효과도 수반해야 한다. 이 특수 효과는 많은 행동들을 포함시킨다. 한 번 더 단계적 정제(점차적 상세화) 기법을 사용하여 우리의 코드를 작은 부분으로 나눌 것이다. 소리를 재생하고 *specialEffects* 메소드로 호출을 동시에 하기위해 다음 단계들을 함께 수행하라(Do together). 블록이 사용될 것이다. *lightningAndThunder* 메소드를 위한 스토리보드는 :

lightningAndThunder

매개변수: target

다음 단계들을 함께 수행하라(Do together).
소리를 재생함
*specialEffects*란 메소드를 호출한다 – 희생양으로써 *target*을 보낸다.

이제 설계를 완성했으므로, 설계를 프로그램 코드로 변환할 준비가 되었다. *specialEffects* 메소드가 벌써 작성된 것으로 가정하자. 그러면 *lightningAndThunder* 메소드를 그림 5-2-7과 같이 작성할 수 있을 것이다. 소리를 재생함과 동시에 다른 행동을 하는 것은 소리를 재생하는 데 걸리는 시간과 특수효과를 하는데 필요한 시간과 일치해야 한다. 이 프로그램에서는 짧은 시간 동안의 지연을 만들기 위하여 play sound 명령에 wait 명령을 끼워 넣어서 제일 좋은 효과를 보았다. *specialEffects* 메소드로의 호출에는 벼락이 칠 때의 희생양으로 *target*을 보낸다.

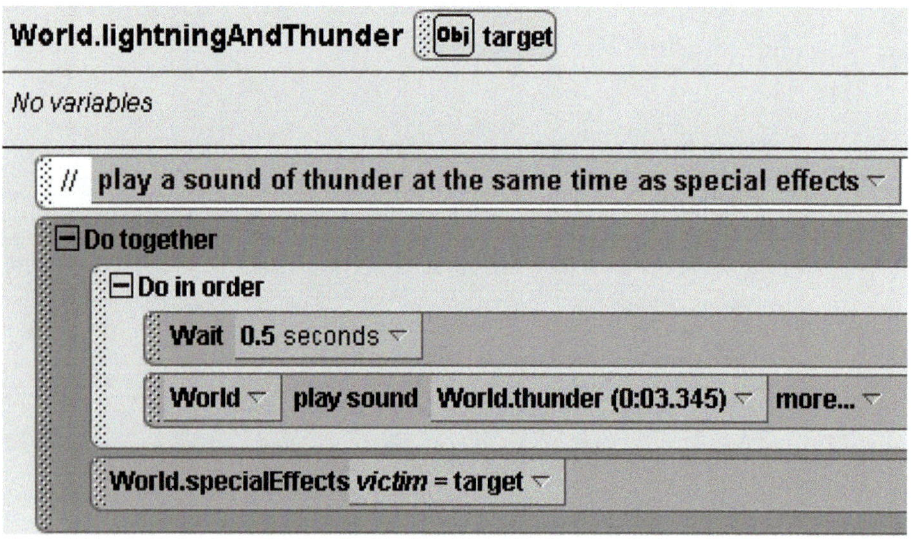

그림 5-2-7. *lightningAndThunder* 메소드를 위한 코드

최종적으로 *specialEffects* 메소드를 작성할 시간이다. 먼저 벼락이 치고 그 후 연기가 목표 객체(victim, 희생양) 주위에 피어올라야 한다. 희생양은 벼락 맞은 효과를 보여야 한다 - 색을 변화시키고 뛰어올랐다가 내려감. *specialEffects*를 위한 스토리 보드는:

```
specialEffects

매개변수: victim

다음 단계들을 순서대로 수행하라(Do in order).
    다음 단계들을 함께 수행하라(Do together).
        벼락이 희생양에게로 이동함
        연기가 희생양에게로 이동함
    다음 단계들을 함께 수행하라(Do together).
        연기를 보일 수 있도록 설정
        번개가 보일 수 있도록 설정
        smoke란 미리 만들어진 메소드를 호출함
        희생양의 색깔을 검은색으로 설정함
        목표물을 위로 이동했다 아래로 이동시킴
    다음 단계들을 함께 수행하라(Do together).
        연기의 불투명도를 1로 설정함
        연기가 5 미터 아래로 이동함
```

*move to*와 더불어 객체 매개변수를 사용하기

*specialEffects*를 위한 스토리보드를 프로그램 코드로 변환할 준비가 되었다. 가장 문제를 일으키는 명령이 "벼락이 희생양에게로 이동함"과 "연기가 희생양에게로 이동함"이다. *move to* 명령은 객체가 옮겨가야 할 가상세계에서의 위치를 알 필요가 있다. *move to*의 목표가 다른 객체나 객체의 일부분의 위치일 경우 문제없다. 이 예에서는 벼락을 구름에서 *victim*(객체 매개변수)으로 이동하기를 원하는데, 이것은 쉽다. 그림 5-2-8에 나타난 대로, *lightning move to* 타일을 편집창으로 끌고 가서 목표 객체로 팝업 메뉴에서 *expression* → *victim* 이라고 선택하기만 하면 된다.

결과는 다음과 같다:

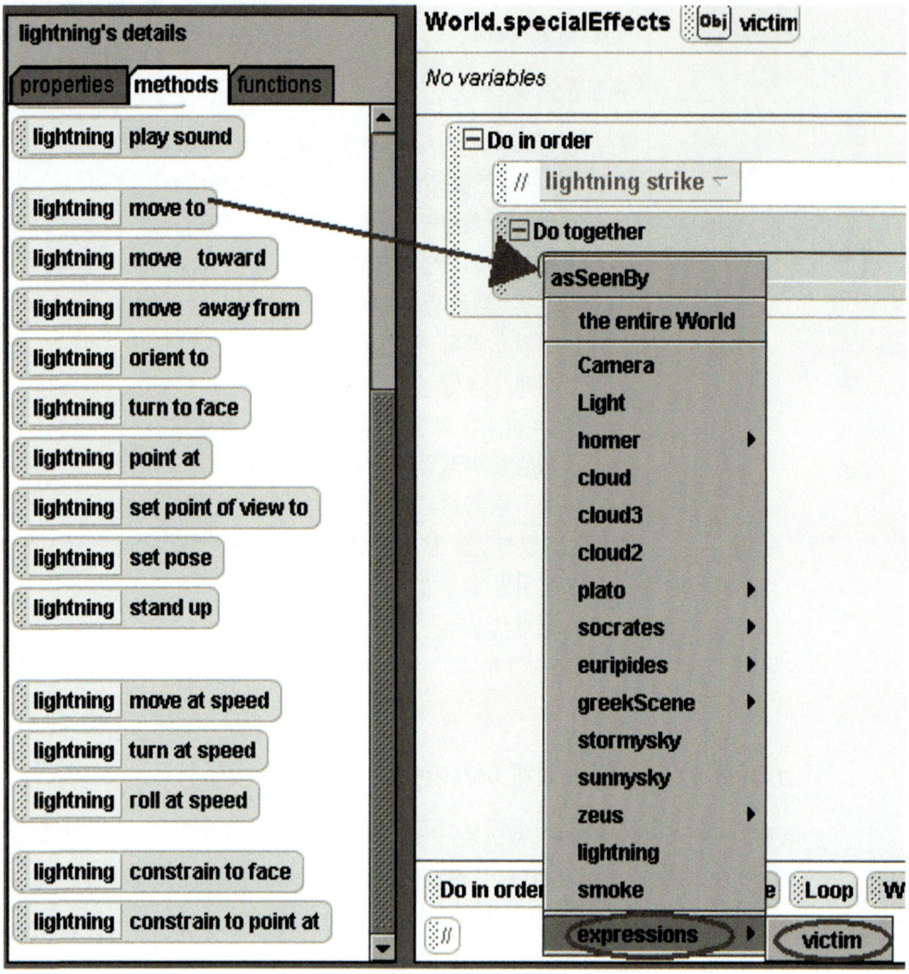

그림 5-2-8. 희생양의 위치를 *move to* 명령의 목표로 선택하기

유사하게 연기를 희생양의 위치로 이동하기 위한 명령이 생성되었다. 벼락이 치고 나서, 번개가 보이지 않을 필요가 있고 연기는 보여질 필요가 있다. 이것은 set opacity 명령을 사용하여 이룰 수 있다. 그림 5-2-9는 *specialEffects* 메소드의 완벽한 구현을 보여준다. 만약 앨리스 2.2를 사용하면 opacity 대신에 isShowing을 사용하라.

specialEffects 메소드에서는, 연기를 위하여 내장된 메소드(*cycle Smoke*)를 사용하는 장점을 누렸다. 벼락이 치는 효과를 애니메이션하기 위해서는, 목표 물체의 색깔이 검은색으로 설정되고 몸이 위로 이동했다 아래로 이동한다.

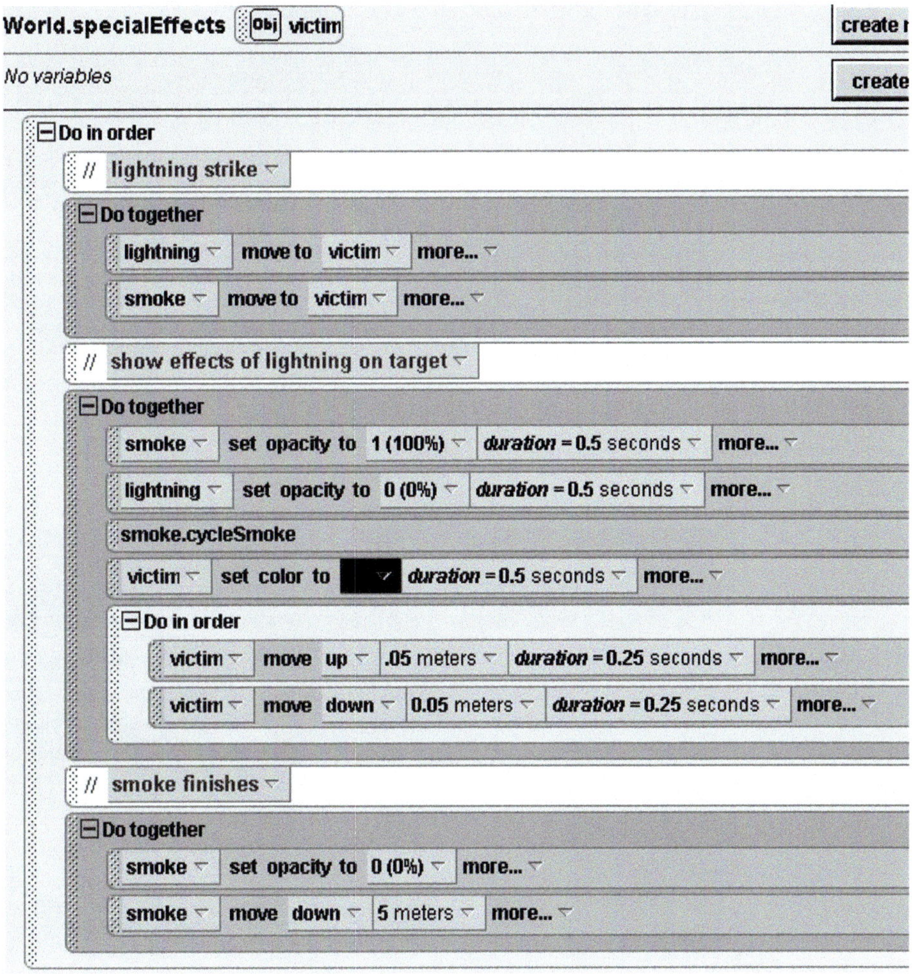

그림 5-2-9. *specialEffects* 메소드

이제 남은 일은 마우스 클릭 사건을 *shootBolt* 사건 처리 메소드에 연결하는 것이다. 사건 편집창에서 *when the mouse is clicked on something*(마우스가 뭔가를 클릭했을 때)을 선택하라. 그 후, *shootBolt* 메소드 타일을 연결로 끌고 가라. 물론 *shootBolt*는 클릭된 객체를 알아낼 인수를 넘겨주기를 원할 것이다. 그림 5-2-10과 같이 *expressions*를 선택하고 그 후 *object under mouse cursor*를 선택하라.

프로그램을 시험하기

제우스 가상세계는 이제 완전하다. 자연적으로 우리는 프로그램을 수행해 봐서 시험을 하고 제우스가 벼락을 치도록 프로그램을 작동해 봐야 한다. 우리가 이 프로그램을 시험할 때, 벼락이 목표물에 제대로 맞는지 각각의 철학자를 클릭한다. 그러나 우리가 구름을 클릭하면 벼락이 구름을 맞추고 구름 색깔이 검은색으로 바뀐다. 우리가 장면 자체를 클릭하면, 장면 전체가 검은색으로 바뀐다! 그리고 제우스를 클릭하면 앨리스가 불평한다(제우스는 자기 자신을 벼락으로 때리지 못한다!). 이것은 우리가 원하거나 기대했던 바가 아니다. 애니메이션과 관련된 다른 문제는 벼락을 벌써 맞은 객체를 사용자가 또 선택할 수 있다는 것이다. 이들 문제에 대한 해결이 다음 장에 나타나 있다.

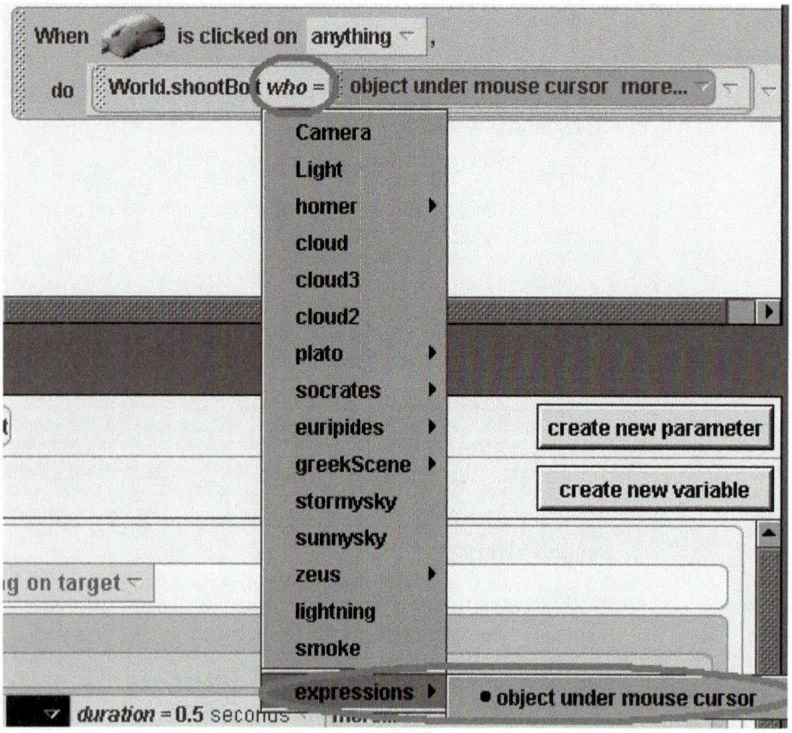

그림 5-2-10. *object under mouse cursor*(마우스 커서 밑의 객체)를 매개변수로써 전달 함

요령 및 기법 5

여러분 자신의 사람 모델을 생성하는 법

갤러리는 여러분의 가상세계를 만드는데 사용할 수백 개의 3차원 모델을 갖고 있다. 앨리스는 그래픽 모델을 생성할 수 있는 도구가 아니나, 그림 T-5-1과 같이 두 개의 특별한 사람을 만들기 위한 선택사항(*hebuilder* 남자 만들기와 *shebuilder* 여자만들기)이 지역 갤러리의 People 폴더에 있다. *hebuilder*나 *shebuilder*에 클릭하면 사람을 만들기 위한 창이 뜨는데(그림 T-5-2), 여기서 여러분은 원하는 몸통 형태, 머리카락, 피부색, 눈과 옷을 선택한다. 여러분이 선택을 완료했으면, OK 버튼을 클릭하여 객체의 이름을 바꾸고 여러분의 가상세계에 추가한다.

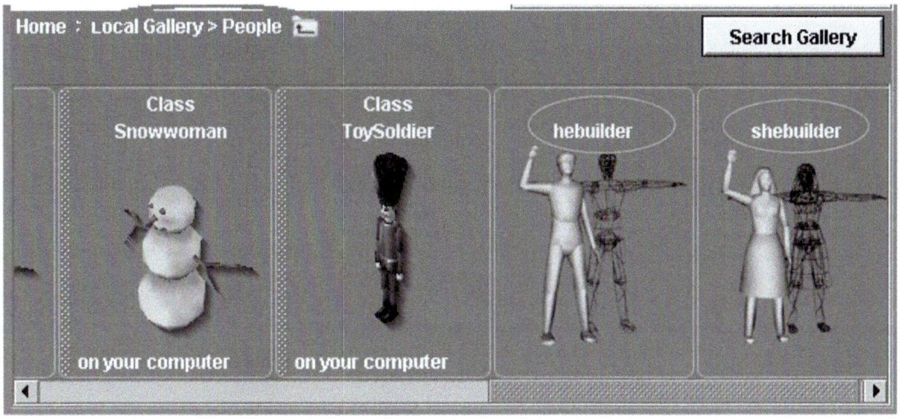

그림 T-5-1. *hebuilder* 남자 만들기와 *shebuilder* 여자 만들기 모델 만드는 도구

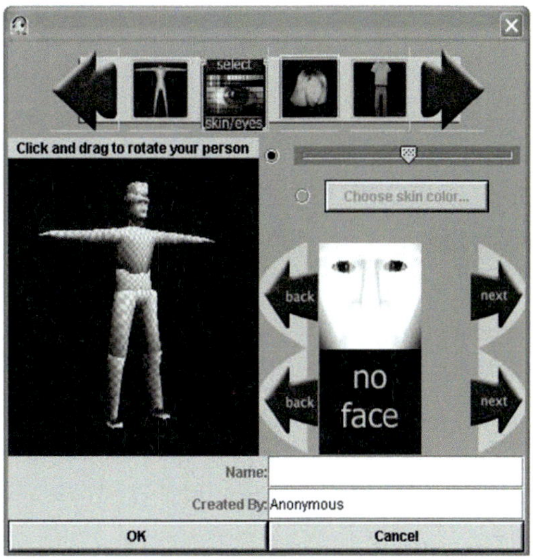

그림 T-5-2. 사람 만드는 도구

hebuilder/shebuilder 사람을 위한 특별한 내장된 메소드

여러분이 만드는 사람을 위하여 앨리스에서는 자동적으로 몇몇의 내장된 메소드를 정의한다. 그림 T-5-3은 이들 메소드들을 나타낸다.

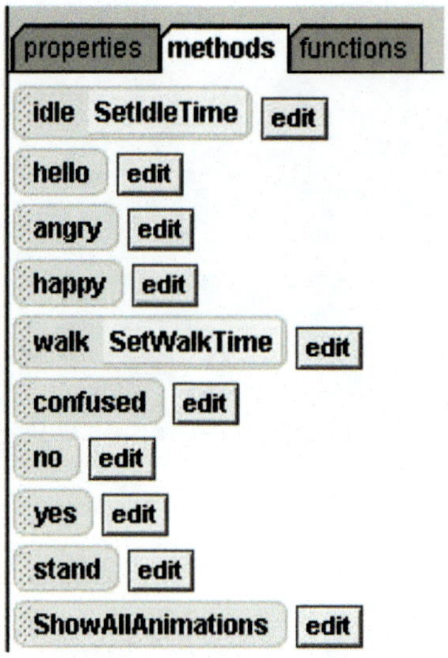

그림 T-5-3. hebuilder/shebuilder를 사용하여 만들어진 사람을 위한 내장된 메소드들

여러분의 가상세계에서 이들 메소드들의 각각을 시험해 보는 것은 가치 있는 일이다. 이 메소드들 중 많은 것은 여러분이 만든 사람이 다양한 감정을 표현하게 해 준다. *walk*(걷다) 메소드는 특히 여러분의 주의를 끌 가치가 있다. 이 메소드는 여러분 자신이 *walk* 메소드를 작성하기 힘들기 때문에 실제 장점을 제공해 준다. 그러나 *walk* 메소드는 사람이 한자리에 서서 앞으로 나아가지 않고 걷는 흉내만 내게 만든다. 그러므로 *walk* 메소드를 호출할 때에는 *move forward*(앞으로 이동) 명령과 쌍을 이루어서, *다음 단계들을 함께 수행하라(Do together)* 를 사용해서 해야 한다. 그림 T-5-4는 Steve란 사람이 앞으로 2 미터를 걷는 코드를 나타낸다.

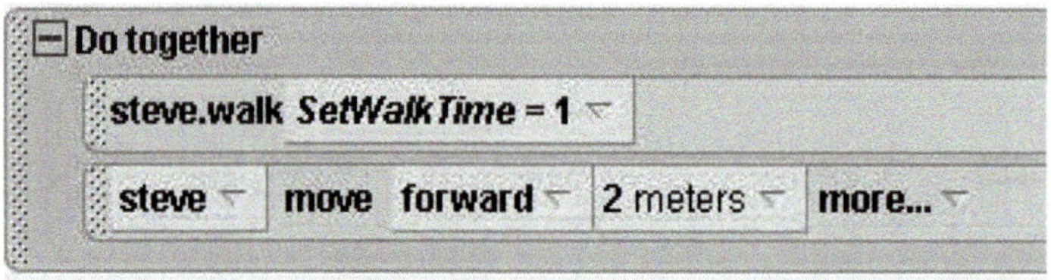

그림 T-5-4. 내장된 *walk* 메소드를 *move forward* 메소드와 쌍을 이루기

메모: 내장된 메소드를 구현할 때, 앨리스는 흉내내기를 사용한다(요령 및 기법 9를 보라). 만약 물체의 크기가 변경되면(장면 설정이나 수행 도중이나) 내장된 메소드는 제대로 작동하지 않을 수 있다. 우리는 여러분이 hebuilder/shebuilder를 사용하여 만들어진 사람 객체의 크기를 조정하지 않기를 권한다. 대신 여러분이 가상세계를 설정할 때, 여러분의 장면의 다른 객체들의 크기를 조정하라.

요약

이 장의 초점은 상호작용(대화)적이고 사건에 연동된 가상세계를 만드는데 있었다. 사건을 허용하는 가상세계는 게임과 유사한 애니메이션 및 시뮬레이션과 같은 보다 훨씬 흥미 있는 가상세계를 만들 수 있게 해 준다. 많은 객체지향 프로그래밍 언어에서는 사건에 연동된 프로그래밍 기술은 고도의 주제에 대한 지식을 요한다. 사건 편집창은 사건을 생성하고 그것을 사건 처리 메소드와 연결시킬 수 있게 해준다. 사건 처리 메소드는 사건이 일어나는 매번 행동을 취할 의무를 가진다. 사건 편집창은 사건으로 인한 구동형 프로그래밍에 있어서 복잡한 자세한 부분을 많이 처리해 준다.

이 장에 있어서 중요한 개념

- 사건은 일어나는 것이다.
- 사건은 사용자의 입력(키보드의 키를 누르기, 마우스를 클릭하기, 조이스틱을 움직이기)에 의하여 생성된다.
- 사건은 사건 처리 메소드에 연결된다.
- 매번 사건이 일어날 때 그에 해당하는 사건 처리 메소드가 호출된다. 이것은 사건에 의해 구동되는(사건과 연동된) 프로그래밍을 의미한다.
- 사건 처리 메소드는 시간에 대한 응대를 수행하기 위한 명령을 포함하고 있다.
- 사건이 발생하면 사건 처리 메소드로 매개변수가 전달될 수 있다.
- 매개변수는 몇몇 연관된 사건을 처리할 하나의 메소드만 작성하는 것을 가능하도록 한다.
- 점진적인 개발은 완전한 프로그램이 완성될 때까지 여러분이 여러분의 프로그램의 작은 일부분을 작성하고 시험한 후, 그 다음 작은 일부분을 작성하고 시험하는 등의 작업을 반복하는 것이다. 점진적인 개발은 여러분의 프로그램을 쉽게 논리 오류를 찾도록 해주는 또 다른 기법이다.

프로그래밍 용어들

흐름의 제어(control of flow)	점진적 개발(incremental development)
사건(event)	상호작용적인(대화의, interactive)
사건 처리 메소드(event handling method)	

질문

1. 어떤 점에서 상호작용(대화)적인 애니메이션 프로그램이 비 상호작용(대화)적인 (영화같은) 애니메이션 프로그램과 차이가 나는가?

2. 실행시간에 사건이 어떻게 일어나는가?
3. 앨리스 시스템에서 발생할 수 있는 사건 다섯 가지를 나열하라.
4. 앨리스 시스템 어느 부분이 사건을 사건 처리 메소드에 연결할 때 사용되나?
5. 사건 처리 메소드에서 하나 이상의 매개변수를 사용하는 장점이 무엇인가?
6. 왜 다양한 인수 값을 사용하여 매개변수를 사용하는 사건 처리 메소드를 시험해봐야 하나?
7. 상호작용(대화)적인 프로그램을 개발할 때, 점진적인 개발 기법의 장점이 무엇인가?
8. 앨리스에서 사건이 왜 가상세계 수준으로 간주되는가?
9. 하나의 사건 처리 메소드가 하나 이상의 사건에 대해 반응을 하도록 만드는 것이 어떻게 가능한가?
10. 앨리스 시스템이 "가상세계가 처음 시작할 때"란 사건을 가지고 있다고 가정하자. 프로그램이 수행될 때, 이 사건은 몇 번 발생하겠는가?
11. 아래의 5-1 연습문제 8번에서
    (a) 문자형 스토리보드를 제작하라
    (b) 흐름도를 스케치하라.

연습문제와 프로젝트

5-1 연습문제

1. *비행기 시뮬레이터 완성*
   (a) 이 절에서 제시된 복엽기의 공중 곡예비행 예를 위한 가상세계를 생성하라. *flyForward* 와 *barrel* 사건 처리 메소드를 구현하고, 이 메소드들을 상응하는 사건에 연결하라. 키를 누르는 사이의 애니메이션은 멈춤을 줄이기 위하여 이동하고 회전하는 행동을 급격한 스타일로 하라. 만약 여러분의 컴퓨터가 소리가 지원되면, 복엽기 애니메이션을 보다 현실감 나게 하기 위하여 소리를 사용하라.
   (b) *flyForward* 메소드 와 *barrel* 메소드가 작동하면, 복엽기를 왼쪽 혹은 오른쪽으로 몰기 위하여 왼쪽 화살표 키 및 오른쪽 화살표 키를 위한 사건 처리 메소드인 *flyLeft*와 *flyRight*를 추가하라.
   (c) 사용자가 엔터 키를 누를 때 작동할 *forwardLoop*란 앞쪽으로 빙빙 도는 스턴트 비행을 추가하라.

2. *비행기 시뮬레이터 - 다른 버전*
   화살표 키-누름 사건은 사용자가 누른 키를 뗄 때 작동한다. 물론 이것은 여러 키-

누름/뗌 사건이 비행기를 계속 움직이게 하기 위하여 필요하다는 것을 의미한다. 이 연습에서는, 여러분은 다양한 종류의 사건을 실험할 수 있다. 두 번째 버전의 복엽기 가상세계를 제작하라(**File** → **SaveAs**를 사용하여 다른 이름으로 가상세계를 저장하라.). 가상세계의 두 번째 버전은, *flyForward*, *flyLeft*와 *flyRight* 사건 처리 메소드들로의 연결을 하기 위한 사건을 제거하라. 사건 편집창에서 "*let the arrow keys move 〈subject〉*"를 선택하여 새로운 사건 처리를 생성하라.

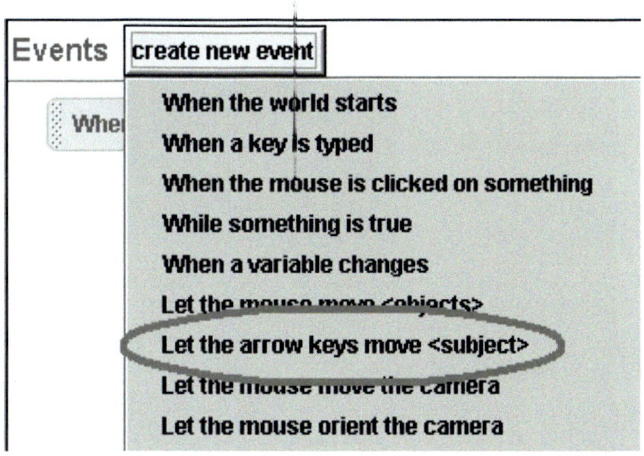

그 후, 다음에 보여진 대로, 복엽기를 연결하라. 효과를 보기 위해 비행 시뮬레이션기를 돌려봐라.

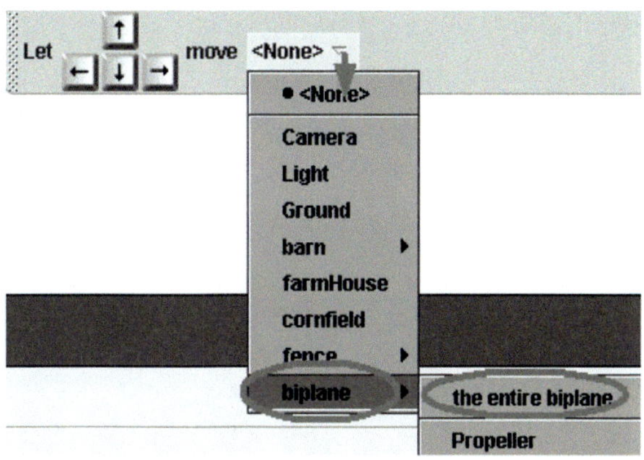

3. *로봇 원격 제어기*

이 예를 위한 가상세계는 2-4 장에서 나온 "첫 만남" 가상세계와 유사하다. 그러나 이 가상세계에서는 일종의 리모컨과 비슷한 제어를 사용하여 사용자가 로봇을 제어하는 것을 허용하고자 한다. 하나의 가능한 방법은 TwoButton(버튼 2개짜리) 스위치를 사용하여 로봇 제어 시스템을 시뮬레이션하는 것이다. 사용자가 스위치의 초록 버튼을 누르면, 걷는 동작을 제공하는 두 개의 다리를 사용하여 로봇은 앞으로 움직여야 한다. 사용자가 스위치상의 빨간 버튼을 누르면, 로봇은 반대 방향에 있는 다리 두 개를 사용하여 뒤로 이동해야 한다. 로봇이 몇 미터 앞 혹은 뒤로 이동하여야 할는지 사용자가 결정하도록 허용하기 위해 가상세계 수준의 함수인 "*ask the user for a number*(사용자에게 숫자를 물어라)"를 사용하라.

4. *타자 가정교사*

키보드를 보지 않고 빨리 타자치는 방법을 익히는 것은 많은 연습을 필요로 한다. 이 예에서는, 초보 타자치는 사람이 특별한 글자들을 타자치는 것을 격려하기 위한 타자 가정교사를 여러분이 만들려고 한다. 삼차원 글자를 사용하여 가상세계에 단어를 생성하고, (예를 들면, a, l, i, c 및 e 란 글자를 사용하여 ALICE란 3차원 단어를 생성할 수 있다.) 각 글자를 두 번 회전시키는 spin 메소드를 만들라. 키보드에서 사용자가 화면에 나타난 문자와 일치하는 문자를 입력하면, 스크린 상의 해당 글자가 spin 메소드를 수행하는 것이다. *spinWord*란 추가의 메소드를 포함시키는데, 이 메소드는 사용자가 스페이스바를 입력하면 단어 전체를 회전시키는 메소드이다.

힌트: 단어를 회전시키기 위해서 *asSeenBy*를 사용하라.

5. *회전 운동*

물리의 인기 있는 제목은 회전 운동의 공부이다. 최소한 네 개의 물체(컴퍼스, 우편함, 탁상시계 및 타이어)를 가진 가상세계를 생성하라. 각각의 물체가 완전히 한 바퀴 회전하는 현실감 나는 회전 메소드를 작성한 후, 다른 동작들을 하라. 예를 들면,

여러분의 물체 중의 하나가 컴퍼스이면, 컴퍼스의 바늘을 중심으로 한 방향으로 빠르게 회전한 후, 다른 방향으로 회전을 시키라. 물체가 클릭되면 그 물체를 회전시키는 메소드를 호출하도록 사건을 추가하라(만일 가상세계에 네 개의 물체가 있으면, 네 개의 사건이 필요할 것이다.).

6. *미친 과학자의 마술*

   누가 미친 과학자가 마술 기술이 없다고 이야기하는가? 미친 과학자(People 폴더에 있음)가 탁자(Furniture 폴더에 있음) 뒤에 있는 것을 이용하여 가상세계를 작성하라. 테이블 위에 세 개의 물체를 올려두라 - 예를 들면, 믹서기와 원통형 컵(Kitchen 폴더에 있음). 이 예의 주 안점은 탁자 위의 세 물체 중 아무거나 하나 마우스로 클릭되면, 미친 과학자가 물체를 보기 위하여 회전하고 팔을 들어올려서(일종의 주문을 거는 것과 유사) 물체가 여러분이 원하는 어떤 방향으로든지 회전하게 만든다. 원통형 컵은 일종의 액체가 들어있다. 미친 과학자가 잔에 주문을 걸 때, *isShowing* 특성을 거짓으로 설정하여 액체가 사라지도록 만들라.

7. *닌자 동작*

   닌자(People 폴더에 있는 EvilNinja)가 가라데 영화를 위하여 적성 검사를 받고 있고, 그 닌자는 약간의 연습을 필요로 한다. 도장 안에 닌자 객체가 있는 가상세계를 만들어라. 닌자가 연습할 필요가 있는 동작은 뛰기, 몸을 아래로 숙여 피하기, 찍기와 차기이다. 4장의 연습문제 12번을 작성하지 않았다면, 아래의 동작을 포함하는 닌자를 위한 동작 메소드를 작성하라.

kickLeft 와 kickRight: 발 돌리기 등의 적절한 움직임을 포함하여 닌자가 왼쪽/오른쪽 다리를 가지고 차기하기.

rightJab 과 leftJab: 닌자가 오른손/왼손을 가지고 주먹으로 찌르기 동작하기.

닌자의 뛰기, 몸을 아래로 숙여 피하기, 찍기 와 차기 동작을 사용자가 제어할 수 있는 사건 및 사건 처리 메소드를 만들라.

8. *Cheshire 고양이*

이상한 나라의 앨리스 책에 나오는 Cheshire 고양이(Animals 폴더)를 생각하자. 때로는 히죽거리는 웃음만 남기고 고양이가 사라지기도 한다. 다른 때에는 다시 고양이가 나타난다. 이러한 가상세계를 만들되, 스위치(Controls 폴더)의 빨간 버튼이 눌러지면 웃음만 두고 고양이가 사라졌다가, 초록색 버튼이 눌려지면 고양이가 다시 나타난다(나무는 Nature 폴더에 있다.).

5-2 연습문제

9. *제우스 수정*

5-2절에 나타난 제우스 세상을 다시 만들라. 이 가상세계에서는 벼락을 맞은 철학자가 비극적인 마감을 맞은 표시를 하기 위해 거슬린 표시를 했다. 그러나 철학자가 여전히 장면에 존재하고 사용자는 그 철학자가 다시 벼락을 맞게 할 수 있다. 벼락을 맞은 철학자가 지표면 아래로 떨어지도록 프로그램을 수정하여 철학자가 다시는 마우스로 클릭될 수 없도록 하라.

10. *가구 배치*

방안의 가구를 사용자가 재배치하는 가상세계를 만들어라(다양한 가구들은 CD 혹은 웹 갤러리의 Furniture 폴더에 있다.). 방의 배치의 한 예는 다음에 나타나 있다.(방 바닥을 표현하기 위하여 직사각형 모양의 물체가 필요하다.). 사용자가 가구를 움직이고 다니는 것을 허용하기 위하여, "*Let the mouse move objects*" 사건을 만들어라.

11. *회전목마가 빙빙돔*

회전목마(Amusement Park 폴더에 있음)가 있는 놀이공원 장면을 만들어라. 이 애니메이션에서 회전목마는 최소 네 마리의 동물을 가질 예정이다(회전목마와 함께 온 동물을 사용하거나 여러분 자신의 동물을 추가할 수 있다.). 쌍방향으로 작용하는 스위치(Controls 폴더)를 초기 장면에 추가하라. 두 개의 사건 처리 메소드를 추가하라. - 하나는 회전목마가 시계방향으로 회전하게 만들고 다른 하나는 회전목마가 시계반대방향으로 돌도록 만들라. 초록색 버튼이 눌러지면, 회전목마는 시계방향으로 돌아야 하고, 붉은 버튼은 회전목마가 시계반대방향으로 돌도록 만들어야 한다. 선택사항: 소리 파일을 들여와서 회전목마가 돌아갈 때, 소리가 재생되도록 하라.

12. *눈 축제*

겨울 눈 축제 경쟁의 출품작 중 중심부에 둘 물건으로 여러분의 팀이 눈사람을 만들었다. 여러분의 전시물에 관심을 끌 목적으로, 네 개의 다른 색 중 어느 하나로 눈사람의 색깔을 변화시킬, 색깔을 가진 조명등을 설치했다. 다음에 보여진 대로, 네 개의 조명등과 눈사람을 가진 초기의 가상세계를 생성하라(네 개의 다른 색을 가진 구는 Shapes 폴더에서 가져오라.). 사용자가 조명등을 클릭하면, 메소드에 조명등의 색깔을 넘기고 눈사람의 색깔이 그 색깔로 변화하도록 만들라.

13. *꽃 키우는 상자*

봄이 되어서, 여러분은 꽃이 피기를 간절히 기다린다. 여러분은 꽃이 피는데 조금 도움을 주기로 결심했다. 여러분이 선택한 다섯 송이의 꽃을 키우는 상자의 초기 장면을 생성하라(상자는 Shapes 폴더에 있고, 상자 색깔을 붉은색으로 바꾸라.). 초기 장면에 꽃을 아래로 이동시켜 보이지 않게 하는 명령문을 사용하라.).

상자 내의 꽃을 한 송이 피우는 메소드를 작성하라(꽃을 위로 이동시켜 보이게 함). 상자에서 크는 꽃은 사용자가 키보드의 어느 키를 누르느냐에 달렸다. 예를 들면, 사용자가 S 키를 누르면, 해바라기가 클 것이나, 사용자가 D 키를 누르면 프랑스 국화(daisy)가 클 것이다. 꽃을 키우기 위해서, 특별한 꽃을 나타내기 위하여 각각 선택된 키를 위해 "When 〈key〉 is typed" 사건을 생성하라. 모든 꽃이 크면, 꽃 키우는 상자는 다음과 유사하게 보일 것이다:

14. *펭귄의 미끄럼타기*

지역 동물원의 펭귄들이 즐기는 것은 얼음 경사 길을 미끄럼 타고 내려와 연못의 물에 빠지는 것이다. 다음에 보여지는 것처럼, 호수(Environments 폴더)가 있고, 세 마리의 펭귄(Animals 폴더)이 경사 길에 있는 가상세계를 만들어라. 프로그램이 사건에 연동되도록 만들라. 사용자가 다음에 경사 길을 미끄럼 타고 내려와 연못에 빠질 펭귄을 클릭하도록 만들라. 각 펭귄은 배를 이용하여 미끄러져야 하며 내려오는 도중 몇 번 회전을 해야 한다. 펭귄이 연못에 도착하면, 펭귄을 5 미터 아래로 이동시켜 물에서부터 사라지게 하라. 오직 하나의 사건 처리 메소드를 작성하라. 펭귄이 마우스로 클릭되면, 클릭된 펭귄 객체와 펭귄이 미끄러져 내려오면서 회전할 횟수를 메소드로 넘기라.

선택사항: 펭귄이 물을 칠 때, 첨벙하는 소리를 추가하라.

15. *하키*

잭(Jack, CD나 웹 갤러리의 High School/Students and Teachers 폴더의 Jock)은 이번 가을에 학교 하키 팀 능력시험에 응시할 예정이다. 성공적인 운동선수로서, 잭은 연습하는 것이 최선이라는 것을 안다. 팀에 참여할 확률을 높이기 위하여, 잭은 호수에 하키 그물(Sports 폴더)을 설치해 두고, 하키 막대기(Sports 폴더)를 사용하여 조준 연습할 예정이다.

이 애니메이션은 상호작용(대화)적인 아이스하키 게임을 개발하기 위한 첫 번째 단계가 될 수 있다. 상호작용(대화)적인 프로그램 스토리보드를 개발하기 위하여, 어떤 사건이 발생할 것인지, 그리고 어떤 사건 처리 메소드가 필요한지 생각할 필요가 있다. 잭이 하키 막대기를 휘두르는 데 있어 사용자가 세기를 선택할 수 있게 허용하자. 세기는 잭이 막대기를 휘두르는 속도와 하키 퍽이 얼마나 멀리 날아가는지 결정할 것이다. 세기는 장면의 오른쪽 밑에 있는 세기를 선택하는 버튼(Kitchen/Food 폴더의 GumDrop 젤리형 드롭스) 중 하나를 마우스로 클릭해서 선택된다. 노란색 버튼을 누르면 세기가 낮음을 선택하고, 초록색은 보통을 선택하고, 빨간색은 강력한 세기를 선택하는 것이다.

16. *Slappy*

모험을 즐기는 슬래피(Slappy)는 이제 막 다람쥐 크기의 설상차를 얻었다. 슬래피가 설상차를 처음 타는 것을 애니메이션하기 위한 프로그램을 작성하라. 사용자는 두 개의 스위치 상자를 이용하여, 설상차를 앞으로 및 거꾸로 운동을 제어한다. 사용자가 스위치의 초록색 버튼을 클릭하면, 설상차와 슬래피는 앞으로 이동하고 슬래피는 "와우"와 같은 괴성을 지른다. 사용자가 스위치의 빨간 버튼을 클릭하면, 설상차와 슬래피는 거꾸로 이동하고, 슬래피는 카메라를 쳐다보면서 "우와"와 유사한 말을 한다.

프로젝트

1. *스케이트 타는 사람 가상세계*

이 가상세계의 목표는 스케이트 보드 위에서 다양한 보드 스케이팅 동작을 하는 사람을 시뮬레이션하기 위한 것이다. 스케이트보드 위의 스케이트보드(SkatePark 폴더)를 타는 소녀(People 폴더)의 가상세계를 만들어라. 소녀가 뛰어넘을 수 있는 하나 혹은 두 개의 물체를 추가하라. 우리는 CD 혹은 웹 갤러리에서 SkatePark 폴더의 경사진 난간을 사용했다. 간단한 장면은 다음에 나타나 있다.

스케이트 타는 사람은 점프와 회전 메소드 둘 다 가져야 한다. 사용자가 위/아래 화살표 키를 누르면 카메라와 스케이트 타는 사람이 앞으로/뒤로 움직이도록 허용하고, 왼쪽/오른쪽 화살 표 키를 누르면 카메라가 왼쪽/오른쪽으로 움직이는 동안 스케이트 타는 사람이 왼쪽/오른쪽으로 몸을 기울이도록 허용하라. 각 동작의 끝에는 스케이트 타는 사람은 몸을 원래의 위치로 곧게 세워야 한다. j 키는 스케이트 타는 사람이 점프하는 데 사용할 수 있게 하고, s 키는 여자가 회전하는데 사용할 수 있게 하라.

힌트:

(a) 만일 스케이트보드 타는 소녀를 여러분이 원하는 곳으로 이동하는 것이 힘들면, *asSeenBy* 카메라 혹은 *asSeenBy* 스케이트보드를 사용하도록 노력하라.

(b) 카메라가 움직임을 따르도록 만드는 한 가지 방법은 카메라를 스케이트 타는 사람 뒤에 두고 스케이트 타는 사람을 카메라의 운송수단으로 처리하라.

2. *스카이다이빙 안내 시스템*

앨리스 리델(Alice Liddell, People 폴더에 있음)은 새로운 취미인 스카이다이빙에 빠졌다. 그녀는 헬리콥터(Vehicle 폴더)를 타고 있고, 낙하산(Objects 폴더)을 착용하고 있다. 그녀는 항공모함으로 뛰려고 하는 참인데, 항공모함은 그녀 조금 앞에 있다. 다음에 나타낸 가상세계에서, 우리는 원통 반을 뒤집어 헬리콥터에 연결하여 점프대로 사용했다. 앨리스 리델을 위한 하네스[8]로 도넛 모양의 물체를 사용하였다(비록 이것이 절대적으로 필요한 것은 아니지만, 낙하산 줄에 비해 앨리스 리델의 작은 허리로 인해 하네스가 도움이 된다.).

8) 암벽 등의 용도로 엉덩이 부근에 차는 안전장치이다.

이 애니메이션의 아이디어는 앨리스 리델이 헬리콥터의 플랫폼에서 뛰어서 항공모함으로 활공하는 동안 사용자가 그녀의 움직임을 안내할 수 있도록 스카이다이빙 안내 시스템을 제공하는 것이다. 사용자가 앨리스 리델이 항공모함의 상부에 부딪쳤다고 생각되면, 사용자는 엔터 키를 쳐서 앨리스 리델이 낙하산을 떨어트리도록 할 수 있다.

안내 시스템 메소드들(가능한 부드럽고 실제 생활과 유사하게) :

뛰기: 헬리콥터의 플랫폼에서 뛰기

glideForward, glideBack, glideRight, glideLeft: 적절한 방향으로 활강하기

swingLegs: 활강할 때나 뛸 때 다리를 조금 흔들기

dropChute: 낙하산을 없애기(일을 좀 쉽게 하기 위하여, 낙하산이 떨어지는 듯이 회전시키다가 사라지게 하기)

키보드 제어 :

스페이스바 - 플랫폼에서 뛰기

위/아래/오른쪽/왼쪽 화살표 - 위/아래/오른쪽/왼쪽으로 활강

엔터키 - 낙하산이 떨어짐

3. *거북이 동작 제어*

이 프로젝트에서는, 앞으로 다가올 토끼와의 경주를 위하여 거북이가 운동을 하는 것을 도와줄 거북이 동작 제어기를 만드는 것이다. 거북이만 포함하는 가상세계를 만들고, 그 후 거북이를 위한 동작 제어 메소드를 만들라.

headBob: 거북이의 머리를 조금 까딱하는 것을 허용하기

tailWag: 거북이의 꼬리를 흔드는 것을 허용하기

oneStep: 거북이가 앞으로 한 발자국 나아가는 것을 허용하기 ; 한 발자국 내딛는 도중 다리들도 움직여야 함

walkForward: 실감나는 걸음을 만들기 위하여 앞의 세 메소드를 합치기 ; 모든 움직임은 동일한 시간이 소요되어야 하며 동시에 일어나야 함.

turnAround: 거북이가 180도 회전하기 ; 회전하는 동안 거북이는 걷고 있어야 함.

turnLeft, turnRight: 거북이를 왼쪽/오른쪽으로 회전하되, 회전하는 동안 거북이는 걷고 있어야 함.

hide: 거북이가 껍질로 숨는 것을 허용하기(여러분은 거북이가 현재 껍질에서 나와 있다고 가정할 수 있다.) ; 껍질을 공중에 두지 않도록 주의하라.

reappear: 거북이가 껍질에서 다시 나타나는 것을 허용하기(여러분은 거북이가 현재 숨어 있다고 가정할 수 있다.)

talk: 거북이가 카메라를 쳐다보고 사용자에게 "안녕하세요(hello)"라고 말하게 하기(혹은 여러분이 원하면 다른 말을 하도록 만들기)

키보드 제어들을 생성하라 :

위 방향 화살표가 눌러지면, 거북이가 앞으로 걷는다.
아래 방향 화살표가 눌러지면, 거북이가 주위를 돈다.
왼쪽 방향 화살표가 눌러지면, 거북이가 왼쪽으로 회전한다.
오른쪽 방향 화살표가 눌러지면, 거북이가 오른쪽으로 회전한다.
H 키가 눌러지면, 거북이가 껍질로 숨는다.
R 키가 눌러지면, 거북이가 껍질로부터 다시 나타난다.
T 키가 눌러지면, 거북이가 사용자에게 말한다.

여러분의 가상세계를 수행시켜 보고 모든 상호작용(대화)를 위한 키를 최소한 한번은 작동시켜봐서, 거북이 동작 제어 시스템을 확인해 봐라. 거북이가 껍질에서 나와 있을 때에만 숨도록 하고, 숨어 있을 때에만 거북이가 나타나도록 하라.

제**3**부

함수 및 제어문의 사용

제6장

함수와 *If/Else*

(트위들덤과 트위들디는 구별할 수 없을 정도로 닮은 두 사람을 나타낸다.)

"나는 네가 무엇에 관해 생각하고 있는지 알고 있다. 그러나 아무래도 그렇지는 않다" 라고 트위들덤이 말했다.

트위들디가 연결해서 말하기를, "거꾸로, 만약 그렇다면 그럴 수 있다; 그리고 만약 그랬다면, 그랬을 것이다: 그러나 그렇지 않기 때문에 그렇지 않다. 그것이 논리다.

이 장에서는 프로그래밍에서 두 개의 주요한 개념인 *함수*들과 *조건 실행 제어문*을 보여준다. 애니메이션이 수행되고 있는 동안, 함수들은 여러분이 어떠한 조건을 확인할 수 있게 해준다. 비록 앨리스가 메소드에서는 유용한 내장된 함수를 제공하지만, 이 장에서는 앨리스에서는 존재하지 않는 함수를 사용하는 프로그램의 예들을 관찰한다. 그러한 상황에서는 여러분 자신의 함수를 작성할 수 있다.

함수는 그들이 명령문의 모음이고 호출된다는 점에서 메소드와 유사하다. 메소드의 목적은 애니메이션이나, 함수의 목적은 값을 돌려주기 위한 것이다. 이것이 무슨 차이를 만들까? 메소드에 의해서 수행되는 애니메이션은 가상세계에 있는 객체가 이동하거나 회전하거나 몇몇 다른 행동을 하도록 만든다. 우리는 이것을 가상세계의 상태를 변화시킨다고 말한다. 그러나 함수에서는 객체가 움직이지도 않고 회전하지도 않으며 다른 행동을 취하지도 않는다. 그러므로 함수는 가상세계의 상태에 변화를 주지 않는다. 수학자들은 이것은 순수한 함수라고 말한다.

여러분 자신의 함수를 작성하는데 있어서 흥분되는 것은 내장된 함수와 더불어 여러분이 작성한 함수를 가상세계의 어떤 상태를 점검하고 메소드가 호출되었는지 아닌지를 결정할 때 사용할 수 있다는 것이다. 앨리스에서는 우리는 결정을 내리기 위한 조건을 사용하는 조건 실행 제어 문장으로서 *if/else* 문장을 사용한다.

6-1절은 메소드들에서 함수의 사용을 소개하고, 값을 되돌려주는 메소드로서의

여러분 자신의 함수를 어떻게 작성할 것인지를 설명한다. 프로그램이 수행되는 시간 동안 객체에 관한 정보를 얻기 위해 함수가 필요하다.

6-2절에서는 메소드를 호출할 것인지 아닌지 결정을 내리기 위하여 *if/else* 문장인 조건 제어문을 사용한다. 실행 제어 장치의 일부분으로 사용될, 참 혹은 거짓 값을 반환해 주는 우리 자신의 부울 논리 함수를 작성할 것이다. 여러분의 프로그램에서는, 객체가 보이는지 아닌지, 어디에 객체가 위치하는지 등의 조건에 의존하여 다양한 방법으로 수행하는 애니메이션을 만들기 위하여 의사결정 기법을 사용할 것이다. 상호작용(대화)적인 가상세계에서는 어떤 것이 사건 처리 메소드에 의해서 수행됐는가를 결정하기 위하여 *if/else*를 사용할 수 있다.

6-1 함수

프로그램 코드를 작성하는데 있어서 우리는 종종 가상세계에 있는 객체의 정보나 가상세계 자체에 대한 정보가 필요하다. 색깔이나 불투명도와 같은 가장 일반적으로 사용되는 특성은 객체의 특성 목록에 나타나 있다. 크기나 폭과 같은 다른 특성에 관한 정보를 얻기 위해서는 질문을 하기위한 함수를 사용한다. 함수에 의하여 반환되는 값은 수치 값이거나 객체이거나 참 거짓의 부울 논리 값이거나 혹은 다른 형태가 될 수 있다.

함수는 매개변수(입력)으로 보내진 값들을 받아, 값들에 대해 어떠한 연산을 수행하여 계산된 값을 출력으로 반환한다. 어떤 경우에는 입력이 필요 없으나, 종종 값들을 받아들인다. 그림 6-1-1은 전반적인 장치를 보여준다. 함수에 대하여 생각하는 하나의 방법은 ATM 자동 입출금기를 생각하는 것이다. 입력으로 은행 카드와 암호를 넣고, 여러분의 잔고를 보고 싶다는 것을 뜻하는 잔고 버튼을 눌러(또 다른 입력) 여러분의 잔고를 확인한다. ATM기는 여러분의 계정 정보를 살펴보고 현재 잔고가 얼마인지 출력으로 알려준다.

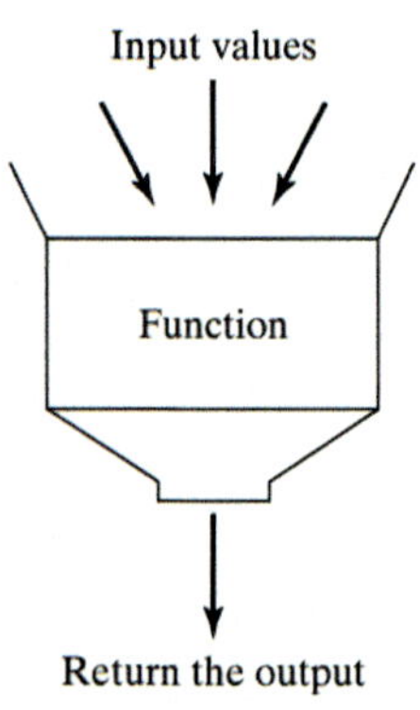

그림 6-1-1. 함수가 어떻게 작동하는지에 대한 개요

추상화

클래스 수준 메소드와 가상세계 수준 메소드와 더불어 함수의 중요한 장점은 시시콜콜한 자세한 부분이 아니라 우리가 전반적인 과정을 생각할 수 있게 해준다는 것이다. 예를 들면 ATM기를 사용할 때, 우리 구좌의 잔고를 생각하지 ATM기 내부에서 작동 중인 기능에 대해서는 생각하지 않는다는 것이다. 유사한 방법으로 우리는 어떤 답을 받을 것인지 생각하면서 모든 작은 행동들을 수행하기 위하여 우리 프로그램 내부의 함수를 호출할 수 있다. 메소드와 유사하게, 함수는 추상화의 예인데, 많은 작은 단계들을 하나의 아이디어로 모아주어 우리가 보다 높은 평면을 생각할 수 있게 허용해 준다.

메소드에서 내장된 함수를 사용하기

앨리스는 메소드 내에서 명령을 위하여 정보를 제공하는 데 사용할 수 있는 내장된 함수들을 제공한다. 예를 들면, 그림 6-1-2에 보여진 가상세계를 고려하자. 이 가상세계를 설정하는 데 있어서, 장난감 공(toyball, Sports 폴더에 있음)을 그물(tennisNet, Sports 폴더에 있음) 옆의 바닥에 두고, 그 후 공을 그물로부터 1 미터 이동시킨다(이리하여 공이 그물로부터 정확하게 1 미터 떨어져 있음을 안다.).

그림 6-1-2. 장난감 공(toyball)과 테니스 그물(tennisNet)을 포함하는 가상세계

우리는 공이 테니스 그물 위를 튕겨 오르기를 원한다. 잘못 생각하지 마라. 단순히 관찰해서 우리가 공이 어떤 방향인지 쉽게 판단하지 못하므로 이것은 보기보다 쉽지 않다. 다른 말로 공의 방향 감각 관점에서는 우리는 "위쪽이 어떤 방향인지" 알지 못한다. 공은 위쪽 및 앞쪽으로 이동했다가, 아래쪽 및 앞쪽으로 이동해야 한다.

실제적으로 우리는 바닥에 상대적으로 공의 위쪽 및 아래쪽 운동을 생각하고 있어서, 바닥과 관련된 공의 방향 감각을 정렬해 줄 필요가 있다. 방향 설정은 그림 6-1-3에 보여진 바와 같이 *orient to* 메소드를 사용하면 된다.

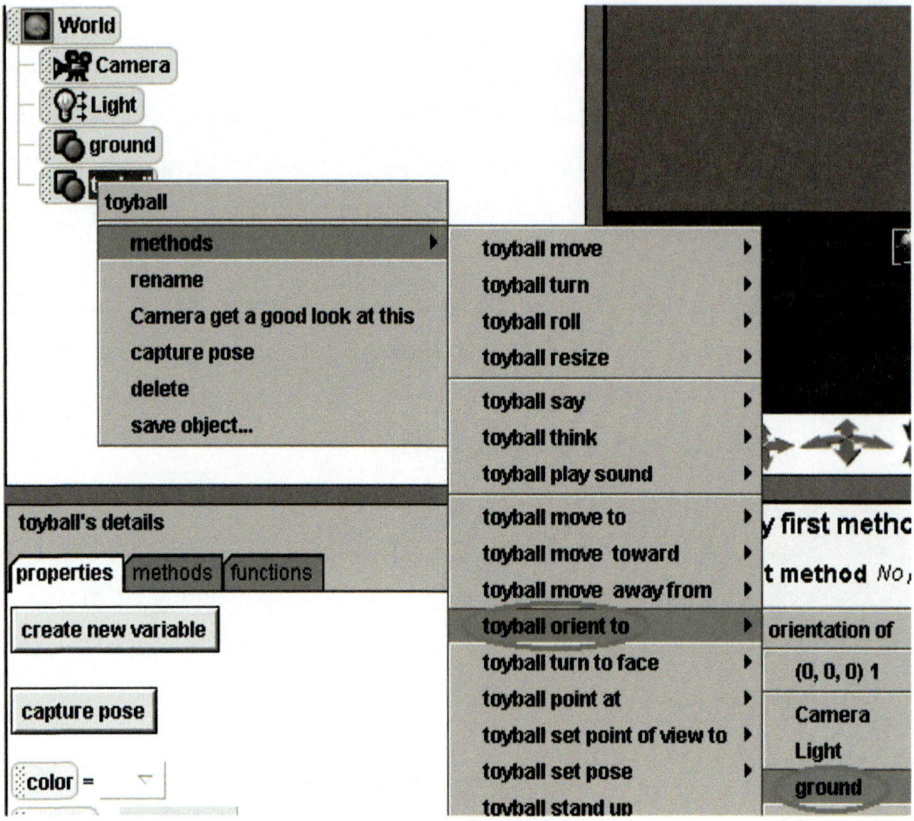

그림 6-1-3. 바닥과 관련하여 공의 방향을 설정하기 위하여 *orient to* 메소드를 사용하기

초기 장면을 적절히 설정했으므로, 공이 그물 위를 튀겨 오르는 메소드를 작성할 수 있다. 이 행동에 두 개의 객체가 관련되었으므로, *ballOverNet*이란 가상세계 수준의 메소드를 작성할 것이다.

스토리보드는 다음과 같이 보여진다:

```
ballOverNet

다음 단계들을 순서대로 수행하라(Do in order).
   장난감 공이 그물을 향하여 회전함
   다음 단계들을 함께 수행하라(Do together).
      장난감 공이 위로 이동함
      장난감 공이 앞으로 이동함
   다음 단계들을 함께 수행하라(Do together).
      장난감 공이 밑으로 이동함
      장난감 공이 앞으로 이동함
```

우리가 공이 그물로부터 정확히 1 미터 떨어지도록 가상세계를 설정했으므로, 우리는 공을 앞으로 얼마나 이동시켜야 할지 안다. 우리는 그물을 넘어가기 위하여 위로 얼마나 이동하여야 할지는 모른다. 이를 위하여 테니스 그물(tennisNet)의 내장함수를 사용하여 높이를 결정하고 그 값을 공이 위로 이동하여야 할 거리를 결정하는데 사용할 수 있다(이후 공은 아래로 이동해야 한다). 앨리스가 테니스 그물의 높이를 알기 위하여 어떤 일을 하는지 생각해야 할 필요가 없이, 함수를 호출해서 높이를 알아낸다. 이것은 두 개의 단계를 가진 과정이다. (1) toyball의 *move* 타일을 편집창으로 끌고 가서 따로 지정 않는(default) 거리로 '1'을 선택한다. (2) 테니스 그물의 *height* 함수 타일을 끌고 '1' 위에다 둔다. 그림 6-1-4는 tennisNet의 *height* 함수를 끌고 *move up*과 *move down* 명령에 올려놓는 것을 보여준다.

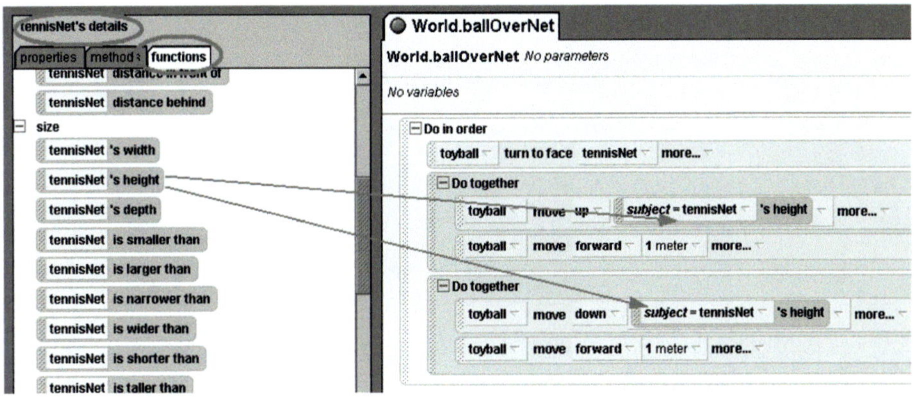

그림 6-1-4. 내장된 *height* 함수를 메소드 내로 끌고 감

여러분 자신의 함수를 작성할 필요성

때때로 함수를 호출하고 싶을 때, 여러분이 하고자 하는 일에 대해 작동할 내장함수가 없을 경우가 있다. 이것이 여러분 자신의 함수를 작성할 필요가 있는 경우이다. 간단한 예를 들어 보이는 것이 도움이 된다. 공을 앞으로 굴리는 것을 시뮬레이션 해보자. 다시 한 번 이것은 보기보다 만만하지 않다. 바닥을 따라 공이 어떻게 굴러가야 할지 생각하라. 공이 바닥을 미끄러져 가는 것이 아니라, 바닥을 따라 굴러가는 것처럼 보여야 한다(아이스 스케이트용으로 미끄러져 가는 것이 좋지만, 공은 굴러야 한다.). 명백한 명령은 간단한 회전 명령을 작성하는 것이다.

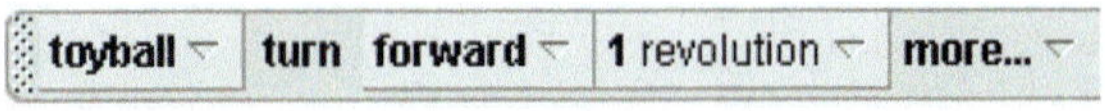

놀랍게도 turn 명령은 공을 제자리에서 회전시키기만 한다(볼을 회전시키기는 하나, 공이 바닥을 따라 앞으로 이동하지 않는다.). 실제적으로 구르기 위해서는, 공이 회전함과 동시에 동일한 방향으로 이동하여야 한다. 회전하는 행동(*realisticRoll*)을 시뮬레이션하기 위한 메소드용 스토리보드는 다음과 같다:

> *realisticRoll*
>
> *다음 단계들을 함께 수행하라(Do together).*
> 공을 앞으로 1 미터 이동한다.
> 공을 앞으로 1 회전 회전한다.

이것을 마음에 두면서, 그림 6-1-5에 나타난 것과 같은 *realisticRoll*이란 이름을 가진 클래스 수준의 메소드를 작성할 수 있다.

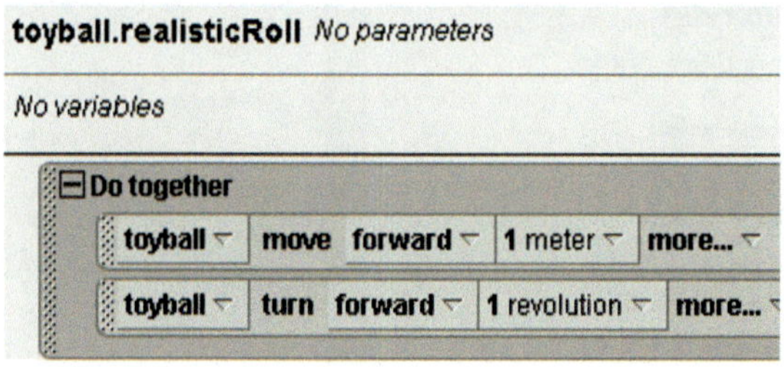

그림 6-1-5. 다음 단계들을 함께 수행하라(*Do together*) 내의 이동과 회전 명령

그러나 우리가 이 코드를 시험하면 실망스럽다. 공을 이동시킴과 동시에 회전시키는 효과는 공이 시작한 위치에 있게 한다(회전 행동이 공이 앞으로 이동하는 것을 방해했다.).

왜 이럴까? 공은 자신에 상대적으로 이동하고, 바닥에 상대적으로 이동하는 것이 아니다. 이 문제에 대한 하나의 해는 *move* 문장에 *asSeenBy* = *ground* 를 사용하는 것이다. 그림 6-1-6에 나타난 코드는 실제 공이 바닥을 구르는 것을 시뮬레이션하면서, 공이 앞으로 회전하면서 1 미터 이동하게 한다.

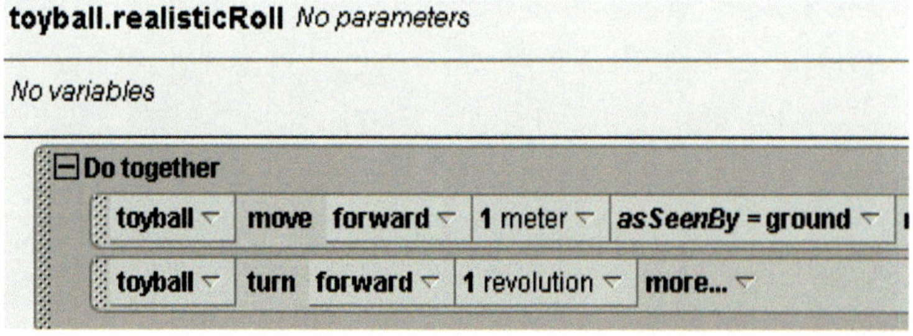

그림 6-1-6. toyball 이 바닥을 따라 굴러감

우리는 한 번 회전이 실감날 것으로 추측했다. 수행했을 때, 아주 제대로 된 것은 아니다. 앞쪽 방향의 거리가 주어졌을 때, 이 거리를 굴러가기 위해서 공이 몇 번 회전해야 할는지 생각해야 한다. 이것은 회전 횟수가 공의 직경에 좌우되므로 난제이다. 앞 방향 거리를 굴러가기 위해서 작은 공은 큰 공보다 많은 회전을 하여야 한다. 그림 6-1-7에는 작은 공이 네 번 회전해서 굴러가야 할 거리를 큰 공은 1 번 회전으로 굴러간다.

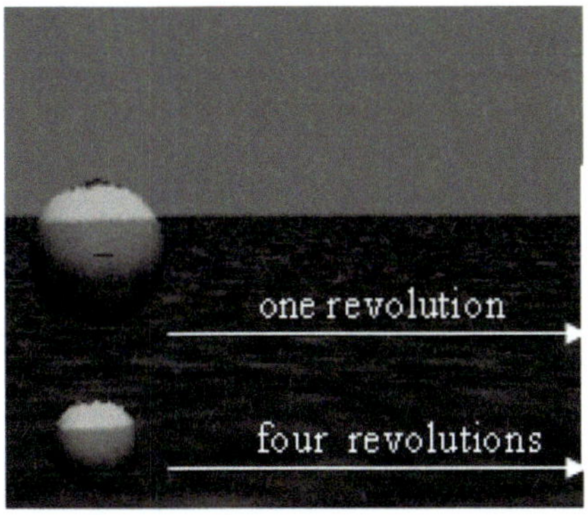

그림 6-1-7. 굴러가야 할 거리는 직경에 비례한다.

공이 굴러가야 할 거리는, 예를 들면 10 미터, 시행착오를 겪으면 알 수 있다. 그러나 매번 공의 크기가 변화하면 처음부터 다시 회전해야할 횟수를 알아내야 하고 코드도 변경해야 한다. 보다 나은 방법은 회전수를 계산하는 것이다. 앨리스는 이러한 일을 하기위한 함수가 없으므로, 우리가 우리 자신을 위하여 작성해야 한다.

새로운 함수를 작성하기

우리가 공의 회전에만 염려가 되고 다른 어떠한 객체가 관여되지 않으므로, 클래스 수준의 함수를 작성할 수 있다(클래스 수준의 함수는 여러분의 공을 새로운 클래스로 저장하고 미래의 가상세계를 위해 재사용 할 수 있게 해준다.). 여러분 자신의 클래스 수준의 함수를 작성하기 위해서, 객체 트리에 있는 객체를 선택하라(가상세계 수준의 함수를 위해서는 가상세계를 선택해야 한다.). 함수 선택창(tab)에서, 그림 6-1-8과 같이 **create new function** 버튼을 클릭하라.

그림 6-1-9와 같이 새로운 함수를 위한 팝업 상자는 여러분의 새로운 함수의 이름을 입력하고, 함수의 종류를 선택할 수 있게 해준다. 여러분의 함수는 어떤 정보를 돌려주느냐에 따라서 분류된다. 함수의 종류는 수치, 부울 논리, 객체와 기타(문자열, 색깔 및 소리)를 포함한다. 이 절에서는 수치 값을 반환하는 함수를 작성할 것이다. 이 장 후반부의 예와 연습문제에서는 다른 종류의 값을 반환하는 함수를 사용할 것이다.

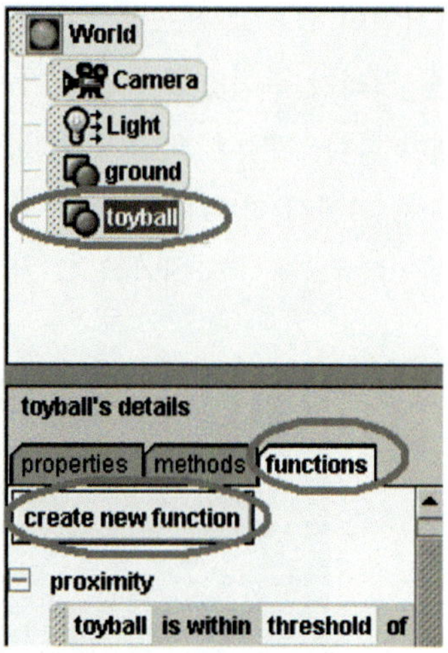

그림 6-1-8. 새로운 함수를 생성하기

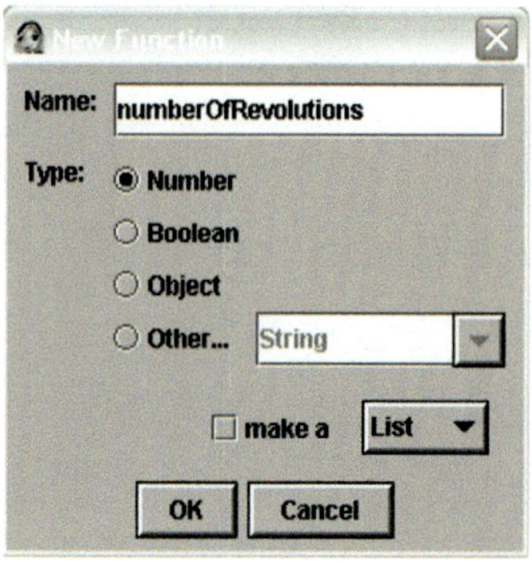

그림 6-1-9. 이름을 입력하고 반환하는 종류를 선택함

OK 버튼을 부르면, 편집창을 띄우는데, 그림 6-1-10과 같이 여기서 함수를 위한 코드를 작성할 수 있다.

그림 6-1-10. 여러분 자신의 함수를 작성하기 위한 편집창

반환문

모든 함수는 반환문(*return* statement)를 가져야만 한다. 이유는 모든 함수는 어떤 정보를 반환하기 때문이다. 여러분이 처음에 함수를 생성할 때, 여러분이 어떤 정보를 반환해야함을 상기시키기 위하여 앨리스는 자동적으로 *return*문을 코드 끝에 끼운다. 여러분은 *return*문을 삭제할 수 없다.

우리 예에서는, 우리는 함수에게 다음과 같이 묻기를 원한다: "바닥을 따라 굴러가려면 공이 몇 번 회전을 해야 하나?" 회전수는 한 번 회전할 때 공의 외부 테두리만큼 구른 거리에 따르므로, 우리는 아래의 식을 사용한다.

회전수 = 거리 / (직경 * π)

이 식을 사용하기 위해서는, 다음의 세 정보가 필요하다: 공이 굴러야할 거리, 공의 직경, 그리고 π란 이름이 붙여진 것의 값. 이 정보를 제공하기 위해서,

- 매개변수를 사용하여 공이 굴러야 할 거리를 보낸다.
- 내장함수인 *toyball' s width*를 호출하여 직경을 알아낸다.
- 파이라 알려진 기호 π는 값이 바뀌지 않는 상수 값이다. 파이는 외부둘레와 직경의 비를 나타낸다. 파이의 상수 값으로 3.14를 사용할 것이다.

그림 6-1-11에 나타난 코드는 이 함수를 구현한다. 공이 회전할 회전수는 파이(앞서 설명된 3.14)와 공의 직경(*toyball' s width*, 내장함수)을 곱한 값을 이동할 거리(매개변수 distance)에 나눈다. *return*문은 앨리스에게 계산된 답을 반환하라고 요구한다.

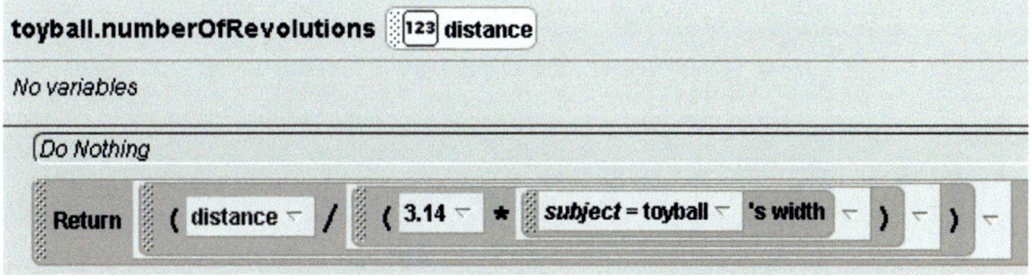

그림 6-1-11. *toyball.numberOfRevolutions* 함수

함수에 있어서 값을 계산하는 순서는 조심스럽게 정렬을 해야 한다. 앨리스는 값이 계산되는 순서를 강조하기 위하여 중첩된 타일과 괄호를 사용한다. 가장 내부에 있는 표현이 제일 먼저 계산된다. 이 예에서는 3.14 곱하기 공의 직경이 제일 먼저 계산되고, 이 값으로 이동할 거리를 나누는 계산이 다음에 일어난다.

함수를 호출하기

이제 toyBall이 *numberOfRevolutions*란 이름을 가진 함수를 가지므로, 이 함수는 그림 6-1-12와 같이 우리의 *realisticRoll* 메소드를 개선하는 데 사용할 수 있다. 임의의 거리인 10 미터가 앞으로 이동하는 명령에 사용된다. 동일한 값인 10 미터가 *toyball.numberOfRevolutions* 함수의 distance 매개변수로 사용된다.

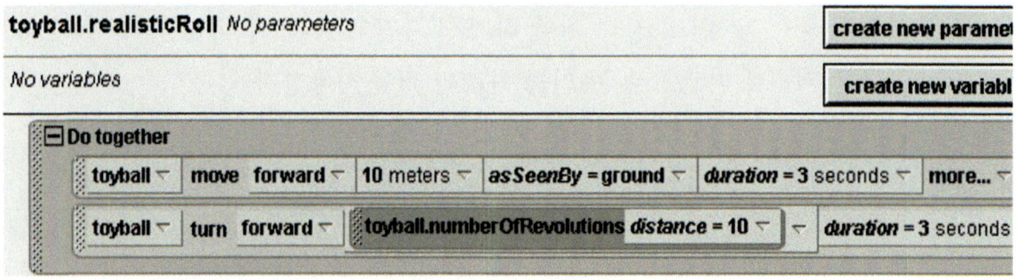

그림 6-1-12. *numberOfRevolutions* 함수를 호출하기

비록 10 미터가 위 예를 시험하기 위하여 사용되었지만, 예를 들어 '−2' 혹은 '0' 과 같은 작은 거리 값 및 예를 들어 '20' 과 같은 큰 거리 값을 사용하여 우리의 프로그램을 시험해 봐야한다. 다양한 값을 시험에 사용하는 것은 여러분의 코드가 많은 다른 값에도 작동한다는 것을 확신하게 해 준다. 이것을 하기 위한 한 방법은 realisticRoll 메소드를 그림 6-1-13에 나타난 바와 같이 매개변수화 하는 것이다.

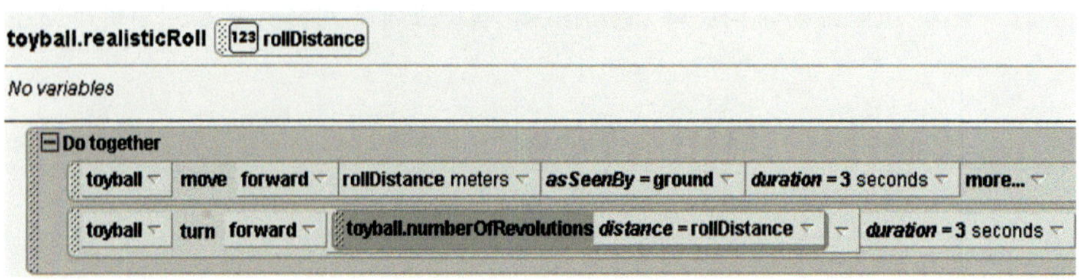

그림 6-1-13. *rollDistance* 매개변수를 사용하면 다른 거리 값으로 시험하는 것을 가능하게 함.

6-2 *If/else* 및 부울 함수를 이용한 실행문 제어

앞선 장의 연습 문제와 프로젝트에서 여러분이 프로그램의 일부로서 여러 메소드를 작성해 봤을 것으로 기대한다. 몇몇 프로그램에서는 메소드가 호출될 때를 제어하기를 원할 수 있다. 이것을 하기위해서는 ***제어 구조체***(control structure)라 불리는 프로그램 문장을 사용하면 된다. 메소드에서는 Do in order(다음 단계들을 순서대로 수행하라)는 몇몇 명령들이 순차적으로 수행하는 데 사용되었고, 다음 단계들을 함께 수행하라(*Do together*)는 몇몇 명령문들을 동시에 수행시킬 때 사용했다. 명령의 덩어리/블록이 수행되거나 메소드가 호출되거나 하는 것을 제어하기 위해서는 *if/else*문을 사용한다. 이 절에서는 *if/else*문을 논리 함수에 있어서 사용하는 것과 메소드를 호출하는 결정에 사용하는 것을 관찰한다.

앞에서도 언급했듯이, 프로그램이 수행될 때 조건의 값에 따라 결정을 내리는 것이 *if/else*문이다(간단하게, 종종 *if*문이라고 말한다.). 그림 6-2-1은 *if*문의 과정을 보여준다. 문장은 조건이 참인지 아닌지 확인한다. 만약 참이면 프로그램 명령문들이 수행된다. 만일 조건이 거짓이면 별도의 명령문들이 수행된다.

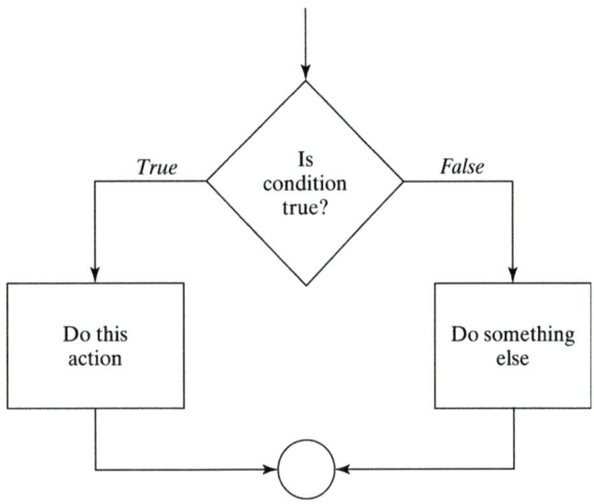

그림 6-2-1. *if*문의 과정을 묘사함

부울 논리 함수에서 *if*문을 사용하기

실행 제어 구조체는 게임 종류와 시뮬레이션 프로그램에서 중요한 부분이다. 현재의 조건은 게임에서 물체의 행동을 이끈다. 농구 게임에서 공이 바구니를 통과하면 팀의 점수를 높이기 위한 메소드가 호출된다. 운전 훈련 시뮬레이션에서는 자동차가 도로상에 있을 때에만 자동차가 앞으로 이동한다.

조건 실행을 위한 *if*문을 사용하는 예로, 그림 6-2-2에 나타난 가상세계를 고려하자. 복엽기(Vehicle 폴더에 있음)와 헬리콥터(Vehicle 폴더에 있음)가 공항(Buildings 폴더에 있음) 부근에서 동일한 높이로 동일한 비행공간에 날고 있다. 관제탑(Buildings 폴더에 있음)의 레이더와 소프트웨어의 한 기능은 두 개의 비행물체가 동일한 비행공간에 있을 때 충돌 가능을 확인하는 것이다. 만약 둘이 너무 가까이 있으면, 비행 제어관은 조종사들에게 비행 경로를 수정하라고 무전을 칠 수 있다.

그림 6-2-2. 비행 공간 충돌 위험

복엽기와 헬리콥터가 위험에 있는 지 확인하기 위한 함수인 *isTooClose*를 작성하자. 함수가 돌려줄 값의 종류는 논리 값이다 — 만약 두 비행기의 수직 거리가 어떤 최소값보다 더 작으면 참이고 그렇지 않으면 거짓을 돌려준다. 세 개의 매개변수가 필요할 것이다: 두 개의 비행 객체들(*aircraftOne*, *aircraftTwo*)과 최소한의 수직거리(*minimumDistance*). *isTooClose*를 위한 스토리보드는 다음과 같다:

isTooClose

매개변수: *aircraftOne, aircraftTwo, minimumDistance*

if(만약) *aircraftOne*과 *aircraftTwo*의 수직 거리가 *minimumDistance* 보다 더 작으면
    return 참(참을 반환함)
else(아니면)
    return 거짓(거짓을 반환함)

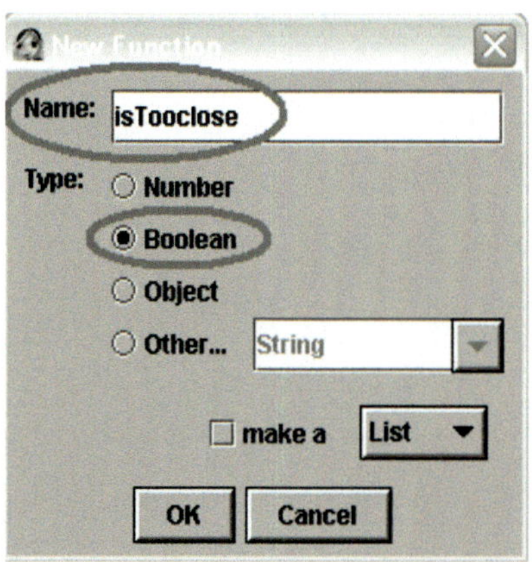

그림 6-2-3. 부울 논리 함수를 생성하기

스토리보드 내용을 프로그램 코드로 변환하기 위해서, *isTooClose*라고 이름이 붙여진 새로운 가상세계 수준의 함수를 생성한다. 함수는 참이나 거짓을 반환해야 하므로, 그림 6-2-3에 나타낸 대로 부울 논리가 함수 종류로 선택되었다.

함수를 위한 편집창에서는 세 개의 매개변수 *aircraftOne*, *aircraftTwo*, 및 *minimumDistance* 를 생성한다. 그 후, 그림 6-2-4와 같이 *if/else* 타일을 편집창으로 끌고 간다. *if* 문을 위하여 팝업 메뉴로부터 선택된 조건은 참(*true*)이다.

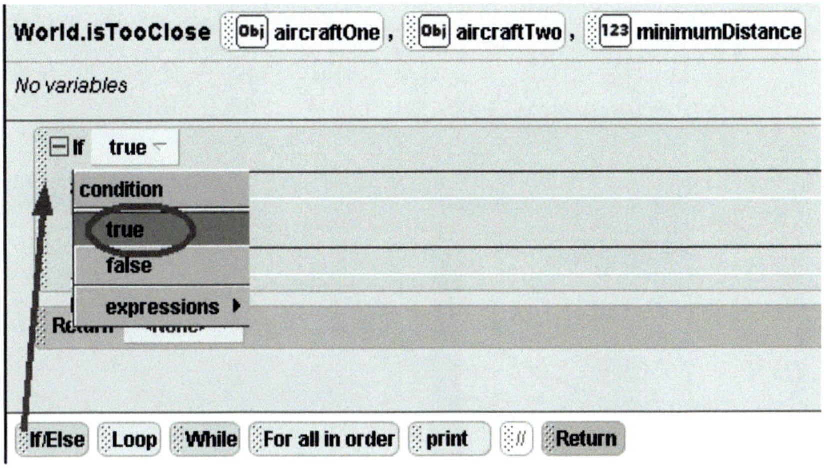

그림 6-2-4. *if*문을 함수에 끌고 오고 *true*(참) 조건을 선택함

팝업 메뉴로부터 선택된 조건은 참(*true*) 이지만, 그것은 자리를 차지하는 역할을 한다. 이 예에서는 *if* 문의 조건은 “수직 거리가 *minimumDistance* 보다 더 작으면” 이어야 한다. 두 비행기의 수직 거리가 어떤 최소값 보다 더 작은지 비교하기 위하여, 내장된 가상세계 함수인 “<” (더 작으면) 연산을 사용할 것이다. “<”은 그림 6-2-5에 보여진 대로 가상세계의 내장된 수학 함수에서 사용되는 여섯 개의 ***관계 연산자*** 중 하나이다.

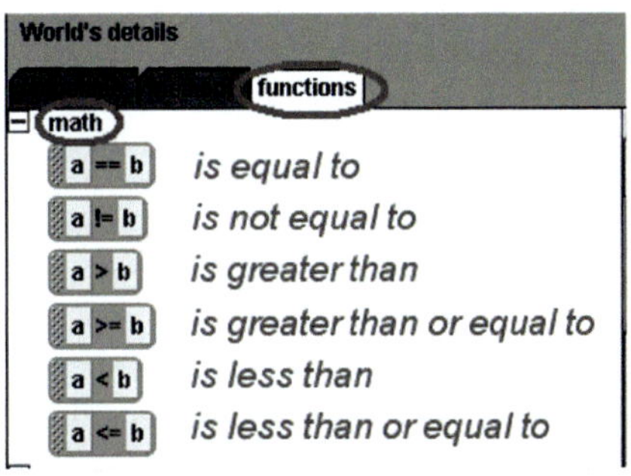

그림 6-2-5. 내장된 가상세계 함수들의 관계 연산자들

관계 연산자는 두 값 간의 연관관계에 기초하여 참 혹은 거짓 값을 계산한다.

예를 들면, "==" 는 동일함을 뜻하고, "!=" 은 동일하지 않음을 뜻한다.

이 예에서는 두 비행기의 수직 거리가 어떤 최소거리보다 더 작은지 비교하기 원한다. 만약 이 조건이 참이면, 항공 관제사는 조종사에게 비행기 간 수직거리를 떼도록 움직이라고 말할 것이다.

if 문을 위한 조건 표현을 만들기 위해서, 그림 6-2-6에 보여진 바와 같이 우리는 가상세계 함수 중 *less than* (a〈b, 보다 작다) 함수를 끌고 편집창으로 가서 *true* 위에 떨어트린다. 팝업 메뉴에서 *a*를 위하여 '1' 을 선택하고 *b*를 위하여 *minimumDistance*를 선택한다(두 비행기 간의 수직거리는 팝업 메뉴에서 *a*를 위한 선택사항이 아니므로, 자리를 차지하는 용으로 '1' 을 대충 선택했다. 다음 구절에서 '1' 대신 어떻게 실제 수직거리로 대체하는 지 보여준다.).

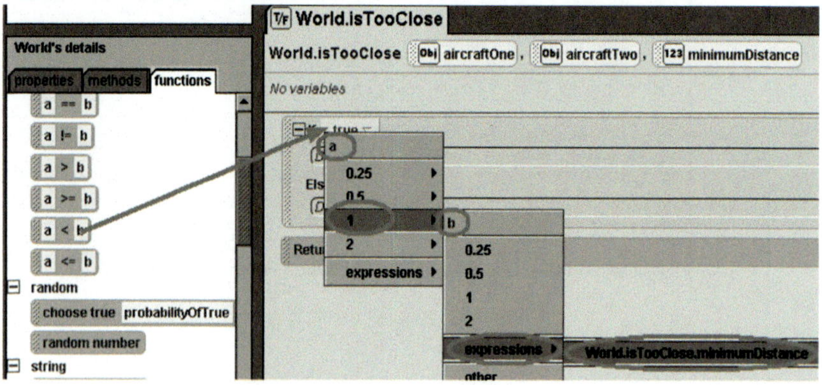

그림 6-2-6. *if* 문을 위하여 *less than* 조건을 생성하기

우리는 자리를 차지하는 (1) 대신 두 비행기의 실제 수직거리로 대체하기 원한다. 헬리콥터가 비행기 위에 있는지, 비행기가 헬리곱터 위에 있는지 모르므로, 우리는 절대값(*absolute value*) 함수를 사용한다. 4에 대한 절대값은 4이고, −4에 대한 절대값 또한 4이다. 다른 말로 절대값 함수는 부호를 무시한다. 절대값을 사용하기 위해서, 그림 6-2-7과 같이 절대값(*absolute value*) 함수를 '1' 위로 끌고 가라.

이제 aircraftTwo 위에 있는 aircraftOne의 거리를 계산하기 위해 *distance above* 함수로 '1' 값을 대체한다. 물론 aircraftOne은 매개변수이고 실제 객체는 아니다. 그러므로 객체 트리에서 복엽기를 선택하여 *distance above* 함수를 생성하기 위한 특별한 객체로 사용한다. 그 후, 그림 6-2-8에 나타난 대로 aircraftOne을 끌고 가서 biplane(복엽기)와 대체한다(이것은 5장 5-2절의 제우스 가상세계에서 소개한 기법과 동일한 것이다.).

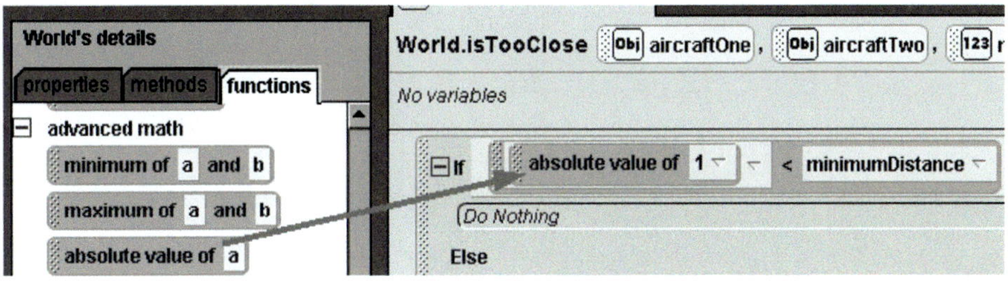

그림 6-2-7. 1 위에 *absolute value*(절대값) 함수를 끌어다 두기

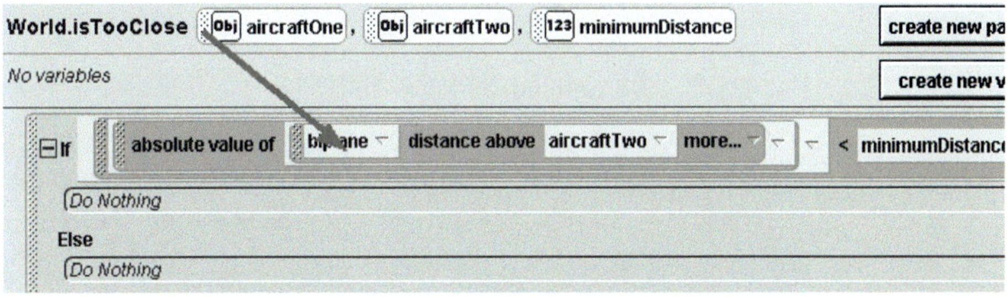

그림 6-2-8. 수직거리를 계산하기 위한 표현을 생성하기

수직거리는 이제 *minimumDistance*에 비교될 수 있다. *return*문은 *if*문의 *if/else* 부분에 끌고 갈 수 있다. 만약 수직거리가 *minimumDistance* 보다 작으면 true를 되돌려주고, 그렇지 않으면 *false*를 되돌려준다. 그림 6-2-9는 *isTooClose* 함수에 있어서 완전한 *if* 문을 보여준다.

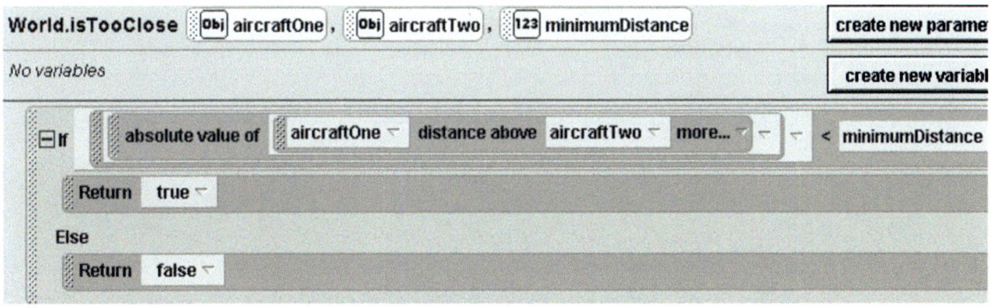

그림 6-2-9. isTooClose 함수

다시 한 번, 조건 표현에 있는 중첩된 타일은 값 계산의 순서를 정한다. 먼저 앨리스는 *distance above*를 계산하고, 그런 다음 *absolute value*(절대값 구하기)가 결과 값에 적용된다. 예를 들어 *aircraftOne*이 지면 위 500 미터 상공에 있고, aircraftTwo는 지면 위 520 미터 상공에 있다. 그러면, aircraftTwo 위의 aircraftOne의 거리는 −20 미터 (500 − 520)이다. '−20' 의 절대 값은 '20' 이므로, 두 비행체 간의 거리는 20 미터이다.

메소드를 호출하는 것을 제어하기 위하여 *if*문을 사용하기

if 문을 자주 사용하는 다른 용도는 메소드가 호출되느냐 아니냐를 제어하는 것이다. 이것이 어떻게 작동하는지 보여주기 위하여, 동일한 예로 계속하자. 이 가상세계를 위한 시나리오는 만약 두 비행체가 너무 가까우면, 비행 관제사는 충돌을 피하기 위해 비행 경로 바꾸라고 조종사에게 무전을 쳐야 한다. 스토리보드는 이처럼 보인다:

```
if isTooClose(만약 너무 가까이 있는지 확인하는 함수)
    avoidCollision(충돌을 피하는 함수)
else
    〈Do nothing〉(아무것도 하지않음)
```

만약 *isTooClose* 함수가 호출되어 복엽기(aircraftOne)와 헬리콥터(aircraftTwo)가 서로 너무 가까운지 확인한다. 만약 함수가 참(*true*) 값을 되돌려 주면, *avoidCollision* 메소드가 호출된다. 그렇지 않으면 어떠한 것도 실행되지 않는다(어떠한 메소드도 호출되지 않는다.). *avoidCollision* 메소드가 벌써 작성된 것으로 간주하자. 그러면, 앞의 스토리보드는 그림 6-2-10에 나타난 대로 구현될 수 있다(10은 임의의 최저 거리이다.).

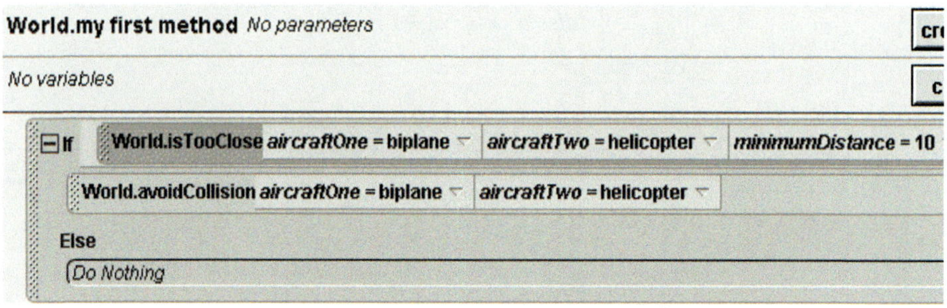

그림 6-2-10. 메소드로의 호출을 제어하기

avoidCollision 메소드에서는, 다른 비행체 위에 있는 비행기는 위로 이동해야 하고, 밑에 있는 비행기는 밑으로 이동해야 한다. 우리가 어떤 비행기가 위에 있는지 알지 못하므로, 비행기의 상대적인 위치를 알고, 필요에 따라 위로 이동해야 할런지 아래로 이동해야 할런지 *if*문을 사용할 수 있다. *avoidCollision* 메소드를 위한 스토리보드는 다음과 같다:

```
avoidCollision

매개변수: aircraftOne, aircraftTwo

if aircraftOne이 aircraftTwo 위에 있으면
    다음 단계들을 함께 수행하라(Do together)
        aircraftOne은 위로 이동함
        aircraftTwo는 아래로 이동함
else
    다음 단계들을 함께 수행하라(Do together)
        aircraftOne은 아래로 이동함
        aircraftTwo는 위로 이동함
```

이 스토리보드를 프로그램 코드로 변환한 것이 그림 6-2-11에 나타나 있다. if문을 위한 조건으로 내장함수인 *is above*를 호출하여 어떤 비행체가 어떤 비행체 위에 있는지 결정한다. 실행된 명령은 되돌려진 값에 의존한다. 만약 aircraftOne이 aircraftTwo 위에 있으면, aircraftOne이 위로 이동하고 aircraftTwo는 아래로 이동할 것이다. 그렇지 않으면 *else* 부분이 작동하여 aircraftOne이 아래로 이동하고 aircraftTwo는 위로 이동할 것이다. 어떠한 방법으로든지 비행체는 서로 떨어질 것이다.

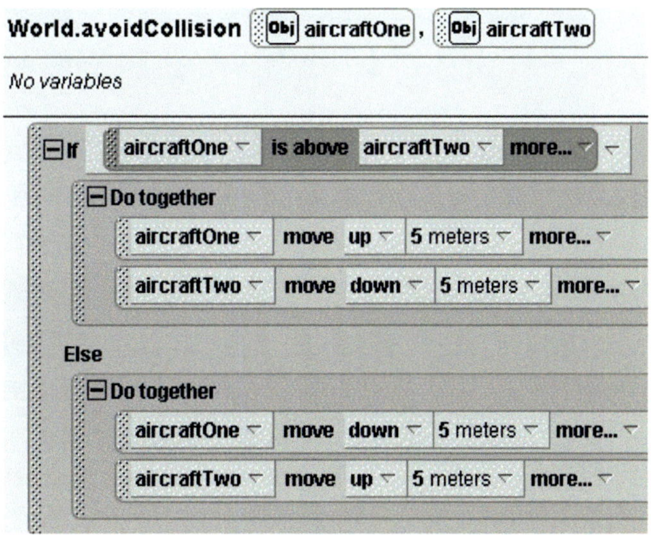

그림 6-2-11. *avoidCollision* 메소드

어떠한 *if* 문이든지 중요한 부분은 조건 부분이다. 이 예제들에서는, 관련된 조건은 함수들을 호출하는데 이들은 내장된 함수이거나 우리가 작성한 함수이다. 그림 6-2-11에서와 같이, 한 예는 관계 연산자를 가진 부울 논리 표현을 사용했다. 어떻게 조건이

작성되었는지 상관없이, 이것은 참 혹은 거짓 값으로 계산해 내야한다. 조건의 값은 *if* 문의 *if* 부분이 실행되는지 *else* 부분이 실행되는 지 결정한다.

여러 조건을 가진 표현

5장에서, 우리는 "제우스의 분노"란 상호작용(대화) 가상세계를 생성했는데, 여기서는 사용자가 철학자를 클릭함으로써 다음번 제우스의 분노 대상을 선택할 수 있었다. 만약 여러분이 5장을 건너뛰었다면 5장으로 돌아가서 가상세계를 구성하거나 혹은 여러분의 강사를 만나서 시작할 예로 사용할 가상세계의 복사를 구하라. 제우스는 선택된 철학자에게 벼락을 치고, 결과를 나타내기 위하여 특수효과가 사용되었다(편의를 위하여 *shootBolt* 메소드의 코드는 그림 6-2-12에 나타나 있다.).

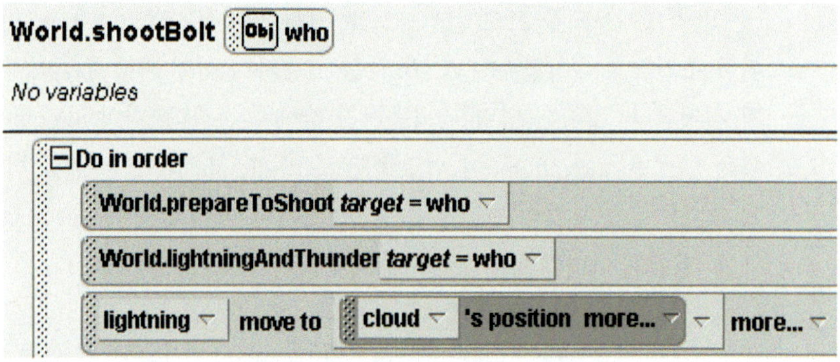

그림 6-2-12. 5-2절의 제우스 가상세계로 부터의 *shootBolt* 메소드

우리는 제우스가 철학자에게만 벼락을 치려고 의도했다. 불행히도 사용자가 가상세계에 있는 철학자 이외의 다른 객체를 클릭하면 제우스는 그 객체도 역시 벼락으로 때리는 것을 발견했다. 우리는 번개를 조절하여 번개가 철학자에게만 내려치게 조절하고 싶다.

우리가 네 명의 철학자를 가상세계에 두고 있으므로, 클릭된 객체가 철학자인지 아닌지 판별할 필요가 있다. 이것이 조건 표현이 여러 조건을 포함하는 예이다. 여러 조건을 어떻게 사용하는지 보여주기 위해서, 한 명의 철학자를 위해 확인하는 하나의 조건으로부터 시작한다 - 그 후 네 명의 철학자로 확장한다.

먼저 *if* 문을 *shootBolt* 메소드의 제일 위에다가 끌어간다. 다음에 객체가 호머인지 아닌지를 시험하는 조건을 생성한다. *If who* == homer(*who*와 호머가 동일함)란 조건을 생성하기 위해서는 *if* 문의 *true* 타일 위에 *who* 타일을 끌어간다. 그 후 그림 6-2-13과 같이 팝업 메뉴에서 *who* == *homer*를 선택한다.

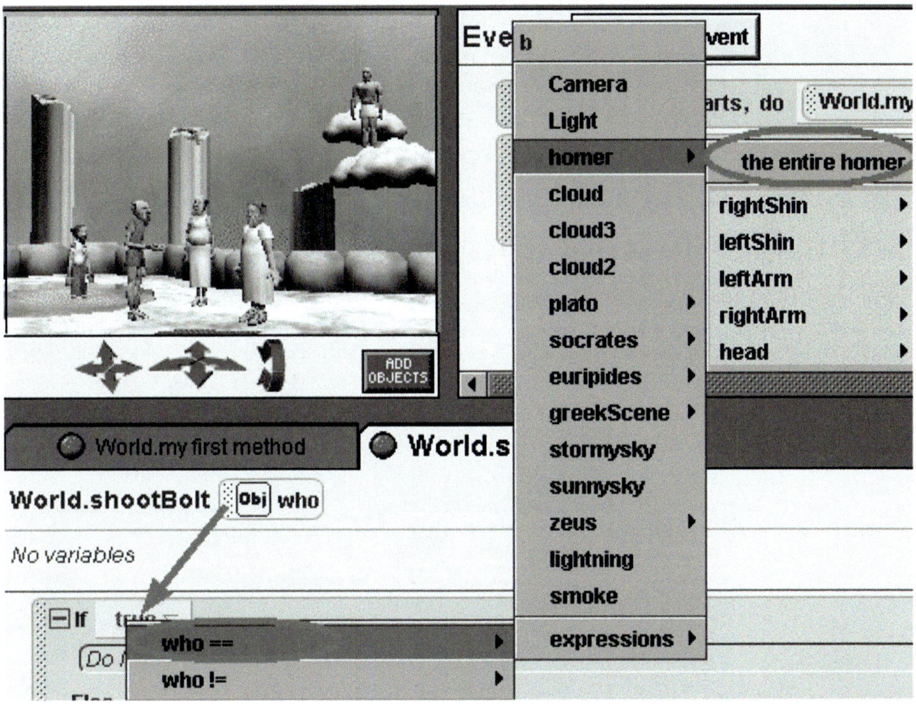

그림 6-2-13. *who == homer*를 선택함

앨리스에서는 ==은 동일함을 의미한다(앞에서 "=="은 관계연산자라고 언급했었다.). 질문은: "*who* 매개변수에 보내진 객체가 Homer란 이름을 가진 객체와 동일한가?" 이다. 만약 그렇다면, 값은 참이다. 만약 그렇지 않다면, 값은 거짓이다.

이제 *if* 문이 조건을 가졌으므로, 조건이 참일 때 수행되어야 할 명령문들을 넣어 둬야 한다. 이 예에서는, *shootBolt* 메소드의 *Do in order*(다음 단계들을 순서대로 수행하라) 블록을 *if* 문의 참 조건일 때 수행될 부분으로 끌어다 두었다. 결과는 그림 6-2-14에 나타나 있다. 이제 만일 *who*가 Homer이면, 벼락이 칠 것이다.

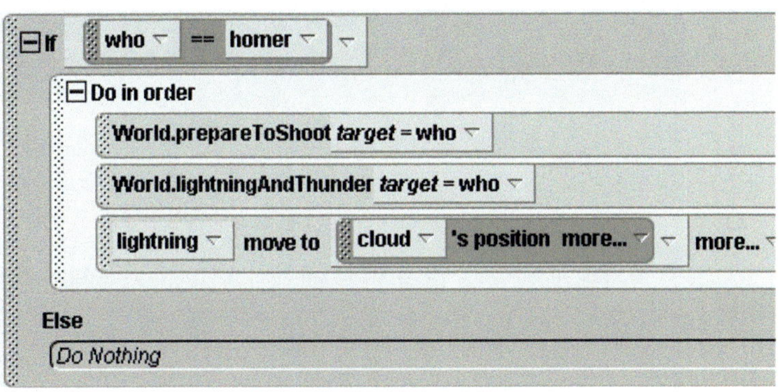

그림 6-2-14. 만일 *who* == homer이면, 벼락이 칠 것임

이제 철학자 네 명 중 누구에게도 적용될 수 있게 if문을 확장할 시기이다. ***논리 연산자***인 "or"가 필요하다(or는 그림 6-2-15에 보여진 가상세계 함수 목록에서 찾을 수 있는 세 개의 논리 연산자들 중 하나로, 그 중 제일 마지막 연산자에 해당한다.). "or" 연산자는 "이것이거나 저것이거나 아니면 둘 다"를 뜻한다. 우리가 실생활에서 사용하는 "혹은"의 의미와 컴퓨터 연산자 "or"는 좀 차이가 있다. 여러분이 "난 영화 보러 가거나 혹은 집에 있다"고 말할 때 의미는 둘 다의 가능성은 없고 둘 중 하나만 하겠다는 의미이다. 그러나 앨리스의 "or" 연산자인 *either a or b, or both*는 첫 번째가 참이거나, 두 번째가 참이거나 혹은 둘 다 참인 것을 의미한다! (다른 두 논리 연산자는 이 절의 끝에 설명한다.)

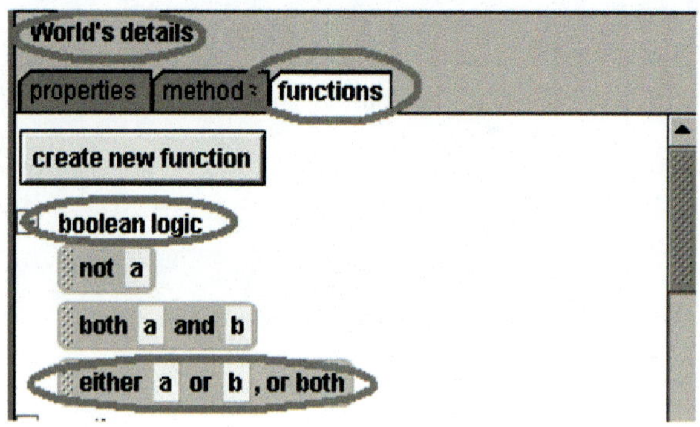

그림 6-2-15. 논리 연산자를 사용하는 함수들

"*or*" 연산자를 사용하기 위해서는 *if* 문의 조건 타일 위에 *either a or b, or both*타일을 끌어다 두라. 이 예에서는 네 명의 철학자 모두를 고려하기 위해서 "*or*" 연산자가 조건 타일에 세 번 끌려져야 한다. 아래 코드는 수정된 *if* 문을 보여준다(이 페이지의 폭에 맞추기 위하여 문장은 두 줄로 잘렸지만, 앨리스에서는 한 줄이다.).

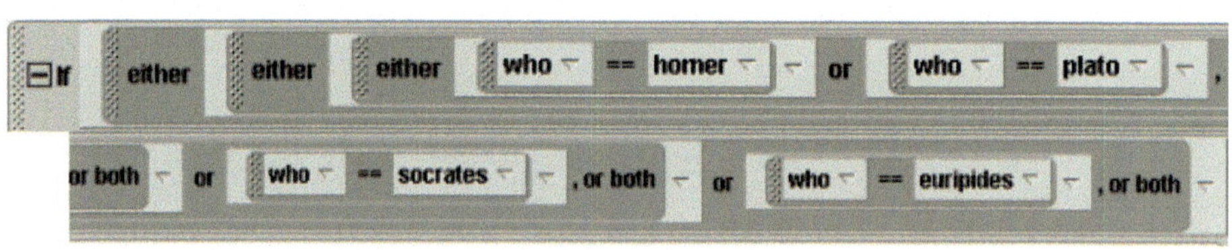

그림 6-2-16은 *shootBolt* 메소드의 수정된 버전을 보여준다(코드가 창을 벗어나서 여러 조건 모두가 다 보여질 수 없다.). 이제 네 명의 철학자 중 한명을 클릭하면 제우스가 그 철학자에게 벼락을 내리치나, 철학자 이외의 가상세계의 다른 객체에 클릭하면 아무런 행동도 일어나지 않는다.

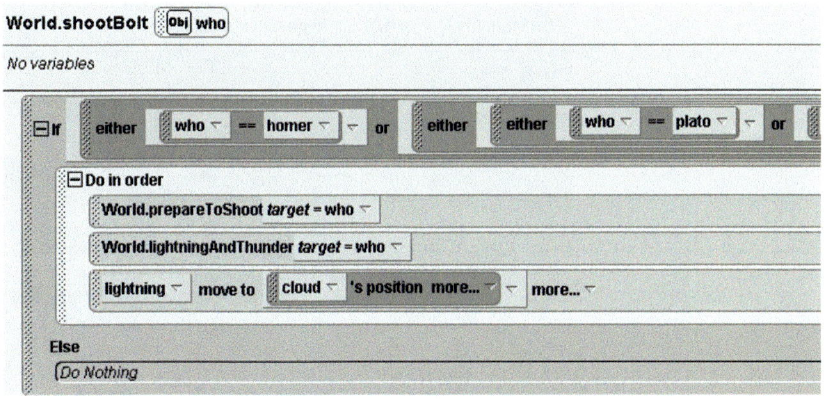

그림 6-2-16. *shootBolt* 메소드의 if문 조건

중첩된 *if* 문을 사용하는 함수

위의 *shootBolt* 메소드의 조건은 다소 복잡하고 읽기 어렵다. 이유는 세 개의 "*or*" 연산자를 사용하여 네 명의 다른 철학자 객체에 대하여 확인을 해야 하기 때문이다. - 이 모든 것이 하나의 조건문에 있다.

대안은 다중 *if* 문을 가진 함수를 작성하는 것이다. 각 *if* 문은 하나의 조건을 확인한다. 물론 작동하는 한 조건을 찾으면 더 이상 확인할 필요가 없다. 이것이 일어나도록, 그림 6-2-17에 나타내진 대로 *if* 문을 다른 *if* 문장 안에 넣어서 중첩시켰다. 중첩된 *if* 문은 한 번에 한 철학자씩 확인한다. 만일 *if* 문 하나가 참이 되면, 함수는 *true*(참)를 되돌려 준다; 그렇지 않으면 함수는 *false*(거짓)를 되돌려 준다. 이 예는 함수에 있어서 return 문이 중요한 사실을 명확히 했다. return 문이 수행되자마자(*if* 문의 조건이 참으로 된 결과로), 참 값이 되돌려지고 함수는 끝난다. 함수에서 남은 문장들은 생략하게 된다. *if* 문중 어떠한 것도 참이 없으면, 최종적으로 *false* 값이 되돌려진다.

*isPhilosopher*와 같은 함수를 작성함으로써 우리가 무엇을 얻을까? 한가지, 함수 내의 코드가 훨씬 읽기 쉽다는 것이다. 또한 그림 6-2-18에 보여진 대로 *shootBolt* 메소드의 *if* 문의 조건으로 *isPhilosopher* 함수로의 호출을 사용할 수 있다.

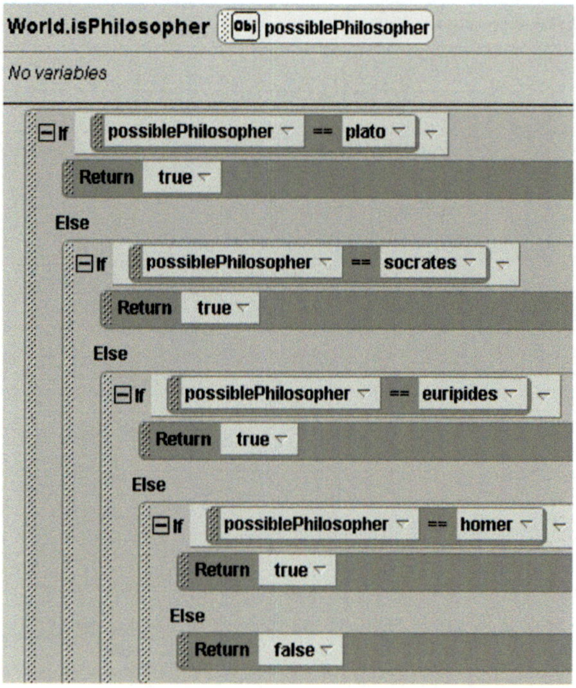

그림 6-2-17. 다중 *if* 문을 가진 함수

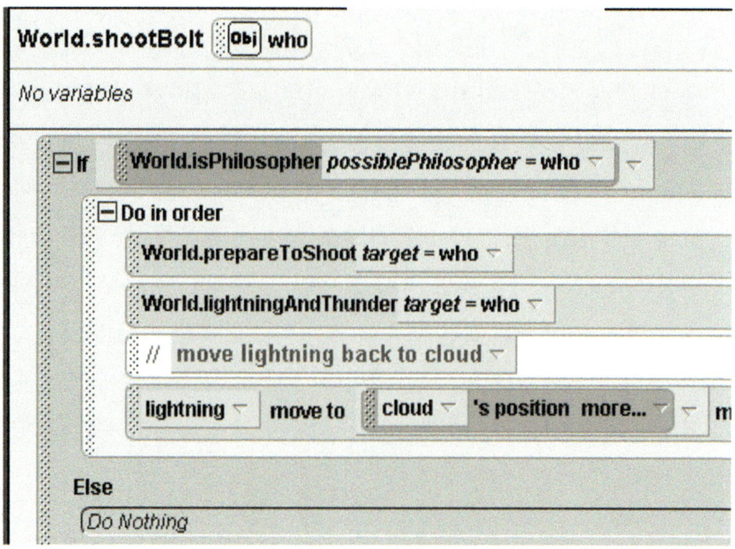

그림 6-2-18. *shootBolt* 메소드에서 *isPhilosopher* 함수를 호출

조건에서 매개 변수를 사용하기

우리의 제우스 가상세계에는 우리가 아는 마지막 문제가 여전히 존재한다! 벼락을 맞은 철학자를 또 클릭하면 벼락을 맞은 철학자에게 제우스가 또 다른 벼락을 친다(이것은 에너지 낭비로 보인다.). 우리가 어떻게 하면 이러한 일이 일어나는 것을 방지할 수

있을까? 하나의 해는 다른 if문을 사용하여 제우스가 지글지글 튀기지 않은 철학자만 벼락을 내리게 하는 것이다.

어떻게 하면 철학자가 벌써 벼락을 맞았는지 구분할 수 있을 까? 이 예에서는 벼락을 맞은 극적 효과를 내기 위해 벼락을 맞은 철학자는 검은색으로 변하게 만들었었다. 객체가 벌써 벼락을 맞았는지는 색깔 특성을 사용하여 구별하는 것이 가능하다. 다시 한 번 매개변수를 객체로 사용하는 문제를 갖고 있다(앞선 5장에서 매개변수 *who*로 *move* to 명령을 사용하기를 원했을 때 이 문제를 봤었다.). 먼저 임의의 객체를 끌어다 두고 추후에 그 객체 타입을 *who*로 바꾸는 동일한 기법을 사용할 것이다.

여기에 절차가 있다:

1. *if* 문을 메소드에 끌어다 둔다. 이 예에서는, 그것을 첫 번째 *if* 문 바로 밑에다 끌어다 둔다.
2. 객체 트리에서 하나의 철학자를 선택한다(임의로 Plato를 선택했다.). 그것의 색깔 특성을 조건 타일 위에다 끌어다 두고 "!=" 연산자를 선택하고 검은색을 선택하라. 결과는 다음과 같이 보여야 한다:

3. 어떤 철학자 객체의 색깔이든지 확인하는 것이 가능하게 하기 위하여, *who* 매개변수를 plato 위에다 끌어다 둔다. 이제 문장은 그림 6-2-19와 같이 보여야 한다.

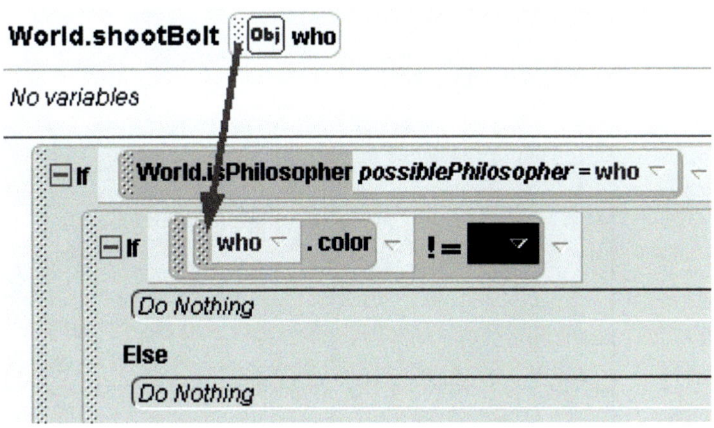

그림 6-2-19. plato를 *who* 매개변수로 대체하기

if 문장 중의 *if* 와 *else* 부분에 코드를 추가한다. 완성된 코드는 그림 6-2-20에 나타나 있다.

중첩된 *if* 문의 영향은 *Do in order*(다음 단계들을 순서대로 수행하라) 블록이 수행되기 전, 두 개의 *if* 문의 조건이 맞아야 한다는 것이다. 만약 클릭된 객체가 철학자이고 그 선택된 철학자가 벼락을 맞지 않았다면, 제우스는 그 철학자에게 벼락을 내릴 것이다. 반면에 사용자가 네 명의 철학자 말고 다른 객체에 클릭하면 제우스는 "나는 철학자에게만 벼락을 내린다!" 라고 말한다. 최종적으로 사용자가 벌써 벼락 맞은 철학자를 클릭하면, 제우스는 "그 철학자는 벌써 맞았다!!!" 라고 말한다.

다른 논리 연산자들

위의 제우스 프로그램에서, 여러 부분을 가진 조건을 생성하기 위하여 "*or*" 논리 연산자를 사용했다. "*or*" 논리 연산자는 앨리스에서 사용 가능한 세 개의 논리 연산자들 중의 하나이다. 다른 것은 "*not*" 논리 연산자이다. "*not*" 논리 연산자는 아주 논리적으로 작동한다 - 만약 값이 참이면 참에대해 부정하면 거짓이 된다; 만약 값이 거짓이면, 거짓에 대한 부정은 참이된다.

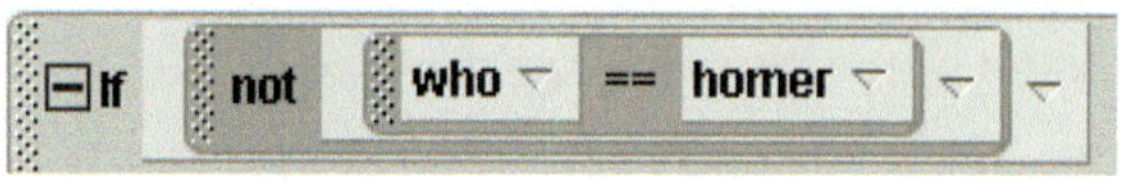

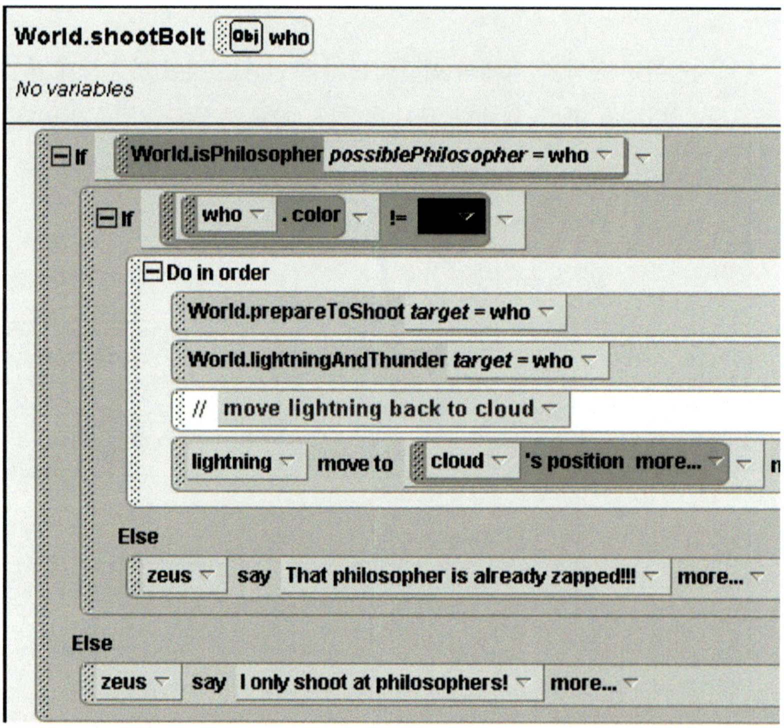

그림 6-2-20. 수정된 shootBolt 메소드에 대한 완전한 코드

위 예는 *who*가 homer가 아닐 때에만 참 값으로 평가된다. 다른 말로, 스크린 상의 어디를 클릭하든지(다른 철학자들을 클릭하든지, 구름 등등을 클릭하든지) 이 값을 계산하면 참 값으로 계산된다. 만약 클릭된 객체가 homer이면, 이 표현은 거짓으로 평가된다.

세 번째 논리 연산자는 *and* 이다. *and* 논리 연산자는 부울 표현 둘 다 참이어야 참 값으로 평가된다.

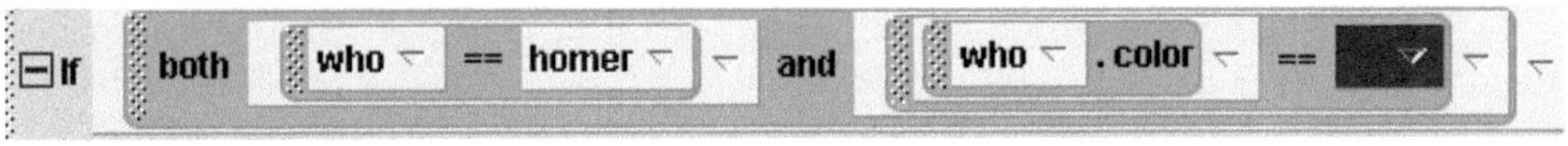

위 예는 *who*가 homer이고 homer의 색깔이 청색으로 설정되었을 때에만 참값으로 평가된다.

두 개 혹은 그 이상의 논리 연산자를 포함하는 표현에 대해서는 극히 주의하는 것이 중요하다. 아래 표현은 *who*가 homer이고 homer의 색깔이 검은색 혹은 청색일 경우에만 참값으로 평가된다.

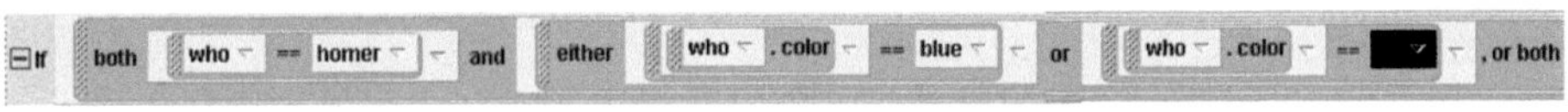

이것은 중첩된 타일은 다음의 표현을 나타내기 때문이다:

both(who==homer) and (either who.color==blue or who.color==black, or both)
(who는 homer이어야 하고, who.color는 청색이거나 검은색이거나 아니면 둘 다 맞는 말이어야 이 표현이 참 값으로 평가됨)

아래는 거의 비슷하게 보이는 표현이지만 실제로는 아주 다른 것이다. 이것은 *who*의 색깔이 검은색일 때만 참으로 평가된다. *who*가 homer이면서 homer 색깔이 청색일 때에도 참 값으로 평가된다.

이 표현이 다른 이유는 논리 타일들이 다르게 중첩되었기 때문이다. 그러므로 값을 계산하는 순서가 다르다. 이들 중첩된 타일들은 다음 표현을 나타낸다.

either (both (who==homer) and (who.color==blue)) or (who.color==black) or both

이들 예들은 논리 표현을 여러 다중으로 중첩시키면 까다롭다는 것을 보여준다.

일반적으로 부울 표현에 하나 보다 더 많은 논리 연산자를 추가하는 것을 권하지 않는다. 만약 더 많은 연산자가 필요하면, 중첩된 *if* 문장을 사용하라. 논리 연산자를 결합시킨 것보다 중첩된 *if* 문이 낫다는 것을 의미하지는 않는다. 대신 논리 표현을 여러 다중으로 중첩시키면 계산 순서를 정확히 이해하기 힘들다는 것은 안다.

요령 및 기법 6

난수와 불규칙적인 동작

난수(Random numbers)

난수는 계산 응용의 어떤 종류에서는 중요한 역할을 한다. 예를 들면, 인터넷에서 정보를 전송하는 데 있어서 안전한 암호를 생성하기 위하여 난수를 사용한다. 파일에 저장된 정보를 불규칙하게 뒤섞기 위한 코드를 생성하는데 있어서 암호화 도구는 난수를 사용한다. 정보가 목표지점에 도착할 때, 암호를 해독해야 한다. 암호를 해독하기 위해서는 사용된 코드를 알 필요가 있다. 다양한 종류의 과학 시뮬레이션도 난수를 사용한다. 예를 들면 날씨 시뮬레이션 프로그램에 있어서 "만약 ~이라면" 상황을 생성하기 위하여 난수가 사용된다.

앨리스에서 난수를 사용하는 것을 보여주기 위하여, 객체의 동작이 불규칙 적인 애니메이션을 만들자. 그림 T-6-1에 보여진 대로, 난수는 가상세계 수준의 함수인 *random number*를 선택함으로써 생성된다.

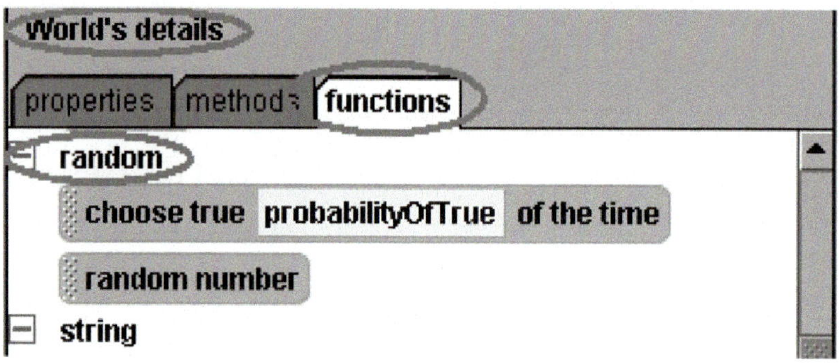

그림 T-6-1. 가상세계의 *random number* 함수

예로서 그림 T-6-2에 보여진 가상세계의 장면을 고려하자. 에스키모(People 폴더에 있음)와 펭귄(Animals 폴더에 있음)이 겨울 가상세계의 얼음 위에서 미끄러지기 하면서 함께 놀고 있다.

그림 T-6-2. 애완동물 펭귄이 얼음 위를 미끄러짐.

만일 여러분이 펭귄이 불규칙한 거리만큼 앞으로 미끄러지게 하기 위한 코드를 작성한다고 가정하자. 이것은 먼저 *move* 명령을 생성하고 distance 매개변수에 *random number* 함수 타일을 위에다 끌어다 둠으로써 쉽게 만들 수 있다. 결과는 여기에 나타나 있다:

```
penguin move forward random number more... more...
```

난수 함수는 '0' 에서 '1' 사이의 실수 값을 돌려준다. 위의 명령이 실행되었을 때, 펭귄은 '0' 에서 '1' 사이의 실수 값만큼 앞으로 미끄러질 것이다. 비록 '0' 과 '1' 사이인 값의 범위를 여러분이 알지만, 여러분은 정확한 숫자는 모른다. 또한 매번 프로그램이 실행될 때 거리는 달라질 가능이 높다. 이러한 예측 불가함이 불규칙적으로 만들게 하는 요인이다.

난수를 위하여 범위를 선택함

난수 값의 범위가 따로 설정되지 않았을 경우 '0' 에서부터 '1' 까지이다. 만일 여러분이 '0' 에서부터 '1' 까지가 아니라 '1' 에서 '5' 까지의 난수를 원한다고 가정하자. *random number* 함수의 수의 범위를 나타내기 위하여, *random number* 타일(보라색)의 *more*를 클릭하고 *minimum* 값을 선택한다. 그런 후 동일하게 *maximum* 값도 선택한다. '1' 에서 '5' 까지의 범위를 가진 명령이 여기에 나타나 있다:

```
penguin move forward random number minimum = 1 maximum = 5 more...
```

이제 프로그램이 실행되는 매번, 3.8 미터나 2.3 미터 만큼 혹은 '1' 에서 '4.999' 사이의 불규칙적인 숫자만큼 펭귄이 미끄러질 것이다. 여러분이 가상세계를 만들고 수행해 봐서 이것을 시험하기를 권한다. **Restart** 버튼을 몇 번 눌러서 미끄러지는 동작을 관찰하라.

정수(온전한 숫자)

때때로 여러분은 십진수 소숫점 오른쪽에 어떤 숫자도 없는 난수(즉 정수)를 원할 것이다. 예를 들면 '3.8' 혹은 '2.3' 대신 '2' 나 '3' 혹은 '4' 와 같은 온전한 숫자를 원할 수도 있다. 십진수 소숫점 오른쪽에 어떤 숫자도 없는 숫자를 정수라고 한다. 불규칙적인 정수 값을 얻기 위해 *random number* 함수를 사용하기 위해서는, 그림 T-6-3과 같이 *random number* 타일(보라색)의 *more*를 클릭하고 *integerOnly*를 선택하고 밑으로 늘어지는 메뉴에서 *true*를 선택하라. 이 예에서는 생성된 난수는 1, 2, 3, 혹은 4일 것이다.

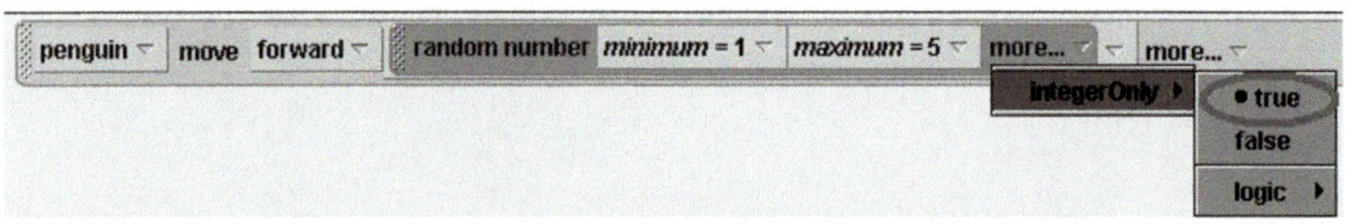

그림 T-6-3. *random number* 함수를 위하여 *integetOnly*를 선택

불규칙한 동작

만약 *random number* 함수가 *move* 명령과 결합되면, 객체가 불규칙한 위치로 움직이는 불규칙한 동작의 형태가 생성된다. 불규칙한 동작은 많은 다른 종류의 게임이나 시뮬레이션에서 필수적이다. 예를 들면, 그림 T-6-4의 가상세계를 고려하자. 금붕어(Animals 폴더에 있음)가 불규칙한 형태로 수영하고 있다. 우리는 움직임을 주변 위치로 국한시킬 필요가 있다. 그렇지 않으면, 연속적인 움직임으로 인해 금붕어가 실제 금붕어의 헤엄과 달리 화면상의 여기저기로 튀어 다닐 수 있다.

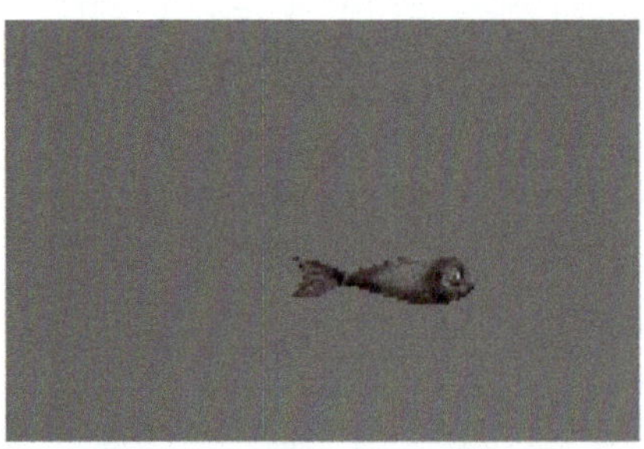

그림 T-6-4. 불규칙한 동작 애니메이션을 위해 만든 물 가상세계에 있는 금붕어

앨리스 객체가 3차원 가상세계에 살고 있으므로, 모든 가능한 여섯 방향(앞, 뒤, 좌, 우,

위 그리고 아래)으로 움직이는 *move* 명령을 작성할 수 있다. *random number* 함수를 여섯 방향으로의 *move* 명령과 결합하는 것은 좀 서투르게 보일 것이다. 음수를 사용하는 이점을 이용하여 우리의 작업을 쉽게 만들어 보자. 만약 음수가 *move* 명령의 거리로 사용되면, 객체는 반대 방향으로 움직이는 것이다. 예를 들면, 다음에 보여진 명령은 금붕어가 왼쪽으로 −1 미터 움직이는 것이다. 실행되었을 때, 이 명령은 실제적으로 금붕어가 오른 쪽으로 1 미터 움직이게 한다.

우리가 양과 음의 거리 값을 사용하면, 단순히 세 개의 *move* 명령만 필요하다. 우리는 위쪽, 왼쪽, 앞쪽 방향만 사용할 것이다. 이 아이디어를 마음에 두고, *randomMotion* 메소드를 위한 스토리보드를 작성해 보자.

> *randomMotion*
>
> **매개변수:** min, max
> *다음 단계들을 함께 수행하라(Do together).*
> 금붕어가 min과 max 사이 값만큼 불규칙한 거리를 위쪽 방향으로 이동한다.
> 금붕어가 min과 max 사이 값만큼 불규칙한 거리를 왼쪽 방향으로 이동한다.
> 금붕어가 min과 max 사이 값만큼 불규칙한 거리를 앞쪽 방향으로 이동한다.

goldfish.randomMotion 메소드 스토리보드는 *Do together*(다음 단계들을 함께 수행하라) 블록과 세 개의 이동 명령을 포함한다. 각각의 이동 명령에서, 난수 생성 함수가 호출되어 난수가 만들어진다. 매개변수(*min* 및 *max*) 난수 거리를 위하여 최소 및 최대값의 범위를 선택하기 위하여 사용된다. 이 예에서는 최소값으로 '−0.2', 최대값으로 '0.2'를 사용할 예정이다. 그리하여 *random number* 함수는 '−0.2'에서 '0.2' 사이의 값을 돌려줄 것이다. *move forward* 명령을 위한 최소값은 '0' 임을 명심하라. 이유는 금붕어는 뒤로 헤엄을 치지 못하기 때문이다.

이제 스토리보드를 프로그램 코드로 변환할 수 있다. 그림 T-6-5 에는 *randomMotion* 메소드에 대한 코드가 나타나 있다. 어떻게 이 메소드가 작동할지 생각하라. 각각의 *move* 명령에는 불규칙한 거리 값을 갖기 위하여 *random number* 함수가 호출된다. 위로 이동하기 명령을 위해 *random number* 함수가 음의 값을 되돌려 줬다고 가정하자; 금붕어는 실제로 아래로 이동할 것이다. 왼쪽으로 이동하기 명령에 음의 거리 값을 입력하면 금붕어를 오른 쪽으로 움직일 것이다. 앞으로 움직이기 위한 명령의 거리 값은 항상 양수이므로, 금붕어는 항상 앞으로만 움직인다.

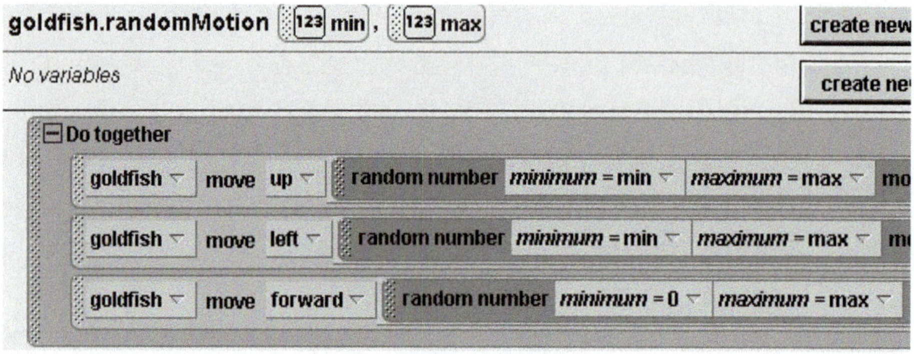

그림 T-6-5. *randomMotion* 메소드

Do together(다음 단계들을 함께 수행하라) 블록은 동시에 *move up*(위쪽으로 이동), *move right*(왼쪽으로 이동), *move forward*(앞쪽으로 이동) 명령을 수행한다. 결과로 금붕어는 최소값과 최대값으로 만들어진 가상의 상자 내부의 임의의 위치로 이동한다.

일단 *randomMotion* 메소드가 작성됐으므로, 시험돼야 한다. *random Motion* 메소드를 호출하기 위해서, 다음 그림과 같이 메소드에 최소값과 최대값 인수가 넘겨져야 한다. 이 예에서는 최소값으로 '−0.2', 최대값으로 '0.2' 인수를 사용하여 금붕어가 현재 위치 부근의 임의의 위치로만 움직이도록 제한했다.

요약

이 장의 예들은 메소드에서 *if* 문과 함수들을 사용하는 방법들을 제시했다. 앨리스에서는 *if*문을 사용하면 부울 조건의 참 거짓 값에 따라서 코드의 일부분이 조건적으로 수행되게 할 수 있다. 부울 논리는 수행시간 동안 *if* 부분 혹은 *else* 부분 어느 쪽이 수행될 것인지 결정하는 데 사용된다. 그러므로 *if* 문을 사용하면 우리 프로그램 코드 부분의 수행 흐름을 제어할 수 있다.

내장함수들은 프로그램의 특별한 요구를 항상 만족시킬 수는 없다. 이 장에서는, 다양한 종류의 값을 돌려주는 여러분 자신의 함수들을 작성하는 방법을 살펴봤다. 여러분 자신의 함수를 작성할 때 이점은 추상화 형태로 전체 작업을 높은 수준에서 생각할 수 있다는 점이다. 수치 값을 계산하고 돌려주는 함수들은 보다 덜 어지럽고 쉽게 읽을 수 있는 경향이 있는데, 이는 계산이 함수에 숨어 있기 때문이다. 그러한 함수는 많은 다양한 상황에 유용할 것이다. 예를 들면 아케이드 형태의 게임에서 화면상에서 가시적인 객체의 수를 세어 돌려주는 함수를 작성하기를 원할 수도 있다. 함수는 사용자가 얼마나 많은 객체를 제거했는지(아니면 보이지 않게 만들었는지) 추적하기 위하여 호출될 수 있다. 몇몇 객체만 남았을 때, 게임의 속도를 더 빠르게 만들어 사용자가 힘들게 할 수도 있다.

매개변수는 함수가 다른 객체와 사용할 수 있게 하기 위해 사용될 수 있다. 클래스 수준의 메소드와 같이, 여러분은 클래스 수준의 함수를 작성하고 객체와 더불어 저장할 수 있다. 이 과정으로 함수가 다른 프로그램에서 다시 사용될 수 있다.

이 장에서의 중요한 개념

- *if* 문은 코드의 조건 실행을 허용하는 프로그램 코드의 블록이다.
- *if* 문은 코드의 일부분이 수행될지 결정하는 부울 논리 조건을 포함한다.
- 만일 부울 조건이 참으로 평가되면, 문장의 *if* 부분이 실행된다. 만약 표현 조건이 거짓으로 평가되면, *else* 부분이 실행된다.
- 부울 조건은 참 혹은 거짓 값을 돌려주는 내장함수를 호출할 수 있다.
- *and or not*의 논리 연산자는 단순한 부울 표현을 보다 복잡한 표현으로 결합하는데 사용할 수 있다.
- 〈, 〉, 〉=, 〈=, ==, != 등의 관계 연산자들은 부울 표현의 값들을 비교할 때 사용할 수 있다.
- 부울값을 돌려주는 함수를 작성할 수 있고, 이 함수는 *if* 문에 사용된다.
- 다른 종류의 값들을 계산하여 돌려주는 함수 또한 작성될 수 있다.

프로그래밍 용어

부울표현(Boolean expression)	함수(function)
난수(random number)	조건에 따른 수행(conditional execution)
if/else 문(if/else statement)	범위(range)
조건 표현(conditional expression)	정수(integer)
관계 연산자(relational operator)	표현(expression)
논리 연산자(logical operator)	return 문(return statement)

질문

1. *if/else* 문의 조건 표현의 목적은 무엇인가?
2. *if/else* 문의 조건 표현은 어떤 종류의 값으로 계산돼야 하나?
3. 아래의 각각 문장의 값을 계산할 때, 어떤 값의 종류가 얻어지나?
   (a) height 〈 3

(b) (5+1)*10

(c) who == plato

4. 앨리스에서, 내장된 난수 생성 함수는 어디서 찾을 수 있나?
5. 앨리스는 많은 내장함수를 제공한다. 왜 프로그래머가 자신의 함수를 작성하기를 원할까?
6. 왜 함수는 *return* 문을 꼭 가져야 하나?
7. 함수 내에 하나 이상의 *return* 문을 갖는 것이 가능한가? 여러분의 답을 설명하라.
8. 4장에 설명된 메소드의 매개변수의 종류들과 함수에서 되돌려지는 값들의 종류들 간의 차이는 무엇인가?
9. 앨리스의 끌어다 두기 사용자 인터페이스에서, 중첩된 타일과 괄호들은 표현에 자동적으로 끼워진다. 표현에 있어서 중첩된 타일과 괄호들의 목적이 무엇인가?
10. 여러 조건을 포함하는 부울 논리 표현에 있어서, 조건들을 연결하기 위하여 어떤 연산자들이 사용될 수 있는가?
11. 여러 조건을 포함하는 부울 논리 표현은 종종 이해하기 힘들다. 동일한 결과를 얻기 위하여 어떤 대체 구조가 사용될 수 있나?

연습문제와 프로젝트

6-1 연습문제

1. *구르는 공에 곡예사를 추가하기*

   6-1절에 나타내진 구르는 공의 가상세계를 만들어 시작하되, 여러분이 선택한 두 개의 물체/곡예사를 추가하라(우리는 Egypt 폴더의 파라오 Pharaoh와 아나바 Anabas를 사용하였다.). 이들을 공(Sports 폴더) 위에 두되, 하나 위에 또 다른 사람을 두라. 다음에 나타난 가상세계에서는 공의 크기를 두 배로 늘렸다. 서커스를 위한 프로그램을 작성하되, 곡예사가 공 위에 서서 공을 굴리면서 공을 이용하여 이동한다. 구르는 공과 함께 움직이는데 균형을 잡기 위하여 곡예사는 팔을 벌려야 한다.

   힌트: 곡예사들이 공의 중심위에 서 있고, 한 사람이 다른 사람 위에 정확하게 서있는 지 확실하게 하기 위하여, 네 개의 창으로 보는 장면 편집기를 사용하라. 또한 밑으로 펼쳐지는 메뉴 메소드를 사용하여 곡예사와 공이 동일한 방향을 갖고 있는지 확실히 하라(물체들이 함께 움직이기 위하여 일치시키기 위하여 *orient to* 명령을 사용하는 방법은 요령 및 기법 2를 보라.).

2. *자동차나 트럭의 회전하는 타이어들*

자동차나 트럭(Vehicles 폴더에 있음)을 가진 가상세계를 만들어라. 자동차가 앞으로 이동함에 따라 자동차의 네 바퀴가 앞 방향으로 회전하는 프로그램을 작성하라. 코드는 공이 앞으로 구르게 만들기 위해 사용한 코드와 매우 유사해야 한다(6-1절의 *realisticRoll* 메소드를 보라.).

3. *벌 정찰병*

덥고 건조한 여름이어서, 꿀벌들은 절실하게 새로운 꽃가루를 공급받아야 한다. 한 마리의 꿀벌(Animals/Bugs 폴더에 있음)이 꽃가루가 많은 곳을 찾아 벌집에서 멀리 탐험을 나왔다. 살펴볼 자연스러운 곳은 지역 내의 연못 부근이다. 땅 위에 원(Shapes 폴더)이 평평하게 놓여 있고, 원의 색은 연못같이 파랑으로 색을 칠한 초기 장면을 만들어라. 풀, 나무 그리고 꽃을 포함한 다른 자연스러운 장면을 추가하라. 다음에 나타내진 장면처럼, 꿀벌이 연못의 가장자리 부근에 위치하도록 하라.

만개한 꽃을 위해 연못 가장자리를 정찰하는 벌을 애니메이션하기 위한 프로그램을 작성하라. 벌은 연못(원)의 가장자리를 비행하도록 되어있다. 원둘레가 운동을 안내하도록 사용되는, 벌이 연못의 가장자리를 정찰하기 위하여 이동하는 메소드를 작성하라(맞다, *asSeenBy*가 사용될 수 있으나, 이 예제의 주 안점은 아니다.). 원의 테두리를 계산하기 위한 식은 π×원의 직경이다. π는 3.14이고 직경은 연못의 폭이다. 원의 테두리를 계산하여 값을 되돌려주는 함수를 작성하라. 벌이 왼쪽으로 한 바퀴 도는 동안, 테두리 함수에 의해 되돌려지는 미터 거리 값만큼 앞으로 이동하여 연못 가장자리를 날도록 만들라.

4. *피라미드 등반*

봄방학에, 한 학생이 파라오의 땅을 방문하고 있다. 그 학생(예를 들면 CD 혹은 웹 갤러리의 People 폴더에 있는 randomGuy1)은 바닥에서부터 시작하여 옆을 따라 쭉 바로 올라가는 방식으로 피라미드(Egypt 폴더)들 중 하나를 등반하기로 결정한다. 다음의 화면 촬영에 보여진 대로, 사람과 피라미드로 구성된 초기 장면을 설정하라. 등반을 애니메이션 하기 위한 메소드를 작성하여, 사람의 발이 피라미드의 옆 부분 경사면에 항상 위치하게 만들라.

피라미드에 있는 사람을 가리키고, 그 사람이 피라미드 테두리까지 걸어가도록 만듦으로써 프로그램을 시작하라. 그 후, 그 사람이 등반을 할 때 기울어지는 것을 고려하여 1/8 바퀴만큼 회전하라(그 사람이 피라미드를 등반하기 위한 합리적인

각도를 여러분이 발견할 때까지, 몸을 기울이는 것을 시험하라.). 꼭대기에 도달한 후, 그 사람은 똑바로 서야한다.

등반을 완료하기 위하여 그 사람이 얼마나 이동해야하는 지 결정하기 위하여, climb 메소드는 함수를 호출하여야만 한다. 그 함수는 피라미드의 측면 길이를 계산한다. 피라미드의 측면 길이를 계산하기 위한 공식은 $a^2+b^2=c^2$ 피타고라스의 정리에 기초한다. c 값은(대각선 방향으로) 피라미드의 측면을 타고 위쪽으로 사람이 대략 얼마나 이동해야 할는지 알려준다.

공식은:

피라미드 측면의 길이 = $\sqrt{(\text{피라미드의 높이})^2+(\text{피라미드의 폭}/2)^2}$

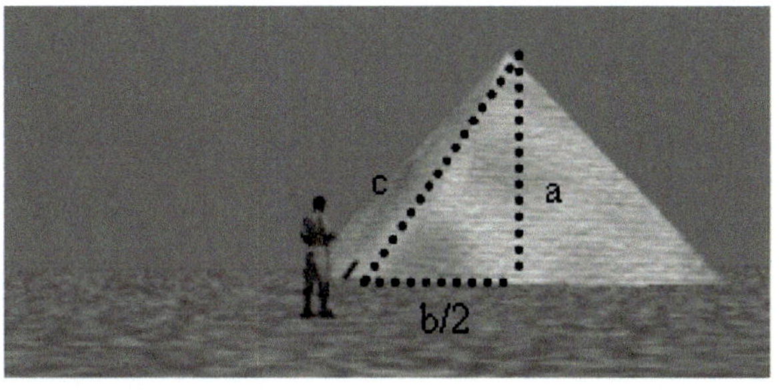

5. *과자 굽기 교습*

   이 예에서는, 한 여자(People 폴더)가 말린 쿠키를 만드는 방법을 공부하고 있다. 그 여자가 쿠키를 잘라낼 수 있기 전에, 밀방망이(Kitchen 폴더)를 가지고 밀가루 반죽을 밀 필요가 있다. 반죽을 평평하게 만들기 위하여, 여자가 탁자를 따라 밀방망이를 굴릴 때, 얼마나 굴려야 하는지 결정하기 위한 함수를 작성하라. 이 함수를 탁자(CD나 웹 갤러리의 Furniture 폴더)를 따라 밀방망이를 회전하는 애니메이션이 포함된 가상세계를 만들 때 사용하라.

6-2 연습문제

6. *제우스 가상세계에 대한 수정*

(a) 클릭당했을 때, 각각의 철학자가 뭔가 다른 이야기를 하도록 제우스 가상세계를 수정하라.

- 유리피데스는 "이봐 얘들아, 난 목욕하길 원한다."라고 말한다.
- 플라토는 "난 그것을 플레이 도[9]라 부른다."라고 말하고, 다른 철학자들에게 자신의 플레이 도를 보여주기 위하여 자신의 오른손을 내민다.
- 호머는 "내 계산에 의하면, 프레젤 과자는 최적의 고체 음식이다." 라고 말한다.
- 소크라테스는 "모래 시계의 모래와 같이, 우리 생의 나날도 마찬가지다." 라고 말한다.

어떤 철학자가 클릭 되었는지 결정하기 위하여 *if* 문을 사용하라.

(b) 제우스 가상세계를 수정하여, 만약 호머가 클릭당하여 번개를 맞았을 때, 쓰러지고 "드 오("d' oh")라고 말한 후, (색깔이 바뀌는 대신) 다시 일어선다. 호머가 반복적으로 클릭되는 것을 허용하는데, 이렇게 하면 여러 번 쓰러지고 다시 일어나는 결과를 얻게 된다.

7. *회전 연습*

다음에 나타난 것처럼, 스케이트 타는 사람의 가상세계를 만들어라. 4장 연습문제 9번에서 설계되고 생성된 enhancedCleverSkater를 들여오라(만약 여러분이 enhancedCleverSkater 클래스를 만들지 않았다면, 갤러리에서 iceSkater를 사용할 수 있겠지만, 앞으로 스케이트 타기 및 물체 주위를 스케이트 타는 메소드를 여러분 자신이 만들어야 한다.).

이 가상세계를 위하여, 스케이트 타는 사람이 얼음 위에서 회전하는 것을 연습하는 프로그램을 작성하라. 먼저 스케이트 타는 사람이 앞을 보고 있으면서, 두 번째 원뿔로부터 1 미터 떨어진 곳에 두라. 이후 미끄럼 걸음으로 첫 번째 원뿔을 향하여 스케이트 타고 나간다. 그 사람이 원뿔에 가까이 다가갔을 때, 원뿔의 주위를 반쯤 스케이트 타고 돌고, 다른 원뿔로 되돌아가기 위하여 다른 원뿔을 쳐다보게 만든다. 이다음, 다른 원뿔로 스케이트 타고 가게하고, 원뿔에 가까이 다가갔을 때, 원뿔 주위로 회전하게 만들라. 이 방법으로 스케이트 타는 사람은 두 개의 원뿔 주위로의 경로를 완성해야 한다.

---

9) 놀이용 찰흙

힌트: 원뿔 주위로 반 원만큼 회전을 하기 위하여 스케이트 타는 사람이 충분히 가까이 갔는지 확인하기 위하여, enhancedCleverSkater 메소드를 위하여 *is within threshold of object* 함수를 사용할 수 있다(만약 두 번째 객체가 첫 번째 객체의 명시된 거리 이내에 있을 때, *is within threshold of object* 는 참 값을 가진다.). 다른 가능한 방법은 *distance to* 함수를 사용하고 관계 연산자 a 〈 b (가상세계 수준의 함수로 사용 가능함)를 사용하여, "스케이트 타는 사람이 원뿔로부터 떨어진 거리가 2미터 이내인가"에 대한 논리 표현을 만들 수 있다.

8. *8자형 선회*

   이 연습문제는 7번 연습문제의 확장이다. 스케이트 타는 사람이 원뿔 주위를 8자형으로 선회하도록 가상세계를 수정하라.

9. *얼음 위의 위험*

   이 연습문제에서는, 연습문제 7번 혹은 8번에서 완성한 가상세계로부터 시작할 수 있다. — 혹은 스케이트 타는 사람의 새로운 가상세계를 처음 단계부터 만들어라. 푸른색 원으로 된 구멍을 얼음에 만들어라.

사용자가 구멍을 얼음 표면 위에서 마우스를 사용하여 움직일 수 있도록 가상세계를 상호작용(대화)적으로 만들어라(*let mouse move objects* 사건을 사용하기 위하여 요령과 기법 5를 보라.). 이제 스케이트 타는 사람이 얼음 표면을 이동할 때, 사용자는 스케이트 타는 사람의 경로 상에 구멍을 이동할 수 있다. 스케이트 타는

사람이 구멍 위로 스케이트 타는지 확인하기 위하여 *if* 문을 사용하도록, 앞으로 스케이트 타기 메소드를 수정하라. 만약 사람이 구멍 위에 있으면, 사람은 구멍으로 떨어질 것이다. 만약 컴퓨터에서 소리를 사용할 수 있으면, 첨벙하는 소리를 추가하기를 원할 것이다.

10. *두 나무 사이를 날기*

두 나무(Nature 폴더) 사이에 lichenZenspider(이끼 거미, Fantasy/Fairies 폴더)가 있는 가상세계를 만들어라. 두 나무 사이를 이리저리 날아다니는 lichenZenspider를 애니메이션하라. 가상세계가 상호작용(대화)적이게 만들어서, 사용자가 엔터 키를 칠 때마다, lichenZenspider가 앞으로 조금 날도록 만들라. lichenZenspider는 나무에 도달할 때까지 앞으로 날아야 하고, 그 후 회전을 하여 처음 나무로 되돌아 날라가야 한다. lichenZenspider가 나무와 충돌하는 것을 피하도록 신경을 쓰라.

11. *스페인어 어휘*

어떤 사람에게 새로운 언어를 가르칠 때 보편적인 연습은 그 사람에게 친숙한 물체를 보여주고 그 물체의 단어를 묻는 것이다. 이 연습문제에서는, 어떤 사람이 스페인어로 고양이란 단어를 공부하는데 도움을 주는 간단한 어휘력 강화기를 만드는 것이다. 다음 장면은 풀밭에 고양이가 누워 있고, 세 개의 삼차원 스페인 단어가 고양이 앞에 그려져 있다. 사용자는 고양이를 나타내는 올바른 스페인어를 클릭해야 한다. 다른 물체에 클릭하면 작동하지 않는다. *gato*란 3차원 물체인 단어가 선택되면 참 값을 되돌려주고, 다른 것이 선택되면 거짓 값을 되돌려주는 *isGato* 함수를 작성하라. 함수는 *objectClicked*란 하나의 매개변수를 사용하여 사용자가 클릭한 삼차원 글자 객체를 보내도록 만들어 진다. 만일 사용자가 *gato*란 단어를 클릭하면 고양이는 "Si, si (예, 예)"라고 말한다. 그렇지 않으면 고양이는 머리를 왼쪽 오른쪽으로 흔들어서 선택이 틀렸다는 것을 나타낸다.

12. *스위치*

스위치(갤러리의 Controls 폴더에 있음) 객체를 사용하는 가상세계를 만들어라. "when the switch is clicked" 사건을 처리하는 flipSwitch라 불리는 메소드를 작성하라. 만약 스위치가 클릭되면, 손잡이가 위에서 아래로 떨어지거나, 혹은 아래에 있는 스위치가 위로 올라갈 것이다. 또한 만약 손잡이가 위로 올라가 있으면 참을, 손잡이가 아래에 내려가 있으면 거짓을 돌려주는 isHandleUp 부울 논리 함수를 작성하라(flipSwitch는 손잡이를 반 바퀴 앞 방향으로 회전할지 뒤로 반 바퀴 회전할지 결정하기 위하여 isHandleUp을 호출한다.).

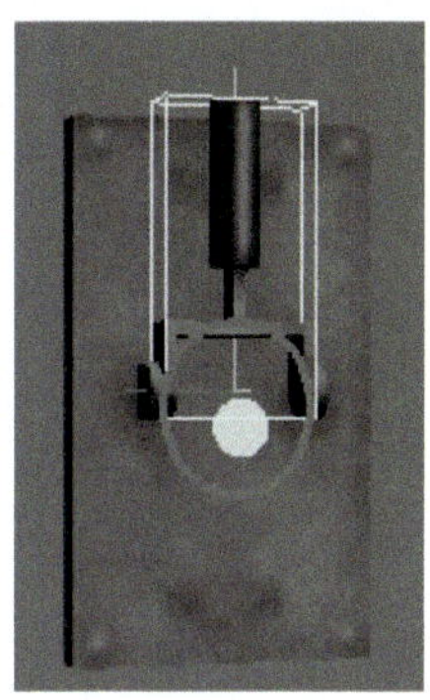

힌트: isHandleUp을 작성하기 위하여, 손잡이의 위치를 시험하기 위하여 어떤 기준이 되는 지점이 필요하다. 이것을 하기 위한 한 가지 방법은 안보이는 작은 원을 스위치 판의 중앙에 붙이는 것이다. 손잡이가 위에 있으면, 손잡이가 원 위에 있는 것이다. 손잡이가 아래로 회전되어 내려오면, 손잡이는 원 밑에 있다(안보이는 물체에 상대적으로 어떤 물체를 움직이는 자세한 사항에 대해 요령과 기법 4 를 보라.). 다음에 나타난 대로, 손잡이의 회전 중심에 원을 바로 두도록 신경을 쓰라.

13. *전구*

전구가 있고, 전구가 켜졌는지 꺼졌는지 상태에 따라 전구를 켜고 끄는 turnOnOff 메소드가 있는 가상세계를 만들어라. 전구가 켜져 있을 때, 노란색 계통의 발광 빛을 낸다. 전구가 꺼져 있을 때, 발광색은 검정이다. 전구가 켜져 있으면 참 값을 되돌려 주고, 전구가 꺼져 있으면 거짓 값을 되돌려 주는 부울 논리 함수 isLightOn을 작성하라. 전구가 클릭되었을 때, 켜지거나 꺼져야 한다.

14. *공룡을 겁줘서 쫓아내기*

다음에 나타낸 거인과 용(Medieval 폴더)이 있는 초기 장면을 만들어라. 거인은 자기가 선호하는 사냥터에서 용을 겁줘서 쫓아내려고 노력하고 있다. 만약 둘 사이의 거리가 5 미터 이상 떨어져 있으면, 거인은 용에게 달려들면서 고함을 지르고 날뛰려고 한다. 거인은 스페이스바가 눌려질 때마다 용에게 이동하여야 한다. 거인이 용에게 너무 가까이 접근했는지 여러분 자신의 함수를 작성하라. 거인이 용으로부터 5 미터 이내로 떨어져 있으면, 용이 날아가도록 만들라.

15. *좀비의 가상세계*

좀비(Zombie, 되살아난 시체, Spooky 폴더에 있음)와 열린 무덤(땅에 놓여진 검은 사각형)이 있는 가상세계를 만들어라. 공포 영화 장면에서, 좀비는 무덤을 향하여 앞으로 걸어가서 무덤에 빠진다. 이 애니메이션에서, 사용자가 스페이스바를 누를 때마다 좀비는 앞으로 걸어가야 한다. isAboveGrave란 이름의 부울 논리 함수는 만약 좀비가 무덤에서부터 0.5 미터 이내에 있으면 참 값을 되돌려준다. 만일 함수가 참 값을 되돌려주면, 좀비가 무덤 안으로 떨어지도록 만들라.

16. *구두 크기가 맞나?*

애니메이션의 공공의 사용은 어린이들을 위한 교육용 소프트웨어를 준비하기 위한 것이다. 이 애니메이션은 고전의 어린이용 이야기에서부터 따왔다. 어느 여자의 발이 유리 슬리퍼에 맞는지 왕자가 발이 맞는 여자를 찾으려 노력하고 있다. 다음에 나타난 초기 장면처럼, 왕자는 신데렐라의 집에 왔으며, 신데렐라와 두 명의 이복 여형제는 구두를 신어보기 위하여 기다리고 있다. 사용자가 장면에 있는 여자 중 한 명을 클릭한다는 점에서 이 가상세계는 상호작용(대화)형이 될 것이다. 만약 클릭된 객체가 신데렐라이면 참 값을, 아니면 거짓 값을 되돌려 주는 함수를 작성하라. (구두는 신데렐라에게만 맞는데) 구두가 맞으면, 왕자는 신데렐라로 향하여 이동하고 청혼해야 한다. 그러면 유리 구두는 신데렐라의 발에 나타난다. 만일 이복 여동생 중 하나가 클릭되면, 구두가 맞지 않고, 왕자는 그 여자가 자신이 원하는 여자가 아님을 나타낸다.

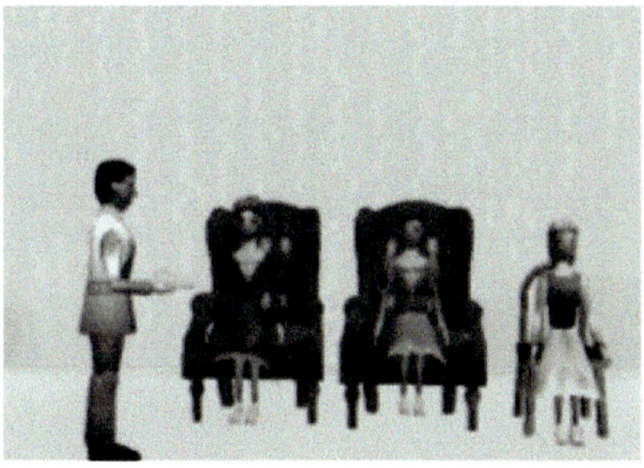

힌트: 프로그램 작성을 쉽게하기 위하여, 두 개의 유리 구두를 사용하라: 하나는 왕자가 들고 있고, 하나는 신데렐라가 신고 있다. 신데렐라의 발에 있는 유리 구두가 보이지 않도록 처리하라. 왕자가 청혼할 때, 왕자의 손에 있는 구두가 안보이게 하고, 신데렐라의 발에 있는 구두는 보이도록 하라.

메모: 가상세계를 저장할 때, 파일 이름에 ? 문자를 사용하지 마라.[10)]

---

10) Microsoft Windows 운영체제에서 파일 이름에 ? 는 허용되지 않는다.

프로젝트

1. *문지기*

   여러분이 선택한 네 가지(people, shapes, vehicles 등) 다른 객체를 가진 가상세계를 만들라. 우리는 Egypt 폴더에 있는 객체를 사용하였다. 그 들을 한 줄로 세우라. 물체는 게임 사용자를 보고 있고 서로서로 동일한 거리를 띄어 위치한다.

   이 게임에서, 객체 중 하나는 문지기인데, 사용자가 피라미드로의 감추어진 문을 열 수 있게 하는 비밀 암호를 가지고 있다. 비밀 암호를 알아내기 위하여, 문지기가 제일 오른쪽에 올 때까지 사용자는 한 줄로 선 객체들을 재배치하여야 한다(만일 줄을 선 객체가 왼쪽에서 오른쪽으로 세고 '1-2-3-4' 라고 하면, 문지기는 4번 위치로 이동하여야 한다.). 물체가 클릭 되었을 때, 그 물체는 자신으로부터 가장 멀리 떨어진 물체와 위치를 바꾸는데, '1' 혹은 '4' 둘 중 하나가 클릭되면, '1' 과 '4' 는 서로 위치를 바꿀 것이고, '3' 이 클릭되면 '1' 과 위치를 바꾸고, '2' 가 클릭되면 '4' 와 위치를 바꿀 것이다. '1' , '2' 및 '3' 에 있는 객체중 하나를 문지기로 만들라. 객체가 재배열되었을 때 줄 선 것 중 문지기가 제일 오른 쪽에 갔을 때 참 값을 되돌려 주고, 그렇지 않으면 거짓 값을 되돌려 주는 부울 논리 함수를 작성하라. 문지기가 제 위치에 있을 때, 암호를 나타내는 3차원 객체를 화면에 그려내라.

2. *이진 코드 게임*

   다음에 보여진 바와 같이 세 개의 스위치(Controls 폴더)와 하나의 전구(Lights 폴더)가 있는 가상세계를 만들어라. 전구의 발광 색깔 특성을 검정(꺼진 상태)으로 설정하라.

이 게임에서는, 스위치의 손잡이 위치가 이진 코드를 나타낸다. 손잡이가 위로 가 있으면, '1' (스위치의 전류가 높음)을 나타내고, 손잡이가 밑으로 내려가 있으면 '0' (스위치의 전류가 낮음)을 나타낸다. 앞에서 보여진 가상세계에서는, 모든 세 개의 손잡이가 위로 되어있으므로, 이진 코드는 '111' 이다. 정확한 이진 코드는 게임의 시작에 선택된다(여러분은 주어진 코드를 입력한 후 친구에게 맞추어 보라고 할 수도 있고, 혹은 요령과 기법 6에서 보여진 대로 가상세계 수준의 난수 생성 함수를 사용할 수 있다.). 아이디어는 전구를 켤 수 있는 올바른 이진 코드를 추측하도록 만드는 것이다(발광색이 노란색일 때 전구가 켜진 상태이다.). 이진 코드를 추측하기 위하여, 사용자는 손잡이를 클릭하여 위치를 바꾼다. 매번 사용자가 손잡이를 클릭할 때마다, 손잡이는 반대쪽으로 움직이는데, 현재 아래인 상태이면 위로, 현재 위인 상태이면 아래로 움직인다. 세 개의 스위치 모두가 올바른 위치에 있을 때, 전구가 켜진다.

각 스위치는 스위치에 마우스로 클릭하면 반응하여야 한다. 만약 손잡이가 아래쪽이면, 위로 올려라. 만일 손잡이가 위쪽이면, 손잡이를 아래로 내려라. 손잡이의 현 위치를 추적하기 위하여, 보이지 않는 원을 스위치에 두고 그 원을 참고 위치로 사용한다. 손잡이가 원 위에 있으면, 스위치를 내려라. 손잡이가 원 밑에 있으면, 손잡이를 올려라. 보다 자세한 것은 연습문제 12번을 보라.

여러분의 프로그램은 부울 코드가 올바른지 아닌지를 결정할 부울 논리 함수를 포함하여야 한다.

힌트: 비록 원이 보이지 않지만, 원의 색깔을 일종의 표식으로 사용하여 이 표식으로 손잡이의 올바른 위치를 표시할 수 있다.

3. *운전 시험*

운전 시험을 시뮬레이션하는 가상세계를 만들라. 가상세계는 자동차(Vehicles 폴더), 5 개의 원뿔(Shapes 폴더)과 문(Spooky 폴더)이 있어야 한다. 다음 이미지에 나타난 바와 같이 여러분의 가상세계를 설정하라. 또한 두 개의 3차원 글자-문구 객체를 생성하라: "You Pass(합격)" 과 "Try Again(다시 시도하세요)". 각 3차원 글자-문구의 isShowing 특성을 거짓으로 설정하여, 초기 장면에 이 글자들이 보이지 않도록 하라.

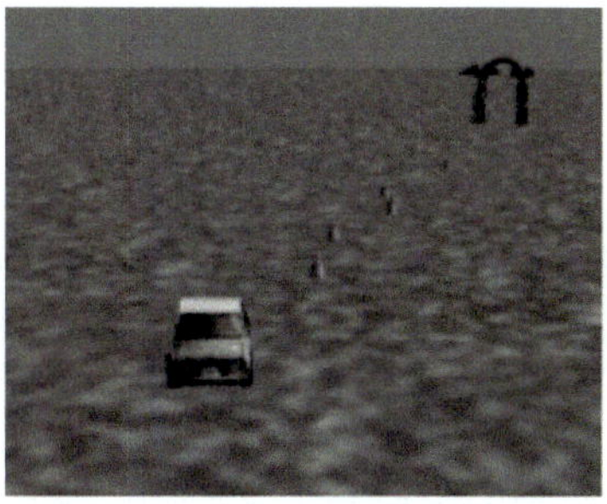

이 운전 시험에는, 사용자가 다섯 개의 원뿔 주위를 화살표 키를 눌러서 자동차를 앞, 옆 혹은 오른쪽으로 방향을 바꾸도록 운전할 것이다. 만약 자동차가 하나의 원뿔에라도 부딪히면, 운전자는 시험에 실패한 것이고, 자동차는 움직이지 않고 "Try Again" 글자 객체가 보이게 된다. 만약 사용자가 모든 5 개의 원뿔을 지나 운전하게 되면, 자동차는 문을 지나가게 되며 "You Pass"란 글자가 보이게 된다. 자동차가 원뿔과 떨어진 거리를 계산하는 isTooClose란 이름의 함수를 작성하라. 만일 자동차가 원뿔의 2 미터 이내이면, 함수는 참 값을 되돌려 주고, 그렇지 않으면 거짓 값을 되돌려 준다. 또한 isTestPassed란 이름의 함수를 작성하는데, 이것은 사용자가 시험에 통과했는지(즉 자동차가 문을 통과했는지) 여부를 평가하는 함수이다.

힌트: 사용자가 부정행위(즉 원뿔들을 지나치고 막 바로 문을 통과하기)를 않는다는 가정 하에서 작업하라. 자동차의 폭과 길이 차이 때문에 자동차의 앞 뒤 일부가 원뿔에 부딪히는 것에 개의치 말라.

4. *피쉬의 이동*

최근의 동작인 sineWave를 배울려고, 피쉬(Phishy) 물고기(Animals 폴더에 있음)는 이제 막 수영 학교에 등록했다. 여러분의 작업은 물고기에게 sineWave 동작을 가르치는 메소드를 작성하는 것이다. 물고기와 물이 있는 초기 장면은 다음과 같다.

메모: 이 가상세계는 이 책에 딸려 있는 CD에 제공된다. 이 장면을 설정하는 것이 시간 낭비이므로, 우리는 여러분이 준비된 가상세계를 사용할 것을 권장한다. 만약 여러분이 모험을 즐기는 사람이면, 여러분 자신의 가상세계를 설정하기 위한 지침은 다음과 같다: 팝업(pop-up) 메소드를 사용하여 물고기를 가상세계의 원점 (0,0,0)으로 옮기고, 그 후 물고기를 오른쪽으로 0.25 바퀴 회전하라. 피쉬의 몸이 물에 잠겨 있으므로, 물의 불투명도를 30%로 설정하여 물고기가 물에서도 보이도록 하라. 이제 카메라 위치를 바꾸기 위하여 카메라 제어를 사용하라(이것은 카메라 초기 위치에서부터 카메라가 수평으로 180도 회전되어야 하므로, 조금의 인내가 필요하다.).

그 후, 앞에서 화면을 찍은 것에 보여진 대로 카메라 수직 노출 각도를 조정하여 물 속에 있는 물고기의 측면을 비추라. 앞의 화면 물고기는 제일 왼쪽에 위치해야 하고, 물은 가상세계를 화면상에 보일 때, 화면 반의 밑 부분을 차지하도록 만들라.

앨리스는 피쉬(Phishy) 물고기에게 sineWave 동작을 가르칠 때 사용할 수 있는 사인(sine) 함수가 있다(사인 함수는 직각 삼각형의 옆 변의 길이를 계산하는 데 종종 사용된다. 이 애니메이션의 목적을 위하여, 이러한 용도는 별로 중요하지 않다.). 만일 사인 함수가 원의 모든 각도에 대해 사인 함수가 계산되면, 사인 함수 값은 '0' 에서부터 '1' 로 증가했다가 '0' 으로 다시 감소하고 '-1' 까지 감소했다가 다시 '0' 으로 돌아온다.

각도	각도에 대한 사인 값
0	0
45	0.707
90	1
135	0.707
180	0
225	−0.707
270	-1
315	−0.707
360	0

이 함수는 연속 함수이고, 사인 값을 몇 주기로 찍어보면, 커브가 계속해서 반복됨을 알 수 있다.

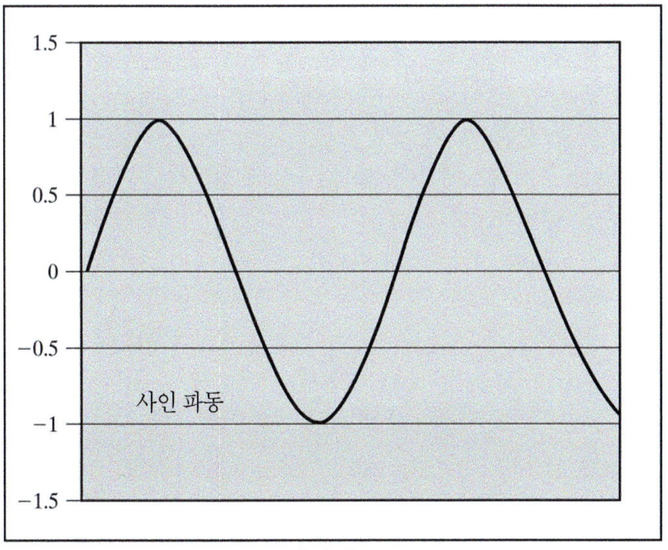

사인 파동

sineWave 동작을 위하여, 피쉬는 사인 파형으로 움직이려고 한다. CD에 제공된 가상세계에서는, 피쉬는 가상세계의 중심에 위치한다. 2차원 시스템에서는, 물고기가 (0,0)에 있다고 말할 수 있다. 사인 파형을 시뮬레이션하기 위하여, 기준점으로 볼 때, 물고기가 화면의 오른쪽으로 헤엄쳐 가면서, 1 미터로 올라갔다가, −1 미터로 2 미터 내려갔다가, 다시 +1 미터로 2 미터 올라가는 등등으로 헤엄친다. 앨리스 사인 함수는 각도 값이 아니고 라디안(radian) 값으로 받아들인다. *degreesToRadian* 이란 이름의 함수를 작성하되, 이 함수는 각도로 된 값을 라디안으로 바꾼다. 각도를 라디안으로 바꾸기 위해서, 각도에 를 곱하고 180으로 나누면 된다. *degreesToRadian* 함수는 라디안으로 각도 값을 되돌려줘야 한다.

이제, 피쉬가 사인 파형으로 움직이게 하는 메소드를 작성하라. CD에 제공된 가상세계에서는 피쉬가 가상세계의 원점에 있다는 것을 기억하라. 그러므로 피쉬는 '0' 도에 위치하고 있다.

힌트: 사인 파형을 생성하기 위한 한 가지 방법은 *move to* 명령을 사용하는 것이다 (요령과 기법 2). *move to* 명령은 피쉬가(*right*, *up*, 0) 위치로 이동하는 것인데, *right*는 라디안 값이고 *up*은 사인(라디안 값) 호출 결과이다. *move to* 명령을 추가한 후, 내장된 가상세계 수준의 함수는 *move to* 명령의 목표로 설정될 수 있다. *move to* 명령을 다음의 각도에 대하여 사용하라: 45, 90, 135, 180, 225, 270, 315 및 360. 부드러운 애니메이션을 위하여, 각각의 *move to* 명령은 *style* = *abruptly*로 설정하라. *style* = *abruptly*를 사용하는 것은 애니메이션을 보다 더 부드럽게 하기 위한 직관력과 먼 것처럼 보인다. 이유는 따로 명시되지 않으면, 애니메이션 명령은 부드럽게 시작하고 부드럽게 끝난다. 만일 우리가 두 개의 애니메이션이 하나의 명령처럼 보이도록 만들려고 하면, 명령이 시작하거나 끝날 때 느려지는 것을 원하지 않을 것이다. 그러므로 우리는 갑작스러운 동작을 선택하여 사용하는 것이다.

5. *코사인 파형*

앞선 프로젝트에서 설명된 사인 파형 대신, 피쉬가 코사인(cosine) 파형으로 움직이는 방법을 가르쳐라.

제 7 장

반복: 한정 루프와 조건 루프

"가까이 왔나요?" 라고 앨리스가 겨우 물음을 내뱉었다. "가까이 왔지!" "이미 십분 전에 지나왔잖아! 더 빨리!" 라고 여왕이 말했다.

예제 프로그램들에서 우리는 *If* 문을 사용하여 프로그램 코드의 실행 여부를 결정하는 방법을 배웠다. 이런 방법으로 *If* 문은 프로그램의 실행 순서를 결정할 수 있도록 해준다. 이것이 *If* 문을 제어문이라고 불리는 이유다. 본 장에서는 명령문들이 반복 실행될 수 있도록 하는 ***제어문***에 대하여 살펴본다.

7-1절에서는 루프(*Loop*) 문을 이용하여 한 구역의 명령문들이 반복 실행되는 예제가 제시된다. 루프문은 특정 구역의 명령문이 몇 회 반복되어야 할지 미리 알고 있는 상황에서 사용한다. 어떤 루프문에서 반복이 몇 회 시행되었는지를 지칭할 때, ***횟수*** 또는 ***카운트***(count)라는 용어를 사용하고 이 때문에 루프문을 ***카운트되는 루프(counted Loop)***라고 한다.

7-2절에서는 *While*문이 소개된다. *While*문은 명령문들의 반복이 필요하나 반복 횟수를 프로그램 시작 전에 미리 정확히 알 수 없을 때 사용한다. 즉, 반복 횟수가 결정되지 않았을때 사용한다. *While*문은 우리의 일상에서의 언어 사용방식이나 사고방식과 자연스럽게 대응된다. 예를 들면, "내가 운전을 하는 동안에는(While I am driving) 손을 운전대에서, 눈을 도로에서 떼지 않는다" 라고 말할 수 있는데 *While* 문을 이용하면 이와 유사하게 특정 조건이 만족되는 동안에 어떤 반복적인 작업을 수행하도록 프로그램을 만들 수 있다.

7-1 루프

우리가 제작하는 프로그램 또는 세계가 복잡해질수록, 코드는 길어진다. 이의 한 가지 원인은 어떤 특정 작업을 수행하는 특정 명령문들이 반복적으로 나타나는 데 있다. 메소드의 호출이 반복되는 프로그램의 작성은 이미 나온 바 있다. 이 절에서는 루프문을 이용하여 메소드를 반복적으로 호출하는 방법에 대하여 알아본다.

루프를 이용한 메소드 호출의 반복

그림 7-1-1에서 제시되었던 매우 단순한 가상세계를 살펴보자.(Animals 폴더의 Bunny 클래스를 이용한) 토끼가 몰래 이웃의(Nature 폴더의 Garden 클래스를 이용한) 정원에 들어가 브로콜리 새싹들을 발견하였다. 나무(Tree, Nature)의 크기를 매우 작게 줄여 새싹같이 보이는 객체들을 만들었다. 이때, 우리가 할 일은 토끼가 브로콜리를 먹기 위해 깡충깡충 뛰며 다가가는 애니메이션을 만드는 것이다.

먼저 홉(hop)이라는 토끼를 위한 메소드가 존재한다고 가정한다. 홉 메소드는 토끼가 깡충 뛰어 앞으로 나아가는 동시에 뒷다리를 위아래 움직이게 한다. 홉 메소드의 구현의 예가 그림 7-1-2에 제시되어 있다(소리 관련 명령은 선택사항이다.).

그림 7-1-1. 정원(garden) 안의 토끼(bunny)

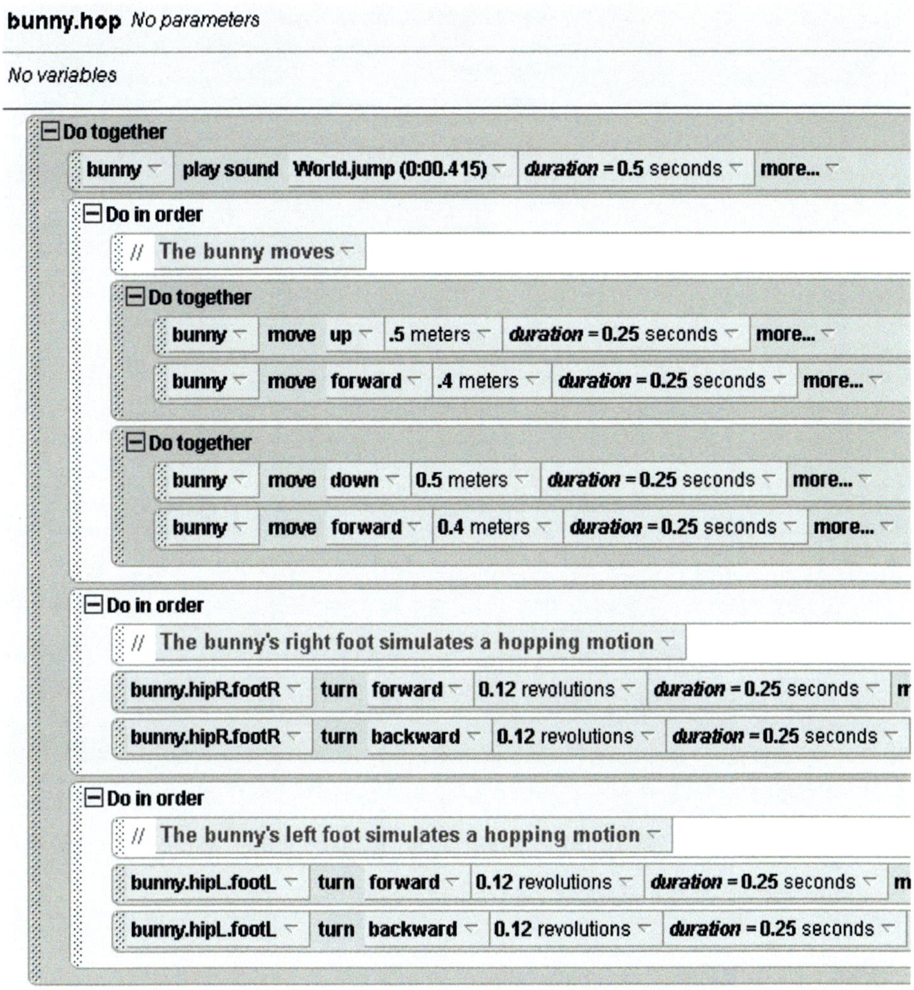

그림 7-1-2. *bunny.hop* 메소드

현 예제에서 토끼는 브로콜리로부터 여덟 번 깡충 뛰어 다다를 수 있는 거리에 있다. 토끼를 여덟 번 깡충 뛰게 하는 애니메이션은 그림 7-1-3과 같이 구현될 수 있다. 그림과 같이 구현하기 위해서는 먼저 *Do in order* 블록을 *world.my first method*에 포함시키고 그 블록 안에 토끼로 하여금 브로콜리 쪽으로 방향을 틀도록 *turn to face* 명령을 사용한다. 끝으로 토끼의 홉 메소드인 *bunny.hop*을 여덟 번 끌어다 놓는다.

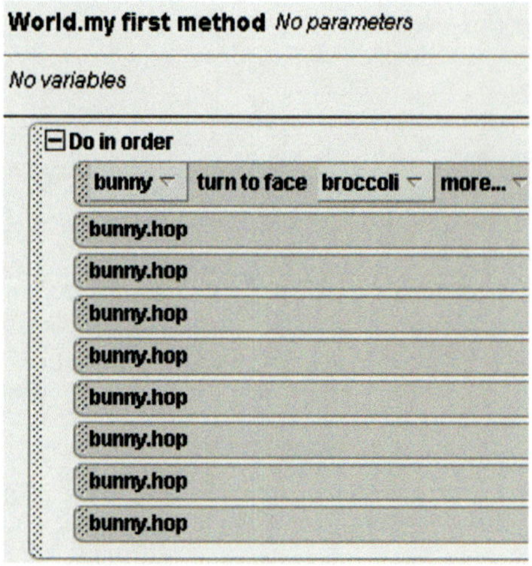

그림 7-1-3. 여덟 번의 깡충임

그림 7-1-3에 제시되어 있는 코드는 토끼가 브로콜리 쪽으로 깡충 뛰어가게 만들기는 하지만 특정 메소드를 여덟 번을 끌어다 놓아야 하기 때문에 그 과정이 지루하다. 그래서 좀 더 손쉽게 프로그램을 할 수 있는 방법, 즉, 루프를 이용하는 방법을 배운다. 루프문을 사용하기 위해서는 *Loop* 타일을 편집기 안으로 끌어다 놓는다. 루프 타일을 끌어다 놓으면 그림 7-1-4와 같은 팝업 메뉴가 나타나는데 이것은 카운트, 즉, 반복횟수를 지정할 수 있게 해 준다. 그림에서는 '8'을 카운트로 입력한다. 한 가지 유의하여야 할 점은 루프가 반복될 횟수는 정수로 지정된다.

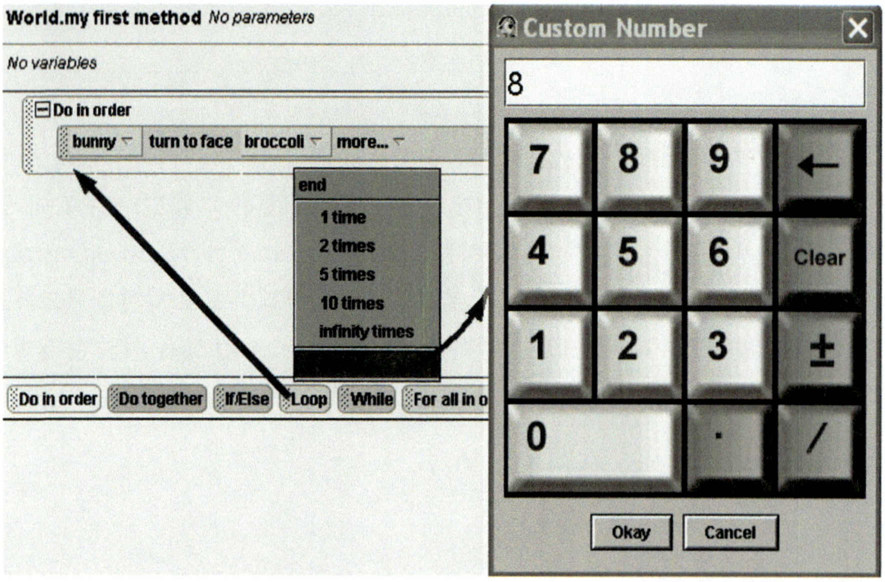

그림 7-1-4. 카운트 결정하기

다음으로 할 일은 그림 7-1-5와 같이 *bunny.hop*에 대한 호출을 루프문 안에 포함하는 것이다. 프로그램을 실행시키면 토끼는 브로콜리를 바라보도록 방향을 틀고 여덟 번 깡충 뛰어갈 것이다. 즉, 루프문에 *bunny.hop*을 여덟 번 호출할 것이다. 이 예제를 통해 루프문을 사용해서 얻을 수 있는 이점은 한 눈에 알 수 있다. 루프문은 프로그램의 작성을 보다 빠르고 쉽게 한다. 특정 메소드의 호출이 20, 30번 또는 100번 반복되는 상황에서는 그 장점이 더더욱 부각된다. 만약 예제가 토끼를 100번 깡충 뛰게 만드는 애니메이션이라면 루프문을 사용해서 훨씬 더 쉽게 프로그램을 작성할 수 있었을 것이다.

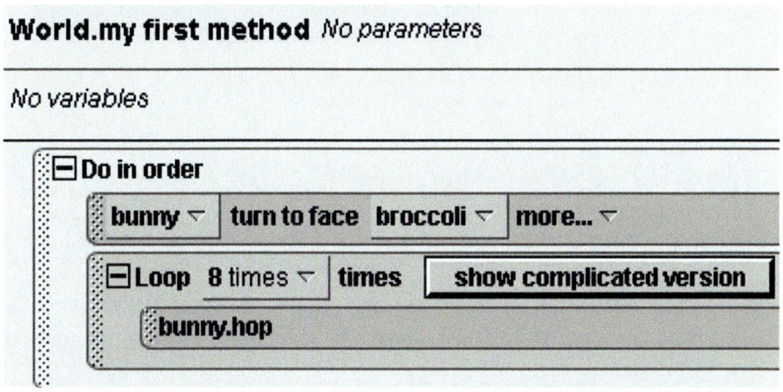

그림 7-1-5. 루프문 사용해서 메소드를 반복적으로 호출하기

이 간단한 예제에서 하나의 메소드에 대한 호출이 루프문안에 포함되었다. 필요에 따라 루프문 블록 안에 다수의 메소드들을 끌어다 놓아 다수의 메소드들이 반복적으로 호출되게 할 수 있다. *Do in order* 또는 *Do together* 블록들 또한 루프문 블록 안에 포함되어 명령문의 실행 순서를 결정할 수 있다. 루프문 블록 안에서는 기본적으로 위에서 아래로 순서대로 명령문이 실행된다.

내포된 루프문

앞의 예제에서는 하나의 루프문만을 사용하였으나 여러 루프문이 하나의 프로그램에 나타날 수 있다. 여러 루프문을 사용할 경우 하나의 루프문 안에 또 다른 루프문을 내포하게 할 수 있다. 이 절에서는 이러한 내포된 루프문을 사용해서 프로그램을 작성해 본다.

그림 7-1-6과 같이 두 개의 바퀴를 가진 대관람차가(CD 또는 웹 갤러리의 Amusement Park 폴더에 있는 Ferris wheel 클래스를 이용) 있는 화면으로 시작하자. 구현되어야 할 애니메이션은 대관람차가 실제 작동되는 것처럼 보이게 하는 것이다. 즉, 두 개의(상대적으로 작은) 바퀴가 연결되어 있는 구조물인 더블 휠(double wheel)이 시계방향으로 회전하는(또는 roll right하는) 동시에 두 개의 작은 바퀴가 각기 반시계방향으로 회전해야(또는 roll left) 한다.

그림 7-1-6. Ferris 바퀴

그림 7-1-7은 루프가 대관람차를 10번 회전하도록 하는 코드이다. 스타일(style) 파라미터를 갑작스럽게(abruptly)로 설정하여 더블 휠이 여러 번 회전함에 있어서 끊임없이 자연스럽게 이어지도록 했다. 갑작스럽게(abruptly)로 스타일(style)을 선택한 이유는 기본 설정인 부드럽게(gently)로 스타일이 선택될 경우 회전의 시작과 끝에 회전 속도를 줄이기 때문에 여러 번 회전할 경우 회전 중간 중간에 회전 속도의 감소와 증가가 있어 자연스럽게 이어지지 않기 때문이다.

```
Loop 10 times times   show complicated version
    ferrisWheel.doublewheel  roll  right  1 revolution  style = abruptly  duration = 2 seconds
```

그림 7-1-7. 더블 휠 10회 회전시키기

대관람차의 움직임이 완성되었으면, 더블 휠이 시계방향으로 회전하는 동안에 두 개의 개별 바퀴가 각기 반시계방향으로 회전하도록 하는 명령어들을 작성하여야 한다. 두 개의 바퀴가 개별적으로 회전하도록 하는 코드가 그림 7-1-8에 제시되어 있다.

```
Loop 2 times times   show complicated version
    Do together
        ferrisWheel.doublewheel.wheel1  roll  left  1 revolution  style = abruptly
        ferrisWheel.doublewheel.wheel2  roll  left  1 revolution  style = abruptly
```

그림 7-1-8. 두 개의 작은 바퀴를 각각 2회 회전시키기

이제 남은 일은 두 가지의 서로 다른 회전 동작을 한데 묶는 것이다. 대관람차의 동작을 보다 재미있게 만들기 위해서 작은 바퀴의 회전을 더블 휠의 회전보다 두 배 빠르게 할 것이다. 따라서 더블 휠이 한번 시계방향으로 회전하는 동안 두 개의 작은 개별 바퀴는 각각 반 시계방향으로 2번 회전해야 한다. 그림 7-1-9에 두 가지 회전 동작이 합쳐진 코드가 제시되어 있다.

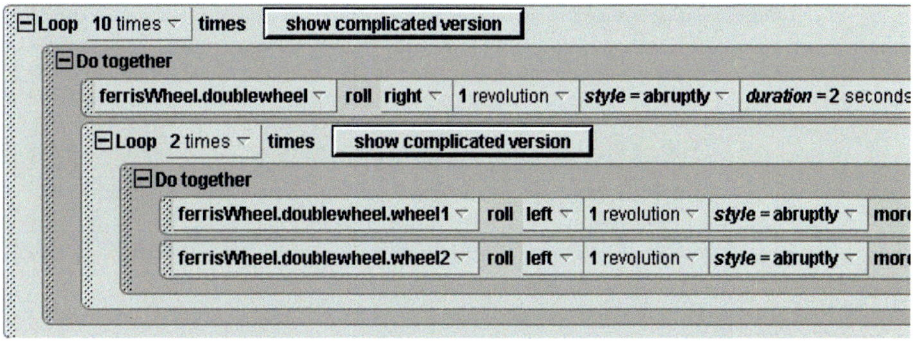

그림 7-1-9. 대관람차 애니메이션을 위한 완성된 코드

이전의 예제 프로그램들을 통하여 *Do together* 블록 안의 동작들은 지속시간이 일치되어야 한다는 것을 배웠다. 이것은 대관람차 예제에서도 필요한 작업이다. 즉, 더블 휠이 한번 회전할 때마다 작은 바퀴가 두 번 회전하므로, 더블 휠의 1회 회전 시 지속시간은 작은 바퀴의 1회 회전 시 지속시간의 두 배가 되어야 한다. 다시 말하면 더블 휠이 한번 회전할 때 2초가 소요된다면 작은 바퀴는 한번 회전할 때 1초가 소요되어야 2번 회전할 때 총 2초가 소요되어 더블 휠이 1회 회전할 때 걸리는 시간과 같아진다.

카운트를 계산을 위한 함수 사용

이전 예제에서는 루프문이 어떤 코드 블록을 반복시킬 횟수는 '2'와 '10' 같은 특정 숫자로 지정되어 있었으나 반복 횟수, 즉, 카운트는 어떤 숫자를 계산해 되돌려 주는 함수가 될 수 있다. 예를 들면, 그림 7-1-10에서는 루프의 반복 횟수가 어떤 함수로 설정되어 있다. 어떤 세계에서 어떤 남성 객체(guy)가 다른 어떤 여성 객체(girl)로부터 6 미터 떨어져 있을 때 이 코드가 실행된다면 루프문이 *guy.walk* 메소드를 반복 호출하여 정확이 6 미터를 이동하게 만들 것이다(여기서 *guy.walk*는 남성 객체를 1 미터 이동시킨다고 가정한다.). 그런데 만약 두 객체 사이의 거리가 5.7 미터이라면 어떻게 될 것인가? 루프문의 반복횟수는 정수로 변환되어 남성 객체가 5 미터만 이동할 것이다.

그림 7-1-10. 함수를 이용해 루프의 카운터 설정하기

함수로 루프의 카운트를 설정하면 매우 큰 장점이 있다. 위의 예제의 경우 객체들의 위치가 이동되더라도 코드를 수정할 필요가 없다. 함수가 자동적으로 두 객체 사이의 거리를 계산하고 루프는 그에 따라 필요한 만큼의 반복만 수행하게 될 것이다.

무한 루프

그림 7-1-11에서와 같이 팝업 메뉴를 이용하여 루프의 카운트를 무한대(*infinity*)로 설정할 수 있다. 무한대란 값이 반복횟수로 선택되면 루프는 프로그램이 종료될 때 까지 지속된다.

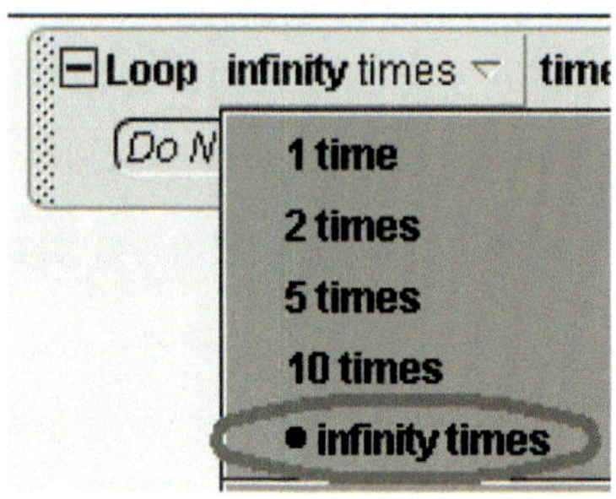

그림 7-1-11. 무한대(infinity)로 카운트 선택하기

일반적으로는 무한히 반복하는 루프의 사용은 되도록 피해야 한다. 그러나 애니메이션에서는 때때로 무한 루프는 유용할 수 있다. 그림 7-1-12와 같은 회전목마(carousel)가 있는 놀이동산 애니메이션을 생각해 보자. 회전목마가 계속 회전하게 만들기 위해 그림 7-1-13과 같이 *carousel.carouselAnimation* 메소드의 호출을 무한 루프 속에 포함시킬 수 있다.

그림 7-1-12. 끝없이 회전하는 회전목마

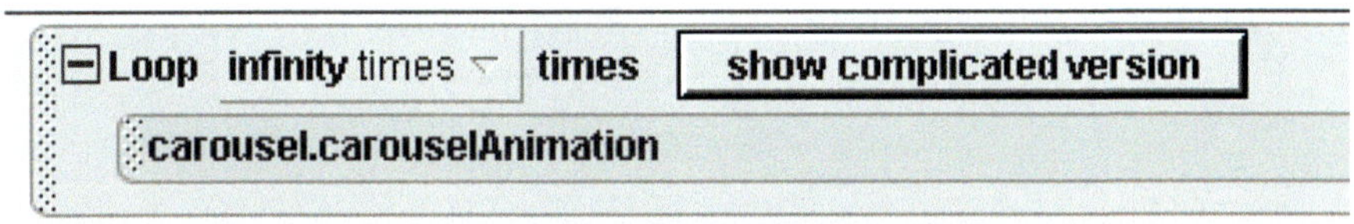

그림 7-1-13. 무한 반복시키기

7-2 *While*-조건 루프

루프문은 루프의 반복횟수가 프로그래머에 의해 미리 지정되어야 한다. 이것은 '10' 과 같은 특정 숫자일 수 있고 *boy.distance to girl* 같은 함수일 수 있다. 그러나 루프가 몇 번 반복되어야 하는지 사전에 알 수 없는 경우가 있다. 이러한 상황은 무작위적 요소가 있는 컴퓨터 게임과 모의실험에서 자주 발생한다. 이 절에서는 프로그래머가 사전에 반복횟수를 정확히 알 수 없는 경우에 유용하게 사용할 수 있는 또 다른 형태의 반복문인 *While*문이 소개된다.

*While*문은 ***조건 루프***(conditional loop)이다. *While*문은 어떤 주어진 조건이 만족하는 동안(*while*) 주어진 특정 명령들이 반복적으로 실행되게끔 한다. *While*문에 의해서 반복적으로 실행되는 명령은 하나의 동작일 수도 있고 *Do in order* 또는 *Do together* 블록에 의해서 묶여진 여러 동작의 집합일 수도 있다. *While*문에서 사용된 조건은 앞서 *If*문에서 사용되었던 것과 같은 부울 조건(Boolean condition)이다. 비유하자면 *While* 문에서의 부울조건은 어떤 진입로를 지키고 있는 문지기와 같다. 부울 조건이 참(*true*)으로 판명될 경우 *While*문에 진입하여 *While*문 블록 속의 명령문들이 실행되고, 아니라면 명령문들이 뛰어넘어 지나쳐 버린다. 그러나 *If* 문과는 달리 *While* 문은 반복문이다. 그림 7-2-1의 다이어그램이 *While*문의 동작 원리를 보여준다.

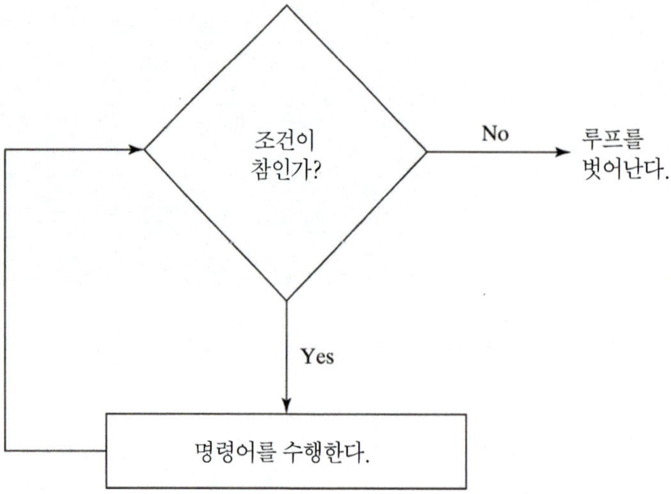

그림 7-2-1. 반복문으로 동작하는 *While*문

*While*문에서 만약 주어진 부울 조건이 참으로 판명되면 명령들이 실행된다. 그런 다음 다시 주어진 부울 조건이 참인지 여부를 판단한다. 만약 부울 조건이 계속 참으로 판명되면 명령들이 다시 실행된다. 그러나 만약 조건이 거짓으로 판명되면 반복은 중지되고 프로그램에서 *While*문 다음 순서의 명령이 실행된다. *While*문은 몇 번 반복되어야 할지 사전에 알 수 없으나 반복되어야 할 명령들이 있을 때 유용하다. *While*문에서는 반복 여부를 결정할 조건만 주어지면 된다.

추격장면

사전에 몇 번 반복되어야 할지 모르는 코드 블록이 있는 애니메이션 프로그램의 예로서 추격장면(chase scene)이 있는 애니메이션을 한번 만들어 보자. 쫓고 쫓기는 장면을 말하는 추격장면은 비디오 게임이나 애니메이션 등에서 자주 등장한다. 여기서는 배고픈 상어(shark)가 도망치는 금붕어(goldfish)를 쫓아가게끔 만들 것이다. 그림 7-2-2는 초기 장면을 보여준다.

그림 7-2-2. 추격 장면

문제

우리가 만들어 볼 애니메이션은 상어가 금붕어를 쫓아가다가 둘 사이가 충분히 가까운 거리, 0.5 미터 이하가 되면 상어가 금붕어를 삼키게끔 하는 것이다. 만약 실제로 상어가 쫓아오면 금붕어는 가만히 있지 않고 요리조리 도망 다닐 것이다. 따라서 우리가 만들 애니메이션에서도 실제와 비슷하게 만들기 위해서 금붕어가 불규칙 운동을 하게끔 할 것이다.

문제에 대한 스토리보드 해법

구현하여야 할 내용의 개요는 다음과 같다. 만약 금붕어가 0.5 미터 이상 상어로부터 떨어져 있으면 상어는 금붕어 쪽으로 방향을 잡고[1] 헤엄쳐 간다. 동시에 금붕어는 현 위치로부터 가까운 임의의 위치로 도망간다. 만일 이동 후에도 금붕어와 상어 사이의 거리가 0.5 미터 이상이라면 상어는 또 금붕어 쪽으로 방향을 틀고 헤엄쳐 쫓아가고 금붕어는 다시 도망간다. 종국에는 상어가 금붕어를 따라잡아 둘 사이의 거리가 0.5 미터 이하가 되면, 쫓고 쫓기는 추적이 끝나고 상어가 금붕어를 잡아먹게 된다.

*While*문을 이용해서 메소드 사용 계획을 세워 보면 다음과 같다. "상어가 금붕어로부터 0.5 미터보다 멀리 떨어져 있는 동안(*while*), 상어를 금붕어 쪽으로 이동시키고 동시에 금붕어를 현 위치에서 가까운 어떤 임의의 위치로 이동시킨다."

*While*문 안에서 사용될 조건은 "상어가 금붕어로부터 0.5 미터보다 멀리 떨어져 있다"이다. 이 조건이 참일 경우 추적이 계속된다. 아래에 스토리보드가 제시된다.

```
Chase(추격)

다음 단계를 순서대로 수행하라.
While 금붕어가 상어로부터 0.5 미터 보다 더 멀리 떨어져 있다.
    다음 단계를 순서대로 수행하라.
        상어가 금붕어쪽으로 돌아선다.
        다음 단계를 함께 수행하라.
            상어가(금붕어를 향해) 해엄친다.
            금붕어가 도망간다.
상어가(금붕어를) 먹는다.
```

조건이 참으로 평가될 경우 반복적으로 실행될 명령어들이 있는 *While*문 속으로의 진입이 허용된다. *While* 문 속의 명령어들이 실행된 후에 다시 조건이 평가되고 만일 조건이 계속 참이라면 *While* 문 속의 명령어들이 다시 실행된다. 이 과정은 조건이

1) point at 사용

거짓이 될 때까지 반복된다.

위에서 제시된 스토리보드에서 상어가 해엄침(*shark swim*), 금붕어가 도망감(*gold-fish flee*), 상어가 먹음(*shark eat*)는 각각 하나의 메소드로 구현되고 각 메소드를 구현하기 위해서는 여러 명령어들이 필요하다.

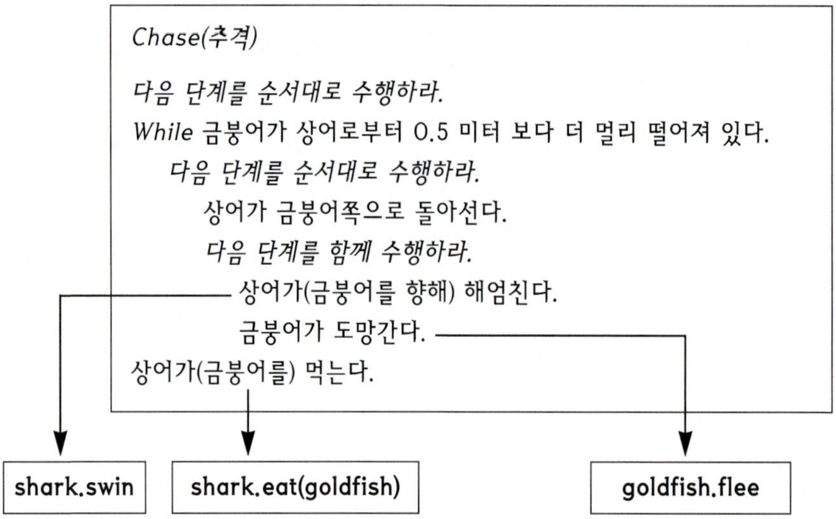

일단 이러한 메소드들이 구현되어 있다고 가정하고 그림 7-2-3에 제시된 바와 같이 추적(chase) 메소드에서 먼저 전체적인 이야기의 흐름을 구현한다.

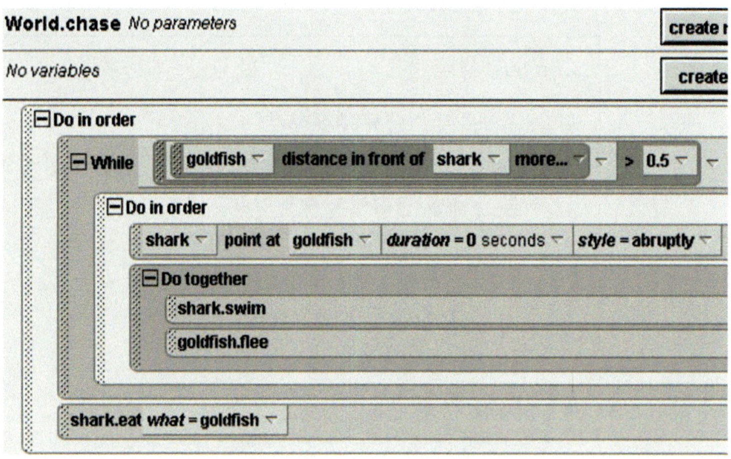

그림 7-2-3. *While* 문을 사용하는 추적(chase) 메소드

chase 메소드에서 호출되는 *shark.swim*, *goldfish.flee*, *shark.eat* 메소드들을 어떻게 작성해야 할지 살펴보자. 점진적 상세화 기법을 사용해서 아래와 같이 스토리보드를 완성한다. 여기서 한 가지 알아두어야 할 점은 어떤 명령의 지속시간 즉 *duration*을 '0' 으로 설정하면 실행 즉시 변화가 나타나고 변화하는 과정이 눈에 보이지 않는다.

그림 7-2-4에 제시된 shark.swim 메소드는 상어의 몸통을 좌우로 회전시키며 상어를 앞으로 나아가게 하여 마치 헤엄치는 것처럼 보이게 한다.

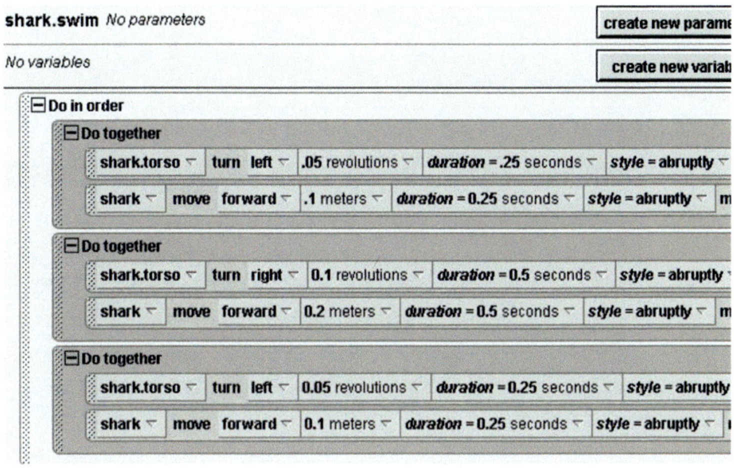

그림 7-2-4. 상어의 실제와 비슷한 움직임을 구현한 *shark.swim*

Chase(추격)

다음 단계를 순서대로 수행하라.
While 금붕어가 상어로부터 0.5 미터 보다 더 멀리 떨어져 있다.
　다음 단계를 순서대로 수행하라.
　　상어가 금붕어쪽으로 돌아선다.
　　다음 단계를 함께 수행하라.
　　　상어가(금붕어를 향해) 해엄친다.
　　　금붕어가 도망간다.
상어가(금붕어를) 먹는다.

swim

다음 단계를 순서대로 수행하라.
　몸통(torso)를 왼쪽으로 돌리고 앞으로 움직인다.
　몸통(torso)를 오른쪽으로 돌리고 앞으로 움직인다.
　몸통(torso)를 왼쪽으로 돌리고 앞으로 움직인다.

flee

다음 단계를 함께 수행하라.
　꼬리를 좌우로 흔든다.
　임의의 위치로 이동한다.

eat

매개변수: what
다음 단계를 순서대로 수행하라.
　상어가 what 쪽으로 방향을 튼다.
　상어가 입을 열고 앞으로 움직인다.
　상어가 입을 닫는다.

그림 7-2-5에 제시된 *goldfish.flee* 메소드는 금붕어가 마치 헤엄치는 듯이 보이게끔 하기 위해서 금붕어의 꼬리지느러미를 좌우로 움직이고 인근의 임의의 위치로 이동하기 위해서(요령 및 기법 6에서 살펴본) *randomMotion* 메소드를 호출한다.

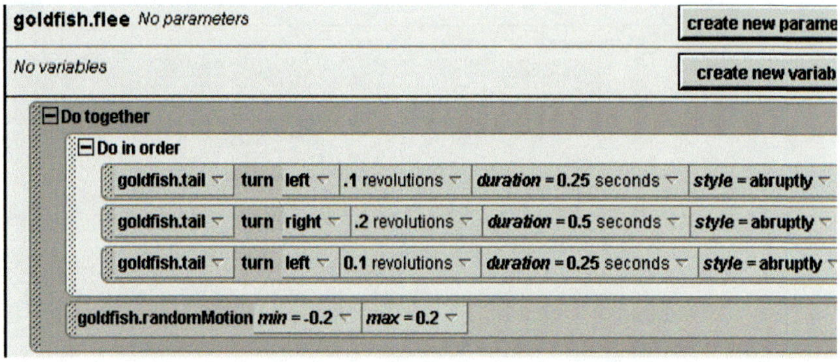

그림 7-2-5. 물고기가 임의의 위치로 헤엄치는 모습을 구현한 *goldfish.flee*

*While*문이 끝나면 그림 7-2-6에 제시되어 있는 *shark.eat* 메소드가 호출된다. 메소드는 *what* 매개변수를 통해서 먹힘의 대상이 될 객체가 전달될 수 있도록 작성되었다.

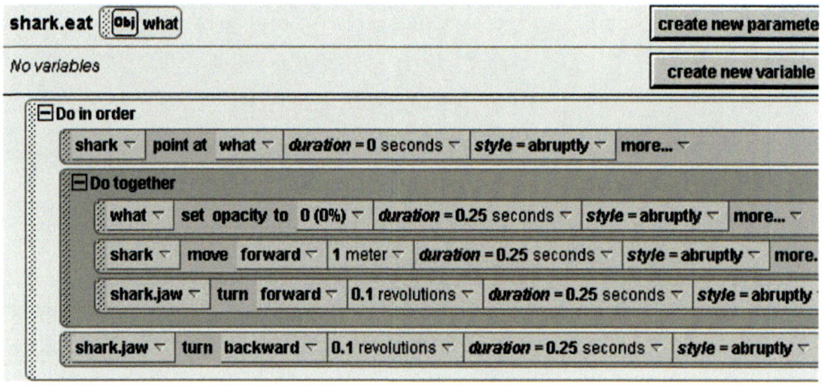

그림 7-2-6. *shark.eat* 메소드

이 예제에서 *shark.eat* 메소드는 금붕어 객체를 매개변수로 하여 호출되었다. 상어는 금붕어를 먹어 삼키기 위해 마지막으로 1 미터를 더 전진한다. 금붕어가 상어의 입 속으로 사라지는 것처럼 만들기 위해 금붕어의 opacity는 0%로 설정한다.

무한반복 *While*

일반적으로 *While*문은 일반적으로 세계의 상태를 변화시키는 명령어들을 포함하고 있어 결국에는 *While*문이 반복을 끝내도록 작성되어야 한다. 그렇지 않다면 영원히 맴돌기 또는 ***무한반복***에 빠질 것이다(무한반복은 일반적으로 프로그램의 오류로서, 반응이 없는 프로그램 같이 보이도록 한다.). 이 절에서 다룬 상어 추격 장면 예제에서는 무한반복을 피하기 위하여 상어와 금붕어가 한번에 움직일 수 있는 거리를 주의 깊게 설정하였다. 금붕어는 무작위로 움직이지만 한 방향으로(위, 아래, 오른쪽, 왼쪽, 또는 앞) 나아갈 수 있는 최대거리가 0.2 미터로 설정되어 있다. 이 사실을 바탕으로 계산해 보면 금붕어가 한번에 움직일 때 0.35 미터 이하의 거리를 움직이고 이를 그림 7-2-7에서 3차원 기하학적으로 설명하고 있다.

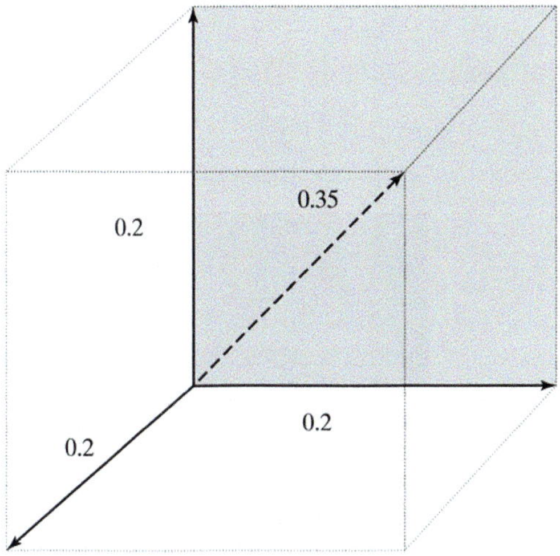

그림 7-2-7. 금붕어가 한번에 움직일 수 있는 최대거리

금붕어는 한번에 상어로부터 0.35 미터를 멀어질 수 있기 때문에 상어의 움직임은 한 번에 0.4 미터를 이동하여 금붕어 쪽으로 다가가도록 하였다. 상어의 보다 빠른 움직임이 결국 금붕어를 따라잡을 수 있게 하고 결국 반복이 종료될 수 있음을 보장한다.

이 책에서는 While문을 작성할 때 반복의 종료가 보장될 수 있는지 여부를 확인하라고 권장해 왔다. 반면에 때로는 무한반복을 필요로 하는 프로그램이 있다. 게임에서 또는 애니메이션에서 프로그램 자체가 종료될 때까지 반복되는 부분이 있는 경우가 예이다.

요령 및 기법 7

이벤트(사건)와 반복

BDE(Begin-During-End) 이벤트

7장 2절에 설명된 *While*문에서는 어떤 조건이 참으로 평가되는 한, 동작이 반복된다. 때로는 어떤 조건이 거짓으로 판명되어 반복이 끝나면 어떤 동작이 실행되게끔 만들 필요가 있다. 그림 T-7-1에 제시된 가상세계에서는 헬리콥터(helicopter, Vehicles 폴더)가 하얀 토끼(white rabbit, Animals 폴더)를 구하려 도착하였다. 가상세계에서 헬리콥터는 섬 주변을 맴도는데 토끼는 헬리콥터가 자신의 앞쪽에 위치해 있는 동안엔, 시선을 헬리콥터에 고정하고(고개를 돌려) 시선이 계속 헬리콥터를 쫓게 한다. 헬리콥터가 토끼의 뒤쪽으로 움직여 토끼의 시야에서 완전히 벗어나면 토끼는 카메라를 쳐다본다.

그림 T-7-1. 토끼 구출 장면

이 애니메이션은 두 가지 반복 동작으로 이루어져 있다. 하나는 헬리콥터가 섬 주변을 맴도는 동작이고 다른 하나는 토끼가 시선을 헬리콥터에 고정하고 헬리콥터의 움직임을 따라 고개를 돌리는 동작이다. 또한 헬리콥터가 토끼의 뒤쪽으로 이동하면 토끼가 다시 카메라로 시선을 돌리는 동작도 포함된다. 여기서 관건은 어떻게 필요한 동작들이 (루프 안에서) 반복되고 루프가 끝날 때 다른 어떤 필요한 동작이 수행될 수 있게 만드는 것이다. 앞서 상호작용이 있는 가상세계와 이벤트를 다루면서 이와 유사한 상황을 보았다. 따라서 이벤트를 사용해서 이 문제를 해결할 수 있을 것이다. 앨리스에서는 이벤트와 반복적인 동작을 연결해주기 위한 추가적인 기능으로서 *While* 문 이벤트가 존재하는데 그것은 그림 T-7-2에서 빨간 선으로 표시된 *While something is true*이다.

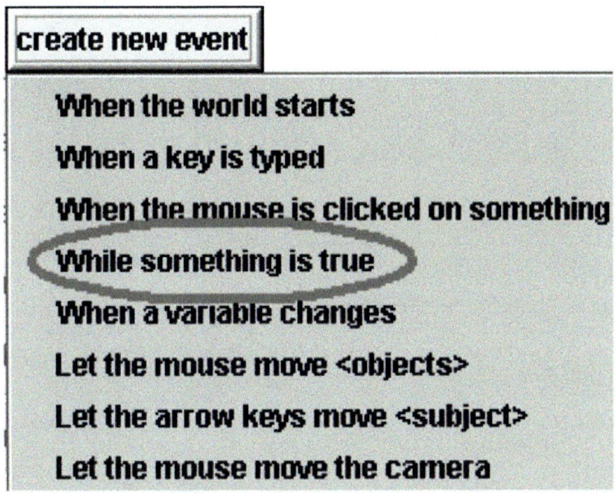

그림 T-7-2. 이벤트 편집기에서 *While something is true*를 선택하기

풀다운 메뉴에서 *While something is true*를 선택하는 것은 그림 T-7-3에서와 같이 While 이벤트 블록이 이벤트 편집기에 추가되게 한다. *While* 이벤트 블록은 Begin-During-End (BDE) 블록을 포함하는데 이것은 루프의 시작(Begin) 시, 루프가 반복되는 동안(During)에, 그리고 루프가 끝날(End) 때, 각각 수행되어야 할 동작을 지정할 수 있게 해 준다.

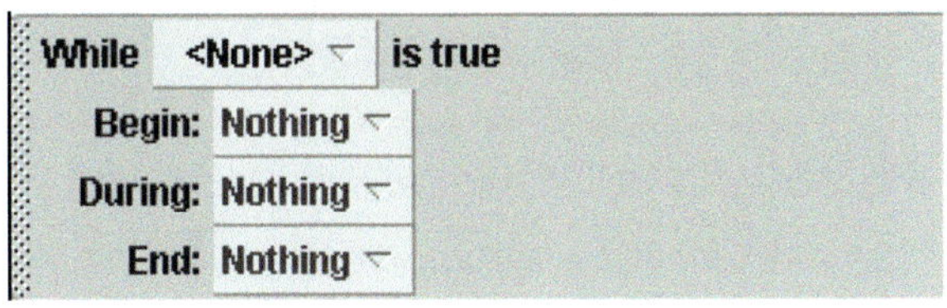

그림 T-7-3. *Begin-During-End (BDE)*와 *While* 이벤트 블록

BDE 블록을 설정하려면 다음의 네 가지의 개별 정보를 제공하여야 한다(네 가지 정보의 전부 또는 일부를 없음(*Nothing*)으로 설정할 수 있다.).

조건식 또는 함수(단, 참 또는 거짓 값을 갖아야 한다.) - *While* 문의 조건은 *〈None〉*이 기본설정이나 이것을 부울식 또는 함수로 대치할 수 있다.
Begin - 조건이 참이 되는 순간 한번 실행될 명령 또는 메소드.
During - 조건이 참으로 유지되는 한 반복 실행될 명령 또는 메소드. 조건이 거짓으로 바뀌면 명령 또는 메소드는(실행 중일지라도 바로) 중지된다.
End - 조건이 거짓이 되는 순간 한번 실행될 명령 또는 메소드.

위의 예를 보면 헬리콥터는 섬의 주변을 맴돌고 있다. Begin에서 해야 할 일은 헬리콥터가 하얀 토끼의 앞쪽에(in front of) 오는 순간 토끼의 머리(head)가 헬리콥터 쪽으로 방향을 틀도록(*point at* 메소드를 사용해서) 만든다. During에서는 헬리콥터가 토끼의 앞쪽에 위치해 있는 한 토끼의 머리가 헬리콥터의 움직임을 따라 지속적으로 방향을 틀도록 한다. End에서는 헬리콥터가 토끼의 앞쪽에서 벗어나는 순간 토끼가 카메라를 바라보도록 해야 한다. 이를 구현된 코드가 그림 T-7-4에 제시되어 있다.

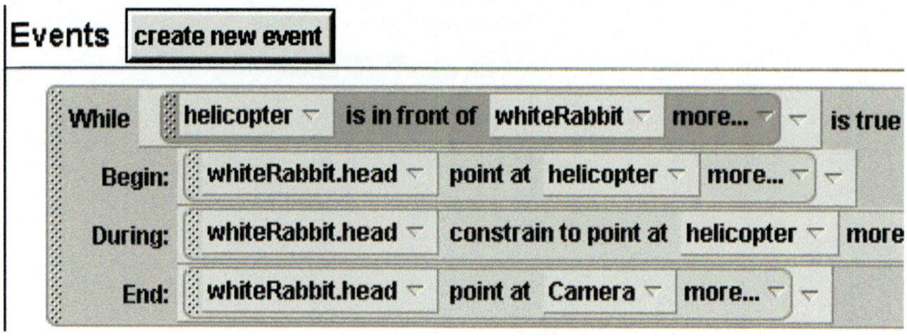

그림 T-7-4. *While*문 이벤트의 사용

constrain to point at 명령은 앨리스에서 제공되는 기본 내장 메소드로서 어떤 객체가 다른 지정된 객체를 바라보도록, 보다 구체적으로는 *point at* 하도록 위치를 조정한다. 위의 예제에서는 *constrain to point at* 메소드가 *While*문의 조건이 참으로 유지되는 한, 즉, 헬리콥터가 토끼의 앞쪽에 위치하는 한, 토끼의 머리가 지속적으로 헬리콥터 쪽을 향하도록 만들기 위하여 사용되었다.

유의사항: 만약 BDE 안에서 다수의 *Do together* 구문을 사용할 때, BDE가 끝났음에도 하나 이상의 *Do together* 구문이 실행 중이라면 실행오류(runtime error)를 발생시킬 수 있다.

요약

이 장에서는 어떤 명령 또는 명령의 집합의 반복적인 수행을 가능하게 하는 제어 구조로서 루프와 *While*문이 소개되었다. 카운트되는 루프는 코드 블록이 정확히 몇 회 반복될지를 지정할 수 있게 하는 반면에 *While*문은 코드 블록을 특정 조건이 만족되는 한 계속 반복되도록 만들 수 있다. 이와 같은 루프를 사용하면 코드 작성이 쉽고, 빨라진다. 일반적으로 루프를 이용하여 작성된 코드는 이해하기 또한 쉽다.

이 장에서 다룬 중요한 개념들

- 카운트되는 루프문은 명령들의 반복 수행을 가능하게 한다.
- 카운트되는 루프문의 중요한 구성 요소는 카운트, 즉, 루프 속의 명령들이 반복 수행되어야 할 횟수이다.

- 카운트는 양의 정수 또는 무한대이어야 한다. 음수를 카운트로 줄 경우 루프문이 전혀 실행되지 않는다.
- 카운트가 무한대이면 루프는 프로그램의 종료 시까지 반복된다.
- *Do in order* 또는 *Do together*는 루프 안에 내포되어 명령의 실행 순서를 변화시킬 수 있다. 기본 설정은 루프문 안의 명령들이 순차적으로 실행되게끔 한다.
- 루프문 안에 다른 루프문이 내포될 수 있다.
- 어떤 루프문 안에 다른 루프문에 내포되어 있을 경우, 안쪽의 루프문이 모든 반복을 끝내야 바깥쪽의 루프문이 다시 반복될 수 있다.
- *While*문은 조건이 있는 루프이다.
- 부울 조건은 *If*문에서 사용된 방식과 유사하게 *While*문에의 진입을 결정하는데 사용된다. *If*문과의 차이점은 *While*문은 반복문이므로 조건이 평가되어 반복 여부를 결정짓는데 사용된다. 조건이 참이면 반복이 이루어진다.
- *If*문과 *While*문은 서로를 내포할 수 있다. 어떤 프로그램에서는 *If*문 안에 *While*문이 내포되어 있고 어떤 프로그램에서는 그 역으로 *While*문 안에 *If*문이 내포되어 있을 수 있다.

프로그래밍 용어

카운트(count)	부정 루프(indefinite loop)
내포된 루프(nested loop)	결정된 루프(definite loop)
무한 루프(infinite loop)	While

애니메이션 용어

BDE 이벤트(또는 BDE 사건, Begin-During-End event)

질문

1. 반복 제어구문인 Do in order에 내포되지 않은 경우, Do together과 if/else 제어문은 몇 차례 동작하겠는가?
2. 통상적으로 반복 수행될 것으로 생각되는 제어문의 예를 두개 들어라.
3. 횟수가 있는 반복문으로서의 *Loop*문을 설명하라.
4. 어느 프로그램 코드에 내포된 루프 문장이 들어 있는데, 외부 루프 횟수는 '3' 이고 내부 루프 횟수는 '5' 라면, 내부 루프는 총 몇 차례 수행되는가?
5. 횟수를 무한대로 하는 루프는 영원히 도는 게 당연하다. 소위 무한 루프를 중단하려면 어떤 행위를 해야 하는가?
6. *Loop* 제어 구조체와 *While* 제어 구조체를 구별하되, 코드블록이 반복되는 횟수를

알고 있는지의 관점에서 해 보라.

7. *While* 문장에서 사용된 조건식은 어느 다른 구조체의 조건식과 동일한 성분을 갖는가?
8. *While* 문장이 무한히 수행되는 프로그램도 있을 수 있지만 대부분의 프로그램에서 *While* 문장은 종료되어야 한다. *While* 문장이 결국 끝나는지 어떻게 확인할 수 있겠는가?
9. *While* 문장 내의 명령어들이 전혀 수행되지 않을 수 있겠는가? 아니라면 왜 아닌지 설명하고, 가능하다면 예를 하나 들라.
10. BDE 이벤트는 어떤 종류의 반복 제어 구조체를 변형한 것인가?
11. 다음의 연습문제 3에는 텍스트형 스토리보드가 포함되어 있다. 해당 루프에 대한 흐름도를 스케치하라.
12. 다음의 연습문제 5에서,
    (a) 텍스트형 스토리보드를 작성하라.
    (b) 흐름도를 스케치하라.

연습문제 및 프로젝트

7-1 연습문제

1. *현장에서 잡히기*

   이 연습문제는 7-1절에서 다루었던 토끼 예제를 완성하는 것이 목적이다. 토끼가 이웃집의 정원에 몰래 들어가 브로콜리 새싹을 따먹으러 깡충깡충 다닌다. 토끼가 브로콜리 쪽으로 여덟 번 깡충 뛰어가도록 하는 코드가 제시되었다. 토끼가 브로콜리에 다다르면 아빠 토끼(hare, Animal 폴더)가 정원의 입구에 나타나 놀라 발을 동동 구른다. 그러면 토끼는 정원에서 빨리 깡충 뛰며 빠져나온다. 이와 같은 애니메이션 코드를 작성하라. 반복문을 사용해서 토끼가 깡충거리며 브로콜리 쪽으로 다가가고 또한 정원에서 빠져나오는 것을 구현하라.

2. *사각형을 그리며 깡충거리기*

이 연습문제에서는 내포된 루프문의 사용을 연습해 본다. 아빠 토끼가 아기 토끼에게 기초 산수 문제를 가르쳐 왔다. 오늘 아침의 수업은 사각형에 관한 것이다. 아빠 토끼는 아기 토끼가 제대로 이해했는지를 보기 위해 사각형을 그리며 깡충거리도록 한다. 7-1절에서와 같이 hop 메소드를 가지고 있는 토끼를 세계에 포함시켜라. 루프를 이용하여 세 번 깡충거리도록 하라. 루프가 끝나면 왼쪽으로 1/4회전하도록 하라. 이와 같은 작업을 다른 루프를 이용하여 아래의 스토리보드와 같이 반복하도록 하라.

```
Loop 4 회(times)
    Loop 3 회(times)
        bunny.hop
    왼쪽으로 1/4 회전(turn)하라.
```

3. *술집 간판*

미국 서부시대의 오래된 술집을 관광명소로 개조하려고 한다. Old West 폴더의 saloon 클래스로 만든 술집 객체 앞에 간판 역할을 하는 3D 텍스트를 세워라. 그 다음 루프를 이용하여(네온사인처럼) 10회 깜박이도록 하라.

4. *번호 자물쇠*

4장의 연습문제 10번에서는 네 가지의 추가적인 메소드, *leftOne*, *rightOne*, *left-Revolution*,, *rightRevolution*을 갖는 새로운 번호 자물쇠 클래스를 만들었다. 각 메소드는 다이얼을 왼쪽으로 한 눈금, 오른쪽으로 한 눈금, 왼쪽으로 한 바퀴, 오른쪽으로 한 바퀴 회전시켰다. 또한 *open*과 *close*라는 메소드가 있어 각각 자물쇠를 열고 잠글 수 있었다. 이 연습문제의 목적은 이전에 연습문제에서 만든 메소드를 재사용하는 연습을 하는 것이다. 루프 명령을 이용하여 다이얼이 먼저 왼쪽으로

25회전하도록, 그 다음 오른쪽으로 16회전, 마지막으로 오른쪽으로 3회전하도록 하라. 그 다음 걸쇠가 튀어나오고 다시 들어가고 다이얼이 '0' 이 되도록 하라.

힌트: *Wait* 명령을 이용하여 다이얼을 특정 방향으로의 회전시키기 전에 잠시 대기하라.

7-2 연습문제

5. *개구리와 무당벌레*

   개구리(frog, Animals 폴더g)와 무당벌레(ladybug, Animals/Bugs 폴더)가 있는 세계를 만들어라. 사용자가 무당벌레를 마우스로 화면 내에서 여기저기 끌고 다닐 수 있게 대화식 프로그램을 만들어라(이를 위해 *let the mouse move objects* 사건을 사용하라.). 무당벌레가 사용자에 의해서 이동되면, 개구리가 폴짝폴짝 뛰어 추격하도록 하라. 만일 무당벌레가 개구리를 중심으로 반경 2 미터 내로 접근하면 개구리가 화면을 보고 개굴(또는 ribbit)이라고 말하도록 하고 프로그램을 종료하라.

6. *범퍼카*

   놀이공원의 범퍼카 놀이기구를 흉내 내는 애니메이션을 만들기 위하여 Amusement Park 폴더의 Bumper 객체를 세계에 배치하라. 2개의 범퍼카를 놀이기구 속에 추가하라. 각 범퍼카들은 다른 범퍼카와 충돌하거나 벽에 충돌할 때까지 조금씩 전진하는 것을 반복하도록 하라. 만약 충돌이 일어나면 시계방향으로 1/4회전하고 다시 전진하도록 하라. 스위치(switch, Controls 폴더)를 추가하여 놀이기구를 시작하게 끝나게 할 수 있도록 하라. 스위치가 켜져 있는 한 계속 반복되도록 하라.

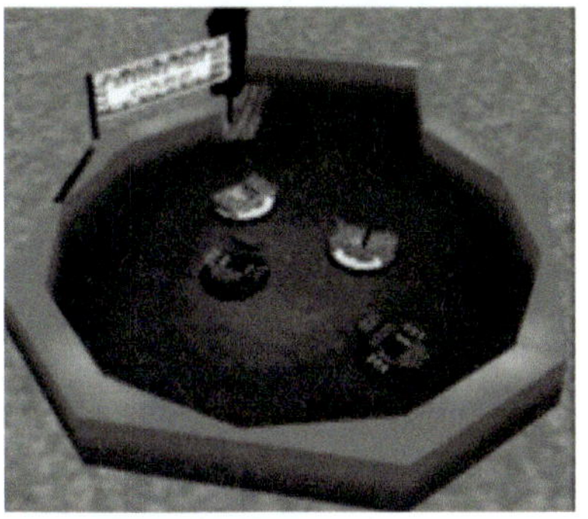

힌트: 범퍼카가 벽을 뚫고 지나가지 못하게 하기 위해서 충돌 감지의 구현이 필요하다. *distance to* 함수를 이용하여 구현이 가능한데 *distance to* 함수는 객체의 중심점에서 다른 객체의 중심점까지의 거리를 알려준다. 이 점을 이용한다면 범퍼카가 놀이기구 경기장의 중심점에서 너무 많이 벗어나면 충돌이 일어난 것으로 해석하도록 프로그램 할 수 있다.

7. *시작과 종료*

   Amusement Park 폴더에서 찾을 수 있는 빙글빙글 돌아가는 타는 놀이기구 같은 것을 하나를 선택해서 그 놀이기구가 작동되는 것 같이 보이도록 하는 메소드를 작성하라. 그 다음 *While something is true* 사전을 이용하여 놀이기구를 시작하고 종료할 수 있게 하라.

8. 속도 *조절*

   선풍기(pan, Objects 폴더)는 저속, 중속, 고속, 정지 4개의 버튼이 있는데 저속을 누르면 느리게, 중속을 누르면 중간 속도로, 고속 버튼을 누르면 빨리 선풍기 날개가 회전하도록 애니메이션을 작성하라. 선풍기 날개의 회전은 애니메이션이 끝날 때까지 또는 정지 버튼이 눌릴 때까지 지속되어야 한다.

9. *오래된 록앤롤 음악*

오래된 축음기(phonograph, Objects 폴더)가 있는 가상세계를 생성하라. 손잡이와 레코드판을 회전시키는 하나의 메소드를 생성하라. 그 다음(요령 및 기법 7에서 다룬) BDE 기법을 사용하여 손잡이가 돌아가기 시작하면 음악도 같이 흘러나오도록 만들어라.

10. *태엽달린 펭귄*

장난감 같은 태엽달린 펭귄은 펭귄(penguin, Animals 폴더)의 등에 태엽손잡이(windUpKey, Objects 폴더)을 달아 만들 수 있다. 태엽손잡이의 *vehicle* 특성은 펭귄으로 설정되었다. 태엽손잡이가 회전하면서 펭귄이 뒤뚱거리며 돌아다니는 애니메이션을 제작하라.

프로젝트

1. *물 마시는 앵무새(Drinking Parrot)*

물 마시는 앵무새란 장난감을 만들어 본다. 물 마시는 앵무새(DrinkParrot, Objects 폴더)와 그 앞에 물동이 하나를 배치하라. 이 장난감은 무게의 불균형 때문에 앵무새의 머리와 꼬리가 서로 반대방향을 오르락내리락한다. 머리가 물동이로 내려가면 물이 들어가 꼬리 쪽에 저장되고 저장된 물의 무게가 꼬리를 내린다. 이 장난감이 실제 동작하는 것처럼 보이도록 애니메이션을 제작하라. Loop문을 이용하여 무한 반복되도록 하라.

힌트: 물동이 같이 보이는 것은 믹서기(Blender, Objects 폴더)를 이용하여 만들었다. 하단을 적당히 지면 아래로 내려 안 보이게 하고 색을 파란색으로 바꾼다.

2. *테니스공 쏘기(Tennis Shot)*

캥거루 로봇(KangarooRobot, SciFi 폴더), 테니스 공(TennisBall, Sports 폴더), 테니스 네트(TennisNet, Sports 폴더), 테니스 채(TennisRacket, Sports 폴더)를 가지고 테니스공 쏘기 게임을 만든다. 네트 건너편에 로봇과 로봇 바로 앞에 테니스공을 위치시키고 테니스 라켓을 카메라에서 가까운 쪽에 위치시킨다. 초기 화면은 아래와 같다.

게임에서는 캥거루 로봇과 공이 함께 좌측 또는 우측 방향으로 최대 1 미터를 임의로 움직인 후 공을 네트의 반대편으로 발사한다. 이때, 공의 움직임은 앞으로 나가야 면서 동시에 임의의 높이만큼 위로 움직여야 한다. 사용자는 테니스 채를 움직여 발사된 테니스 공을 맞춰야 한다(요령 및 기법 5에서 배운 *let the mouse move objects* 사건을 이용한다.). 테니스 공을 맞춘다는 것은 사용자가 테니스채를 움직여 테니스공 근처 0.1 미터 이내로 접근시켰다는 것을 의미한다. 이 애니메이션에서 사용자가 테니스채로 공을 맞추더라도 공은 테니스채를 뚫고 지나간다. 그러나 맞췄다는 사실을 알려주기 위하여 로봇이 귀를 흔들어준다.

이 프로젝트에서 어려운 점은 사용자가 테니스채로 공이(눈에서 사라지기 전에) 제대로 맞췄는지를 알아내는 일이다. 이를 위해서 루프문을 이용한다. 루프 안에서 반복적으로 공이 앞으로 그리고 위로 매우 조금 움직이게 하라. 매 회 반복 시 또한 테니스채가 공에 충분히 가까워졌는지를 판단하라. 이때, 루프가 몇 회 반복되어야 하는지는 코트의 크기와 공의 움직임에 따라 달라지므로 실험을 통해서 찾아내야 한다. 루프가 끝나면 게임이 끝났다는 것을 알려주기 위하여 로봇이 왼쪽으로 1/4 회전하여 코드 밖으로 사라지게 하라.

3. *링을 통과하는 말(Horse through a Hoop)*

   큰 링(torus, Shapes 폴더)을 통과하는 서커스 묘기를 보여주기 위하여 훈련을 받는 말이 있다. 아래 그림과 같이 링을 바라보는 말이 있는 가상세계를 생성하고 반복문을 이용하여 말이 속보(*trot*)로 링 쪽으로 다가가, 링에 가까이 접근하면 링을 뛰어넘게 하는 프로그램을 작성하라.

   프로그램에서 말이 속보로 앞으로 나아가게 하는 *trot* 메소드를 작성하라. 말이 앞으로 나아가면서 다리를 번갈아 가며 앞뒤로 움직이게 또는 회전(turn)하게 한다. 조금 더 현실적인 애니메이션을 위해 무릎을 굽히도록 할 수 있다. 루프문 내에서 *trot* 메소드를 호출하도록 하라.

4. *공 곡예(Juggling)*

   (아래 그림에서의 ant와 같이) 팔이 있는 어떤 객체와 공 세 개가 있는 가상세계를 생성하고 공 곡예를 펼치는 애니메이션을 제작하라. 애니메이션에서는 적어도 두 개 이상의 손이 이용되어야 하고 번갈아 가며 공을 손에서 하늘로 던지는 듯한 모습이 나타나야 한다. 루프문을 이용하여 다섯 번 반복하고 반복이 끝나면 공이 땅에 떨어지도록 하라.

5. *등대(Lighthouse Warning)*

아래 그림과 같이 등대(lighthouse, Beach 폴더), 각광(spotlight, Lights 폴더), 전등(lightblub, Lights 폴더), 검은색 하늘(stars, Environments/Skies 폴더), 그리고 여러 선박(Vehicles 폴더)들이 있는 가상세계를 만들어라. 등대는 항구에서 얕은 물의 깊이를 경고하는 의미로 설치되어 있다. 실제처럼 선박들이 움직이고 등대의 등이 돌아가도록 하는데 등이 돌아감에 따라 배의 모습이 비춰보여야 한다. 이를 위해 적당한 위치에서 각광이 회전하도록 하라. *my first method*에서 world light의 brightness 특성을 '0' 으로 설정하라. 그다음 등대에 불이 들어오는 효과를 내는 메소드를 호출하라. 빛의 회전은 3초 정도에 한번이 일어나도록 하라.

힌트: 등대 불빛 효과를 내기 위하여 전등을 각광 속에 집어넣고 등대 상단에 위치시켜라. 전등과 각광 모두 안보이게 설정하라(그럼에도 불빛은 나올 것이다.). 전등과 각광이 함께 회전하며 섬광이 주변을 회전하며 비칠 것이다.

6. *항공모함에의 착륙(Carrier Landing)*

바다 위의 항공모함 상공에 해군기(navy jet, Vehicles 폴더)가 하늘에 떠 있는 아래 그림과 같은 가상세계를 생성하라. 사용자가 키보드를 이용하여 제트기를 항공모함에 착륙시키는 게임을 작성하라. 위, 아래, 전진을 위한 키를 각각 선택하라. 제트기가 착륙했는지 여부를 판단하는 함수를 작성하고 *While*문을 이용하여 제트기가 착륙할 때까지 반복하라.

7. *문워크(Moonwalk)*

우주인(astronaut, Space 폴더)이 달에서 문워크 춤을 추는 프로그램을 작성하라. 우주 템플릿(Space template)에 달착륙선(lunar lander, SciFi 폴더) 국기(flag, Object 폴더)를 배치하라.

문워크처럼 보이게 하기 위해서 위와 같은 초기 화면에서 우주인은 먼저 오른쪽으로 회전한 다음 두 발을 번갈아 뒤로 빼면서 몸 전체가 뒤로 미끄러지듯이 움직여야 한다. 루프를 이용하여 다섯 번 문워크 동작을 반복하게 하라.

제8장

반복: 재귀

... 엘리스는 실타래를 정돈하려고 하나 아기고양이가 실타래를 풀어헤치며 장난을 치고 있다. 온통 풀어헤쳐진 실이 여기저기 매듭지어진 체로 엉켜 있으며 그 위에서 아기고양이는 자신의 꼬리를 쫓는다.

이 장에서는 ***재귀***(recursion)라고 알려진 제3의 형태의 반복문에 대하여 다룬다. 재귀란 메소드 또는 함수가 자신을 다시 호출하는 형태를 말한다. 이것은 매우 유용한 기법으로 엘리스 프로그래밍으로 해결할 수 있는 문제의 범위를 넓혀준다. 재귀는 앞서 다룬 While문과 유사하게 프로그램 작성 시점에서 어떤 코드 블록의 반복 횟수를 정확히 알지 못할 때 사용할 수 있다.

엘리스에서는 반복 횟수를 정확히 알지 못하는 경우를 크게 두 부류로 나눌 수 있다. 첫 번째 경우는 불규칙 운동(random motion) 같은 무작위적 요소가 프로그램상에 존재할 때이다. 임의 운동은 앞서 다룬 바와 같이 어떤 객체가 사전에 예상할 수 없는 움직임을 보일 때를 지칭한다. 8-1절에서는 반복적 요소가 있을 때 재귀를 이용하여 프로그래밍하는 기법에 대하여 다룬다.

8-2절에서는 어떤 유명한 퍼즐 문제를 살펴보고 재귀를 이용하여 퍼즐 문제의 해법을 찾는 프로그램을 작성해 본다. 이때 사용되는 두 번째 유형의 재귀는 어떤 크고 복잡한 계산 문제가 보다 작고 간단한 문제들로 분할하여 해결 가능할 때 유용하게 사용된다.

8-1 재귀의 소개

*재귀*는 특정 프로그램 언어의 어떤 특정 요소를 지칭하는 것이 아니다. 어떤 메소드가 자신을 다시 호출하는 형태로 프로그램을 작성하는 매우 일반적인 프로그래밍 기법이다. 재귀는 특정 코드 블록의 반복횟수를 사전이 알 수 없을 때 사용될 수 있다. 이 절에서는 구체적인 예를 들어 위와 같은 상황에서 어떻게 재귀를 사용할 수 있는지 설명한다.

게임 형태의 예제

재귀를 설명하기 위하여, 그림 8-1-1과 같이 지역 축제와 같은 행사에서 볼 수 있는 간단한 경마 게임을 만들어 본다. 타원형의 경주 트랙을 말이 달리는 실제 경마와는 다르게 여기서는 각 경주마가 직선 기계 트랙을 달리고 말 선택을 잘 해 일등으로 결승선을 통과한 경주마를 선택한 사람이 게임에서 이긴다. 이 절에서 구현해야 할 사항 중 하나는 경주에서 이긴 말이 "이겼다(I won)!!!" 라고 말하도록 한다.

그림 8-1-1. 경마 게임의 시작 화면

이 절에서의 문제는 실제 위와 같은 경마 게임이 펼쳐지는 것처럼 보이게 하기 위하여 경기가 시작되면 각 경주마들이 앞으로 조금씩 움직이는 것을 반복하여 어떤 하나의 경주마가 결승선을 통과하도록 하는 것이다. 각 경기에서 각 경주마들이 앞으로 움직일 때는 매번 움직인 거리가 다르게끔 하고 매 경기에서는 각 경주마의 우승확률이 같도록 해야 한다.

이와 같은 애니메이션의 작성을 가능하게 하는 한 가지 방법은 다음과 같다. 먼저 무작위로 경주마를 선택하고 선택된 경주마가 임의의 거리를 움직이게끔 한다. 만약 어떠한 경주마도 결승선을 통과하지 않았다면, 무작위의 경주마 선택과 선택된 경주마가 임의의 거리를 움직이게 하는 것을 반복한다. 이러한 작업의 반복을 특정 경주마가 결승선을 통과할 때 까지 지속한다.

여기서 하나의 중요한 요소는 어떻게 경주가 끝났음을 판별할까 하는 것인데 특정 경주마가 결승선을 통과하면 해당 경주마가 우승마이고 경기가 끝났다고 판단한다. 이때, If문을 이용하여 특정 경주마가 결승선을 통과하여 우승했는지 여부를 확인하고 만약에 그랬다면 경주가 종료되고 아니라면 무작위로 경주마를 선택하여 임의의 거리를 움직이게 하는 것을 반복한다. 이에 해당하는 스토리보드는 아래와 같다.

```
race

If 경주마 중 하나가 경기에서 승리한다.
    우승마가 "이겼다(I won)!!!"라고 말한다.
Else
    무작위로 경주마 하나를 선정하여 짧은 거리를 앞으로 움직이게 한다.
    위의 단계를 모두 다시 수행한다.
```

위의 스토리보드에서 "do everything again"은 위의 스토리보드에 나타나 있는 *race* 메소드 내용의 전체가 반복되어야 함을 의미한다. 그렇다면 어떻게 *race* 메소드 내용의 전체가 반복되도록 프로그램을 작성할 수 있을 것인가? 해당 메소드 전체가 반복되도록 하는 방법은 단순히 해당 메소드를 다시 호출하면 된다. 어떤 메소드가 자신을 다시 호출하는 형태의 재귀적 호출이 포함되도록 스토리보드를 수정하면 아래와 같다.

```
race

If 경주마 중 하나가 경기에서 승리한다.
    우승마가 "이겼다(I won)!!!"라고 말한다.
Else
    무작위로 경주마 하나를 선정하여 짧은 거리를 앞으로 움직이게 한다.
    race 메소드를 호출한다.
```

위의 스토리보드를 자세히 보면 *race* 메소드는 메소드 내에서 자신을 호출하고 있다. 이것이 바로 재귀이다. 어떤 메소드가 내부에서 자신을 다시 호출하는 기법을 재귀라고 지칭하고 메소드 내부에서 자신을 호출하는 메소드를 재귀적 메소드라고 한다. 재귀적 호출을 사용하면 메소드가 반복되는 효과가 있는데 어떤 조건이 만족될 때까지 메소드가 지속적으로 반복 실행된다. 이 절의 예제에서는 하나의 경주마가 우승 또는 결승선 통과라는 조건이 만족될 때까지 메소드가 반복 실행되고 해당 조건이 만족되면 더 이상 재귀적 호출이 일어나지 않고 종료한다.

앞서 제시된 스토리보드를 바탕으로 프로그램으로 작성하기 위해서는 기본적으로 아래와 같은 세 가지 질문에 대한 답을 구해야 한다.

1. 어떻게 경주가 완료되었다는 것을 판단할 것인가
2. 어떻게 매회 반복 시에 무작위로 하나의 경주마를 선택되고 선택된 경주마가 앞으로 달리도록 할 것인가
3. 어떻게 우승마를 판별하고 우승마가 "I won!!!" 이라고 말하도록 할 것인가

이와 같은 질문들에 대한 답은 점차적 상세화 기법을 통해서, 즉, 각기 하나의 메소드 또는 함수를 이용해서 구현할 수 있다.

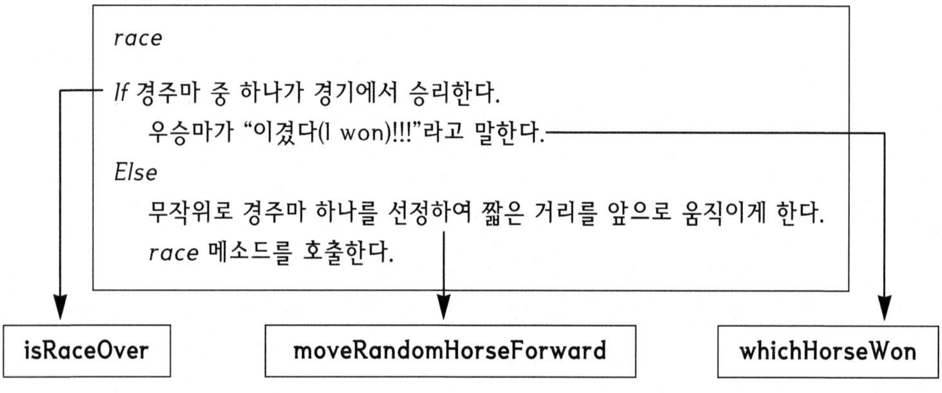

*isRaceOver*와 *whichHorseWon*이라는 함수들과 *moveRandomHorseForward*라는 메소드가 이미 작성되어 있다고 가정한다면 그림 8-1-2와 같이 *race* 메소드를 작성할 수 있다. 메소드에서 *If*문은 게임이 종료되었는지 여부를 확인한다. 만일 게임이 종료되는 상황이라면 우승마가 "I won!!!" 이라고 말하게끔 한다. 아니라면 *Else* 부분이 실행되는데 임의의 경주마가 앞으로 달리도록 선택되어 진다. 마지막 문장 *racehorseGame.race*는 *race* 메소드들 자신을 재귀적으로 호출하게끔 한다. 여기서 재귀적 호출의 효과는 race 메소드가 어떤 조건이 만족될 때 까지 반복적으로 실행되게끔 한다.

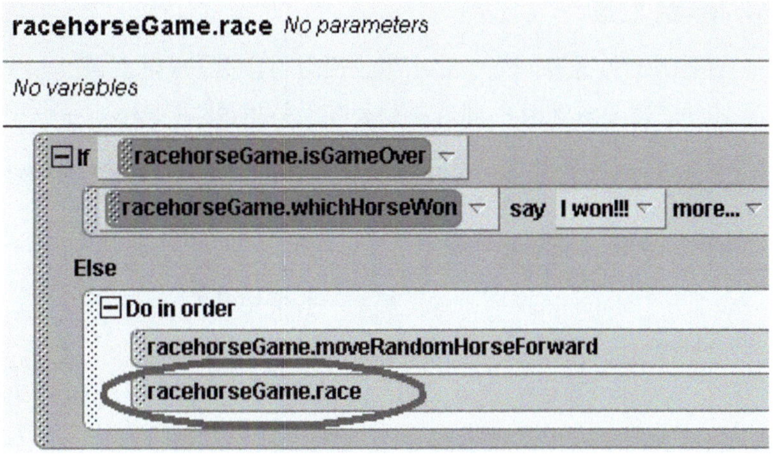

그림 8-1-2. 재귀 또는 자신을 재호출하는 기법을 이용하는 *racehorseGame.rance* 메소드

경기 종료 여부 판별

경기의 종료는 어떤 하나의 경주마가 결승선을 통과 또는 결승선에 충분히 근접했을 때 이루어진다. 경기의 종료 여부는 '예' 또는 '아니오'로 답할 수 있기에 경기의 종료 여부를 판별할 때 사용되는 *isRaceOver* 함수는(*true* 또는 *false*를 반환하는) 부울 함수로 작성되어야 한다. *isRaceOver* 함수 내부에서는 필요에 따라 기본 내장함수를 사용할 수 있다. 함수가 답하려는 질문은 다음과 같다. "어떤 경주마 전방 0.5 미터 이내에 결승선이 있는가?" 엘리스에서는 특정 경주마와 결승선 사이의 거리를 측정할 때 특정 경주마의 중심부를 기준으로 삼기 때문에 0.5 미터의 거리를 판단 근거로 사용한다(경주마의 중심점으로부터 경주마의 코사이의 거리가 대략 0.5 미터이다.).

그림 8-1-3에 경기 종료 여부를 판별하는 함수가 제시되어 있다. 중첩된 *If/Else*문들을 이용하여 경기 종료 여부를 판별한다. 만일 결승선으로부터 0.5 미터 이내에 위치해 있는 경주마가 존재한다면 함수는 *true*를 반환한다. 그렇지 않다면, 즉, 세 경주마 모두에 대하여 결승선으로부터의 거리가 충분히 멀다는 사실을 점검한 후에 함수는 *false*를 반환한다.

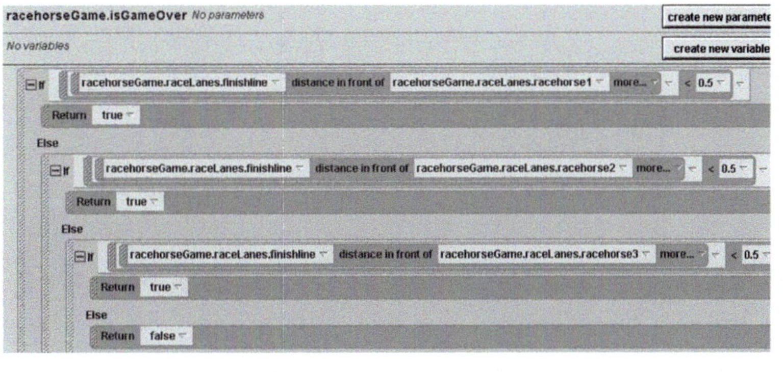

그림 8-1-3. *isGameOver* 함수

무작위 선정

만일 게임이 종료되지 않았다면, 무작위적인 경주마의 선적이 이루어져야 하고 선정된 경주마는 임의의 짧은 거리를 이동해야 한다. 이때, 모든 경주마가 동일한 조건에서 경쟁할 수 있도록 해야 하고 그렇기 위해서 여기서는 *choose true(probability of true) of the time* 이라는 가상세계 수준의 ***무작위 선정 함수***를 사용한다. 위의 함수는 "*probability of true*" 위치에 지정된 비율로 또는 확률로 *true*를 반환한다. 예를 들면 "choose true 0.5 of the time"을 100번 호출하면 약 50번은 *true*를 반환하고 나머지는 *false*를 반환한다.

여기서 사용하는 예제는 경주마가 세 마리이고 각 경주마가 동일한 확률로 선정되어야 하므로 *true* 반환 확률 또는 "probability of true"를 '0.33'으로 지정한다. 그러면 대략 한 경주마가 세 번에 한번 꼴로 선택될 것이다. 그림 8-1-4에서는 *choose true(probability of true) of the time* 메소드를 이용하여 *moveRandomHorseForward* 메소드를 구현한 예가 제시되어 있다. 메소드에서는 먼저 racehorse1로 명명된 첫 번째 경주마 객체의 선정을 시도한다. 대략 세 번에 한번 꼴로 racehorse1이 선택될 것이고 만약 racehorse1이 선택되지 않으면 Else 부분이 실행되고 racehorse2 또는 racehorse3에 대한 선정 시도가 이루어진다.

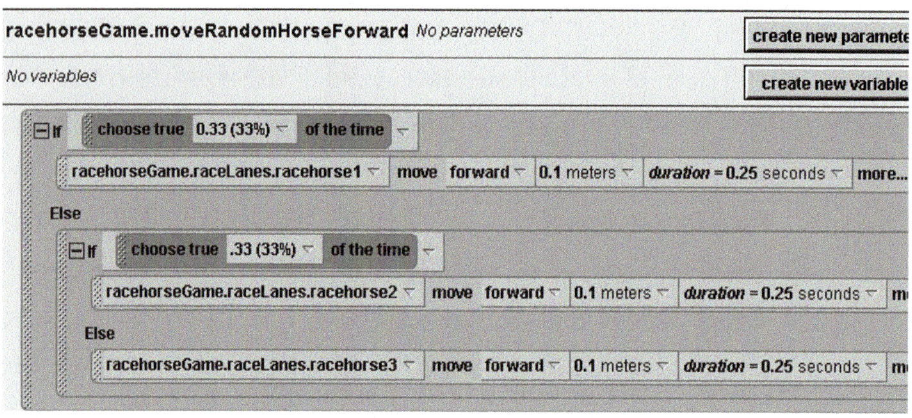

그림 8-1-4. 무작위로 하나의 경주마를 선택하여 전진시키기

우승마 알아내기

매회 *race* 메소드가 실행될 때, 선정된 하나의 경주마가 결승선을 향해 전진하는데, 이러한 *race* 메소드의 반복 실행은 결국 하나의 경주마가 결승선에 도착하게 하여 경주를 종료시킨다. 경주가 종료되었을 시점에는 과연 어떤 경주마가 결승선에 도착하였는지를 판단해야 한다. 특정 경주마가 결승선에 도착하였는지 여부를 판단하기 위해서는 앞서 밝힌 바와 같이 해당 경주마가 결승선으로부터 0.5 미터 거리 이내에 있는지를

살핀다. 우승마를 알아내기 위해서는 앞서 살펴본 *isGameOver* 함수에서와 유사하게 내포된 또는 중첩된 *If/Else* 구조를 사용하여 먼저 racehorse1이, 그리고 그다음 racehorse2가, 마지막으로 racehorse3가 결승선으로부터 0.5 미터 거리 이내에 있는지 확인한다. 만일 racehorse1이 우승마가 아니면 racehorse2가 우승마인지 여부를 확인하고 그것도 아니라면 racehorse3이 우승마라고 가정할 수 있다.

그림 8-1-5에 제시되어 있는 *whichHorseWon* 함수는 우승한 경주마 객체를 반환한다. 본 예제의 경우 한 번에 하나의 경주마만이 전진할 수 있고, 매번 경주마가 전진할 때마다 우승마가 있는지 여부를 확인하므로 동시에 두 마리의 경주마가 결승선을 통과하여 두 마리의 우승마가 나타날 수 없다. 우승마는 "I won!!!" 이라고 말하도록 프로그램하는데 이는 어떤 경주마가 우승마인지를 손쉽게 식별할 수 있게 한다.

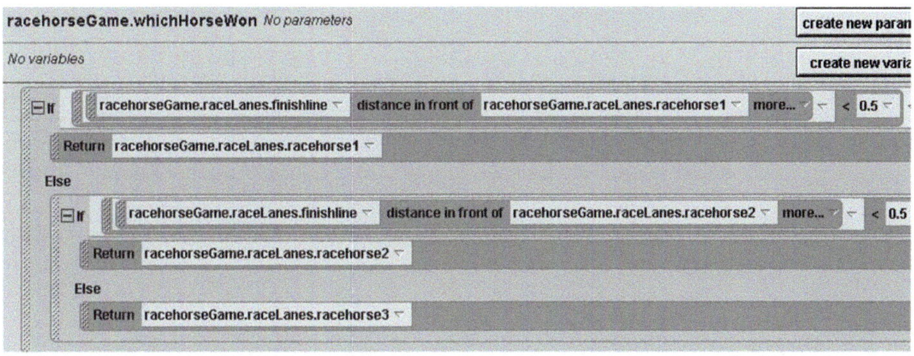

그림 8-1-5. 우승마를 알아내는 *whichHorseWon* 함수

프로그램의 시험

임의의 선택 또는 무작위 수를 사용하는 모든 프로그램은 많은 테스트 또는 시험 실행을 필요로 한다. 경마 게임 예제에서는 무작의적인 선택이 이루어지도록 프로그램이 작성되었기 때문에 여러 번 프로그램을 실행하면 매번 같은 경주마가 우승마가 되지 않아야 한다. 앞서 제시된 코드들의 조합으로 만들어진 경마 게임 프로그램을 20번 실행해 보면 다음과 같은 의외의 결과를 얻을 수 있다. 첫 번째 경주마가 7번 우승하고 두 번째 경주마는 3번, 세 번째 경주마는 10번 우승한다. 첫 번째 경주마는 대략 예상된 확률, 약 33%로 우승함에 반하여 두 번째 경주마인 racehorse2가 경주에서 이기는 비율이 프로그램에서 의도된 확률인 33%에 비하여 매우 떨어지고 racehorse3이 우승하는 확률이 매우 높다. 이는 전진할 경주마를 선택하는 코드가 잘못 작성되었기 때문이다. 특히, 두 번째 무작위 선정이 이루어질 때가 문제이다. 프로그램에서 의도한 바는 33%의 확률로 각 경주마가 전진할 경주마로 선정되는 것이다. 만약 첫 번째 경주마가 선정되지 않았을 경우를 생각해 보면 남은 선택은 racehorse2 또는 racehorse3

둘 중 하나이다. 따라서 racehorse1이 선정에서 탈락한 상황에서 racehorse2와 racehorse3에게 공평한 선정의 기회가 주어지도록, 즉, 둘 중 하나를 임의로 선택하는데 있어서 각각을 50%의 확률로 선택하도록, 프로그램을 작성해야 한다. 수정된 코드가 그림 8-1-6에 제시되어 있다. 이 코드로 시험해보면 각 경주마들이 대략 세 번에 한번 꼴로 전진할 경주마로 선택된다.

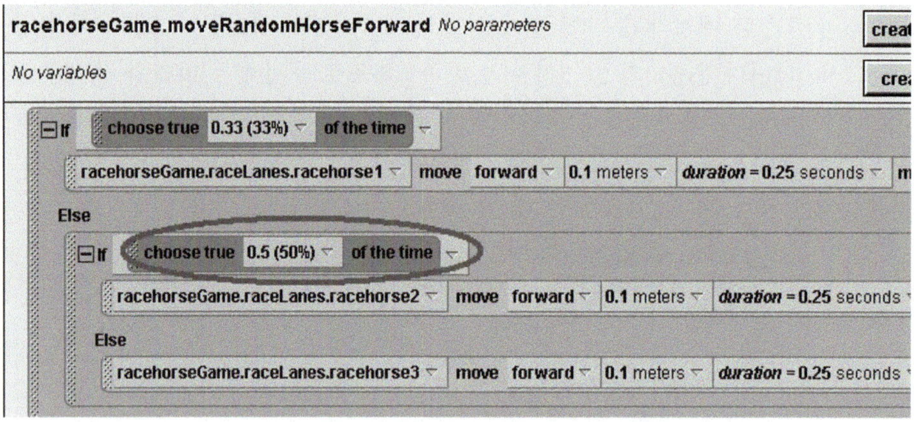

그림 8-1-6. 올바르게 수정된 임의 선택 확률

8-2 재귀의 다른 유형

어떤 메소드나 함수가 내부에서 자신을 다시 호출하는 것을 재귀라 한다. 앞서 예제를 통해 설명된 재귀에서는 *If* 문을 이용하여 특정 조건의 만족 여부를 확인하여 지정된 조건이 만족되면 메소드나 함수가 자신을 재호출한다. 매번 자신에 대한 재호출이 이루어질 때마다, 특정 조건의 만족 여부를 확인한다. 특정 조건이 만족될 때까지 반복 호출이 이루어진다. 이 절에서는 또 다른 유형의 재귀에 대하여 살펴본다. 본 절의 목적은 다른 유형의 문제를 해결하는데 재귀를 사용하는 방법을 배움으로서 재귀의 개념에 대한 보다 깊은 이해를 돕는데 있다.

다른 유형의 재귀

어떤 문제가 보다 작고 간단한 문제로 분할될 수 있을 때 재귀를 사용하여 손쉽게 해결책을 찾을 수 있다. 이런 경우 분할된 작은 문제들에 대한 각각의 해답들이 합쳐져 하나의 큰 문제에 대한 해답이 된다. 한 예로 당신이 6만원이 꼭 필요하나 오로지 만원만 소지하고 있어 나머지를 빌려야 하는 상황이라고 하자. 당신은 친구 B에게 5만원을 빌려달라고 한다. 그러나 그 친구 또한 만원만을 소지하고 있어 자신의 다른 친구에게 나머지를 빌리겠다고 한다. 이러한 상황이 아래와 같이 반복적으로 일어날 수 있다.

> 당신은 6만원이 필요하나 만원만을 소지하여 친구에게 5만원의 대여를 요청한다.
>> 그 친구 또한 만원만을 소지하여 자신의 친구에게 4만원을 빌려달라고 요청한다.
>>> 그 친구 또한 만원만을 소지하여 자신의 친구에게 3만원을 빌려달라고 요청한다.
>>>> 그 친구 또한 만원만을 소지하여 자신의 친구에게 2만원을 빌려달라고 요청한다.
>>>>> 그 친구 또한 만원만을 소지하여 자신의 친구에게 만원을 빌려달라고 요청한다.
>>>>>> 그 친구가 만원을 빌려준다.

각 단계에서 특정 친구는 자신의 만원과 자신의 다른 친구에게 빌린 액수를 합쳐 돈을 빌려달라고 요청한 친구에게 전달하면 결국 필요한 액수만큼이 원래 돈을 필요로 했던 당신에게 전달된다. 이 과정에서 관계된 모든 사람들은 액수만 점차 감소되었을 뿐 당신과 유사한 문제를 다루고 있다. 이와 같은 과정을 바로 큰 문제를 작은 문제들로 분해하는 과정의 한 예라 할 수 있다. 가장 작은 기초문제(base case)[2)]가 해결되면 그보다 조금 더 큰 문제 해결의 실마리가 되고 이것이 또 다른 보다 큰 문제 해결의 실마리가 된다. 결국 이러한 연쇄적 문제 해결 방법으로 가장 큰 본래의 문제 또한 해결할 수 있게 된다. 다음의 가상세계 예를 통해 이런 형태의 문제 해결을 위하여 재귀를 사용할 수 있는지를 살펴보자.

하노이의 타워

여기서 다룰 문제는 널리 알려진 하노이의 타워라 불리는 문제이다. 이 문제는 64개의 원판과 세 개의 기둥으로 구성되어 있다. 처음에는 64개의 원판 모두가 작은 것이 위에 있도록 순서대로 어떤 하나의 기둥에 쌓여있는데 특정 기둥에 쌓여 있는 64개의 원판 모두를 다른 기둥으로 옮겨 쌓는 것이 목적이다. 원판을 옮겨 쌓을 때 또 다른 기둥은 임시로 원판을 보관할 수 있는 장소로 사용될 수 있고 다음과 같은 규칙이 적용된다.

1. 한번에 하나씩 원판을 이동시킬 수 있다.
2. 원판은 절대 자신보다 작은 원판 위에 놓일 수 없다.

64개의 원판으로 구성되어 있는 이 문제를 푸는 것은 매우 복잡하고 어려운 일일 뿐 아니라 이 문제의 해법을 보여주는 애니메이션은 그 길이가 지나치게 길어질 수가

---

2) 기초상태 또는 기저상태라고도 함.

있다. 따라서 여기서는 4개의 원판으로 이루어진 문제를 다룬다. 이 문제는 대부분의 사람들이 짧은 시간 내에 풀어낼 수 있어 해답의 확인 또한 매우 손쉽다.

그림 8-2-1에 보이듯이 하노이의 탑 문제의 해결을 위해 만드는 가상세계에서는 (Shape 폴더의 torus 클래스를 이용하여 만든) 서로 크기가 다른 4개의 도넛 모양의 원판을(Shape 폴더의 cone 클래스를 이용하여 만든) 세 개 중 하나의 원뿔에 쌓는다. 원뿔은 실제 문제에서의 기둥과 같은 역할을 수행한다. 그림에서는 가장 왼쪽 원뿔에 4개의 원판이 쌓여 있다.

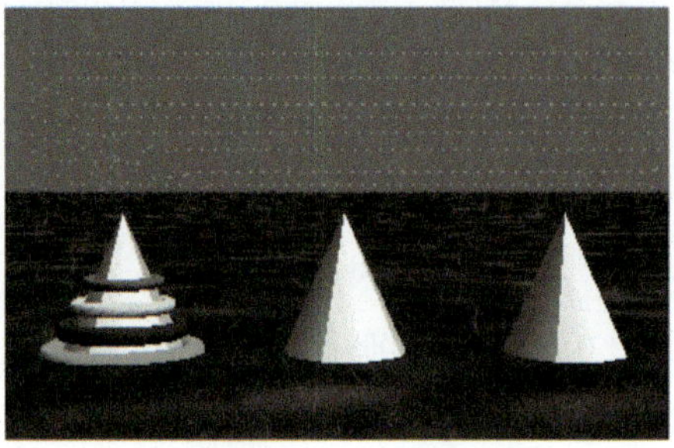

그림 8-2-1. 하노이의 탑

위와 같은 가상세계를 만들 때, 계획적으로 원뿔을 배치하고 원판의 크기를 조정하면 프로그램의 작성이 쉬워진다. 여기서 우리는 그림 8-2-2에서와 같이 원뿔이 서로 정확히 1 미터 떨어져 있도록 배치하고 각 원판은 그림 8-2-3과 같이 정확히 서로 0.1 미터 떨어져 있도록 배치한다. 또한 문제에 대한 해법의 기술을 좀 더 손쉽게 하기 위하여 원판에 이름과 일련번호를 부여한다. 일련번호가 '1' 인 원판은 disk1, '2' 인 원판을 disk2, '3' 인 원판을 disk3, '4' 인 원판을 disk4라 지칭한다. 가장 크기가 작은 원판은 disk1으로 가장 위에 위치해 있고 가장 크기가 큰 원판인 disk4가 가장 아래쪽에 위치해 있다. 원뿔 또한 각각 cone1, cone2, con3로 명명한다. 가장 왼쪽의 cone1에서 가장 오른쪽의 cone3로 모든 원판을 규칙에 위배되지 않게 이동시키는 것이 우리의 목적이다.

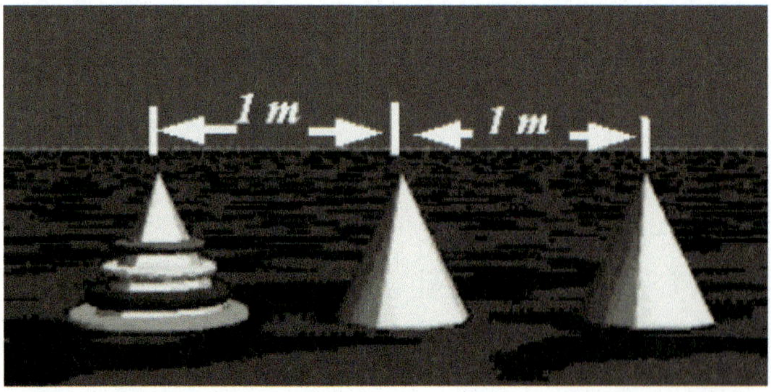

그림 8-2-2. 1 미터 간격으로 배치되어 있는 원뿔

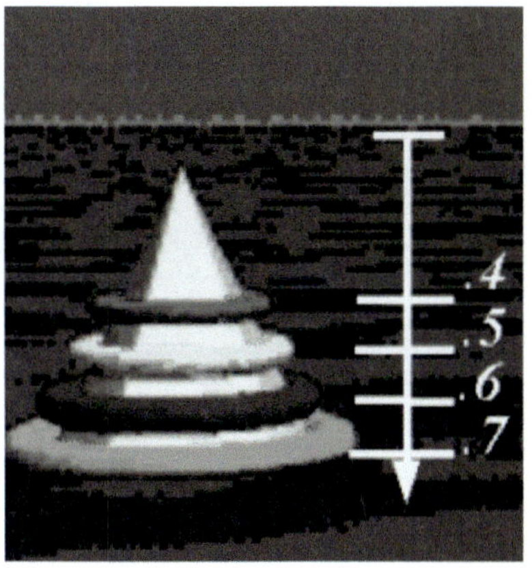

그림 8-2-3. 0.1 미터 간격으로 쌓여 있는 원판(숫자는 위에서 아래 방향으로 표시되었음)

While 반복문을 이용하여 문제해결을 시도한다면 다음과 같은 스토리보드를 작성할 수 있을 것이다.

> *While* 모든 원판이 대상 원뿔이 쌓여 있지 않다.
> 다음을 수행하라.

안타깝게도 위의 스토리보드에서는 어떤 것들이 Do 다음에 올 수 있을지 알아내기가 쉽지 않다. 물론 *While* 문을 이용하여 문제를 풀 수 있으나 오랜 사고의 시간이 필요하다. 재귀를 사용한다면 보다 손쉽게 문제의 해법을 찾을 수 있다.

두 가지 요구조건

이제 하노이의 탑 문제를 재귀를 이용하여 풀어보자. 앞서 언급된 바와 같이 두 번째 유형의 재귀는 어떤 문제를 보다 작은 문제로 분할해 해결할 수 있을 때 유용하게 사용된다. 재귀를 이와 같이 어떤 분할 가능한 문제의 해법을 찾는데 사용할 수 있으려면 두 가지 요구조건이 만족되어야 한다.

첫 번째 요구조건은 어떤 문제를 작은 문제로 분할할 경우 분할된 작은 문제의 해법을 알고 있다는 것을 가정할 수 있어야 한다는 것이다. 즉, 3개의 원판으로 구성된 하노이의 탑 문제의 해법을 우리가 안다고 가정한다면 4개의 원판으로 구성된 문제를 해결하기 위한 프로그램을 작성하는 일은 매우 쉬워진다. 다음과 같은 작업의 절차를 밟을 수 있다.

1. (3개의 원판을 이동하는 문제는 우리가 이미 풀 수 있다고 앞서 가정했으므로) 먼저 3개의 작은 원판을 cone1에서 cone2로 그림 8-2-4(a)와 같이 이동시킨다.

그림 8-2-4(a). 첫 번째 작업을 수행한 후

2. cone1에 남은 마지막 원판을 cone3로 이동시킨다. 이 작업을 수행하면 그림 8-2-4(b)과 같이 된다.

그림 8-2-4(b). 두 번째 작업을 수행한 후

3. (3개 원판의 이동 문제의 해결 방법이 이미 알고 있으므로) cone2에 있는 3개의 원판을 cone3로 이동한다. 최종적으로 그림 8-2-4(c)와 같이 된다.

그림 8-2-4(c). 세 번째 작업을 수행한 후

두 번째 요구조건은 ***기초문제***(base case)가 있어야 한다는 것이다. 여기서 기초문제란 더 이상 분할될 수 없도록 가장 작게 분할된 문제로 해답이 명확한 경우를 말한다. 문제를 분할하여 해결하려고 할 때, 기초문제까지 분할이 되면 문제의 분할을 멈춘다.

하노이의 타워 문제에서의 기초문제는 옮겨 쌓을 원판이 하나 있는 경우라 할 수 있다. 예를 들면 disk1을 옮겨야 할 경우 disk1이 가장 작은 원판임을 알기 때문에 아무런 제약 조건 없이 특정 원뿔에서 다른 원뿔로 이동시킬 수 있다.

towers 메소드

앞 절에서는 재귀를 이용하여 프로그램을 작성할 때 꼭 필요한 두 가지 요구조건에 대하여 살펴보았다. 이 절에서는 하노이의 탑 문제를 풀 수 있는 메소드를 작성해 본다. *towers*라고 이름 붙여진 메소드는 주어진 *howmany*에 지정된 수의 원판을 *source*에 지정된(현재 원판이 쌓여 있는) 원뿔로부터 *target*에 지정된 원뿔로 옮겨 쌓는 작업을 수행하도록 구현될 것이다. 원판들이 특정 탑으로부터 지정된 다른 탑으로 이동되는 동안, 제3의 탑은 원판을 임시 보관하는 용도로 사용된다. 이와 같은 작업을 수행하기 위하여 *towers* 메소드는 얼마나 많은 수의 원판이 이동되어야 하는지, 어떤 원뿔로부터 어떤 원뿔로 이동되는지, 그리고 어떤 원뿔이 임시 보관 장소로 사용되는지를 알아야 하고 이러한 정보들을 제공하기 위하여 *towers* 메소드는 다음과 같은 4개의 매개변수를 갖는다. *howmany, source, target, sparse. towers* 메소드를 위한 스토리보드는 다음과 같다.

> *towers*
>
> **매개변수:** howmany, source, target, spare
> *If howmany*가 1이다
> 　그것(1번 원판)을 source에서 target으로 옮겨라.
> *Else*
> 　다음 단계를 순서대로 수행하라.
> 　　tower를 호출하여 *howmany*-1 원판을 source에서 spare로 옮겨라.
> 　　(target을 임시 저장소로 사용하라.)
>
> 　　*howmany*번 원판을 source에서 target으로 옮겨라.
>
> 　　tower를 호출하여 *howmany*-1 원판을 spare에서 target으로 옮겨라.
> 　　(source을 임시 저장소로 사용하라.)

위의 스토리보드는 약간 복잡해 보이기는 하나 실제는 그리 복잡하지 않다. 좀 더 상세하게 부분별로 살펴보자.

먼저 If 부분은 다음과 같이 해석될 수 있다.

　　만일 *how many*의 값이 '1' 과 같으면

가장 작은 원판을 *source* 원뿔로부터 *target* 원뿔로 이동시켜라

여기서 *If* 부분이 바로 기초문제가 되는 것이다. 남은 하나의 원판만을 이동시켜야 하므로 단순히 별 제약조건 없이 이동시키면 된다. 두 번째로 *Else* 부분을 보자.

아니라면

(1) *howmany*에서 '1'을 뺀 개수의 원판을 *source*에서 *spare*로 옮겨 쌓기 위해 towers 메소드를 호출한다(*target*을 임시보관소로 사용한다.).

(2) *howmany*에 지정된 값을 일련번호로 갖는 하나의 원판을 *source*에서 *target*이로 옮긴다.

(3) *howmany*에서 '1'을 뺀 개수의 원판을 *spare*에서 *target*으로 옮겨 쌓기 위해 *towers* 메소드를 호출한다(*source*를 임시보관소로 사용한다.).

다시 정리하면 다음과 같다.

1. 하나를 제외한 모든 원판을 *source*에서 *spare*로 옮긴다.
2. *source*에 하나의 원판만이 남겨져 있으므로 *target*으로 옮긴다. 이것이 가능한 이유는 다른 모든 원판이 *spare* 원뿔로 이동되어 있기 때문이다.
3. 마지막으로 *spare* 원뿔에 쌓여 있는 원판을 모두 *target*으로 옮겨 쌓는다.

스토리보드를 살펴보면 *If* 부분과 *Else* 부분이 모두 영어로 "move it"이라고 표기할 수 있는 원판을 한 원뿔로부터 다른 원뿔로 움직이는 절차를 포함하고 있다. 원판을 한 원뿔로부터 다른 원뿔로 옮기는 작업은 실제 여러 가지 작은 작업의 조합이므로 따라서 점차적 상세화 기법을 이용하여 구체화한다.

towers

매개변수: howmany, source, target, spare

*If howmany*가 '1'이다.

그것(1번 원판)을 source에서 target으로 옮겨라.

Else

다음 단계를 순서대로 수행하라.

tower를 호출하여 *howmany*-1 원판을 source에서 spare로 옮겨라. (target을 임시 저장소로 사용하라.)

*howmany*번 원판을 source에서 target으로 옮겨라.

tower를 호출하여 *howmany*-1 원판을 spare에서 target으로 옮겨라. (source을 임시 저장소로 사용하라.)

moveIt:

정확히 *moveIt* 메소드가 수행하는 작업은 대상 원판을 현재 위치하고 있는 원뿔 위로 들어 올리고, 그 다음 옮겨질 대상 원뿔 바로 위에 위치하도록 평행 이동시킨 후, 마지막으로 대상 원뿔에 내려놓는다. 그림 8-2-5에 이 작업 절차들이 그림으로 설명되어 있다.

그림 8-2-5. 원판의 이동 절차

moveIt 메소드를 작성하기 위하여 세 개의 매개변수가 필요하다. 어떤 원판을 움직일 것인지 메소드에 알려주기 위하여 *whichdisk*를 통하여 해당 원판의 일련번호를 넘기고 원판의 원래 위치를 나타내는 *fromcone*과 원판이 이동될 위치를 나타내는 *tocone*을 매개변수로 사용한다. *moveIt* 메소드를 위한 스토리보드는 다음과 같다.

> *moveIt*
>
> **매개변수:** whichdisk, fromcone, tocone
>
> *다음 단계를 순서대로 수행하라.*
> 원판을 *fromcone* 위로 들어올린다.
> 원판을 *tocone* 위로 움직인다.
> 원판을 *tocone*에 내려 놓는다.

이 절에서는 *towers*와 *moveIt*, 두 개의 메소드를 작성하여야 한다. 먼저 *towers* 메소드의 작성을 시작한다. 그림 8-2-6에서 앞서 제시된 스토리보드를 코드로 변환한 것을 보여준다.

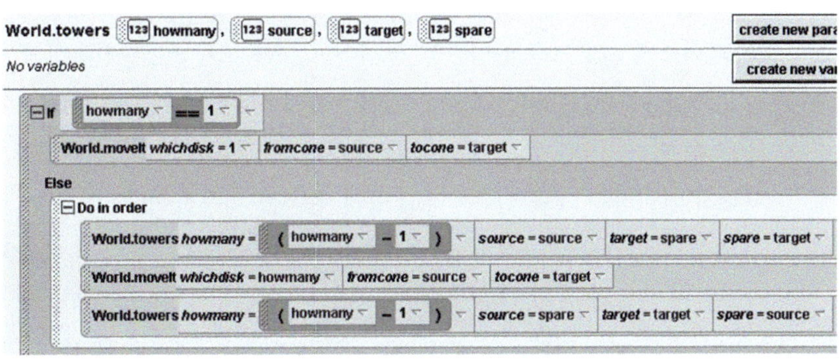

그림 8-2-6. *towers* 메소드

moveIt 메소드

첫 번째 단계는 원판을 현재 원판이 놓여 있는 원뿔의 위로 들어 올리는 일이다. 이 때, 원판이 얼마나 높이 들어 올려져야 하느냐는 질문에 답해야 한다. 각 원판은 그 크기에 따라 초기 위치가 모두 다르기에 각기 상승 높이가 달라야 한다. 그림 8-2-3에서 본 바와 같이 현 예제에서는 원판들이 0.1 미터 간격으로 배치되어 있기 때문에 대략 disk1은 0.4 미터, disk2는 0.5 미터, disk3은 0.6 미터, 그리고 disk4는 0.7 미터를 상승해야 원뿔로부터 벗어날 수 있다.

원판이 얼마만큼 높이 상승해야 하는가를 알았으므로 이제 원판을 들어 올리는 코드를 작성할 수 있다. *moveIt* 메소드는 어떤 원판이 이동 대상인가 알아야 한다. 한 가지 방법을 매개변수를 이용하여 이동 대상이 되는 원판의 일련번호를 알려주는 것이다. 만일 매개변수를 통해 넘겨진 원판의 일련번호가 '1' 이라면 disk1을 이동하고, '2' 라면 disk2를 이동하는 식이다. 중첩된 If를 사용하면 메소드 내에서 손쉽게 일련번호로부터 이동 대상이 되는 원판 객체를 찾을 수 있고 해당 원판 객체를 *move* 명령을 이용하여 필요한 만큼 상승시킬 수 있다. 중첩된 *If*를 사용하는 *moveIt* 메소드를 위한 스토리보드는 다음과 같다.

```
If whichdisk가 '1' 이다.
   1번 원판을 위로 0.4 미터 움직인다.
Else
   If whichdisk가 2이다.
      2번 원판을 위로 0.5 미터 움직인다.
Else
      If whichdisk가 3번이다.
         3번 원판을 위로 0.6 미터 움직인다.
      Else
         4번 원판을 위로 0.7 미터 움직인다.
```

위의 스토리보드를 바탕으로 작성된 코드가 그림 8-2-7에 제시되어 있다.

그림 8-2-7에 제시된 코드에 대해서 잠시 생각해 보면 좀 더 좋은 형태의 코드 생각해낼 수 있다. 어떤 원판이 이동할 거리는 0.3 미터에 0.1 * (원판의 일련번호) 미터가 더해진 거리라는 것을 알 수 있고 따라서 이를 이용하여 좀 더 보기 좋고 간단한, 수식이 곁들어진 코드를 작성할 수 있다는 것을 알 수 있다. 수식을 이용하여 스토리보드를 작성하면 다음과 같이 간단해질 수 있다.

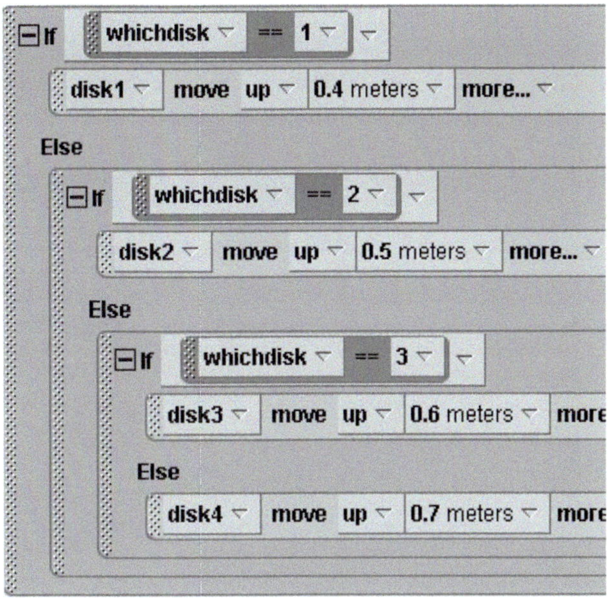

그림 8-2-7. 중첩된 If문으로 대상 원판 선택해서 움직이기

> move the appropriate disk up 0.3 + 0.1 * *whichdisk*
> (이동 대상이 되는 원판을 0.3 + 0.1 * *whichdisk* 미터 위로 이동하라.)

때로는 이처럼 코드를 매우 간결하게 작성할 수 있게 해 주는 그런 아이디어가 필요할 때가 있다. 그러나 이처럼 매우 간결하게 코드를 작성하면 다른 문제가 발생할 수 있다. 여기서는 "이동 대상이 되는 원판" ("appropriate disk") 이란 문구가 문제일 수 있는데 이는 이동 대상이 되는 원판의 일련번호만 알고 있지 대상 원판의 객체명을 정확히 알지 못하기 때문이다. 그러나 여기서 사용할 *move* 명령은 객체명을 알아야 사용할 수 있다.

변환함수

위와 같은 문제를 해결하기 위하여 원판의 일련번호로부터 객체명을 알아오는 변환함수를 작성해 보자. 변환함수는 원판의 일련번호를 매개변수로 받아 원판의 객체명을 되돌려주는 함수이다. 이러한 역할을 수행하는 *which* 함수가 그림 8-2-8에 제시되어 있다. 코드를 살펴보면 각 *If* 문에 대하여 *Return* 명령이 있다. 앞에서 배웠듯이, 어떤 함수속의 *Return*문은 자신을 호출한 함수 또는 메소드에 필요한 정보를 되돌려준다. 예를 들어 *which*(*i* = 2)가 호출되었다면 disk2가 반환된다. 이렇듯, *which* 함수는 일련번호를 객체명으로 변환하는 역할을 수행한다.

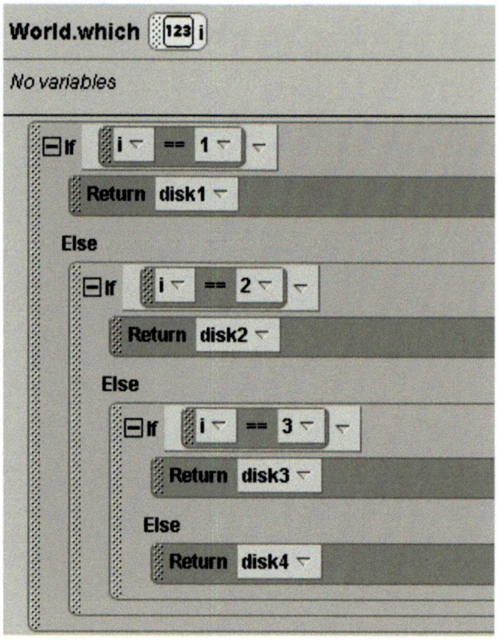

그림 8-2-8. 가상세계-수준의 *which* 함수

이제 *moveIt* 메소드 내에서 *which* 함수를 호출하여 대상 원판의 객체명을 알아오고 수식을 사용하여 이동거리를 계산하는 명령문을 작성해 보자. 그림 8-2-9에 나타나 있듯이 이 명령문에서는 which(*i* = *whichdisk*)가 호출되어 대상 원판의 객체명을 알아와 해당 객체가 계산된 거리만큼 위로 움직이도록 한다.

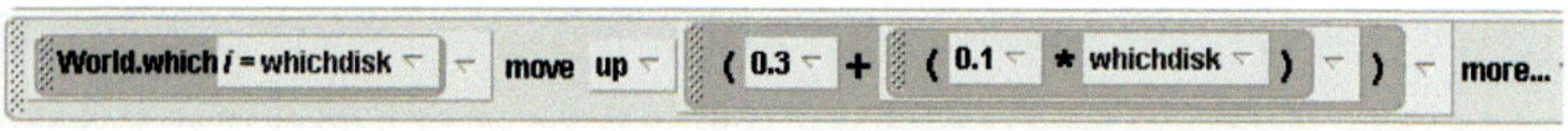

그림 8-2-9. 함수를 이용하여 대상 원판의 객체명 알아오기

moveIt 메소드의 완성

moveIt 메소드는 세 가지 움직임 명령으로 구성되어 있는데 한 가지 움직임을 구현해 보았다. 남은 두 가지 움직임 명령을 구현해 보자.

> *moveIt*
>
> **매개변수:** whichdisk, fromcone, tocone
>
> *다음 단계를 순서대로 수행하라.*
> 원판을 *fromcone* 위로 들어올린다.
> 원판을 *tocone* 위로 움직인다.
> 원판을 *tocone*에 내려 놓는다.

두 번째 명령을 통해서는 원판을 앞뒤로 움직여 옮겨갈 원뿔 바로 위에 위치시키고자 한다. 여기서 문제는 원판을 얼마나 이동시켜야 하는가이다. 그림 8-2-2에서 이미 살펴본 바와 같이 원뿔들은 1 미터 간격으로 배치되어 있다. 따라서 표 8-2-1에 나타나 있는 바와 같은 여섯 가지 경우가 존재한다.

표 8-2-1. 원판의 움직임에 관한 여섯 가지 경우

앞으로 움직임	움직이는 거리	뒤로 움직임	움직이는 거리
cone1에서 cone2로	1 미터	cone2에서 cone1로	−1 미터
cone1에서 cone3로	2 미터	cone3에서 cone1로	−2 미터
cone2에서 cone3로	1 미터	cone3에서 cone2로	−1 미터

표에서 한 가지 유의할 사항은 움직이는 거리가 앞으로 움직일 때를 기준으로 작성되었기 때문에 뒤로 움직이는 경우 음수 값을 갖는다. 앞으로 −1 미터 움직이는 것은 뒤로 1 미터 움직이는 것과 같다. 여섯 가지 움직임에 대하여 잘 살펴보면 움직이는 거리는 계산식(*tocone - fromcone*)으로 나타낼 수 있다는 것을 알 수 있다. 이것을 이용하여 원판을 옮겨갈 원뿔 위로 이동시키는 명령문을 그림 8-2-10과 같이 작성할 수 있다.

그림 8-2-10. 원판을 앞뒤로 이동시키기

moveIt 메소드 구현의 마지막 단계는 원판을 원뿔에 내려놓는 것이다. 이 작업을 수행하는 명령문은 앞에서 첫 번째 단계의 작업을 위한 명령문이 수행한 작업을 반대로 수행하게끔 작성하면 된다. 완성된 *moveIt* 메소드는 그림 8-2-11에 나타나 있다.

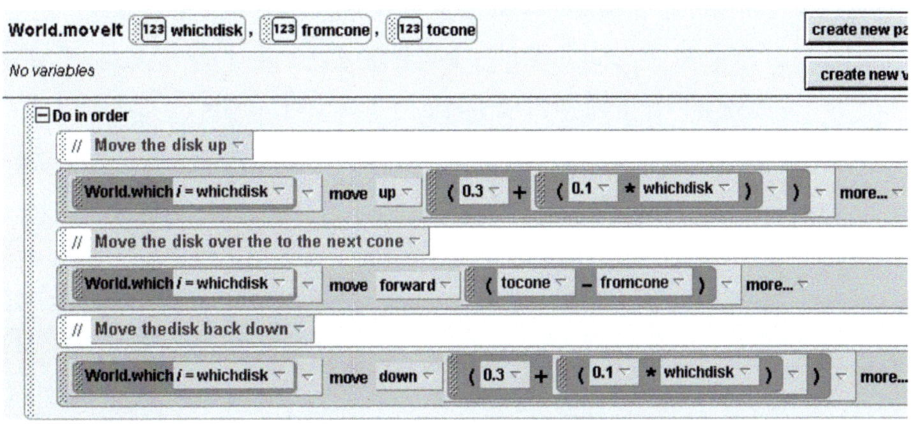

그림 8-2-11. *moveIt* 메소드 코드

*towers*와 *moveIt* 메소드들이 모두 완성되었으므로 이제 남은 일은 *towers* 메소드를 세계가 시작될 때 호출되게끔 하는 일이다. 그림 8-2-12와 같이 이벤트 편집기를 사용해서 세계의 시작 이벤트와 *towers* 메소드를 연결시킨다.

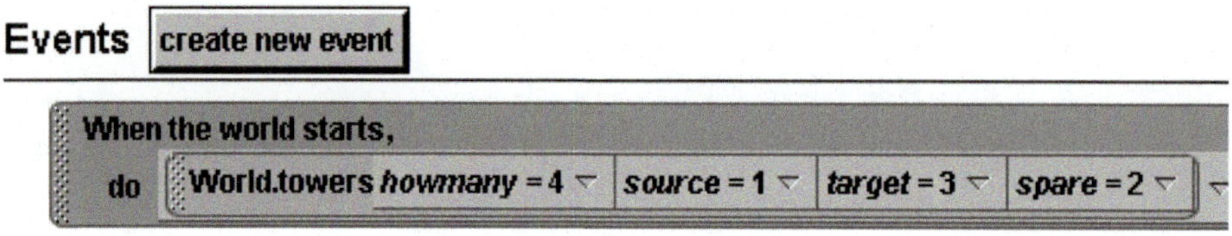

그림 8-2-12. *towers* 메소드 호출하기

이 절에서 살펴본 두 번째 유형의 재귀는 재귀를 이용해 풀고자 하는 문제의 구조에 그 사용 가능 여부가 달려있다. 즉, 풀고자 하는 문제가 보다 작은 부분 문제로, 또 더 작은 부분 문제로 단계적으로 분할이 가능하여야 한다. 많은 수학자들이 논리에 관심 있는 컴퓨터과학자들이 이런 유형의 재귀를 사용하기를 선호하는데 이는 프로그램이 어떻게 동작하는지 설명하기가 더 쉽고 또한 프로그램이 옳은 해법을 찾아낸다는 것을 보여주기가 쉽기 때문이다. 하노이의 탑 문제를 예로 들면,

4개의 원판을 움직인다, 만일 3개의 원판을 먼저 그리고 나머지 하나를 움직일 수 있다면(이 때, 하나의 원판을 움직일 수 있는 것은 자명하다.)

3개의 원판을 움직인다, 만일 2개의 원판을 움직이고 나머지 하나를 움직일 수 있다면

2개의 원판을 움직인다, 만일 하나의 원판을 움직이고 또 하나를 움직일 수 있다면

하나의 원판을 움직인다(이것은 누구나 해결 가능한 기초문제이다.)

하노이의 탑 문제는 위와 같이 보다 작은 부분 문제로 분할되고 또 분할될 수 있음을 볼 수 있다. 그리고 우리는 분할된 문제가 누구나 풀 수 있는 기초문제, 즉, 하나의 원판을 옮기는 문제 까지 분할되면 분할이 끝나고 결국 문제가 해결된다는 것 또한 알 수 있다.

요령 및 기법 8

'모양과 느낌'을 부여하기

"모양과 느낌" 또는 "룩앤필"("look and feel")은 어떤 객체의 겉모습을 설명할 때 사용되는 문구이다. 우리는 모양과 느낌을 주로 색상, 텍스처(texture) 같은 어떤 특성 또는 속성으로 설명한다. 예를 들면 스웨터가 노랗고 부드러우며 벨벳 같은 텍스처를 가지고 있다고 이야기 한다. 이 절의 주제는 가상세계의 객체들이 가지고 있는 모양과 느낌을 조작하는 방법이다.

텍스처 맵(Texture maps)

앨리스에서의 객체들은 실제적인 느낌을 주기 위하여 표면이 어떤 텍스처 맵으로 씌워 있다. 예를 들어 그림 T-8-1에 보이는 탁자(table, Furniture 폴더)와 접시(plate, Kitchen 폴더)를 생각해 보자.

그림 T-8-1. 탁자와 접시

*ground.GrassTexture*라 명명된 텍스처 맵이 땅의 표면을 덮고 있고, *plate.TextureMap*이라고 명명된 텍스처 맵이 접시에 씌워있다(그림 T-8-2).

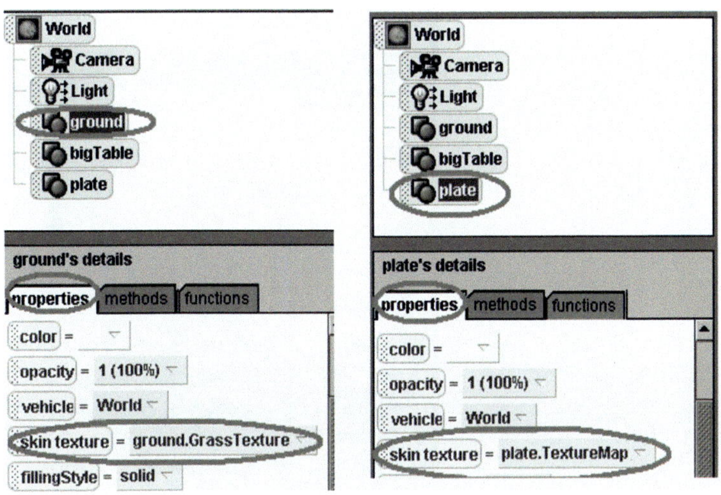

그림 T-8-2. 표면 그림으로 사용된 텍스처 맵

gif, bmp, jpg, tif와 같은 그림 파일이 어떤 객체에 색다른 모양과 느낌을 주도록 사용될 수 있다(인터넷에서 많은 그림 파일들을 많이 찾을 수 있으나 저작권 문제에 유의해야 한다.). 이제 예제로서 접시를 과자처럼 보이게 만들어 보자. 이를 위해선 두 단계의 작업이 필요하다. 첫 번째 작업은 특정 객체를 위해 사용될 텍스처 맵을 가져오는 것이다. 그렇기 위해서 객체 트리에서 접시(plate) 객체를 선택하고, 그 다음 특성 탭에서 "import texture map" 버튼을 클릭하여 *cookie.gif*를 텍스처 맵으로 선택한다(참고로 *cookie.gif*는 앨리스 프로그램과 함께 제공되는 파일이 아니라 어떤 그래픽 프로그램을 이용하여 만든 것이다.). 그림 T-8-3은 이와 같은 텍스처 맵을 가져오는 단계를 그림으로 설명하고 있다. 그 다음 단계는 그림 T-8-4에서 설명하고 있듯이 표면 특성(skin property)을 앞서 가져온 새로운 텍스처 맵으로 설정하는 것이다. 최종 결과가 그림 T-8-5에 나타나 있다.

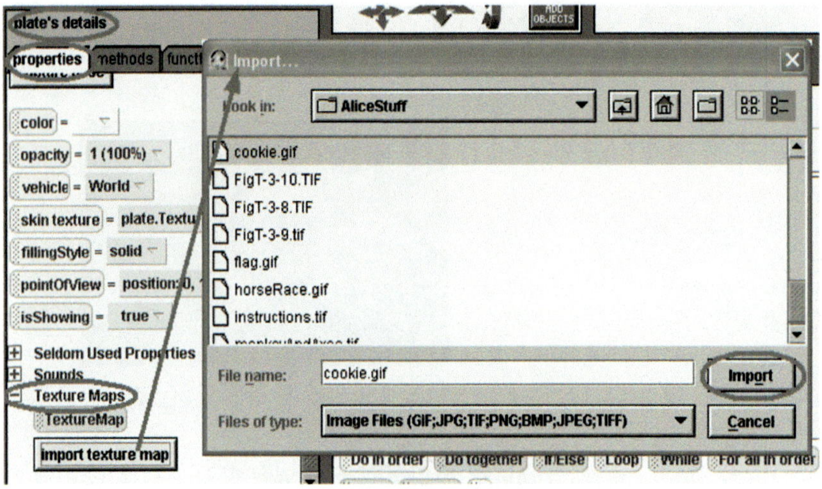

그림 T-8-3. 텍스처 맵 가져오기

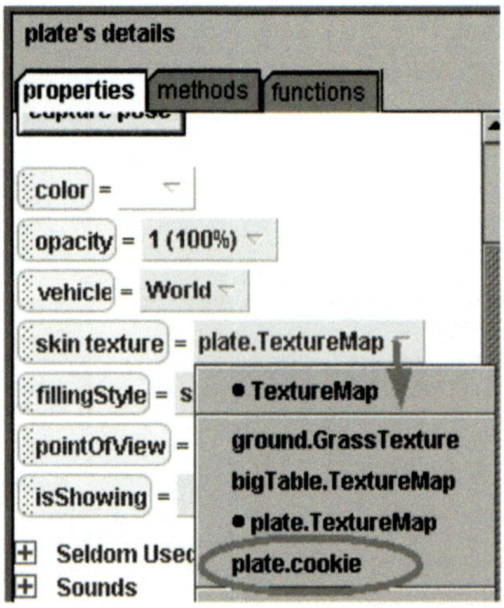

그림 T-8-4. 표면 텍스처 맵의 변경

그림 T-8-5. 과자 접시

특수효과: 안개

어떤 가상세계에서는 안개가 낀 날씨 효과를 내고 싶을 수 있다. 그림 T-8-6을 보자. (Medieval 폴더의 knight 클래스로 만든) 기사가(Nature 폴더의 trees) 숲속에서 (Medieval 폴더의 dragon 클래스로 만든) 용을 찾고 있는 장면이다. 여기서 우리는 용이 기사로부터 안보이게 숨어 있는 듯한 장면을 만들고 싶다고 하자. 대부분의 용이 나오는 옛날이야기에서는 음산하고 흐린 날씨를 배경으로 한다. 안개가 낀 듯한 흐린 날씨라면 기사의 임무가 더 어려워질 것이다.

그림 T-8-6. 안개 없는 장면

안개가 낀 듯한 효과를 추가하기 위하여 먼저 객체 트리에서 세계(*world*)를 클릭하고 특성 탭을 선택한다. 그 다음, *fogStyle* 옆의 버튼을 눌러 *density*를 선택한다. Density는 안개의 진한 정도를 나타낸다. 안개의 진한 정도를 조정하기 위해서는 *fogDensity* 옆의 버튼을 눌러 원하는 수치를 선택한다. 높은 수치는 진한 안개를 뜻한다.

그림 T-8-7. *fogStyle*와 *fogDensity* 특성을 이용하여 안개가 드리워진 장면 만들기

요약

본 장에서는 반복적 실행을 가능하게 해 주는 도구로서 재귀의 개념에 대하여 소개하였다. 재귀는 보다 복잡하고 흥미로운 프로그램의 작성을 도와주는 매우 유용한 도구이다.

경마 예제는 재귀의 한 가지 유형을 보여주었는데 이는 어떤 조건이 만족되면 프로그램 코드의 특정 부분이 다시 실행되게끔 하는 것이다. 하노이의 탑 문제를 통해 다른 유형의 재귀의 다른 유형, 즉, 복잡한 문제가 보다 단순하고 작은 형태로 분할될 수 있을 때 이의 해법을 찾는데 사용될 수 있음을 보았다.

본 장의 중요 개념

- 재귀는 사전에 정확한 반복 횟수를 알지 못하여 *Loop*문을 사용하지 못할 때 유용하게 사용될 수 있다.
- 재귀는 어떤 메소드가 내부에서 자신을 다시 호출할 때를 지칭한다.
- 재귀를 이용하여 특정 메소드가 반복 실행되도록 만들 수 있다.
- 모든 재귀적 메소드에서는 적어도 하나 이상의, 재귀적 호출이 중지되는 기초상태를 가지고 있어야 한다. 기초문제에 다다르면 더 이상 재귀적 호출이 일어나지 않는다.
- 재귀를 사용하면 일반적으로 *Loop*나 *While*과 같은 반복문을 사용하지 않는다. 대신 *If* 문을 이용하여 어떤 조건의 만족 여부를 확인하고 그것에 따라 재귀적으로 호출이 일어난다.

반복의 비교

7장과 8장에서 반복적 실행을 가능하게 해 주는 세 가지 방법, 즉, *Loop*, *While*, 재귀에 대하여 살펴보았다. 언제 무엇을 사용할 것인가?

위의 질문에 대한 답은 수행하려는 작업 또는 풀려고 하는 문제에 따라 달라지고 왜 반복이 필요한지에 따라 달라진다. 만약 필요한 반복횟수를 알고 있다면 일반적으로 *Loop*문을 이용하는 것이 가장 쉽다. 대부분의 프로그램에서 무한루프는 피해야 한다. 그러나 애니메이션 프로그램에서 프로그램에 종료될 때까지 무한루프가 화면의 배경에 나타나는 동작을 수행하게 할 수 있다.

만약 사전에 반복횟수를 알지 못하면, *While*문 또는 재귀를 이용한다. 어떤 프로그래머는 재귀보다는 *While*문을 선호한다. 대부분의 프로그래머들이 이 문제에 대하여 어떤 일치된 견해를 내놓지 못한다. 두 가지 기법의 서로 다른 선호도가 나타나는 이유는 사람마다 어떤 문제를 푸는 방법 또는 과정이 다르기 때문이다. 그렇기 때문에 두 가지 기법 모두를 사용해 보라고 이 책에서는 권하고 싶다. 어떤 프로그래머는 *While* 문이 사용하기 쉽다고 느끼고 다른 프로그래머는 재귀가 사용하기 쉽다고 느낄 수 있다. 많은 경험을 쌓다 보면 자신에 맞는 방법이 무엇인가 알게 된다. 보다 중요한 점은 반복이 필요한 코드를 작성하는 방법을 배우는 것이다.

프로그래밍 용어

기초문제, 기초상태(base case) 재귀(recursion)
무작위 선택(random selection)

애니메이션 용어

텍스처 맵(texture map)

질문

1. 다음 문장을 설명하라. "재귀는 제어구문이라기 보다는 프로그래밍 기법이다."
2. 어떤 점에서 While 문과 재귀적 메소드와 유사한가?
3. 재귀적 메소드를 사용하면, 메소드 내에서 재귀적 호출이 일어날지 여부를 판단하는 구문이 있어야 한다. 앨리스에서는 어떤 제어구문으로 이를 구현할 수 있는가?
4. 재귀의 한 가지 용도는(특정 조건이 만족될 때 까지) 계속해서 동일한 작업을 재생성 또는 재실행하도록 하는 것이다. 재귀의 다른 용도에 대하여 설명하라.
5. 재귀적 메소드에서는 If문을 이용하여 어떤 조건들을 점검하는데 적어도 한 가지 이상 경우에 대하여 재귀적 호출이 일어나지 않는다. 그 이유를 설명하라.

연습문제와 프로젝트

8-1 연습문제

1. *경마 경기의 수정*

   8-1절에서 다룬 경마 경기 예제에서는 무작위로 선정된 하나의 경주마가 소폭 전진하도록 하는 절차가 어떤 하나의 경주마가 결승선을 통과할 때까지 지속적으로 반복된다. 또 다른 방법은 세 마리의 경주마 모두 동시에 전진하도록 하는데 서로 다른 거리를 전진하도록 하는 것이다. 이처럼 경마 프로그램을 수정하라.

2. *나비 쫓아가기*

   재귀를 이용하여 하얀 토끼(white rabbit, Animal 폴더)가 (Animal/Bugs 폴더의 butterfly 클래스) 나비를 쫓아가는 애니메이션을 제작하라. 나비는 임의로 날아다니게 해야 하는데 이것은 다음과 같이 구현한다. 나비는 한번 움직일 때마다 현 위치에서 방향 제한 없이 0.2 미터 이내의 임의의 위치로 움직인다. 하얀 토끼는 나비와는 달리 날지 못하고 땅 위서만 움직여야 한다. 나비가 한번 이동할 때마다, 토끼는 *turn to face* 명령을 사용하여 나비가 있는 방향으로 돌아선 후에 0.5 미터 다가간다. 토끼가 나비에 충분이 가까워졌을 때, 토끼는 들고 있는 채(Objects 폴더의 net 클래스)로 나비를 잡는다.

   힌트: 나비를 임의의 주변 위치로 이동시키기 위하여 요령 및 기법 6에서 소개되었던 *randomMotion* 메소드를 변형해서 사용할 수 있다. 그러나 변형 시, 나비가 너무 낮게 또는 높이 날지 않도록 조정해야 한다(나비가 땅 아래로 또는 하늘 높이 사라질 수가 있다.). 나비의 비행 고도를 제한하기 위하여 *If*문에서 *distance above* 함수를 이용하여 나비의 지면으로부터의 거리를 확인하고 적절히 움직이게 한다. 나비의 지면으로부터의 거리는 '0' 과 1 미터 사이가 되도록 한다.

3. *마이다스의 손 1*

   마이다스의 손 이야기 속에서 어떤 탐욕스러운 왕은 그가 손대는 모든 것이 금으로 변하도록 하는 특별한 재능을 갖게 되었다. 이 연습문제는 마이더스의 손 이야기를 만들어 보는 것이다. 아래의 그림과 같이 초기 장면에서는 어떤 여자의 앞에 사탕 지팡이(candy cane, Holidays 폴더)가 서 있다(이때, *turn to face* 명령어를 이용하여 객체의 방향을 적절히 조정하여라.). 다음과 같은 재귀적 메소드를 작성하여라. 메소드의 이름은 *checkCandy*로 하고 메소드 내에서 여자의 손이 사탕 지팡이로부터 아주 가까운 거리에 있는지를 확인한다. 만약 아주 가깝다면 여자는 지팡이에 손을 대고 사탕 지팡이는 금 지팡이로 변한다(지팡이의 색을 노란색으로 바꾼다.). 만약 여자가 지팡이에 손이 닿을 정도로 충분히 가깝지 않다면, 여자는 지팡이로 조금 다가가게 하고 *checkCandy*를 재귀적으로 호출한다.

4. *마이다스의 손 2*

마이다스의 손 제2탄을 만들어 본다. 제2탄은 대화식이다. 사용자가 여자의 움직임의 방향을 조정할 수 있게 하는 것이 주된 착상이다. 조금 더 어렵게 하기 위해서 여자는 초기 장면에서 지팡이를 바라보지 않고 다른 방향을 바라보고 서 있게 한다. 그리고 *checkCandy* 메소드는 다음과 같이 수정되어야 하는데, 만약 여자가 지팡이에 충분히 가깝게 접근하면, 몸을 구부려 지팡이에 손을 닿게 하기 전에 먼저 지팡이 쪽으로 방향을 틀게 한다. 좌우 화살표 키가 여자를 좌우측으로 회전하여 여자의 이동 방향을 조정할 수 있게 만들어야 한다. 이를 위하여 *turnLeft*와 *turnRight* 두 개의 메소드를 만들어라. 두 개의 메소드는 각각 해당 화살표 키가 눌렸을 때, 좌 또는 우로 0.02회전하게 해야 한다. 이 두 개의 메소드가 사용자로 하여금 여자의 움직임의 방향을 조절할 수 있게 할 것이다.

힌트: 사용자가 잘못 조작하면 여자가 카메라 밖으로 벗어날 수 있다. 이의 두 가지 해결책이 있는데, 하나는 여자가 움직일 때마다 카메라로 하여금 여자를 중심에 두도록 하는 것이고 다른 하나는 카메라가 여자와 함께 움직이도록 하는 것이다.

8-2 연습문제

5. *하노이의 탑*

   8-2절에 설명된 하노이의 탑 내용을 구현하라. 구현된 프로그램이 올바르게 동작됨을 확인했으면, 원판들이 cone1에서(cone3 대신) cone2로 이동하도록 towers 메소드가 호출되는 이벤트와의 연결 부분을 수정하라.

6. *수정된 하노이의 탑*

   여기서는 임시 보관용 원탑을 매개변수로 넘기지 않는다. 임시 보관용 원탑의 번호는 언제나(6 - *fromcone* - *tocone*)로 계산할 수 있다. 이처럼 *towers* 메소드를 수정하라

7. *시계*

   먼저(Objects 폴더의 cuckoo clock) 뻐꾸기시계를 새로운 가상세계에 위치시켜라. 여기서는(실제 시간의 흐름과는 일치하지는 않지만) 뻐꾸기시계를 통해 시간의 흐름을 볼 수 있게끔 하는 것이 목적이다. 시계의 전면에서 분침이 돌아가고 동시에 시계추가 좌우로 왕복 운동을 해야 한다(대략 분침이 한 바퀴 회전하는데 30초가 걸리도록 하라.). 분침이 한 바퀴 회전을 완료 하면 시침이 전진하여 시각이 바뀌고 문이 열려 뻐꾸기가 한번 울어야 한다. 그 다음 뻐꾸기는 다시 집으로 들어가고 닫힌 문은 다음 한 시간이 지날 때까지 유지된다. 시계의 동작은 사용자가 애니메이션을 종료할 때 까지 지속되어야 한다. 재귀를 이용하여 애니메이션을 구현하라.

프로젝트

1. *닭이 왜 도로를 건넜지?(Why Did the Chicken Cross the Road?)*

   "닭이 왜 도로를 건넜지?" 라는 질문은(미국) 아이들 사이에서 유명한 수수께끼(riddle)같은 것이다. 물론 다양한 유형의 답이 있을 수 있다. 이 프로젝트에서는 (Animal 폴더의 chicken 클래스) 단맛 나는 것을 매우 좋아하는 닭 한 마리가 (Kitchen/Food 폴더의 gumdrops) 사탕을 먹으러 사탕을 좇아 도로를 건넌다.

   이 프로젝트에서는 게임을 작성하는데 사탕을 먹으러 도로를 건너는 닭의 움직임을 사용자가 조절한다. 사탕을 좇아 닭이 건너는 도로는 양쪽 방향에서 자동차가 달리고 있어야 한다. 방향 키로 닭이 전후좌우로 깡충 뛸 수 있도록 하라. 스페이스 바를 누르면 사탕을 쪼아 먹게 만들라. 만약 닭이 사탕으로부터 충분히 가까운 거리에서 쪼면 사탕이 없어져야 한다.

   재귀적 메소드를 이용하여 게임을 조정할 수 있도록 한다. 움직이는 자동차에 닭이 치이면 게임은 끝난다. 게임은 닭이 모든 사탕을 쪼아 먹거나 또는 자동차에 치여 죽지 않는 한 지속된다. 만약 닭이 도로를 건너며 모든 사탕을 쪼아 먹으면 사용자는

게임에서 이기게 된다. 게임에서 이기면 트럼펫 소리와 함께 "You Win" 이라는 3D 문자열 화면에 출력하라.

2. *순서뒤집기(Reversal)*

   아래 그림이 보여주는 가상세계에서는 줄이어 서 있는(Spooky 폴더의 skeleton 클래스) 해골들이(Spooky 폴더의 gate 클래스) 문을 지키고 있다. 이 가상세계에서는 때때로 해골들이 서 있는 순서를 바꾸는데 순서가 반대로 되도록 바꾼다. 이 프로젝트에서는 순서를 반대로 뒤집는 애니메이션을 만드는 것이 목적이다. 다음과 유사한 스토리보드를 구현해야 한다.

```
순서뒤집기

If 순서가 바뀌지 않은 해골이 둘 이상이다.
   (순서뒤집기를 재귀적으로 호출하여) 두 번째 해골부터 순서를 반대로 바꾼다.
   첫 해골을 줄의 맨 뒤로 보낸다.
```

기초상태는 하나의 해골만이 남은 경우이다. 하나의 해골이 남았을 때는 이미 순서가 바뀌어 있는 것과 같다. 1 보다 큰 *n*개의 순서가 바뀌지 않은 해골이 남아있는 재귀적 호출이 필요한 상태일 때에는 $n-1$개의 해골의 순서를 뒤집고 맨 처음에 서 있는 해골을 맨 뒤로 보낸다. 위에 제시되어 있는 스토리보드를 구현하라. 이 프로젝트에서 구현한 프로그램은 하노이의 타워 프로그램과(*which* 함수를 사용한 것 또한) 유사해야 한다.

3. *끝나지 않는 슬라이드 쇼(Never-Ending Slide Show)*

이 프로젝트에서는 객체의 표면을 바꾸는 기술을 사용하여 영속적인 슬라이드 쇼를 제작한다. 새로운 가상세계에 스크린으로 사용할(Shapes 폴더의 square) 네모 하나를 먼저 배치하고 그 앞에 프로젝터가 놓인(Furniture 폴더의 table) 테이블 하나와(Lights 폴더의 lightbulb) 전구를 배치하라. 전구는 마치 프로젝터에서 빛이 나와 스크린을 밝히는 것처럼 보이게 하기 위해 사용한다. 그런 다음 전구의 특성 *isShowing*을 *false*로 설정하여 보이지 않게 하라.

보다 실제처럼 보이게끔 하기 위해서 시작 시에는 가상세계 전체가 밝게 시작해서 프로젝터의 불이 켜지기 전에 점차 어두워지게 하라. 슬라이드 쇼에서 최소한 세 개 이상의 서로 다른 영상이 스크린에 나타나게 해야 한다. 영상마다 번호를 붙이고 If문을 사용하는 것이 영상을 바꾸는 메소드를 만드는데 도움이 될 것이다. 각 영상 사이에는 아무것도 나타나지 않는 빈 스크린이 보이고 프로젝터의 불빛이 한 번 깜박이고 프로젝터의 슬라이드 함(tray)은 조금 회전을 해야 한다. 슬라이드 영상은 끊임없이 바뀌어야 한다. 즉, 세 가지 영상을 다 보여주었다면 처음부터 다시 시작해야 한다. 다음 보이는 그림은 견본 이미지이다.

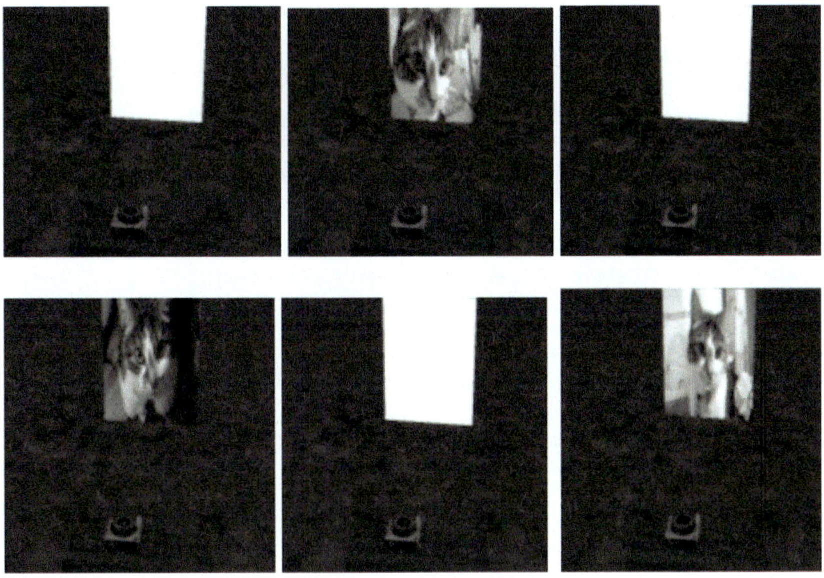

4. *클릭하기(Click-a-Cow)*

이번에는 화면에 나타났다 사라지는 물체를 클릭하는 게임을 설계해 보자. 사용자가 화면에 나타나는 물체를 사라지기 전에 클릭하는 것에 성공했다면 눈에 보이는 어떤 반응을 제공해 사용자가 마우스 클릭에 성공했다는 것을 알려줘야 한다. 아래 보이는 대략적인 스토리보드에서는(Animal 폴더의 cow) 소가 나타났다 사라지는 물체이고 클릭의 성공을 알려줄 때 (Objects 폴더의 windupKey) 태엽손잡이가 나타나도록 한다(이 프로젝트에서 사용하는 객체는 임의로 선택 가능하다.).

두 객체 모두 가상세계에 포함됐고 특성을 조작해 안 보이도록 설정되어 있다고 가정한다. *check* 메소드를 위한 스토리보드는 다음과 같다.

```
If 태엽손잡이가 안보인다
    소를 화면 상의 임의의 위치로 이동한다.
    소를 보이게 한다.
    약 0.25 정도의 짧은 시간 동안 기다린다.
    소를 안 보이게 한다.
    소를 화면에서 벗어나게 한다.
    check를 (재귀적으로) 호출한다.
Else
    소가 "Thanks for playing"이라고 말하도록 한다.
```

나타났다 사라지는 물체를 사용자가 클릭에 성공한다면, 어떤 메소드가 호출되어 성공을 알려야 한다. 여기서는 태엽손잡이가 나타난다. 손잡이가 나타나면 게임은 종료된다.

힌트: 이 프로젝트에서 가장 어려운 부분은 물체를 지면 여기저기에 나타나게 하는 것이다(아마도 앞뒤 좌우로 −3 에서 3 미터 사이에 나타나게 하는 것도 생각해 볼 수 있을 것이다.). 그리고 Wait 명령을 사용하여 짧은 시간 동안 대기하게 할 수 있다.

제4부

고급 주제

제9장

리스트와 리스트처리

"이제 때가 됐다"라고 왈러스가 말했다.

"많은 것들, 신발에 대해, 배에 대해, 봉랍에 대해, 그리고 왕에 대해 말할 때가"

이 장에서는 프로그램에 어떤 다른 면, 즉, 같은 유형의 객체들 또는 정보를 관리하는 프로그래밍에 대하여 살펴본다. 이제까지 우리가 다룬 가상세계에서는 각 가상세계 마다 소수의 객체만이 존재했다. 우리가 작성한 프로그램에서는 객체 각자가 어떤 개별 작업을 수행하거나 때로는 다른 객체들과 함께 작업을 수행하였다. 만일 20명의 병사가 발맞춰서 행진하는 애니메이션을 만들고 싶은데 개별 병사를 개별 명령으로 조작하는 메소드를 만들어 해결하려면 적어도 20번 이상의 끊어다 놓기가 필요할 것이다. 이러한 반복적이고 지겨운 작업을 보다 손쉽게 해주는 방법이 있는데 이는 모든 객체를 어떤 조직 구조에 담아 조작하는 것이다. 이렇게 하면 어떤 그룹의 객체를 대상으로 하거나 개별 객체를 대상으로 하는 프로그램을 작성할 수 있게 된다.

프로그래밍 용어로는 이러한 조직 구조를 *자료 구조(data structure)*라고 한다. 이 장에서는 *리스트*라는 자료 구조를 소개한다. 9-1절에서는 리스트를 어떻게 생성하는지, 그리고 어떤 한 리스트 내의 모든 객체들에게 어떻게 동일한 작업을 반복하는지를 다룬다.

9-2절에서는 리스트를 검색해 원하는 속성을 가진 항목을 찾아내는 법에 대해서 살펴본다. 리스트를 검색하는 일은 청바지 쇼핑하는 것과 유사하다. 원하는 색상과 사이즈의 청바지를 찾기 위해 청바지가 걸려 있는 통로를 지나며 하나씩 살펴보는 것과 유사하다.

9-1 리스트

리스트는 정보를 관리하는 가장 유명한 방법의 하나이다. 리스트는 우리의 일상에서도 매우 자주 사용된다. 예를 들면 쇼핑 리스트, 해야 할 일 리스트 등을 우리 모두 가지고 있을 수 있다. 프로그래머는 리스트를 사용하여 객체와 함께 객체와 관련된 정보를 관리한다. 많은 서로 다른 프로그램에서 여러 종류의 특성화된 리스트를 사용하는 예를 찾을 수 있다. 앨리스에서는 하나의 리스트에는 일반적으로 유사한 종류의 항목들이 들어갈 수 있다(예를 들면 객체 리스크 또는 색 리스트가 있을 수 있다.). 이 절에서는 리스트를 어떻게 생성하며 리스트 속의 항목들에게 어떤 동일한 작업을 반복하는지를 살펴본다. 이를 통해 리스트 속에서 어떤 특정 항목을 찾아볼 수도 있고 또는 리스트의 각 항목들로 어떤 동작을 수행할 수도 있다.

리스트 생성하기

그림 9-1-1은 어떤 가상세계의 초기 장면인데 다섯 명의(People 폴더의 rockette) 무용수가 있다. 이들에게는 어떤 유명한 춤동작이 있다. 우리는 이들이 어떤 춤의 일부로서 발차기 스텝을 수행하는 애니메이션을 만들고자 한다. 이들의 발차기 스텝은 한 명씩 차례로 발차기를 한 후 동시에 다 같이 발차기를 한다. 이것은 리스트를 이용해서 여러 객체들이 한 집단으로 조직되는 애니메이션의 한 예이다.

그림 9-1-1. 공연단 무용수들

어떤 하나의 리스트가 프로그램에서 사용되려면 리스트가 생성되어야 한다. 가상세계에 다섯 명의 무용수를 하나씩 포함시켜 일렬로 서 있도록 만드는 것만으로 리스트가 생성되는 것은 아니다. 어떤 하나의 리스트를 사용하기 위해서는 먼저 ***리스트 변수***를(이름을 부여하여) 생성시키고 객체를 하나씩 리스트에 포함시켜야 한다. 리스트 변수를 생성하기 위해서는 그림 9-1-2에 나타나 있듯이 세계(world)의 특성 탭을 선택하고

"create new variable" 버튼을 클릭한다(리스트는 클래스-수준이 아닌 가상세계-수준으로 생성되는데 이는 여러 서로 다른 객체를 포함시킬 수 있기 때문이다.).

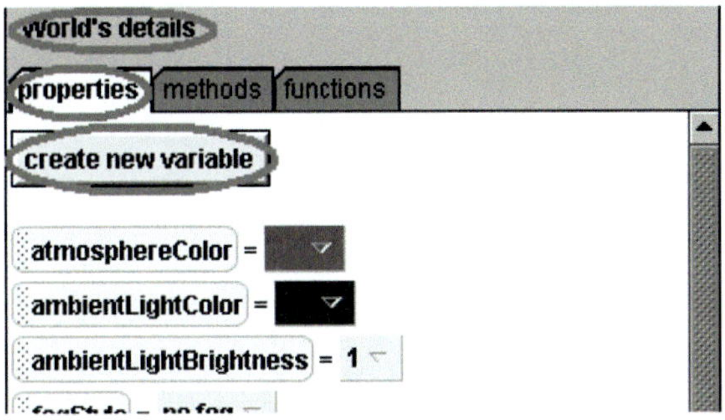

그림 9-1-2. 리스트 변수 생성하기

그림 9-1-3에 나타나 있듯이 "create new variable" 버튼이 클릭되면 팝업 대화창이 나타나 이름을 입력할 수 있게 한다. 여기서는 dancers라는 이름을 사용하고 Type(유형)을 Object(객체)로 선택한다. 이때, 중요한 작업은 "make a List" 이라는 이름의 상자에 체크를 하는 것이다. 그래야 "new item" 이라는 이름의 버튼을 클릭해서객체를 항목으로 리스트에 추가할 수 있게 된다. 그림 9-1-3에서는 "new item" 버튼이 다섯 번 클릭되어 다섯의 무용수 객체 다섯 개의 항목으로 리스트에 포함된 상태가 나타나 있다. 마지막으로 Okay 버튼을 클릭하면 이제 무용수들이 그룹으로 어떤 동작을 수행하게끔 하려고 할 때 리스트 변수 이름을 명령어들에서 사용할 수 있다.

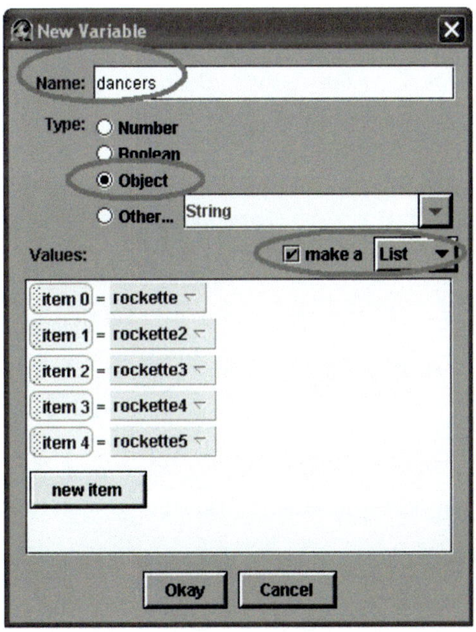

그림 9-1-3. 리스트에 이름 부여하고 객체를 항목으로 추가하기

For all in order – 리스트의 각 항목에 대하여 반복하기

리스트를 이용하여 할 수 있는 유용한 작업의 하나는 리스트에 포함되어 있는 각 항목 하나하나에 대하여 어떤 작업을 반복 수행하는 것이다. 다실 말하면, 어떤 리스트에 포함되어 있는 항목 하나하나가 순서대로 동일한 명령을 수행하도록 하는 것이다. 이것은 마치 골목을 걸어가며 각 우편함에 우편물을 하나씩 넣는 것과 비슷하다. 이를 다른 표현으로 "리스트를 따라간다" 또는 "리스트의 항목들을 방문한다"라는 표현을 쓰기도 한다.

앨리스에서는 *For all in order* 문이 있는데 어떤 리스트에 속해있는 모든 항목을 하나씩 하나씩 처리할 수 있도록 해준다. 예를 들어, 춤동작의 일부로서 각 무용수가 왼쪽부터 오른쪽 방향으로 한 명씩 발차기를 하게 만들어 보자. 이를 위한 스토리보드는 아래와 같다. *kickUpRightLeg* 메소드는 다수의 간단한 동작들로 이루어져 있다.

For all dancers in order(모든 무용수에 대하여 순서대로 다음을 수행하라)
  item_from_dancers kickUpRightLeg

kickUpRightLeg

매개변수: whichRockette

다음을 단계들을 순서대로 수행하라.
  다음은 단계들을 함께 수행하라.
    *whichRockette right thigh*를 뒤로 회전
    *whichRockette right calf*를 앞으로 회전
    *whichRockette right calf*를 뒤로 회전

위의 스토리보드를 바탕으로 가상 세계(world) 수준의 *world.kickUpRightLeg* 메소드를 작성해보자. 매개변수 *whichRockette*가 *dancers* 리스트의 특정 항목을 인수로서 넘겨받을 수 있는 공간이 된다(*kickUpRightLeg* 메소드가 얼핏 봐서는 클래스 수준의 메소드로 작성되어야 한다고 생각할 수 있으나 여러 객체가 *dancers* 리스트에 포함되어 있을 수 있다는 사실을 고려해야 한다.). 그림 9-1-4에 *kickUpRightLeg* 메소드가 제시되어 있다.

어떤 메소드에 객체 매개변수가 있다는 것은 그 매개변수를 사용하기 위하는 명령어를 작성하기 위해서는 한 단계 이상의 절차가 필요하다는 것을 위미한다. 여기서는 rockette라는 무용수 객체의 오른쪽 다리 부분을 움직이고자 한다. 그러나 앨리스는 *whichRockette* 매개변수를 통해서 어떤 종류의 객체가 전달되어 넘어올지를 알 수 없을 뿐더러 그 객체가 오른쪽 다리를 가지고 있을지 알 수 없다(예를 들어 snowman 클래스로 눈사람 객체를 만들어 *dancers* 리스트에 포함시켰고 그 객체가 인수로서 전달되었다면 다리가 없는 눈사람 객체가 분명 문제가 될 것이다.). 이것은 *part named* 라는 함수를 이용해서 우리가 회전 명령을 내리려 하는 객체의 부품 또는 일부의 이름을

지정해 주어야 한다는 것을 의미한다.

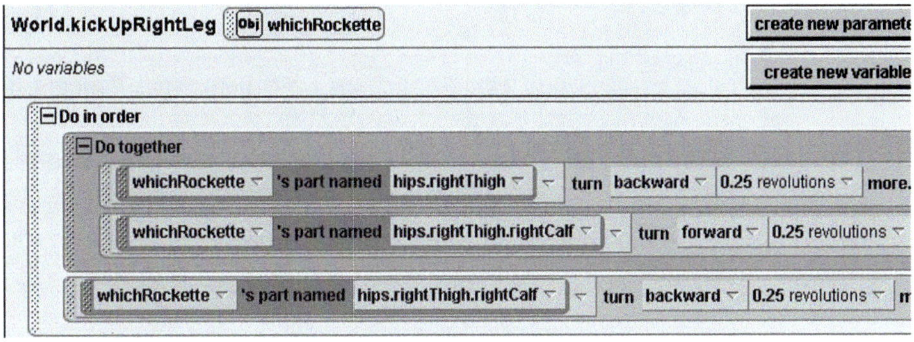

그림 9-1-4. 세계 수준의 *KickUpRightLeg* 메소드

kickUpRightLeg 내에서 첫 번째 회전 명령을 생성하는 예를 단계별로 살펴보자.

1. rockette를 뒤쪽(backward)으로 0.25 바퀴 회전하게 하는 회전명령을 생성한다.

2. 그 다음, *part named* 함수를 끌어다 *rockette* 타일 위에 놓는다. 그 결과는 아래와 같을 것이다.

3. *part named*의 오른쪽을 클릭하고 정확한 대상 부분의 명칭을 입력한다(앨리스에서는 영문 대소문자가 서로 다르게 인식된다.).

4. *whichRockette* 매개변수 타일을 끌어다 *rockette* 타일의 위에 떨어뜨린다. 완성된 명령문은 아래와 같다.

kickUpRightLeg 메소드가 완성되었으므로, 이제 *For all in order* 문을 사용하여 애니메이션을 만들 수 있다. 그림 9-1-5와 같이 *For all in order* 타일을 편집기에 끌어다 떨어뜨리고 *wolrd.dancers*를 리스트 이름으로 선택한다.

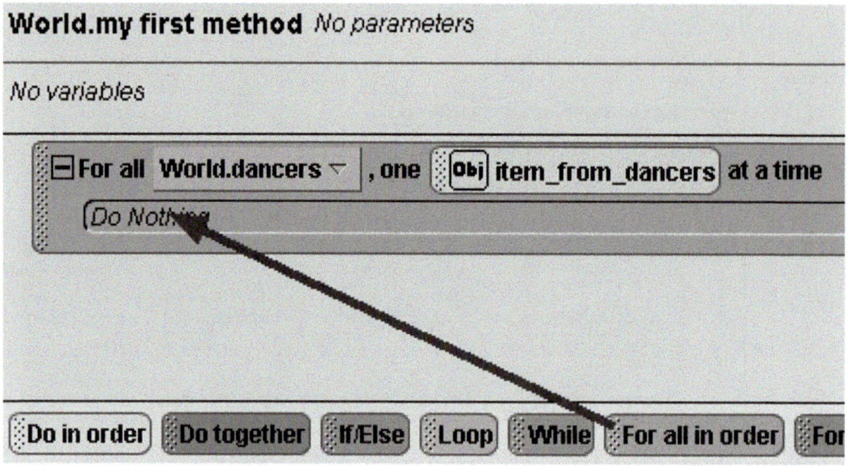

그림 9-1-5. *For all in order* 타일

그 다음 *For all in order* 구문 안에 *kickUpRightLeg* 메소드가 호출되는 명령을 그림 9-1-6과 같이 작성한다.

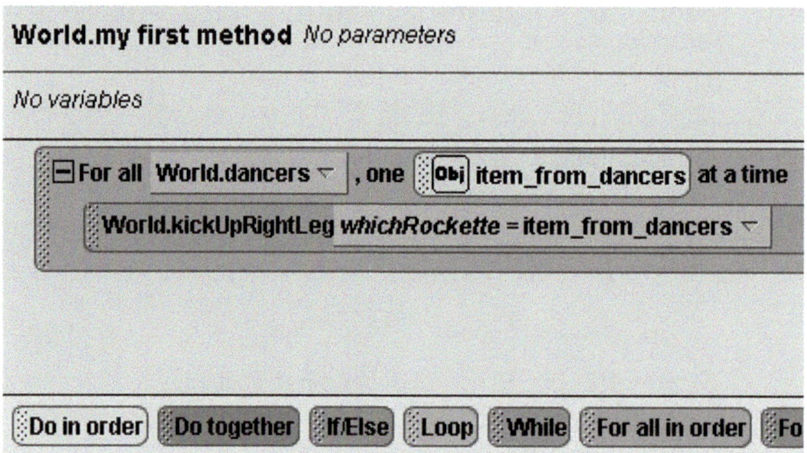

그림 9-1-6. *item_from_dancers*를 인자로 *kickUpRightLeg*의 호출

프로그램이 실행되면 *dancers* 리스트의 항목들이 한번에 하나씩 인자로서 *kickUpRightLeg* 메소드로 보내지고 따라서 각 무용수들이 차례로 오른쪽 다리의 발차기 동작을 수행할 것이다. 그림 9-1-7에서는 이미 두 무용수가 발차기 동작을 수행한 상태에서 세 번째 무용수가 발차기를 하는 중간 단계의 모습이 화면에 잡혀 있다.

그림 9-1-7. *For all in order*를 이용한 춤 애니메이션

For all together – 동시에 반복하기

앨리스는 *For all together* 구문을 통하여 리스트 상의 모든 객체가 동시에 어떤 동작을 수행하게 하는 방법을 제공한다. 이를 "리스트를 따라 동시에 반복한다"라고 말하기도 한다. *For all together*를 이해하는 한 가지 방법은 다자간 전화회의 또는 다자간 통화를 생각해 보는 것이다. 다자간 전화회의에서는 연결된 모든 사람은 다른 모든 사람에게 동시에 말할 수 있다.

무용단의 무용수들을 보면 개별적으로 또는 순서대로 수행하고 춤동작들이 있고 동시에 다 같이 수행하는 춤동작이 있다. 이번에는 모든 무용수가 동시에 일치된 발차기 춤동작을 선보이도록 만들어보자. 이를 위해 먼저 그림 9-1-8과 같이 *For all together*를 편집기로 끌어다 놓는다.

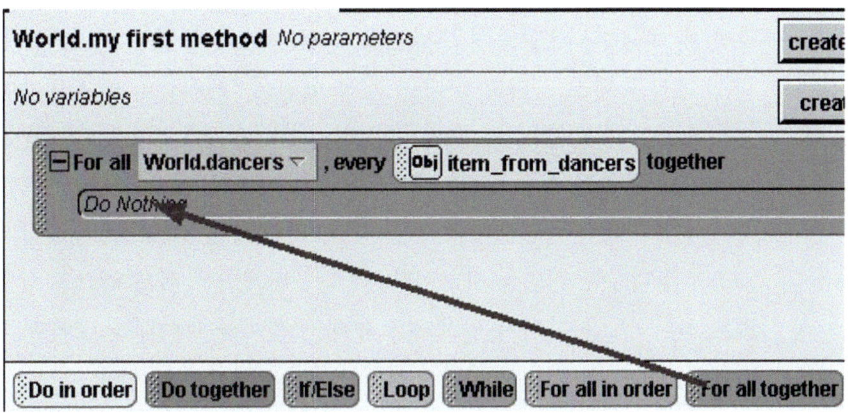

그림 9-1-8. *For all together* 타일

그 다음 그림 9-1-9와 같이 *kickUpRightLeg* 메소드가 *For all together* 구문 안에서 호출되도록 한다.

그림 9-1-9. *For all together*에서 *kickUpRightLeg*의 호출

코드를 실행하면 이제는 그림 9-1-10과 같이 모든 무용수들이 동시에 발차기 동작을 수행한다.

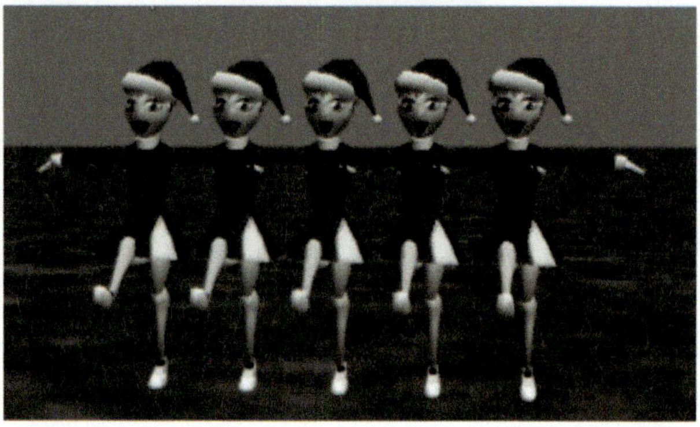

그림 9-1-10. *For all together*를 이용한 춤 애니메이션

9-2 리스트 탐색

인터넷 검색 엔진들은 위대한 발명으로 우리가 필요로 하는 웹 페이지를 손쉽게 찾을 수 있게 해 준다. 예를 들어 케사르와 클레오파트라에 관한 이야기를 들려줄 수 있는 비디오 파일을 찾고 싶다고 한다면 검색 엔진에 "케사르와 클레오파트"라고 입력한다. 그러면 짧은 시간 후에 웹 페이지의 리스트가 웹 브라우져에 나타난다. 그 다음은 우리의 차례로 ***리스트 탐색***을 실시한다. 즉, 찾고자 했던 정보가 나올 때까지 위에서 아래로 하나씩 하나씩 항목별로 읽어 내려간다. 리스트 탐색은 프로그래밍 시 많이 사용되는 리스트를 다루는 기법의 하나이다. 리스트 탐색의 목적은 리스트 상의 항목 모두를 차례로 하나씩 조사하여 우리가 찾고자 하는 항목을 찾아내는 것이다. 이 절에서는 앨리스에서 리스트 탐색을 어떻게 수행하는지에 대해서 알아본다.

리스트 탐색을 이용한 시뮬레이션

오락장에 많이 있는 두더지잡기 게임을 생각해 보자. 게임을 시작하면 망치를 들고 구멍에서 두더지 같이 생긴 인형이 튀어나올 때 때맞춰 인형을 때려야 한다. 구멍에서 나온 인형을 때릴 때마다 점수를 딴다.

그림 9-2-1은 게임의 초기장면을 보여준다. 가상세계에(Amusement Park 폴더의 WhackAMoleBooth 클래스) 두더지잡기 게임기 객체가 있다. 열두 마리의 두더지(Amusement Park 폴더의 Mole 클래스)들이 각각의 구멍에 하나씩 안에 배치되었다(그림 9-2-1에서는 열두 마리의 두더지가 모두 보이는 것이 아니라 구멍에서 튀어나온 두더지만 보인다.). 마지막으로 점수판 역할을 하는 totalScore와 playerScore라고 명명된 두 개의(Shapes 폴더의 Cylinder 클래스) 원기둥을 배치하였다. 회색으로 설정된 totalScore 원기둥은 지면 바로 위에 놓여 목표점수를 나타내게끔 하고, 노란색의 playerScore는 상단이 totalScore이 놓여 있는 지면 바로 아래에 위치하도록 한다(그림 9-2-1에서는 지면 아래에 있는 playerScore가 보이지 않는다.). playerScore 원기둥은 현재 사용자가 획득한 점수를 나타낸다. 게임의 시작 시에는 영점이므로 지면 아래에 있어 보이지 않는다.

게임에서는 두더지가 임의의 구멍에서 튀어나온다. 사용자는 튀어나온 두더지가 다시 구멍으로 들어가기 전에 마우스로 클릭해야 한다. 사용자가 클릭에 성공할 때마다, playerScore 원통이 조금씩 위로 상승하며 점수의 증가를 나타낸다. playerScore의 전체가 지면 위로 상승하면, totalScore의 높이와 같게 되는데 이는 사용자가 게임에서 이겼음을 나타내고 두더지들은 동작을 멈춘다. 그림 9-2-2는 게임 중의 장면을 보여주고 있다. 노란색 playerScore 원기둥의 높이가 회색 totalScore 원기둥의 높이와 같아지려고 점점 높아지고 있는데 이는 사용자가 게임의 진행을 잘 하고 있음을 보여준다(이 방법과는 다른, 프로그래밍 시 일반적으로 많이 사용되는 점수를 매기는 방법은 10장에 나와 있다.).

그림 9-2-1. 두더지잡기 초기 화면

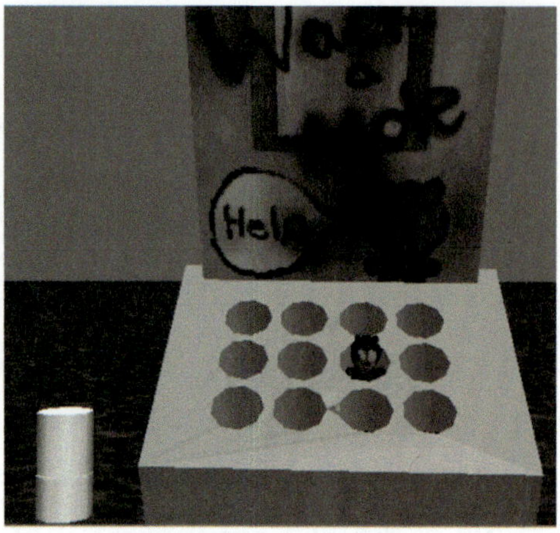

그림 9-2-2. 원통을 이용하여 점수 매기기

이러한 애니메이션을 만드는 문제의 해결을 위해서 부분 작업 두 가지로 분할해 보자. 첫 번째는 게임이 지속되는 동안 임의의 구멍에서 두더지가 나타났다 사라지게 하는 반복문 설정하는 것이다. 두 번째는 사용자가 두더지를 잡으면(또는 클릭하면) 점수를 상승시키는 것이다. 스토리보드는 아래와 같다.

사건: 세계의 시작
반응: *world.myFirstMethod*
 While playerScore 원기둥이 전체가 지상위로 올라와 있지 않다.
 두더지가 구멍에서 튀어나왔다 다시 들어간다.

사건: 사용자의 마우스 클릭
반응: *world.score*
 If 두더지 위에서 마우스가 클릭되었다.
  다음 단계들을 함께 수행하라.
  playerScore 원기둥을 위로 이동시킨다.
  (선택사항) 소리를 낸다.

첫 번째 부분 작업 – 게임의 진행

세계가 시작됨과 동시에 게임이 시작되어야 한다. 앨리스에서(기본 설정을 사용한다면) 세계가 시작되면 바로 *world.my first method*가 실행하는데 이는 기지의 사실이다. 이점을 이용하여 게임을 시작하고 진행되는 코드를 *world.my first method*에 작성할 것이다.

While 문을 이용하여 게임에서 어떤 지속적인 동작이 나타나도록 할 수 있다. 여기서 우리는 *While* 문을 이용하여 playerScore 원기둥이 지면 위로 완전히 솟아나와 있지 않은 이상, 즉, 사용자가 게임에서 승리해서 종료되지 않은 이상, *popMole* 메소드가 반복적으로 호출되도록 할 것이다. *popMole* 메소드는 두더지를 나타나게 하는 메소드이고 *whichMole* 매개변수를 이용하여 열두 마리의 두더지 중 어떤 것이 튀어나오게 할지 지정하게 할 것이다. 그림 9-2-3에 *popMole* 메소드가 제시되어 있다.

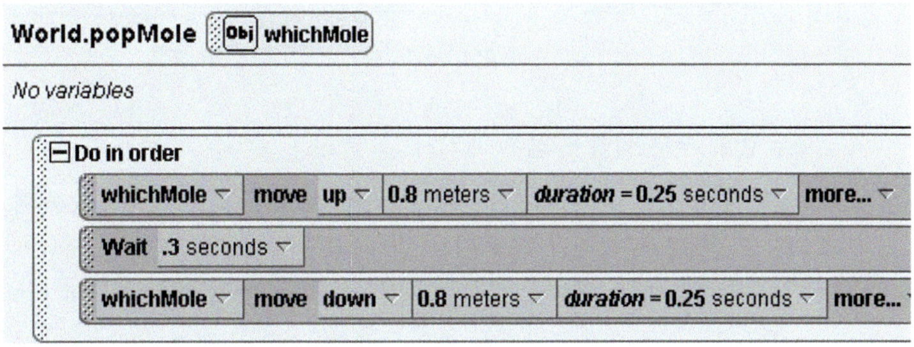

그림 9-2-3. *popMole* 메소드

메소드가 작성된 후에 가장 먼저 수행하여야 할 일은 시험이다(프로그램이 완성될 때까지 기다릴 필요가 없다.). *world.my first method* 에서 *popMole* 메소드를 호출하여 제대로 동작하는지를 확인해 볼 수 있다. *popMole* 메소드는 *whichMole*에 지정된 두더지 객체로 하여금 위로 움직인 후 0.3초 대기하고 다시 아래로 내려가게 한다.

이제 어떻게 임의의 두더지 객체가 매개변수를 통해서 *popMole* 메소드로 전달되게 할 것인가를 알아낼 차례이다. 여기서 사용할 방법은 모든 두더지 객체를 하나의 리스트에 포함시키고 무작위로 하나의 두더지를 선택하는 방법이다. 9-1절에서 소개된 방법으로 두더지 리스트를 생성한다. 리스트 변수의 이름은 매우 알아보기 쉽게 *moles*(두더지들)이라고 붙인다.

popMole 메소드를 작성한 후에, *moles* 리스트를 생성하고 그림 9-2-4와 같이 *world.my first method*에 게임이 진행되도록 하는 코드를 그림 9-2-4와 같이 작성한다. 매번 무작위로 선정된 두더지가 *popMole* 메소드가 호출될 때 인자로 넘겨지게 하기 위해서, *moles* 리스트 타일을 편집기로 끌어다 놓고 나타나는 팝업 메뉴로부터 *random item from list*를 선택한다. 코드가 실행되면 무작위로 선정된 두더지가 인자로서 *popMole* 메소드가 호출되며 넘겨지고 이것이 *While* 문에 의하여 반복된다.

그러나 그림 9-2-4의 코드는 끝이 나지 않고 무한 반복된다. 그 이유는 *While* 반복문은 *playerScore* 원기둥이 지면 위로 완전히 올라오면 반복을 중지하게 되어있으나 아직

playerScore 원기둥을 지면 아래서 상승하게 만드는 코드를 작성하지 않았다. 이 나머지 한 가지 작업을 수행해야 코드가 완성된다.

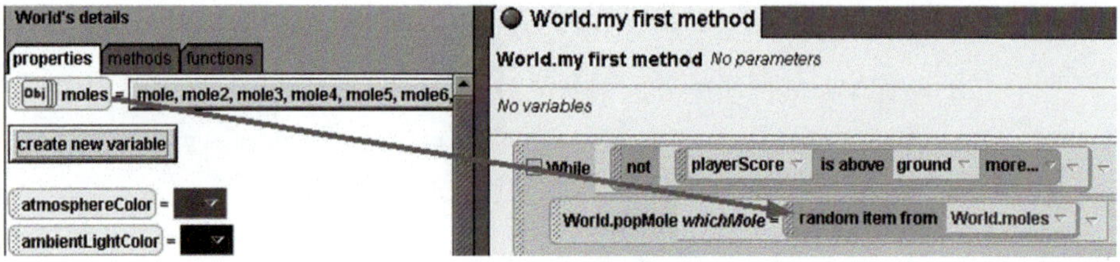

그림 9-2-4. *popMole*의 반복 호출

두 번째 부분 작업 – 점수 매기기

시각적 효과로 사용자의 게임에서 딴 점수를 보여주기 위한 두 번째 메소드가 필요하다. 사용자가 구멍에서 나와 있는 두더지를 마우스로 클릭하면 playerScore 원기둥이 조금씩 상승해야 한다. 이를 위한 *score* 메소드가 그림 9-2-5에 나와 있다. 이 메소드에서는 마우스로 클릭된 객체는 *clicked* 매개변수를 통해 전달되고 *For all in order* 구문이 리스트 상의 모든 두더지 객체를 대상으로 특정 작업을 반복하기 위하여 사용된다. 여기서의 작업은 리스트 상의 객체 중 하나가 클릭된 객체인지를 여부, 다시 말하면, 리스트 상의 객체 중 하나가 *clicked* 매개변수를 통해 전달되어진 객체와 일치하는지 여부를 확인하는 작업이고 이것이 바로 리스트 탐색이라고 할 수 있다. 만일 리스트 상의 두더지 객체가 클릭된 객체라면(playerScore 원기둥을 상승시켜) 점수가 증가함을 보이고 어떤 효과음을 낸다.

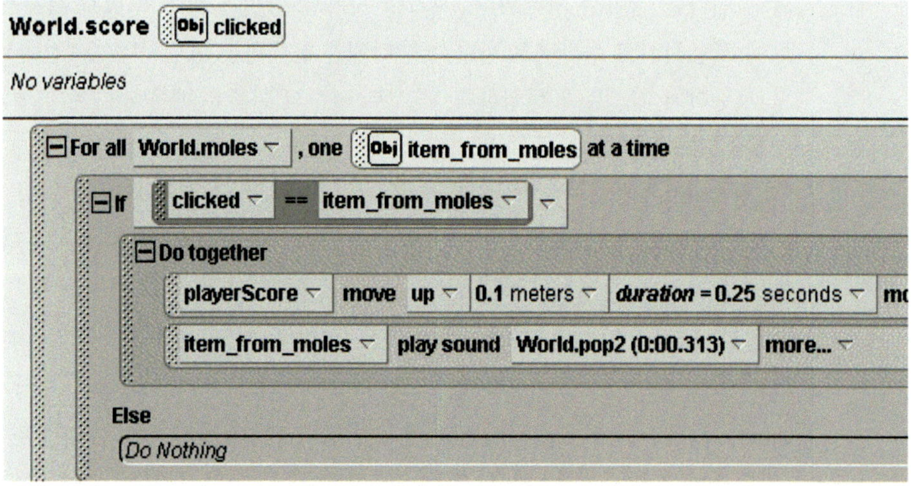

그림 9-2-5. *score* 메소드

점수 매기기에서 매우 중요한 요소 중의 하나는 *When the mouse is clicked on something* 사건이다. 이 사건을 처리하기 위하여 사건 편집기에서 *When the mouse is clicked on something* 사건을 생성하고 *world.score* 메소드 타일을 편집기로 끌어 〈Nothing〉 위에 놓는다. 그 결과가 그림 9-2-6에 나타나 있다.

마우스를 어떤 객체 위에 대고 클릭하면, (어떠한 객체이건 상관없이) *score* 메소드가 실행된다. 어떤 객체가 클릭 되었는지는 앨리스에 의하여 판별되고 *clicked* 매개변수를 통하여 *score* 메소드로 전달된다.

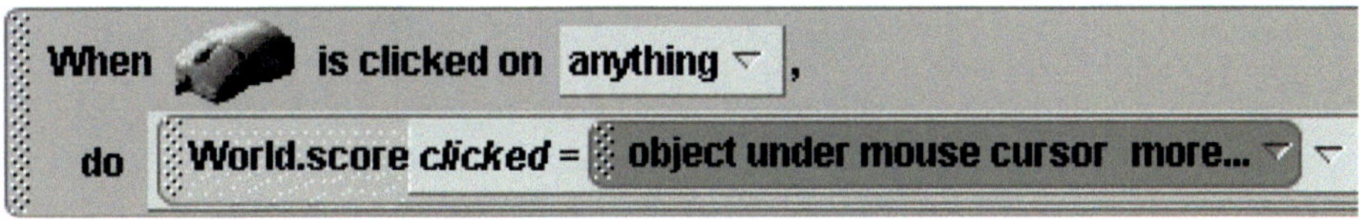

그림 9-2-6. 사건의 생성

사용자가 두더지가 나타나기 이전에, 사라진 후에 클릭하면 결과적으로 사용자가 클릭한 객체는 두더지잡기 게임기 객체가 된다. 또한 사용자는 배경 하늘 또는 풀밭 등을 클릭할 수 있다. 이런 경우 *score* 메소드 내에서 *moles* 리스트에 대한 탐색이 실패로 끝나고 점수는 증가되지 않으며 효과음 또한 없다.

이 절에서 두더지잡기 게임을 통해서 살펴본 중요한 개념은 탐색이다. 즉, 특정 속성을 가지고 있는 항목을 어떤 리스트에서 찾아내는 방법이다. 다른 방법으로 탐색을 구현 가능하겠지만 대체로 기본 개념은 같다. 이 절의 예제에서는 두더지 객체의 집합으로 리스트를 만들었다. 탐색은 *For all in order* 구문을 사용하여 각 항목들에 대하여 특정 작업을 반복 실행 하였다. 즉, *For all in order*를 사용하여 리스트 상의 모든 두더지 객체에 대하여 클릭된 객체와 일치하는지 여부를 비교하는 작업을 반복하였다.

요령 및 기법 9

자세(Poses)

앨리스에서 모든 객체는 중심점을 가지고 있고 중심점의 좌표가 객체의 위치가 된다. 그리고 앨리스에서는 모든 객체가 자신을 구성하고 있는 구성요소 또는 부품의 위치를 알고 있다. 이 책에서는 특정 객체의 구성요소들의 위치의 집합을 "자세(pose)"라는 이름으로 부른다. 패션모델들이 패션쇼에서 취하는 자세 또는 발레리나들이 발레 바(ballet bar) 옆에서 취하는 특유의 자세를 이야기할 때와 유사한 의미로서 이 책에서는 자세란 용어를 사용한다. 그림 T-9-1에서는 발레리나(People 폴더의 ballerina)가 발레 바(Object 폴더의 ballet bar) 옆에서 "기본 동작 1번" 또는 "1번 포지션"("first position")

이라고 알려진 자세를 취하고 있다.

그림 T-9-1. 발레리나와 1번 포지션

가령 발레리나가 1번 포지션 자세에서 시작하여 여러 발레 동작을 수행하는 애니메이션이 있다고 하자. 애니메이션이 시작되어 어느 정도 실행되어 팔과 다리의 위치가 시작과 다른 위치에 있는 상태에서 Restart 버튼을 누르면 발레리나가 첫 위치와 자세에서 다시 애니메이션을 시작하게 된다.

사용자는 장면 편집기를 이용하여 객체를 자른 자세를 취하게끔 할 수 있다. 마우스와 객체 메소드를 이용하여 몸의 구성요소의 위치를 조정하여 원하는 자세를 취하게 하라. 그 다음 details 패널의 **capture pose** 버튼을 클릭하고 자세의 이름을 입력하라. 그림 T-9-2는 발레리나를 위한 *onToe* 자세를 기록하는 과정을 보여준다.

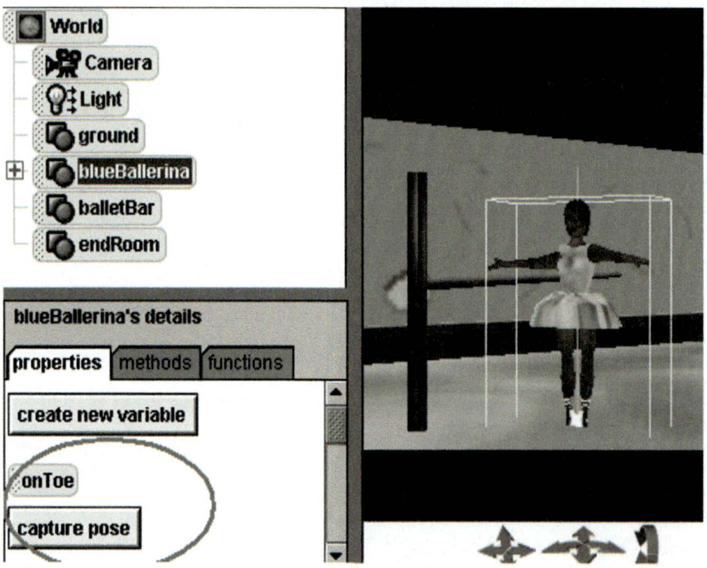

그림 T-9-2. *onToe* 자세 기록하기 또는 갈무리(capture)하기

자세를 기록했다면 자세를 취하게끔 하는 코드를 작성할 수 있다. 자세를 사용하는 명령어를 생성하기 위해서는 그림 T-9-3과 같이 특정 자세 타일을 편집기로 끌어다 놓으면 된다.

유의사항이 있는데, 객체의 크기를 바꾸는 것은 기록된 자세들에 어떤 예상치 못하는 결과를 가져올 수 있다. 따라서 자세를 기록하는 일은 애니메이션 제작의 가장 마지막 단계에 수행할 것을 이 책에서는 권장한다. 그리고 애니메이션 중에 크기가 변경되는 객체에 대해서는 자세의 사용을 피할 것을 권장한다.

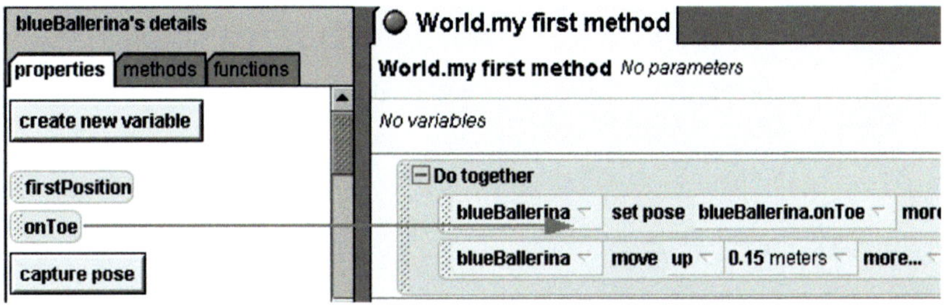

그림 T-9-3. 특정 자세를 취하게 하는 명령어 생성하기

요약

프로그래밍 세계에서는 매우 다양한 종류의 구조체를 사용하여 객체나 정보를 관리한다. 서로 다른 종류의 구조체는 서로 다른 기능과 특성을 제공한다. 앨리스에서는 리스트가 그러한 구조체 또는 자료 구조로 사용되고 있는데 리스트는 동일한 유형(예: 객체 또는 색깔)의 항목들의 집합이다.

이 장에서는 리스트의 생성과 특정 리스트의 모든 항목들에 대한 어떤 동일한 작업의 반복을 수행하는 것에 대하여 살펴보았다. 이를 위해 앨리스에서는 두 가지의 서로 다른 방법을 제공한다. 즉, *For all in order* 구문을 사용하여 순차적으로 작업이 반복 실행되게 하거나 또는 *For all together* 구문을 사용하여 동시에 작업이 반복 실행되게 하는 방법을 제공한다. *For all in order* 구문에서의 반복은 리스트 상의 모든 항목들을 한번에 하나씩 방문하는 것과 유사하다. *For all together* 구문에서의 반복은 여러 명과 동시에 통화하는 다자간 통화와 유사하다. *For all in order* 구문은 *Do in order* 구문에서 명령어들이 하나씩 순차적으로 실행되는 것과 유사하고 *For all together* 구문은 *Do together* 구문에서 여러 명령들이 동시에 실행되는 것과 유사하다. 리스트를 이용하여 일반적으로 많이 수행되는 작업은 리스트의 탐색이다. 리스트 탐색은 리스트 상의 모든 항목을 하나하나 순차적으로 살펴보아 원하는 항목이 있는가를 찾는 작업이다.

본 장의 중요 개념

- 리스트는 어떤 항목들의 모음이다.
- 특정 리스트에 포함되는 항목들은 모두 동일한 유형(예: 객체)이다. 앨리스에서 동일한 리스트에 포함되는 객체들은 동일한 모델 또는 클래스로부터 유래된 것일 필요는 없다. 예를 들면 세 명의 무용수와 하나의 눈사람이 동일한 리스트에 포함될 수 있는데 이들은 모두 동일한 유형, 즉, 객체이기에 가능하다.
- 리스트의 항목들에 대한 어떤 작업의 반복은 모든 항목들에게 동시에 또는 순차적으로 적용할 수 있다.
- 객체를 포함하는 리스트가 있고 그 속의 객체가 어떤 작업을 수행해야 할 때, 일반적으로 매개변수를 이용하여 메소드에게 전달되고 메소드 내에서 어떤 작업을 수행하는 방법으로 구현한다.

프로그래밍 용어

자료 구조(data structure)
리스트(list)
리스트 변수(list variable)
리스트를 따라 반복하기(iterate through list)
리스트 탐색(list search)

애니메이션 용어

For all in order
For all together

질문

1. 어떤 앨리스 프로그램에서 여섯의 펭귄 객체가 있을 때, 여섯의 펭귄 객체가 모두 어떤 하나의 리스트의 항목으로서 존재하여야 하는가? 답하고 설명하라.
2. 유사한 항목들을 포함하는 리스트를 프로그램에서 생성하는 목적은 무엇인가?
3. 프로그래머가 어떤 프로그램에서 리스트를 사용했을 때 얻을 수 있는 장점은 무엇인가?
4. 이 절에서 사용된 예제에서는 리스트의 항목들이 모두 객체들이였다. 어떤 다른 유형의 항목들이 리스트의 항목이 될 수 있었는가?
5. 어떤 제어 구조를 이용하여 순차적으로 리스트의 개별 항목에 대하여 어떤 작업을 반복하였는가?
6. 어떤 제어 구조를 이용하여 동시에 리스트의 모든 항목에 대하여 어떤 작업을 반복하였는가?
7. *Loop*문 또는 *While*문을 이용하여 반복하는 구조들 중 *For all in order* 구문을 이용하여 반복하는 구조와 어떤 것이 더 유사한가? 이유를 설명하라.

연습문제와 프로젝트

9-1 연습문제

1. *파도(The Wave)*

이 연습문제는 *For all in order*를 사용하는 연습인데 스포츠 경기장에서의 많이 펼쳐지는 파도타기 응원을 애니메이션으로 만들어 본다. 초기 화면에는 City 폴더의 stadium(경기장)을 배치하고 경기장 안에 People 폴더에 있는 coach, student1, skaterGirl, randomGuy2가 서 있도록 하라(이들 네 개의 사람 객체는 모두 같은 구성요소로 만들어져 있다.). 그 다음 사람 객체가 모두 포함된 리스트 하나를 생성하라. *For all in order* 구문을 이용하여 한번에 한 명씩 두 손을 머리 위로 올리도록 하여 마치 파도하기 응원을 하는 것처럼 보이도록 프로그램하라.

2. *군사훈련*

*For all together*를 사용하는 연습이다. (아래의 그림과 같이) People 폴더의 soldier 객체 다섯을 Vehicle 폴더의 carrier(항공모함)의 끝에 배치하라. 다섯 병사가 항공모함의 한쪽 끝에서 다른 쪽 끝으로 발맞춰 행진하는 애니메이션을 제작할 것이다. 다섯 병사로 이루어진 *platoon*이라는 이름의 리스트 변수를 생성한 후 *For all together* 구문을 이용하여 애니메이션을 완성하라.

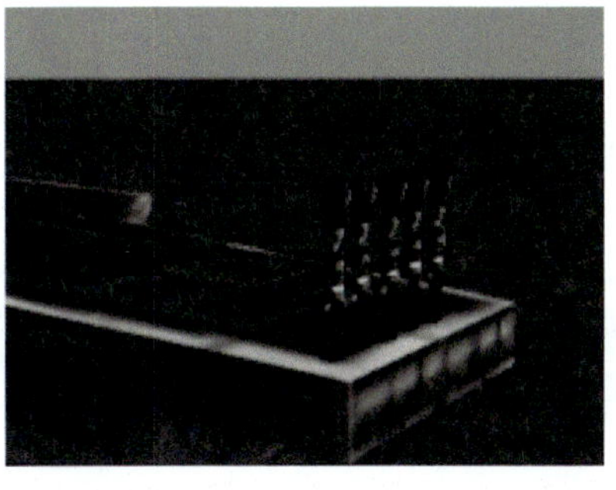

3. *봄꽃*

이 연습문제는 5장의 13번 연습문제에 대한 해답이 있다면 수정하여 사용하고 아니라면 Shapes 폴더의 box(상자)와 Nature 폴더의 다섯의 flower(꽃) 객체를 세계에 배치하라. 꽃들은 상자 안에 숨겨져 있어야 한다.

꽃 객체들을 포함하고 있는 리스트를 생성하라.

(a) *For all in order*를 이용하여 하나씩 꽃이 자라도록 하라.

(b) 문제없이 동작한다면 *For all together*를 이용하여 모두 동시에 자라나는 2탄을 제작하라.

9-2 연습문제

4. *지진*

지진을 연구하는 지질학자들은 지각의 이동에 대한 연구를 위하여 지진 운동에 대한 시뮬레이션 또는 모의실험을 많이 사용한다. 지진 운동에 대한 모의실험은 지진 관측 자료가 부족할 때 유용하게 사용될 수 있다. 예를 들면 깊은 해저에서의 지진 관측은 매우 어렵다. 이 연습문제에서는 지진 운동을 가상적으로 만들어본다. 세계에 산같이 생긴 Island2(Environment 폴더) 객체 넷을 적절히 배치하여 아래 그림과 같이 산맥같이 보이도록 하라.

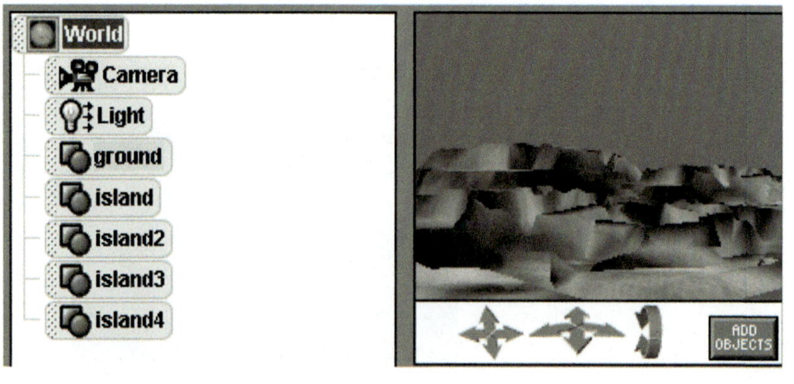

객체 넷을 포함하는 하나의 리스트를 만들어 이용하고 리스트의 항목들이 개별적으로 또는 같이 흔들림을 보이는 애니메이션을 만들어라. 여기서 흔들림이란 임의의 방향으로 임의의 거리를 움직이는 것을 말한다. 먼저 객체가 하나씩 흔들리고 그 다음 모든 객체가 다 같이 흔들리는 모습을 보이도록 하라. 임의로 움직이는 거리의 상한을 다르게 하여 여러번 실행하라.

5. *선체 운동*

바다의 선박에 관한 사실적인 애니메이션을 만들기 위해서는 선박이 파도의 출렁임에 따라 움직이는 듯이 보여야 한다. 이를 위하여 애니메이션 제작자들은 응답진폭함수(response amplitude operator: RAO) 선체 운동 접근법을 많이 사용한다. 이 연습문제에서는 4대의 선박이 있는 세계에서 선체 운동 시뮬레이션을 해 본다. 4대의 선박을 하나의 리스트로 묶고 4대의 선박이 동시에 움직이도록 그러나 모두 다른 거리를 움직이도록 하라. 무작위로 만들어진 RAO를 이용하여 각 선박이 움직이는 방향으로 거리를 임의로 결정하게 하라. 선박들은 파도의 출렁임을 따라 움직이므로 대칭적인 움직임을 보인다. 즉, 상승(전진) 후엔 하강(후진)하는데 상승(전진) 거리와 하강(후진) 거리는 거의 같다(좌, 우측으로 움직이기도 한다.). 사용자가 애니메이션을 종료할 때까지 지속되도록 반복문을 사용하여 구현하라.

6. *수정된 두더지잡기 게임*

두더지잡기 게임을 수정해서 모든 두더지가 잡히면 (또는 망치로 얻어맞으면) 게임이 끝나도록 할 수 있다. 이를 위해 두더지가 얻어맞으면 빨간색으로 변하도록 하라. 그리고 빨간색으로 변하지 아니한 두더지들만 구멍에서 나오도록 그리고 모든 두더지가 빨간색으로 변하면 게임이 종료되도록 수정하라.

프로젝트

1. *할로윈 보물찾기(Halloween Treasure Hunt)*

이 프로젝트를 통해서 만들어질 게임에서는 할로윈 밤에 ghost(유령, Spooky

폴더)가 보물찾기에 나선다. tombstone(비석, spooky 폴더)들이 여기저기 널린 haunted house(유령의 집, Amusement Park 폴더)가 무대이다. ghost가 tombstone 가까이 접근하면 tombstone은 넘어지고 보물이 나타난다. ghost가 할 일은 모든 tombstone에 접근하여 보물들을 찾아내는 것이다. 그러나 비석을 보호하기 위하여 순찰을 도는 skeleton(해골, Spooky 폴더)들이 있는데 ghost가 skeleton과 만나면 사라지면서 게임이 끝난다.

위에 설명된 게임을 제작하는데 먼저 10개의 tombstone을 유령의 집 여기저기에 배치하고 코드 상에서는 하나의 리스트로 묶어라. 사용자는 방향키를 이용하여 ghost를 유령의 집의 바닥 위를 움직이도록 하라. 카메라에 항상 ghost가 비칠 수 있게 카메라가 ghost를 따라다니도록 하라. 주인공 ghost는 유령이므로 ghost가 다른 물체를 통과하지 못하게 할 필요가 없다. ghost가 방문한 tombstone은 *opacity*를 *'1'* 에서 *'0'* 으로 변경하라. 만약 ghost가 모든 tombstone을 방문하였다면 게임의 사용자의 승리로 끝난다. 만일 ghost가 skeleton과 부딪히면 ghost는 사라지면서 게임이 종료된다.

2. *몬티(Monty)*

   유명한 수학 문제인 몬티의 딜레마는 다음과 같다:

   게임쇼에 출연 중인데, 문 세 개가 놓여 있다. 그 중 한 개의 문 뒤에는 차가 한대 있고, 다른 두 문의 뒤에는 각각 장난감 원숭이가 있다. 가령 1번 문을 선택하면, 문 뒤에 무엇이 있는지 아는 호스트는 장난감 원숭이가 있는 다른 문 가령 3번 문을 열고는 2번 문을 고르겠냐고 당신에게 묻는다. 당신이 선택한 문을 바꾸는 게 이로운가?

   이 질문에 답하는 한 가지 방법은 문 뒤에 객체들이 임의로 놓여 있는 게임 시뮬레이션을 제작하는 것이다. 바꾸기를 25번 하고 바꾸지 않기를 25번 하라. 바꿀 때의 성공률과 바뀌지 않을 때의 성공률을 기록해두라. 이제 이 질문의 답을 알게 될 것이다.

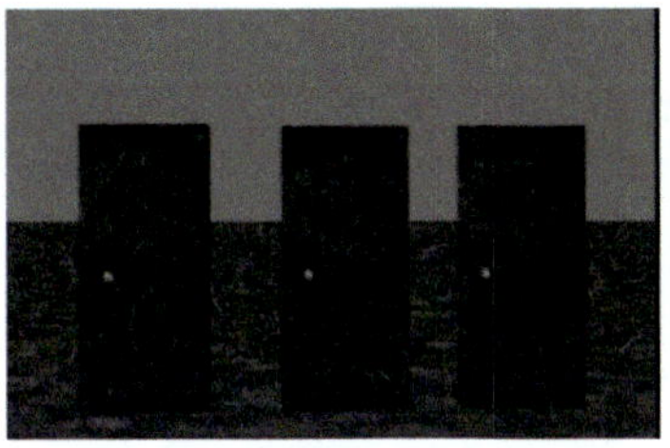 

초기 세계를 설정하려면, 3개의 door(문, Furniture 폴더)와 1대의 car(차, Vehicles 폴더)와 두 마리의 toy monkey(장난감 원숭이, Animals 폴더)들을 새로운 세계에 추가하라. 위의 그림처럼 차와 두 마리의 원숭이들을 세 개의 문 뒤에 배치하라. 각 문은 이웃한 문의 좌(또는 우)로 2.5 미터 떨어져 있어야 한다. 차 앞에 문을 위치시키고 각 원숭이 앞에도 문을 위치시킨다. (문이 이동할 때, 뒤의 객체도 함께 이동하게 된다.) 또한 게임을 하는 사람에게 "Select a door" 하도록 요청하는 3D 텍스트 객체를 제작하라. 텍스트 객체의 *isShowing* 특성을 *false*로 하여 보이지 않게 하라.

게임을 프로그램하기 위해, 3개의 문들을 가진 리스트를 작성하라. 애니메이션이 시작되면, 두 개의 문을 임의로 고른 다음 맞바꾼다. 두 개의 문을 매개변수로 하는 *swap*이란 이름의 메소드를 사용하라. 두 문을 반대 방향으로 2.5 미터 움직여서 맞바꾼다.

중요: 두 문이 다른 문일 경우만 맞바꾸어야 한다. 10회 맞바꾸라(문 뒤에 무엇이 있는지 알아내기 힘들게 하려는 것이다.).

3D 텍스트를 디스플레이하여 게이머가 문을 고르게 하라. 게이머가 문 한 개를 클릭하면, 원숭이를 감추고 있는 다른 문을 고른 다음 그 문을 연다. 그리고는 게이머에게 바꿀 것인지 묻는다. 게이머가 선택한 문 뒤에 차가 있으면, 게이머의 승리이다. 그 경우 문을 열어 승자라고 선언하라. 아니면 게이머의 패배이다. 사운드나 3D 텍스트를 이용하여 승리나 패배를 알린다.

3. *풀장을 건너는 개구리(Frog Crossing the Pool)*

새로운 세계에 한 개의 rectangle(직사각형, Shapes 폴더)을 추가하고 그 색깔을 푸른색으로 바꾼다. 이를 풀장으로 사용하자. 7개의 circle(원, Shapes 폴더)들을 추가하는데, 그 중 5개는 노란 원으로 풀장의 긴 면을 따라 1 미터 간격으로 두고, 한 개는 푸른 원으로 가까운 면에, 마지막 한 개는 붉은 색으로 반대쪽 면에 둔다. 노란 원들은 수련 잎(lily pad)으로 풀장에서 앞뒤로 떠다닌다. 개구리(frog)를 추가한 다음 푸른 원 위에 둔다. 개구리가 수련 잎 사이로 뛰어서 풀장을 건너는 게 목표이다.

개구리가 수련 잎이 아닌 물 위에 떨어지면 물 속에 가라앉게 되어 게임은 끝난다. 개구리가 풀장을 가로질러 반대쪽 붉은색 원에 안착하면 게이머가 이긴다.

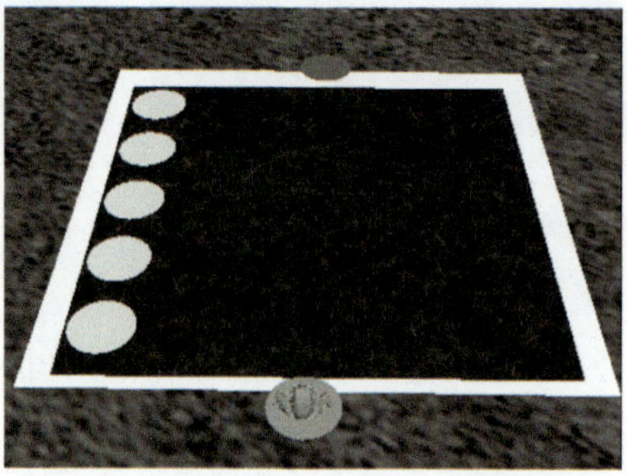

여러분의 프로그램에서는 다섯 개의 노란색 원들을 하나의 리스트에 놓아야 한다. 무한루프를 돌면서 리스트 속의 각 노란색 원을 다른 속도로 풀장에서 앞뒤로 계속 이동시키는 메소드를 작성하라(가장 손쉬운 방법은 풀장을 건너 이동하는 지속시간을 정하는 난수를 메소드에 넘겨주는 방법일 것이다.). 게이머가 ↑ 키를 누르면 앞으로 1 미터 점프하고, ← 키를 누르면 좌로, → 키를 누르면 우로 이동하게 하는 사건 처리 방법을 작성하라. 각 사건처리 메소드를 사건과 연결시키시오.

제10장

변수와 상속(2)

"이름에는 꼭 어떤 의미가 있어야 하니?" 라고 앨리스가 의심스럽게 물었다.

"당연하지. 내 이름은 나가 생긴 모양을 의미하지." 라고 험티 덤티가 짧게 웃으며 말했다.

이 장에서는 ***수정 가능 변수***(mutable variable)라는 개념에 대하여 설명하고 새로운 클래스를 만드는데 사용되는 상속과 클래스에 대하여 다시 살펴본다. 수정 가능 변수란 프로그램의 실행 중에 어떤 수치 또는 정보를 저장할 수 있는 저장소이다. 여기서 ***수정 가능***이란 단어는 프로그램 실행 중에 필요에 의해서 그 값이 변경될 수 있기 때문에 사용되었다.

10-1절에서는 *set* 명령을 이용하여 프로그램 실행 중에 값을 변경할 수 있는 어떤 특성(property)으로서 수정 가능 변수에 대하여 소개한다. 새로운 특성이 ***클래스 수준***의 변수로서 어떻게 객체에 덧붙여질 수 있는지 살펴본다. 이렇게 덧붙여진 특성들은 객체와 더불어 어떤 새로운 클래스로서 저장될 수 있고 그렇게 만들어진 새 클래스로부터 유래된 새 객체는 새로운 특성뿐 아니라 이전 원래 클래스가 가지고 있던 특성들도 가지게 된다. 이러한 기법은 이미 4장에서 살펴보았다. 어떤 객체에 새로운 메소드를 추가하고 새로운 클래스로서 저장하였다.

10-2절에서는 ***배열 시각화*** 기능(array visualization)을 사용해 본다. 배열은 다수의 구성원 또는 항목을 갖는 구조체인데 각 항목은 배열 구조체 내에서 지정된 위치가 있다. 배열을 다룰 때, 색인 변수를 이용하여 특정 변수의 위치를 추적할 수 있다.

10-1 변수

앨리스 프로그램 관점에서 보면 ***수정 가능 변수***란 *set* 명령으로 내용의 변경이 가능한 어떤 특성(property)이다. 이 책에서는 자주 수정 가능 변수를 단순하게 변수라고 지칭한다.

변수는 정보를 기록하고 어떤 변화를 추적할 수 있으므로 매우 유용하다. 은행계좌의 현재 잔고를 기록하거나 자동차 연료량을 추적하듯이 객체의 위치, 색, 투명도, 또는 다른 어떤 특성의 변화를 추적할 필요가 있는데 이때 변수가 필요하다. 또한 농구경기 게임에서 골을 성공시킨 횟수의 변화를 추적하거나 남은 경기시간을 기록해 둘 수 있다. 이 절에서 배우는 예제에서 사용되는 변수들은 ***클래스 수준***으로 어떤 특정한 객체의 특성을 기록할 수 있다. 앞으로 객체의 특성과 특성들이 어떻게 상태와 연관지어지는지를 먼저 살펴보고 변수에 대해서 자세히 살펴보자.

복습: 특성과 상태

앨리스에서 사용되는 클래스 모형은 객체의 특성들을 정의하고 있다. 그림 10-1-1에서와 같이 각 객체는 자신만의 특성을 가지고 있다. 특성은 객체에 대한 정보를 담고 있다. 그림 10-1-1을 보면 basketball(농구공) 객체의 *vehicle* 특성은 student로 설정되어 있고 *isShowing* 특성은 *true*로 설정되어 있다.

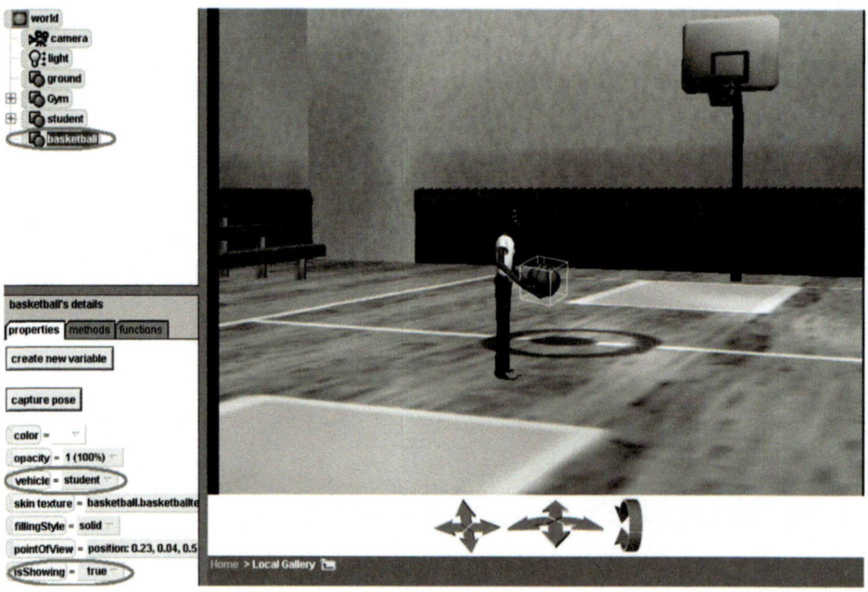

그림 10-1-1. basketball 객체의 특성들

어떤 객체의 특성들에 기록되어 있는 값들은 객체에 대한 알려진 정보들이다. 이러한 정보의 집합을 ***상태***라고 지칭한다. 프로그램에서 실행되는 명령어들은 일반적으로 객체의 ***상태를 변화시킨다***. 예를 들면 *move* 명령은 어떤 객체의 위치를 변화시키고 *turn to face* 명령은 방향성을 변화시킨다. (특성 타일을 코드창으로 끌어다 놓는 방법으로) 상태를 *set* 명령을 이용하여 직접 변화시킬 수도 있다. 예를 들어 농구공 객체의 color 특성이 오렌지색으로 설정되는 모습이 그림 10-1-2에 나타나 있다. *opacity*, *isShowing* 등의 다른 특성을 *set* 명령을 이용하여 설정하는 것은 다룬 적이 있다.

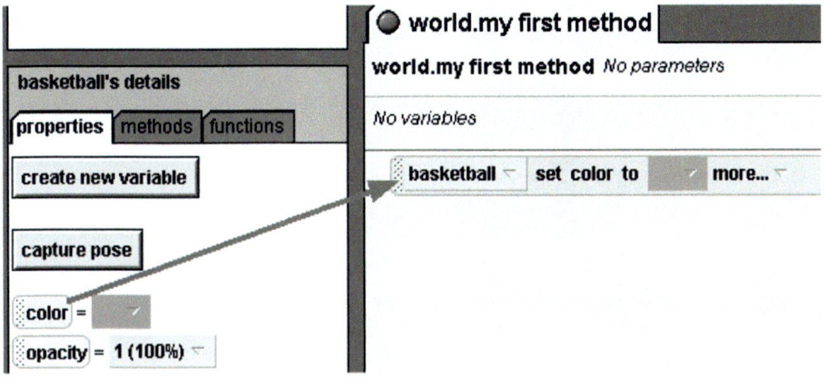

그림 10-1-2. set 명령을 이용하여 color 특성 바꾸기

클래스 수준 변수들의 사용

새로운 변수들을 어떤 객체의 특성으로 추가할 수 있다. 그런 다음 해당 객체가 저장되며 새로운 이름이 부여되면 새로운 클래스가 생성되는 것이다. 이 새로운 클래스는 원본 클래스의 모든 특성을 가지고 있고 새로 추가된 특성 또한 가지게 된다. 이 책의 이전 부분에서 이와 유사한 기법을 사용했었다. 즉, 기존의 객체의 기능을 확장하는 새로운 클래스 수준 메소드를 추가하고 메소드가 추가된 객체를 저장하여 새로운 클래스를 만드는 기법을 배웠다. 새로운 클래스는 기존의 클래스로부터 모든 특성과 메소드를 계승 받을 뿐아니라 새로운 기능 또한 갖추게 된다.

새롭게 추가된 변수는 직접적으로 눈에 보이지 않는다. 프로그램 상에서 직접적으로 눈에 보이지 않다고 하더라도, 변수들은 어떤 객체의 기능을 확장하는데 유용한 방법을 제공한다. 다음의 두 가지 예제를 살펴보자.

예제 1: 타이머

타이머는 게임에서 매우 일반적인 구성요소의 하나이다. 타이머는 얼마의 시간이 사용자에게 남아 있는지를 추적한다. 예를 들어, 농구경기에서 타이머는 매 피리어드 시작 시 12:00 분으로 시작한다. 경기가 진행되는 동안 타이머는 감소해서 결국 0:00이 되고 경기가 끝난다. 또 다른 게임에서 일반적으로 필요한 구성원은 점수 기록원인데 선수가 점수를 획득하면 해당 팀의 점수를 증가시킨다.

이 예제에서는 분 단위로 움직이는 타이머를 만들어본다. 그림 10-1-3에서 타이머가 있는 세계를 보여준다. 타이머는 화면의 왼쪽 아래에 있는 3D 텍스트 객체이다. 3D 텍스트 객체에 저장되어 있는 문자열이 '0.0' 으로 설정되어 있다. 이는 타이머가 비활성화되어 있다는 의미다. 여기서 우리가 해야 할 일은 이 타이머가 게임이 시작될 때 10초로 설정되고 게임이 진행되면 감소하도록 하는 것이다. 일초가 지날 때마다 타이머가 '1' 씩 감소되도록 해야 한다.

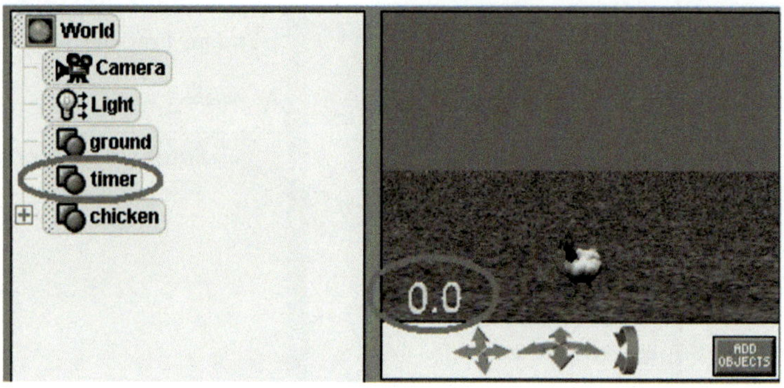

그림 10-1-3. 3D 텍스트를 이용한 타이머(초기 문자열은 '0.0')

클래스 수준의 변수 만들기

타이머가 남은 시간을 올바르게 표현하도록 하기 위한 한 가지 쉬운 방법은 변수를 사용하여 남은 시간을 기록해 두는 것이다. 클래스 수준의 변수를 생성하기 위해서는 그림 10-1-4와 같이 객체 트리에서 타이머 객체를 선택하고 특성 탭에서 create new variable 버튼을 누른다. 그러면 팝업 대화창이 나와 변수에 이름을 부여하고 유형(type)을 선택하고 초기값 또는 기본값 부여할 수 있게 한다. 그림 10-1-5에서는 *timeLeft*로 명명하고 유형을 Number로 선택 그리고 기본값은 '0' 으로 설정하고 있다. 변수의 기본값은 프로그램 시작 시 사용되는 값으로 사용자 선택에 의하여 어떤 값도 입력될 수 있다.

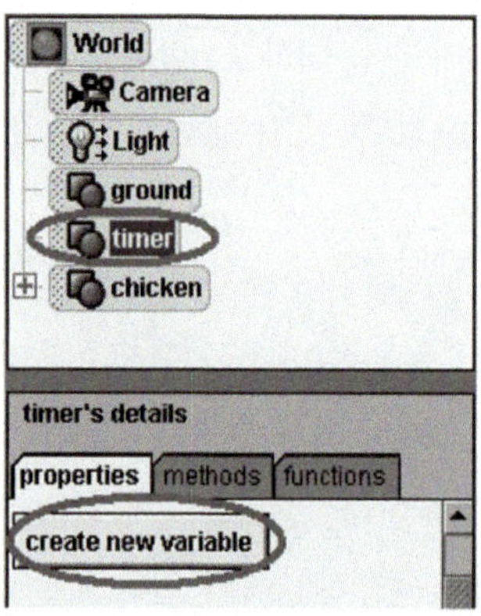

그림 10-1-4. 새로운 변수 생성을 위한 create new variable 버튼

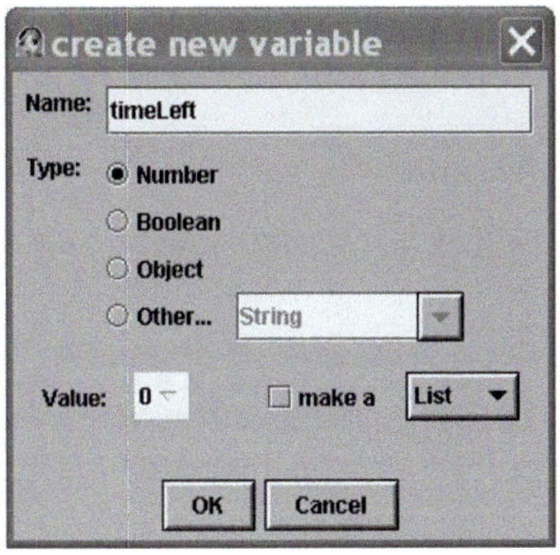

그림 10-1-5. *timeLeft* 변수 생성하기

타이머의 변수 *timeLeft*의 기본값은 '0' 인데 게임마다 게임 시간은 다르므로 사용자에 의하여 다른 값으로 초기화할 수 있는 메소드를 제공하는 것이 도움이 될 것이다. 따라서 아래의 스토리보드와 같은 클래스 수준의 메소드 *initialize*(초기화)를 생성한다.

> *initialize(초기화)*
>
> **매개변수:** *amountOfTime*
>
> *timeLeft*의 값은 *amountOfTime*에 지정된 값으로 set 명령을 이용하여 설정한다.

intitialize 메소드의 코드는 그림 10-1-6에 제시되어 있다. *set* 명령을 이용하기 위하여 *timeLeft* 변수를 편집기로 끌어다 놓고 나타난 팝업 메뉴에서 *amountOfTime*을 선택한다.

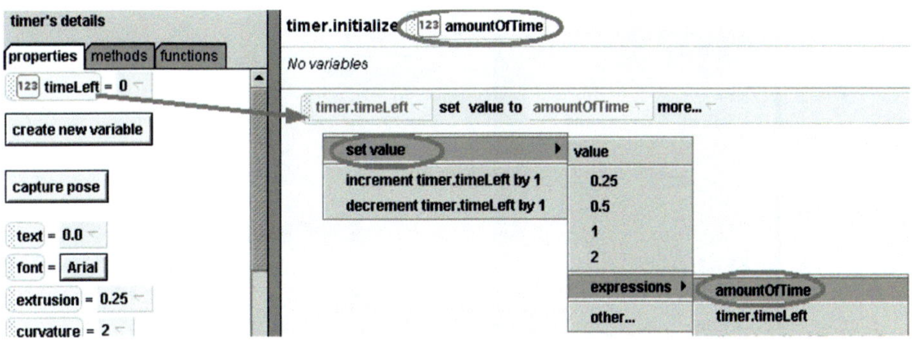

그림 10-1-6. intitialize 메소드에서 *timeLeft*를 *set* 명령을 이용하여 설정하기

다음 단계의 작업은 타이머의 값이 일 초마다 일씩 감소하고 3D 텍스트의 값도 알맞게 바뀌도록 하는 *countDown*(초읽기) 메소드를 만드는 것인데 이를 위한 스토리보드는

다음과 같다.

countDown(초읽기)

다음을 순서대로 실행하라.
    *While timeLeft*가 '0' 보다 크다.
        다음을 순서대로 실행하라.
            3D 텍스트가 현재 남은 시간이 표시되게 설정한다.
            *timeLeft*의 값을 '1' 감소시킨다.
    3D 텍스트가 '0'이 표시되게 설정한다.

스토리보드에서의 마지막 줄이 다소 이상해 보일 수는 있으나 꼭 필요한 작업이다. *While*문은 *timeLeft*가 '0' 보다 큰 값을 가지고 있는 이상 반복적으로 어떤 작업을 수행하나 '0' 이 되면 더 이상 수행되지 않으므로 *timeLeft*의 값이 '0' 이 되면 3D 텍스트가 '0' 을 표시하도록 하는 명령이 필요하다.

스토리보드를 바탕으로 *countDown* 메소드를 작성해 보자. 먼저 그림 10-1-7과 같이 *While*문을 만들고 세계 함수 (a 〉 b)를 끌어다 *While* 문의 조건 부분에 놓은 다음 (a 〉b)함수의 a로서 *timer.timeLeft*를 선택하고 b로서 other를 선택하고 팝업창에서 0을 입력한다. 완성된 *While* 문은 다음과 같다.

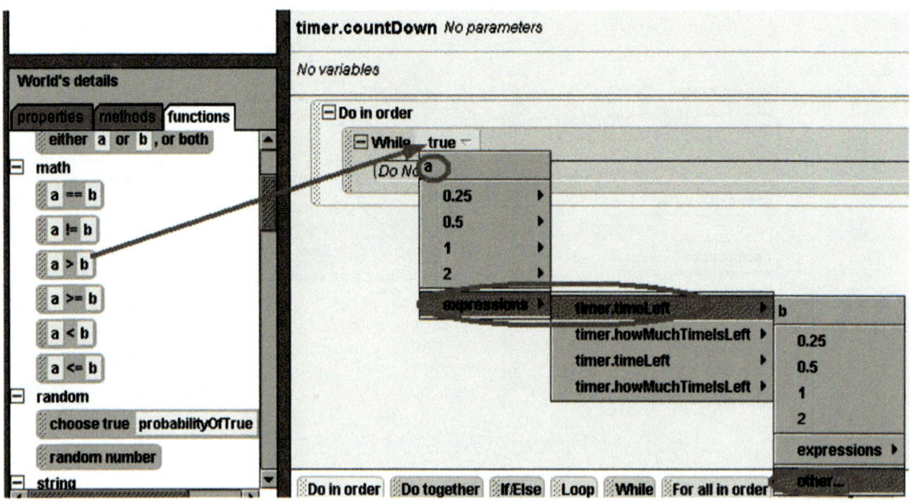

그림 10-1-7. *While* 문의 반복 조건 설정

명령들을 *While* 내에 배치할 차례이다. 먼저 *Do in order* 블록을 만들고 3D 텍스트가 현재 남은 시간을 표시하도록 하는 명령을 생성한다. 그림 10-1-8과 같이 *timer* 객체를 객체 트리에서 선택하고 특성 리스트에서 *text* 타일을 편집기로 끌어다 놓고 default string을 팝업 메뉴에서 선택한다.

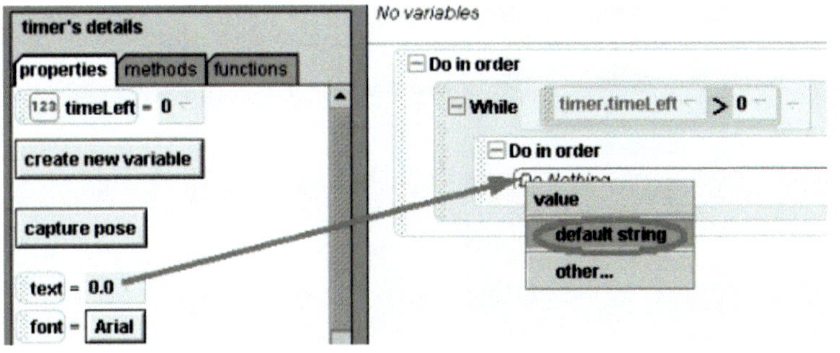

그림 10-1-8. *text* 특성을 편집기로 끌어다 놓는 방식으로 *set* 명령을 생성하기

여기서 *default string* 또는 기본값의 선정은 임시적이다. 기본값을 남은 시간으로 대치해야 한다. 이때 한 가지 문제가 있는데 *timeLeft*에 저장되어 있는 정보는 숫자인데 반하여 3D 텍스트로 표시되는 정보는 문자열이다. 따라서 *What as a string*이라는 이라는 세계 수준의 함수를 이용하여 숫자를 문자열로 변환한다. 이를 위해 객체 트리에서 세계를 선택하고 함수(functions) 탭을 클릭한다. 그 다음 *what as a string* 타일을 끌어다 *default string* 타일 위에 놓고 *timeLeft*를 팝업 메뉴에서 선택한다. 이 과정이 그림 10-1-9에 나와 있다.

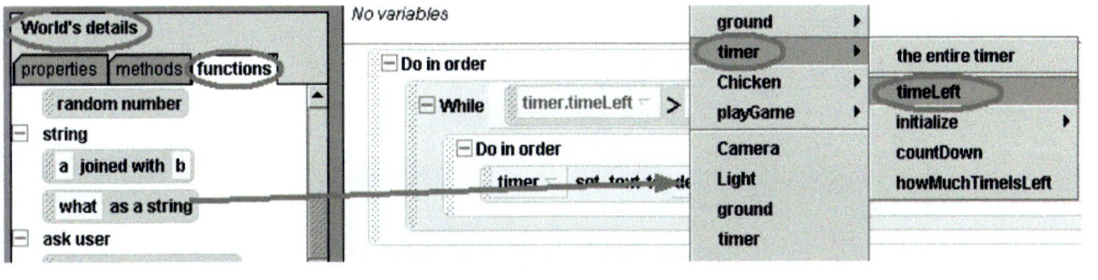

그림 10-1-9. *what as a string* 함수를 편집기로 끌어다 놓기

여기까지 작성된 코드가 아래 제시되어 있다. 명령문에서 지속시간(duration)이 0초로 설정되어 있는 것은 3D 텍스트의 전환이 즉시 이루어지도록 하기 위함이다.

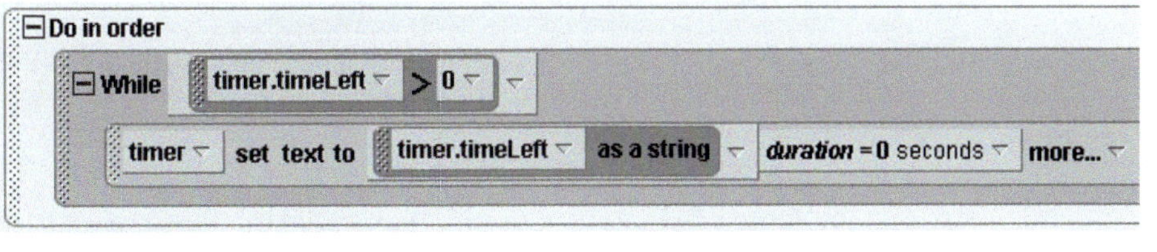

이제 초읽기를 위한 명령들이 생성될 차례이다. 그림 10-1-10에 제시되어 있는 방법은 1초를 대기한 후 *timeLeft*에 저장되어 있는 값을 '1' 감소시키는 방법이다. *set* 명령을 사용한 '1' 을 감소시키는 명령문은 지속시간이 '0' 으로 설정되어 있는데 이는 정확히 1초마다 '1' 이 감소될 수 있도록 하기 위함이다. 이미 *Wait* 명령을 이용하여 1초의 대기가 이루어졌기에 다른 명령의 지속시간은 '0' 이 되어야 한다.

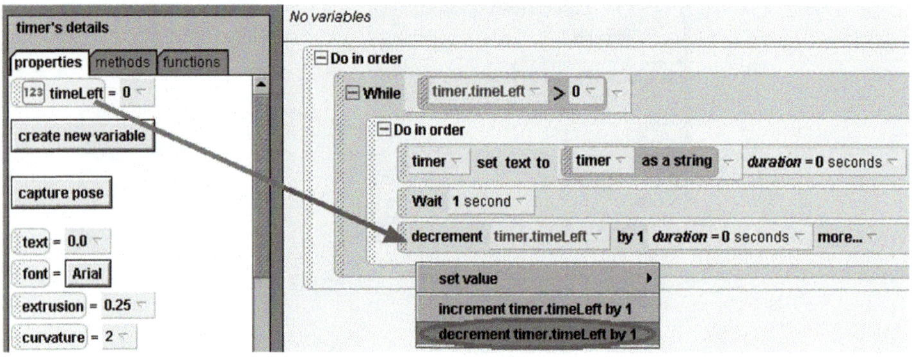

그림 10-1-10. *timeLeft*를 '1' 감소시키기

마지막으로 *While*문의 반복이 끝나 *While*문에서 빠져나왔을 때, '0' 이 표시되게 하는 명령을 추가한다. 완성된 코드는 그림 10-1-11에 나타나 있다. *While*문 외부에 '0' 을 표시하게 하는 명령문이 있음을 유의하라.

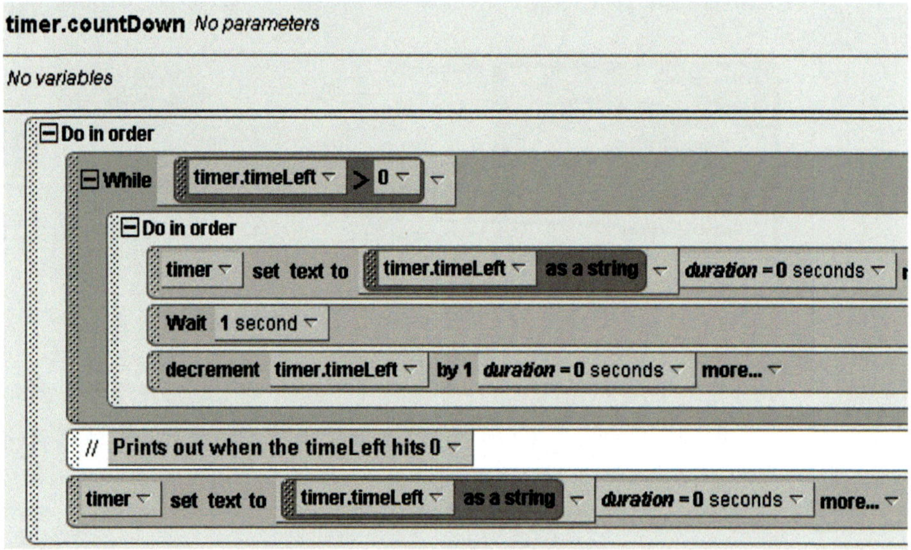

그림 10-1-11. *countDown* 메소드

우리가 이 절에서 만든 타이머가 어떻게 사용되어야 하는지를 보여주기 위한 짧은

코드가 그림 10-1-12에 제시되어 있다. 먼저 *timeLeft*가 10초로 초기화하는데 '10'을 *amountOfTime* 매개변수의 인자로서 전달한다. 그 다음, *Do together* 블록을 사용하여 게임이 진행되는 동안 타이머가 초읽기를 하도록 하였다.

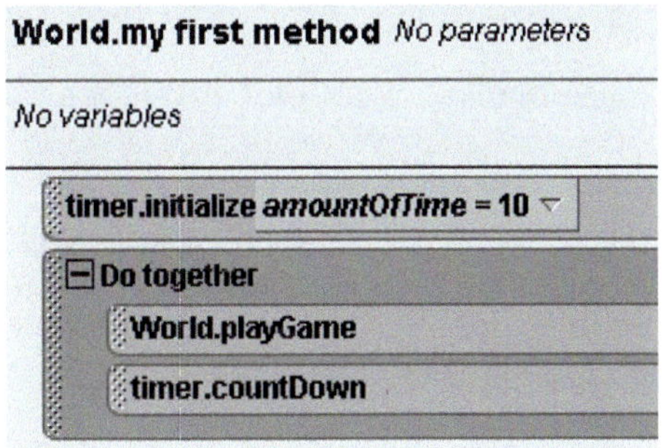

그림 10-1-12. 타이머를 동작시킨 채 게임하는 코드

타이머를 사용하여 우리가 하고자 하는 중요한 일은 *timeLeft*의 값이 '0'이 되면 게임이 끝나도록 하여 사용자가 허용된 시간 동안만 게임을 할 수 있도록 하는 것이다. 이것은 *playGame* 메소드가 현재 남은 시간을 알 수 있도록 해야 한다는 의미다. 이를 위하여 그림 10-1-13과 같이 타이머를 위한 클래스 수준의 함수 *howMuchTimeIsLeft*를 생성하였다. 이 함수는 *playGame* 메소드에서 필요할 때마다 남은 경기 시간을 알아낼 수 있게 해 준다.

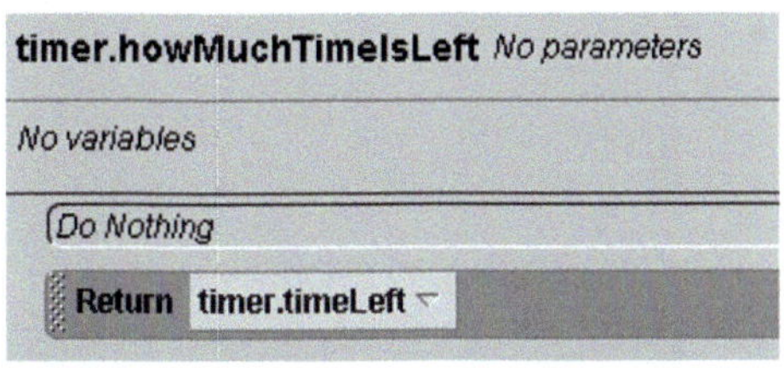

그림 10-1-13. *timeLeft*의 값을 되돌려 주는 타이머 객체의 *howMuchTimeIsLeft* 함수

playGame 메소드에서는 그림 10-1-14에 나와 있는 바와 같이 *While* 문의 조건식으로 *howMuchTimeIsLeft* 함수를 활용할 수 있다. 그림에서 보여주고 있는 코드는 실제 어떤 게임을 위한 코드라기보다는 타이머가 '0'이 될 때까지 어떤 작업이 진행되도록 하는 방법을 보여주는 예이다. 그림에도 게임의 진행을 위한 어떤 코드 블록이 타이머에 의해서 어떻게 제어되는지는 잘 보여주고 있다.

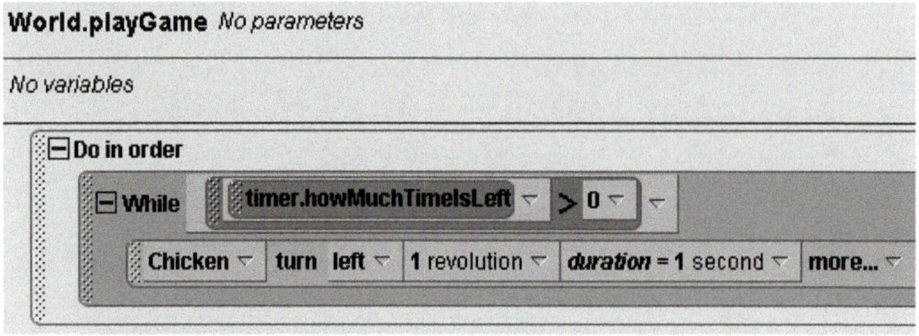

그림 10-1-14. 타이머를 이용하여 게임을 제어하는 간단한 예제

보다 복잡한 예제: 자동차 운전

마치 자동차를 운전하는 것 같은 느낌을 주는 대화식 프로그램을 생각해 보자. 이번 예제에서는 Vehicles 폴더에서 찾을 수 있는 천장개폐식 콜벳(corvette) 자동차를 사용한다. 애니메이션에서 구현되어야 할 사항은 사용자가 자동차를 조종할 수 있도록 하여 도심 거리에서의 드라이브의 일부로서 또는 자동차 경주 게임 일부로서 도로를 따라 장애물을 피하면서 운전하도록 하는 것이다. 그림 10-1-15에 콜벳과 city terrain(도심 지형, City 폴더)으로 구성된 초기 화면이 나타나 있다.

그림 10-1-15. 초기 화면

왼쪽, 오른쪽, 위, 아래 방향키로 자동차를 조종하도록 할 것이다. 앨리스에서는 이미 *Let the arrow keys move ⟨object⟩*사건을 제공하고 있으나 자동차의 조종을 위해서 사용하기는 부적합니다. 이 이벤트를 사용하면 왼쪽 방향키를 누르면 자동차가 왼쪽 방향으로 움직이게 되는데 이는 실생활에서는 찾아보기 힘든 움직임이다. 우리가 만들고자 하는 움직임은 왼쪽/오른쪽 방향키의 누름에 반응해서 자동차의 두 앞바퀴가 왼쪽/오른쪽으로 회전하고 위/아래 방향키의 누름에 반응해서 앞으로/뒤로 움직이게

하는 것이다.

이와 같은 애니메이션을 위한 프로그램 코드를 설계하고 작성하기 위해서는 왼쪽/오른쪽 방향키는 자동차를 단지 왼쪽/오른쪽으로 향하게 하는 것이고 위/아래 방향키는 자동차를 앞으로/뒤로 움직이게 하는 것이란 사실을 이해하는 것이 중요하다. 다시 말하면, 왼쪽/오른쪽 방향키는 자동차를 움직이게 하지 않는다. 단지 자동차의 운전대를 회전시켜 앞바퀴 또한 회전하게 하는 역할을 수행할 뿐이다. 이는 현재의 실생활에서의 자동차와 같다. 실제 자동차에서도 운전대를 회전한다고 해서 자동차가 움직이지 않는다. 기어를 넣고 가속페달을 밟아야 차가 움직인다. 왼쪽/오른쪽 방향키는 방향조정을 위한 것이라고 생각하고 위/아래 방향키가 기어/가속페달에 해당되어 자동차를 앞/뒤로 움직이게 한다고 생각해야 한다. 이의 구현을 위해서는 좌로 회전, 우로 회전, 전진, 후진, 네 개의 클래스 수준 메소드가 필요하다.

여기서 해결해야 할 한 가지 문제는 앞바퀴가 어떤 방향으로 회전했는지를 어떻게 기억하게 할 것인가 이다. 이것은 만약 운전대와 바퀴가 좌 또는 우로 틀어져 있다면 자동차가 움직일 때 해당방향으로 움직이게 만들어야 하기 때문에 필요하다. 또한 얼마만큼 틀어져 있는지를 기억하고 있어야 한다. 만약 운전대와 바퀴의 틀어짐 정도에 따라 자동차 또는 급하게 또는 완만하게 회전하도록 만들어야 하기 때문이다. 이를 위해서 클래스 수준의 변수 direction(방향)을 생성하여 회전 방향과 정도를 기록하게 한다. 그림 10-1-16에 direction에 기록될 수 있는 값이 나타나 있다(일정한 값의 증가에 같은 간격이 부여되도록 그려져 있다.).

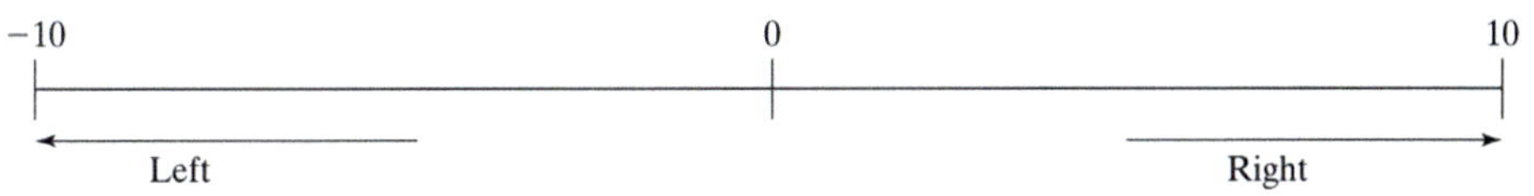

그림 10-1-16. 좌우측 회전 방향과 정도의 기록 시 사용되는 값(등 간격의 눈금을 가짐)

direction 변수는 직진 방향을 의미하는 '0' 으로 시작한다. *direction*이 '0' 일 때, 위 방향키가 눌려졌다면 자동차는 직진한다. 왼쪽 방향키가 한번 눌리면 *direction*의 값은 '1' 감소시킨다(현재의 *direction* 값으로부터 '1' 을 뺀다.). 오른쪽 방향키가 한번 눌리면 *direction*은 1 증가시킨다. 즉, *direction* 값이 '0' 보다 작으면 바퀴는 왼쪽으로 틀어져 있고 '0' 보다 크면 오른쪽으로 틀어져 있다는 것을 위미한다.

실제 자동차에서 운전대를 돌리는 것은 그 정도 제한되어 있는데 여기서 우리도 *direction*이 가질 수 있는 값의 범위를 '−10' 에서 '10' 까지로 제한한다. *direction*은 최소 '−10' , 최대 '10' 으로 설정될 수 있어 자동차의 좌우회전의 정도를 제한한다.

이제 *direction* 변수를 사용하여 자동차를 움직이고 조종하는 메소드들을 디자인해 보자. 네 개의 스토리보드가 아래에 제시되어 있다. 왼쪽/오른쪽 방향키에 대한 스토리보드는 direction 값을 감소/증가 시키는 방법으로 앞바퀴를 사용자가 얼마나 회전시켰는지를 추적하도록 설계되어 있다. *If*문을 통해서 *direction* 값이 '−10' 보다 작아지지 않도록 '10' 보다 커지지 않도록 한다.

사건: 외쪽 방향키

반응 :
If direction 〉 −10
direction을 1 감소시킨다.

사건: 오른쪽 방향키

반응:
If direction 〈 10
direction 1 증가시킨다.

사건: 위 방향키

반응 :
Do together
자동차를 1미터 전진시킨다.
자동차를 direction*2/360 회전시킨다.

사건: 아래 방향키

반응:
Do together
자동차를 1미터 후진시킨다.
자동차를 direction*2/360 회전시킨다.

위 방향키를 위한 스토리보드에서는 자동차를 1 미터 전진시키고 동시에 *direction*의 값에 따라 회전시킨다. 아래 방향키를 위한 스토리보드 또한 유사하나 역방향으로 작업을 수행한다(한번 키 버튼이 눌릴 때 일어나는 회전은 2도이다. 완전한 1회전은 360도이므로 2도는 2/360 회전이다. 최대회전 방향은 2 * 10 = 20도로써 빨리 달리는 자동차를 위한 적당한 값이다.).

구현

코드의 구현의 첫 단계는 *direction* 변수를 생성하는 일이다. 그 다음 *direction* 변수를 사용하는 메소드들을 작성해야 한다. 클래스 수준으로 *direction* 변수를 생성하기 위하여, 객체 트리에서 *corvette*을 선택하고, 특성 탭을 선택하고, *create new variable* 버튼을 누른 후 나타나는 대화창에서 그림 10-1-17과 같이 이름(Name)을 *direction*으로, 유형(Type)을 Number로, 초기값(Value)을 0으로 설정한다.

자동차의 방향 조종을 위한 *corvette.left* 메소드와 *corvette.right* 메소드가 그림 10-1-18과 10-1-19에 제시되어 있다. 각 메소드에서는 *direction* 변수가 두 번 사용되었다. 첫 번째는 10번 이상 바퀴가 한쪽으로 회전하지 않도록 하기 위해 *If/Else*문에서 사용되었다. 두 번째는 그 값을 증가시키거나 감소시키기 위하여 사용되었다. 전후진을 위한 *forward, backup* 메소드가 그림 10-1-20과 10-1-21에 제시되어 있다.

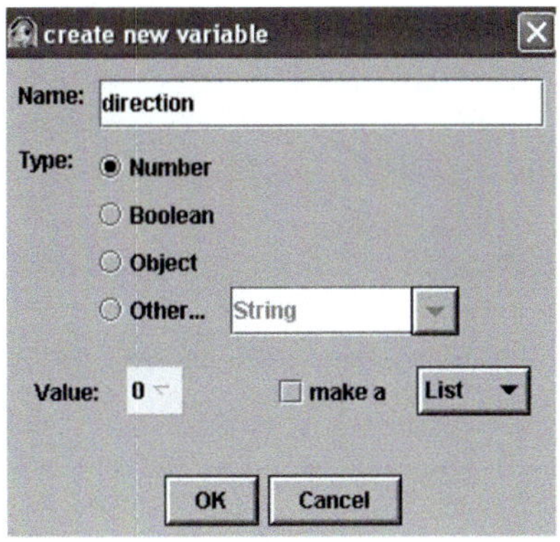

그림 10-1-17. corvette의 변수 만들기

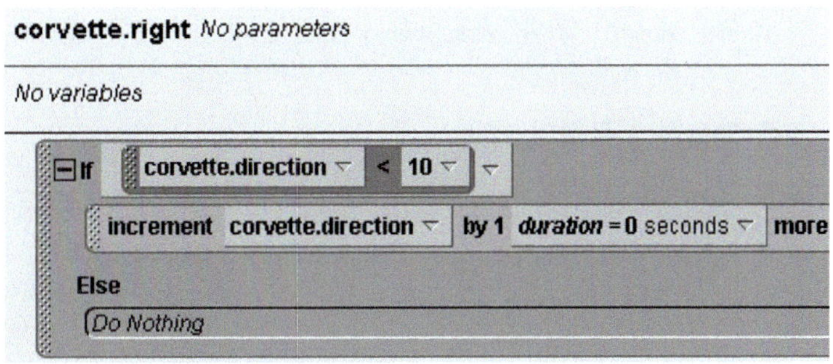

그림 10-1-18. *corvette.right* 메소드에서 *direction* 변수의 사용

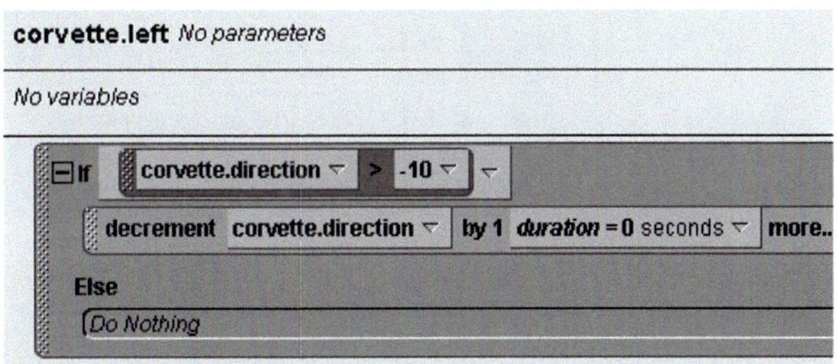

그림 10-1-19. *corvette.left* 메소드

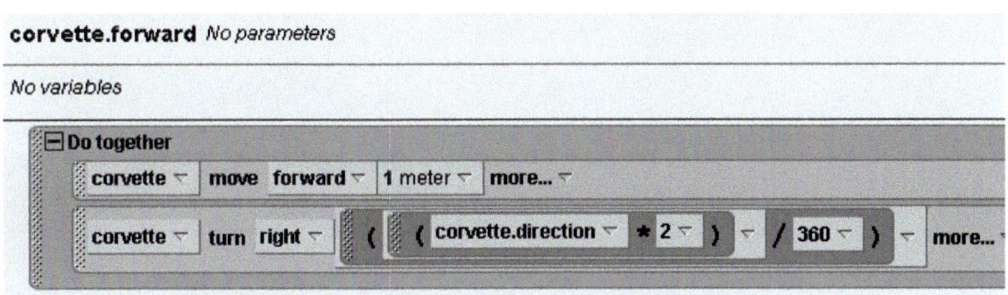

그림 10-1-20. *corvette.forward* 메소드

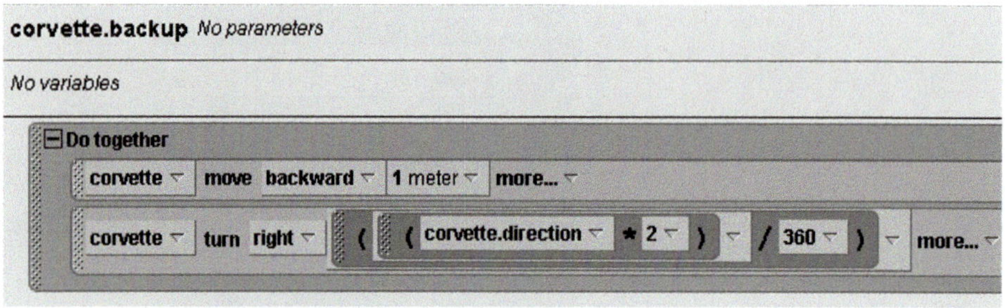

그림 10-1-21 *corvette.backup* 메소드

forward, backup 메소드에서는 *turn right* 명령만 사용했다는 사실을 유의하라. 이는 왼쪽으로의 회전은 *direction* 의 값이 음수일 때 이루어져야 하는데 *direction* 의 값이 음수일 때 *turn left*와 함께 사용하면 왼쪽 대신 오른쪽으로 회전하기 때문이다.

조종 가능한 자동차의 사용

메소드들이 작성되었으면 적절한 사건과 연결시켜야 한다. 그림 10-1-22에 사건들과 앞서 작성된 메소드들이 연결되어 있는 모습이 나타나 있다.

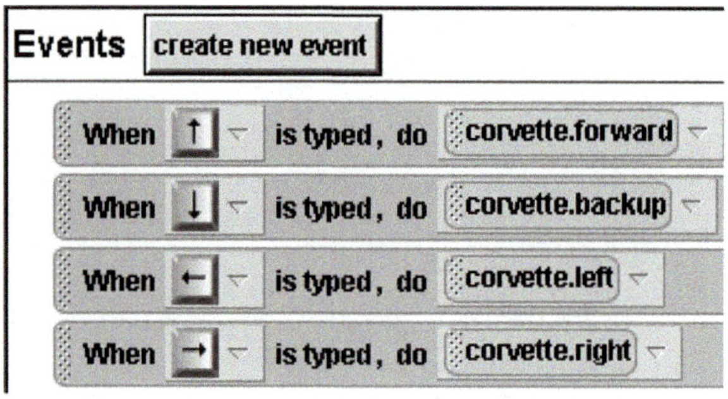

그림 10-1-22. 사건과 사건 처리 메소드와의 연결

이렇게 수정된 corvette을 다른 가상세계에서 사용하고 싶다면 다른 이름, 여기서는 *steerableCorvette*으로 저장하여 클래스로 만들어라. *steerableCorvette* 클래스로부터 만들어진 객체는 direction 변수와 right, *left, forward, backup* 메소드들을 가지고 있을 것이다.

10-2 색인 변수를 사용한 배열의 시각화 기능

10-1절에서는 변수를 이용하여 어떤 객체의 특성을 확장해 보았다. 이 절에서는 변수를

이용하여 정보를 관리하는 방법을 다룬다. 이 절에서 다룰 자료 구조는 *배열(array)*인데 배열은 동일한 유형의 객체나 정보를 하나의 묶음으로 관리할 수 있게 해 준다. 배열은 *개별 요소*(element)의 집합인데 배열은 *색인 변수*를 이용하여 각 요소가 어떤 위치에 저장되어 있는지를 기억한다. 일반적으로 배열은 특정 개수의 개별 요소를 보관하려고 생성되는데 *배열의 크기*는 프로그램의 실행 중에 변경되지 않는다.

앨리스에서는 두 가지의 배열이 있는데, 첫째는(앞서 다룬 리스트와 유사하게) 자료 구조로서의 배열이고 둘째는 배열 시각화 기능 객체(array visualization object)이다. 미리 만들어진 자료 구조로서 배열은 모든 종류의 객체나 자료를 보관할 수 있다. 배열 시각화 기능 객체는 가시적인 또는 눈에 보이는 앨리스 객체만 보관할 수 있다. 배열 시각화 기능의 목적은 배열의 개념과 배열로서 할 수 있는 작업들을 눈에 보이도록 설명하기 위함이다.

어떤 배열의 어떤 개별 요소를 찾아내 그것에 대한 정보를 읽어오거나 요소를 가지고 어떤 작업을 수행할 때 요소에 *접근한다(access)*라는 표현을 쓴다. 개별 요소에 *접근*하기 위해서는 특별한 배열 연산자를 사용한다. 예를 들면 배열은 현실 세계에서의 음악 CD와 유사하다. 하나의 음악 CD는 대부분 다수의 노래들을 담고 있다. CD의 표지에는 어떤 곡들이 어떤 순서로 담겨 있는지 기록되어 있어 CD 플레이어를 이용하여 듣고 싶은 노래를, 예를 들면 5번 곡을, 지정해서 재생할 수 있다.

배열의 생성

배열을 생성하기 위하여 다수의 객체를 가상세계에 추가한다(가상세계에 단지 여러 객체를 추가한다고 해서 배열이 생성되는 것은 아니고 단지 준비 단계로서의 작업이다.). 다음으로 Visualization 폴더의 ArrayVisualization 클래스에서 파생시켜 객체를 하나 만든다. ArrayVisualization 클래스를 이용하여 배열 구조를 시각적으로 표현해주는 객체의 생성이 가능하다(배열은 본래 가시적인 또는 눈에 보이는 물체가 아니다. 여기서는 배열이 어떻게 동작하는지 이해하기 쉽게 하기 위하여 ArrayVisualization 클래스를 통해서 배열을 눈에 보이도록 표현해 보았다.). 마지막 단계의 작업은 각 객체를 배열에 담는 일이다. 각 객체는 배열의 한 구성요소가 된다.

배열을 생성하는 방법을 설명하기 위하여 예를 들어 우리가(Animals/Bug 폴더에서 찾을 수 있는) 5개의 서로 다른 곤충들로 이루어진 곤충들의 배열을 만들고 싶다고 하자. 먼저 다섯 가지의 곤충 객체들을 가상세계에 배치한다. 그림 10-2-1은 beetle(딱정벌레), mantis(사마귀), scarab(풍뎅이), bee(벌), ladybug(무당벌레)가 배치된 가상세계를 보여준다.

그림 10-2-1. (배열로 구성되지 않은) 다섯 가지의 곤충

다음 하나의 ArrayVisualization 객체를 가상세계에 포함시킨다. 그림 10-2-2에서와 같이 ArrayVisualization 클래스는 클래스 갤러리의 Visualization 폴더에서 찾을 수 있다.

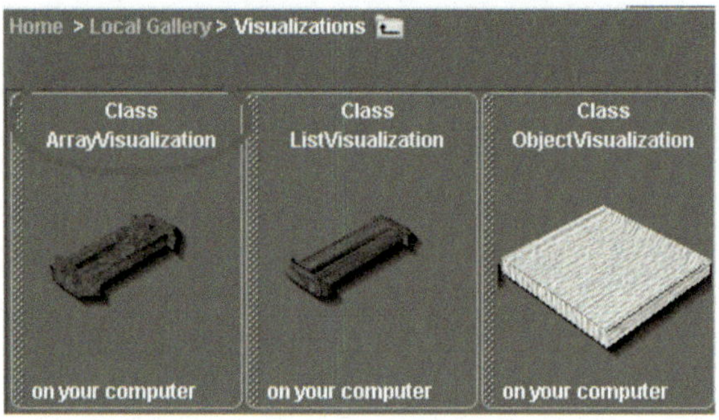

그림 10-2-2. ArrayVisualization 클래스

그림 10-2-3과 같이 대화상자가 나타나면 각 객체를 배열에 추가할 수 있다. new item 버튼을 클릭하면 *item0*이라는 새로운 항목이 생기는데 그림 10-2-4와 같이 item0 우측의 〈None〉을 클릭하고 배열에 추가될 객체를 선택한다.

그림 10-2-3. 배열의 초기화를 위한 대화창

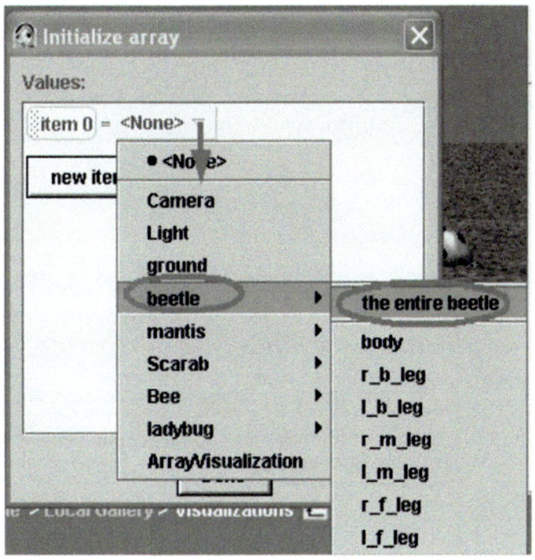

그림 10-2-4. beetle을 배열에 추가하기

각 곤충 객체들이 추가되면서 배열에서의 각자의 위치가 결정된다. 어떤 배열의 주소 또는 어떤 요소가 저장되는 위치는 '0' 으로 시작한다. 위와 같은 작업을 반복하여 각 곤충 객체를 배열에 추가한다. 완성된 배열은 그림 10-2-5에 나와 있다.

배열에 추가된 각 객체의 위치는 0, 1, 2, 3, 4로 지정되어 있는데 이러한 위치 번호를 색인(index)라 지칭한다. beetle은 0번 위치에 있는데 beetle의 색인은 '0' 이다 라고 말한다. 같은 식으로 mantis의 색인은 '1' 이고 scarab의 색인은 '2' 이다(그림 10-2-5를 자세히 살펴보면 각 곤충 아래의 파란색 네모 칸에 색인이 매겨져 있다.). 어떤 배열의 구성요소에 관한 중요한 사실의 하나는 어떤 특정 요소는 서로 다른 두 위치에 동시에 존재할 수 없다. 다시 말하면, 어떤 특정 객체를 어떤 특정 배열의 서로 다른 두 가지 위치에 포함시키지 말아야 한다. 예를 들면, mantis가 1번과 3번 위치에 동시에 존재할 수 없다. 물론 동일한 클래스로부터 파생된 2개의 서로 다른 객체(예: mantis와 mantis2)가 어떤 특정 배열에 서로 다른 위치에 같이 포함되어 있을 수 있다.

그림 10-2-5. 완성된 배열(곤충들은 배열을 개별 요소들이다.)

그림 10-2-6과 같이 ArrayVisualization은 *elements*라는 변수를 가지고 있는데 이 변수에는 배열에 포함되어 있는 모든 객체의 이름이 나열되어 있다. *elements* 변수에 나열되어 있는 이름의 순서는 ArrayVisualization에서의 각 객체가 위치하는 순서와 일치한다. *elements* 변수는 각 객체의 배열 내에서의 순서를 추적한다.

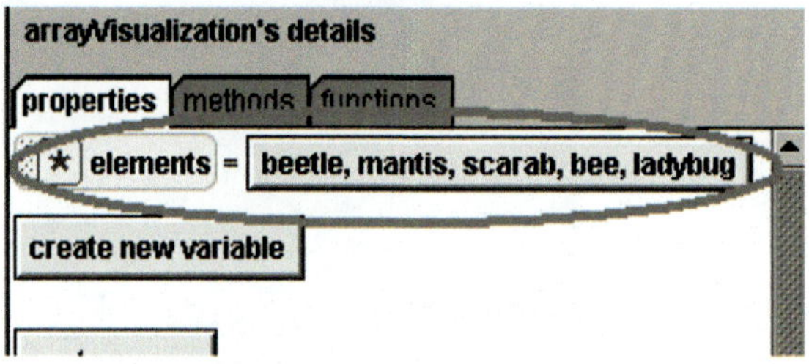

그림 10-2-6. 배열에 속해 있는 요소들의 이름이 나열된 *elements* 변수

배열의 개별 요소에 접근하기

어떤 배열에서 특정 위치에 있는 개별 요소에 접근하기 위하여 앨리스에서는 특별한 표기법을 사용한다. 예를 들면, ArrayVisualization에 속해 있는 색인이 '0' 인 요소(예제에서는 beetle)를 표현하기 위해서 "*item 0 from ArrayVisualization*" 라고 표기한다. 배열에서의 색인은 특정 요소에 접근할 수 있는 방법을 제공한다. 색인이 '3' 인 bee가 회전하는 명령을 작성해 보자. 객체 트리에서 ArrayVisualization을 선택하고 그림 10-2-7과 같이 *turn* 메소드를 끌어다 편집기에 놓는다.

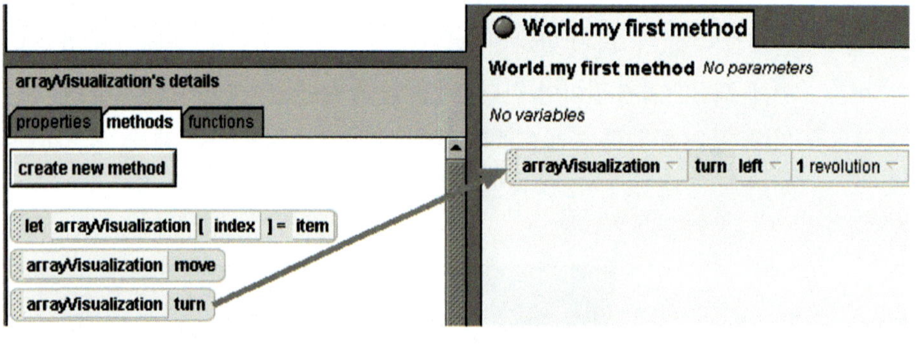

그림 10-2-7. ArrayVisualization과 관련된 명령문 생성하기

그러나 이렇게 생성된 명령문은 ArrayVisualization 전제를 회전하게 만들 것이고 이것은 우리의 의도가 아니다. 우리는 색인이 3번인 객체만 회전하게 만들려고 한다. 따라서 명령문에서 색인이 3번인 요소에 접근이 이루어지도록 해야 한다. 이 때 바로 *elements* 변수가 필요하다. 그림 10-2-8과 같이 *elements* 타일을 끌어다 *turn left* 명령문 속의 ArrayVisualization 타일 위에다 놓고 팝업메뉴에서 index 3을 선택한다.

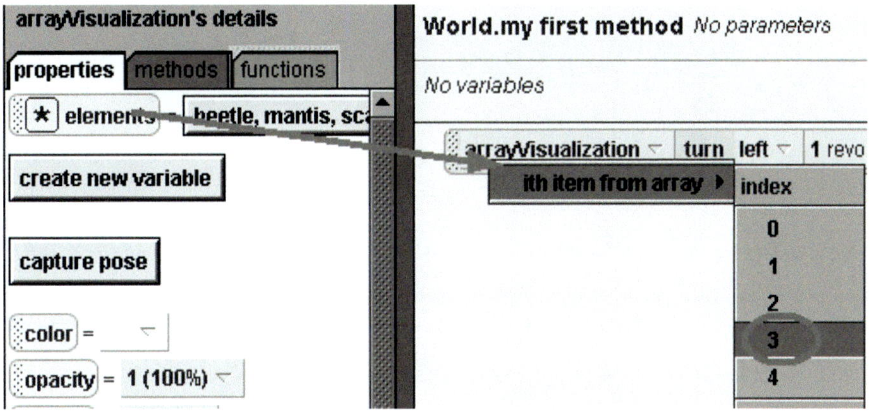

그림 10-2-8. 색인이 3번인 특정 요소를 선택하기 위해 변경된 명령문

완성된 명령문이 그림 10-2-9에 제시되어 있다.

그림 10-2-9. 3번 요소(bee)에의 접근

배열 내의 임의의 요소에의 접근

만약 배열에서 무작위로 선택된 요소가 회전하도록 만들고 싶다면 무작위로 색인을 선택하게 하면 된다. 위에서 사용한 명령문을 수정해서 무작위로 색인이 선택되게 할 수 있다. 그림 10-2-10과 같이 세계의 *random number* 함수를 끌어다 item의 우측 색인 타일 또는 숫자가 있는 타일 위에 놓는다.

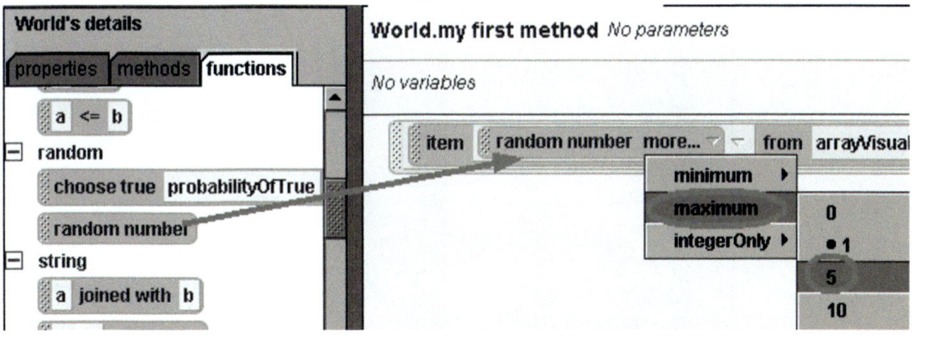

그림 10-2-10. 배열 요소의 무작위 선정

random number 함수에서 *minimum*은 기본값이 '0' 이므로 변경할 필요가 없고 '0' 과 '4' 사이의 값을 만들어내기 위하여 *maximum*으로 '5' 를 선택한다. 그런 다음 그림 10-2-11과 같이 integerOnly를 true로 설정하여 정수만 발생되도록 한다.

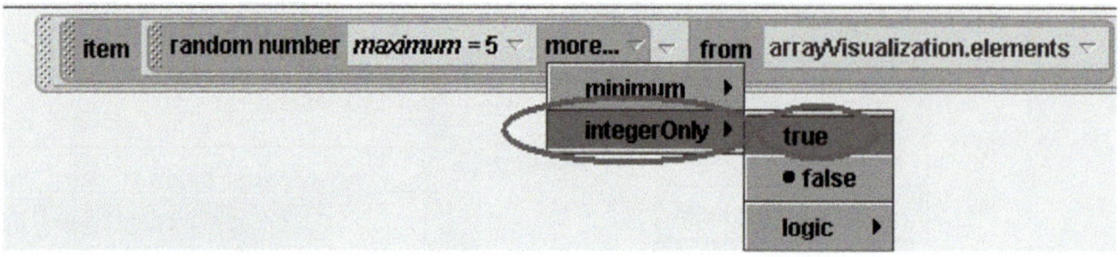

그림 10-2-11. *random number* 함수에서 *integerOnly* 선택하기

이제 명령문이 완성되었으므로 프로그램이 실행하여 명령문을 시험해 볼 수 있다. 반복적으로 실행하면 다양한 곤충이 선택되어 회전할 것이다.

배열에서 요소 간 자리 바꾸기

어떤 정렬된 군집체에서 각 구성원의 위치를 바꾸는 것은 수학에서 많이 사용되는 순열 또는 치환(permutation)이라고 알려진 연산이다. 예를 들면, 수의 집합(1, 2, 3)을 치환하면 (2, 1, 3)이 될 수 있다. 어떤 배열에서 두 요소 간 자리바꿈을 만들어 어떤 치환이 만들어짐을 보여줄 수 있는데 앞서 만든 곤충의 배열에서 두 요소(색인 0의) beetle과(색인 1의) mantis의 자리바꿈을 일으켜 이를 실행해 보자.

자리바꿈을 수행하려면 어떤 하나의 요소를 임시로 옮겨놓을 수 있는 자리가 있어야 한다. 임시 위치로 옮겨진 첫 번째 요소가 차지하고 있던 자리에는 두 번째 요소를 옮겨 놓을 수 있고 그런 다음 임시 위치로 옮겨져 있던 첫 번째 요소를 두 번째 요소가 차지하고 있었던 자리에 옮겨 놓으면 자리바꿈은 끝난다. 임시 자리는(Visualization 폴더의) ObjectVisualization 클래스에서 파생된 객체를 하나 세계에 추가함으로서 만들어질 수 있다. 그림 10-2-12는 objectVisualization 객체가 추가된 세계를 보여주고 있다.

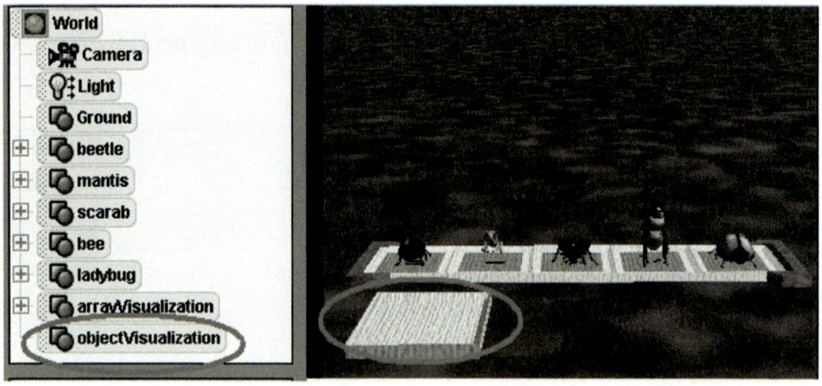

그림 10-2-12. 임시 저장 공간

사용 가능한 임시 저장 공간이 생성되었으므로 이제 세단계로 이루어진 자리바꿈 작업을 위한 메소드를 설계할 수 있다. 메소드에서는 자리바꿈의 대상이 되는 두 요소의

색인을 지정할 2개의 숫자 형식의 매개변수가 필요할 것이다. *indexOne*과 *indexTwo*가 각각 자리바꿈의 대상이 되는 첫 번째와 두 번째 요소의 색인을 위한 매개변수로 쓰일 것이다. 메소드를 위한 스토리보드는 다음과 같을 수 있다.

> *swap*(자리바꿈)
>
> **매개변수**: *indexOne, indexTwo*
>
> *다음을 순서대로 실행하라(Do in order)*
>
> *indexOne*의 요소를 objectVisualization으로 재배치한다(relocate).
>
> *indexTwo*의 요소를 indexOne으로 재배치한다(relocate).
>
> objectVisualization에 저장된 요소를 indexTwo로 재배치한다(relocate).

이제 스토리보드를 바탕으로 코드를 작성해 보자. 이 스토리보드에서 수상한 점은 이동 또는 *move* 명령을 사용하지 않는다는 것이다. *재배치*(relocate)란 단어는 객체를 어떤 위치에서 다른 위치로 이동시키는 것보다 많은 의미를 포함하고 있다. 특별한 명령어 let을 이용하여 어떤 배열 내에서 어떤 한 요소를 재배치 또는 이전시킬 수 있다. let 명령어는 요소의 위치를 변경하면서 *elements* 변수의 내용도 변경하여 이전된 요소가 올바른 색인을 갖도록 한다.

swap 메소드 코드에서는 먼저 *indexOne*에 있는 요소를 *objectVisualization*이 제공하는 임시 저장 공간으로 재배치해야 한다. 이를 위해 객체 트리에서 *objectVisualization*을 선택하고 메소드 탭을 선택한 후, 그림 10-2-13과 같이 *let* 명령을 편집기에 끌어다 놓고 팝업 메뉴에서 *ArrayVisualization*을 선택한다.

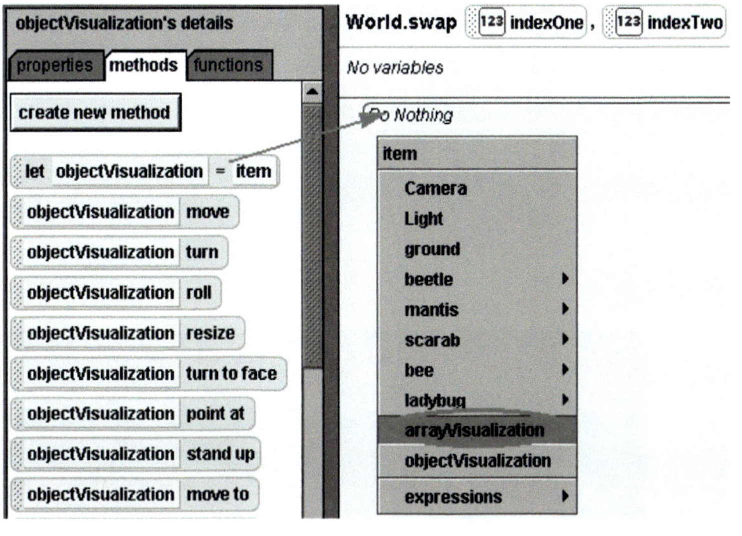

그림 10-2-13. *let* 명령을 끌어다 놓고 팝업 메뉴에서 선택하기

물론 ArrayVisualization 전체를 임시 공간으로 이전하려는 것이 우리의 목적이 아니므로 ArrayVisualization의 함수 *value at* 이용하여 개별 요소를 선택해야 하고 이때 그림 10-2-14와 같이 *indexOne* 매개변수를 색인값으로 설정해야 한다.

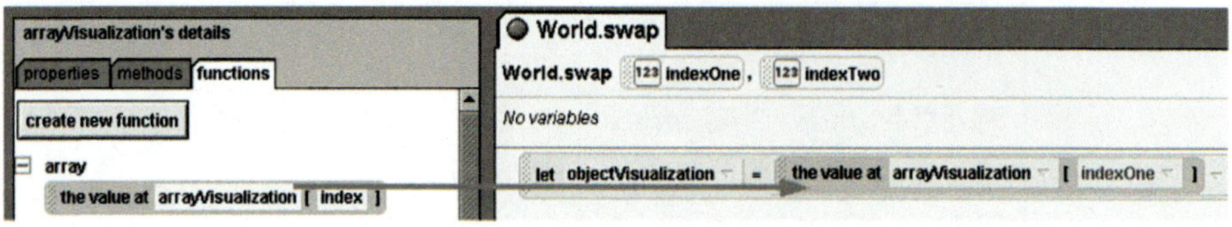

그림 10-2-14. 개별 요소의 임시 공간으로의 이전을 위한 let 명령어의 사용

그 다음 배열 내에서 요소들을 재배치하는 명령어들을 작성한다. ArrayVisualization의 *let* 명령을 끌어다 놓고 적절히 *indexOne*과 *indexTwo* 매개변수를 선택하라. 그림 10-2-15에 완성된 *swap* 메소드가 제시되어 있다.

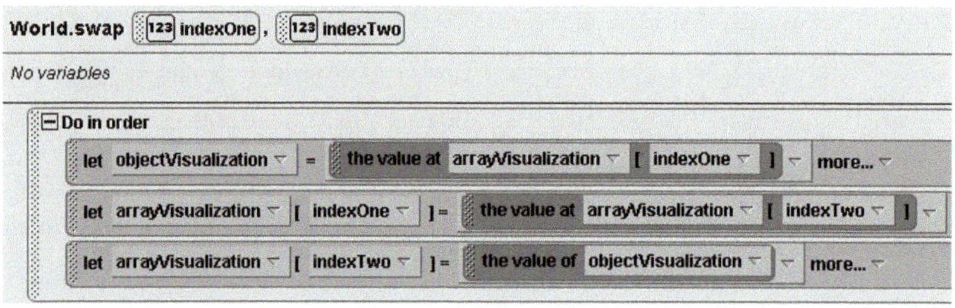

그림 10-2-15. 완성된 *swap* 메소드

프로그램을 시험해보기 위하여 *swap* 메소드를 호출하는 명령문을 작성하라. 이때, 자리바꿈을 하려는 두 요소의 색인을 전달하라. 그림 10-2-16의 명령문에서는 *swap* 메소드를 호출하여 색인 0의 beetle과 색인 1의 mantis를 자리바꿈시키려고 하는데 그 명령어의 수행 결과가 그림 10-2-17에 나와 있다.

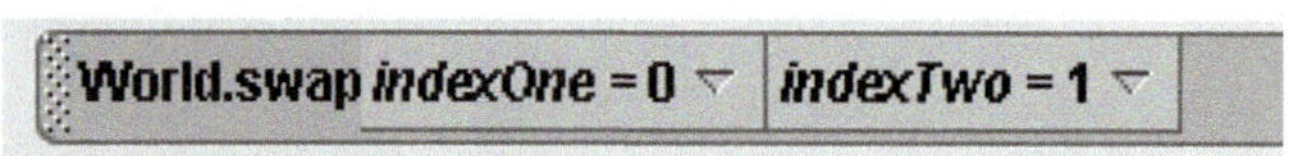

그림 10-2-16. *swap* 메소드의 호출

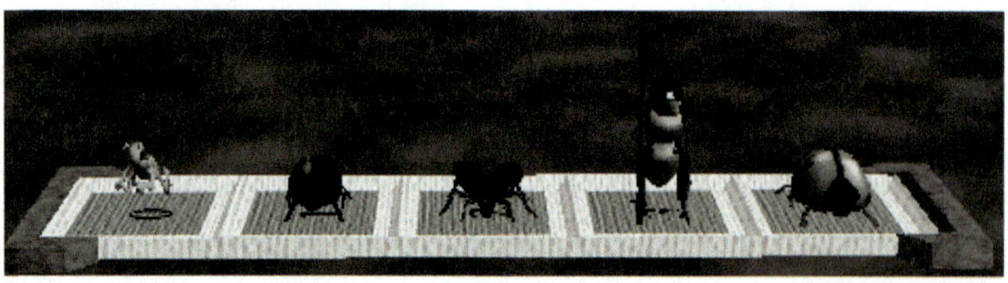

그림 10-2-17. 치환이 이루어진 곤충 배열

위의 명령문의 실행으로 요소들의 위치가 변경되었고 따라서 *elements* 변수도 내용 변경이 이루어 졌다. 그림 10-2-18은 *swap* 메소드의 실행 전후의 *elements* 변수의 내용을 보여준다.

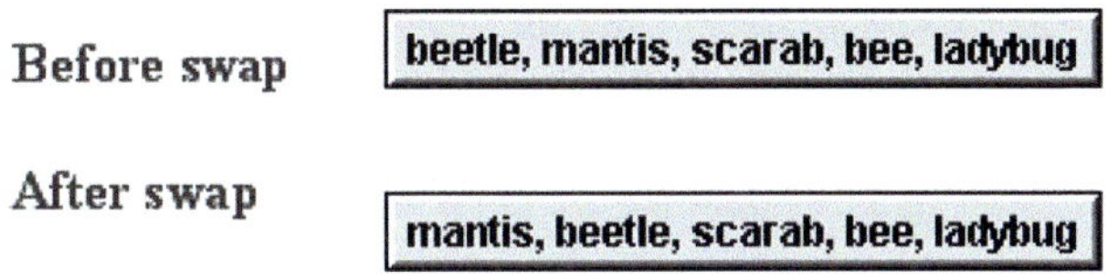

그림 10-2-18. 요소들이 자리바꿈을 하여 *elements* 변수의 내용이 변경됨

배열 따라가기

배열에서는 개별 요소에 대한 직접적인 접근이 이루어질 수 있으나 때로는 어떤 배열에 포함되어 있는 모든 요소들을 하나씩 따라갈 필요가 있다. 배열의 시작점으로부터 시작하여 각 항목을 순서대로 하나씩 접근해 보자. 이를 구현하는 한 가지 방법은 *Loop* 문을 이용하는 것이다. *Loop* 문에서 show complicated version 버튼을 클릭하면 현재의 반복횟수를 알려주는 *index* 변수가 나타나게 된다. 이 *index* 변수는 반복된 횟수를 알려주는 변수로 사용될 수 있을 뿐 아니라 배열의 각 요소들에의 접근을 위한 연속적인 색인으로 사용될 수 있다. 사용의 예로서 앞에서 만들었던 곤충 배열을 따라가며 각 곤충이 우측으로 한번 회전하도록 해 보자. 다시 말하면, 먼저 beetle이 한번 회전하고, 그 다음 mantis가 회전하고 그 다음 scarab이 회전하는 식으로 계속된다. 완성된 코드는 아래와 같다.

위의 코드에서 다섯 번 맴돌이가 이루어진다. *index* 변수의 값은 '0' 에서 시작하여 '1' 씩 증가하여 '4' 에서 끝난다. 루프의 첫 번째 실행 시 *index*의 값은 '0' 이고 따라서 색인이 0인 beetle이 회전한다. 루프의 두 번째 실행 시에는 *index*의 값이 '1' 이 되고 따라서 색인이 1인 mantis가 회전한다. 결국, 위의 코드는 배열의 모든 요소를 차례대로 접근한다.

요령 및 기법 10

워치와 텍스트 출력을 이용한 디버깅

이 책에서는 점진적 개발 방법을 사용할 것을 권장해왔다. 즉, 메소드 하나를 구현하고 실제 애니메이션을 실행해봄으로써 구현한 메소드를 시험하고 이상이 없으면 다른 메소드를 구현하고 하는 과정을 프로그램이 완성될 때 까지 반복하는 방법이다. 대화식 프로그램의 경우 여러 조합의 사용자 입력을 테스트해 보는 것을 또한 권장해 왔다. 시험은 프로그램 개발 과정의 아주 중요한 부분이다. 시험적으로 프로그램을 실행해 보고 명령어와 객체의 움직임을 비교해 봄으로서 프로그램의 오류 또는 버그를 찾을 수 있다. 이런 오류를 찾아내 고치는 디버깅 과정은 프로그램의 신뢰성을 높인다.

이 장에서는 프로그램이 실행되면서 변경되는 값을 저장할 수 있는 변수에 대한 개념을 설명하였다. 변수는 어떤 점에서 이해하기 어려운 요소가 있는데 이는 눈에 보이지 않게 변경된다는 것이다. 변수들은 또한 어떤 마술 같은 면이 있는데 눈에 어떤 움직임을 보이는 객체와는 달리 변수에 저장된 값에 어떤 일이 일어나는지 알 수 없다는 것이다. 이 절에서는 프로그램 실행 중에 일어나는 변수의 변화를 눈으로 볼 수 있게 해주는 두 가지 기법, 워치(watch)와 텍스트 출력 기법에 대하여 살펴본다.

워치의 생성

워치의 생성은 마치 사설탐정을 고용하여 어떤 사람을 감시하는 것과 유사하다. 즉, 비밀의 감시자가 어떤 감시 대상을 따라다니며 지속적으로 대상의 활동을 지켜보는 것과 유사하다. 앨리스에서 하나의 워치는 하나의 작은 창을 만드는데 여기서는 어떤 감시 대상 변수의 값이 프로그램 실행 중에 지속적으로 나타난다.

앞서 다룬 조종 가능한 자동차 예제에서 *direction* 변수에 워치를 설치해 보자. 워치의 생성을 위해서 그림 T-10-1과 같이 대상 변수 위에서 우클릭을 한 후 나타나는 팝업 메뉴에서 *watch this variable*을 선택한다.

워치가 생성된 상태에서는 프로그램을 실행하면 실행 화면의 분할이 이루어진다. 한쪽에서는 애니메이션이 나타나고 다른 쪽에서는 감시되고 있는 변수의 값이 표시된다. 기억을 더듬어 보면 *direction* 변수는 자동차의 운전대가 얼마만큼 회전되었는지를 기록하고 있는 변수로 *direction*의 값은 자동차의 움직임을 조종한다. 그림 T-10-2(a)에서와 같이 *direction*의 값이 '0' 이면 자동차는 직진하고 그림 T-10-2(b)와 같이 *direction*의 값이 '−2' 이면 자동차는 좌회전을 한다. *direction* 값과 자동차의 움직임을 비교해 봄으로서 애니메이션이 문제없이 동작되고 있음을 알 수 있다.

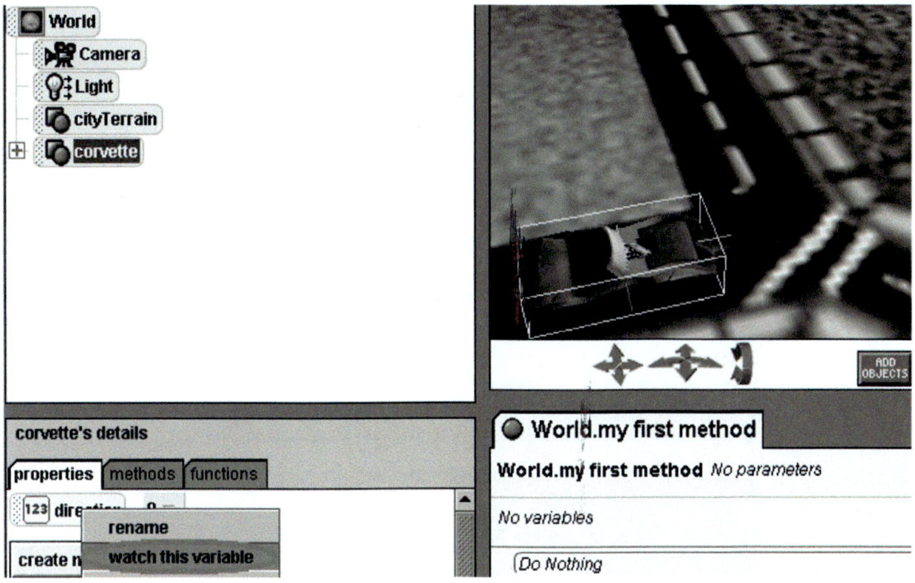

그림 T-10-1. 변수를 대상으로 워치 설정하기

텍스트 출력

앨리스에서 *print* 명령은 변수에 저장되어 있는 값을 지속적으로 살펴볼 수 있게 하는 한 가지 방법을 제공한다. 워치의 경우와 유사하게 *print* 명령은 애니메이션 창을 두 개로 분할시킨다. 한 쪽은 애니메이션이 나타나고 다른 쪽은 ***텍스트 콘솔***(text console)에서 텍스트가 출력되는 부분이다.

사용의 예로서 조종 가능한 자동차 예제를 print 명령을 사용하여 *direction* 변수의 값이 출력되도록 수정해 보자. 프로그램이 실행되면 매번 오른쪽 방향키가 눌러질 때마다 *direction* 변수의 값이 증가한다. *corvette.left*와 *corvette.right* 메소드에 *print* 명령을 추가하는 일이 우리가 해야 할 일의 전부이다. 그림 T-10-3은 위의 두 메소드에 print 명령을 끌어다 놓는 장면을 보여준다. 팝업메뉴에서 *object→expressions→corvette.direction*을 선택한다.

수정된 *corvette.left* 메소드가 그림 T-10-4에 제시되어 있다. *print* 명령은 *corvette.right* 메소드에도 포함되어진 후 프로그램을 실행하면 애니메이션과 텍스트 콘솔이 분할된 창에 나타난다. 처음으로 왼쪽 또는 오른쪽 방향키를 누르면 텍스트 콘솔이 나타난다. 그 후엔 마우스를 이용하여 텍스트 콘솔을 활성화 또는 비활성화할 수 있다. 실행의 예가 그림 T-10-5에 나타나 있다. 만약 텍스트 콘솔이 활성화 되어 있다면 왼쪽 또는 오른쪽 방향키의 누름은 *direction*에 저장되어 있는 값이 텍스트 콘솔에 새로운 줄로서 출력되게 한다. 이런 방식으로 텍스트 콘솔은 어떤 변수 값의 변화 추이를 제공할 수 있다.

그림 T-10-2 프로그램 실행 중의 워치 윈도 화면 캡처 (a)와 (b)

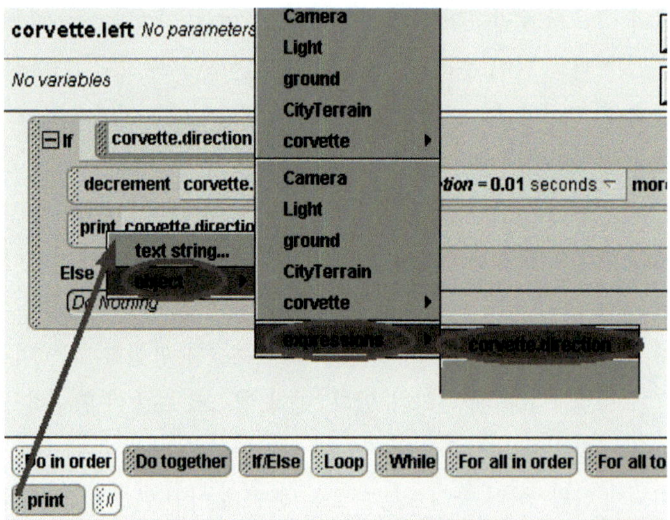

그림 T-10-3 *print* 명령의 생성

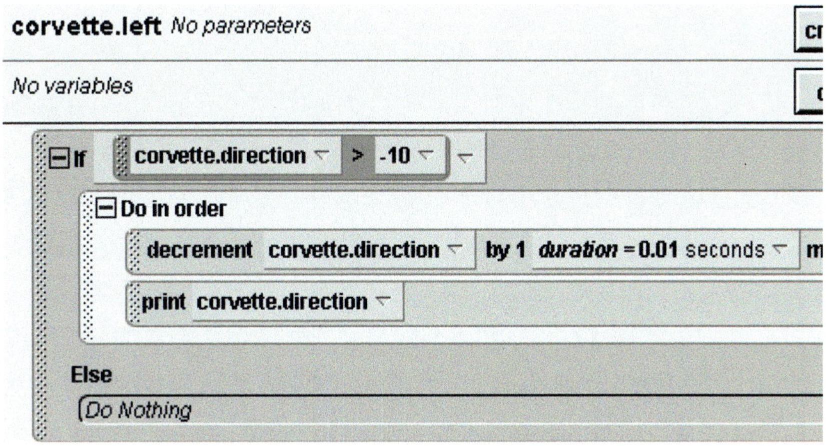

그림 T-10-4 수정된 *corvette.left* 메소드

```
the value of corvette.direction is -1.0
the value of corvette.direction is -2.0
the value of corvette.direction is -3.0
the value of corvette.direction is -2.0
the value of corvette.direction is -1.0
the value of corvette.direction is -2.0
the value of corvette.direction is -1.0
the value of corvette.direction is 0.0
the value of corvette.direction is -1.0
```

그림 T-10-5. 프로그램 실행 중의 텍스트 콘솔

요약

이 장에서는 객체에 대한 정보의 저장 공간으로서의 특성들(properties)에 대하여 살펴보았는데 이것을 상태 정보라고 한다. 그 다음 프로그램 실행 중에 그 값의 변경이 가능하다는 것을 설명하기 위해 수정 가능 변수에 대해 소개하였다. 소개된 수정가능 변수는 클래스 수준이었다. 클래스 수준 변수는 어떤 특정 객체에 대한 정보만을 기록할 수 있다.

새로운 클래스 수준의 변수를 어떤 객체에 추가한 후 저장하여 새로운 클래스를 만들 수 있었다. 이때 사용되는 계승이란 개념은 이전 장에서 다룬 새로운 메소드를 만든 후 저장하여 새로운 클래스를 만들 때 사용하던 계승의 개념과 같다. 차이점은 클래스를 확장하는데 있어서 메소드로서 동작을 추가할 것인 상태정보를 추가할 것인가의 차이이다.

배열 시각화 도구를 사용하여 배열의 개념에 대하여 설명하였다. 앨리스의 Array-Visualization 객체는 기본적으로 *elements* 변수를 가지고 있어 배열에 포함되어 있는 모든 요소들의 색인을 기록하고 있다.

본 장의 중요 개념

- 수정가능 변수는 어떤 클래스의 성능을 향상시키고자 할 때 유용하게 사용될 수 있다.
- 클래스 수준의 메소드와 유사하게 클래스 수준의 변수는 새로운 클래스로 저장되어 다른 프로그램에서 다른 객체로 재활용된다.
- 배열은 어떤 요소들을 집합적으로 관리해준다. 배열에서 각 항목은 어떤 특정한 위치를 차지하고 있다.
- 색인은 배열에서 각 항목의 위치를 나타낸다.

프로그래밍 용어

접근(access)	배열(array)
색인 변수(index variable)	수정 가능 변수(mutable variable)
객체의 특성(property of an object)	배열의 크기(size of an array)
객체의 상태(state of an object)	

애니메이션 용어

배열 시각화(array visualization)

질문

1. *move*나 *turn to face* 명령어에 의해 변경될 수 있는 어떤 객체의 두 가지 기본 내장 특성(property)을 나열하라.
2. details 패널의 어떤 버튼이 어떤 객체에 새로운 특성을 만들 수 있게 하는가?
3. 어떤 명령어가 특성의 값을 직접 변경할 수 있게 하는가?
4. 변수가 수정 가능하다는 의미는 무엇인가?
5. 클래스를 수정해서 새로운 클래스로 만들 수 있는 두 가지 방법을 나열하라.
6. 클래스 수준 변수와 가상세계 수준 변수의 차이점은 무엇인가?
7. 어떤 측면에서 배열이 리스트와 유사한가?
8. 배열에서 색인의 존재이유는 무엇인가?
9. 앨리스에서는 갤러리의 Visualization 폴더 내의 *arrayVisualization* 썸네일 영상을 클릭하면 *arrayVisualization*을 생성할 수 있다. 가상세계에 하나의 새로운 *arrayVisualization*을 추가하였다면 이것은 배열인가 객체인가? 설명하라.
10. *arrayVisualization*의 내장 메소드로, 현재 보고 있는 배열 내의 개별 성분을 접근할 수 있도록 하는 메소드는 무엇인가?

연습문제 및 프로젝트

10-1 연습문제

1. *점수판*

   아직 만들지 않았다면, 9장 2절의 두더지잡기 게임을 만든다. 점수판을 3D 텍스트 점수판으로 대치하라. 점수판은 사용자가 두더지를 성공적으로 클릭한 경우에 1점씩 증가하는 것을 제외하고는 10장에서 기술한 타이머 예제와 똑같이 작동하여야 한다. 점수가 10점에 도달하게 되면 사용자가 이기게 된다. 점수판처럼 3D 텍스트 객체를 사용하기 위해서는 두더지잡기 게임에 어떠한 변화를 만들어야만 하는가?

2. *스페인어 어휘력 강화기*

   6장 11번 연습문제는 단순한 스페인어 어휘력 강화기를 만드는 것이었다. 어휘력 강화기의 초기 화면은 아래와 같다. 이 연습문제는 매우 제한적이었다. 이번에는 세 가지 다른 동물들을 사용하여(리스트를 사용하라) 어휘력 강화기의 성능을 확장하게 될 것이다. 화면의 중앙에 모든 동물들을 위치시키고, 모두 보이지 않게 만들어라. 세 동물 각각에 대하여 3D 텍스트 단어들을 만들고 이 모든 세 단어들을 화면에 표시하여라.

   각 동물에 대하여 *myWord*라 불리는 클래스 수준의 변수를 만들어라. 변수는 그 동물에 대한 스페인어 단어를 저장하여야 한다. 객체들 중 하나를 무작위로 선택하여 보이게 하도록 프로그램을 작성하라. 그 다음 사용자가 3D 텍스트 단어를 클릭하도록 하여라. 사용자가 단어를 올바르게 클릭한 경우 동물이 스페인어로 무언가를 말하게 하여(가령, "Si, si!") 옳은 단어가 선택되었음을 알게 하라. 몇 초간 기다리고 반복하라. 사용자가 프로그램을 멈출 때까지 프로그램은 무한 루프로 작동하여 게임을 계속 진행시켜야 한다.

3. *이진 스위치*

디지털 전자공학에서는 이진 값을 나타내기 위하여 고 전류와 저 전류의 사용을 기본으로 하고 있다. 회로를 통하는 고 전류는 숫자 '1'을 나타내고 저 전류는 숫자 '0'을 나타낸다. 따라서 하나의 회로는 하나의 이진 숫자(a binary digit)를 나타낸다(a bit). 니블(nibble)은 이진 숫자를 나타내기 위하여 합쳐진 네 개의 회로(4 bits)의 조합이다. 바이트(byte)는 8개의 회로이다(8 bits).

십진법과 이진법을 비교하여 보자. 십진법은 숫자 '0'부터 '9'까지를 사용한다. 다음 예제는 십진법 숫자 '5932'를 요소별로 분할하여 보여주고 있다.

$$
\begin{array}{cccc}
10^3 & 10^2 & 10^1 & 10^0 \\
5 & 9 & 3 & 2
\end{array}
$$

$$(5 * 10^3) + (9 * 10^2) + (3 * 10^1) + (2 * 10^0)$$

$$(5 * 1000) + (9 * 100) + (3 * 10) + (2 * 1)$$

$$5000 + 900 + 30 + 2$$

$$= 5932$$

십진법으로 표기된 숫자와 마찬가지로, 가장 오른쪽의 첫 열은 '20' 또는 '1'을 나타내고, 두 번째 열은 '21' 또는 '2'를, 세 번째 열은 '22' 또는 '4'를, 네 번째 열은 '23' 또는 '8'을 나타낸다. 다음에서 이진법의 1001이 십진법으로 어떤 값을 나타내는지 볼 수 있다.

$$\begin{array}{cccc} 2^3 & 2^2 & 2^1 & 2^0 \\ 1 & 0 & 0 & 1 \end{array}$$

$$(1 * 2^3) + (0 * 2^2) + (0 * 2^1) + (1 * 2^0)$$

$$(1 * 8) + (0 * 4) + (0 * 2) + (1 * 1)$$

$$8 + 0 + 0 + 1$$

$$= 9$$

이번 연습 문제는 컴퓨터 메모리의 바이트에 대한 시뮬레이션이다. 네 가지 스위치를 가지고 각 스위치가 onOff 부울 변수를 가진 세계를 만들어라. 각 스위치 위에 숫자 '0' 의 3D 텍스트를 삽입하고 이 네 개의 '0' 들을 중앙으로 모아라. 아래 그림에 보여지는 대로 한 개의 '0' 을 추가하라. 스위치가 off 되었을 때(down) 스위치 위에 '0' 을 on되었을 때(up) '1' 이라는 3D 텍스트를 나타내도록 메소드를 관리하는 사건을 만들어라.

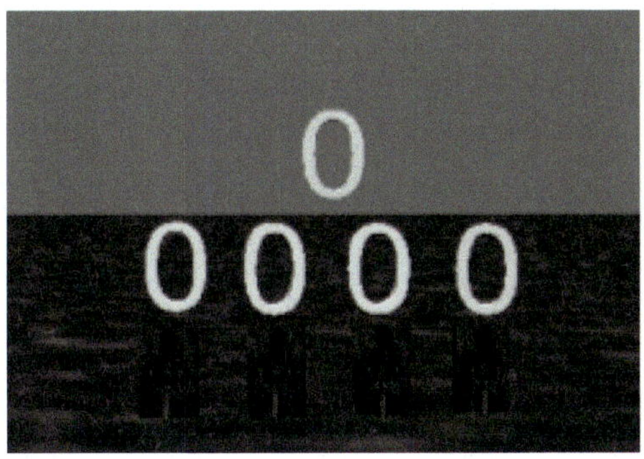

맨 위의 3D 텍스트 숫자는 그 아래 '0' 과 '1' 로 표현되는 이진법 숫자를 기본적인 십진법으로 전환하였을 때의 값이다. *findResult*라는 메소드를 작성하여 스위치가 클릭되고 변할 때마다, 스위치들로 표현되는 이진법 숫자를 십진법 숫자로 전환하고 맨 위의 3D 텍스트를 이 십진법 값으로 변환시켜라. 이 작업을 수행하는 가장 쉬운 방법은 텍스트가 자리한 숫자 값을 나타내는 각 3D 텍스트 객체에 대한 숫자 변수를 만드는 것이다. 또한 3D 텍스트를 '0' 또는 '1' 로 나타내는 것 외에 그 값 변수를 해당하는 '0' 또는 '1' 로 세팅하고 *findResult* 메소드를 불러오도록 on-off 사건 처리 함수를 변경하라.

힌트: 다음 수식을 사용하라. (a*8) + (b*4) + (c*2) + (d*1) a, b, c, d는 각 해당 열의 '0' 또는 '1' 의 숫자를 나타낸다. 세계 함수 *String* 아래서 〈*What*〉 *as a string* 옵션을 찾을 수 있을 것이다. 이것을 이용하여 어떤 정수를 3D 텍스트로 화면에 표시 가능한 문자로 전환할 수 있을 것이다.

4. *회전하는 타이어를 가진 조종 가능한 자동차*

이 장에서 설명한 대로, 대화형 자동차 세계를 만들어라. 자동차를 조종할 수 있도록 작동시키는 프로그램이 이미 있다면, 차가 앞, 뒤로 움직일 때 타이어가 회전하도록 프로그램을 조정하라. "타이어를 회전시켜라."라는 것은 자동차가 움직일 때 마치 실제로 타이어가 굴러가는 것처럼 보이도록 각각의 바퀴가 돌아야 한다는 것을 의미한다(각 바퀴가 회전하는 수는 6장에서 제시된 세계에서 공을 돌리기 위해 기술된 동일한 기술을 사용하여 계산한다.).

5. *기어를 변환할 수 있는 조종 가능한 자동차*

이번 문제는 조종 가능한 자동차의 두 번째 변경 작업이다. 자동차에 기어를 변환할 수 있는 능력을 부여하여 속도를 증가시키거나 줄일 수 있도록 하여라. 속도는 '0' 이하로 내려갈 수 없도록 하고, 적당한 최대 속도를 지정하라. 사건들과 사건 처리들을 추가하여 사용자가 'F' 를 누를 때 자동차의 속도가 증가(자동차가 빨라짐)하고 ' S' 를 누를 때 자동차의 속도가 감소(자동차가 느려짐)하도록 하라. (자동차의 전진, 후진 메소드 모두 변환이 필요할 수 있다.)

10.2 연습문제

6. *모든 가능한 순열*

순열 또는 치환(permutation)은 일련의 객체들의 재배열이다. 예를 들면, 숫자 1, 2, 3의 순열은 2, 1, 3이 될 수도 있고, 2, 3, 1이 될 수도 있다. 얼마나 많은 순열이 가능할까?

아래 그림대로, 세 개의 3D 텍스트 숫자 객체를 포함하는 정열을 만들어라. 10장 2절에서 설명된 대로 *swap* 메소드를 작성하라. 그 다음, 숫자들의 순열을 만들기 위해 움직이는 숫자들을 보여주기 위해 *swap* 메소드를 부르는 프로그램을 작성하여라. 서로 다른 지표들로 *swap* 메소드를 불러서 모든 가능한 순열이 보여 질 수 있도록 하여라.

프로젝트

1. *비행 가상 게임*

이 프로젝트의 목표는 비행 가상 게임을 만드는 것인데, 사용자는 수상비행기(Vehicle 폴더의 seaplane)를 조정하여 링 표적물을 관통하여 비행하여야 한다. 두 개의 링(Shapes 폴더의 torus)는 물에 떠 있고, 세 번째 링은 배(Vehicles 폴더의 boat)의 갑판의 기둥(Shapes 폴더의 cylinder)에 달려있다. 아래 그림이 초기 장면이다. 5장의 비행 시뮬레이터의 경험이 보다 복잡한 이 게임을 작성하는 데 도움을 줄 수 있을 것이다.

게임 작동법에 대한 설명서를 제공하기 위해 빌보드(billboard)를 사용하라. 사용자는 빌보드를 클릭하여 빌보드를 사라지게(보이지 않게) 하고 게임을 시작하여야 한다. 수상비행기는 계속해서 앞으로 나아갈 것이다. 두 요트(sailboat)들은 링들 사이에서 앞으로, 뒤로 움직일 것이다. 비행기가 카메라 밖으로 날아가지 않도록 하기 위해, 카메라의 *vehicle* 특성을 비행기에 세팅할 수 있다-그렇지 않으면 비행기가 움직이는 매 순간마다 카메라를 움직이길 원할 수도 있겠다. 조종자는 비행기를 오른쪽, 왼쪽, 위, 아래로 조종할 수 있어야 한다. 비행기를 조종하기 위해, *while key is pressed* 사건을 사용할 수 있겠다.

비행기가 링들 중 하나를 관통하였는지(링 가까이로 들어감) 검토하기 위해 메소드를 작성하라. 비행기가 링을 관통한 경우, 그 링을 보이지 않게 만들어야 한다. (이 메소드는 무한 루프 안에서 불러져야 한다.) 모든 링들이 보이지 않게 되었는지 확인하는 함수를 작성하라(링들의 리스트를 사용할 수 있다.). 그 함수는 모든 링들이 보이지 않은 경우 true를, 그렇지 않은 경우 false를 반환하여야 한다.

게임을 이기기 위해서 사용자는 수상비행기를 조정하여 세 링 모두를 관통하여야 한다. 사용자에게 그가 이겼음을 알려주기 위한 방법을 제시하라(사용자가 이겼음을 알리는 3D 텍스트를 보여줄 수 있겠다.). 만일 비행기가 요트들 중 어느 하나에 너무 가까이 접근한다면 사용자는 게임에 지게 된다. 게임을 이기기 위해서 사용자에게 3번의 기회를 제공하라(비행기가 시도한 숫자를 추적하기 위해 클래스 수준의 변수를 사용하라.).

추가: 다음 중 한 개 이상을 추가하라. (a) 한정된 시간 내에 사용자가 비행기를 링들을 관통하여 비행하도록 하라, (b) 사용자가 비행기의 속도를 조절할 수 있도록 허용하라, (c) 게임을 좀 더 도전적으로 만들기 위해, 세 개의 링 대신 네 개 또는 다섯 개의 링들을 사용하라.

2. *경마 게임(A Horse Race Game)*

(이 카니발 스타일의 경마는 8장의 경마 예제의 변형이지만, 8장을 공부하지 않고도 쉽게 프로그램을 작성할 수 있다.)

말들이 타원형 트랙을 돌다가 각 말이 트랙 안쪽으로 들어오는 종전의 경마와 달리, 카니발 게임에서는 말들이 기계식 트랙 위에서 똑바로 앞으로 이동한다. 새로운 세계를 시작시킨 다음, 경마게임(Amusement Park 폴더의 RaceHorseGame)의 객체 한 개와 3개의 원(Shapes 폴더의 circle)을 추가하라. 다음의 초기 화면처럼 원들을 각 경주트랙의 출발선 가까이 위치시킨다.

카니발 게임에서는 우승마를 고르면 이긴다. 이 게임에서 게이머는 트랙 앞의 원들 중의 하나를 클릭하여 말을 선택하게 된다. 예를 들어, 게이머가 초록색 원을 클르가면, 가장 가까운 트랙의 말이 선택된다. 각 원에 대해 클래스 수준 부울 변수 *isClicked*를 생성하라. *isClicked*의 값은 *false*이어야 한다. 게이머가 해당 원을 클릭하면 *isClicked*를 *true*로 바꾸고 게임을 시작하라.

게임이 시작하면 *Do together*를 사용하여 짧은 임의거리 만큼 앞으로 이동시킨다.

결승선에 어떤 말이 도착하여 우승할 때까지 이 동작을 반복해야 한다. 7장의 While 루프나 8장의 재귀를 이용하여 게임 종료 시까지 이 동작을 반복하여야 한다.

언제 게임이 종료했는지 알아내는 단계가 꼭 필요하다. "결승선에서 0.5 미터 거리 내에 도달한 말이 있는가" 라고 묻는 *isGameOver* 함수를 작성하라. 결승선과 말과의 거리가 말의 코끝이 아닌 말의 중심에서 측정되기에 0 미터가 아닌 0.5 미터가 좋다(여러분이 초기 장면 설정 시 raceHorseGame 객체의 크기를 어떻게 정했나에 따라 이 거리를 조정할 필요가 있을 수도 있다.).

결승선에 가장 가까운 말을 반환하는 함수 *whichHorseWon*을 작성하라. 루프 종료 후, 게이머가 우승마를 골랐는지 여부를 알아내라. 우승마를 골랐으면 "you won!" 이란 메시지를 디스플레이한다. 아니면 "Try again!" 을 디스플레이한다. 이 프로그램에서는 임의 거리가 사용되었으므로, 프로그램을 여러 번 수행하면 다른 말들이 우승해야한다.

3. *자동차 경주(Car Race)*
   도시 지형(city terrain)을 이용하거나 경기장(stadium)을 확대하는 방식으로 장애물 코스(obstacle course)가 있는 세계를 생성하라. SteerableCar 클래스를 이용한 SteerableCar 객체를(연습문제 4와 5 또는 본 장에서 배운 것처럼) 추가하라. 차가 장애물과 충돌하면 속력이 '0' 이 되어야 하며, 차는 일정 거리 뒤에 두어야 할 것이다. 본 장 1절에서 배운 타이머를 사용하여, 사용자가 차를 30 초 동안 조정하도록 하라. 30 초 내에 코스를 완주하면 이기게 된다(어떤 객체를 보여주거나 승리찬가를 틀어주면 된다.). 30 초 동안 코스를 완주하지 못하면, "Better luck next time" 과 같은 적절한 3D 메시지가 나타나야 한다.

제11장

앞으로 추가될 기능들

"여기서부터 어느 쪽으로 가야하는지 알려 주겠니?"

고양이가 답하길, "그건 네가 어디로 가길 원하는 지에 달려있단다."

우리는 이 책을 교재로 사용하는 많은 학생들이 프로그래밍에서 또 다른 강의를 듣기로 결정하기를 기대한다. 만일 당신이 이러한 사람들 중에 하나라면(우리가 진심으로 소망하는 바와 같이), 당신은 앨리스에서 또 다른 프로그래밍 언어로 전환할 필요가 있을 것이다.

우리가 이 책을 쓰는 이 시점에서 볼 때, 당신이 다음에 배우게 될 가장 가능성이 높은 언어는 Java 또는 C++, C#이다. 이러한 언어들은 모두 객체지향 언어들이다. 앨리스 프로그래밍 언어 또한 객체지향적 성질을 가지고 있으므로, 이러한 사실은 좋은 것이다. 그러나 앨리스는 소위 실제 사용되는 언어들과 여러 가지 측면에서 다르다. 차이점들이 존재하는 이유는 언어들의 근본적인 목표들에 있다. Java 그리고 C++, C#은 상업, 인터넷 통신, 과학적인 연구의 분야에서 일반적인 목적의 프로그래밍 언어로 사용할 목적으로 설계되었다. 앨리스는 다음과 같은 두 가지 매우 다른 목적으로 설계되었다. (1) 3D 그래픽 애니매이션의 프로그래밍 환경을 제공하기 위함이다. (2) 컴퓨터 프로그램을 작성하기 위해 학습에 재미있게 사용할 수 있는 매우 영향력이 큰 시각화 도구를 제공하기 위함이다.

또 다른 프로그래밍 언어를 소개하는 것은 이 책의 범위에서 벗어난다. 그러나 우리가 할 수 있는 것은 앨리스를 통해 당신이 배운 개념들을 요약하여 당신이 또 다른 언어를 배울 수 있도록 대비하는 것이다. 또한 우리는 당신이 앨리스의 마우스를 주로 이용하는 끌어다 놓기가 가능한 편집기(drag-and-drop editor)에서(프로그램 작성 시에서 형식에 맞게 문장을 자세하게 작성하는 것이 중요한) 문자 입력 편집기(text editor)로 옮겨 갈 때 겪게 될 주요 변화에 대해 지적할 수 있다. 이 장은 당신이 그러한 변화를 만들도록 도와 줄 앨리스의 특징에 대해 설명할 것이다.

기본 개념

앨리스를 사용하여 프로그램을 하는 것을 배우는 것의 한 장점은 앨리스 애니메이션을 작성하면서 배우게 될 개념들이 실제 언어들에서 사용되는 기본 개념과 같다는 것이다. 예를 들면, 앨리스에서 프로그램을 작성하는 절차는 Java에서 프로그램을 작성하는데 쓰이는 절차와 같다(이 장에서 예로써 Java를 사용할 것이다. Java에 대해 언급될 모든 것들은 C++과 C#에 손쉽게 적용할 수 있다.). Java에서 프로그램을 작성하기 위해, 다음 절차를 따라야 한다.

1. ***읽기***: 각 프로그래밍 프로젝트는 무엇을 해야 하는지에 대한 기술로 시작한다. 이것은 문제나 과제뿐만 아니라 초기 장면을 기술하기 때문에, 애니메이션 프로그램에서 이것은 시나리오로 불린다. 또한 Java에서 프로그래밍 과제는 해결해야 할 문제나 수행하여할 할 과제에 대한 기술로 시작한다. 커다란 프로젝트들은 명세서라 불리는 매우 자세한 기술로 시작한다.
2. ***설계***: 간단한 프로그램은 아주 소량의 계획만이 필요하지만, 크고 좀 더 복잡한 프로그램들은 프로그램이 어떻게 작성되어야 할지에 대해 일부 생각이 요구된다. 당신이 학습한 한 가지 설계 기술은 스토리보드인데 이는 할 일 리스트와 매우 유사하다. 당신이 학습한 또 다른 기술은 단계적 상세화이며 이는 전체 과정에 대해 생각을 시작할 수 있도록 도와주고, 점진적으로 절차를 보다 간단한 동작들로 분할할 수 있도록 한다. 이와 동일한 설계 기술들은 통상적으로 Java 프로그램을 설계하는 데에 사용된다. 다른 기술 또한 사용될 수 있다. 그러나 전체 개념은 동일하다. 즉, 코드 작성을 시작하기 전에 계획하라.
3. ***구현***: Java와 같은 객체지향 언어에서는 프로그램 코드 작성 시 어떤 조직화 작업이 필요하다. 클래스와 메소드를 작성하여야 한다. 객체들이 만들어져야 한다. 메소드를 호출하여야 하고 인수를 매개변수로 보내야 한다. *If/Else*, *Loop*, *While* 문등의 판단과 반복을 가능하게 해 주는 제어구문이 사용된다. 실행은 순차적이거나 동시적일 수 있다. 앨리스에서 프로그램을 학습하였기 때문에 당신은 이러한 개념에 대한 이해와 경험을 얻었다.
4. ***테스트***: 프로그래밍 절차의 일부로 테스트를 반드시 고려하여야 한다. 의심의 여지없이 당신은 시험이 종종 프로그램에서 오류를 찾아내는 것을 발견하여 왔다.

그러면, 프로그램은 수정되어야 하고, 이는 설계와 구현 절차를 다시 거쳐야 하는 것을 의미한다. 걱정하지 않아도 좋다. 첫 날에 자리에 앉아 완벽한 코드를 작성하는 것을 기대하는 사람은 아무도 없다. 사실, 우리는 종종 실수에서 무언가를 배우지 않는가.

주요 변화

당신이 부딪히게 될 주요 변화는 앨리스의 마우스를 이용하여 끌어다 놓기가 가능한 편집기에서 문자 입력 편집기로의 사용 변화이다. 예를 들어 Java에서 프로그램을 작성하기 위해서는 당신은 간단한 문자 입력 편집기를 사용하여 당신의 프로그램에 입력하게 될 것이다. 그림 11-1-1은 간단한 Java 프로그램을 보여 주고 있는데 이는 문자 입력 편집기에 쓰여 있는 그대로이다. 우리가 Java에서 프로그램 하는 방법을 소개하려는 것은 아닐 지라도, 프로그램에 대한 간단한 설명은 도움이 될 것이다. Java 프로그램은 한 개 이상의 class description으로 구성되어 있는 데, 여기에서 변수가 선언되고 메소드가 정의된다. 아래의 *SimpleProgram* 클래스에서는 오로지 하나 *main*메소드가 정의되었다. 이 매우 간단한 예제에서, *main* 메소드에서 유일한 명령문은 다음의 문장을 인쇄하라(*println*)는 것이다. "매우 간단한 Java 프로그램이다!" (Java는 그래픽을 가지고 있지만, 앨리스에서 그래픽을 사용하는 것보다 훨씬 더 복잡하다.)

```
public class SimpleProgram {
   public static void main (String [ ] args) {
          System.out.println("This is a simple Java program!");
   }
}
```

그림 11-1-1. 텍스트 편집기로 작성된 간단한 자바(Java) 프로그램

이 Java 프로그램을 보면, 끌어다 놓기가 가능한 편집기에서 문자 입력 방식의 편집기로 전환하는 것은 프로그램 명령들을 입력하는 것 이상을 포함한다는 것을 깨달을 수도 있다. (단순히 명령어 타일을 끌어다 놓는 것과 달리 프로그램 명령문을 입력할 때는 중괄호, 괄호, 쉼표, 따옴표, 세미콜론과 같은 여러 가지 기호가 필요할 것이다. 또한 *public* 그리고 *static*, *void*와 같은 여러 Java 용어들을 이용하게 될 것이다.

문법

위 간단한 Java 프로그램에서 본 기호들과 단어들은 Java 프로그래밍 언어의 문법(Java 명령문을 어떻게 작성하여야 하는 지에 대한 규칙)의 일부이다. 인간과 컴퓨터, 양 쪽

모두에서 모든 언어는 문장을 쓰는 방법에 대한 규칙을 가지고 있다. 문장은 특정 종류의 단어들로 시작하여 다른 종류의 단어들로 이어져 또 다른 종류의 단어들로 이어져 가야 한다. 쉼표 그리고 따옴표, 세미콜론, 괄호와 같은 부호들은 자유롭게 혼재되어 있다. 예를 들어, 영어에서 다음과 같이 문장을 작성할 수 있다:

The panda moves forward 1 meter(판다가 1 미터 전방으로 움직인다.)

이 문장은 대문자로 시작하여 마침표로 끝난다. 문장의 명사구("The panda") 뒤에 동사구("move forward")가 뒤따른다. 순서와 부호가 규칙을 따르고 있지 않기 때문에 문장을 아래와 같이 쓰는 것은 오류이다.

forward 1 panda the moves meter

그림 11-1-2는 앨리스에서 전형적인 명령문의 문법을 보여주고 있다. 타이틀과 색깔은 명령문의 다른 부분에 대한 시각적인 정보를 주고 있다.

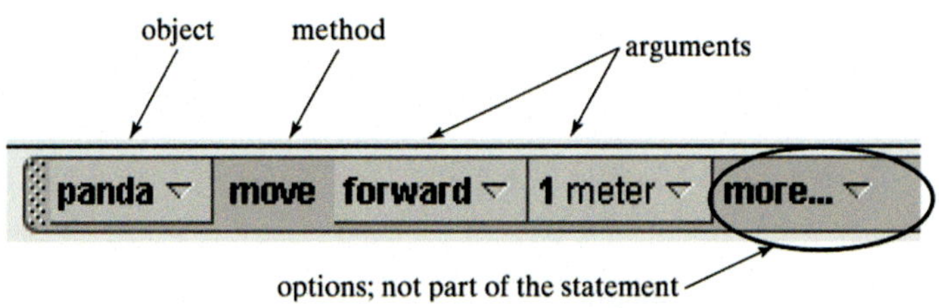

그림 11-1-2. 일반적인 앨리스의 명령문에서의 문법

모든 부호들이 어디로 가야 하는지 단어들이 어디에 위치하여야 하는 지 배워야 하기 때문에 문법은 당신을 좌절시킬 수 있다. 앨리스에서 명령문을 작성하는 편집기는 초기 프로그래머의 좌절을 줄여 주기 위해 고안되었다. 당신은 명령문의 일부를 끌어서 편집기에 넣는다. 이는 언어의 규칙을 집행시켜 당신은 문법 오류에 대해 걱정할 필요가 없었다.

문법 전환

당신이 Java와 같은 실제 언어를 배우는 것을 대비하도록 돕기 위해, 당신은 앨리스에서 Java 스타일로의 전환을 수행해 볼 수 있다. 스타일 전환은 **Edit/Preferences** 메뉴에 있다. Java-style로 실행하기 위해, 앨리스 인터페이스의 상단의 주 메뉴 바의 Edit을 선택한 다음 Preferences 메뉴를 선택하라. 아래 그림 11-1-3에서 기술된 바와 같이, Preferences 메뉴의 general tab에서 *Java Style* 옵션을 선택하라. 스타일 전환은 프로그래머의 preferences를 충족시키기 위해 키고 끌 수 있는 똑딱이 스위치(toggle switch)

와 같다. 기정 *Alice-style* 화면 표시기로 되돌아오기 위해서는 단순히 Alice Style로 스타일을 세팅하라.

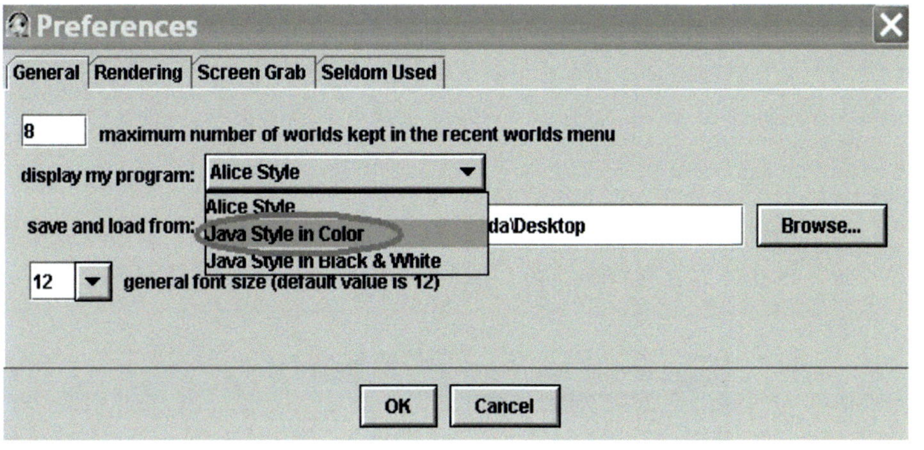

그림 11-1-3. Java 형식으로 명령문을 표시하기 위하여 *Java Style*로 설정하기

유의사항: 당신의 컴퓨터에서 스타일 전환을 위해서는 앨리스가 종료되고 재시작하여야 전환 설정이 완료될 수도 있다.

일단 문법 전환이 세팅되면, 편집기에서의 명령문은 좀 더 자세해 지고, Java 프로그램에서 등장하는 것과 유사한 기호와 언어들을 포함하게 된다. 그림 11-1-2의 명령문을 Java-style로 전환하면 그림 11-1-4와 같다.

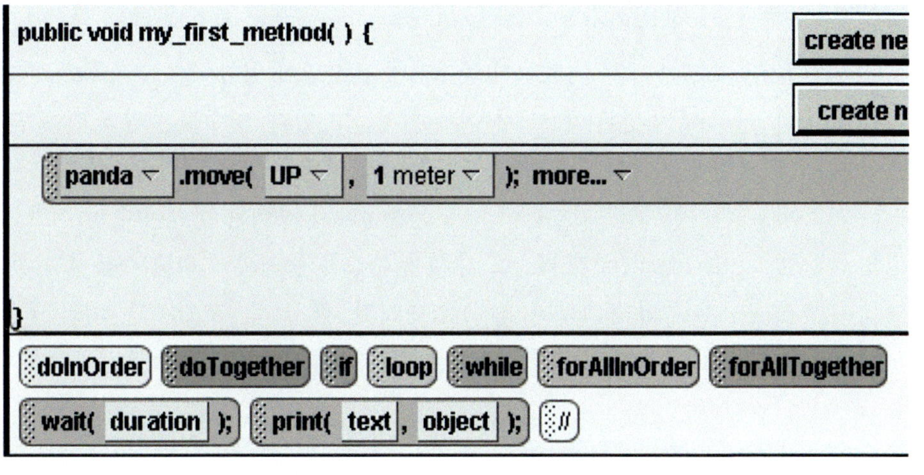

그림 11-1-4. *Java-style*로 표시된 명령문

상세한 문법

Java-style 문법을 사용하여 정렬된 앨리스 명령문의 일부를 자세히 들여다보자. 먼저 그림 11-1-5에서 동그라미 표시된 메소드 기호(*method signature*)를 보자. Java 프로그램에서 메소드의 정의는(메소드 정의의 시작임을 표시하는) 메소드 기호로 시작된다. 메소드의 이름은 공백을 포함하지 않는다. 앨리스의 *my_first_method*는 Java에서 *main* 메소드와 유사한데 이는 프로그램이 작동할 때 처음 실행되는 메소드이다. public은 어느 곳에서건 호출될 수 있다는 것을 의미한다(앨리스에서 모든 메소드는 public이다.). void는 어느 정보이건 되돌려 주지 않는다는 것을 의미한다. 즉, 메소드를 호출한 당사자에게 일부 정보를 되돌려 주는 메소드/함수가 아니라는 것이다.

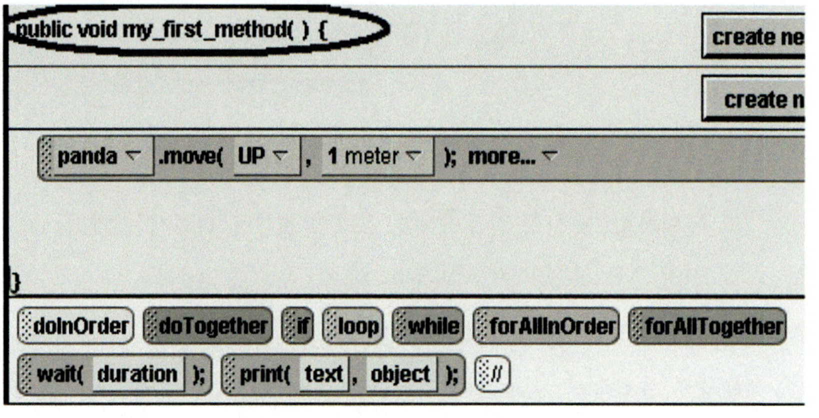

그림 11-1-5. 메소드는 메소드 기호로 시작된다

다음으로 보아야 할 상세 문법은 구두 기호들의 사용에 관한 것이다. 아래 그림 11-1-6에서 일부 구두 기호들이 동그라미 표시되어 있다. 점(.)은 panda라고 명명된 객체와 *move*로 명명된 메소드 사이에 위치하고 있다. 인수들은 괄호 안에 닫혀 있고, 쉼표에 의해 분리되어 있으며(*UP*, *1 meter*), 전체 문장은 세미콜론(;)으로 끝난다. 이것이 바로 이러한 구두 기호들이 Java 문장들에서 쓰이는 방식이다. 마지막으로 두 활괄호({}, curly brackets)가 메소드 내에서 문장을 둘러싸기 위해 덧붙여져 있는 것을 보자. (그림 11-1-7의 동그라미 표시) 알다시피, 메소드는 코드(또는 여러 명령문)의 블록이며, Java에서 코드의 블록은 활괄호 안에 포함시키는 것으로 표시한다.

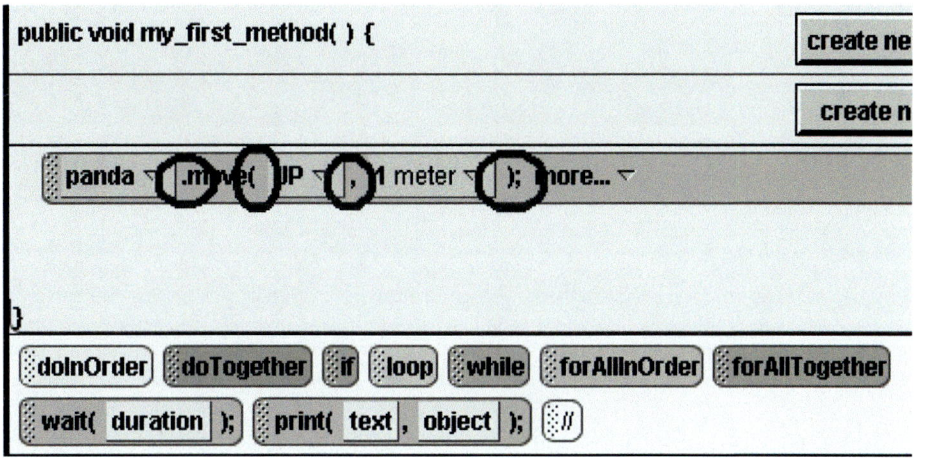

그림 11-1-6. 구두 기호

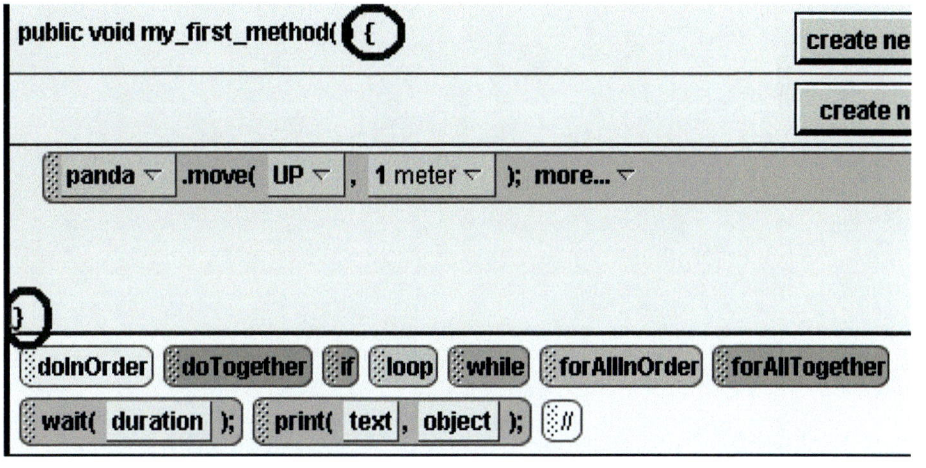

그림 11-1-7. 활괄호(curly brackets)로 둘러싸인 코드 블록

이미 작성한 앨리스 프로그램을 통해 Java에서 유사한 문장이 어떻게 보여 지는 지 확인할 수 있다. 이는 Java 또는 또 다른 프로그래밍 언어를 배우는 데 있어 순조로운 시작이 될 수 있다.

부록

부록 A: 앨리스의 사용

본 연습문제는 튜토리얼 형태로 스스로 해볼 수 있게 작성되어 있어서 앨리스 사용의 기본을 배우는데 도움을 줄 수 있다. 여러분이 친구와 함께 연습문제들을 하나씩 풀어보기 바란다. 함께 재미도 느끼면서 혼동되는 부분이 있으면 서로 도와줄 수도 있을 것이다. 이해가 안될 때면 언제나 절의 앞으로 돌아가서 해당 가상세계를 다시 로딩한 다음 재시도하라. 그렇다 해도 몇 분만 늦어질 뿐이다.

1 부: 앨리스에서 가상세계 동작시키기

여기서 여러분은 두 개의 가상세계(본 교재와 동봉된 CD에 있는 FirstWorld와 DancingBee)를 동작시켜 보게 될 것이다. 또한 여러분 스스로 새로운 세계를 만들어 저장하게 될 것이다.

주의: 할 일을 특정 명령어로 명시할 때는 이 줄 같이 표시될 예정이다.

앨리스를 시작시키는 법: 앨리스는 다음 두 방법 중 한가지로 시작시킬 수 있다.

1. 여러분의 기계의 바탕화면에 있는 앨리스 아이콘을 클릭하라(다음 페이지 그림 A-1-1을 보라.).

2. 또는, 윈도 탐색 유틸리티를 사용하여 시동 파일인 "Alice.exe"를 찾아 클릭하라.

앨리스를 로딩하는 데는 1~2분 정도 걸릴 수 있다.

설치하기에 따라서는 그림 A-1-2의 선택 대화상자가 디스플레이 될 수도 있다. 더 이상 앨리스를 시작시킬 때마다 이 대화 상자를 보고 싶지 않으면, 대화 상자 좌측하단 구석에 "Show this dialog at start"라는 레이블이 있는 상자의 체크를 제거한다(주의사항: 일부 대학 컴퓨터 네트워크 시스템에서는 재 부팅 시 초기 영상으로 각 컴퓨터를 복원시키므로, 그와 같은 컴퓨터를 사용하는 경우 그 상자의 체크를 제거할 필요가 없다.).

Templates 탭을 클릭하고 초기 장면으로 "grass" 가상세계를 선택하라. 그런 다음 Open을 클릭하라. 앨리스는 빈 가상세계로 시작된다. 그림 A-1-3처럼 가상세계 보기(World View) 윈도에서 초록 풀밭과 푸른 하늘의 초기 장면을 보게 될 것이다. 그렇지 않다면, *www.alice.org*의 설명을 참조하여 앨리스 설치 문제를 해결하라.

가상세계 1: 첫 애니메이션

먼저 가상세계를 한 개 열어 보자.

그림 A-1-4와 같이, 앨리스 윈도 상단의 File 메뉴를 선택한 다음 Open World를 선택하라.

가상세계 파일을 열기 위한 대화상자가 열릴 것이다. 그림 A-1-5와 같이, Textbook 탭을 클릭하여 텍스트 예제들을 보라.

그림 A-1-1. 컴퓨터 바탕 화면에 있는 Alice 단축 아이콘

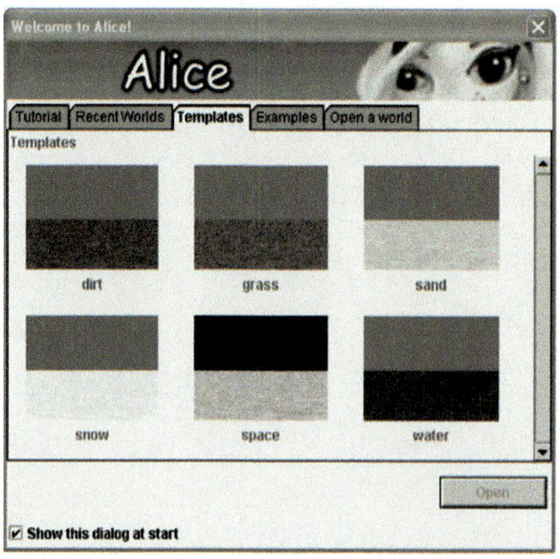

그림 A-1-2. 시동 대화상자

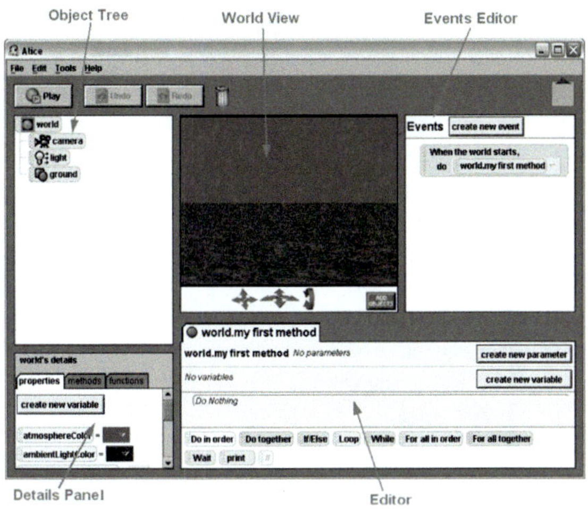

그림 A-1-3. 앨리스 인터페이스

그림 A-1-4. File Open World 메뉴

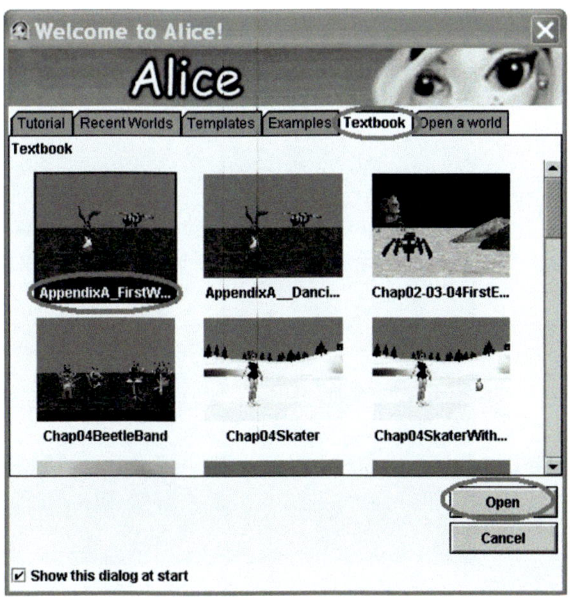

그림 A-1-5. 대화상자 내의 교재 예제들 가운데 AppendixA_FirstWorld를 열기

AppendixA_FirstWorld를 선택하고 Open 버튼을 클릭하라. 그림 A-1-6에서와 같이, 열린 가상세계에 벌(bee)과 토끼(hare)가 디스플레이된다. 객체 트리는 가상세계 내의 객체들을 열거한다.

Play를 클릭하여 가상세계를 동작시킨다.

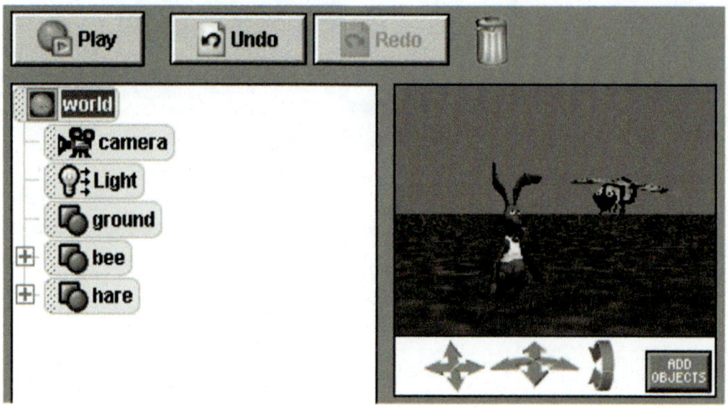

그림 A-1-6. 상단에 Play 버튼, 좌측에 객체 트리, 우측에 First World 초기 화면

애니메이션 윈도 상단의 버튼 들을 자세히 살펴보라(그림 A-1-7). Pause와 Restart 같은 버튼은 명확하다. Take Picture 버튼을 누르면 애니메이션의 스냅 사진을 찍어 그래픽 영상 파일로 저장한다(팝업 메뉴로 파일 저장 위치를 선택할 수 있다.). Speed 슬라이드 제어장치로는 애니메이션 속도를 제어할 수 있다.

그림 A-1-7. 애니메이션 윈도

물론 애니메이션 속도는 컴퓨터 하드웨어 성능에 영향을 받는다. 애니메이션이 동작하는 윈도(**가상세계를 동작**시키는 윈도)의 크기가 애니메이션 속도에 영향을 줌을 알아두면 좋다. 애니메이션이 너무 느리게 동작하면, 윈도 크기를 작게 하라(윈도의 하단 우측 구석을 마우스로 잡아끌어 윈도를 원하는 크기로 하라.). 윈도 크기가 변경되면, 다음 애니메이션 작동 시 앨리스는 그 크기를 기억해 낸다.

FirstWorld용 애니메이션 윈도를 닫으시오(애니메이션 윈도의 상단 우측에서 X를 마우스로 클릭하거나 Stop 버튼을 클릭하라).

가상세계 2

가상세계 1(FirstWorld)은 "영화" 스타일의 애니메이션이다. 영화는 처음부터 끝까지 동작하게 되며 여러분은 "사용자"의 입장으로 애니메이션을 보게 된다. 애니메이션 작동법에 대해 여러분이 선택할 수 있는 대화식 가상세계를 살펴보기로 하자.

File → Open World를 사용하여 대화 상자를 연다.
그림 A-1-8에서처럼, 대화 상자에서 Textbook을 선택한 다음 AppendixA_DancingBee를 선택하라.
Play를 클릭하라.
다음에는, 다음 두 가지 선택사항 각각을 시행해 보라(순서에 무관함).

1. 위쪽 화살표 키를 누른다.
2. 스페이스바를 누른다.

애니메이션 보기가 끝나면, 윈도를 닫는다.

이 가상세계는 위에서 본 첫 번째 가상세계에서와 동일한 장면을 사용하지만, 대화식, ***사건구동식*** 애니메이션으로 프로그램을 변경하였다. 위쪽 화살표 키를 누르면 ***사건***(또는 ***이벤트***)이 생성된다. 앨리스는 토끼 점프로 위쪽 화살표에 반응한다. 스페이스바를 누르면 다른 사건이 생성된다. 앨리스는 벌이 비행 중 급회전을 하게 함으로써 스페이스 바에 반응한다. 이 가상세계는 대화식, 사건구동식 애니메이션의 예제이다.

요약

가상세계 1과 2로 우리가 배운 것을 요약해 보자. 이 토픽 중 완전히 이해가 안되는 게 있으면, 본 절의 앞으로 돌아가서 다시 시작하기 바란다.

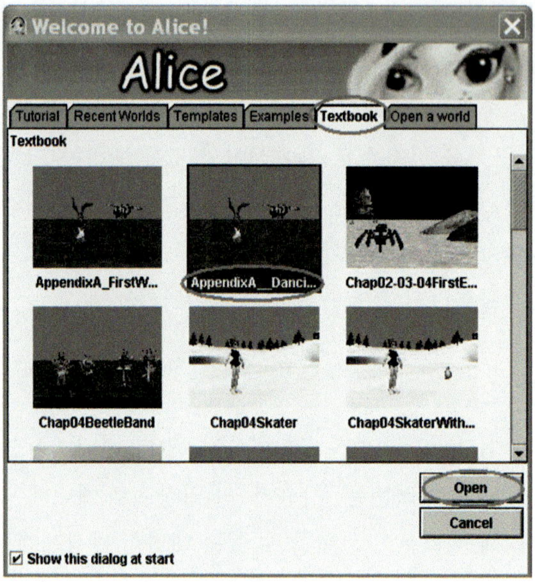

그림 A-1-8. AppendixA_Dancing Bee 시계를 선택하라

- 앨리스를 시작시키는 법
- 저장된 가상세계를 여는 법
- 가상세계를 Play하는 법
- 가상세계를 정지시키는 법
- 사건과 반응을 이용하여 대화식 가상세계를 작동시키기

가상세계 3: 여러분 스스로의 새로운 가상세계를 작성하고 저장하기

앨리스의 상단 좌측 구석의 File 메뉴를 클릭하라. 그림 A-1-9처럼 "New World"를 선택하라. 그 다음 snow 템플릿을 초기 화면으로 선택하라.

그림 A-1-9. File 메뉴에서 New World를 선택하라

가상세계의 저장

새로운 가상세계를 생성할 때마다 저장하는 습관을 갖는 게 좋다. 그렇게 하면 컴퓨터가 다운되거나 전기가 끊기더라도(최상의 컴퓨터도 그런 일이 생길 수 있다!), 컴퓨터를 재부팅 시 안전하게 다시 읽어들일 수 있다. 가상세계는(바탕화면, 파일 서버 공간, 디스크나 USB 메모리 등) 다양한 위치 어디에건 저장될 수 있다. 디스크 경우 플로피 디스켓 보다는 집 디스크나 USB 메모리를 사용하면 좋다(플로피 디스켓은 크기가 부족할 수 있다.). 아래 예는 집 디스크 상의 디렉터리들을 보여주지만, 다른 저장 장치도 동일하게 동작한다.

Go to File → Save World As.

이처럼 하면 그림 A-1-10처럼 Save World 대화상자를 불러오게 되어 가상세계가 저장될 위치로 찾아갈 수 있다.

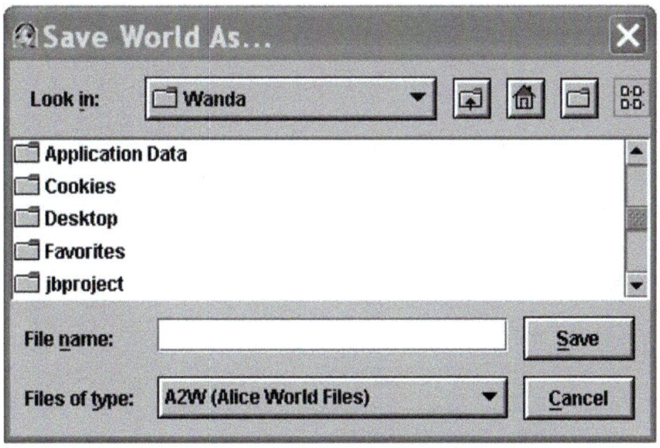

그림 A-1-10. Save World 대화상자

그림 A-1-11처럼, 여러분의 가상세계를 저장하려는 폴더(디렉터리)로 찾아가라. 여러분의 애니메이션 모두를 저장할 **AliceWorlds**라는 폴더를 만들면 편리하다.

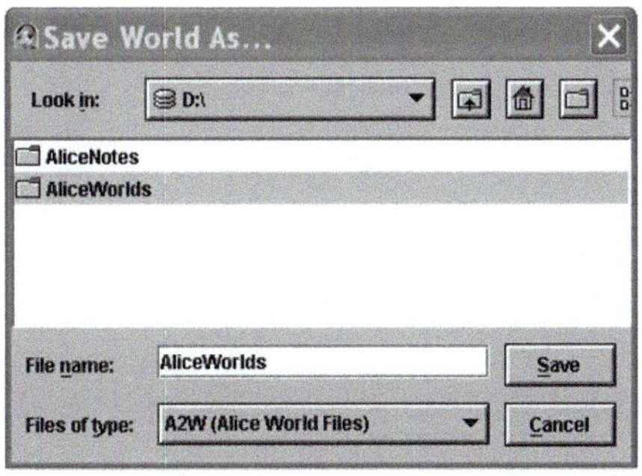

그림 A-1-11. 가상세계를 저장할 폴더를 선택하라

여러분의 가상세계를 위한 이름을 정하라—SnowmanExercise처럼 대소영문자를 사용하는 단일 단어 이름이 좋다. **그림 A-1-12에서처럼 여러분의 가상세계를 위한 이름을 입력하고 Save 버튼을 클릭하라.**

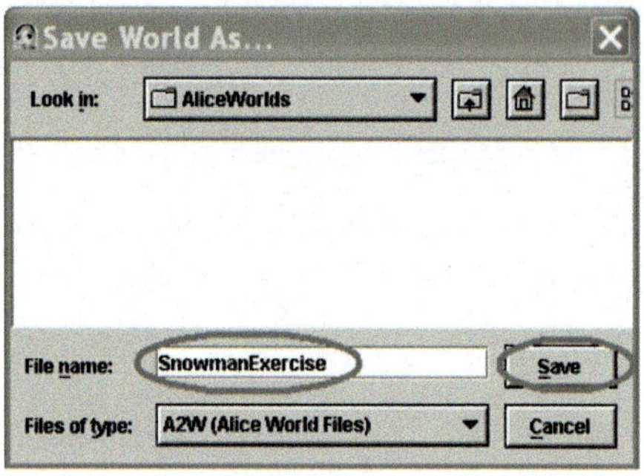

그림 A-1-12. 파일 이름을 입력하고 save를 클릭하라

여러분의 가상세계는 확장자 **.a2w**(Alice 버전 2 world의 약어)로 저장된다.

앨리스는 여러분이 작업 중인 가상세계를 저장하라고 주기적으로 알려줄 것이다. 삼십분 정도마다 한 번씩은 저장하는 게 좋다. 여러분이 저장할 때 앨리스는 가상세계의 백업 복사본을 자동으로 만든다. 해당 폴더의 이름은 "Backups of..." 이다.

가상세계에 객체 추가

그림 A-1-13처럼, World 보기 윈도의 하단 우측에 있는 Add Objects 버튼을 클릭하라.

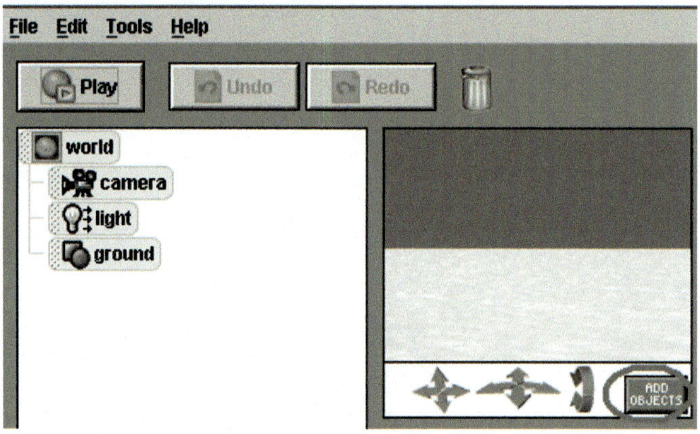

그림 A-1-13. Add Objects 버튼

앨리스는 ***장면 편집기***를 연다. 3D 모델에 대한 접근을 위해 지역 갤러리와 웹 갤러리에 대한 시각적 디렉터리가 제공되고 있다. ***Search Gallery*** 버튼을 이용하면 특별한 종류의 객체를 탐색할 수 있다(객체 탐색에 대해 더 자세히 알려면 부록 B를 보라.).

중요한 메모: 지역 갤러리는 3D 모델 일부를 분류해 놓은 모음집이다. CD 갤러리와

웹 갤러리에는 수천 개의 모델이 포함되어 있다. 웹 갤러리 사용법에 대한 설명서는 본 튜토리얼의 다음 절을 보라. 앨리스 CD가 여러분의 기계에 들어 있다면 CD 갤러리 폴더가 디스플레이될 것이다. 본 교제의 예제, 연습문제, 프로젝트는 지역 갤러리와 웹 갤러리에서의 3D 모델을 사용한다. 어느 특정의 모델을 지역 갤러리에서 찾지 못하면 *www.alice.org*에 있는 온라인 웹 갤러리를 찾아보라.

그림 A-1-14에서처럼 지역 갤러리 폴더를 클릭하라.

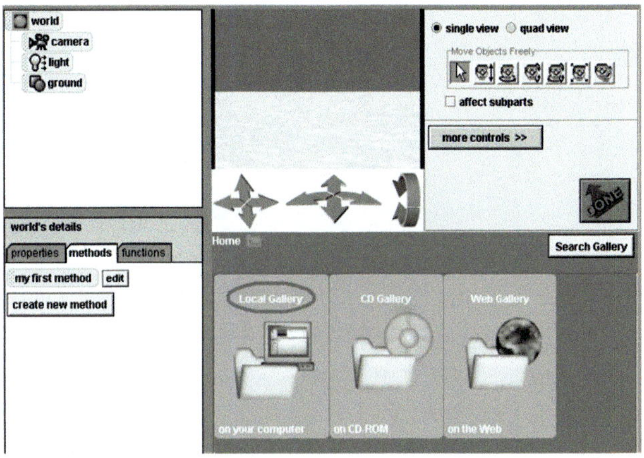

그림 A-1-14. 지역 갤러리 폴더

메모: 갤러리는 모음집 별로 구성되어 있다-예를 들면, Animals, Buildings, People 등이다.

그림 A-1-15와 같이 People 섬네일 그림을 클릭하라.

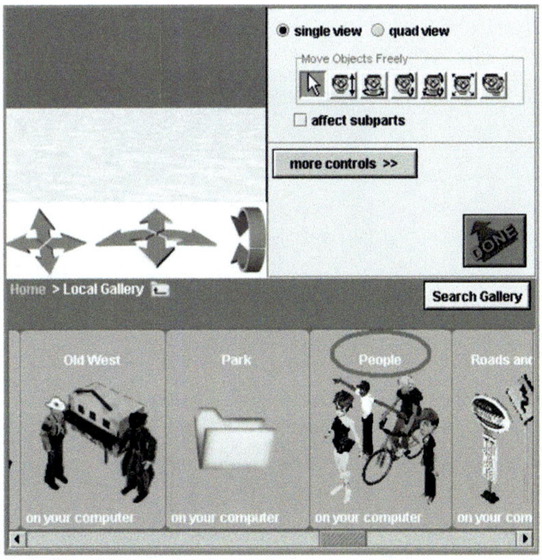

그림 A-1-15. 3D 모델 People 모음집

Snowman을 클릭하라.

Add instance to world를 클릭하라. 그림 A-1-16처럼, 마우스를 사용하여 객체를 가상세계로 끌어다 떨구는 식으로 객체를 가상세계에 추가할 수 있다.

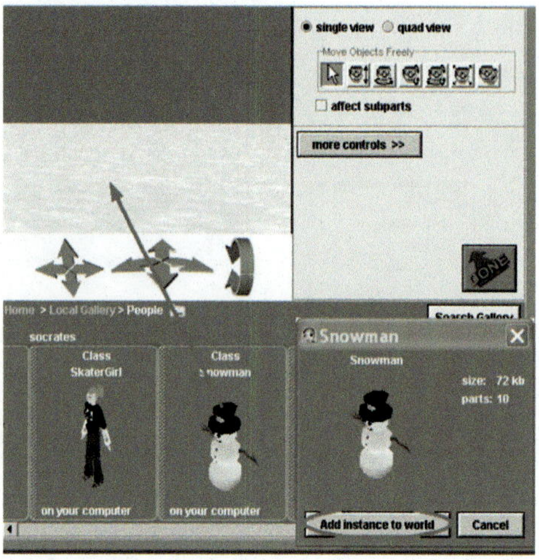

그림 A-1-16. 두 가지 선택사항: 객체를 추가하려면 객체를 끌어다 떨구거나 클릭한다

메모: '끌어다 떨구기'는 바닥(ground)에 상대적으로 작동한다. 가상세계에서 바닥을 제거하면, '끌어다 떨구기' 기법을 사용하여 객체를 가상세계에 추가할 수 없다.

웹 갤러리의 사용(선택사항)

여러분의 컴퓨터가 인터넷에 연결되어 있다면, 그림 A-1-17처럼 웹 갤러리를 사용하고자 할 수 있다. 온라인 갤러리는 지역 갤러리 보다 훨씬 더 많은 모델들을 제공한다.

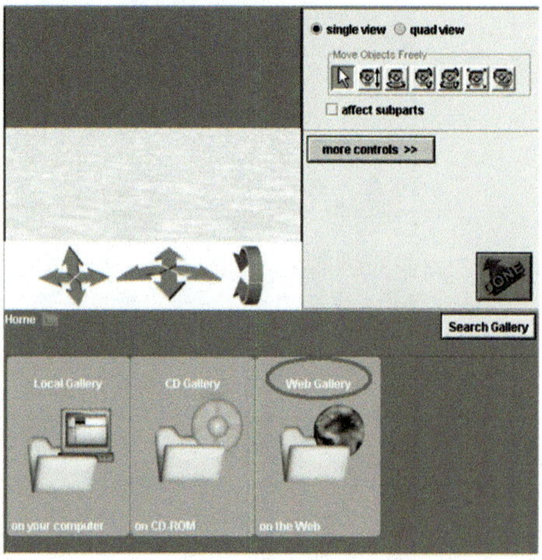

그림 A-1-17. 웹 갤러리 폴더

메모: 연결 속도에 따라 다르긴 하지만, 웹 갤러리의 모델은 CD의 모델 보다 로딩하는데 더 많은 시간이 걸릴 수 있다.

위와 동일한 과정을 따라 온라인 3D 모델 People 모음집에서의 snowman 객체를 추가해 보라.

장면 편집기에서 마우스 제어

마우스를 이용하여 snowman을 장면 주변으로 끌어 보라. 그 다음에 그림 A-1-18처럼 Undo를 클릭하라.

그림 A-1-18. Undo 버튼

이는 중요한 점을 보여주고 있다—이제 여러분이 작업 도중 엉망이 되는 것을 걱정할 필요가 없다. Undo를 사용하면 이전 위치로 돌아 갈 수 있다.

장면 편집기 가장 우측에 마우스가 3D 공간에서 객체를 이동시키는 방식을 선택할 수 있는 버튼들의 툴킷이 있다. 디폴트로는 수평(좌-우, 앞-뒤) 이동이 선택된다.

그림 A-1-19처럼, 각 마우스 제어 버튼을 한번에 하나씩 선택하여 snowman을 가지고 실험해 보라.

여러분의 참조용으로 작성된 그림 A-1-20은 마우스 제어 버튼의 행위를 보여준다. "Horizontal" 이라는 레이블이 붙은 디폴트 버튼은 마우스로 객체를 장면 속에서 좌, 우, 앞, 뒤로 이동할 수 있게 해준다.

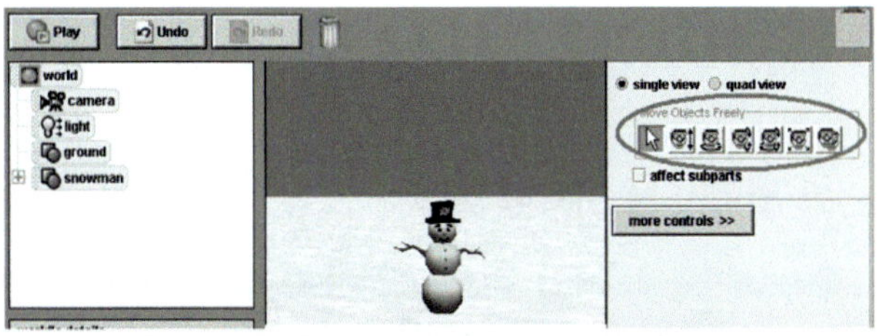

그림 A-1-19. 마우스 제어 툴킷

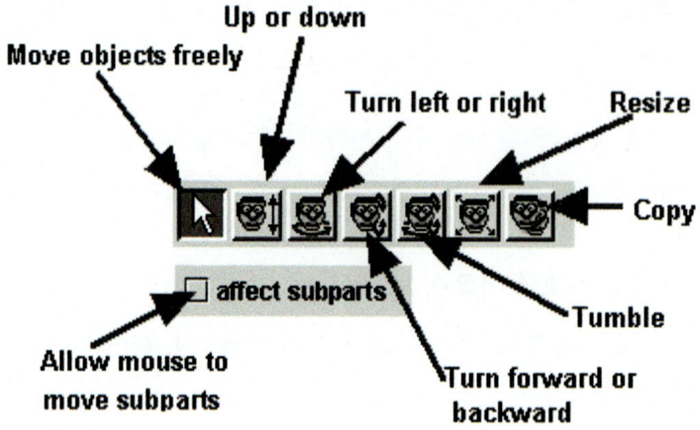

그림 A-1-20. 마우스 제어 버튼들

객체 부품들의 이동

마우스 이동 제어장치는 객체를 통채로 이동시키도록 자동 설정되어 있다. affect subparts를 체크하면, 마우스를 이용하여 객체 전체가 아닌 객체 내의 부품들의 이동을 제어할 수 있다.

그림 A-1-21처럼, "affect subparts" 상자를 체크하고 수직 마우스 제어장치를 사용하여 snowman의 hat을 이동시켜 보라.

그림 A-1-21. Affect subparts가 체크된다

더 진행하기 전에 "affect subparts"의 체크를 반드시 풀도록 한다.

copy와 delete를 이용한 실험

1. **Copy 마우스 제어 버튼을 사용하여(위의 마우스 제어를 참조하라.) 두 번째 snowman(눈사람)을 생성하라. 그런 다음 그 snowman을 클릭하라.** 이렇게 하면 두 번째 snowman 객체가(동일 장소에) 생성된다.
2. 실제로 복사본은 원래의 객체의 유령과 흡사하다—완전히 독립적이지 않다.

대부분의 가상세계에서, 우리는 새로운 객체를 추가하기를 더 좋아한다. **두 번째 snowman을 지우라—두 번째 snowman을 우클릭하고 팝업 메뉴에서 Delete를 선택하라.**

3. **끝으로, 마우스 제어 버튼들 중에 있는 마우스 커서를 클릭하여 객체 복사를 중단하라.**

메모: 가상세계에서 바닥을 지우면, 새로운 객체는("끌어다 떨구기" 버튼 대신) "Add instance" 버튼을 이용해서만 추가될 수 있다.

가상세계에 snowwoman 객체를 추가하라.

그림 A-1-22처럼, 가상세계에는 이제 두 개의 객체 snowman과 snowwoman이 있게 된다.

그림 A-1-22. snowman과 snowwoman

사분창의 사용

snowman과 snowwoman이 나란히 서서 서로 바라보게 해 보자. 장면 편집기를 사용하여 두 객체를 배치할 수 있다.

그림 A-1-23처럼 편집기에서 "quad view(사분창)"를 선택하라.

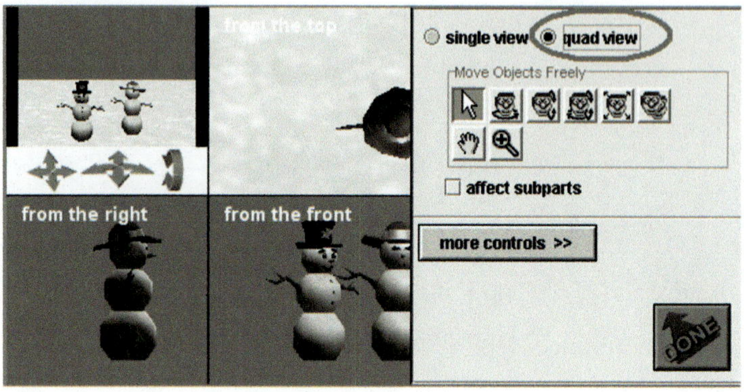

그림 A-1-23. 사분창의 창들

가상세계 보기 윈도가 4창으로 된 사분창으로 바뀐다. 네 창은 ***카메라(Camera)***, 위(Top), 우측(Right)과 앞(Front)의 시야에서의 모습들을 보여준다. Front창과 Right창이 자동적으로 수직 이동이 되므로 수직 마우스 제어 버튼은 더 이상 이용 가능하지 않음에 주의하라. 도구상자는 이제 2째 행의 마우스 제어 버튼들을 디스플레이 하는데, 그곳에는 그림 A-1-24에 레이블 붙인 바와 같이 스크롤(scroll)과 줌(zoom) 버튼이 포함된다.

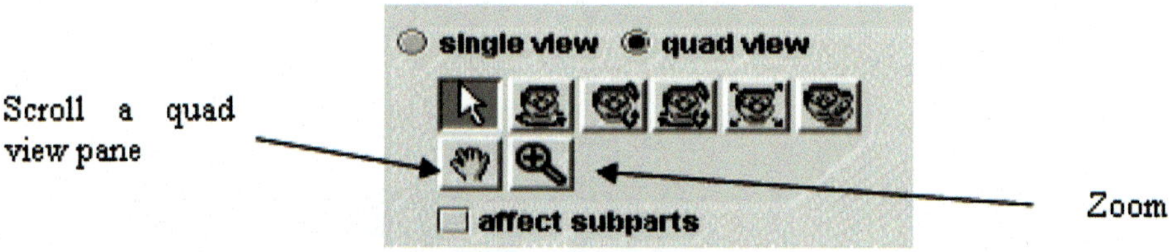

그림 A-1-24. 둘째 행의 마우스 제어장치들

위의 사분창에서 Top 시야에서는 snowwoman이 부분적으로 보이지 않는다(여러분의 가상세계가 우리의 가상세계와 조금 다르게 보일 수도 있다.). 스크롤 도구를 사용하여 창 안에서의 시점의 위치를 조절할 수 있다. 그림 A-1-25에서는 스크롤 제어를 사용하여 Top 시야 창의 위치를 조절하였다.

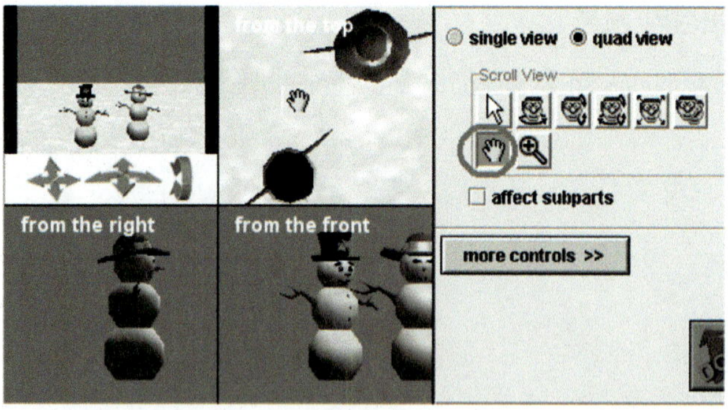

그림 A-1-25. 스크롤 도구의 사용

다른 유용한 기능으로 줌 도구가 있다. 줌 도구를 이용하여 창 안에서 줌인(zoom in)하거나 줌아웃(zoom out)할 수 있다. 그림 A-1-26에서는 위에서의 모습을 보여주는 창에서 줌 도구를 사용하여 줌아웃하였다.

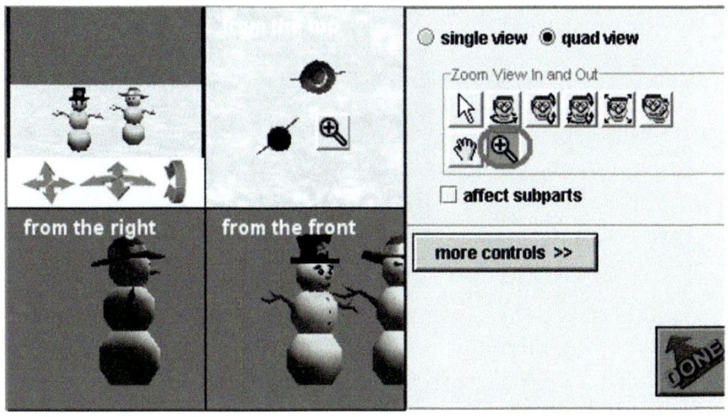

그림 A-1-26. 줌 도구의 사용

마우스를 사용하여 두 객체를 나란히 배치하라.

우측 모습에서 한 객체가 다른 객체를 조금 가리면 나란히 위치된 것으로 볼 수 있다(그림 A-1-27에서 동그라미 쳐진 우측 모습 창을 보라.).

그림 A-1-27. 우측 모습 창(Right view pane)

마우스를 사용하여 객체들이 서로를 바라보게 하라.

마주보기는 그림 A-1-28처럼 위쪽 및 앞쪽 모습을 보면 알 수 있다.

그림 A-1-28. 위쪽 및 앞쪽 모습 창(Top and front view panes)

그림 A-1-29처럼 single view를 클릭하여 장면 편집기 내의 단일 창으로 돌아가라.

그림 A-1-29. 단일 모습

ctrl 및 shift 키를 마우스-객체 이동과 함께 사용하기

마우스 제어 버튼이 제공하는 다양한 선택사항으로도, 장면 속 객체들의 이동 및 포즈 잡기가 가능하지만, 때로는 키보드 제어장치를 마우스와 함께 사용하면 더욱 편리하다. Ctrl 키를 누른 채로 마우스를 사용하면 회전 움직임 중 객체를 돌릴 수 있다. Shift 키를 누른 채로 마우스를 사용하면 객체를 위아래로 이동할 수 있다.

카메라의 이동

장면 설정 시 카메라의 시점(camera viewpoint)을 이용하여 사용자가 애니메이션 중 볼 수 있는 것을 조절할 수 있다. 카메라를 장면 위 공중에서 배회하는 원격조정식 공중 수송 장비라고 생각하면 도움이 될 것이다.

그림 A-1-30에서와 같이, 장면 편집기 아래 푸른색 제어장치들이 카메라 제어장치이다.

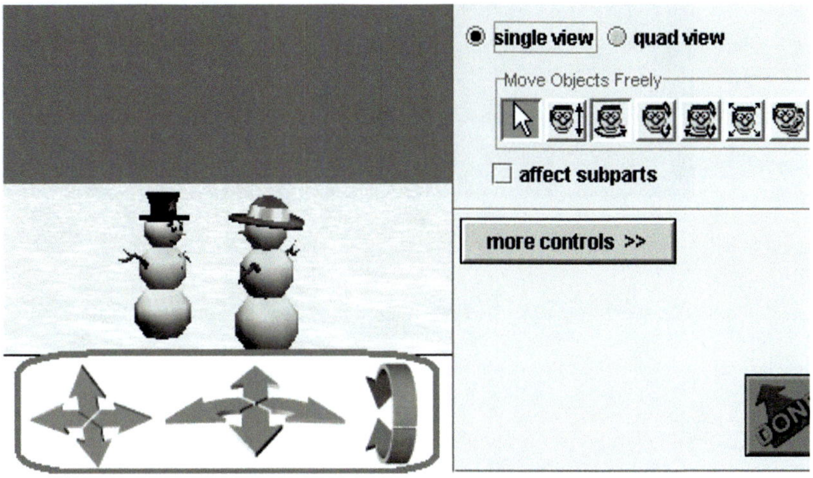

그림 A-1-30. 카메라 항해 제어장치들

카메라 제어장치들을 클릭하고 끌어서 각 카메라 제어장치가 어떤 일을 하는지 이해하라.

언제든지 Undo를 사용하면 이전 카메라 위치로 돌아갈 수 있다.

초기 장면에 다수의 객체들을 배치하기

많은 객체가 장면 속에 있어야 할 때, 객체를 한번에 한 개씩 추가하고 장면 여기저기에 배치하는 일은 시간이 오래 걸린다. 그 이유는 여러분이 객체들을 이동시킬 뿐만 아니라 장면 주변으로 카메라도 이동하고 있기 때문이다. 여러 차례 그러한 이동을 한 후에는, 새 객체를 장면 속에 처음 추가할 때 새 객체는 카메라의 시야에 없을 수도 있다. 이에 따라 새로 추가된 객체들을 찾아내어 장면 속에 배치하느라 카메라 제어에 많은 시간을 보내게 된다.

가상세계를 생성하자마자 즉시 모든 객체들을 장면에 추가하는 게 좋다. 그리고는 마우스와 카메라 제어장치를 사용하여 객체들을 장면 속에 배치하라. 이 간단한 과정으로 많은 시간을 아낄 수 있고 초기 장면을 훨씬 쉽게 작성할 수 있다. 그림 A-1-31(a)는 새로운 가상세계 중심 부근에 모든 객체들을 추가한 모습을 보여주고 있다. 그림 A-1-31(b)는 모든 객체들을 그 장면에 맞게 재배치한 모습이다.

그림 A-1-31. (a) 객체들을 가상세계 중심 부근에 두기 (b) 장면 속 객체들의 재배치

요약

가상세계 3을 이용해서 학습한 내용을 요약해 보자. 다음 주제 중 잘 이해가 안 되는 게 있으면 본 절의 앞부분부터 다시 학습하라.

- 새로운 가상세계 만드는 법
- 가상세계의 저장
- 가상세계에 객체 추가하기
- (장면 편집기에서) 마우스 제어장치 사용하기
- 객체의 부품에 대해 마우스 제어장치 사용하기
- 객체의 삭제
- 사분창의 이용
- 카메라 이동
- 장면 속 객체 배열

2 부: 팝업 메뉴를 사용한 초기 장면 생성

1 부에서는, 마우스 제어장치를 사용하여 장면 속에 객체들을 배치하였다. 2 부에서는 장면 설정 시 객체를 다루기 위해 메소드를 사용하는 법을 배우게 된다.

장면 속 객체들의 크기와 위치를 조절하는데 사용할 수 있는 많은 내장 함수가 앨리스에서 제공된다. 이런 명령어들을 ***메소드***라고 부른다. 메소드 사용의 예를 들어 보기 위해, 새로운 가상세계에서 (본 부록 1 부에서 배운 마우스 제어장치 이외에) 장면 설정을 위해 메소드를 사용해 보자.

본 절을 시작하기 위해 먼저 File → New World로 새로운 가상세계를 시작시킨다.

grass 템플릿 가상세계를 선택하라. 그림 A-2-1에서처럼 Add Objects 버튼을 클릭하여 초기 장면을 설정하라.

happy tree와 frog를 새로운 가상세계에 추가하라.

frog(개구리)는 지역 갤러리의 Animals 폴더에 있다. happy tree는 Nature 폴더에 있다.

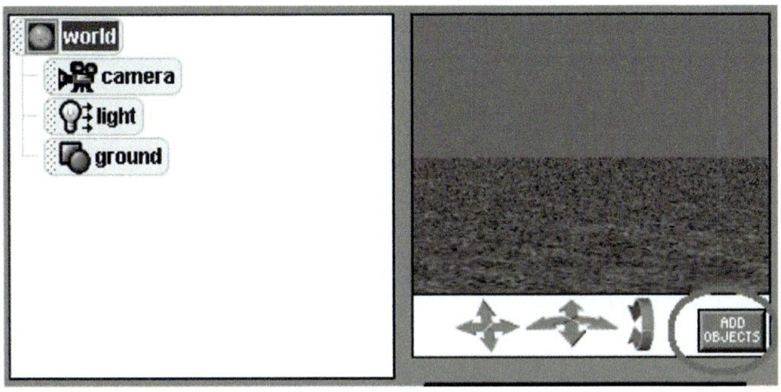

그림 A-2-1. Add Objects(객체 추가) 버튼

그림 A-2-2에서 알 수 있듯이, frog는 작은 편이며 풀밭에 숨어들어 찾기가 어렵다. 이 점은 frog를 적에게서 위장하는 데는 좋겠지만 애니메이션에는 좋을 게 없다. *resize* 메소드를 사용하면 frog를 크게 할 수 있다.

그림 A-2-2. frog가 너무 작다

객체 트리에서 *frog*를 우클릭하라.

그림 A-2-3처럼, "*frog resize*" 메소드를 선택하고 amount(양)로 2를 선택한다. 이렇게 하면 frog 크기가 현재의 두 배로 된다.

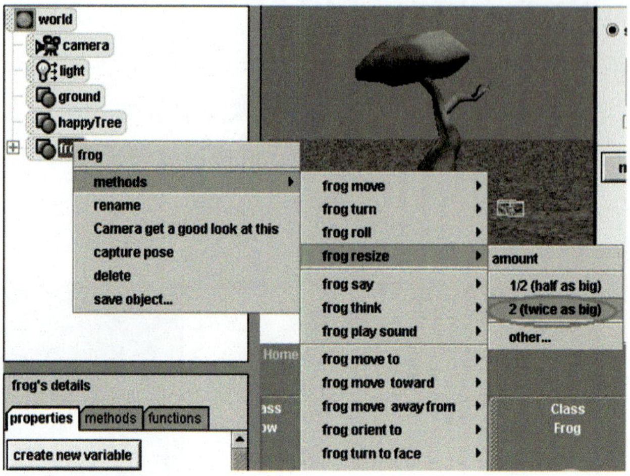

그림 A-2-3. frog 크기를 2배로 한다(resize)

메모: 객체 크기를 조절하면 뜻밖의 결과가 생길 수 있다. 바닥 위에 서 있는 객체가 땅 속으로 가라앉을 수도 있다. **필요시 마우스를 이용하여 객체의 위치를 바꾸라.**

turn 메소드는 주어진 방향(앞, 뒤, 좌, 우)으로 주어진 크기(바퀴 수)로 객체를 돌릴 수 있다. 객체는 자신의 방향 감각(방향성)에 상대적으로 이동한다.

그림 A-2-4처럼, *turn* 메소드를 사용하여 frog를 1/4 바퀴 좌로 돌려라.

roll 메소드는 객체를 좌나 우로 롤(roll)시킨다.

그림 A-2-5처럼, *roll* 메소드를 사용하여 tree를 1/4바퀴 좌로 롤시킨다.

stand up 명령어로는 객체의 수직 축을 가상세계의 수직 축과 일렬로 서게 해준다. 다른 말로 이야기 하면, 그 객체가 똑바로 선다!

그림 A-2-6처럼, *stand up* 명령어를 사용하여 tree를 도로 똑바로 선 자세로 바꾼다.

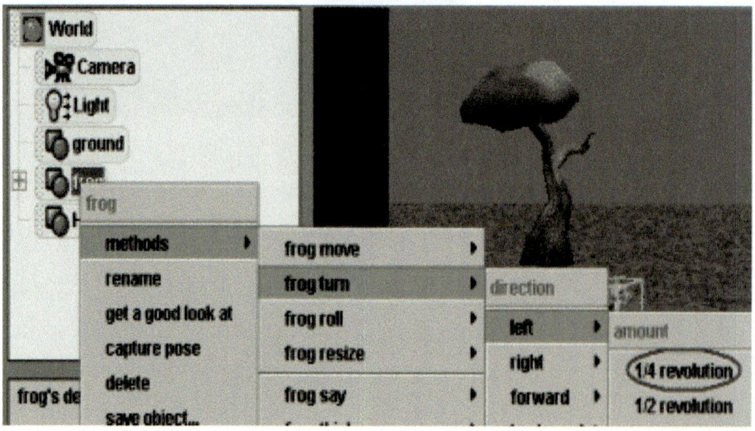

그림 A-2-4. frog를 좌로 1/4바퀴 돌린다

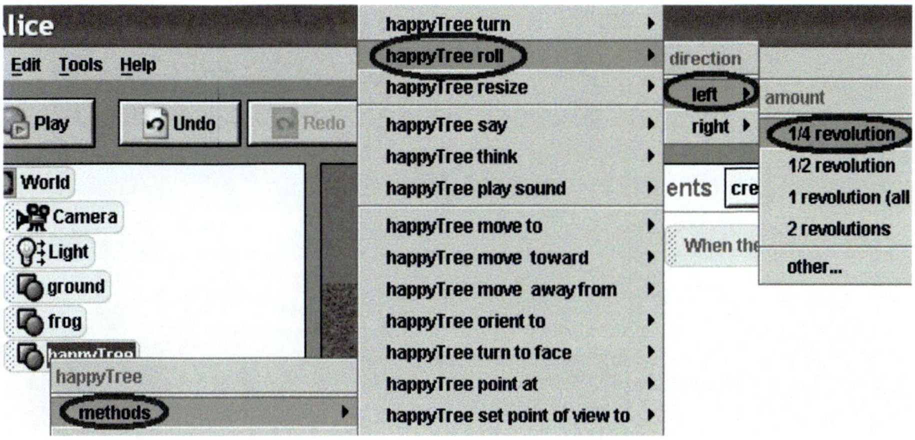

그림 A-2-5. happyTree를 좌로 1/4바퀴 롤시킨다

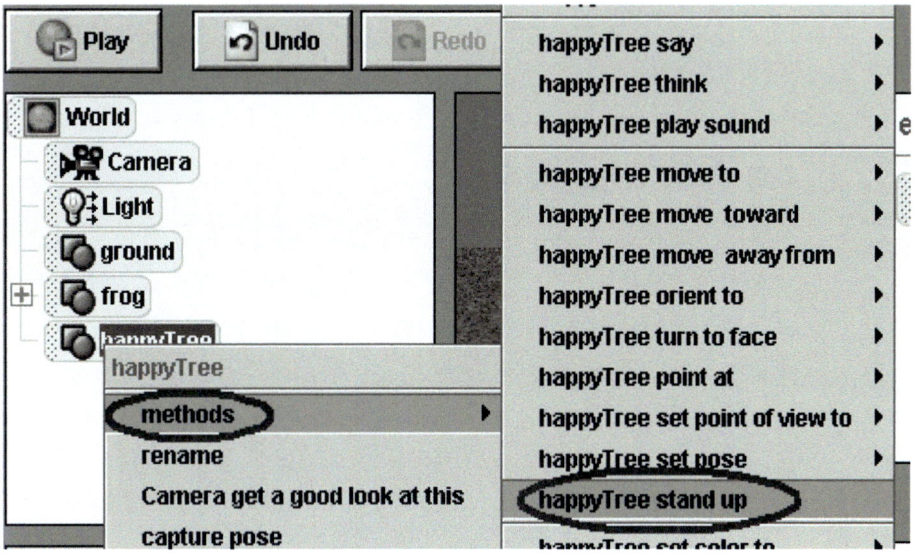

그림 A-2-6. happyTree를 똑바로 세운다(stand up)

turn to face 메소드는 어느 객체가 다른 객체를 향해 보도록 만든다.

그림 A-2-7처럼, *turn to face*를 사용하여 frog가 tree를 향하게 하라.

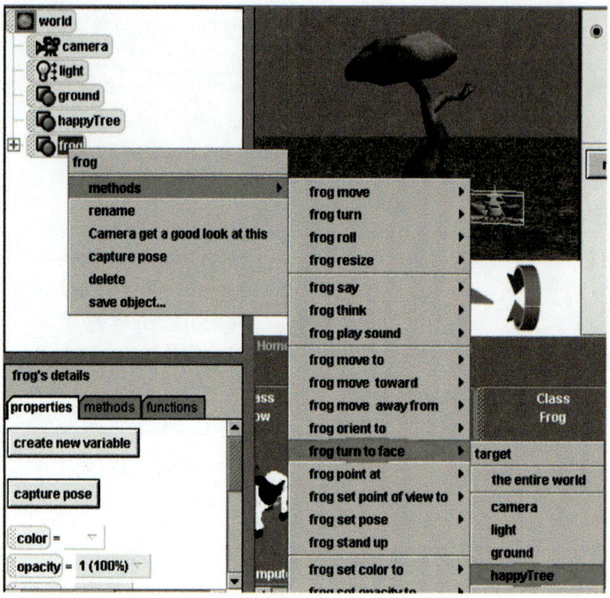

그림 A-2-7. frog가 happyTree 쪽으로 몸을 돌린다(turn to face)

객체 부품에 메소드 사용하기

객체의 부품들을 메소드로 다루려면 객체 트리에서 해당 부품을 찾아 우클릭하여 팝업 메뉴를 띄워야 한다. **객체의 부품 목록을 보려면 객체 트리에서 해당 객체의 바로 좌측의 + 상자를 먼저 좌클릭하라.** 그림 A-2-8은 확장된 객체 트리에서 frog의 부품을 보여준다. frog의 부품 중 하나로 턱(jaw)이 있다—그리고 jaw의 부품으로 tongue(혀)이 있다(부품이 부품을 가지고, 그 부품은 다시 다른 부품을 가지는 식으로 계속될 수 있다.).

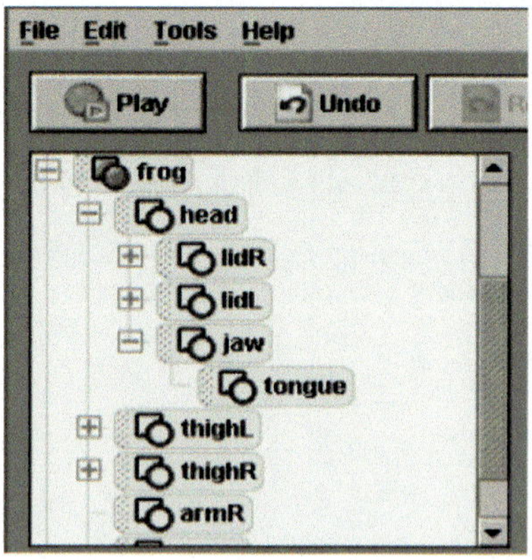

그림 A-2-8. frog의 부품

그림 A-2-9처럼, frog tongue을 선택하고 그 tongue을 "Other" 양(amount)만큼 앞으로 이동(move forward)시키는 메소드를 선택하라. amount로 그 값(즉 Other)을 선택하면 숫자 패드가 팝업된다. '.05' 를 입력시킨다(이는 임의의 값이다—만족스런 효과를 얻을 때까지 값을 바꾸어 보라.).

그림 A-2-10처럼, frog가 tongue을 내민다.

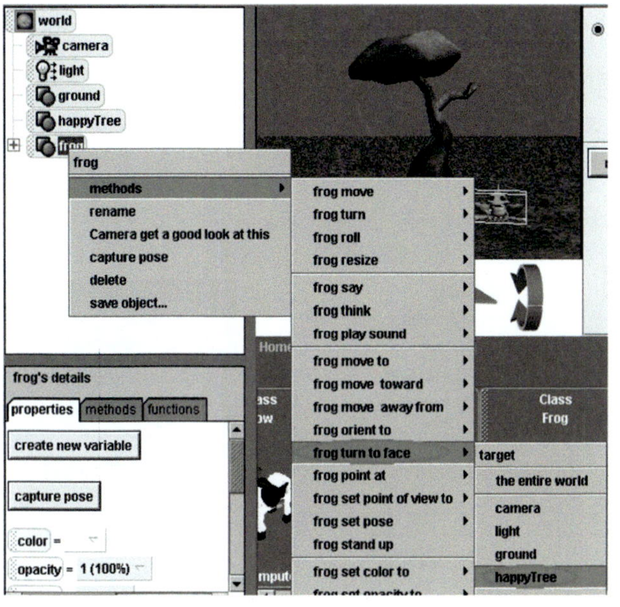

그림 A-2-9. frog의 tongue(혀)을 앞으로 이동한다

그림 A-2-10. frog의 tongue이 나온다

본 객체를 자세히 보기

객체에 대한 우클릭 팝업 메뉴는 여러 항목을 가지고 있는 메뉴를 디스플레이한다. 본 튜토리얼에서 여러분은 메소드를 사용하였다. 다른 메뉴 항목(*rename*, *capture pose*, 및 *save object*)들은 교재 예제 프로그램에서 필요할 때에 설명된다. 그 메뉴에 있는 한 항목은 다른 항목들과는 다르다. *rename*, *capture pose*, *delete*, 및 *save object* 메소드들은 모두 객체에 작동하도록 설계되어 있다. 그러나 *Camera get a look at this*는 카메라 메소드이다. 메뉴에서 *Camera get a look at this*을 선택하면 카메라가 줌인하여 객체의 근접 모습을 디스플레이한다. 그 후 Undo를 사용하면 종전 모습으로 돌아갈 수 있다.

그림 A-2-11처럼 *Camera get a look at this*을 사용하여 frog의 근접 모습을 얻어 보라.

(다른 객체가 카메라와 그 객체 사이에 있어서 카메라 시야를 가리면, Undo를 사용한 다음 카메라나 해당 객체를 이동하라.)

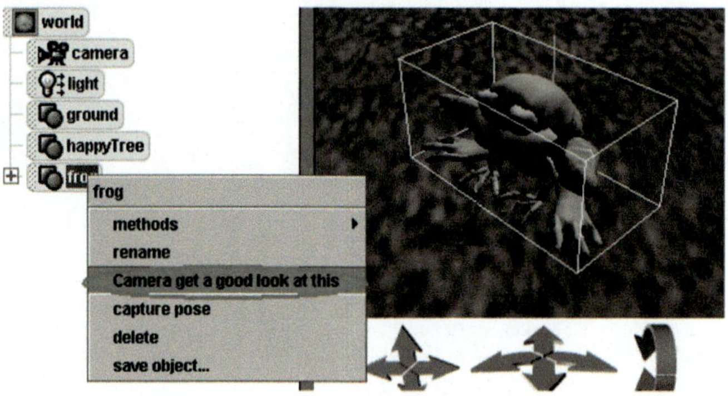

그림 A-2-11. *Camera get a look at this*

움직임 제어장치들의 비교

본 튜토리얼 1 부에서 마우스 움직임 제어장치를 가지고 실험해 보았다. 2 부에서는 메소드를 다루었다. 두 경우 모두에서 여러분은 객체들의 위치를 바꾸어 초기 가상세계 장면을 설정하였다. "마우스 제어장치들과 메소드들 중 어떤 종류의 움직임이 최상인가?" 라는 질문을 던질 수도 있을 것이다.

(장면 편집기에서) 마우스 움직임 제어장치는 객체를 원하는 위치 근접된 곳으로 갖다 놓는 데에는 매우 좋지만, 정확한 배치를 위해서는 팝업 메뉴 메소드들이 필요하다고 하겠다. 객체들이 서로 상대적으로 위치하도록 하는 데는 장면 편집기(특히 사분창)가 최고이다. 객체를 가상세계에 추가한 다음 마우스를 사용하여 이동 및 회전시켜 원하는 위치에 근접시키는 것은 아주 쉽다. 우리가 실수를 저지르면, 우리의 행위를 undo 하고(또는 심지어 객체를 지우고) 다시 시도하면 된다. 마우스를 이용하면 객체를 접근시키기가 쉽지만, 정확하게 위치시키는 것은 좀 더 어렵다. 가령 마우스로 한 객체를 다른 객체 위에 위치시키기가 어렵다. 다른 객체 위에 대충 얹혀놓는 것은 어렵지 않지만

정확하게 놓는 것은 마우스로 하기 어렵다. 그렇지만 메소드로는 좋은 배치가 가능하다. 가상세계 장면을 설정할 때, 최상의 전략은 메소드와 마우스 움직임 제어장치를 함께 사용하는 것이다.

부록 B: 앨리스 인터페이스의 관리

갤러리 탐색

때때로 공과 같은 객체를 찾고 싶은데, 갤러리의 어디에 그 3D 모델이 있는지 알지 못할 수 있다. 여러분은 갤러리를 탐색하여 어느 특정 종류의 객체를 찾을 수 있다. **그림 B-1-1과 같이 Search Gallery 버튼을 클릭하라.**

지역 갤러리나(컴퓨터가 인터넷에 연결되어 있다는 가정 하에) www.alice.org의 웹 갤러리를 탐색할 수 있다. 여러분은 항상 지역 갤러리를 우선 탐색해야 하는데 그 이유는 탐색이 빠르기 때문이다. **그림 B-1-2와 같이 탐색 프롬프트가 디스플레이되면, 여러분이 찾고 있는 모델의 이름(또는 이름의 일부)을 입력한 다음 테스트 상자 옆에 있는 Search! 버튼을 클릭하라.**

여러분이 찾고자 하는 것을 찾지 못하면, 그림 B-1-3과 같이 *www.alice.org*를 탐색한다. *www.alice.org*를 처음 탐색하면, 탐색시간이(여러분의 인터넷 연결 속도에 따라) 1-2분 걸릴 수도 있다. 추가적인 탐색은 훨씬 빨라진다.

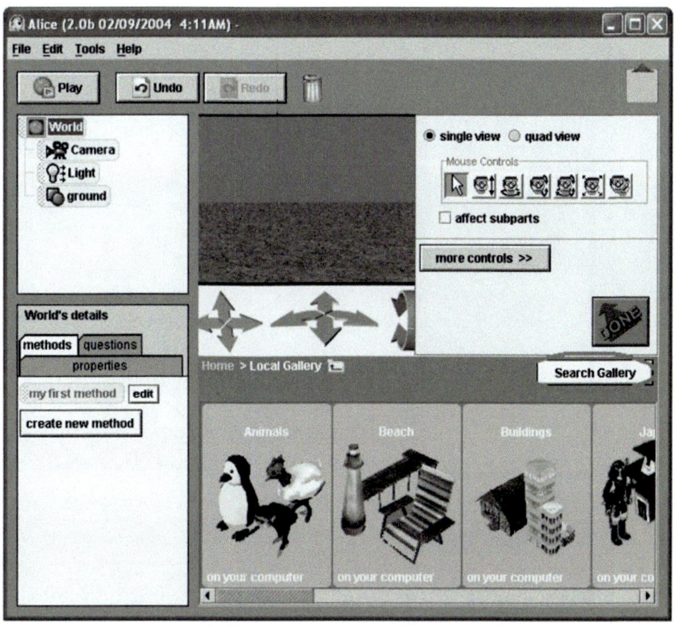

그림 B-1-1. 갤러리 탐색

그림 B-1-2. 객체의 이름 입력

그림 B-1-3. www.alice.org에서 웹 갤러리 탐색

복사해 붙이기(Copy and paste): 클립보드

어떤 특별한 일련의 애니메이션 명령어들을 여러분이 복사해 붙이려 한다고 하자. 이때 클립보드가 유용하다. 일련의 명령어들을 복사하려면, 복사하려는 명령어들의 블록의 좌측(작은 점들)을 클릭하라. 이렇게 하면 복사하려는 명령어들이 선택된다(주의사항: *Do in order*나 *Do together* 문을 고르면 그 안의 모든 명령어들이 선택된다.). 그리고는 마우스를 사용하여 그 명령어들을 클립보드로 끌고 가라. 그림 B-1-4는 편집기에서 클립보드로 명령어들을 끌고가는 모습이다.

일단 명령어들이 클립보드로 복사되고 나면, 클립보드는 색깔이(백색으로) 바뀐다. 색의 변화는 복사된 명령어들이 이제 클립보드에 있음을 나타내는 시각적 단서이다. 클립보드가 명령어들을 갖고 있으므로, 프로그램 다른 곳에 있는 명령어들의 새로운 복제품을 만들려면, 그림 B-1-5와 같이 여러분은 마우스를 이용하여 클립보드에서 선택된 명령어들을 편집기 안으로 끌어오면 된다. 이제 여러분은 편집기 내에 그 명령어들의 복제품 두 벌을 갖고 있다(옛 명령어들을 휴지통으로 끌고 오면 지울 수 있다.).

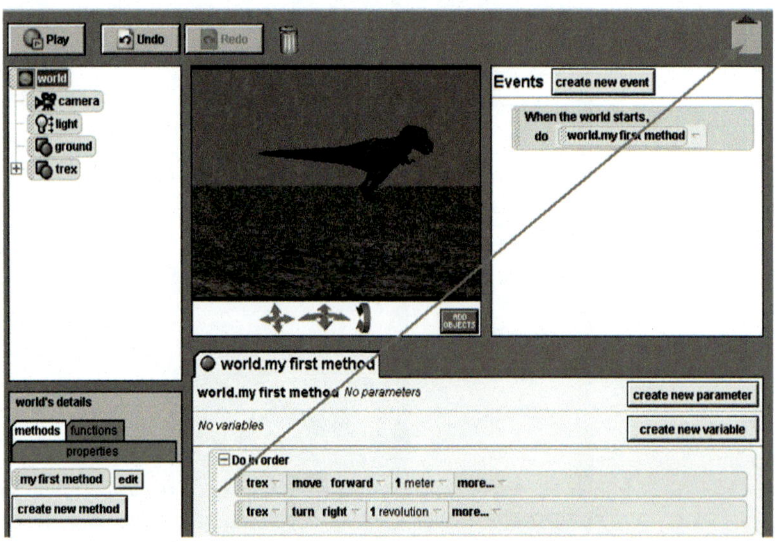

그림 B-1-4. 명령어들을 클립보드로 끌고 가기

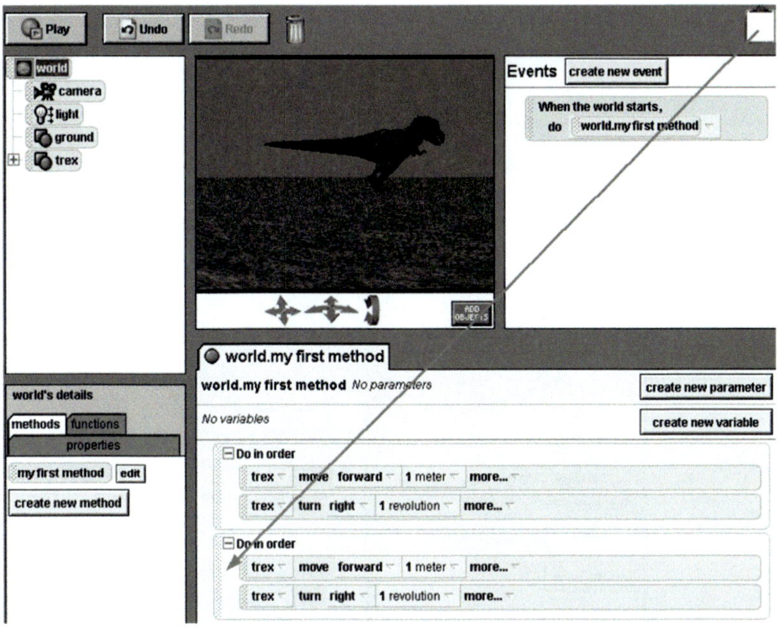

그림 B-1-5. 클립보드에서 편집기 안으로 명령어들을 끌고 오라

하나의 클립보드에는 한번에 한 세트의 명령어들만을 가질 수 있음에 주의하라. 명령어들이 이미 클립보드로 복사되었다면, 새로운 세트의 명령어들을 같은 클립보드로 복사하면 전에 그곳에 있던 것은 지워지게 된다. **Edit**(편집) 메뉴 선택 후에 **Preferences(선호도)** 메뉴 항목을 선택하면 클립보드의 수를 증가시킬 수 있다. 그림 B-1-6과 같이 Preferences 윈도의 **Seldom Used** 탭에서 클립보드의 수를 수정하라.

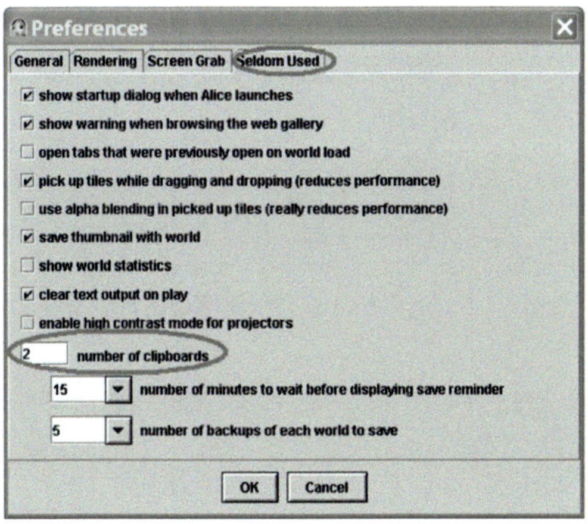

그림 B-1-6. 클립보드의 수를 증가시키기

코드의 삭제

여러분이 실수를 하거나 이미 생성한 코드를 변경하려면 어떻게 할까? 한줄의 코드를

제거하는 가장 쉬운 방법은 **그 줄을 앨리스 윈도의 위에 있는 쓰레기통으로 끌고 가는 것이다.** 그림 B-1-7과 같이 한 블록의 코드 전부를 쓰레기통으로 끌어가서 지울 수 있다.

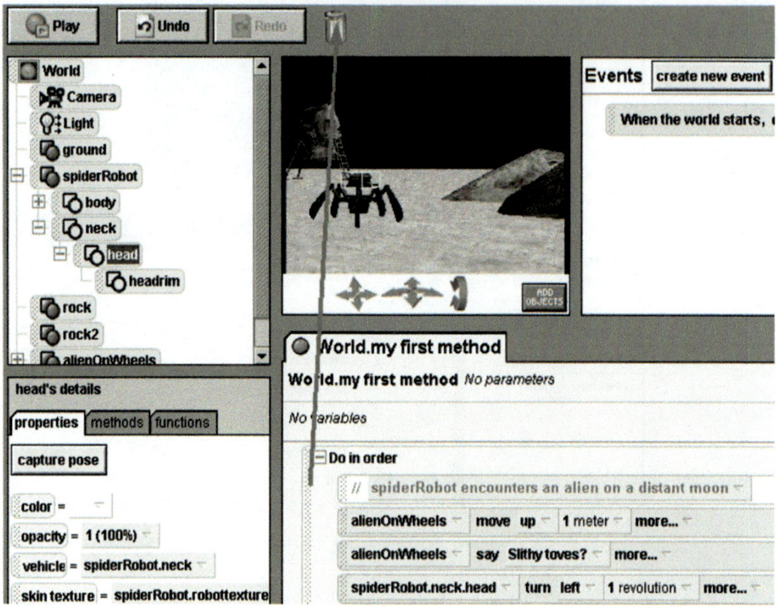

그림 B-1-7. 한 블록의 코드를 쓰레기통으로 끌고 가서 그 블록 전체를 지우기

*Do together*이나 *Do in order* 블록을 제거하되 코드 줄들은 유지하고 싶으면, **그림 B-1-8과 같이 그 블록을 우클릭하고 *dissolve*(녹여라)를 선택하라.** B-1-9와 같이 코드 줄들은 한 레벨 올라가고 이전에 둘러싸고 있던 블록은 지워지게 된다.

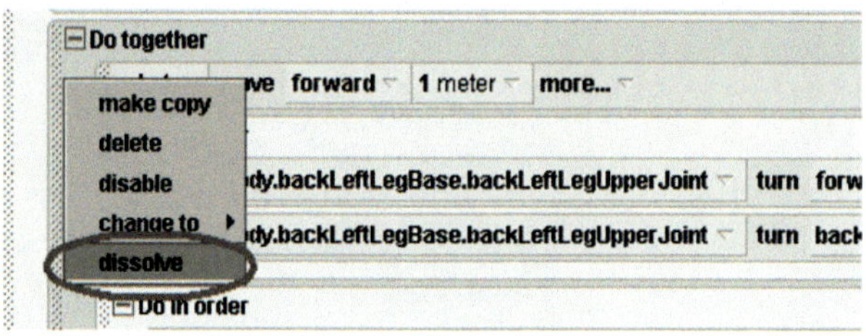

그림 B-1-8. *dissolve*(녹여라)를 선택하여 Do together 블록을 제거하기

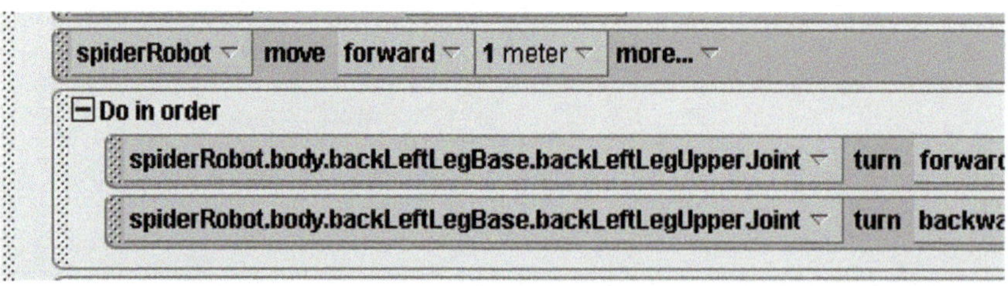

그림 B-1-9. *dissolve* 후에 *Do together* 블록이 제거되었지만 명령어들은 남아 있다

프린트하기: 프로그램 코드를 HTML 파일로 저장하기

여러분은 프로그램 메소드 한 개 또는 여러 개를 프린트하려면 어떻게 할까? 우선, 앨리스의 가상세계가 열려있음을 확인하라. **그 다음 여러분의 프로그램에서 메소드를 프린트하려면 그림 B-1-10과 같이 File 메뉴를 클릭하고 Export Code For Printing 메뉴 항목을 선택하라. Print 대화 상자에서 프린트할 메소드 (또는 메소드들)의 이름과 문서가 저장될 폴더와 여러분의 이름을 선택하라.** 그리고는 그림 B-1-11과 같이 **Export Code** 버튼을 클릭하라. 선택된 메소드의 코드가 HTML 문서로 저장될 텐데, 그 다음 여러분의 브라우저에서 프린트하면 된다.

그림 B-1-10. *Export Code For Printing* 메뉴 항목을 선택하기

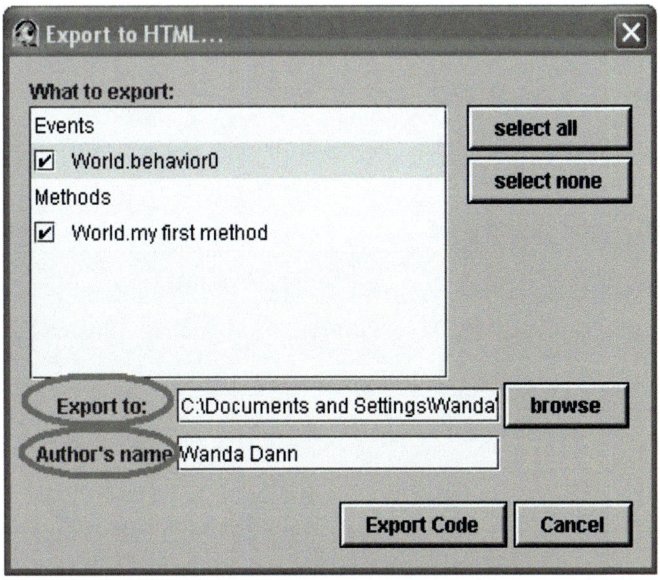

그림 B-1-11. 프린트 용으로 저장하려는 메소드의 선택

웹 디스플레이: 어느 가상세계를 저장(export)하기

어느 가상세계를 웹 페이지에 디스플레이하기 위해 저장하는 것은 여러분의 창의력을 과시하는 데 아주 좋은 방법이다. 먼저 앨리스에서 그 가상세계가 열려 있음을 확인하라. 어느 세계를 저장하려면, **그림 B-1-12와 같이 File 메뉴를 클릭하고는 Export As A Web Page 메뉴 항목을 선택하라.**

그림 B-1-12. *Export As A Web Page* 메뉴 항목의 선택

Save World for the Web 대화 상자를 이용하면 그림 B-1-13과 같이 브라우저에 디스플레이될 가상세계 윈도의 제목, 너비, 높이와, 웹 파일이 저장될 위치를 등록할 수 있다(Save Location 상자 내의 위치가 URL은 아니다.). Save 버튼을 클릭하면 앨리스는 선택한 디렉터리에 세 개의 파일(통상적인 .a2w 파일과 .html 파일과 자바 보관 (.jar) 파일)을 저장하게 된다.

타인들이 인터넷으로 여러분의 세계를 볼 수 있게 하려면, 여러분은 웹 서버에 세 개의 파일을 저장해야 한다. 세 개의 파일 모두가 동일한 디렉터리에 있어야 한다. 누군가가 어느 페이지를 처음에 다운로드 받을 때는 자바 보관 파일의 크기 때문에(그들의 인터넷에 따라 다르지만) 수초가 걸릴 것이다(그 컴퓨터에 자바가 가능한 브라우저나 자바 3D나 자바 미디어 프레임워크가 없다면, 웹 페이지는 프롬프트를 띄워 선마이크로시스템이 운영하는 자바 웹사이트에서 플러그인을 다운로드 받도록 해 줄 것이다.). 그 다음에는 빠르게 다운로드 받게 된다.

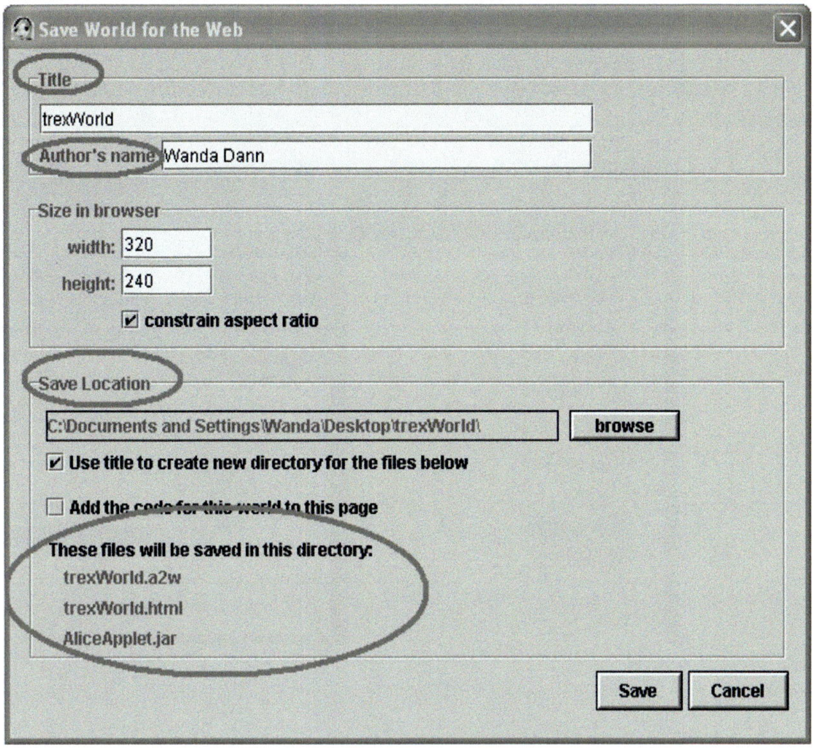

그림 B-1-13. 웹 디스플레이용으로 어느 가상세계를 저장하는데 필요한 정보

비디오의 저장

앨리스 버전 2.2에는 비디오 저장(export video) 선택사항이 있다. 여러분의 컴퓨터에 이 버전이 설치되어있으면, QuickTime™ 포맷의 비디오를 제작할 수 있다.

종전에 앨리스 2에서 제작된 가상세계가 있다면, 이들도 앨리스 2.2로 읽어들여 비디오를 만들 수 있다. 두 가지 작은 차이점을 인식하는 게 중요하다. 먼저 앨리스 2.2에서는 *wait* 메소드를 *delay*로 대체한다. 여러분의 앨리스 2 세계가 *wait*를 사용하면, 앨리스 2.2는 그 세계를 열 때 에러 메시지를 디스플레이한다. 이는 실제 문제가 안 된다. 버그 보고 윈도의 위쪽 우측에 있는 X를 클릭하여 에러를 무시하면, 앨리스 2.2는 자동으로 *wait*를 *delay*로 대체할 것이다. 그 가상세계를 다시 저장하라. 두 번째 사소한 차이점은 앨리스 2.2는 *opacity(불투명도)*를 구현하지 않는다는 점이다. 여러분의 앨리스 2 세계에서 *opacity* 명령어를 *isShowing*으로 대체하고 다시 저장한 다음 앨리스 2.2로 읽어들여라.

비디오를 저장하는 첫 단계로 여러분의 앨리스 세계를 저장하였음을 확인하라. (그냥 데스크탑에 저장하는 것보다는) 어떤 폴더에 그 가상세계를 저장하는 게 좋다. 그 다음부터 앨리스는 같은 폴더에 자동으로 비디오를 저장하게 될 것이다. 애니메이션에서 사운드가 사용되면, 작은 사운드 클립도 역시 이 폴더에 저장되어 비디오 리코딩과 통합될 것이다.

비디오를 생성하기 위해 앨리스 2.2를 사용하는 단계들을 보여주기 위해 그림 B-1-14에 있는 예제를 사용하겠다.

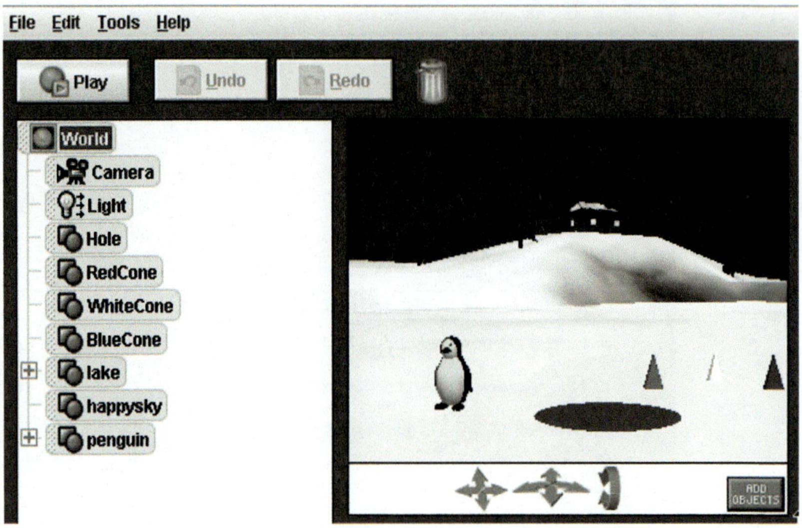

그림 B-1-14. 비디오 제작을 위한 예제 세계

그림 B-1-15와 같이 File 메뉴를 열고 Export Video를 선택하라.

그림 B-1-16과 같이 현재의 세계의 초기 장면이 디스플레이된 비디오 캡처 윈도가 열릴 것이다. 비디오 캡처 윈도는(앨리스에서 Play 버튼을 누를 때 동작하는 세계를 디스플레이하는 팝업 윈도인) 동작시간 윈도의 확장된 버전이다. 새로운 두 줄(rows)의 버튼들이 비디오 캡처 윈도 위에 있다.

그림 B-1-15. File 메뉴에서 Export Video를 선택하라

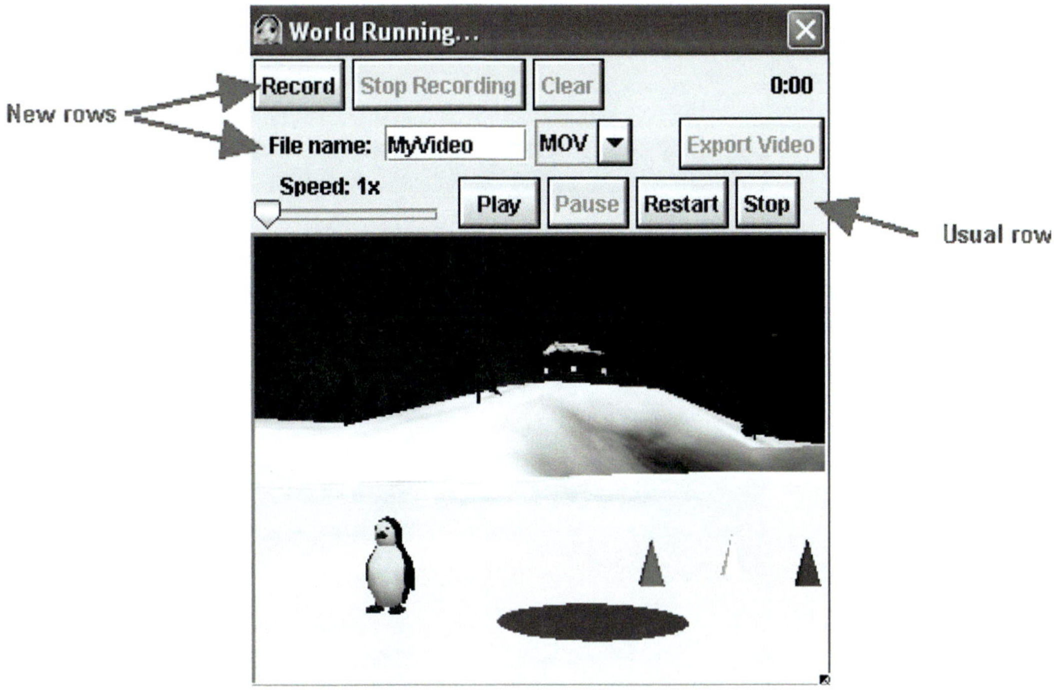

그림 B-1-16. 비디오 캡처 윈도

위쪽 두 줄에 있는 새 버튼들을 이용하여 비디오의 제작을 제어할 수 있다(Speed slider, Play, Pause, Restart, Stop 버튼들을 포함하는). 아래쪽 줄은 동작시간 윈도에 디스플레이되는 버튼들의 줄과 동일하다. 비디오 캡처 윈도에서 이 버튼들은 비디오 제작 전에 그 세계를 미리 볼 수 있게 해준다.

비디오의 제작은 두 부분으로 되어 있다. 우선 비디오를 녹음하라. 비디오 캡처 윈도의 위쪽 줄에는 비디오 녹음용 버튼이 있다. 둘째로 비디오 파일로 저장하라. 비디오 캡처 윈도의 둘째 줄에는(비디오 파일의 이름을 짓기 위한) 텍스트상자와 (파일 포맷을 선택하기 위한) 풀다운 메뉴, (파일을 선택된 포맷으로 저장하기 위한) 버튼이 있다. Export Video 버튼은 비디오 녹음을 완료할 때까지는 작동하지 않게 되어 있다.

비디오 캡처를 시작하려면 그림 B-1-17과 같이 녹음(Record) 버튼을 클릭한다. 가상세계가 동작을 시작하고 앨리스는 비디오(와 필요시 사운드)를 캡처할 것이다. 녹음 중에는 붉은 점이 윈도의 위쪽 우측 구석에 나타나고 타이머가 동작하면서 진행중인 캡처의 분과 초를 표시할 것이다. 다른 말로 말하면 타이머는 녹음과정을 보여준다.

앨리스 게임을 하는 비디오를 제작중이라면, 그 게임의 앞에 있는 명령어들을 건너뛴 다음 녹음을 시작하고 싶을 수도 있다. 앞쪽의 몇 초를 건너뛰려면 먼저 Play 버튼을 클릭하라. 가상세계가 동작을 시작하지만 비디오 녹음은 작동하지 않고 있을 것이다.

비디오 녹음을 시작할 때가 되어 녹음(Record) 버튼을 클릭하면 비디오 캡처는 거기서 시작된다.

그림 B-1-17. Record를 눌러 비디오 캡처를 시작하라

가상세계 녹음 중에는 임시 화면 캡처들이 생성되어 "frames"라는 폴더에 저장된다. 여러분이 Record 버튼을 클릭한 다음 앨리스가 "동결된" 것 같다면(즉 녹음을 완료하는데 너무 오래 걸리는 것 같다면) 앨리스는 frames 폴더 생성에 어려움을 겪고 있을 것이다. 이런 일이 발생하는 이유로는 플래시 드라이브(메모리 키)의 공간이 부족하거나 사용하려는 폴더가 "읽기 전용" 위치에 있기 때문이다. 비디오 캡처 윈도를 닫고 그 세계를 여러분의 컴퓨터의 다른 위치의 다른 폴더로 저장하라. 다른 위치에 그 세계를 두고 다시 시작하여 비디오를 생성하라.

녹음을 중단하려면 그림 B-1-18과 같이 Stop Recording 버튼을 클릭하라.

뭔가 잘못되면 그림 B-1-19와 같이 Clear 버튼을 클릭하라. Clear는 frames 폴더에 있는 모든 임시 화면 캡처를 제거하게 될 것이다. 그다음에 녹음 단계를 반복하면 된다.

일단 녹음 단계가 끝나면 녹음된 프레임들(및 사운드)을 비디오로 저장할 준비가 된 것이다. 먼저 그림 B-1-20과 같이 "File name"이라고 레이블이 붙은 텍스트상자 안에 그 비디오에 대한 이름을 입력하라. 그 그림을 보면 QuickTime™ 비디오인 MOV 포맷이

미리 선택되었는데 그 이유는 앨리스 2.2에는 단 한 개의 선택사항(MOV)만을 갖고 있기 때문이다. 미래의 버전에서 다른 포맷을 가지게 되면 선택사항을 고를 수 있게 하려고 풀다운 메뉴가 제공되고 있다.

비디오 생성을 마치려면 그림 B-1-21과 같이 Export Video 버튼을 클릭하라. Export Video 버튼을 클릭하면 임시 화면 캡처들은 부호화되고 합병되어 비디오를 생성한다. 비디오 저장을 위한 프로그램을 닫자마자 frames 폴더는 자동 제거되어야 한다. 그렇지만 앨리스가 frames 폴더를 제거하지 않으면 여러분이 지워도 비디오가 손상되지 않는다.

비디도 파일은 여러분이 저장한 세계와 동일한 폴더에 있어야 한다. 그림 B-1-22는 이 예제 세계에서 생성된 비디오를 가진 폴더 윈도를 보여준다.

그림 B-1-18. 녹음을 정지시켜라(Stop Recording)

그림 B-1-19. 프레임들을 Clear하라

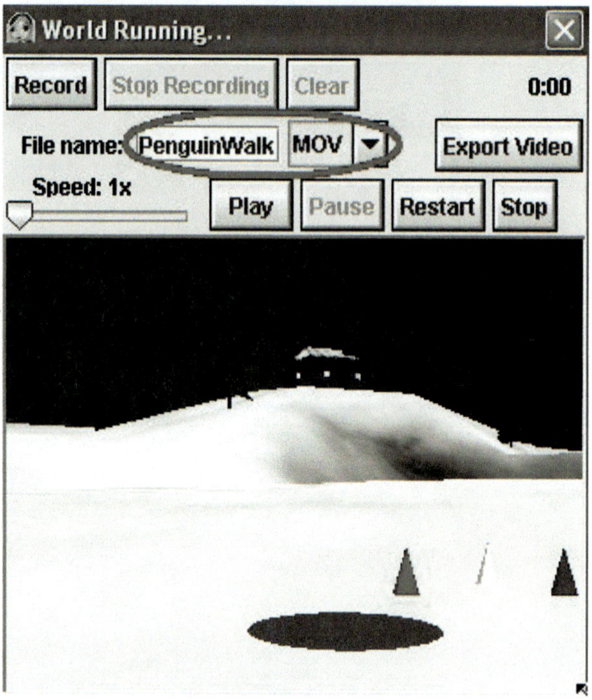

그림 B-1-20. 비디오 파일에 대한 이름 입력하기

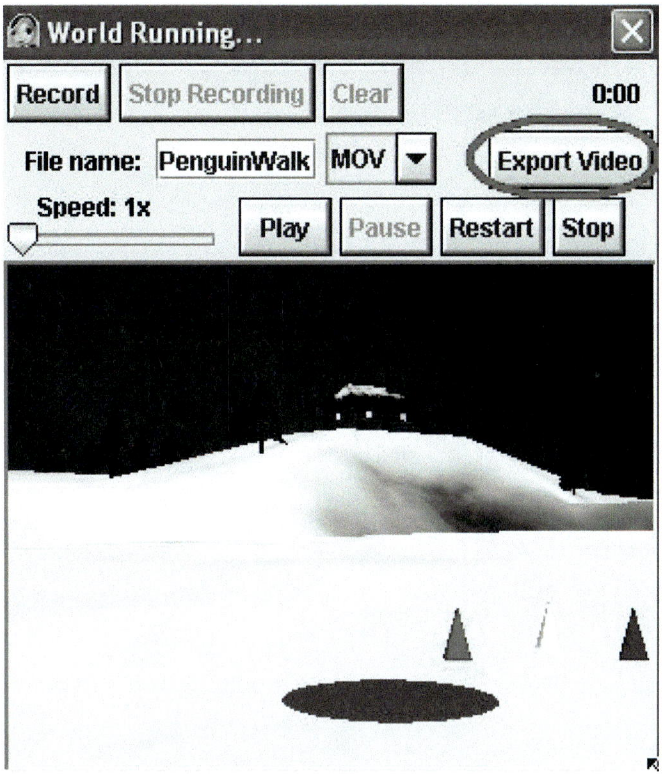

그림 B-1-21. Export Video 버튼을 클릭하여 비디오 파일을 저장하라

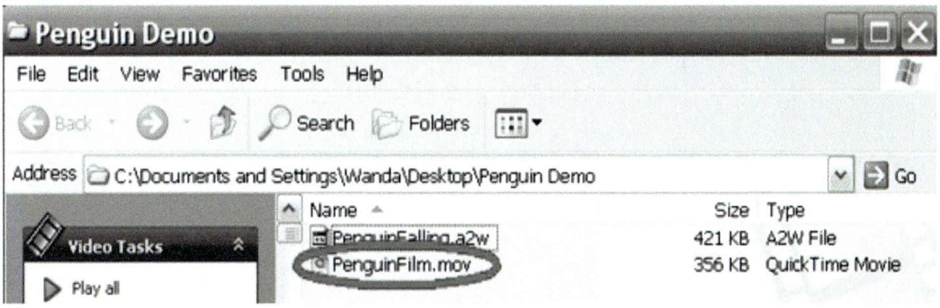

그림 B-1-22. 예제 비디오 파일

메모: 기존의 비디오를 다시 캡처하고 덮어쓰는 것이 가능하다. 그렇지만 여러분이 비디오 파일을 다시 제작하려면, 현재의 비디오 파일이 다른 데서 사용 중이 아님을 확인하라(이 말의 의미는 QuickTime™을 아직 닫지 않았다면 닫아야 한다는 뜻이다.). 또한 frames 폴더가 아직도 존재한다면, 비디오를 다시 캡처하기 전에 지우라.

여러분의 앨리스에서 사운드를 사용하면 비디오 파일을 훨씬 크게 만들게 된다. 가능하면 길이가 짧은 사운드 파일을 사용해 보라.

비디오 캡처 윈도는 적절한 크기의 비디오 파일을 제공하도록 미리 크기가 정해져 있다. 비디오 녹음 전에 그 윈도의 크기를 바꿀 수 있지만, 윈도가 클수록 비디오 파일 크기가 커짐을 알아야 한다. 또한 녹음이 시작한 후에 윈도의 크기를 바꾸지 않아야 한다. 왜냐하면 이렇게 하면 프레임들의 크기에 혼동이 와서 비디오가 제대로 되지 않기 때문이다.

비디오를 인터넷으로 업로드하기

비디오를 비디오 온라인 사이트로 업로드하면 여러분의 세계의 비디오를 친구 및 가족과 나누는 것이 쉽다. 많은 수의 비디오 온라인 사이트가 이용가능하다. 예를 들어, YouTube(Broadcast YourselfTM)로 비디오를 업로드하는 것에 대해 이야기해 보겠다.

YouTube의 홈페이지에서 업로드(Upload) 버튼(이나 링크)을 클릭하면 로그인을 위한 윈도가 열린다. 여러분이 비디오를 업로드하기 위한 YouTube 계정이 없다면, 계정 이름과 암호 정보를 채워 넣으면 금방 계정을 만들 수 있다(YouTube 계정은 무료다.). 일단 여러분의 계정으로 로그인한 다음 Upload Video 버튼을 클릭하고 양식을 완성하라. 그 양식에 따라 여러분은 비디오 이름과 그 내용에 대한 짧은 설명과 몇 개의 키워드를 제공해야 한다. 키워드는 비디오 온라인 서버가 특정 내용을 가진 비디오를 찾아 낼 수 있게 해 주는 간단한 단어들이다. 예를 들어, 여러분은 "Alice animation"이라는 설명을 단 앨리스 가상세계를 업로드한다고 하자. 이 가상세계에서는 용(dragon)이 화산 폭발에서부터 소녀를 구한다(rescue). 이 세계에 대한 키워드는 "Alice animation dragon rescue"가 될 수 있을 것이다.

일단 양식이 완성되면, Upload a Video 버튼을 클릭하라. 다른 웹 페이지가 열리며 여러분은 거기에서 여러분의 컴퓨터의 비디오 파일을 선택한 다음 Upload를 다시 한 번 누른다. 몇 분이 걸릴 수 있으니 업로드할 때 인내심을 갖고 기다려야 한다. 업로드된 파일은 YouTube의 서버에 의해 Flash® 포맷으로 변경된다.

우리는 앨리스 비디오들을 YouTube로 업로드하여 큰 성공을 거두었다. 그렇지만 다수의 사운드 파일을 가진 비디오들은 완벽하게 작동할 수도 있고 아닐 수도 있다. 그런 문제를 만나면, 한 개의 사운드 트랙을 생성하는 것으로 실험을 해보면 해결에 도움이 될 수 있다.

사운드 문제 해결

저장된 세계를 열때 "media.PlaybackEngine" 에러가 생기면, 여러분의 사운드 파일 중 적어도 한 개가 읽어들여 지지 않았다는 말이다. 어느 사운드 파일이 읽어들여 지지 않았는지 알려면, details 패널에 있는 사운드들의 목록을 점검하라. 그림 B-1-23과 같이, 제대로 읽어들여 지지 않은 사운드 파일은 초를 나타내는 자리에 "?:?"가 있다. 이 예제에서 가상세계를 열 때 motorcycleBuzz가 제대로 읽어들여 지지 않았다.

그림 B-1-23. 제대로 읽어들여 지지 않은 사운드 파일

이 문제의 원인은 가상세계를 열고 사운드 파일을 읽어들일 때 사운드 재생 엔진이 사운드 파일의 포맷 부호화를 인식하지 못했다는 점이다. 이 문제 해결의 한 가지 방식은 원래의 사운드 파일을 생성하는데 사용했던 편집기가 아닌 사운드 편집기로 여는 것이다. 그리고는 그 사운드를 WAV 파일로 저장하여 포맷을 바꾸라. 그리고는 (종전 버전 대신) 새로 포맷된 파일을 여러분의 앨리스 세계로 들여오라. 이 방법이 (모두는 아니지만) 대부분의 사운드 포맷 문제 해결에 효과적인 기법임을 알게 되었다.

앨리스는 사운드 편집기가 아니다. 다수의 사운드 편집기가 온라인으로 이용가능하다. 우리가 앨리스와 함께 성공적으로 사용해 본 사운드 편집기로는 sourceforge.net에서 무료로 다운로드받을 수 있는 Audacity가 있다.

찾아보기

기타

이 책의 부록 파일은 도서출판 홍릉 홈페이지(www.hongpub.co.kr)에서 내려받을 수 있습니다.

홈페이지에서 도서명 검색 후 보조자료를 다운로드하시기 바랍니다. (Chrome 웹브라우저 사용 권장)

역자약력

이기철

1977.2 서울대학교 전자공학과(학사)
1979.2 한국과학원 전산학과(석사)
1987.12 미국 위스콘신대학교(매디슨) 전기 및 컴퓨터공학과(Ph.D)
1989.3~현재 홍익대학교 컴퓨터공학과 교수

박지헌

1983.2 서울대학교 기계설계학과(학사)
1985.2 한국과학원 전산학과(석사)
1994.8 미국 텍사스대학교(오스틴) 전산학과(Ph.D)
1986.3~1993.8 부산외국어대학교 컴퓨터공학과 조교수
1994.8~현재 홍익대학교 컴퓨터공학과 교수

박준상

1996.2 홍익대학교 산업공학과(학사)
2001.12 미국 Univ. Southern California 전산학과(M.S.)
2006.9 미국 Univ. California, Los Angeles 전산학과(Ph.D)
2007.3~현재 홍익대학교 컴퓨터공학과 조교수

정가 27,000원

앨리스를 이용한 **프로그래밍의 학습**

2011년 2월 20일 초판 인쇄
2011년 3월 1일 초판 발행

저 자 : Wanda P. Dann · Stephen Cooper · Randy Pausch
역 자 : 이기철 · 박지헌 · 박준상
발행자 : 우명찬 · 송 준
발행처 : 홍릉과학출판사
주 소 : ㊙142-885 서울시 강북구 인수동 455-60
등 록 : 1976년 10월 21일 제5-66호
전 화 : 999-2274~5, 996-8341, 903-7037
팩 스 : 905-6729
ISBN : 978-89-7283-921-7
hongpub@hongpub.co.kr
www.hongpub.co.kr

역자와의 협의하에 인지생략

※ 낙장 및 파본은 본사나 구입처에서 교환하여 드립니다.
※ 판권 소유에 위배되는 사항(인쇄, 복제, 제본)은 법에 저촉됩니다.